ONE TO ONE

Bilingual Dictionary

English-Sinhalese
Sinhalese-English
Dictionary

Compiled by

Naseer Salahudeen

STAR Foreign Language BOOKS

55, Warren Street, LONDON W1T 5NW (UK)

© Publishers

ISBN : 978 1 908357 38 0

First Edition: 2013

Published by
STAR Foreign Language BOOKS
a unit of ibs BOOKS (UK)
55, Warren Street, LONDON W1T 5NW (UK)
E-mail : starbooksuk@aol.com
www.foreignlanguagebooks.co.uk

Printed in India at
Star Print-O-Bind, New Delhi-110020

About this Dictionary

Developments in science and technology today have narrowed down distances between countries, and have made the world a small place. A person living thousands of miles away can learn and understand the culture and lifestyle of another country with ease and without travelling to that country. Languages play an important role as facilitators of communocation in this respect.

To promote such an understanding, **STAR Foreign Language BOOKS** has planned to bring out a series of bilingual dictionaries in which important English words have been translated into other languages, with Roman transliteration in case of languages that have different scripts. This is a humble attempt to bring people of the word closer through the medium of language, thus making communication easy and convenient.

Under this series of *one-to-one dictionaries*, we have published over 35 languages, the list of which has been given in the opening pages. These have all been compiled and edited by teachers and scholars of the relative languages.

Publishers.

Bilingual Dictionaries in this Series

English-Afrikaans / Afrikaans-English	Abraham Venter
English-Albanian / Albanian-English	
English-Amharic / Amharic-English	Girun Asanke
English-Arabic / Arabic-English	Rania-al-Qass
English-Bengali / Bengali-English	Amit Majumdar
English-Bosnian / Bosnian-English	Boris Kazanegra
English-Bulgarian / Bulgarian-English	Vladka Kocheshkova
English-Cantonese / Cantonese-English	Nisa Yang
English-Chinese (Mandarin) / Chinese (Mandarin)-Eng	Y. Shang & R. Yao
English-Croatian / Croatain-English	Vesna Kazanegra
English-Czech / Czech-English	Jindriska Poulova
English-Dari / Dari-English	Amir Khan
English-Estonian / Estonian-English	Lana Haleta
English-Farsi / Farsi-English	Maryam Zaman Khani
English-Greek / Greek-English	Lina Stergiou
English-Gujarati / Gujarati-English	Sujata Basaria
English-Hindi / Hindi-English	Sudhakar Chaturvedi
English-Hungarian / Hungarian-English	Lucy Mallows
English-Latvian / Latvian-English	Julija Baranovska
English-Lithuanian / Lithuanian-English	Regina Kazakeviciute
English-Marathi / Marathi-English	Sharad Thackerey
English-Nepali / Nepali-English	Anil Mandal
English-Pashto / Pashto-English	Amir Khan
English-Polish / Polish-English	Magdalena Herok
English-Punjabi / Punjabi-English	Teja Singh Chatwal
English-Romanian / Romanian-English	Georgeta Laura Dutulescu
English-Russian / Russian-English	Katerina Volobuyeva
English-Serbian / Serbian-English	Vesna Kazanegra
English-Slovak / Slovak-English	Zozana Horvathova
English-Somali / Somali-English	Ali Mohamud Omer
English-Tagalog / Tagalog-English	Jefferson Bantayan
English-Tamil / Tamil-English	Sandhya Mahadevan
English-Thai / Thai-English	Suwan Kaewkongpan
English-Turkish / Turkish-English	Nagme Yazgin
English-Ukrainian / Ukrainian-English	Katerina Volobuyeva
English-Urdu / Urdu-English	S. A. Rahman
English-Vietnamese / Vietnamese-English	Hoa Hoang

More languages in print

STAR Foreign Language BOOKS
55, Warren Street, LONDON W1T 5NW (UK)

ENGLISH-SINHALESE

A

a *a.* එක් ek

aback *adv.* පසුපසට pasupasata

abandon *v.t.* සතුන් බලෙන් ගෙන යෑම sathun balen gena ya^ma

abase *v.* සතුන් බලෙන් ගෙන යන්න sathun balen gena yanna

abashed *adj.* අත්හරිනවා athharinawa

abate *v.t.* නින්දා කරනවා nindaa karanawa

abbey *n.* අවමන් කිරීම awaman kireema

abbot *n.* ලජ්ජා වෙනවා lajja wenawa

abbreviate *v.t.* පහළ දමනවා pahala damanawa

abbreviation *n.* අඩු කිරීම adu kireema

abdicate *v.t,* තාපසාරාමය thapasaaramaya

abdication *n.* කෙටි කරනවා keti karanawa

abdomen *n.* කෙටි යෙදුම keti yeduma

abdominal *a.* නිලය අත්හරිනවා nilaya athharinawa

abduct *v.t.* රජකම අත්හැරීම rajakama athharinawa

abduction *n.* උදරය udaraya

aberrant *adj.* උදරීය udareeya

aberration *n.* පැහැර ගන්නවා pahara gannawa

abet *v.* අපහරණය apaharanaya

abeyance *n.* ඇඳෙහි andehi

abhor *v.* නොමඟ යෑම nomanga yaama

abhorrence *n.* අනුබල දෙනවා anubala denawa

abhorrent *adj.* වරදට පෙලඹවීම waradata pelambaweema

abide *v.i* අත්හිටවීම athhitaweema

abiding *adj.* වෙනස් නොවන wenas nowana

ability *n.* හැකියාව hakiyawa

abject *adj.* අධම adhama

abjure *v.* දිවුරා අත්හරිනවා diwuraa athharinawa

ablaze *adv.* ගිනිගත් ginigath

able *adj.* හැකි haki

ablutions *n.* පවිත්‍ර කිරීම් pavithra kireem

abnormal *adj.* අසාමාන්‍ය asaamanya

aboard *adv.* යාත්‍රාවකට ගොඩවී yathraawakata godawee

abode *n.* වාසය කරනවා waasaya karanawa

abolish *v.t* අහෝසි කරනවා ahosi karanawa

abolition *v.* අවලංගු කරනවා awalangu karanawa

abominable *adj.* අශික්ෂිත ashikshitha

abominate *v.* පිළිකුල් කරනවා pilikul karanawa

aboriginal *adj.* ආදිවාසික aadiwasika

abort *v.i* අසාර්ථක වෙනවා asaarthaka wenawa

abortion *n.* ගබ්සා කිරීම gubsa kireema

abortive *adj.* ව්‍යර්ථ wyartha

abound *v.i.* අධිකව පවතිනවා adhikawa pawathinawa

about *adv.* වටා wataa

about *prep.* පිළිබඳ pilibanda
above *adv.* ඉහළ ihala
above *prep.* අධි adhi
abrasion *n.* සීරීම sireema
abrasive *adj.* උල්ලේඛ ulleaka
abreast *adv.* පළෙට pelata
abridge *v.t* සංක්ෂේප කරනවා sank-shepa karanawa
abroad *adv.* පිටරට pitarata
abrogate *v.* විලෝපනය කරනවා vilopanaya karanawa
abrupt *adj.* ඒකපාත ekapatha
abscess *n.* සැරව ගෙඩිය sarawa gediya
abscond *v.* මඟහැර පැන යනවා man-gahara pana yanawa
absence *n.* නොපැමිණීම nopami-neema
absent *adj.* නොපැමිණි nopamini
absentee *n.* නොපැමිණි තැනැත්තා nopamini thanaththa
absolute *adj.* පූර්ණ poorna
absolution *n.* ක්ෂමාව kshamaawa
absolve *v.* වරදින් නිදහස් කරනවා waradin nidahas karanawa
absorb *v.* අවශෝෂණය කරනවා awashoshanaya karanawa
abstain *v.* මිදෙනවා midenawa
abstinence *n.* වැළකීම walakeema
abstract *adj.* වියුක්ත viyuktha
abstruse *adj.* ගම්භීර gambhira
absurd *adj.* හාස්‍යජනක haasyaja-naka
absurdity *n.* මෝඩකම modakama
abundance *n.* බහුලත්වය bahulath-waya
abundant *v.t.* විපුල vipula
abuse *v.* අයුතු ප්‍රයෝජන ගන්නවා ayuthu prayojana gannawa
abusive *adj.* පරිභව සහගත parib-hawa sahitha
abut *v.* හේත්තු වෙනවා heththu wenawa
abysmal *adj.* අගාධ agaadha
abyss *n.* පාතාලය paathalaya
academic *adj.* ශාස්ත්‍රීය shaas-threeya
academy *n.* විද්‍යාලය vidyaalaya
accede *v.* අනුමත කරනවා anumatha karanawa
accelerate *v.* වේගය වැඩි කරනවා wegaya wadi karanawa
accelerator *n.* ත්වරකය thwarakaya
accent *n.* උච්චාරණ විධිය uchcha-rana vidhiya
accentuate *v.* ස්වරයෙන් උච්චාරණය දක්වනවා swarayen uchcharanaya dakwanawa
accept *v.* පිළිගන්නවා piligannawa
acceptable *adj.* පිළිගත හැකි piliga-tha haki
acceptance *n.* පිළිගැනීම piliga-neema
access *n.* ප්‍රවේශය praweshaya
accessible *adj.* ප්‍රවේශ්‍ය prawe-shya
accession *n.* ළඟාවීම langaa weema
accessory *n.* උපකරණය upakara-naya
accident *n.* හදිසි අනතුර hadisi anathura
accidental *adj.* අහඹු ahambu
acclaim *v.* ප්‍රීතියෙන් පිළිගන්නවා preethiyen piligannawa
acclimatise *v.t* දේශයට හුරු වෙනවා deshayata huru wenawa

accolade *n.* අත්‍යන්ත වර්ණනා ව athyantha warnanawa
accommodate *v.* ඉඩ දෙනවා ida denawa
accommodation *n.* වාසස්ථානය wasasthanaya
accompaniment *n.* සමඟ පවත්නා දෙ samanga pawathna de
accompany *v.* කැටුව යනවා katuwa yanawa
accomplice *n.* අපරාධ සහායක apa-raada sahaayaka
accomplish *v.* ඉටුකරනවා itukara-nawa
accomplished *adj.* ඉටු කළ itukala
accomplishment *n.* ඉටු කිරීම ituki-reema
accord *v.* එකඟ වෙනවා ekanga wenawa
accordance *n.* එකඟත්වය ekanga-thwaya
according *adv.* අනුව anuwa
accordingly *adv.* එම නිසා ema nisaa
accost *v.* වරදට කැඳවනවා waradata kandawanawa
account *n.* ගිණුම ginuma
accountable *adj.* පරිමේය parimeya
accountancy *n.* ගණකාධිකරණය ganakadhikaranaya
accountant *n.* ගණකාධිකාරි gana-kadhikari
accoutrement *n.* ඇඳුම් කට්ටලය andum kattalaya
accredit *v.* පවරනවා pawaranawa
accredited *adj.* පිළිගත් piligath
accretion *n.* වැඩීම wadeema
accrue *v.t.* අත්වෙනවා athwenawa
accumulate *v.* තැන්පත් වෙනවා thanpath wenawa
accumulation *n.* එකතුව ekathuwa
accurate *adj.* නිවැරදි niwaradi
accusation *n.* චෝදනාව chodanawa
accuse *v.* චෝදනා කරනවා chodana karanawa
accused *v.t.* චූදිතයා choodithaya
accustom *v.* පුහුණු කරනවා puhunu karanawa
accustomed *adj.* නිරන්තර niran-thara
ace *n.* අති දක්ෂ athi daksha
acerbic *adj.* කර්කශ karkasha
acetate *n.* ඇසිටේට් acetate
acetone *n.* ඇසිටෝන් acetone
ache *n.* කැක්කුම kakkuma
achieve *v.* සාක්ෂාත් කරගන්නවා saakshath karagannawa
achievement *n.* ඉටු කර ගැනීම itu kara ganeema
acid *n.* අම්ලය amlaya
acidity *n.* ආම්ලිකතාවය aamlika-thaawaya
acknowledge *v.* කෘතඥතාවය ප්‍රකාශ කරනවා kruthagnathawaya prakasha karanawa
acknowledgement *n.* ස්තුතිය sthu-thiya
acme *n.* අග aga
acne *n.* අණිය aniya
acolyte *n.* ඇබිත්තා abiththa
acorn *n.* ඕක් ගෙඩිය oak gediya
acoustic *adj.* ධ්වනික dhwanika
acquaint *v.* දක්වනවා dakwanawa
acquaintance *n.* අඳුනන්නා andu-nanna
acquiesce *v.* අනුමත කරනවා

anumatha karanawa
acquiescence *n.* අනුමත කිරීම anumatha kireema
acquire *v.* අත්කර ගන්නවා athkara gannawa
acquisition *n.* ලාභය laabhaya
acquit *v.* මුදා හරිනවා muda harinawa
acquittal *n.* නිදහස් කිරීම nidahas kireema
acre *n.* අක්කරය akkaraya
acrid *adj.* කටුක katuka
acrimony *n.* පරුෂකම parushakama
acrobat *n.* කරණම් ගසන්නා karanam gasanna
acrobatic *adj.* කරණම්කාර karanamkaara
across *adv.* එහා පැත්තේ eha patte
acrylic *adj.* බහුඅවයවිකයක් bahuawayawikayak
act *v.* රඟ දක්වනවා ranga dakwanawa
acting *n.* රඟ පෑම ranga paama
acting *adj.* රඟපාන rangapaana
actinium *n.* ඇක්ටිනියම් actinium
action *n.* ක්‍රියාව kriyawa
actionable *adj.* නඩු පැවරිය හැකි nadu pawariya haki
activate *v.* සක්‍රිය කරනවා sakriya karanawa
active *adj.* කඩිසර kadisara
activist *n.* ක්‍රියාවට වැඩි උනන්දුවක් ඇති පුද්ගලයා kriyaawata wadi unanduwak athi pudgalayaa
activity *n.* ක්‍රියාකාරකම kriyakarakama
actor *n.* නළුවා naluwa
actress *a.* නිළිය niliya
actual *adj.* නියම niyama
actually *adv.* සැබැවින්ම sabawinma
actuary *n.* ආයුෂ ගණක aayusha ganana
actuate *v.* පොළඹවනවා polambawanawa
acumen *n.* විනිවිද පෙනීම vinivida peneema
acupuncture *n.* කටු චිකිත්සාව katu chikithsawa
acute *adj.* උග්‍ර ugra
adamant *adj.* දැඩි dhadi
adapt *v.* යොදා ගන්නවා yoda gannawa
adaptation *n.* අනුවර්තනය anuwarthanaya
add *v.* එකතු කරනවා ekathu karanwawa
addendum *n.* අතිරේකය athirekaya
addict *n.* ඇලෙනවා alenawa
addicted *adj.* ඇලුණු alunu
addiction *n.* ඇබ්බැහිවීම abbahi weema
addition *n.* එකතු කිරීම ekathu kireema
additional *adj.* අමතර amathara
additive *n.* ආකලන aakalana
addled *adj.* යල් පැනපු yal panapu
address *n.* ලිපිනය lipinaya
addressee *n.* ලිපි හිමියා lipi himiyaa
adduce *v.* ඉදිරිපත් කරනවා idiripath karanawa
adept *adj.* ප්‍රවීණ praweena
adequacy *n.* ප්‍රමාණවත් බව pramaanawath bawa
adequate *adj.* ප්‍රමාණවත් pramaanawath
adhere *v.* ස්ථිරව සිටිනවා sthirawa

sitinawa

adherence *n.* ඇලීම aleema

adhesive *n.* මැලියම් maliyam

adieu *n.* සමුගැනීම samuganeema

adjacent *adj.* යාබද yaabada

adjective *n.* විශේෂණය vishesha-naya

adjoin *v.* යා වෙනවා yaa wenawa

adjourn *v.* කල් දමනවා kal damanava

adjournment *n.* කල් දැමීම kal dameema

adjudge *v.t.* තීරණය කිරීම theeranaya kireema

adjudicate *v.* තීරණය කරනවා thee-ranaya karanava

adjunct *n.* අමතර දෙය amathara deya

adjust *v.* සකස් කරනවා sakas kara-nava

adjustment *n.* සකස් කිරීම sakas kireema

administer *v.* පාලනය කරනවා paalanaya karanava

administration *n.* පරිපාලනය pari-paalanaya

administrative *adj.* පාලක paalaka

administrator *adj.* පාලකයා paala-kaya

admirable *adj.* ප්‍රශංසනීය prashan-saneeya

admiral *n.* නාවුක සේනාධිපති nawuka senadipathi

admiration *n.* අගය කිරීම agaya kireema

admire *v.* අගය කරනවා agaya karanawa

admissible *adj.* පිළිගැනීමට හැකි piliganeemata haki

admission *n.* ඇතුල් වීම athul weema

admit *v.* ඇතුළත් කරනවා athulath karanawa

admittance *n.* ඇතුලත් වීම athulath weema

admonish *v.* ඔවා දෙනවා owa denawa

ado *n.* කරදරය karadaraya

adobe *n.* මඩෝ ගඩොල moda gadola

adolescence *n.* තුරුණ වයස tharuna wayasa

adolescent *adj.* තුරුණයා tharunaya

adopt *v.* හදා ගන්නවා hada gannawa

adoption *n.* භාර ගැනීම bhaara ganima

adoptive *adj.* කුලවද්දන kulawad-dana

adorable *adj.* උසස් usas

adoration *n.* උසස් භක්තිය usas bhakthiya

adore *v.t.* ගෞරව කරනවා gaurawa karanawa

adorn *v.* හොබවනවා hobawanawa

adrift *adj.* අසරණ asarana

adroit *adj.* විචක්ෂණ vichakshana

adsorb *v.* අධිශෝෂණය කරනවා adhishoshanaya karanawa

adulation *n.* ඉච්ඡාව ichchava

adult *n.* වැඩිහිටියා wadihitiya

adulterate *v.* කළවම් කරනවා kalawam karanawa

adulteration *n.* බාල කිරීම baala kireema

adultery *n.* අනාචාරය anaachaaraya

advance *v.* දියුණු වෙනවා diyunu venawa

advance *n.* අත්තිකාරම aththikarama
advancement *n.* ප්‍රගතිය pragathiya
advantage *v.t.* වාසියක් සලසනවා waasiyak salasanawa
advantage *n.* වාසිය waasiya
advantageous *adj.* වාසි ඇති waasi athi
advent *n.* පැමිණීම pamineema
adventure *n.* ප්‍රයාණය prayaanaya
adventurous *adj.* අනතුරු සහිත anathuru sahitha
adverb *n.* ක්‍රියා විශේෂණය kriyaa visheshanaya
adversary *n.* පස මිතුරා pasa mithura
adverse *adj.* සතුරු sathuru
adversity *n.* විපත wipatha
advertise *v.* ප්‍රචාරය කරනවා prachaaraya karanawa
advertisement *n.* දැන්වීම danveema
advice *n.* අවවාදය avavaadaya
advisable *adj.* උචිත uchitha
advise *v.* සැල කරනවා sala karanava
advocate *n.* අධිනීතිඥ adhineethigna
advocate *v.* වෙනුවෙන් කතා කරනවා venuven katha karanava
aegis *n.* අනුබලය anubalaya
aerial *n.* අහස් කම්බිය ahas kambiya
aeon *n.* යුගය yugaya
aerobatics *n.* ගුවන් කරණම් guvan karanam
aerobics *n.* සවායු ව්‍යායාම් savayu viyayam
aerodrome *n.* ගුවන් තොට guvan thota
aeronautics *n.* ගගන යාත්‍රා විද්‍යාව gagana yaathraa vidyaava
aeroplane *n.* ගුවන් යානාව guvan yaanawa
aerosol *n.* එයරසොලය eyarosolaya
aerospace *n.* ආකාශ තලය aakaasha thalaya
aesthetic *adj.* සුන්දර sundara
aesthetics *n.* සෞන්දර්ය විශය saundarya vishaya
afar *adv.* ඈත aatha
affable *adj.* සුහද suhada
affair *n.* කුළුපගකම kulupagakama
affect *v.* බලපානවා balapaanawa
affectation *n.* මවාපෑම mawaapaama
affected *adj.* උඩඟු udangu
affection *n.* ස්නේහය snehaya
affectionate *adj.* දයාබර dayabara
affidavit *n.* දිවුරුම් පත්‍රය diwrum pathraya
affiliate *v.* අනුබද්ධ කරනවා anubadda karanawa
affiliation *n.* අනුබද්ධ කිරීම anubadda kireema
affinity *n.* සම්බන්ධය sambandaya
affirm *v.* සහතික කිරීම sahathika kireema
affirmation *n.* සහතික ප්‍රකාශය sahathika prakashaya
affirmative *adj.* සත් sath
affix *v.t.* යා කරනවා yaa karanawa
afflict *v.* පීඩා කරනවා peeda karanawa
affliction *n.* ගැහැට gahata
affluence *n.* සමෘද්ධිය samurdiya

affluent *adj.* ඉසුරු මත් isurumath
afford *v.t.* උපයනවා upayanawa
afforestation *n.* කැලෑ වැවීම kalaa waweema
affray *n.* කලහය kalahaya
affront *n.* අවඥාව awagnawa
afield *adv.* දුර dura
aflame *adj.* ඇවිලගත් awilagath
afloat *adj.* පාවෙන paavena
afoot *adv.* පයින් pain
afraid *adj.* බිය පත් biya path
afresh *adv.* අලුතින් aluthin
African *adj.* අප්‍රිකානු aprikanu
aft *adv.* පස්සෙන් passen
after *adv.* මතු mathu
after *conj.* සම්බන්ධව sambandawa
after *prep.* අනතුරුව anathuruwa
again *adv.* තවත් thawath
against *prep.* එදිරිව ediriwa
agate *n.* අගස්ති agasthi
age *n.* වයස wayasa
aged *adj.* වියපත් viyapath
ageism *n.* වයසට වෙනස්කම් කිරීම vayasata venaskam kireema
ageless *adj.* පරණ නොවෙන parana novena
agency *n.* නියෝජිත ආයතනය niyojitha aayathanaya
agenda *n.* න්‍යාය පත්‍රය niyaya pathraya
agent *n.* නියෝජිතයා niyojithaya
agglomerate *v.* රැස් වෙනවා ras wenawa
aggravate *v.* උග්‍ර වෙනවා ugra wenawa
aggravation *n.* බරපතල කිරීම bara-pathala kireema
aggregate *n.* සමස්තය samasthaya
aggression *n.* කලහයක මුල පිරීම kalahayaka mula pireema
aggressive *adj.* කලහකාරී kalahakaaree
aggressor *n.* ආක්‍රමණිකයා aakramaniyaka
aggrieve *v.* වේදනා විඳිනවා vedana vindinawa
aghast *adj.* තැති ගත් thathi gath
agile *adj.* ඉක්මන් ikman
agility *n.* කඩිසර බව kadisara bawa
agitate *v.* කලඹනවා kalambanawa
agitation *n.* කලහලය kalahalaya
agnostic *n.* නාස්තික දෘෂ්ටිකයා naasthika drushtikaya
ago *adv.* ඉස්සර issara
agog *adj.* කලබල සහිත kalabala sahitha
agonize *v.* බලවත් වේදනා ඇති කරනවා balawath vedana athi karana
agony *n.* මහත් පීඩාව mahath peedawa
agrarian *adj.* ගොවිජන govijana
agree *v.* ගිවිසනවා givisanawa
agreeable *adj.* එකඟවිය හැකි ekanga viya haki
agreement *n.* ගිවිසුම givisuma
agricultural *adj.* කෘෂිකාර්මික krushikaarmika
agriculture *n.* කෘෂිකර්මය krushi-karmaya
aground *adj.* ගොඩ ඇති goda athi
ahead *adv.* ඉදිරියෙන් idiriyen
aid *n.* උදව්ව udawwa
aide *n.* පුද්ගලික සහායක pudgalika sahaayaka
aids *n.* උදව් udaw

ail *v.* ලෙඩ වෙනවා leda wenawa
ailing *adj.* පෙළෙන pelena
ailment *n.* ආබාධය aabadaya
aim *v.i.* මාන බලනවා maana balanawa
aim *n.* අරමුණ aramuna
aimless *adj.* අරමුණක් නැති aramunak nathi
air *n.* වාතය waathaya
aircraft *n.* අහස් යානය ahas yaanaya
airy *adj.* වාතාශ්‍රය සහිත waathashra sahitha
aisle *n.* ප්‍රවේශ මාර්ගය pravesha maargaya
ajar *adv.* අඩවල් adawal
akin *adj.* සමාන samana
alacritous *n.* යුහුසුළු බව ඇති yuhusulu bawa athi
alacrity *n.* උනන්දුව unanduwa
alarm *n* ත්‍රාසය thrasaya
alarm *v* බිය වෙනවා biya wenawa
alas *conj.* අහෝ aho
albeit *conj.* එසේද වුවත් eseda wuwath
album *n* ඇල්බමය albamaya
albumen *n.* ශ්වේත කල්ක shwetha kalka
alchemy *n.* රසවිද්‍යාව rasa widyawa
alcohol *n.* මද්‍යසාර madyasara
alcoholic *adj.* බේබද්දා bebadda
alcove *n.* ලතා ගෘහය latha gruhaya
ale *n.* බීර වර්ගයක් beera wargayak
alert *adj.* සෝදිසිය sodisiya
algebra *n.* වීජ ගණිතය veeja ganithaya
alias *adv.* හෙවත් hewath
alias *n.* අන්වර්ථ නාමය anwartha naamaya
alibi *n.* නොසිටි බව nositi bawa
alien *adj.* විදේශික wideshika
alienate *v.i.* අන් සතු කරනවා an sathu karanawa
alight *v.t.* මොළනවා molanawa
align *v.* පෙළට ගන්නවා pelata gannawa
alignment *n.* පේළියට තැබීම peliyata thabeema
alike *adj.* සම sama
alimony *n.* දීමනාව deemanawa
alive *adj.* පණ පිටින් pana pitin
alkali *n.* ක්ෂාරය ksharaya
all *adj.* සියලු siyalu
allay *v.* සංසිඳුවනවා sansinduwanawa
allegation *n.* කියමන kiyamana
allege *v.* කියා සිටිනවා kiya sitinawa
allegiance *n.* අවනත වීම awanatha weema
allegory *n.* දෘෂ්ටාන්තය drushtanthaya
allergen *n.* ආසාත්මික කාරකය aasathmika kaarakaya
allergic *adj.* අසාත්මික aasaathmika
allergy *n.* අසාත්මිකතාවය aasaathmikathawaya
alleviate *v.* සහනය සලසනවා sahanaya salasanawa
alleviation *n.* සහනය sahanaya
alley *n.* පටු පාර patu paara
alliance *n.* සන්ධානය sandaanaya
allied *adj.* මිත්‍ර වූ mithra wu
alligator *n.* කිඹුලා kimbula
alliterate *v.* අලංකාර නොවූ ශබ්ද රසය alankaara nowoo shabda rasaya
alliteration *n.* අනුප්‍රාසය anupra-

saaya
allocate *v.* වෙන් කරනවා wen kara-nawa
allocation *n.* වෙන් කිරීම wen kireema
allot *v.* ඉඩ දෙනවා ida denawa
allotment *n.* වෙන් කරදීම wen kara deema
allow *v.* ඉඩ හරිනවා ida harinawa
allowance *n.* විවේතනය wiwethanaya
alloy *n.* මිශ්‍ර ලෝහය mishra lobaya
allude *v.t.* සඳහන් කරනවා sandahan karanawa
allure *n.* පෙළඹවීම pelambaweema
alluring *adj.* පෙළඹවන pelam-bawana
allusion *n.* සඳහන sandahan
ally *n.* පාක්ෂිකයා paakshikaya
almanac *n.* ලිත litha
almighty *adj.* සර්වබලධාරී sarwa baladhaaree
almond *n.* කොට්ටම්බා kottamba
almost *adv.* මුළුමනින්ම පාහේ mulumuninma pahe
alms *n.* දානය daanya
aloft *adv.* ඉහළින් ihalin
alone *adv.* තනිව thaniwa
along *prep.* ඔස්සේ osse
alongside *prep.* දිගේ dige
aloof *adj.* අහකින් ahakin
aloud *adv.* මහ හඬින් maha handin
alpha *n.* ඇල්ෆා alfa
alphabet *n.* හෝඩිය hodiya
alphabetical *adj.* අකාරාදි akaaradi
alpine *adj.* කඳුකර kandukara
already *adv.* මේ වන විටත් me wana witath
also *adv.* එසමෙ esema
altar *n.* අල්තාරය altharaya
alter *v.* වෙනස් කරනවා wenas karanawa
alteration *n.* විකෘතිය wikurthiya
altercation *n.* දබරය dabaraya
alternate *v.t.* මාරුවෙන් මාරුවට maaruwen maruwata
alternative *adj.* ඒකාන්තර ekanthara
although *conj.* නමුත් namuth
altitude *n.* උන්නතාංශය unnathanshaya
altogether *adv.* සියල්ලම siyallama
altruism *n.* පරාර්ථ චර්යාව paraartha charyaawa
aluminium *n.* ඇලුමිනියම් aluminium
alumnus *n.* උපාධිදරයා upaadi-daraya
always *adv.* සැමවිට samawita
amalgam *n.* සංරසය sansaraya
amalgamate *v.* සංරස කරනවා sanrasa karanawa
amalgamation *n.* ඒකාබද්ධ කිරීම ekabadda kireema
amass *v.* ගොඩ ගසනවා goda gasanawa
amateur *n.* ආධුනිකයා aadunikaya
amateurish *adj.* අදක්ෂ adaksha
amatory *adj.* රතිකාමී rathakaami
amaze *v.* විමතියට පත්වෙනවා wimathiyata pathwenawa
amazement *n.* විස්මය wismaya
amazon *n.* යුධකාමී ස්ත්‍රිය yudakamee sthriya
ambassador *n.* තානාපති thaanaa-pathi
amber *n.* කහ පාටට හුරු kaha paatata huru

ambient *adj.* හාත්පස haathpasa
ambiguity *n.* ව්‍යාකූලත්වය wiyakulathwaya
ambiguous *adj.* නොපැහැදිලි nopahadili
ambit *n.* විශය සීමාව wishaya seemawa
ambition *n.* අභිලාෂය abhilashaya
ambitious *adj.* මහේච්ඡ mahechcha
ambivalent *adj.* දෙගිඩියාව degidiyawa
amble *v.* හෙමින් යනවා hemin yanawa
ambrosia *n.* අමෘතය amurthaya
ambulance *n.* ගිලන් රථය gilan rathaya
ambush *n.* රැක සිටින තැන raka sitina thana
ameliorate *v.* වැඩි දියුණු වෙනවා wadi diunu wenawa
amelioration *n.* වැඩි දියුණුව wadi diunuwa
amend *v.* සකස් කරනවා sakas karanawa
amendment *n.pl.* හරිගැස්සීම harigasseema
amenable *adj.* කීකරු keekaru
amiable *adj.* ආදරණීය aadaraneeya
amicable *adj.* මිත්‍ර mithra
amid *prep.* අතරේ athare
amiss *adj.* සදොස් sados
amity *n.* මිත්‍රත්වය mithrathwaya
ammunition *n.* තුවක්කු thuwakku
amnesia *n.* අවසිහිය awasihiya
amnesty *n.* පොදු සමාව podu seemawa
amok *adv.* වියරු වැටී wiyaru watee
among *prep.* අතරෙහි atharehi
amoral *adj.* ආචාරශීලී නොවූ aacharasheeli nowu
amorous *adj.* කාමුක kaamuka
amorphous *adj.* අස්ඵටික asphatika
amount *n.* ප්‍රමාණය pramanaya
ampere *n.* ඇම්පියරය ampiyaraya
ampersand *n.* සහ යන අරුත් දෙන සංකේතය saha yana aruth dena sankethaya
amphibian *n.* උභයචර ubhayachara
amphitheatre *n.* රංගභූමිය rangaboomiya
ample *adj.* විශාල wishala
amplification *n.* වර්ධනය wardhanaya
amplifier *n.* වර්ධකය wardhakaya
amplify *v.* වර්ධනය කරනවා wardhanaya karanawa
amplitude *n.* විස්තාරය wisthaaraya
amulet *n.* යන්ත්‍රය yanthraya
amuse *v.* විනෝද වෙනවා winoda wenawa
amusement *n.* විනෝදය winodaya
an *adj.* එක් ek
anachronism *n.* කාලවිරෝධය kaala wirodaya
anaemia *n.* රක්තහීනතාවය rakthaheenathawaya
anaesthesia *n.* නිර්වින්දනය nirwindanaya
anaesthetic *n.* නිර්වින්දක nirwindaka
anal *adj.* ගුද guda
analgesic *n.* රුජා නසන rujaa nasana
analogous *adj.* සාදෘශ්‍ය saadrushya
analogue *adj.* සමකාරක samakaaraka

analogy *n.* සාම්‍යය saamyaya
analyse *v.* විශ්ලේෂණය කරනවා wishleshanaya karanawa
analysis *n.* විශ්ලේෂණය wishleshanaya
analyst *n.* විශ්ලේෂකයා wishleshakaya
analytical *adj.* විශ්ලේෂී wishleshi
anarchism *n.* ස්වෛරීවාදය swaireewadaya
anarchist *n.* රජයත් නීතියත් අවලංගු කරන්න rajayath neethiyath awalangu karanna
anarchy *n.* අරාජිකත්වය araajikathwaya
anatomy *n.* ව්‍යුහය wyuhaya
ancestor *n.* මුතුන් මිත්තා muthun miththa
ancestral *adj.* පාරම්පරික paaramparika
ancestry *n.* වංශය wanshaya
anchor *n.* නැංගුරම nangurama
anchorage *n.* නැංගුරම්පළ nangurampala
ancient *adj.* පෞරාණික pauraanika
ancillary *adj.* උපයෝගී upayogi
and *conj.* සහ saha
android *n.* මිනිස් රුව ඇති රොබෝට්ටෙක් minis ruwa athi robottek
anecdote *n.* වෘත්තාන්තය wurthanthaya
anew *adv.* අමුතුවෙන් amuthuwen
angel *n.* දෙව්දුව dewduwa
anger *n.* ද්වේෂය dweshaya
angina *n.* පපුවේ රිදුම papuwe riduma
angle *n.* කෝණය konaya
angry *adj.* කුපිත kupitha
anguish *n.* සංවේගය sanwegaya
angular *adj.* කෝණික konika
animal *n.* සත්වයා sathwaya
animate *v.* පණ දෙනවා pana denawa
animated *adj.* ප්‍රාණවත් praanawath
animation *n.* පණ දීම pana deema
animosity *n.* වෛරය wairaya
aniseed *n.* අසමෝදගම් asamodagam
ankle *n.* වළලුකර walalukara
anklet *n.* සලඹ salamba
annals *n.* විත්ති withthi
annex *v.* යා කරනවා yaa karanawa
annexation *n.* යා කිරීම yaa kireema
annihilate *v.* නසනවා nasanawa
annihilation *n.* විනාශය winashaya
anniversary *n.* සංවත්සරය sanwathsaraya
annotate *v.* විස්තර කරනවා wisthara karanawa
announce *v.* නිවේදනය කරනවා niwedanaya karanawa
announcement *n.* නිවේදනය niwedanaya
annoy *v.* වද කරනවා wada karanawa
annoyance *n.* පීඩාව peedawa
annual *adj.* වාර්ෂික waarshika
annuity *n.* වාර්ෂිකය waarshikaya
annul *v.* නිෂ්ප්‍රභා කරනවා nishprabha karanawa
anode *n.* ඇනෝඩය anodaya
anoint *v.* ගල්වනවා galwanawa
anomalous *adj.* අක්‍රමික akramika
anomaly *n.* අක්‍රමිකතාව akramika-

thawaya
anonymity *n.* නිර්නාමිකත්වය nirnaa-mikathwaya
anonymous *adj.* නිර්නාමික nirnaa-mika
anorexia *n.* අරුචිය aruchiya
another *adj.* අනික් anik
answer *n.* පිළිතුර pilithura
answerable *adj.* වගකිවයුතු waga-kiwa uthu
ant *n.* කුඹියා kumbiya
antacid *adj.* ප්‍රත්‍යම්ලය prathyamelaya
antagonism *n.* එදිරිවාදිකම ediriwaadikama
antagonist *n.* එදිරිවාදියා ediriwaadiya
antagonize *v.* එදිරි කරනවා ediri karanawa
Antarctic *adj.* පරෙතුව peraathuwa
antecedent *n.* පූර්වාංගය poorwaangaya
antedate *v.* පෙරදාතම් කරනවා peradaatham karanawa
antelope *n.* කුරුංග kurunga
antenna *n.* ඇන්ටනාව antanaawa
anthem *n.* ස්තෝත්‍රය sthothraya
anthology *n.* කාව්‍ය මාලාව kaawya maalawa
anthropology *n.* මානවවිද්‍යාව maanawa widyaawa
anthrax *n.* ප්ලීහා රෝගය pleehaa rogaya
anti *n.* ප්‍රති prathi
antibiotic *n.* ප්‍රතිජීවක prathijee-waka
antibody *n.* ප්‍රතිදේහ prathideha
antic *n.* විහිළුව wihiluwa
anticipate *v.* කලින් විඳිනවා kalin windinawa
anticipation *n.* අපේක්ෂාව apekshawa
anticlimax *n.* භාවාවනතිය Bhaawaa-wanathiya
antidote *n.* ප්‍රතිවිෂ prathiwisha
antioxidant *n.* ප්‍රතික්‍රියා කළ නොහැකි prathikriya kala nohaki
antipathy *n.* අප්‍රිය බව apriya bawa
antiperspirant *n.* දහඩිය නොගලන dahadiya nogalana
antiquarian *adj.* පැරණි දේ පිළිබඳ parani de pilibanda
antiquated *adj.* අවලංගු වූ awalan-goo woo
antique *n.* පුරාවස්තු purawasthu
antiquity *n.* පුරාතනය puraathanaya
antiseptic *adj.* විෂබීජ මර්ධක vishabeeja mardaka
antisocial *adj.* සමාජ විරෝධී samaaja wirodee
antithesis *n.* ප්‍රතිවාදය prathiwaadaya
antler *n.* අං තට්ටුව an thattuwa
antonym *n.* විරුද්ධාර්ථ පදය wiruddartha padaya
anus *n.* ගුදය gudaya
anvil *n.* කිනිහිර kinihira
anxiety *n.* සාංකාව saankaawa
anxious *adj.* තැවිලි සහිත thawili sahitha
any *adj.* ඕනෑ තරම් onaa tharam
anyhow *adv.* කෙසේහරි kese hari
anyone *pron.* කිසිවෙක් kisiwek
anything *pron.* ඕනෑ දෙයක් onaa deyak
anywhere *adv.* ඕනෑ තැනක onaa

thanaka
apace *adv.* ඉක්මණින් ikmanin
apart *adv.* තොරව thorawa
apartheid *n.* වර්ණ භේදය warna bhedaya
apartment *n.* කාමරය kaamaraya
apathy *n.* නොසැලකිල්ල nosalakilla
ape *n.* වානරයා waanaraya
aperture *n.* විවරය wiwaraya
apex *n.* මුදුන muduna
aphorism *n.* සූත්‍රය soothraya
apiary *n.* මී වදය mee wadaya
aplomb *n.* ආත්ම විශ්වාසය aathma wishwasaya
apocalypse *n.* එළිදරව්ව elidarawwa
apologize *v.* සමාව ඉල්ලනවා samaawa illanawa
apology *n.* සමාව ඉල්ලීම samaawa illeema
apoplectic *adj.* මී මැස්මෝර රෝගය සහිත mee masmora rogaya sahitha
apostate *n.* පක්ෂය හැරයන්නා pakshaya harayanna
apostle *n.* දූතයා doothaya
apostrophe *n.* ලෝප ලකුණ lop lakuna
appal *v.* භය කරනවා bhaya karanawa
apparatus *n.* උපකරණය upakaranaya
apparel *n.* අඳිනවා andinawa
apparent *adj.* පෙනෙන penena
appeal *v.t.* අභියාචනාව abhiyachana
appear *v.* පෙනී සිටිනවා penee sitinawa
appearance *n.* පෙනී සිටීම penee siteema
appease *v.* සංසිඳවනවා sansinda-wanawa
append *v.* අමුණනවා amunanawa
appendage *n.* උපාංගය upaangaya
appendicitis *n.* අනුබද්ධ ප්‍රදාහය anubadda pradaahaya
appendix *n.* අනුබද්ධය anubaddaya
appetite *n.* අභිරුචිය abhiruchiya
appetizer *n.* කට ගැස්ම kata gasma
applaud *v.* ඔල්වරසන් දෙනවා olwarasan denawa
applause *n.* අත්පොළසන් දීම athpolasan deema
apple *n.* ඇපල් apple
appliance *n.* උපකරණය upakaranaya
applicable *adj.* අදාළ adaala
applicant *n.* අයදුම්කරුවා ayadumkaruwa
application *n.* ඉල්ලුම් පත්‍රය illum pathraya
apply *v.t.* යොමු කරනවා yomu karanawa
appoint *v.* පත් කරනවා path karanawa
appointment *n.* පත්වීම pathweema
apportion *v.t.* බෙදා දෙනවා beda denawa
apposite *adj.* යෝග්‍ය yogya
appraise *v.* මිල කරනවා mila karanawa
appreciable *adj.* ප්‍රමාණ කළ හැකි pramaana kala haki
appreciate *v.* අගය කොට සලකනවා agaya kota salakanawa
appreciation *n.* රස විඳීම rasa windeema
apprehend *v.* සිර භාරයට ගන්නවා sira bharayata gannawa

apprehension *n.* අල්ල ගැනීම alla ganeema
apprehensive *adj.* භය සහිත bhaya sahitha
apprentice *n.* අතවැසියා athawasiya
apprise *v.* දැනුම් දෙනවා danum denawa
approach *v.* සමීප වෙනවා sameepa wenawa
appropriate *adj.* සුදුසු sudusu
appropriation *n.* අයිති කරගැනීම ayithi karaganeema
approval *n.* අනුමැතිය anumathiya
approve *v.* අනුමත කරනවා anumatha karanawa
approximate *adj.* දළ dala
apricot *n.* රට කොට්ටං rata kottan
apron *n.* පිළිවැස්ම piliwasma
apt *adj.* දක්ෂ daksha
aptitude *n.* යෝග්‍යතාවය yogya-thaawaya
aquarium *n.* මින් මැදුර min madura
aquatic *adj.* ජලජ jalaja
aqueous *adj.* ජලීය jaleeya
Arab *n.* අරාබියා araabiya
Arabian *n.* අරාබි araabi
Arabic *n.* අරාබි araabi
arable *adj.* වගා කළ හැකි wagaa kala haki
arbiter *n.* තීරකයා theerakaya
arbitrary *adj.* අභිමත abhimatha
arbitrate *v.* විනිශ්චයක් දෙනවා winishchayak denawa
arbitration *n.* බේරුම් කිරීම berum kireema
arbitrator *n.* බේරුම්කාරයා berum kaaraya
arbour *n.* වටගෙය watageya
arc *n.* චාපය chaapaya
arcade *n.* ආරුක්කු පෙළිය aarukku peliya
arch *n.* ආරුක්කුව aarukkuwa
archaeology *n.* පුරාවිද්‍යාව puraa widyaawa
archaic *adj.* පුරාතන purathana
archangel *n.* දේවදූතයා dewadoothaya
archbishop *n.* නායක බිෂොප් තැන naayaka bishop thana
archer *n.* දුනුවායා dunuwaaya
architect *n.* ගෘහනිර්මාණ ශිල්පියා gruhanirmaana shilpiya
architecture *n.* වාස්තු විද්‍යාව wasthu widyaawa
archives *n.* ලේඛනාගාරය lekhanagaaraya
Arctic *adj.* ආක්ටික් arctic
ardent *adj.* උනන්දු unandu
ardour *n.* අනුරාගය anuraagaya
arduous *adj.* අසීරු aseeru
area *n.* වර්ග පාලනය warga paalanaya
arena *n.* රඟ මඩල ranga madala
argue *v.* තර්ක කරනවා tharka karanawa
argument *n.* වාදය waadaya
argumentative *adj.* තර්කශීලි tharkasheeli
arid *adj.* ශුෂ්ක shushka
arise *v.* නැඟී සිටිනවා nagee sitinawa
aristocracy *n.* රදල පන්තිය radala panthiya
aristocrat *n.* රදළයා radalaya
arithmetic *n.* අංක විද්‍යාව anka widyaawa
arithmetical *adj.* ගණිත හා සම්බන්ධ

ganitha haa sambanda
ark *n.* වැසුණු නැව wasunu nawa
arm *n.* බාහුව baahuwa
armada *n.* නැව් කණ්ඩායම naw kandayama
Armageddon *n.* ඉතා විශාල අරගලය itha wishala aragalaya
armament *n.* යුද්ධෝපකරණ yuddopakarana
armistice *n.* සටන් විරාමය satan wiramaya
armour *n.* සන්නාහය sannahaya
armoury *n.* යුද්ධායුධ yuddayuda
army *n.* හමුදාව hamudawa
aroma *n.* සුවඳ suwanda
aromatherapy *n.* සගන්ධ තෙලේවලින් කෙරෙනෙ ප්‍රතිකර්මයක් saganda thelwalin kerena prathikarmayak
around *adv.* වටා wataa
arouse *v.* අවදි වනවා awadi wenawa
arrange *v.* සකසනවා sakasanawa
arrangement *n.* වින්‍යාසය winyaasaya
arrant *adj.* ඉතා නරක ithaa naraka
array *n.* පෙළ pela
arrears *n.* හිඟ hinga
arrest *v.* සිර භාරයට ගැනීම sira bhaarayata ganeema
arrival *n.* සම්ප්‍රාප්තිය sampraрthiya
arrive *v.* පැමිණෙනවා paminenawa
arrogance *n.* අහංකාරය ahan-kaaraya
arrogant *adj.* මානාදික maanadika
arrogate *v.* පවරා ගන්නවා pawaraa gannawa
arrow *n.* හීය heeya
arsenal *n.* අවිහල awihala
arsenic *n.* පාසානම් paasanam
arson *n.* ගිනි තැබීම gini thabeema
art *n.* කලාව kalawa
artefact *n.* මෙවලම mewalama
artery *n.* ධමනිය dhamaniya
artful *adj.* කපටි kapati
arthritis *n.* සන්ධිප්‍රදාහය sandhipra-daahaya
artichoke *n.* සූරියකාන්ත අල sooriyakaantha ala
article *n.* ලිපිය lipiya
articulate *adj.* ඈඳූ aandoo
artifice *n.* ප්‍රයෝගය prayogaya
artificial *adj.* කෘත්‍රිම kruthima
artillery *n.* කාලතුවක්කු kaala-thuwakku
artisan *n.* කම්කරුවා kamkaruwa
artist *n.* චිත්‍ර ශිල්පියා chithra shilpiya
artistic *adj.* කලාත්මක kalaathmaka
artless *adj.* අව්‍යාජ awyaaja
as *adv.* පරිදි paridi
asbestos *n.* ඇස්බැස්ටෝස් asbastos
ascend *v.* නගිනවා naginawa
ascendant *adj.* උදාවීම udaaweema
ascent *n.* උද්ගමනය udgamanaya
ascertain *v.* දැනගන්නවා danagan-nawa
ascetic *adj.* තවුසා thawsa
ascribe *v.* පවරනවා pawaranawa
aseptic *adj.* නිපුති niputhi
asexual *adj.* අලිංගික alingika
ash *n.* අළු alu
ashamed *adj.* ලජ්ජාවට පත් lajjawata path
ashore *adv.* වෙරළෙහි weralehi
Asian *adj.* ආසියානුවා aasiyaanuwa
aside *adv.* ඉවත iwatha
asinine *adj.* මෝඩ moda

ask *v.* අසන්න asanna

askance *adv.* වපරව waparawa

askew *adv.* හරහට harahata

asleep *adj.* නිදිගත් nidigath

asparagus *n.* හාතාවාරිය haathaawaariya

aspect *n.* පෙනුම penuma

asperity *n.* විෂමතාව wishamathaawa

aspersions *n.* අපවාද apawaada

asphyxiate *v.* හුස්ම ගැනීම වළකනවා husma ganima walakanawa

aspirant *n.* අපේක්ෂකයා apekshakaya

aspiration *n.* ප්‍රාර්ථනාව prarthanawa

aspire *v.* පතනවා pathanawa

ass *n.* මෝඩයා modaya

assail *v.* පහර දෙනවා pahara denawa

assassin *n.* මිනීමරුවා mineemaruwa

assassinate *v.* මිනීමරනවා mineemaranawa

assassination *n.* මිනීමැරීම mineemareema

assault *n.* පහරදීම pahara deema

assemblage *n.* එකතුවීම ekathu weema

assemble *v.* එක් රැස් වෙනවා ek ras wenawa

assembly *n.* රැස්වීම rasweema

assent *n.* අනුදැනුම anudanuma

assert *v.* පවසනවා pawasanawa

assess *v.* තක්සේරු කරනවා thakseru karanawa

assessment *n.* ඇගයුම agayuma

asset *n.* වත්කම wathkama

assiduous *adj.* අනලස් analas

assign *v.* නියම කරනවා niyama karanawa

assignation *n.* පාවාදීම paawaa deema

assignment *n.* පැවරුම pawaruma

assimilate *v.* උරා ගන්නවා uraa gannawa

assimilation *n.* උරා ගැනීම uraa ganeema

assist *v.* සහාය දෙනවා sahaaya denawa

assistance *n.* සහාය sahaaya

assistant *n.* සහායකයා sahaayakaya

associate *v.* සම්බන්ධ වෙනවා sambanda wenawa

association *n.* සම්මේලනය sammelanaya

assonance *n.* සංස්වනය sanswanaya

assorted *adj.* මිශ්‍ර mishra

assortment *n.* තේරීම thereema

assuage *v.* සනසනවා sanasanawa

assume *v.* උපකල්පනය කරනවා upakalpanaya karanawa

assumption *n.* කල්පිතය kalpithaya

assurance *n.* රක්ෂණය rakshanaya

assure *v.* දැනගන්නවා danagannawa

assured *adj.* ස්ථිර sthira

asterisk *n.* තරු ලකුණ tharu lakuna

asteroid *n.* ග්‍රහකය grahakaya

asthma *n.* ඇදුම anduma

astigmatism *n.* ඇස්ටිග්මැටිසම astigmatisama

astonish *v.* මවිත වෙනවා mawitha wenawa

astonishment *n.* විස්මයට පත්කිරීම wismayata path kireema

astound *v.* විස්මයට පත්වෙනවා wismayata path wenawa

astral *adj.* දිව්‍යමය diwyamaya

astray *adv.* නොමඟ යන nomanga yana

astride *prep.* පා විහිදුවා paa wihiduwa

astrologer *n.* දෛවඥයා daiwagnaya

astrology *n.* නක්ෂත්‍රය nakshathraya

astronaut *n.* ගගනගාමියා gaganagaamiya

astronomer *n.* තාරකා විද්‍යාඥයා thaaraka widyagniya

astronomy *n.* තාරකා විද්‍යාව thaaraka widyawa

astute *adj.* ශූර shoora

asunder *adv.* කැබලිව kabaliwa

asylum *n.* පිස්සන් කොටුව pissan kotuwa

at *prep.* හි hi

atavistic *adj.* අතීතාහෘත atheethaahrutha

atheism *n.* නාස්තික වාදය naasthika waadaya

atheist *n.* අදේවවාදියා adewawaadiya

athlete *n.* මළල ක්‍රීඩකයා malala kreedakayaa

athletic *adj.* මළල ක්‍රීඩාව malala kreedawa

atlas *n.* ඇට්ලස් atlas

atmosphere *n.* වායුගෝලය waayugolaya

atoll *n.* අතොළ athola

atom *n.* පරමාණුව paramaanuwa

atomic *adj.* පරමාණුක paramaanuka

atone *v.* වරදට සමා කරනවා waradata sama karanawa

atonement *n.* ප්‍රායශ්චිත්තය praayashchiththaya

atrium *n.* ආලින්දය aalindaya

atrocious *adj.* කපටි kapati

atrocity *n.* කෲරකම kroorakama

attach *v.* ආඳිනවා aandinawa

attaché *n.* පිරිවාරකයා pariwaarakaya

attachment *n.* ඇමුණුම amunuma

attack *v.* පහරදීම pahara deema

attain *v.* ලබා ගන්නවා laba gannawa

attainment *n.* ලැබීම labeema

attempt *v.* වෑයම waayama

attempt *v.* උත්සාහය uthsaahaya

attend *v.* පැමිණෙනවා paminenawa

attendance *n.* පැමිණීම pamineema

attendant *n.* සාත්තුකාරයා saaththukaaraya

attention *n.* අවධානය awadhanaya

attentive *adj.* සාවධාන saawadaana

attest *v.* සාක්ෂි දරනවා saakshi daranawa

attic *n.* අටුව atuwa

attire *n.* ඇඳුම් aandum

attitude *n.* ආකල්පය aakalpaya

attorney *n.* නීතිඥයා neethigniya

attract *v.* ආකර්ෂණය aakarshanaya

attraction *n.* ඇද ගැනීම ada ganeema

attractive *adj.* ලගන්නා laganna

attribute *v.* ගුණාංගය gunangaya

aubergine *n.* වම්බටු wambatu

auction *n.* වෙන්දේසිය wendesiya

audible *adj.* ඇසෙන asena

audience *n.* සභාව sabhawa

audio *n.* ශ්‍රව්‍ය shrawya
audit *n.* විගණනය wigananaya
audition *n.* කුසලතා පරීක්ෂණය kusalatha pareekshanaya
auditorium *n.* ශ්‍රවණාගාරය shrawanaagaaraya
augment *v.* වැඩි කිරීම wadi kireema
August *n* අගෝස්තු agosthu
aunt *n.* නැන්දා nanda
aura *n.* රැස් මඬල ras madala
auspicious *adj.* නැකත් nakath
austere *adj.* ඉතා චාම් ithaa chaam
Australian *n.* ඕස්ට්‍රේලියානු australiaanu
authentic *adj.* සත්‍ය sathya
authenticity *n.* සත්‍යතාව sathyathaawa
author *n.* කතෘ kathru
authoritative *adj.* බල සහිත balasahitha
authority *n.* අධිකාරිය adhikaariya
authorize *v.* බලය දෙනවා balaya denawa
autism *n.* ස්වෙච්ඡතාව swechcha-thaawa
autobiography *n.* ආත්ම චරිතය aathma charithaya
autocracy *n.* ඒකාධිපතිවරයා eekadhipathiwaraya
autocrat *n.* ඒකාධිපතියා eekadhi-pathiya
autocratic *adj.* ස්වාධිපති swaad-hipathi
autograph *n.* ඔටෝග්‍රාෆය autogra-phaya
automatic *adj.* ස්වයං ක්‍රිය swayan-kriya
automobile *n.* මෝටර් රිය motar riya
autonomous *adj.* ස්වතන්ත්‍ර swathanthra
autopsy *n.* ස්වයං පරීක්ෂණය swayan pareekshanaya
autumn *n.* සිසිර sisira
auxiliary *adj.* උපස්ථම්භක upasthambhaka
avail *v.* ප්‍රයෝජන ගන්නවා prayojana gannawa
available *adj.* ලැබිය හැකි labiya haki
avalanche *n.* හිම ධාවනය hima dhawanaya
avarice *n.* තෘෂ්ණාව thrushnaawa
avenge *v.* පළි ගන්නවා pali gannawa
avenue *n.* මාවත maawatha
average *n.* සාමාන්‍ය saamanya
averse *adj.* විපක්ෂ wipaksha
aversion *n.* පිළිකුල pilikula
avert *v.* වළක්වනවා walakwanawa
aviary *n.* කුරුළු ගෙය kurulu geya
aviation *n.* ආකාශ සංචාරය aakasha sanchaaraya
aviator *n.* ගුවන් නැවියා guwan nawiya
avid *adj.* ඉගිලීමට කෑදර ඇති igilee-mata kaadara athi
avidly *adv.* ඉගිලී යත හැකි igilee yatha haki
avocado *n.* අලිගැටපේර aligatapera
avoid *v.* මඟ හරිනවා maga harinawa
avoidance *n.* මඟ හැරීම maga hareema
avow *v.* දිව්රනවා diwranawa
avuncular *adj.* බාප්පා baappa
await *v.* බලාපොරොත්තු වෙනවා balaporoththu wenawa
awake *v.* පිබිදෙනවා pibidenawa
awaken *v.* අවදි කරනවා awadi

karanawa
award *v.* ත්‍යාගය thyagaya
aware *adj.* දැන dana
away *adv.* ඉවතට iwathata
awe *n.* විස්මය wismaya
awesome *adj.* තේජස්වී thejaswee
awful *adj.* භයානක bhayaanaka
awhile *adv.* ටිකකට tikakata
awkward *adj.* නුහුරු nuhuru
awry *adv.* ඇදට adata
axe *n.* පොරොව porowa
axis *n.* අක්ෂය akshaya
axle *n.* අක්ෂ දණ්ඩ aksha danda

B

babble *v.* කොඳුරනවා konduranawa
babe *n.* බිළිඳා bilinda
Babel *n.* කලබලය kalabalaya
baboon *n.* බැබූන් baboon
baby *n.* ළදරුවා ladaruwa
bachelor *n.* තනිකඩයා thanikadaya
back *n.* පිටුපස pitupasa
backbone *n.* කශේරුකාව kasha-rukawa
backdate *v.* පසුදාතම් කරනවා pasudaatham karanawa
backdrop *n.* පසුතිරය pasu thiraya
backfire *v.* වරදිනවා waradinawa
background *n.* පසුතලය pasu thalaya
backhand *n.* පිටි අත් පහර piti ath pahara
backing *n.* ආධාරය aadhaaraya
backlash *n.* ආපස්සට ඒම aapassata ema
backlog *n.* අතපසුවූ වැඩ athapasu woo wada
backpack *n.* උර පොදිය ura podiya
backside *n.* පස්සා පැත්ත passaa paththa
backstage *adv.* පසුවේදිකාව pasu wedikawa
backtrack *v.* පස්ස ගහනවා passa gahanawa
backward *adj.* ආපසු aapasu
backwater *n.* පසු ගැල්ම pasu galma
bacon *n.* බේකන් bacon
bacteria *n.* බැක්ටීරියා bacteria
bad *adj.* අයහපත් ayahapath
badge *n.* ලාංඡනය laanchanaya
badly *adv.* නරක අන්දමින් naraka andamin
badminton *n.* බැඩ්මින්ටන් badminton
baffle *v.* පැටලෙනවා patalenawa
bag *n.* බෑගය baagaya
baggage *n.* ගමන් මල්ල gaman malla
baggy *adj.* එල්ලී වැටෙන elli watena
baguette *n.* බැගී විලාසිතාව bagee wilaasithaawa
bail *n.* ඇපය apaya
bailiff *n.* කළමණාකරුවා kalamanaakaruwaa
bait *n.* ඇම ama
bake *v.* පුළුස්සනවා pulussanawaa
baker *n.* පාන් කාරයා paan kaaraya
bakery *n.* පෝරණුව poranuwa
balance *n.* ශේෂය sheshaya
balcony *n.* සඳලුතලය sandal-thalaya
bald *adj.* මුඩු mudu
bale *n.* පොදිය podiya

ball *n.* බෝලය bolaya
ballad *n.* කවි කතාව kawi kathawa
ballet *n.* මුද්‍රා නාටකය mudra naatakaya
balloon *n.* බැලුම baluma
ballot *n.* ඡන්දය chandaya
balm *n.* ආලේපනය aalepanaya
balsam *n.* කූඩලු koondalu
bamboo *n.* උණ una
ban *v.* තහනම thahanama
banal *adj.* සුලබ sulaba
banana *n.* කෙසෙල් kesel
band *n.* පටිය patiya
bandage *n.* වෙළුම් පටිය welum patiya
bandit *n.* චණ්ඩියා chandiya
bane *n.* විපත wipatha
bang *n.* ගසනවා gasanawa
banger *n.* රතිඤ්ඤා rathigna
bangle *n.* වළල්ල walalla
banish *v.* නෙරපනවා nerapanawa
banishment *n.* නෙරපීම nerapeema
banisters *n.* අත්වැල athwala
banjo *n.* බැන්ජෝව banjowa
bank *n.* බැංකුව bankuwa
banker *n.* බැංකු කරු banku karu
bankrupt *adj.* වස්තු භංග wasthu bhanga
bankruptcy *n.* බංකොලොත්කම bankolothkama
banner *n.* බැනරය banaraya
banquet *n.* භෝජන සංග්‍රහය bojana sangrahaya
banter *n.* සරදම saradama
baptism *n.* නාමකරණය naamakaranaya
Baptist *n.* බෞතීස්ම කරන්නා bautheesma karanna
baptize *v.* බෞතීස්ම කරනවා bautheesma karanawa
bar *n.* බීම හල beema hala
barb *n.* බිලී කටුව bilee katuwa
barbarian *n.* ම්ලේච්ඡයා milechchaya
barbaric *adj.* ම්ලේච්ඡ milechcha
barbecue *n.* මස් පළඟන ලෝහ මැස්ස mas palangana loha massa
barbed *adj.* කටු සහිත katu sahitha
barber *n.* කරණවෑමියා karanawaa-miya
bard *n.* වන්දිභට්ටයා wandibattayaa
bare *adj.* මුඩු mudu
barely *adv.* යන්තම් yantham
bargain *n.* හෙට්ටුව hettuwa
barge *n.* පාරුව paaruwa
bark *n.* බිරීම bireema
barley *n.* යව yawa
barn *n.* අටුව atuwa
barometer *n.* වායුපීඩනමානය waayupeedanamaanaya
baron *n.* සාමිවරයා saamiwarayaa
barrack *n.* හේවා මඩම hewa madama
barracuda *n.* ලාවා laawa
barrage *n.* මහ අමුණ maha amuna
barrel *n.* පීප්පය peeppaya
barren *adj.* අසාර asaara
barricade *n.* අවහිරය awahiraya
barrier *n.* බාධකය baadakaya
barring *prep.* පෙර බැමුවම pera bamawuma
barrister *n.* අධිනීතිඥයා adhinee-thignia
barter *v.* හුවමාරුව huwamaaruwa
base *n.* පාදම paadama
baseless *adj.* අමූල amula

basement *n.* පතුල්මාලය pathulmaalaya
bashful *adj.* කුලෑටි kulaati
basic *n.* මූලික moolika
basil *n.* සුවඳතා ගස් වර්ගයක් suwadatha gas wargayak
basilica *n.* විශාල පල්ලිය wishala palliya
basin *n.* බේසම besama
basis *n.* පදනම padanama
bask *v.* උණුසුම ලබනවා unusuma labanawa
basket *n.* කූඩය koodaya
bass *n.* මන්ද්‍ර ස්වර mandra swara
bastard *n.* සංකරයා sankaraya
baste *v.* තළනවා thalanawa
bastion *n.* අට්ටාලය attalaya
bat *n.* වවුලා wawula
batch *n.* කාණ්ඩය kaandaya
bath *n.* ස්නානය snaanaya
bathe *v.* නානවා naanawa
bathos *n.* අර්ථපිරිහීම artha piriheema
batik *n.* බතික් bathik
baton *n.* බැටන් පොල්ල batan polla
battalion *n.* බල ඇණිය bala aniya
batten *n.* දොර පොල්ල dora polla
batter *n.* පිතිකරුවා pithikaruwa
battery *n.* බැටරිය batariya
battle *n.* සටන satana
bauble *n.* කෙළි බඩුව keli baduwa
baulk *v.* වළකනවා walakanawa
bawl *v.* කෑ ගසනවා kaa gasanawa
bay *n.* බොක්ක bokka
bayonet *n.* බයිනෙත්තුව baineththuwa
bazaar *n.* කඩමණ්ඩිය kadamandiya
bazooka *n.* යුද්ධ ටැංකි ප්‍රහාරක උපකරණයකි yudda tanki praharaka upakaranayaki
be *v.* තියෙනවා thiyenawa
beach *n.* වෙරළ werala
beacon *n.* ගිනිමැලය gini malaya
bead *n.* පබළු ඇටය pabalu ataya
beady *adj.* දිලිසෙන dilisenawa
beagle *n.* බීගල් beegal
beak *n.* හොට hota
beaker *n.* බීකරය beekaraya
beam *n.* කදම්භය kadambhaya
bean *n.* බෝංචි bonchi
bear *v.t* දරනවා daranawa
bear *n.* වළහා walahaa
beard *n.* රැවුළ rawula
bearing *n.* දිගංශය diganshaya
beast *n.* මෘගයා murgaya
beastly *adj.* තිරිසන් thirisan
beat *v.* ගහනවා gahanawa
beautician *n.* රූපලාවන්‍ය ශිල්පියා roopalawanya shilpiya
beautiful *adj.* අලංකාර alankaara
beautify *v.* අලංකාර කරනවා alankaara karanawa
beatitude *n.* මෝක්ෂය mokshaya
beauty *n.* සුන්දරත්වය sundarathwaya
beaver *n.* රැවුල්කාරයා rawulkaaraya
becalmed *adj.* නිශ්චල nishchala
because *conj.* නිසා nisa
beck *n.* සංඥා කරනවා sangna karanawa
beckon *v.* කැඳවනවා kandawanawa
become *v.* හට ගන්නවා hata gannawa
bed *n.* ඇඳ anda
bedding *n.* ඇතිරීම athireema
bedlam *n.* මහත් කලබලය mahath

kalabalaya

bedraggled *adj.* අශෝභන ashobana

bee *n.* මී මැස්සා mee massa

beech *n.* බීච් ගස beech gasa

beef *n.* හරක් මස් harak mas

beefy *adj.* තරබාරු tharabaaru

beep *n.* නළා හඬ nala handa

beer *n.* බීර beera

beet *n.* බීට් beet

beetle *n.* කුරුමිණියා kuruminiya

beetroot *n.* බීට් අලය beet alaya

befall *v.* සිදු වෙනවා sidu wenawa

befit *v.* ඔබිනවා obinawa

before *adv.* පෙර pera bamawuma

beforehand *adv.* කල්තබා kalthaba

befriend *v.* මිතුරු වෙනවා mithuru wenawa

befuddled *adj.* සිහි විකල් වූ sihi wikal woo

beg *v.* අයදිනවා ayadinawa

beget *v.* උපද්දනවා upaddanawa

beggar *n.* සිඟන්නා siganna

begin *v.* අරඹනවා arambanawa

beginning *n.* ආරම්භය aarambaya

beguile *v.* වංචා කරනවා wancha karanawa

behalf *n.* වෙනුවට wenuwata

behave *v.* හැසිරෙනවා hasirenawa

behaviour *n.* හැසිරීම hasireema

behead *v.* හිස ගසනවා hisa gasanawa

behemoth *n.* මැවුම්කරුවා mawumkaruwa

behest *n.* ආඥාව aangnawa

behind *prep.* පසුව pasuwa

behold *v.* දකිනවා dakinawa

beholden *adj.* ණයගැති nayagathi

beige *n.* ලා දුඹුරු පාට laa dumburu paata

being *n.* ජීවියා jeewiya

belabour *v.* පහර ගසනවා pahara gasanawaa

belated *adj.* ප්‍රමාද වූ pramaada wu

belay *v.* වට කරනවා wata karanawa

belch *v.* පිට කරනවා pita karanawa

beleaguered *adj.* රැවටිල්ල rawatilla

belie *v.* රවටනවා rawatanawa

belief *n.* විශ්වාසය wishwaasaya

believe *v.* විශ්වාස කරනවා wishwaasa karanawa

belittle *v.* පහත් කොට සළකනවා pahath kota salakanawa

bell *n.* සීනුව seenuwa

belle *n.* රූමතිය roomathiya

bellicose *adj.* යුද්ධශීලී yuddasheelee

belligerent *adj.* දබරයට කැමති dabarayata kamathi

bellow *v.* ගුගුරනවා guguranawa

bellows *n.* මයිනහම mainahama

belly *n.* උදරය udaraya

belong *v.* අයිති වෙනවා aithi wenawa

belongings *n.* අයිතිවාසිකම් aithiwasikam

beloved *adj.* ආදරණීය aadaraneeya

below *prep.* පහළ pahala

belt *n.* බඳපටිය bandapatiya

bemoan *v.* තැවෙනවා thawenawa

bemused *adj.* අවුල් වෙනවා awul wenawa

bench *n.* බංකුව bankuwa

bend *v.* නැම්ම namma

beneath *adv.* නුසුදුසු nusudusu

benediction *n.* ආසිරි aasiri

benefactor *n.* හිතවතා hithawatha

benefice *n.* බඩවැඩිල්ල badawadilla
beneficent *adj.* ත්‍යාගශීලී thyagasheelee
beneficial *adj.* ඵලදායී paladaai
benefit *n.* ඵලප්‍රයෝජනය palaprayojanaya
benevolence *n.* ගුණවත්කම gunawathkama
benevolent *adj* දයාබර dayaabara
benign *adj.* දයාන්විත dayaanwitha
bent *adj.* නැමුණු namunu
bequeath *v.* පවරනවා pawaranawa
bequest *n.* උරුමය urumaya
berate *v.* බණිනවා baninawa
bereaved *v.* තොරවූ thora wu
bereavement *n.* වියෝවීම wiyo weema
bereft *adj.* තොර thora
bergamot *n.* සුවඳැති ශාක විශේෂයක් suwandathi shaaka wisheshayak
berk *n.* අමනයා amanaya
berry *n.* දං වැනි ගෙඩියක් dan wani gediyak
berserk *adj.* කිපුණු kipunu
berth *n.* රක්ෂාව rakshaawa
beseech *v.* අයැදිනවා ayadinawa
beset *v.* පීඩිත peeditha
beside *prep.* වනෙ wena
besiege *v.* වටලනවා watalanawa
besmirch *v.* කිළිටි කරනවා kiliti karanawa
besom *n.* බලෝත්ත bolaththa
besotted *adj.* මුග්ධ mugda
bespoke *adj.* දැක්වූ dakwu
best *adj.* ප්‍රශස්ත prashastha
bestial *adj.* මෘග murga
bestow *v.* ප්‍රදානය කරනවා pradanaya karanawa
bestride *v.* නැගයනවා nagayanawa
bet *v.* ඔට්ටුව ottuwa
betake *v.* යෙදෙනවා yedenawa
betray *v.* පාවා දෙනවා paawa denawa
betrayal *n.* පාවාදීම paawa deema
better *adj.* වඩා හොඳ wada honda
between *adv.* අස්සෙ asse
bevel *n.* ඇල හැඩය ala hadaya
beverage *n.* බීම beema
bevy *n.* කණ්ඩායම kandaayama
bewail *v.* වැළපෙනවා walapenawa
beware *v.* පරෙස්සම් වෙනවා paressam wenawa
bewilder *v.t* සිත අවුල් කරනවා sitha awul karanawa
bewitch *v.* වශී කරනවා washee karanawa
beyond *adv.* ඉක්මවා යන ikmawa yana
bi *comb.* ද්වි dwi
biannual *adj.* ද්විවාර්ෂික dwiwaarshika
bias *n.* අගතිය agathiya
biased *adj.* අගති සහිත agathi sahitha
bib *n.* බරොත්තිය baroththiya
Bible *n.* බයිබලය baibalaya
bibliography *n.* ග්‍රන්ථ නාමාවලිය grantha namawaliya
bibliophile *n.* ග්‍රන්ථ ප්‍රියයා grantha priyaya
bicentenary *n.* ද්වි ශත වාර්ෂිකය dwi shatha waarshikaya
biceps *n.* ද්විමූර්ධය dwimurdhaya
bicker *v.* නිකරුණේ කලහ කරනවා nikarune kalaha karanawa
bicycle *n.* බයිසිකලය baicycalaya

bid *v.* ලංසුව lansuwa
biddable *adj.* ඉල්ලිය හැකි illiya haki
bidder *n.* ලංසු තබන්නා lansu t habanna
bide *v.* කල් බලනවා kal balanawa
bidet *n.* මිටි වැසිකිළි පෝච්චිය miti wasikili pochchiya
biennial *adj.* ද්විවාර්ෂිකය dwiwaarshikaya
bier *n.* මිනීමැස්ස mineemassa
bifocal *adj.* ද්විනාභිය dwinaabhiya
big *adj.* මහා maha
bigamy *n.* ද්විවිවාහය dwiwiwaahaya
bigot *n.* ආධානග්‍රාහියා aadhaanagraahiya
bigotry *n.* අභිනිවේශනය abhiniwe-shanaya
bike *n.* පාපැදිය paapadiya
bikini *n.* කාන්තා නාන ඇඳුම kaantha naana anduma
bilateral *adj.* ද්විපාර්ශ්වික dwipaar-shawika
bile *n.* පිත pitha
bilingual *adj.* ද්විභාෂා dwibhasha
bill *n.* බිල්පත bilpatha
billet *n.* තුණ්ඩුව thunduwa
billiards *n.* බිලියඩ් ක්‍රීඩාව billiard kreedawa
billion *n.* බිලියනය biliyanaya
billionaire *n.* කෝටිපතියා kotipa-thiya
billow *v.* මහා රැල්ල mahaa ralla
bin *n.* පෙට්ටගම pettagama
binary *adj.* යුග්ම yugma
bind *v.* බඳිනවා bandinawa
binding *n.* බැඳීම bandeema
binge *n.* අඩි ගැසීම adi gaseema
binocular *adj.* දුරදර්ශකය dura darshakaya
biochemistry *n.* ජීව රසායන විද්‍යාව jeewa rasayana vidyawa
biodegradable *adj.* ක්ෂුද්‍ර ජීවීන් නිසා විනාශයට පත්වන kshudra jeewin nisa winaashayata pathwana
biodiversity *n.* ජෛවවිවිධත්වය jaiwawiwidathwaya
biography *n.* චරිතාපදානය charithaapadaanaya
biologist *n.* ජීව විද්‍යාඥයා jeewa widyangnia
biology *n.* ජීව විද්‍යාව jeewa widyaawa
biopsy *n.* වාණු පරීක්ෂණය waanu pareekshanaya
bipartisan *adj.* ද්විපක්ෂ dwipaksha
birch *n.* බර්ච් ගස birch gasa
bird *n.* කුරුල්ලා kurulla
bird flu *n.* කුරුලු උණ kurulu una
birth *n.* උපත upatha
biscuit *n.* විස්කෝතු wiskothu
bisect *v.* සමච්ඡේදනය කරනවා samachchedanaya karanawa
bisexual *adj.* ද්විලිංගික dwilingika
bishop *n.* නායක දේවගැති තැන nayaka dewagathi thana
bison *n.* කුළුහරකා kulu haraka
bit *n.* කැබැල්ල kaballa
bitch *n.* බැල්ලි balli
bite *v.* සපනවා sapanawa
biting *adj.* සපන sapana
bitter *adj.* තිත්ත thiththa
bizarre *adj.* කැත katha
blab *v.* වාචාල දොඩවනවා waachaala dodawanawa
black *adj.* කළු kalu

blackberry *n.* කළු දං kalu dan
blackboard *n.* කළු ලෑල්ල kalu laalla
blacken *v.* කළු කරනවා kalu karanawa
blacklist *n.* අපලේඛනය apalekanaya
blackmail *n.* අවමාන තර්ජන awamaana tharjana
blackout *n.* මූර්ඡා වීම murjaa weema
blacksmith *n.* කම්මල්කරුවා kammalkaruwa
bladder *n.* මූත්‍රාශය muthraashaya
blade *n.* තලය thalaya
blain *n.* බිබිළ bibila
blame *v.* දොස් කියනවා dos kiyanawa
blanch *v.* සායම් යනවා saayam yanawa
bland *adj.* සෞම්‍ය saumya
blank *adj.* හිස් his
blanket *n.* පොරෝනාව porowanaawa
blare *v.* බෙරිහන් දෙනවා berihan denawa
blarney *n.* චාටු කතාව chaatu katha
blast *n.* විනාශය winaashaya
blatant *adj.* නොසැඟවුණු nosangawunu
blaze *n.* බැබළීම babaleema
blazer *n.* කබාය kabaya
bleach *adj.* සුදු කරනවා sudu karanawa
bleak *adj.* නීරස neerasa
bleat *v. i* බෑ ගානවා baa gaanawa
bleed *v.* ලේ ගලනවා le galanawa
bleep *n.* ශබ්දය shabdaya
blemish *n.* කැළල kalala
blench *v.* පැන ගන්නවා pana gannawa
blend *v. t* මිශ්‍ර වෙනවා mishra wenawa
blender *n.* මිශ්‍රණ යන්ත්‍රය mishrana yanthraya
bless *v.* ආශිර්වාද කරනවා aashirwaada karanawa
blessed *adj.* භාග්‍යවත් bhaagyawath
blessing *n.* ආශිර්වාදය aashirwaadaya
blight *n.* දිලීරය dileeraya
blind *adj.* අන්ධ anda
blindfold *v.* ඇස් බඳිනවා as bandinawa
blindness *n.* අන්ධ භාවය anda bhaawaya
blink *v.* ඇසිපිය ගහනවා asipiya gahanawa
blinkers *n.* අශ්වයාගේ ඇස් වැසුම් ashwayaage as wasum
blip *n.* කුඩා තිත kuda thitha
bliss *n.* ප්‍රමෝදය pramodaya
blister *n.* විසප්පුව wisappuwa
blithe *adj.* ප්‍රමුදිත pramuditha
blitz *n.* ක්ෂණික ප්‍රහාරය kshanika praharaya
blizzard *n.* හිම කුණාටුව hima kunatuwa
bloat *v.* ඉදිමෙනවා idimenawa
bloater *n.* මදක් තැම්බූ මාළු madak thambu maalu
blob *n.* බිඳ binda
bloc *n.* පක්ෂ කාණ්ඩය paksha kaandaya
block *n.* කුට්ටිය kuttiya
blockade *n.* අවහිර යෙදීම awahira yedeema

blockage *n.* අවහිරය awahiraya
blog *n.* ඉතා තද ithaa thada
bloke *n.* හාදයා haadaya
blonde *adj.* ගෞරී gauree
blood *n.* ලේ le
bloodshed *n.* ලේ වැගිරීම le wagireema
bloody *adj.* ලේ තැවරුණු le thawarunu
bloom *v.* පුබුදිනවා pubudinawa
bloomers *n.* ලිහිල් කලිසම lihil kalisama
blossom *n.* පුෂ්පය pushpaya
blot *n.* ලපය lapaya
blotch *n.* පැල්ලම pallama
blouse *n.* හැට්ටය hattaya
blow *v.* හමනවා hamanawa
blowsy *adj.* හුළං හමන hulan hamana
blub *v.* ආමවාතය හරිනවා aama-waathaya harinawa
bludgeon *n.* දණ්ඩ danda
blue *adj.* නිල් nil
bluff *v.* පුරසාරම් කියනවා pura-saaram kiyanawa
blunder *n.* දෝෂය doshaya
blunt *adj.* මොට්ට motta
blur *v.* අඳුරු වෙනවා anduru wenawa
blurb *n.* ග්‍රන්ථ විස්තර grantha wisthara
blurt *v.* දොඩවනවා dodawanawa
blush *v.* මුහුණ රතු වෙනවා muhuna rathu wenawa
blusher *n.* මුහුණ රතු වෙන තැනැත්තා muhuna rathu wena thanaththa
bluster *v.* ගර්ජනා කරනවා garjana karanawa
boar *n.* ඌරා ura
board *n.* ලෑල්ල laalla
boast *v.* කට කියවනවා kata kiyawa-nawa
boat *n.* බෝට්ටුව bottuwa
bob *v.* උඩ පහළ යනවා uda pahala yanawa
bobble *n.* වුල් බෝලයක් wool bolayak
bode *v.* පෙර නිමිති දක්වනවා pera nimithi dakwanawa
bodice *n.* චෝලිය choliya
bodily *adv.* ශාරීරික shaareerika
body *n.* ශරීරය shareeraya
bodyguard *n* ආරක්ෂක පිරිස aarakshaka pirisa
bog *n.* වගුර wagura
bogey *n.* දුෂ්ට භූතයා dushta buthaya
boggle *v.* පස්බට වෙනවා pasbata wenawa
bogus *adj.* බොරු boru
boil *v.i.* කෝප කරනවා kopa karanawa
boiler *n.* කටාරම kataarama
boisterous *adj.* චණ්ඩ chanda
bold *adj.* තද thada
boldness *n.* නිර්භීතකම nirbheethakama
bole *n.* විවරය wiwaraya
bollard *n.* කෙටි කුලුණ keti kuluna
bolt *n.* අකුණ akuna
bomb *n.* බෝම්බය bombaya
bombard *v.* බෝම්බ හෙළනවා bomba helanawa
bombardment *n.* බෝම්බ හෙළීම bomba heleema
bomber *n.* බෝම්බ හෙළන ගුවන් යානය bomba helana guwan yaanaya

bonafide *adj.* අවංක awanka
bonanza *n.* ගජ වාසිය gaja waasiya
bond *n.* බැඳීම bandeema
bondage *n.* වහල් බව wahal bawa
bone *n.* ඇටය ataya
bonfire *n.* ගින්න ginna
bonnet *n.* කුඩා තොප්පිය kuda thoppiya
bonus *n.* ප්‍රසාද දීමනාව prasaada deemana
bony *adj.* ඇට සහිත ata sahitha
book *n.* පොත potha
booklet *n.* පොත් පිංච poth pincha
bookmark *n.* පොත් යොමුව poth yomuwa
bookseller *n.* පොත් වෙළෙන්දා poth welendaa
bookish *adj.* පොතටම ඇලුණු pothatama alunu
booklet *n.* පොත් පිංච poth pincha
boom *n.* සරු කාලය saru kaalaya
boon *n.* වාසිය waasiya
boor *n.* පිටිසරයා pitisarayaa
boost *v.* වැඩිවීම wadiweema
booster *n.* හුවනය huwanaya
boot *n.* උස් සපත්තුව us sapaththuwa
booth *n.* කුඩුව kuduwa
bootleg *adj.* හොරට සෑදූ horata saadu
booty *n.* කොල්ලය kollaya
border *n.* දාරය daaraya
bore *v.* දැරුවා daruwa
born *adj.* ඉපදුණු ipadunu
borough *n.* පෙරුව peruwa
borrow *v.* ඉල්ලා ගන්නවා illa gannawa
bosom *n.* තුරුල්ල thurulla
boss *n.* ලොක්කා lokka
bossy *adj.* අහංකාර ahankaara
botany *n.* උද්භිත විද්‍යාව udbhitha widyaawa
both *adj. & pron.* දෙදෙනා dedena
bother *v.* හිරිහැරය hiriharaya
bottle *n.* බෝතලය bothalaya
bottom *n.* අඩිය adiya
bough *n.* ශාඛාව shaakaawa
boulder *n.* කළු ගල kalu gala
boulevard *n.* මහා මාර්ගය mahaa maargaya
bounce *v.* ආපසු පැනීම aapasu paneema
bouncer *n.* බවුන්සරය bounceraya
bound *v.* සීමා වෙනවා seema wenawa
boundary *n.* සීමාව seemawa
boundless *adj.* අසීමිත aseemitha
bountiful *adj.* ත්‍යාගශීලි thyagasheeli
bounty *n.* පරිත්‍යාගය parithyaagaya
bouquet *n.* මල් කළඹ mal kalamba
bout *n.* පොරය poraya
boutique *n.* කඩය kadaya
bow *n.* දුන්න dunna
bow *v.* ආචාර කරනවා aachaara karanawa
bowel *n.* බඩ bada
bower *n.* තුරු ගොමුව thurugomuwa
bowl *n.* තලිය thaliya
box *n.* පෙට්ටිය pettiya
boxer *n.* බොක්සිං ක්‍රීඩකයා boxing kreedakaya
boxing *n* බොක්සිං ක්‍රීඩාව boxing kreedawa
boy *n.* කොල්ලා kolla
boycott *v.* වර්ජනය warjanaya
boyhood *n* ළමා විය lamaa wiya

bra *n.* තනපට thanapata
brace *n.* කුට්ටම kuttama
bracelet *n.* වළල්ල walalla
bracket *n.* වරහන warahana
brag *v.* පුරසාරම් දොඩවනවා pura-saaram dodawanawa
Braille *n.* බ්‍රේල් අකුරු braille akuru
brain *n.* මොළය molaya
brake *n.* තිරිංගය thiringaya
branch *n.* අත්ත aththa
brand *n.* වර්ගය wargaya
brandish *v.* විහිදවනවා wihida-wanawa
brandy *n.* බ්‍රැන්ඩි brandy
brash *adj.* දඩබ්බර dadabbara
brass *n.* පිත්තල piththala
brave *adj.* නිර්භීත nirbheetha
bravery *n.* නිර්භීතභාවය nirbhee-thabhawaya
brawl *n.* කෝලාහලය kolahaalaya
bray *v.* බෙරිහන් දීම berihan deema
breach *v.* භේදය bhedaya
bread *n.* පාන් paan
breadth *n.* පළල palala
break *v.* කැඩෙනවා kadenawa
breakage *n.* කැඩීම kadeema
breakfast *n.* උදෑසන ආහාරය udaa-sana aaharaya
breast *n.* ළය laya
breath *n.* හුස්ම husma
breathe *v.* ආශ්වාස ප්‍රාශ්වාස කරනවා aashwaasha praashwaasa karanawa
breech *n.* තට්ටම thattama
breeches *n.* සරුවාලය saruwaalaya
breed *v.* බෝ කිරීම bo kireema
breeze *n.* මඳ සුළඟ mada sulanga
brevity *n.* සංක්ෂිප්ත භාවය sankshiptha bhawaya
brew *v.* පැසවනවා pasawanawa
brewery *n.* මද්‍යගාරය madyagaaraya
bribe *v. t.* අල්ලස allasa
brick *n.* ගඩොල gadola
bridal *adj.* මංගල mangala
bride *n.* මනාලිය manaaliya
bridegroom *n.* මනමාලයා manamaalaya
bridge *n.* පාලම paalama
bridle *n.* කටකලියාව katakaliyaawa
brief *adj.* කෙටි keti
briefing *n.* කෙටි කිරීම keti kireema
brigade *n.* සේනාංකය senankaya
brigadier *n.* සේනාංකපති senaan-kapathi
bright *adj.* දීප්තිමත් deepthimath
brighten *v.* බබළනවා babalanawa
brilliance *n.* ප්‍රභාව prabhawa
brilliant *adj.* බබළන babalana
brim *n.* ගැට්ට gatta
brindle *adj.* ලප සහිත lapa sahitha
brine *n.* කරදිය karadiya
bring *v.* ගෙනෙනවා genenawa
brinjal *n.* වම්බටු wambatu
brink *n.* ඉවුර iwura
brisk *adj.* ඉක්මන් ikman
bristle *n.* කෙන්ද kenda
British *adj.* බ්‍රිතාන්‍ය brithanya
brittle *adj.* භංගුර bhangura
broach *adj.* කටුව katuwa
broad *adj.* පළල් palal
broadcast *v. t* විකාශනය කරනවා wikaashanaya karanawa
brocade *n.* ගෙත්තම් කළ පට රෙද්ද geththam kala pata redda
broccoli *n.* ගෝවා වර්ගයක් gowa

wargayak

brochure *n.* පොත් පිංච poth pincha

broke *adj.* තුට්ටුව නැති thuttuwa nathi

broken *adj.* කැඩුණු kadunu

broker *n.* තැරැව්කාරයා tharaw-kaaraya

bronchial *adj.* ක්ලෝම kloma

bronze *n.* ලෝකඩ lokada

brood *n.* දරු පවුල daru pawla

brook *n.* දිය පාර diya paara

broom *n.* කොස්ස kossa

broth *n.* හොද්ද hodda

brothel *n.* ගණිකා මඩම ganikaa madama

brother *n.* සහෝදරයා sahodaraya

brotherhood *n.* සහෝදරත්වය saho-darathwaya

brow *n.* බැම bama

brown *n.* දුඹුරු පාට dumburu paata

browse *v.* විමසනවා wimasanawa

browser *n.* බ්‍රව්සරය browsaraya

bruise *n.* තැළුම thalma

brunch *n.* අතුරු කෑම athuru kaama

brunette *n.* තළඑළලු ස්ත්‍රිය thalae-lalu sthriya

brunt *n.* පහර pahara

brush *n.* බුරුසුව burusuwa

brusque *adj.* පරුෂ parusha

brutal *adj.* දාමරික daamarika

brute *n.* දරුණු darunu

bubble *n.* බුබුළ bubula

buck *n.* සිලිම silima

bucket *n.* පනිට්ටුව panittuwa

buckle *n.* ගාංචුව gaanchuwa

bud *n.* අංකුරය ankuraya

budge *v.* සලෙවනෙවා selawenawa

budget *n.* අයවැය ලේඛනය ayawaya lekanaya

buffalo *n.* මී හරකා mee haraka

buffer *n.* අවරෝධකයා awarodakaya

buffet *n.* රළ පහර rala pahara

buffoon *n.* කවටයා kawataya

bug *n.* මකුණා makuna

buggy *n.* බක්කි කරත්තය bakki karaththaya

bugle *n.* නළාව nalaawa

build *v.* සාදනවා saadanawa

building *n.* ගොඩනැගිල්ල goda-nagilla

bulb *n.* බුබුල bubula

bulge *n.* නෙරීම nereema

bulimia *n.* අතික්ෂුධාව athikshu-daawa

bulk *n.* රාශිය raashiya

bulky *adj.* ස්ථූල sthula

bull *n.* ගොනා gona

bulldog *n.* සුනඛ වර්ගයක් sunaka wargayak

bullet *n.* මුනිස්සම munissama

bulletin *n.* ලුහුඬු ප්‍රකාශය luhundu prakaashaya

bullion *n.* රිදී ගුළිය ridee guliya

bullish *adj.* ගැනුම්බර ganumbara

bullock *n.* හරකා haraka

bully *n.* හිරිහැර කරන්නා hirihara karanna

bulwark *n.* ආරක්ෂාව aarakshaawa

bum *n.* රස්තියාදුකාරයා rasthiyaa-dukaaraya

bumble *v.* චරචර ගානවා charachara gaanawa

bump *n.* නෙරා ගිය කොටස nera giya kotasa

bumper *n.* අවරෝධකය awaroda-kaya

bumpkin *n.* මොට්ටයා mottaya
bumpy *adj.* සමතලි නොවූ samathali nowu
bun *n.* බනිස් ගෙඩිය banis gediya
bunch *n.* සමූහය samuhaya
bundle *n.* පොදිය podiya
bung *n.* පියන piyana
bungalow *n.* බංගලාව bangalaawa
bungle *v.* අවුල් කරගන්නවා awul karagannawa
bunk *n.* පටු ඇඳ patu anda
bunker *n.* බංකරය bankaraya
buoy *n.* බෝයාව boyawa
buoyant *adj.* පාවෙන paawena
buoyancy *n.* සැහැල්ලු බව sahallu bawa
burble *v.* කොඳුරනවා konduranawa
burden *n.* භාරය bharaya
bureau *n.* ලියන මේසය liyana mesaya
bureaucracy *n.* නිලධාරිවාදය nilad-haariwaadaya
bureaucrat *n.* රජයේ නිලධාරියා rajaye niladhaariya
burgeon *v.* වේගයෙන් වැඩෙනවා wegayen wadenawa
burger *n.* බර්ගරය bergeraya
burglar *n.* ගෙවල් බිඳින්නා gewal bindinna
burglary *n.* ගෙවල් බිඳීම gewal bindeema
burial *n.* වැළලීම walaleema
burlesque *n.* විගඩම wigadama
burn *v.* පුළුස්සනවා pulussanawa
burner *n.* දාහකය daahakaya
burning *adj.* දැවෙන dawena
burrow *n.* කුහරය kuharaya
bursar *n.* මුදල් භාරකරුවා mudal bhaarakaruwa
bursary *n.* ශිෂ්‍යාධාර shishyaadhaara
burst *v.* පුපුරනවා pupuranawa
bury *v.* වළදමනවා waladamanawa
bus *n.* බසය basaya
bush *n.* පඳුර pandura
bushy *adj.* පඳුරු සහිත panduru sahitha
business *n.* ව්‍යාපාරය wyapaaraya
businessman *n.* ව්‍යාපාරිකයා wyaa-parikayaa
bust *n.* උඩුකය udukaya
bustle *v.* කඩිසරව යනවා kadisarawa yanawa
busy *adj.* අවිවේකී awiweki
but *conj.* නමුත් namuth
butcher *n.* මස් වෙළෙන්දා mas welenda
butler *n.* ප්‍රධාන මෙහෙකරුවා pradaana mehekaruwa
butter *n.* බටර් butter
butterfly *n.* සමනළයා samanalaya
buttock *n.* තට්ටම thattama
button *n.* බොත්තම boththama
buy *v.* මිලට ගන්නවා milata gannawa
buyer *n.* ගැනුම්කාරයා ganum-kaaraya
buzz *n.* ගුමුගුමුව gumugumuwa
buzzard *n.* රාජාලියා raajaaliya
buzzer *n.* ගුමු සීනුව gumu seenuwa
by *prep.* අසල asala
by-election *n.* අතුරු මැතිවරණය athuru mathiwaranawa
bygone *adj.* පසුගිය pasugiya
byline *n.* උප වගන්තිය upa waganthiya

bypass *n.* මඟහැරයාම magaharayaama

byre *n.* ගවමඩුව gawamaduwa

bystander *n.* ළඟ බල සිටින්නා langa bala sitinna

byte *n.* බයිටය bytaya

C

cab *n.* කුලී රථය kulee rathaya

cabaret *n.* භෝජනාගාරය bhojanaagaaraya

cabbage *n.* ගෝවා gowa

cabin *n.* නැව් කුටිය naw kutiya

cabinet *n.* අල්මාරිය almaariya

cable *n.* රැහැන rahana

cacao *n.* කොකෝවා cocoa

cache *n.* තිප්පොළ thippola

cachet *n.* මුද්‍රාව mudraawa

cackle *n.* කෙකර ගෑම kekara gaama

cactus *n.* පතොක් pathok

cad *n.* අධමයා adhamaya

cadaver *n.* මරණය maranaya

caddy *n.* තේකොළ පෙට්ටිය the kola pettiya

cadaver *n.* මරණය maranaya

cadet *n.* ශිෂ්‍ය භටයා shishya bhataya

cadmium *n.* කැඩ්මියම් cadmium

cadre *n.* සේවක සංඛ්‍යාව sewaka sankyawa

caesarean *n.* රාජ ආණ්ඩුවට අයත් raaja aanduwata ayath

cafe *n.* ආපන ශාලාව aapana shaalawa

cafeteria *n.* භෝජනාගාරය bhojanaagaaraya

cage *n.* කූඩුව kuduwa

cahoots *n.* එකට හවුල්ව ekata hawulwa

cajole *v.* බොරුවෙන් රවටනවා boruwen rawatanawa

cake *n.* කේක් ගෙඩිය cake gediya

calamity *n.* ආපදාව aapadawa

calcium *n.* කැල්සියම් calcium

calculate *v.* ගණනය කරනවා gananaya karanawa

calculator *n.* ගණකය ganakaya

calculation *n.* ගණනය කිරීම gananaya kireema

calendar *n.* දින දර්ශකය dina darshakaya

calf *n.* වසු පැටියා wasu patiya

calibrate *v.* ක්‍රමාංකණය කරනවා kramaankanaya karanawa

calibre *n.* කාර්යශූරත්වය kaarya-shurathwaya

call *v.* අමතනවා amathanawa

calligraphy *n.* ලේඛන විද්‍යාව lekana vidyaawa

calling *n.* කැඳවීම kandaweema

callous *adj.* ගොරෝසු gorosu

callow *adj.* නොමේරූ nomeru

calm *adj.* නිසල nisala

calorie *n.* කැලරිය kalariya

calumny *n.* කේලම kelama

camaraderie *n.* මිත්‍රත්වය mithrathwaya

camber *n.* හැඩය hadaya

cambric *n.* සිනිඳු කපුරෙදි sinidu kapu redi

camcorder *n.* වීඩියෝ කැමරාවක් හා රෙකෝඩරයක් එකට ඇති යන්ත්‍රයක් video camerawak ha recoderayak ekata athi yanthrayak

camel *n.* ඔටුවා otuwa
cameo *n.* නාට්‍යාංගය naatyaangaya
camera *n.* කැමරාව cameraawa
camp *n.* කඳවුර kandawura
campaign *n.* ව්‍යාපාරය wyaa-paaraya
camphor *n.* කපුරු kapuru
campus *n.* සරසවිය sarasawiya
can *n.* කෑන් can
can *v.* පුළුවන puluwana
canal *n.* ඇළ ala
canard *n.* අසත්‍ය ප්‍රකාශය asathya prakaashaya
cancel *v.* අවලංගු කරනවා awalangu karanawa
cancellation *n.* අවලංගු කිරීම awalangu kireema
cancer *n.* පිළිකාව pilikaawa
candela *n.* කැන්ඩලෙ candela
candid *adj.* ඍජු riju
candidate *n.* අපේක්ෂකයා apekshakaya
candle *n.* ඉටිපන්දම itipandama
candour *n.* අවංකකම awankakama
candy *n.* සුකිරි sukiri
cane *n.* වේවැල wewala
canine *adj.* රදනක radanaka
canister *n.* ඉහඳ පණුවා ihanda panuwa
cannabis *n.* කංසා kansa
cannibal *n.* පෝරිසාදයා porisaadaya
cannon *n.* කාලතුවක්කුව kaalathu-wakkuwa
canny *adj.* හුරුබුහුටි hurubuhuti
canoe *n.* අඟුල angula
canon *n.* විනය නීතිය winaya neethiya
canopy *n.* උඩු වියන udu wiyana
cant *n.* ඇලය alaya
cantankerous *adj.* කලහකාරී kalahakaaree
canteen *n.* කැන්ටිම kantima
canter *n.* හෙමින් පිම්ම hemin pimma
canton *n.* පාලන ප්‍රදේශය paalana pradeshaya
cantonment *n.* කඳවුර kandawura
canvas *n.* කැන්වස් canvas
canvass *v.* විමසීම wimaseema
canyon *n.* කුරුබිලිය kurubiliya
cap *n.* තොප්පිය thoppiya
capability *n.* හැකියාව hakiyaawa
capable *adj.* හැකි haki
capacious *adj.* ඉඩකඩ ඇති idakada athi
capacitor *n.* ධාරිත්‍රකය dhaari-thrakaya
capacity *n.* ධාරිතාව dhaarithaawa
caparison *v.* ඇඳුම් පැළඳුම් andum paladum
cape *n.* තුඩුව thuduwa
capital *n.* අගනුවර aganuwara
capitalism *n.* ධනවාදය dhanawaadaya
capitalist *n. &adj.* ධනවාදියා dhanawaadiya
capitalize *v.* වාසි ලබා ගන්නවා waasi laba gannawa
capitation *n.* ඇඟ බද්ද anga badda
capitulate *v.* යටත් වෙනවා yatath wenawa
caprice *n.* චපල බව chapala bawa
capricious *adj.* චපල chapala
capsicum *n.* රතු මිරිස් rathu miris
capsize *v.* පෙරළෙනවා peralenawa
capstan *n.* දොඹකරය dombakaraya
capsule *n.* කරල karala

captain *n.* කපිතාන් kapithan
captaincy *n.* නායකත්වය naayakath-waya
caption *n.* ශීර්ෂ පාඨය shirsha paataya
captivate *v.* මුළා කරනවා mula karanawa
captive *n.* අල්ලාගත් allagath
captivity *n.* සිරගතවීම siragatha weema
captor *n.* සතෙකු අල්ලන්නා satheku allanna
capture *v.* ඇල්ලීම alleema
car *n.* මෝටර්රථය motarrathaya
caramel *n.* කැවිලි වර්ගයක් kawili wargayak
carat *n.* කැරට් carat
caravan *n.* තවලම thawalama
carbohydrate *n.* කාබෝහයිඩ්රේට් carbohydrate
carbon *n.* කාබන් carbon
carbonate *adj.* කාබනේට් carbonate
carboy *n.* ඝන වීදුරු බෝතලය gana weeduru bothalayak
carcass *n.* මළකුණ malakuna
card *n.* මුද්රිත පත්රය mudritha pathraya
cardamom *n.* කරදමුංගු karada-mungu
cardboard *n.* කාඩ්බෝඩ් cardboard
cardiac *adj.* හෘදමය hardamaya
cardigan *n.* ලොම් කබාය lom kabaaya
cardinal *n.* මූලික mulika
cardiograph *n.* හෘද ලේඛය harda lekanaya
cardiology *n.* හෘද විද්යාව harda vidyaawa
care *n.* බල ගැනීම bala ganima
career *n.* රක්ෂාව rakshaawa
carefree *adj.* කරදරවලින් නිදහස් karadarawalin nidahas
careful *adj.* පරෙස්සම් සහිත pares-sam sahitha
careless *adj.* අපරීක්ෂාකාරී aparik-shaakaaree
carer *n.* බල ගන්නා පුද්ගලයා balagannaa pudgalayaa
caress *v.* සුරතලය surathalaya
caretaker *n.* මුරකාරයා murakaaraya
cargo *n.* බඩු තොගය baduthogaya
caricature *n* විකට චිත්රය wikata chithraya
carmine *n.* තද රතු පාට thada rathu paata
carnage *n.* හිංසාව hinsaawa
carnal *adj.* කාමුක kaamuka
carnival *n.* සැණකෙළිය sanakeliya
carnivore *n.* මාංස භක්ෂක mansabhakshaka
carol *n.* භක්ති ගීතය bhakthi geethaya
carpal *adj.* මැණික් කටු ඇටය manik katu ataya
carpenter *n.* වඩුවා waduwa
carpentry *n.* වඩු කර්මාන්තය wadu karmaanthaya
carpet *n.* පලස palasa
carriage *n.* රිය මැදිරිය riya madiriya
carrier *n.* වාහකයා waahakaya
carrot *n.* කැරට් carrot
carry *v.* ගෙනයනවා genayanawa
cart *n.* කරත්තය karaththaya
cartel *n.* කාටලය kaatalaya
cartilage *n.* කෝමලාස්ථිය komalaasthiya

carton *n.* ඝන කඩදාසි පෙට්ටිය gana kadadaasiya
cartoon *n.* කාටූන් cartoon
cartridge *n.* කාට්රිජය kaatrijaya
carve *v.* කැටයම් කපනවා katayam kapanawa
carvery *n.* කැටයම් කැපීම katayam kapeema
Casanova *n.* ප්‍රේම සබඳතා ගැන ප්‍රසිද්ධ පුද්ගලයා prema sambadatha gana prasidda pudgalaya
cascade *n.* දිය ඇල්ල diya alla
case *n.* නඩුව naduwa
casement *n.* ජනේලය janelaya
cash *n.* සල්ලි salli
cashew *n.* කජු kaju
cashier *n.* අයකැමි ayakami
cashmere *n.* කාශ්මීර සළු kaash-meera saluwa
casing *n.* වැස්ම wasma
casino *n.* නෘත්‍ය ශාලාව nurthya shaalaawa
cask *n.* පීප්පය peeppaya
casket *n.* කරඬුව karanduwa
casserole *n.* තම්බන තැටිය thambana thatiya
cassock *n.* ලෝගුව loguwa
cast *v.* විසි කරනවා wisi karanawa
castaway *n.* නැව කැඩී අතරමං වූ පුද්ගලයා nawa kadee atharaman wu pudgalaya
caste *n.* වර්ණය warnaya
castigate *v.* ගහනවා gahanawa
casting *n.* වාත්තු කිරීම waaththu kireema
castle *n.* මාළිගාව maaligawa
castor *n.* එඬරු endaru
castrate *v.* කප්පාදු කරනවා kappadu karanawa
castor oil *a.* එඬරු තෙල් endaru thel
casual *adj.* හදිසි hadisi
casualty *n.* හදිසි අනතුර hadisi anathura
cat *n.* බළලා balala
cataclysm *n.* මහා උපද්‍රවය mahaa upadrawaya
catalogue *n.* නාමාවලිය naamaa-waliya
catalyse *v.* උත්ප්‍රේරණය කරනවා uthpreranaya karanawa
catalyst *n.* උත්ප්‍රේරක uthpreraka
cataract *n.* නේත්‍ර පටලය nethra patalaya
catastrophe *n.* මහා විනාශය maha winaashaya
catch *v.* අල්ලා ගන්නවා alla gan-nawa
catching *adj.* බෝවන bowana
catchy *adj.* සිත් ගන්නා sith ganna
catechism *n.* කථෝපකථනය kathopakathanaya
categorical *adj.* ඒකාන්ත ekantha
categorize *v.* වර්ග කරනවා warga karanawa
category *n.* වර්ගය wargaya
cater *v.* කෑම සපයනවා kaama sapayanawa
caterpillar *n.* දළඹුවා dalambuwa
catharsis *n.* විරේචනය wirechanaya
cathedral *n.* ප්‍රධාන පල්ලිය pradhana palliya
catholic *adj.* කතෝලික catholica
cattle *n.* ගවයෝ gawayo
catty *n.* කැත්ත kaththa
Caucasian *adj.* සුදු ජාතික sudu

jaathika

cauldron *n.* කල්දරේම kalderama

cauliflower *n.* මල්ගෝවා malgowa

causal *adj.* කාරක kaaraka

causality *n.* හේතුත්වය hethuthwaya

cause *n.* හේතුව hethuwa

causeway *n.* දියමං කඩ diyaman-kada

caustic *adj.* පරුෂ parusha

caution *n.* අවවාදය awawaadaya

cautionary *adj.* අවවාදාත්මක awawaadaathmaka

cautious *adj.* විපරම් සහිත wiparam sahitha

cavalcade *n.* රිය පෙරහැර riya perahara

cavalier *adj.* ආඩම්බරකාරයා aadambarakaaraya

cavalry *n.* චතුර chathura

cave *n.* ගුහාව guhawa

caveat *n.* තහනම thahanama

cavern *n.* ගල්ලෙන gallena

cavernous *adj.* ගුහාව වැනි guhawa wani

cavity *n.* විවරය wiwaraya

cavort *v.* උඩ පනිනවා uda paninawa

cease *v.* ඇන හිටිනවා ana hitinawa

ceasefire *n.* සාමදානය saama-daanaya

ceaseless *adj.* නොකඩවා පවත්නා nokadawaa pawathna

cedar *n.* දේවදාරු dewadaaru

cede *v.* පාවා දෙනවා paawa denawa

ceiling *n.* සිවිලිම siwilima

celandine *n.* කහ මල් ඇති කුඩා ගසක් kaha mal athi kuda gasak

celebrant *n.* දේවමෙහෙයෙ පවත්වන්නා dewameheya pawathwanna

celebrate *v.* උත්සව පවත්වනවා uthsawa pawathwanna

celebration *n.* උත්සවය uthsawaya

celebrity *n.* කීර්තිමත් පුද්ගලයා keerthimath pudgalaya

celestial *adj.* දිව්‍යමය diwyamaya

celibacy *n.* බඹසර bambasara

celibate *adj.* බ්‍රහ්මචාරී brahma-chaaree

cell *n.* සෛලය sailaya

cellar *n.* බිම්ගෙය bimgeya

cellphone *n.* සෙල් ෆෝනය cell fonaya

cellular *adj.* දැල් වැනි dal wani

cellulite *n.* මේද කැටිවීමක් meda katiweemak

celluloid *n.* සෙලියුලොයිඩ් celluloid

cellulose *n.* සෙලියුලෝස් cellulose

Celsius *n.* සෙල්සියස් celsius

Celtic *adj.* කෙල්ටික් celtic

cement *n.* සිමෙන්ති simenthi

cemetery *n.* කනත්ත kanaththa

censer *n.* දුම් කබල dum kabala

censor *n.* සමීක්ෂකයා sameek-shakaya

censorship *n.* සමීක්ෂණය sameekshanaya

censorious *adj.* ගුණදොස් සහිත gunados sahitha

censure *v.* දොස් කීම dos keema

census *n.* සංගණනය sangananaya

cent *n.* සතය sathaya

centenary *n.* ශතසංවත්සරය shathasanwathsaraya

centennial *n.* ශතසංවත්සරික shathasanwathsarika

center *n.* මධ්‍යස්ථානය madyasthanaya

centigrade *adj.* සෙන්ටිග්‍රේඩ් centigrade
centimetre *n.* සෙන්ටිමීටරය centimeteraya
centipede *n.* පත්තෑය paththaya
central *adj.* මධ්‍යම madyama
centralize *v.* මධ්‍යගත කරනවා madyagatha karanawa
centre *n.* මධ්‍යය madyaya
century *n.* ශතවර්ශය shathawarshaya
ceramic *n.* සෙරමික් ceramic
cereal *n.* ධාන්‍යය dhanyaya
cerebral *adj.* මොලය පිළිබඳ molaya pilibanda
ceremonial *adj.* උත්සවාකාර uthsawaakaara
ceremonious *adj.* ආචාර සමාචාරයෙහි යෙදුණු aachaara samaachaarayehi yedunu
ceremony *n.* උත්සවය uthsawaya
certain *adj.* නිශ්චිත nishchitha
certainly *adv.* නිසැකයෙන්ම nisakayenma
certifiable *adj.* සහතික කළ හැකි sahathika kala haki
certificate *n.* සහතිකය sahathikaya
certify *v.* සහතික කරනවා sahathika karanawa
certitude *n.* නිසැක බව nisaka bawa
cervical *adj.* ගෙලෙ පිළිබඳ gela pilibanda
cessation *n.* නැවතීම nawathima
cession *n.* යටත් වීම yatath weema
chain *n.* දම්වැල damwala
chair *n.* පුටුව putuwa
chairman *n.* සභාපති sabhaapathi
chaise *n.* කුඩා අශ්වරථය kuda ashwarathaya
chalet *n.* පැල pala
chalice *n.* ගුරු ලේත්තුව guruleththuwa
chalk *n.* රටහුණු ratahunu
challenge *n.* අභියෝගය abhiyogaya
chamber *n.* කුටිය kutiya
chamberlain *n.* ආවතේවකරු aawathewakaru
champagne *n.* ෂැම්පේන් champagne
champion *n.* ජයග්‍රාහකයා jayagraahakaya
chance *n.* අවස්ථාව awasthaawa
chancellor *n.* කුලපති kulapathi
Chancery *n.* ශ්‍රේෂ්ඨාධිකරණය shreshtaadhikaranaya
chandelier *n.* පොකුරු පහන pokuru pahana
change *v.* මාරු වෙනවා maaru wenawa
channel *n.* නාලිකාව naalikaawa
chant *n.* ගායනය gaayanaya
chaos *n.* ව්‍යාකූලතාවය wyaakulathaawaya
chaotic *adj.* ව්‍යාකූල wyaakula
chapel *n.* දේවමැදුර dewmadura
chaplain *n.* කුලගුරු kulaguru
chapter *n.* පරිච්ඡේදය parichchedaya
char *v.* දවනවා dawanawa
character *n.* චරිතය charithaya
characteristic *n.* ගති ලක්ෂණය gathi lakshana
charcoal *n.* අඟුරු anguru
charge *v.* ආරෝපණය කරනවා aaropanaya karanawa
charge *n.* ආරෝපණය aaropanaya

charger *n.* චාජරය chargeraya

chariot *n.* මංගල රථය mangala rathaya

charisma *n.* මහජන ආශිර්වාදය mahajana aashirwaadaya

charismatic *adj.* ආශිර්වාදාත්මක aashirwaadaathmaka

charitable *adj.* ත්‍යාගශීලි thyaagasheeli

charity *n.* පිනට දීම pinata deema

charlatan *n.* වංචාකාරයා wanchaakaaraya

charm *n.* ලාලිත්‍යය laalithya

charming *adj.* රමණීය ramaneeya

chart *n.* වගුව waguwa

charter *n.* සන්නස sannasa

chartered *adj.* වර ලත් wara lath

chary *adj.* නොකැමති nokamathi

chase *v.* ලුහු බඳිනවා luhu bandinawa

chassis *n.* චැසිය chasiya

chaste *adj.* පිරිසිදු pirisidu

chasten *v.* හැඩගස්වනවා hadagaswanawa

chastise *v.* තළනවා thalanawa

chastity *n.* පතිවත pathiwatha

chat *v. i.* පිළිසඳර කථා කරනවා pilisandara katha karanawa

chateau *n.* වලව්ව walawwa

chattel *n.* බඩු බාහිර badu baahira

chatter *v.* දොඩවන්න dodawanna

chauffeur *n.* රිය පදවන්නා riya padawanna

chauvinism *n.* උග්‍ර ජාති භේදවාදය ugra jaathi bhedawaadaya

chauvinist *n. &adj.* උග්‍ර ජාති භේදවාදියා ugra jaathi bhedawaadiya

cheap *adj.* මිල අඩු mila adu

cheapen *v. t.* මිල අඩු කරනවා mila adu karanawa

cheat *v.* වංචා කරනවා wanchaa karanawa

cheat *n.* වංචාව wanchaawa

check *v.* හරි වැරදි බලනවා hari waradi balanawa

checkmate *n* පරාජය paraajaya

cheek *n.* කම්මුල kammula

cheeky *adj.* අවිනීත awineetha

cheep *n.* කූජනය kujanaya

cheer *v. t.* ප්‍රීතිඝෝෂා කරනවා prithigosha karanawa

cheerful *adj.* සතුටු sathutu

cheerless *adj.* අසතුටු asathutu

cheery *adj.* ප්‍රීතිමත් preethimath

cheese *n.* චීස් cheese

cheetah *n.* චීටා cheetah

chef *n.* ප්‍රධාන අරක්කැමියා pradana arakkamiya

chemical *adj.* රසායන rasaayana

chemist *n.* රසායනඥ rasaayanagna

chemistry *n.* රසායන විද්‍යාව rasaayana widyaawa

chemotherapy *n.* රසායනික චිකිත්සාව rasaayanika chikithsaawa

cheque *n.* චෙක් පත cheque patha

cherish *v.* බලා ගන්නවා bala gannawa

chess *n.* චෙස් ක්‍රීඩාව chess kreedawa

chest *n.* පපුව papuwa

chestnut *n.* දුඹුරු වර්ණය dumburu warnaya

chevron *n.* නිලපටය nilapataya

chew *v.* සපනවා sapayanawa

chic *adj.* කඩිසර kadisara
chicanery *n.* රැවටීම rawateema
chicken *n.* කුකුළු පැටවා kukulu patawa
chickpea *n.* කඩල ගස kadala gasa
chide *v.* බැණ වදිනවා bana wadinawa
chief *n.* මූලිකයා moolikayaa
chiefly *adv.* ප්‍රධාන වශයෙන් pradhaana washayen
chieftain *n.* ප්‍රධානියා pradhaaniya
child *n.* ළදරුවා ladaruwa
childhood *n.* ළමා කාලය lamaa kaalaya
childish *adj.* ළාබාල laabaala
chill *n.* ශීතල sheethala
chilli *n.* වියළි මිරිස් wiyali miris
chilly *adj.* ශීත sheetha
chime *n.* මිණිගෙඩි හඬ minigedi handa
chimney *n.* චිමිනිය chiminiya
chimpanzee *n.* චිම්පන්සි chim-panzee
chin *n.* නිකට nikata
china *n.* චීනය cheenaya
chip *n.* චිපය chipaya
chirp *v.* කුරුලු හඬ නගනවා kurulu handa nanganawa
chisel *n.* නියන niyana
chit *n.* තුණ්ඩුව thunduwa
chivalrous *adj.* කාරුණික kaarunika
chivalry *n.* කාරුණිකභාවය kaarunikabhaawaya
chlorine *n.* ක්ලෝරීන් chlorine
chloroform *n.* ක්ලෝරෝෆෝම් chloroform
chocolate *n.* චොකලට් chocolate
choice *n.* තෝරාගැනීම thoraaganeema
choir *n.* සමූහ ගායන කණ්ඩායම samooha gaayana kandaayama
choke *v.* හුස්ම හිර කරනවා husma hira karanawa
cholera *n.* කොලරාව kolaraawa
choose *v. t* නියම කරනවා niyama karanawa
chop *v.* කැබලි කරනවා kabali karanawa
chopper *n.* පිහිය pihiya
chopstick *n.* බත් කූර bath koora
choral *adj.* සමූහ ගායන samooha gaayana
chord *n.* නූල noola
chorus *n.* ගායක සමූහය gaayaka samoohaya
Christ *n.* ක්‍රිස්තු තුමා kristhu thuma
Christian *adj.* ක්‍රිස්තියානිකාරයා kristhiyaanikaaraya
Christianity *n.* ක්‍රිස්තියානි ආගම kristhiyaani aagama
Christmas *n.* නත්තල naththala
chrome *n.* ක්‍රෝම් chrome
chronic *adj.* නිදන්ගත nidangatha
chronicle *n.* පුරාවෘත්තය puraa-wurthaya
chronology *n.* කාල නිර්ණය kaala nirnaya
chronograph *n.* කාල රේඛය kaala rekaya
chuckle *v.* ප්‍රමුදිත සිනහව pramu-ditha sinahawa
chum *n.* ප්‍රිය මිතුරා priya mithura
chunk *n.* කුට්ටිය kuttiya
church *n.* පල්ලිය palliya
churchyard *n.* දේවස්ථානයේ මිදුල d ewasthaanaye midula

churn *v.* කලතනවා kalathanawa
chutney *n.* චට්නි chutney
cider *n.* ඇපල් සුරා apple sura
cigar *n.* සුරුට්ටුව suruttuwa
cigarette *n.* සිගරට්ටුව sigarettuwa
cinema *n* සිනමාව cinemaawa
cinnamon *n.* කුරුඳු kurundu
circle *n.* වෘතය wurthaya
circuit *n.* පරිපථය paripathaya
circular *adj.* වෘත්තාකාර wurthaa-kaara
circulate *v.* සංසරණය වෙනවා sansaranaya wenawa
circulation *n.* සංසරණය sansa-ranaya
circumcise *v.* සුන්නත් කරනවා sunnath karanawa
circumference *n.* පරිධිය paridhiya
circumscribe *v.* මායිම් කරනවා maaim karanawa
circumspect *adj.* සමීක්ෂාකාරී sameekshaakaaree
circumstance *n.* වාතාවරණය waathaawaranaya
circus *n.* සර්කස් කණ්ඩායම circus kandaayama
cist *n.* දද dada
cistern *n.* ජල භාජනය jala bhaajanaya
citadel *n.* බළකොටුව balakotuwa
cite *v.* හඳුන්වනවා handunwanawa
citizen *n.* පුරවැසියා purawasiya
citizenship *n.* පුරවැසිභාවය purawasibaawaya
citrus *n.* පැඟිරි pangiri
citric *adj.* ඇඹුල් රසැති ambul rasathi
city *n.* නගරය nagaraya
civic *adj.* ශිෂ්ට shishta
civics *n.* ප්‍රජාචාරය prajaachaaraya
civil *adj.* සිවිල් siwil
civilian *n.* සාමාන්‍ය ජනයා saamaa-nya janayaa
civilization *n.* ශිෂ්ටාචාරය shishtaa-chaaraya
civilize *v.* ශිෂ්ටාචාරයට පත් කරනවා shishtaachaarayata path karanawa
clad *adj.* ඇඳුමින් සැරසුණු andumin sarasunu
cladding *n.* ආවරණය aawaranaya
claim *v.* අයිතිය aithiya
claimant *n.* උරුමක්කාරයා urumak-kaarayaa
clammy *adj.* ඇලෙන alena
clamour *n.* උද්ඝෝෂණය udghoshanaya
clamp *n.* බන්ධනය bandhanaya
clan *n.* වංශය wanshaya
clandestine *adj.* ගුප්ත guptha
clap *v.* අත්පොළසන් දීම athpolasan deema
clarify *v.* පැහැදිලි කරනවා pahadili karanawa
clarification *n.* පැහැදිලි කිරීම pahadili kireema
clarion *adj.* හොරණෑව horanaawa
clarity *n.* පැහැදිලිකම pahadilikama
clash *v.* ඝට්ටනය ghattanaya
clasp *v.* බදාගන්නවා badaagannawa
class *n.* පංතිය panthiya
classic *adj.* සම්භාව්‍ය sambhaawya
classical *adj.* ශාස්ත්‍රීය shaas-threeya
classification *n.* වර්ගීකරණය wargeekaranaya
classify *v.* වර්ග කරනවා warga

karanawa

clause *n.* වාක්‍ය ඛණ්ඩය waakya kandaya

claustrophobia *n.* ආවෘතිභීතිකාව aawurthibheethikaawa

claw *n.* නිය niya

clay *n.* මැටි mati

clean *adj.* පිරිසිදු pirisidu

cleanliness *n.* පිරිසිදුකම pirisidu kama

cleanse *v.* පිරිසිදු කරනවා pirisidu karanawa

clear *adj.* පැහැදිලි pahadili

clearance *n.* නිෂ්කාශණය nishkaashanaya

clearly *adv.* පැහැදිලිව pahadiliwa

cleave *v.* පැලෙනවා palenawa

cleft *n.* සිදුර sidura

clemency *n.* මොළොක් බව molok bawa

clement *adj.* මොළොක් molok

Clementine *n.* මෘදු මොළොක් තැනැත්තිය mrudu molok thanaththiya

clench *v.* අල්ලා ගන්නවා alla gannawa

clergy *n.* පූජ්‍ය පක්ෂය poojya pakshaya

cleric *n.* පැවිද්දා pawidda

clerical *adj.* පැවිදි pawidi

clerk *n.* ලිපිකරුවා lipikaruwa

clever *adj.* දක්ෂ daksha

click *n.* ටික් ගෑම tik gaama

client *n.* සේවාදායකයා sewaa-daayakayaa

cliff *n.* ප්‍රපාතය prapaathaya

climate *n.* කාලගුණය kaalagunaya

climax *n.* උච්චතම අවස්ථාව uchchathama awasthaawa

climb *v.i* නැගෙනවා nagenawa

clinch *v.* සවි කරනවා sawi karanawa

cling *v.* තදින් සවි වෙනවා thadin sawi wenawa

clinic *n.* සායනය saayanaya

clink *n.* සිහින් හඬ sihin handa

clip *n.* ගාංචුව gaanchuwa

cloak *n.* කබාය kabaaya

clock *n.* ඔරලෝසුව oralosuwa

cloister *n.* සක්මන sakmana

clone *n.* ක්ලෝනය clonaya

close *adj.* සමීප sameepa

closet *n.* රහස් ගබඩාව rahas gabadaawa

closure *n.* වසා තිබීම wasa thibeema

clot *n.* කැටිය katiya

cloth *n.* සළුව saluwa

clothe *v.* ඇඳුම් අඳිනවා andum andinawa

clothes *n.* වස්ත්‍ර wasthra

clothing *n.* ඇඳුම් andum

cloud *n.* වලාකුළ walaakula

cloudy *adj.* වලාකුළු සහිත walaakul sahitha

clove *n.* කරාබු නැටි karambu nati

clown *n.* පඹයා pambayaa

cloying *adj.* අමිහිරි amihiri

club *n.* සමාජ ශාලාව samaaja shaalaawa

clue *n.* හෝඩුවාව hoduwaawa

clumsy *adj.* අවලස්සන awalassana

cluster *n.* සමූහය samoohaya

clutch *v. t.* දැඩිව අල්ලා ගන්නවා dadiwa alla gannawa

coach *n.* පුහුණුකරුවා puhunu-karuwa

coal *n.* ගල් අඟුරු gal anguru

coalition *n.* සංයෝගය sanyogaya
coarse *adj.* ගොරෝසු gorosu
coast *n.* වෙරළ werala
coaster *n.* වෙරළබඩ යාත්‍රාව weralabada yaathraawa
coat *n.* කබාය kabaaya
coating *n.* වැස්ම wasma
coax *v.* උපායෙන් පොළඹනවා upaayen polambanawaa
cobalt *n.* කොබෝල්ට් cobalt
cobble *n.* බෝල ගල bola gala
cobbler *n.* සපත්තේරුවා sapatheruwa
cobra *n.* නාගයා naagaya
cobweb *n.* මකුළු දැල makulu dala
cocaine *n.* කොකේන් cocaine
cock *n.* කුකුළා kukulaa
cockade *n.* තොප්පිමල thoppimala
cockpit *n.* පොර කොටුව pora kotuwa
cockroach *n.* කැරපොත්තා karapoththa
cocktail *n.* මද්‍යසාර කිහිපයක් මිශ්‍ර කළ පානය madyasaara kihipayakin mishra kala paanaya
cocky *adj.* උඩඟු udangu
cocoa *n.* කොකෝවා cocoa
coconut *n.* පොල් pol
cocoon *n.* පට පණුවා pata panuwa
code *n.* කේතය kethaya
co-education *n.* මිශ්‍ර අධ්‍යාපනය mishra adhyaapanaya
coefficient *n.* සංගුණකය sangunakaya
coerce *v.* බලහත්කාරකම් කරනවා balahathkaarakam karanawa
coeval *adj.* සමකාලීන samakaa-leena
coexist *v.* සමකාලයෙහි පවතින samakaalayehi pawathina
coexistence *n.* සහපැවැත්ම sahapawathma
coffee *n.* කෝපි kopi
coffer *n.* මුදල් පෙට්ටිය mudal pettiya
coffin *n.* මිනී පෙට්ටිය minee pettiya
cog *n.* දැති රෝදය dathi rodaya
cogent *adj.* ප්‍රබල prabala
cogitate *v.* සිතනවා sithanawa
cognate *adj.* සම්බන්ධ sambanda
cognizance *n.* දැනගැනීම danaganeema
cohabit *v.* අඹුසැමියන් සේ ජීවත් වෙනවා ambusamiyanse jeewath wenawa
cohere *v.* ගැළපෙනවා galapenawa
coherent *adj.* ගැළපෙන galapena
cohesion *n.* ඇලීම aleema
cohesive *adj.* ඇලෙන alena
coil *n.* දඟරය dangaraya
coin *n.* කාසිය kaasiya
coinage *n.* මුදල් අච්චු ගැසීම mudal achchu gaseema
coincide *v.* සමපාත වෙනවා samapaatha wenawa
coincidence *n.* සමපාතය sama-paathaya
coir *n.* කොහු kohu
coke *n.* කෝක් අඟුරු coke anguru
cold *adj.* ශීතල sheethala
colic *n.* බඩේ කැක්කුම bade kak-kuma
collaborate *v.* සහයෝගයෙන් ක්‍රියා කරනවා sahayogayen kriya karanawa
collaboration *n.* සහයෝගීත්වය sahayogithwaya
collage *n.* කොලාජ් collage

collapse *v.* කඩා වැටීම kadaa wateema
collar *n.* කරපටිය karapatiya
collate *v.* සසඳනවා sasandanawa
collateral *n.* සමකාලීනයා sama-kaaleenaya
colleague *n.* සගයා sagaya
collect *v.* එකතු කරනවා ekathu karanawa
collection *n.* එකතුව ekathuwa
collective *adj.* මුළු mulu
collector *n.* එකතු කරන්නා ekathu karanna
college *n.* විදුහල widuhala
collide *v.* හැප්පෙනවා happenawa
colliery *n.* අඟුරු ආකරය anguru aakaraya
collision *n.* ඝට්ටනය gattanaya
colloquial *adj.* කතා ව්‍යවහාර kata wyawahaara
collusion *n.* කුමන්ත්‍රණය kumanthranaya
cologne *n.* සුවඳ පැන් suwanda pan
colon *n.* මහ බඩවැල maha badawala
colonel *n.* සේනාපති senapathi
colonial *adj.* ගණ වාසි ganaawaasee
colony *n.* ගණවාසය ganawaasaya
colossal *adj.* සුවිශාල suwishaala
colossus *n.* මහා ප්‍රතිමාව mahaa prathimaawa
column *n.* තීරුව theeruwa
colour *n.* වර්ණය warnaya
colouring *n.* වර්ණ ගැන්වීම warna ganweem
colourless *n.* අවර්ණ aawarna
coma *n.* අධිමූර්ඡාව adhimurjaawa
comb *n.* පනාව panaawa
combat *n.* සටන satana
combatant *n* සටන් වදින්නා satan wadinna
combination *n.* සංයෝජනය sanyojanaya
combine *v.* සංයෝග වෙනවා sanyoga wenawa
combustible *adj.* දැවෙන dawena
combustion *n.* දහනය dahanaya
come *v.* පැමිණෙනවා paminenawa
comedian *n.* විකටයා wikataya
comedy *n* විකට නාටකය wikata natakaya
comet *n.* වල්ගා තරුව walgaa tharuwa
comfort *n.* සහනය sahanaya
comfort *v.* සනසනවා sanasanawa
comfortable *adj.* සැපපහසු sapapahasu
comic *adj.* හාස්‍යජනක haasyajanaka
comma *n.* කොමාව commawa
command *v.* විධානය widhaanaya
commandant *n.* අණ දෙන්නා ana denna
commander *n.* සේනාපති senapathi
commando *n.* කමාන්ඩෝ භටයා commando bataya
commemorate *v.* සිහිපත් කරනවා sihipath karanawa
commemoration *n.* අනුස්මරණය anusmaranaya
commence *v.* අරඹනවා arambanawaa
commencement *n.* ඇරඹීම arambeema
commend *v.* වර්ණනා කරනවා

warnana karanawa

commendable *adj.* ප්‍රශංසනීය prashansaneeya

commendation *n.* ප්‍රශංසාව prashansaawa

comment *n.* ප්‍රකාශය prakaashaya

commentary *n.* විස්තර ප්‍රකාශය wisthara prakaashaya

commentator *n.* විස්තර විචාරක wisthara wichaaraka

commerce *n.* වාණිජ්‍යය waanijya

commercial *adj.* වාණිජ waanija

commiserate *v.* අනුකම්පා කරනවා anukampaa karanawa

commission *n.* කොමිසම komisama

commissioner *n.* කොමසාරිස් komasaaris

commissure *n.* යෝනිය yoniya

commit *v.* සිදු කරනවා sidu karanawa

commitment *n.* කැපවීම kappaweema

committee *n.* කමිටුව kamituwa

commode *n.* වැසිකිළි පෙට්ටිය wasikili pettiya

commodity *n.* වෙළෙඳ භාණ්ඩය welanda bhaandaya

common *adj.* සාමාන්‍ය saamanya

commoner *n.* සාමාන්‍ය වැසියා saamanya wasiya

commonplace *adj.* කවුරුත් දන්නා kauruth danna

commonwealth *n.* පොදු රාජ්‍ය මණ්ඩල podu raajya mandala

commotion *n.* කෝලාහලය kolahaala

communal *adj.* ප්‍රජා praja

commune *n.* ජන සමූහය jana samoohaya

communicable *adj.* දැනුම්දිය හැකි danum diya haki

communicant *n.* නිවේදකයා niwedakayaa

communicate *v.* දැනුම් දෙනවා danum denawaa

communication *n.* සන්නිවේදනය sanniwedanaya

communion *n.* සහභාගිත්වය sahabhaagithwaya

communism *n.* කොමියුනිස්ට් වාදය comiyunist waadaya

community *n.* සමාජය samaajaya

commute *v.* මාරු කරනවා maaru karanawa

compact *adj.* සංක්ෂිප්ත sankshiptha

companion *n.* සහායකයා sahaayakaya

company *n.* සමාගම samaagama

comparative *adj.* සංසන්දනාත්මක sansandanaathmaka

compare *v.* සසඳනවා sasandanawa

comparison *n.* සැසඳීම sasandeema

compartment *n.* කාමරය kaamaraya

compass *n.* මාලිමාව maalimaawa

compassion *n.* අනුකම්පාව anukampaawa

compatible *adj.* එකඟ ekanga

compatriot *n.* ස්වදේශිකයා swadeshikayaa

compel *v.* බල කරනවා bala karanawa

compendious *adj.* සාරගර්භ saaragarbha

compendium *n.* සංග්‍රහය sangrahaya

compensate *v.* වන්දි ගෙවනවා

wandi gewanawa

compensation *n.* වන්දි ගෙවීම wandi geweema

compere *n.* මෙහෙයවන්නා mehey-awanna

compete *v.* තරඟ කරනවා tharanga karanawa

competence *n.* නිපුණත්වය nipu-nathwaya

competent *adj.* සමර්ථ samartha

competition *n.* තරඟය tharangaya

competitive *adj.* තරඟකාරී tharangakaaree

competitor *n.* තරඟකරුවා tharangakaruwaa

compile *v.* සංග්‍රහ කරනවා sangraha karanawa

complacent *adj.* තෘප්තිමත් thrupthimath

complain *v.* පැමිණිලි කරනවා paminili karanawa

complaint *n.* පැමිණිල්ල paminilla

complaisant *adj.* ආචාරශීලි aachaarasheeli

complement *n.* අනුපූරකය anupoorakaya

complementary *adj.* අනුපූරක anupooraka

complete *adj.* සම්පූර්ණ sampoorna

completion *n.* සම්පූර්ණ කිරීම sampoorna kireema

complex *adj.* සංකීර්ණ sankeerna

complexity *n.* සංකීර්ණතාව sankeernathaawa

complexion *n.* පැහැය pahaya

compliance *n.* යටත් වීම yatath weema

compliant *adj.* එකඟ ekanga

complicate *v.* අවුල් කරනවා awul karanawa

complication *n.* ආකූලත්වය aakoolathwaya

complicit *adj.* ව්‍යාකූල wyaakoola

complicity *n.* පාප සහායතාව paapa sahaayathaawa

compliment *n.* වර්ණනාව warna-naawa

compliment *v.* *i* ප්‍රශංසා කරනවා prashansaa karanawa

comply *v.* එකඟ වෙනවා ekanga wenawa

component *n.* අඩංගු දේ adangu de

comport *v.* සුදුසු වෙනවා sudusu wenawa

compose *v.* රචනා කරනවා rachana karanawa

composer *n.* රචකයා rachakaya

composite *adj.* සංයුක්ත sanyuktha

composition *n.* සංයුතිය sanyuthiya

compositor *n.* අකුරු අමුණන්නා akuru amunanna

compost *n.* කොම්පෝස්ට් පොහොර compost pohora

composure *n.* සන්සුන් බව sansun bawa

compound *n.* සංයෝගය sanyogaya

comprehend *v.* වටහා ගන්නවා watahaa gannawa

comprehensible *adj.* වැටහෙන watahena

comprehension *n.* අවබෝධය awabodhaya

comprehensive *adj.* ව්‍යාප්ත wyaaptha

compress *v.* තෙරපනවා therapanawaa

compression *n.* සම්පීඩනය sampeedanaya

comprise *v.* අයත් වෙනවා ayath wenawa
compromise *n.* සමගි සම්මුතිය samagi sammuthiya
compulsion *n.* බල කිරීම bala kireema
compulsive *adj.* අනිවාර්ය aniwaarya
compulsory *adj.* පසුතැවිල්ල pasuthawilla
compunction *n.* සිත් තැවුල sith thaula
computation *n.* සංඛ්‍යානය sankyaanaya
compute *v.* ගණනය කරනවා gananaya karanawa
computer *n.* පරිගණකය pariganakaya
computerize *v.* පරිගණක ගත කරනවා pariganakagatha karanawa
comrade *n.* සහෝදරයා sahodaraya
concatenation *n.* සංතානය santhaanaya
concave *adj.* අවතල awathala
conceal *v.* සඟවනවා sangawanawaa
concede *v.* පිළිගන්නවා piligannawaa
conceit *n.* මානය maanaya
conceivable *adj.* සිතිය හැකි sithiya haki
conceive *v. t* සිතා ගන්නවා sitha gannawa
concentrate *v.* එකඟ කරනවා ekanga karanawa
concentration *n.* සාන්ද්‍රණය saandranaya
concept *n.* සංකල්පය sankalpa
conception *n.* සංකල්පනාව sankalpanaawa
concern *v.* සිතනවා sithanawa
concerning *prep.* සම්බන්ධව sambandhawa
concert *n.* විවිධ ප්‍රසංගය wiwida prasangaya
concerted *adj.* සම්මතයෙන් කරන ලද sammathayen karana lada
concession *n.* සහනය sahanaya
conch *n.* හක් ගෙඩිය hak gediya
conciliate *v.* සමගි කරනවා samagi karanawa
concise *adj.* කෙටි keti
conclude *n.* තීරණය කරනවා theeranaya karanawa
conclusion *n.* නිගමනය nigamanaya
conclusive *adj.* තීරණාත්මක theeranaathmaka
concoct *v.* මිශ්‍ර කරනවා mishra karanawa
concoction *n.* මිශ්‍රණය mishranaya
concomitant *adj.* අනුබද්ධ anubadda
concord *n.* සමගිය samagiya
concordance *n.* එකඟ බව ekanga bawa
concourse *n.* සංගමය sangamaya
concrete *n.* කොන්ක්‍රීට් concrete
concubine *n.* අවිවාහක භාර්යාව awiwaahaka bhaaryaawa
concur *v.* සංගමනය වෙනවා sangamanaya wenawa
concurrent *adj.* සමකාලීන samakaaleena
concussion *n.* සංඝට්ටනය sangattanaya
condemn *v.* පරිභව කරනවා

paribhawa karanawa
condemnation *n.* දොස් කීම dos keema
condense *v.* ඝන වෙනවා gana wenawa
condescend *v.* අවමානයට පත් වෙනවා awamaanayata path wenawa
condiment *n.* කුළුබඩු kulu badu
condition *n.* කොන්දේසිය kondesiya
conditional *adj.* කොන්දේසිගත kondesigatha
conditioner *n.* සකසනය sakasanaya
condole *v.* ශෝකය ප්‍රකාශ කරනවා shokaya prakaasha karanawa
condolence *n.* ශෝක ප්‍රකාශය shoka prakaashaya
condom *n.* උපත් පාලන කොපු upath paalana kopu
condominium *n.* සහාධිපත්‍යය sahaadhipathya
condone *v.* සමාව දෙනවා samaawa denawa
conduct *n.* පැවැත්ම pawathma
conduct *v.* හසුරුවනවා hasuruwanawa
conductor *n.* කොන්දොස්තර kondosthara
cone *n.* කේතුව kethuwa
confection *n.* රසකැවිලි rasakawili
confectioner *n.* රසකැවිලිකරු rasakawilikaru
confectionery *n.* රසකැවිලි වෙළෙන්දා rasakawili welenda
confederate *adj.* සංයුක්ත sanyuktha
confederation *n.* සන්ධානය sandhaanaya
confer *v.* පවරනවා pawaranawa
conference *n.* සංවාදය sanwaadaya
confess *v.* පාපෝච්චාරණය කරනවා paapochchaaranaya karanawa
confession *n.* පාපෝච්චාරණය paapochchaaranaya
confidant *n.* හිතවතා hithawatha
confide *v.* විශ්වාස කරනවා wishwaasa karanawa
confidence *n.* විශ්වාසය wishwaasaya
confident *adj.* විශ්වාසී wishwaasee
confidential *adj.* රහස්‍ය rahasya
configuration *n.* වින්‍යාසය winyaasaya
confine *v.* සිරගෙය sirageya
confinement *n.* සිර කර තැබීම sira kara thabeema
confirm *v.* තහවුරු කරනවා thahawuru karanawa
confirmation *n.* තහවුරු කිරීම thahawuru kireema
confiscate *v.* අහිමි කරනවා ahimi karanawa
confiscation *n.* අහිමි කිරීම ahimi kireema
conflate *v.* ඒකබද්ධ කරනවා ekabadda karanawa
conflict *n.* අරගලය aragalaya
confluence *n.* සංගමය sangamaya
confluent *adj.* එකතු වන ekathu wana
conform *v.* පිළිපදිනවා pilipadinawa
conformity *n.* සමානකම samaanakama
confront *v.* ඉදිරිපත් වෙනවා idiripath wenawa
confrontation *n.* මුණගැසීම munagasweema
confuse *v.* අවුල් කරනවා awul

karanawa

confusion *n.* අවුල awula

confute *v.* නිෂ්ප්‍රභා කරනවා nish-prabha karanawa

congenial *adj.* යෝග්‍ය yogya

congenital *adj.* සහජ sahaja

congested *adj.* ජනාකීර්ණ janaakeerna

congestion *n.* අවහිරය awahiraya

conglomerate *n.* කැටි කරනවා kati karanawa

conglomeration *n.* රාශිය raashiya

congratulate *v.* සතුට පළ කරනවා sathuta pala karanawaa

congratulation *n.* සතුට පළ කිරීම sathuta pala kireema

congregate *v.* රැස් වෙනවා ras wenawa

congress *n.* සම්මේලනය same-lanaya

congruent *adj.* අංගසම angasama

conical *adj.* කේතු හැඩැති kethu hadathi

conjecture *n. &v.* අඩමානය adamaanaya

conjugal *v.t. & i.* විවාහය පිළිබඳ වූ wiwaahaya pilibanda wu

conjugate *v.* අනුබද්ධ anubadda

conjunct *adj.* සංයුක්ත sanyuktha

conjunction *n.* සන්ධිය sandhiya

conjunctivitis *n.* සංසන්ධිත ප්‍රදාහය sansandhitha pradaahaya

conjuncture *n.* සම්බන්ධවීම sambanda weema

conjure *v.* විජ්ජා පෙන්වීම wijja penweema

conker *n.* පළතුරු වර්ගයක් palathuru wargayak

connect *v.* යා කරනවා yaa karanawa

connection *n.* සබඳතාව samba-dathaawa

connive *v.* අඟවනවා angawanawa

conquer *v.* ජය ගන්නවා jaya gannawa

conquest *n.* දිනුම dinuma

conscience *n.* හෘද සාක්ෂිය harda saakshiya

conscious *adj.* දැනුවත් danuwath

consecrate *v.* කැප කරනවා kapa karanawa

consecutive *adj.* අනුගාමී anugaa-mee

consecutively *adv.* අනුක්‍රමයෙන් anukramayen

consensus *n.* පොදු එකඟත්වය podu ekangathaawaya

consent *n.* අනුමතය anumathaya

consent *v.t.* කැමති වෙනවා kamathi wenawa

consequence *n.* ප්‍රතිඵලය prathi-palaya

consequent *adj.* අනුගාමී anugaa-mee

conservation *n.* සංරක්ෂණය sanrakshanaya

conservative *adj.* සංස්ථිතික sans-thika

conservatory *n.* සංරක්ෂණාගාරය sanrakshanaagaaraya

conserve *v. t* සංරක්ෂණය කරනවා sanrakshanaya karanawa

consider *v.* සලකා බලනවා salakaa balanawa

considerable *adj.* ප්‍රමාණවත් pramaanawath

considerate *adj.* කාරුණික kaa-runika

consideration *n.* සැලකිල්ල salakilla

considering *prep.* ගැන gana

consign *v.* වෙන් කරනවා wen karanawa

consignment *n.* බාර කිරීම baara kireema

consist *v.* සමන්විත වෙනවා samanwitha wenawaa

consistency *n.* ස්ථිරභාවය sthirabhawaya

consistent *adj.* අනුරූප anuroopa

consolation *n.* අස්වැසීම aswaseema

console *v. t.* සැනහෙනවා sanahenawa

consolidate *v.* තහවුරු කරනවා thahawuru karanawa

consolidation *n.* ඒකබද්ධ කරනවා ekabadda karanawa

consonant *n.* ව්‍යංජනාක්ෂරය wyanjanaaksharaya

consort *n.* වල්ලභ ස්ත්‍රිය wallabha sthriya

consortium *n.* සහවාසය sahawaasaya

conspicuous *adj.* විශිෂ්ට wishishta

conspiracy *n.* කුමන්ත්‍රණය kumanthranaya

conspirator *n.* කුමන්ත්‍රණකාරයා kumanthranakaaraya

conspire *v.* කුමන්ත්‍රණ කරනවා kumanthrana karanawa

constable *n.* කොස්තාපල් kosthaapal

constabulary *n.* පොලිස්බට පිරිස polisbhata pirisa

constant *adj.* අචල achala

constellation *n.* තාරකා මණ්ඩලය thaarakaa mandalaya

consternation *n.* සංත්‍රාසය santhraasaya

constipation *n.* මලබද්ධය malabaddaya

constituency *n.* ඡන්ද දායකයා chanda daayakayaa

constituent *adj.* ඡන්ද දායක chanda daayaka

constitute *v.* පිහිටුවනවා pihiyuwanawaa

constitution *n.* ව්‍යවස්ථාව waywasthaawa

constitutional *adj.* ව්‍යවස්ථාමය wyawasthaamaya

constrain *v.* බල කරනවා bala karanawa

constraint *n.* නිරෝධය nirodhaya

constrict *v.* අවහිර කරනවා awahira karanawa

construct *v.* ගොඩනගනවා godanaganawa

construction *n.* ගොඩනැගීම godanageema

constructive *adj.* වැඩදායක wadadaayaka

construe *v.* වටහා ගන්නවා watahaa gannawa

consul *n.* තානාපති thaanaapathi

consular *n.* තානාපති පිළිබඳ thaanaapathi pilibanda

consulate *n.* තානාපති මන්දිරය thaanaapathi mandiraya

consult *v.* අදහස් විමසනවා adahas wimasanawa

consultant *n.* උපදේශක upadeshaka

consultation *n.* තොරතුරු විමසනවා thorathuru wimasanawa

consume *v.* පරිභෝජනයට ගන්නවා

paribhojanayata gannawa

consumer *n.* පරිභෝජකයා paribhojakaya

consummate *v.* පරිපූර්ණ කරනවා paripoorna karanawa

consumption *n.* පරිභෝජනය paribhojanaya

contact *n.* ස්පර්ශය sparshaya

contagion *n.* වසංගතය wasangathaya

contagious *adj.* ස්පර්ශයෙන් බෝවෙන sparshayen bowena

contain *v.t.* අඩංගුව තිබෙනවා adanguwa thibenawa

container *n.* භාජනය bhaajanaya

containment *n.* ඉසිලීම isileema

contaminate *v.* කෙලෙසනවා kelasanawa

contemplate *v.* අදහස් කරනවා adahas karanawa

contemplation *n.* ඒකාග්‍රතාව ekagrathaawa

contemporary *adj.* සමකාලීන samakaaleena

contempt *n.* අවමානය awamaanaya

contemptuous *adj.* අවමාන awamaana

contend *v.* තරඟ කරනවා tharanga karanawa

content *adj.* සෑහීමට පත්වූ saaheemata pathwu

content *n.* අන්තර්ගතය anthargathaya

contention *n.* දබරය dabaraya

contentment *n.* තෘප්තිය thrupthiya

contentious *adj.* කලහකාරී kalahakaaree

contest *n.* තරඟය tharangaya

contestant *n.* තරඟකරු tharangakaru

context *n.* සන්දර්භය sandarbhaya

contiguous *adj.* සමීප sameepa

continent *n.* මහාද්වීපය mahaadweepaya

continental *adj.* මහාද්වීපික mahaadweepika

contingency *n.* හදිසිය hadisiya

continual *adj.* අඛණ්ඩ akanda

continuation *n.* කරගෙනයාම karagenayaama

continue *v.* කරගෙන යනවා karagena yanawa

continuity *n.* සන්තානය santhaanaya

continuous *adj.* අඛණ්ඩ akanda

contort *v.* ඇද ගන්නවා ada gannawa

contour *n.* සමෝච්ච samochcha

contra *prep.* විරුද්ධ wirudda

contraband *n.* තහනම් බඩු thahanam badu

contraception *n.* ගැබ්ගැනීම වැළැක්වීම gabganeema walakweema

contraceptive *n.* ගර්භනාශක garbanaashaka

contract *n.* කොන්ත්‍රාත්තුව conthraaththuwa

contract *n* කොන්ත්‍රාත්තුව conthraaththuwa

contractual *adj.* ගිවිසුම පිළිබඳ giwisuma pilibanda

contractor *n.* කොන්ත්‍රාත්කරු conthraathkaru

contraction *n.* සංකෝචනය sankochanaya

contradict *v.* විරුද්ධව කියනවා wiruddawa kiyanawa

contradiction *n.* විසංවාදය wisanwaadaya

contrary *adj.* පටහැනි patahani

contrast *n.* ප්‍රතිවිරෝධය prathirodaya

contravene *v.* උල්ලංඝනය කරනවා ullanganaya karanawa

contribute *v.* දායක වෙනවා daayaka wenawa

contribution *n.* දායකත්වය daayakathwaya

contrivance *n.* උපක්‍රමය upakramaya

contrive *v.* උපක්‍රම යොදනවා upakrama yodanawa

control *n.* පාලනය paalanaya

controller *n.* පාලකයා paalakaya

controversial *adj.* විවාදාත්මක wiwaadaathmaka

controversy *n.* විවාදය wiwaadaya

contusion *n.* තැලීම thalma

conundrum *v.* t ප්‍රහේලිකාව prahelikaawa

conurbation *n.* නාගරික naagarika

convene *v.* කැඳවනවා kandawanawaa

convenience *n.* පහසුව pahasuwa

convenient *adj.* පහසු pahasu

convent *n.* කන්‍යාරාමය kanyaaraamaya

convention *n.* සම්මුතිය sammuthiya

converge *v.* අභිසාරී වෙනවා abheesaaree wenawa

conversant *adj.* හුරු huru

conversation *n.* සංවාදය sanwaadaya

converse *v.* විලෝමය wilomaya

conversion *n.* හැරවීම haraweema

convert *n.* පරිවර්තනය pariwarthanaya

convert *v.* හරවනවා harawanawa

convey *v.* පවරා දෙනවා pawaraa denawaa

conveyance *n.* පාවාදීම paawaa deema

convict *n.* වරදකරු waradakaru

convict *v.* වරදකරු කරනවා waradakaru karanawa

conviction *n.* වරදකරු වීම waradakaru weema

convince *v.* ඒත්තු ගන්නවා eththu gannanawa

convivial *adj.* සමාජශීලී samaajasheelee

convocation *n.* උපාධි ප්‍රදානෝත්සවය upaadi pradaanothsawaya

convoy *n.* රැකවරණ සලසනවා rakawaranaya salasanawaa

convulse *n.* ගැහෙනවා gahenawa

convulsion *n.* කම්පනය kampanaya

cook *n.* කෝකියා kokiya

cook *v.* උයනවා uayanawa

cooker *n.* උඳුන unduna

cookie *n.* කුඩා විස්කෝතු kuda wiskothu

cool *adj.* සිසිල් sisil

coolant *n.* සිසිල් කාරකය sisil kaarakaya

cooler *n.* ශීතකය sheethakaya

cooper *n.* පීප්ප සාදන්නා peeppa saadanna

cooperate *v.* සහයෝගයෙන් වැඩ කරනවා sahayogayen wada karanawaa

cooperation *n.* සහයෝගය

sahayogaya

cooperative *adj.* සහයෝගී sahayogi

coordinate *v. t* සකස් කරනවා sakas karanawa

coordination *n.* සමායෝජනය samaayojanaya

cope *v.* දක්ෂ ලෙස මෙහෙයවනවා daksha lesa meheyawanawaa

copier *n.* පිටපත් කරන්නා pitapath karanna

copious *adj.* විපුල wipula

copper *n.* තඹ thamba

copulate *v.* ආඳිනවා aandinawaa

copy *n.* පිටපත pitapatha

copy *v.* පිටපත් කරනවා pitapath karanawaa

coral *n.* හිරිගල hirigala

cord *n.* ලණුව lanuwa

cordial *adj.* සුහද suhada

cordon *n.* මුර වළල්ල mura walalla

core *n.* මධ්‍යය madyaya

coriander *n.* කොත්තමල්ලි koththamalli

cork *n.* කිරල ඇබය kirala abaya

corn *n.* ඉරිඟු iringu

cornea *n.* කනීනිකාව kaninikaawa

corner *n.* කොණ kona

cornet *n.* ගොටුව gotuwa

coronation *n.* ඔටුනු පැළඳීම otunu palandeema

coroner *n.* හදිසි මරණ පරීක්ෂක hadisi marana pareekshaka

coronet *n.* කුඩා ඔටුන්න kuda otunna

corporal *n.* කෝප්‍රල් corporal

corporate *adj.* එක්සත් eksath

corporation *n.* සංස්ථාව sansthaawa

corps *n.* බලකාය balakaaya

corpse *n.* මළ සිරුර mala sirura

corpulent *adj.* ස්ථූල sthula

correct *adj.* නිවැරදි niwaradi

correct *v.* නිදොස් කරනවා nidos karanawa

correction *n.* නිදොස් කිරීම nidos kireema

corrective *adj.* ශෝධක shodhaka

correlate *v.* සම්බන්ධ වෙනවා sambanda wenawaa

correlation *n.* සම්බන්ධතාව sambandathaawa

correspond *v.* යෝග්‍ය වෙනවා yogya wenawaa

correspondence *n.* අනුරූපතාව anuroopathaawa

correspondent *n.* ලියුම්කරු liyumkaru

corridor *n.* බරාඳය baraandaya

corroborate *v.* සනාථ කරනවා sanaatha karanawaa

corrode *v.* මල බැඳෙනවා mala bandenawaa

corrosion *n.* ක්ෂය වීම kshaya weema

corrosive *adj.* විකාදක wikaadaka

corrugated *adj.* රැලි දැමූ rali damu

corrupt *adj.* දූෂිත dooshitha

corrupt *n.* වංක wanka

corruption *n.* නරක් වීම narak weema

cortisone *n.* කෝටිසෝන් cortisone

cosmetic *adj.* බාහිර baahira

cosmetic *n.* විලවුන් wilawun

cosmic *adj.* විශ්ව wishwa

cosmology *n.* විශ්ව විද්‍යාව wishwa widyaawa

cosmopolitan *adj.* සාර්වභෞම

saarwabhauma

cosmos *n.* විශ්වය wishwaya

cost *v.* ගාස්තුව gaasthuwa

costly *adj.* මිල අධික mila adhika

costume *n.* ඇඳුම් andum

cosy *adj.* සුවපහසු suwapahasu

cot *n.* තොටිල්ල thotilla

cottage *n.* කුඩා ගෙය kuda geya

cotton *n.* කපු kapu

couch *n.* කවිච්චිය kawichchiya

couchette *n.* දුම්රිය මැදිරි ඇඳ dumriya madiri anda

cough *v.* කහිනවා kahinawa

council *n.* මණ්ඩලය mandalaya

councillor *n.* මන්ත්‍රීවරයා manthreewarayaa

counsel *n.* උපදේශය upadeshaya

counsel *v.* උපදෙස් දෙනවා upades denawa

counsellor *n.* උපදේශක upadeshaka

count *v.* ගණන් කරනවා ganan karanawa

countenance *n.* මුහුණුවර muhunuwara

counter *n.* කවුන්ටරය kauntaraya

counter *v.t.* විරුද්ධව ක්‍රීඩා කරනවා wiruddawa kreeda karanawa

counteract *v.* බාධා කරනවා baadha karanawa

counterfeit *adj.* ව්‍යාජ wyaja

counterfoil *n.* උපපත්‍රිකාව upapathrikaawa

countermand *v.* ප්‍රතිනියෝග කරනවා prathiniyoga karanawa

counterpart *n.* ප්‍රතිමූර්තිය prathimoorthiya

countless *adj.* අසංඛය asankaya

country *n.* රට rata

county *n.* ජනපදය janapadaya

coup *n.* හිදිසි ව්‍යාපාරය hadisi wyaapaaraya

coupe *n.* එක් පැත්තක පමණක් ආසන ඇති දුම්රිය මැදිරිය ek paththaka panak aasana athi dumriya madiriya

couple *n.* යුවල yuwala

couplet *n.* කවි දෙපදය kawi depadaya

coupon *n.* කූපනය koopanaya

courage *n.* නිර්භීතකම nirbheethakama

courageous *adj.* වීර weera

courier *n.* පණිවිඩකාරයා paniwidakaarayaa

course *n.* පාඨමාලාව paatamaalaawa

court *n.* උසාවිය usaawiya

courteous *adj.* ආචාරශීලි aachaarasheelee

courtesan *n.* ගණිකාව ganikaawa

courtesy *n.* ගුණවත්කම gunawathkama

courtier *n.* රාජසේවකයා raajasewakayaa

courtly *adj.* සභ්‍ය sabhya

courtship *n.* ආරාධනාව aaraadhanaawa

courtyard *n.* අංගනය anganaya

cousin *n.* ඥාති සහෝදරයා gnaathi sahodarayaa

cove *n.* හාදයා haadaya

covenant *n.* ගිවිසුම givisuma

cover *n.* වැස්ම wasma

cover *v.* වසනවා wasanawa

covert *adj.* ගුප්ත guptha

covet *v.* ආශා කරනවා aashaa karanawa
cow *n.* හරකා harakaa
coward *n.* බයුගුල්ල bayagulla
cowardice *n.* බියසුලුකම biyasulukama
cower *v.* භයෙන් ඇකිළෙනවා bhayen akilenawaa
coy *adj.* ලජ්ජා සහිත lajja sahitha
cozy *adj.* සුහදශීලි suhadasheeli
crab *n.* කක්කුට්ටා kakkutta
crack *n.* ඉරි තැලීම iri thaleema
crack *v.* ඉරි තළනවා iri thalanawa
cracker *n.* රතිඤ්ඤය rathignaya
crackle *v.* පටපට ගානවා patapata gaanawaa
cradle *n.* තොට්ටිල්ල thotilla
craft *n.* යානාව yaanaawa
craftsman *n.* කර්මාන්තකරුවා karmaanthakaruwa
crafty *adj.* දක්ෂ daksha
cram *v.* කට පාඩම් කරනවා kata paadam karanawa
cramp *n.* කෙණ්ඩා පෙරළීම kenda peraleema
crane *n.* කොකා koka
crinkle *v.* රැළි ගසනවා rali gasanawa
crash *v.* කඩා වැටෙනවා kadaa watenawa
crass *adj.* සම්පූර්ණ sampoorna
crate *n.* ලෑලි පටි පෙට්ටිය laali pati pettiya
cravat *n.* දාසිය daasiya
crave *v. t* ප්‍රාර්ථනා කරනවා praarthanaa karanawaa
craven *adj.* බියුගුල්ල biyagulla
crawl *v.* බඩගෑම badagaama
crayon *n.* පාට හුණුකූර paata hunukooru
craze *n.* උන්මාදය unmaadaya
crazy *adj.* උමතු umathu
creak *n.* කිරි කිරි හඬ kiri kiri handa
creak *v.* කිරි කිරි ගානවා kiri kiri gaanawa
cream *n.* සාරය saaraya
crease *n.* නැම්ම namma
create *v.* තනනවා thananawa
creation *n.* නිර්මාණය nirmaanaya
creative *adj.* මවන mawana
creator *n.* මවන්නා mawanna
creature *n.* සත්වයා sathwayaa
crèche *n.* දාරකාගාරය daarakaagaaraya
credentials *n.* සාක්ෂි පත්‍ර saakshi pathra
credible *adj.* ඇදිහිය යුතු adahiya yuthu
credit *n.* කීර්තිය keerthiya
creditable *adj.* ප්‍රශංසනීය prashansaneeya
creditor *n.* ණයහිමියා nayahimiya
credulity *adv.* ඉක්මන් විශ්වාසය ikman wishwaasaya
creed *n.* ඇදිහිල්ල adahilla
creek *n.* කුඩා ගඟ kuda ganga
creep *v.* රිංගා යෑම ringaa yaama
creeper *n.* ලතාව lathaawa
cremate *v.* ආදාහනය කරනවා aadahanaya karanawa
cremation *n.* ආදාහනය aadahanaya
crematorium *n.* ආදාහනාගාරය aadaanaagaaraya
crescent *n.* අඩසඳ adasanda
crest *n.* මුදුන muduna
crew *n.* සමූහය samoohaya
crib *n.* ගව පට්ටිය gawa pattiya

cricket *n.* තණකොළපෙත්තා thana-kolapeththa

crime *n.* අපරාධය aparaadya

criminal *n.* අපරාධකරුවා aparaad-hakaruwa

criminology *n.* අපරාධවේදය apa-raadhawedaya

crimson *n.* තද රතු thada rathu

cringe *v.* හැකිළෙනවා hakilenawa

cripple *n.* අබ්බගාතයා abbagaa-thayaa

crisis *n.* අර්බුදය arbudaya

crisp *adj.* කර කර ගාන kara kara gaana

criterion *n.* මිනුම් දණ්ඩ minum danda

critic *n.* විවේචකයා wiwechakayaa

critical *adj.* අවදානම් awadaanam

criticism *n.* විවේචනය wiwechanaya

criticize *v.* විවේචනය කරනවා wiwe-chanaya karanawa

critique *n.* පරීක්ෂාව parikshaawa

croak *n.* රළු හඬ ralu handa

crochet *n.* ගෙතුම gethuma

crockery *n.* මැටි බඳුන් mati bandun

crocodile *n.* කිඹුලා kimbula

croissant *n.* කිඹුලා බනිස් kimbula banis

crook *n.* හෙණ්ඩුව henduwa

crooked *adj.* වංක wanka

crop *n.* වගාව wagaawa

cross *n.* කුරුසය kurusaya

crossing *n.* මාරු වන තැන maaru wana thana

crotchet *n.* හිතුබුද්ධිය hithubuddiya

crouch *v.* වකුටු වෙනවා wakutu wenawaa

crow *n.* කපුටා kaputaa

crowd *n.* සෙනඟ senanga

crown *n.* ඔටුන්න otunna

crown *v.* ඔටුනු පළන්දනවා otunu palandanawa

crucial *adj.* තීරණාත්මක theera-naathmaka

crude *adj.* දළ dala

cruel *adj.* කෲර kroora

cruelty *adv.* කෲරත්වය kroorath-waya

cruise *v.* එහා මෙහා යාත්‍රා කිරීම eha meha yaathraa kireema

cruiser *n.* විශාල යුධ නැව wishaala yuda nawa

crumb *n.* පොඩි කැබෙල්ල podi kabella

crumble *v.* ගරා වැටෙනවා garaa watenawa

crumple *v.* කඩා වැටෙනවා kadaa watenawa

crunch *v.* හපනවා hapanawaa

crusade *n.* කුරුස යුද්ධය kurusa yuddaya

crush *v.* පොඩි කරනවා podi kara-nawa

crust *n.* පොත්ත poththa

crutch *n.* කිහිලි කරුව kihili karuwa

crux *n.* ගැටලුව gataluwa

cry *n.* ඇඬීම andeema

cry *v.* අඬනවා andanawaa

crypt *n.* ලෙන lena

crystal *n.* ස්ඵටිකය spatikaya

cub *n.* පැටවා patawaa

cube *n.* ඝනකය ganakaya

cubical *adj.* ඝන gana

cubicle *n.* කුටිය kutiya

cuckold *n.* පතිවත නරකින ස්ත්‍රියගේ ස්වාමියා pathiwatha

norakina sthriyage swaamiya
cuckoo *n.* කොවුලා kowla
cucumber *n.* පිපිඤ්ඤා pipingna
cuddle *v.* බදා ගන්නවා badaa gannawa
cuddly *adj.* ඉතා සුරතල් itha surathal
cudgel *n.* මුගුර mugura
cue *n.* බිලියඩ් ගසන රිට billiard gasana rita
cuff *n.* බොරිච්චිය borichchiya
cuisine *n.* මුළුතැන්ගෙය muluthangeya
culinary *adj.* ඉවීම පිළිබඳ iweem pilibanda
culminate *v.* මුදුන්පත් වෙනවා mudunpath wenawaa
culpable *adj.* සදොස් sados
culprit *n.* වරදකාරයා waradakaaraya
cult *n.* ඇදහීම adaheema
cultivate *v.* වගා කරනවා wagaa karanawa
cultural *adj.* සංස්කෘතික sanskruthika
culture *n.* සංස්කෘතිය sanskruthiya
cumbersome *adj.* අපහසු apahasu
cumin *n.* දුරු duru
cumulative *adj.* සාමූහික saamoohika
cunning *adj.* කපටි kapati
cup *n.* කෝප්පය koppaya
cupboard *n.* බිත්ති රාක්කය biththi raakkaya
cupidity *n.* මුදල් තෘෂ්ණාව mudal thrushnaawa
curable *adj.* සුව කළ හැකි suwa kala haki
curative *adj.* ප්‍රතිකාරක prathikaaraka
curator *n.* ආරක්ෂකයා aarakshakaya
curb *v. t* මැඩලනවා madalanawaa
curd *n.* මී කිරි mee kiri
cure *v. t.* සුවකරනවා suwa karanawaa
curfew *n.* ඇඳිරි නීතිය andiri neethiya
curiosity *n.* කුතුහලය kuthuhalaya
curious *adj.* කුතුහලය දනවන kuthuhalaya danawana
curl *v.* රැළි සාදනවා rali saadanawa
currant *n.* වියළි මිදි wiyali midi
currency *n.* ව්‍යවහාර මුදල් wyawahaara mudal
current *adj.* වලංගු walangu
current *n.* ධාරාව dhaaraawa
curriculum *n.* විෂය මාලාව wishaya maalaawa
curry *n.* ව්‍යංජනය wyanjanaya
curse *n.* සාපය saapaya
cursive *adj.* වැල් අකුරුමය wal akurumaya
cursor *n.* කර්සරය cursoraya
cursory *adj.* හදිසි hadisi
curt *adj.* කෙටි keti
curtail *v.* කෙටි කරනවා keti karanawa
curtain *n.* තිර රෙද්ද thira redda
curve *n.* වක්‍රය wakraya
cushion *n.* කුසිම kusima
custard *n.* කස්ටඩ් custard
custodian *n.* ආරක්ෂකයා aarakshakayaa
custody *n.* සිරභාරය sirabhaaraya
custom *n.* සිරිත siritha
customary *adj.* සිරිත් පිරිදි sirith paridi
customer *n.* පාරිභෝගිකයා

paaribhogikayaa

customize *v.* අභිමතකරණය abhimathakaranaya

cut *v.* කපනවා kapanawa

cute *adj.* ලස්සණ lassana

cutlet *n.* කට්ලට් cutlet

cutter *n.* කපන්න kapanna

cutting *n.* කැපෙන kapena

cyan *n.* සියන් වර්ණය cyan warnaya

cyanide *n.* සයනයිඩ් cyanide

cyber *comb.* විශ්ව කේන්ද්‍ර ගත wishwa kendra gatha

cyberspace *n.* විශ්ව කේන්ද්‍ර ගත අවකාශය wishwa kendra gatha awakaashaya

cycle *n.* පාපැදිය paapadiya

cyclic *adj.* වක්‍ර wakra

cyclist *n.* පාපැදිකරු paapadikaru

cyclone *n.* සුළි සුළඟ suli sulanga

cylinder *n.* සිලින්ඩරය silindaraya

cynic *n.* නින්දාශීලි තැනැත්තා nindaasheeli thanaththa

cynosure *n.* සැමගේ සිත් ඇදගන්නා දෙය samage sith adaganna deya

cypress *n.* සයිප්‍රස් ගස cypress gasa

cyst *n.* කෝෂ්ඨය koshtaya

cystic *adj.* කෝෂ්ඨප්‍රධානය හා සම්බන්ධ koshta pradanaya haa sambanda

D

dab *v.* යන්තම් ගානවා yantham gaanawa

dabble *v.* යන්තමින් කරනවා yanthamin karanawa

dacoit *n.* මංකොල්ලකාරයා mankollakaarayaa

dad *n* තාත්තා thaaththa

daffodil *n.* ඩැෆඩිල් මල daffodil mala

daft *adj.* තකතීරු thakatheeru

dagger *n.* කිරිච්චිය kirichchiya

daily *adj.* දිනපතා dinapatha

dainty *adj.* රසවත් rasawath

dairy *n.* කිරිහල kirihala

dais *n.* උස් ආසනය us aasanaya

daisy *n.* ඩේසි මල daisy mala

dale *n.* මිටියාවත mitiyaawatha

dally *v.* සුරතල් කරනවා surathal karanawa

dalliance *n.* සුරතල surathala

dam *n.* වේල්ල wella

damage *n.* හානිය haaniya

dame *n.* ආර්යාව aaryaawa

damn *v.* ශාප කරනවා shaapa karanawa

damnable *adj.* හිරිහැර සහිත hirihara sahitha

damnation *n.* ගර්හාව garbhaawa

damp *adj.* තෙමුණු themunu

dampen *v.* තෙත් කරනවා theth karanawa

damper *n.* පරිමන්දකය parimandakaya

dampness *n.* දියසීරාව diyaseeraawa

damsel *n.* යුවතිය yuwathiya

dance *v.* නටනවා natanawa

dancer *n.* නැට්ටුක්කාරයා nattukkaarayaa

dandelion *v.* ඩැන්ඩලියන් මල dandelion mala

dandle *v.* වඩාගෙන සුරතල් කරනවා wadaagena surathal karanawa

dandruff *n.* හිස්හ රෝ hishory
dandy *n.* ඉස්තරම් istharam
danger *n.* අනතුර anathura
dangerous *adj.* අනතුරු දායක ana-thurudaayaka
dangle *v. i.* එල්ලී වැටෙනවා elli watenawaa
dank *adj.* ග ගොහෝරු gohoru
dapper *adj.* කඩිසර kadisara
dapple *v.* පුල්ලි සහිත pulli sahitha
dare *v.* අභිය ෝග කරනවා abhiyoga karanawa
daring *adj.* සා හසික saahasika
dark *adj.* අඳුරු anduru
darkness *n.* අන්ධකා රය andha-kaaraya
darken *v.* අඳුරු වෙනවා anduru wenawaa
darling *n.* දයා බර dayaabara
darn *v.* එළලනවා elalanawaa
dart *n.* තුඩ thuda
dash *v.* හැ ප්පෙනවා happenawa
dashboard *n.* උපකරණ පුවරු ව upakarana puwaruwa
dashing *adj.* උජාරු ujaaru
dastardly *adj.* බියගුලු biyagulu
data *n.* දත්ත daththa
database *n.* පරිගණක දත්ත ගබඩා ව pariganaka daththa gabadaawa
date *n.* දිනය dinaya
date *n.* දිනය dinaya
datum *n.* දත්තය daththaya
daub *v.* ආලේපය aalepanaya
daughter *n.* දියණිය diyaniya
daughter-in-law *n.* ලේලි leli
daunt *v.* භය ගන්වනවා bhaya ganwanawa
dauntless *adj.* අප්‍රතිහත aprahitha
dawdle *v.* කම්මැලිකමින් කා ලය ගවෙනවා kammalikamin kaalaya gewanawa
dawn *n.* අලුයම aluyama
day *n.* දහවල dahawala
daze *v.* සිහි නැති වෙනවා sihi nathi wenawa
dazzle *v. t.* මුලා වෙනවා mula wenawa
dead *adj.* මළ mala
deadline *n.* නියමිත කා ලය niyamitha kaalaya
deadlock *n.* සම්පූර්ණ අවහිරය sampoorna awahiraya
deadly *adj.* මා රාන්තික maaraan-thika
deaf *adj.* බිහිරි bihiri
deafening *adj.* කන් බිහිරි කරවන kan bihiri karawana
deal *n.* ගනුදෙනුව ganudenuwa
deal *v. i* ගනුදෙනු කරනවා ganudenu karanawa
dealer *n.* ගනුදෙනුකරු ganude-nukaru
dean *n.* නා යක දෙවගැති naayaka dewagathi
dear *adj.* ස්නෙහෙවන්ත snehawantha
dearly *adv.* මහත් ප්‍රේමයෙන් mahath premayen
dearth *n.* හිඟය hingaya
death *n.* මරණය maranaya
debacle *n.* මහත් විනා ශය mahath winaashaya
debar *v. t.* අවහිර කරනවා awahira karanawaa
debase *v.* පහත් කරනවා pahath karanawa
debatable *adj.* විවා දශීලි wiwaa-dasheeli

debate *n.* විවාදය wiwaadaya
debate *v. t.* වාද කරනවා waada karanawa
debauch *v.* දූෂ්‍ය කරනවා dooshya karanawa
debauchery *n.* සල්ලාලකම sallalakama
debenture *n.* ණයකරය nayakaraya
debilitate *v.* දුර්වල කරනවා durwala karanawa
debility *n.* දුර්වලකම durwalakama
debit *n.* ගෙවිය යුතු ණය gewiya yuthu naya
debonair *adj.* ආචාරශීලි aachaarasheeli
debrief *v.* විමසනවා wimasanawaa
debris *n.* සුන්බුන් sunbun
debt *n.* ණය naya
debtor *n.* ණයකාරයා nayakaaraya
debunk *v.* බොරුව හෙළිදරව් කරනවා boruwa helidaraw karanawaa
debut *n.* ආරම්භය aarambaya
debutante *n.* කොඩු තරුණිය kodu tharuniya
decade *n.* දශකය dashakaya
decadent *adj.* දිරු diru
decaffeinated *adj.* කැෆේන් නොබිවූ kafen nobiwoo
decamp *v.* පැන යනවා pana yanawa
decant *v.* බේරා වක්කරනවා bera wakkaranawaa
decanter *n.* ගුරුලේත්තුව guruleththuwa
decapitate *v.* හිස ගසා දමනවා hisa gasaa damanawa
decay *v.* දිරාපත් වෙනවා dirapath wenawa
decease *n.* රෝගය rogaya
deceased *adj.* අභාවප්‍රාප්ත abhaawapraptha
deceit *n.* මුළා කිරීම mulaa kireema
deceitful *adj.* වංක wanka
deceive *v.* හොර වෙනවා hora wenawa
decelerate *v.* මන්දනය කරනවා mandanaya karanawa
December *n.* දෙසැම්බර් මාසය desambar maasaya
decency *n.* විනීතකම wineethakama
decent *adj.* විනීත wineetha
decentralize *v.* විකේන්ද්‍රණය wikendranaya
deception *n.* රැවටීම rawateema
deceptive *adj.* අවිශ්වාස awishwaasa
decibel *n.* ඩෙසිබලය desibalaya
decide *v.* තීරණය කරනවා theeranaya karanawa
decided *adj.* නිශ්චිත nishchitha
decimal *adj.* දශම dashama
decimate *v.* මහත් විනාශයට පමුණුවනවා mahath winaashayata pamunuwanawaa
decipher *v.* කියවා තේරුම් ගන්නවා kiyawaa therum gannawa
decision *n.* තීන්දුව theenduwa
decisive *adj.* තීරණාත්මක theeranaathmaka
deck *n.* නැවේ තට්ටුව nawe thattuwa
deck *n* නැවේ තට්ටුව nawe thattuwa
declaim *v.* ඝෝෂා කොට කියනවා gosha kota kiyanawa
declaration *v. t.* ප්‍රකාශනය prakaashanaya
declare *n* කියා පානවා kiyaa paanawa

declassify *v.* තොරතුරු තවදුරටත් රහස්‍ය නොවන බව ප්‍රකාශ කරනවා thorathuru thawa duratath rahasya nowana bawata prakaasha karanawa
decline *v. t.* පිරිහානිය parihaaniya
declivity *n.* බෑස්ම basma
decode *v.* විකේත කරනවා wiketha karanawa
decompose *n.* වියෝජනය wiyo-janaya
decomposition *v. t* දිරාපත් වීම diraapath weema
decompress *v.* අසම්පීඩනය කරනවා asampeedanaya karanawa
decongestant *n.* රක්තාවරෝධය අඩු කිරීමට ඖෂධයක් rakthaawarodaya adu kireemata aushadayak
deconstruct *v.* කඩා දමනවා kadaa damanawa
decontaminate *v.* අපවිත්‍ර තත්වය නැති කරනවා apawithra thathwaya nathi karanawa
decor *n.* අලංකාර ක්‍රමය alankaara kramaya
decorate *v.* සරසනවා sarasanawa
decoration *n.* සැරසිල්ල sarasilla
decorative *adj.* සැරසිලි sarasili
decorous *adj.* සන්සුන් sansun
decorum *n.* සදාචාරය sadaa-chaaraya
decoy *n.* උපාය upaaya
decrease *v.* අඩු වෙනවා adu wenawa
decree *n.* නියෝගය niyogaya
decrement *v. t.* අලාභය alaabhaya
decrepit *adj.* අබලන් වූ abalan wu
decriminalize *v.* සාපරාධී බව තොර කරනවා saaparaadhi bawa thora karanawa
decry *v.* හෙළා දකිනවා helaa dakinawa
dedicate *v.* කැප කරනවා kapa karanawa
dedication *n.* කැප කිරීම kapa kireema
deduce *v.* නිගමනය කරනවා nigamanaya karanawa
deduct *v.* අඩු කරනවා adu karanawa
deduction *n.* අඩු කිරීම adu kireema
deed *n.* ඔප්පුව oppuwa
deem *v.* සිතනවා sithanawa
deep *adj.* අධිකව adhikawa
deer *n.* මුව muwa
deface *v.* මකා දමනවා makaa-damanawaa
defamation *n.* කෙලෙසීම keleseema
defame *v.* කෙලෙසෙනවා kelesa-nawaa
default *n.* පැහැර හැරීම pahara hareema
defeat *v. t.* ව්‍යර්ථ කරනවා wyartha karanawa
defeatist *n.* පරාජයවන්නා paraa-jayawanna
defecate *v.* පහරනවා paharanawa
defect *n.* අඩු පාඩුව adu paaduwa
defective *adj.* සදොස් sados
defence *n.* ආරක්ෂක aarakshaka
defend *v.* ආරක්ෂා කරනවා aarakshaa karanawa
defendant *n.* විත්තිකාරයා withthikaarayaa
defensible *adj.* ආරක්ෂා කළ හැකි aarakshaa kala haki
defensive *adj.* ආරක්ෂක aarakshaka

defer *v.* කල් දමනවා kal damanawa
deference *n.* සමාදරය samaadaraya
defiance *n.* නොසැලකිල්ල nosala-killa
deficiency *n.* මදිපාඩුව madipaa-duwa
deficient *adj.* අසම්පූර්ණ asam-poorna
deficit *n.* හිඟය hingaya
defile *v. t* කෙලසනවා kelasanawa
define *v.* අර්ථ දක්වනවා artha dak-wanawa
definite *adj.* නියමිත niyamitha
definition *n.* නිර්වචනය nirwacha-naya
deflate *v.* හුළං අරිනවා hulan arina-wa
deflation *n.* මිල පහත හෙළීම mila pahatha heleema
deflect *v.* හැරෙනවා harenawa
deforest *v.* කැලෑ වඳ කරනවා kalaa wanda karanawa
deform *v.* අවලක්ෂණ කරනවා awalakshana karanawa
deformity *n.* විරූපතාව wiroopa-thaawa
defraud *v.* වංචා කරනවා wanchaa karanawa
defray *v.* වියදම් ගෙවනවා wiyadam gewanawa
defrost *v.* හිමාහරණය කරනවා himaaharanaya karanawa
deft *adj.* දක්ෂ daksha
defunct *adj.* අපවත් වූ apawath wu
defuse *v.* නිෂ්ක්‍රිය කරනවා nishkreeya karanawa
defy *v.* අකීකරු වෙනවා akeekaru wenawa
degenerate *v.* වැහැරෙන waharena
degrade *v.* අවමන් කරා awaman kara
degree *n.* අංශකය anshakaya
dehumanize *v.* යාන්ත්‍රික කරනවා yaanthrika karanawa
dehydrate *v.* විජලනය වෙනවා wijalanaya wenawa
deify *v.* දෙවියෙකු මෙන් සලකනවා dewiyeku men salakanawaa
deign *v.* නොතරම්කමක් කරනවා notharamkamak karanawa
deity *n.* දෙවියා dewiyaa
déjà vu *n.* මනෝලෝකය mano-lokaya
deject *v.* අධෛර්යය කරනවා adairyaya karanawa
dejection *n.* අධෛර්යය කිරීම adairyaya kireema
delay *v. t* ප්‍රමාදය pramaadaya
delectable *adj.* මනෝහර manohara
delectation *n.* ආනන්දය aanandaya
delegate *n.* පැවරීම pawareema
delegation *n.* බලය පැවරීම balaya pawareema
delete *v. i* මකා දමනවා makaa damanawa
deletion *n.* මකා දැමීම makaa dameema
deleterious *adj.* හානිකර haanikara
deliberate *adj.* විපරම් සහිත wiparam sahitha
deliberation *n.* ප්‍රකල්පනය prakal-panaya
delicacy *n.* මෘදු මොළොක් බව mrudu molok bawa
delicate *adj.* කොමළ komala
delicatessen *n.* සැකසූ ආහාර වෙළෙඳසැල sakasoo aahaara welanda sala

delicious *adj.* රසවත් rasawath
delight *v. t.* පිරසාදය prasaadaya
delightful *adj.* මනෝහර manohara
delineate *v.* නිරූපනය කරනවා niroopanaya karanawa
delinquent *adj.* අවලමා awalamaa
delirious *adj.* උමතු umathu
delirium *n.* උමතුකම umathukama
deliver *v.* භාර දෙනවා bhaara denawa
deliverance *n.* නිදහස nidahasa
delivery *n.* භාරදීම bhaaradeema
dell *n.* දෙණිය deniya
delta *n.* ඩෙල්ටාව deltaawa
delude *v.* රවටනවා rawatanawaa
deluge *n.* මහ ඕඝය mahogaya
delusion *n.* මුළාව mulaawa
deluxe *adj.* සුපිරි supiri
delve *v.* හාරනවා haaranawa
demand *n.* අවශ්‍යතාව awashya-thaawa
demanding *adj.* අවධානග්‍රාහී awadhaanagraahee
demarcation *n.* සීමාංකනය seemaankanaya
demean *v.* අවමන් කරනවා awaman karanawa
demented *adj.* වියරු වැටුණු wiyaru watunu
dementia *n.* පිස්සුව pissuwa
demerit *n* අකුසලය akusalaya
demise *n.* පවරා දීම pawaraa deema
demobilize *v.* හමුදා සේවයෙන් මුදවනවා hamudaa sewayen mudawanawaa
democracy *n.* පිරජාතන්ත්‍රවාදය prajaathanthrawaadaya
democratic *adj.* පිරජාතන්ත්‍රවාදී prajaathanthrawaadee
demography *n.* ජනරේඛනය janarekanaya
demolish *v.* කඩා දමනවා kadaa damanawa
demon *n.* යක්ෂයා yakshaya
demonize *v.* යක්ෂාරූඪ වෙනවා yakshaarooda wenawaa
demonstrate *v.* ආදර්ශනය කරනවා aadarshanaya karanawa
demonstration *n.* ආදර්ශනය aadarshanaya
demoralize *v.* සිත කලෙසනවා sitha kelasanawaa
demote *v.* පිට කඩනවා pati kada-nawaa
demur *v.* නොකැමැත්ත nokamaththa
demure *adj.* ලජ්ජාශීලි lajjasheeli
demystify *v.* අවිදු බව දුරු කරනවා awidu bawa durukaranawa
den *n.* ගුහාව guhaawa
denationalize *v.* පුද්ගලික අංශයට පවරනවා pudgalika anshayata pawaranawaa
denial *n.* පිරතිකෂෙප කරනවා prathikshepa karanawa
denigrate *v.* අවමන් ලබනවා awaman labanawa
denomination *n.* නාමය naamaya
denominator *n.* හරය bharaya
denote *v. t* දක්වනවා dakwanawaa
denounce *v.* අභිශාප කරනවා abhishaapa karanawa
dense *adj.* ඝන gana
density *n.* ඝනත්වය ganathwaya
dent *n.* කඩතොලු kadatholu
dental *adj.* දන්තජ danthaja
dentist *n.* දන්ත වෛද්‍ය dantha

waidya

denture *n.* බොරු දත් කුට්ටම boru dath kuttama

denude *v.* නග්න කරනවා nagna karanawa

denunciation *n.* ප්‍රකට චෝදනාව prakata chodanaawa

deny *v. i.* තහනම් කරනවා thahanam karanawa

deodorant *n.* දුගඳ වනසන ද්‍රව්‍යය duganda wanasana drawyaya

depart *v.* නික්මෙනවා nikmenawa

department *n.* දෙපාර්තමේන්තුව depaarthamenthuwa

departure *n.* නික්මයාම nikmayaama

depend *v.* යැපෙනවා yapenawa

dependant *n.* යැපෙන yapenawa

dependency *n.* පරායත්තතාව paraayaththathaawa

dependent *adj.* පරායත්ත paraayaththa

depict *v.* වචනයෙන් විස්තර දක්වනවා wachanayen wisthara dakwanawaa

depilatory *adj.* ලෝමනාශක ද්‍රව්‍යය lomanaashaka drawyaya

deplete *v.* හිස් කරනවා his karanawa

deplorable *adj.* ඛේදජනක kedajanaka

deploy *v.* විහිදනවා wihidanawaa

deport *v. t* හැසිරෙනවා hasirenawa

depose *v.* දිව්රා සාක්ෂි දෙනවා diwraa saakshi denawa

deposit *n.* තැන්පතුව thanpathuwa

depository *n.* භාණ්ඩාගාරය bhaandaagaaraya

depot *n.* ගබඩාව gabadaawa

deprave *v.* කෙලෙසනවා kelasanawa

deprecate *v.* ඇවිටිලි කරනවා awitili karanawa

depreciate *v.* ගෙවෙනවා gewanawa

depreciation *n.* අගය අඩුවීම agaya aduweema

depress *v.* පහතට ඔබනවා pahathata obanawa

depression *n.* අවපාතය awapaathaya

deprive *v.* අහිමි කරනවා ahimi karanawa

depth *n.* ගැඹුර gambura

deputation *n.* නියෝජිත පිරිස niyojitha pirisa

depute *v.* නියෝජනය කරනවා niyojanaya karanawa

deputy *n.* නියෝජ්‍ය niyojya

derail *v. t.* පීලි පනිනවා peeli paninawa

deranged *adj.* ව්‍යාකූල wyaakoola

deregulate *v.* පාලන රීති ඉවත් කරනවා paalana reethi iwath karanawa

deride *v.* සමච්චල් කරනවා samachchal karanawa

derivative *adj.* ව්‍යුත්පන්නය wyuthpannaya

derive *v.* උත්පත්තිය සොයනවා uthpaththiya soyanawa

derogatory *adj.* නොගැළපෙන nogalapena

descend *v.* බසිනවා basinawa

descendant *n.* වංශයෙන් පැවතෙන්න wanshayen pawathenna

descent *n.* පෙළපත pelapatha

describe *v.* විස්තර කරනවා wisthara karanawa

description *n.* විස්තරය wistharaya

desert *v.* පිටුපානවා pitupaanawa
deserve *v. t.* සුදුසුව සිටිනවා sudusuwa sitinawa
design *n.* සැලැස්ම salasma
designate *v.* නම් කරනවා nam karanawa
desirable *adj.* අභිමත abhimatha
desire *n.* ආශාව aashaawa
desirous *adj.* ලොල් වූ lol wu
desist *v.* වැළකෙනවා walakenawa
desk *n.* ලියන මේසය liyana mesaya
desolate *adj.* හුදකලා hudakala
despair *n.* බලාපොරොත්තු නැතිව සිටිනවා balaaporoththu nathuwa sitiawa
desperate *adj.* ඉතා දුෂ්කර ithaa dushkara
despicable *adj.* අධම adhama
despise *v.* අවමන් කරනවා awaman karanawa
despite *prep.* විරෝධය wirodaya
despondent *adj.* කලකිරුණු kalakirunu
despot *n.* සාහසිකයා saahasikaya
dessert *n.* අතුරුපස athurupasa
destabilize *v.* අස්ථායි කරනවා asthaai karanawa
destination *n.* ගමනාන්තය gamanaanthaya
destiny *n.* දෛවය daiwaya
destitute *adj.* අසරණ asarana
destroy *v.* විනාශ කරනවා winaasha karanawa
destroyer *n.* විනාශ කරන්නා winaasha karanna
destruction *n.* වැනසීම wanaseema
detach *v.* ගලවනවා galawanawaa
detachment *n.* සිතෙහි තැන්පත් කරනවා sithehi thanpath karanawa
detail *n.* විස්තරය wistharaya
detain *v. t* ප්‍රමාද කරනවා pramaada karanawa
detainee *n.* රඳවනු ලැබූ අය ranawanu laboo aya
detect *v.* අනාවරණය කරනවා anaawaranaya karanawa
detective *n.* රහස් පරීක්ෂකයා rahas pareekshakayaa
detention *n.* රඳවා තැබීම randawa thabeema
deter *v.* බාධා කරනවා baadha karanawa
detergent *n.* ක්ෂාලක klaashaalaka
deteriorate *v.* පිරිහෙනවා pirihenawa
determinant *n.* නිශ්චායක nishchaayaka
determination *v. t* අධිෂ්ඨානය adhishtaanaya
determine *v. t* තීන්දු කරනවා theendu karanawa
deterrent *n.* නිවර්තකය niwar-thakaya
detest *v.* අප්‍රිය කරනවා apriya karanawa
dethrone *v.* සිංහාසනයෙන් පහකරනවා sinhaasanayen pahakaranawa
detonate *v.* පුපුරවනවා pupurawanawa
detour *n.* වෙන අතකට යෑම wena athakata yaama
detoxify *v.* විෂ ඉවත් කරනවා wisha iwath karanawa
detract *v.* අගුණ කියනවා aguna kiyanawa
detriment *n.* අවාසිය awaasiya
detritus *n.* කැටකැබිලිති katakabilithi

devalue *v.* මුදලේ අගය අඩු කරනවා mudale agaya adu karanawa
devastate *v.* වනසනවා wanasanawa
develop *v.* දියුණු වෙනවා diyunu wenawa
development *n.* සංවර්ධනය san-wardhanaya
deviant *adj.* අපගාමිකයා apagaa-mikaya
deviate *v.* අපගමනය වෙනවා apagamanaya wenawa
device *n.* උපකරණය upakaranaya
devil *n.* යක්ෂයා yakshaya
devious *adj.* වැරදි waradi
devise *v.* උපායක් යොදනවා upaayak yodanawa
devoid *adj.* හීන heena
devolution *n.* සාරෝපණය saaro-panaya
devolve *v.* භාර වෙනවා bhara wenawa
devote *v.* කැප වෙනවා kapa wenawa
devotee *n.* බැතිමතා bathimatha
devotion *n.* ඇදහීම adaheema
devour *v.* කාදමනවා kaadamanawa
devout *adj.* අවංක awanka
dew *n.* පින්න pinna
dexterity *n.* දක්ෂකම dakshakama
diabetes *n.* දියවැඩියාව diyawa-diyaawa
diagnose *v.* රෝග විනිශ්චය කරනවා roga winishchaya karanawa
diagnosis *n.* රෝග විනිශ්චය roga winishchaya
diagram *n.* රූප සටහන roopa satahan
dial *n.* මුහුණත muhunatha
dialect *n.* උපභාෂාව upabhaashaawa
dialogue *n.* දෙබස debasa
dialysis *n.* කාන්දු පෙරීම kaandu pereema
diameter *n.* විෂ්කම්භය wishkam-bhaya
diamond *n.* දියමන්තිය diyamanthiya
diaper *n.* සිත් දුහුල sith duhula
diarrhoea *n.* පාචනය paachanaya
diary *n.* දින පොත dina potha
Diaspora *n.* විසිරණය wisiranaya
dice *n.* දාදු කැටය daadu kataya
dictate *adj.* අණ කරනවා ana karanawa
dictation *n.* අසා ලිවීම assa liweema
dictator *n.* ඒකාධිපතියා ekadhipa-thiya
diction *n.* ව්‍යවහාරය wyawahaaraya
dictionary *n.* ශබ්දකෝෂය shabda-koshaya
dictum *n.* තීන්දුව theenduwa
didactic *adj.* උපදේශාත්මක upade-shathmaka
die *v.* මියයනවා miyayanawa
diesel *n.* ඩීසල් diesel
diet *n.* ආහාරය aahaaraya
dietitian *n.* ආහාර පිළිබඳ උපදෙස් දෙන්නා aahara pilibanda upades denna
differ *v.* වෙනස් වෙනවා wenas wenawa
difference *n.* වෙනස wenasa
different *adj.* වෙනස් wenas
difficult *adj.* අසීරු aseeru
difficulty *n.* දුෂ්කරතාව dushka-rathaawa

diffuse *v.* විසරණය වෙනවා wisaranaya wenawa
dig *v.* හාරනවා haaranawa
digest *v.* දිරවනවා dirawanawa
digestion *n.* දිරවීම diraweema
digit *n.* අංකය ankaya
digital *adj.* අංක anka
dignified *adj.* උදාර udaara
dignify *v.* උසස් බවට පමුණුවනවා usas bawata pamunuwanawaa
dignitary *n.* නිළධාරියා niladhaariyaa
dignity *n.* උසස් බව usas bawa
digress *v.* මාර්ගයෙන් පිට පනිනවා maargayen pita paninawa
dilapidated *adj.* ගරා වැටුණු garaa watunu
dilate *v.* ඇදෙනවා adenawa
dilemma *n.* අකරතැබ්බය akarathabbaya
diligent *adj.* කාර්යශීලි kaaryasheeli
dilute *v.* තනුක කරනවා thanuka karanawa
dim *adj.* අඳුරු anduru
dimension *n.* මානය maanaya
diminish *v.* අඩු වෙනවා adu wenawa
diminution *n.* ක්ෂයවීම kshaya weema
din *n.* මහත් ඝෝෂාව mahath goshawa
dine *v.* රෑ කෑම කනවා ra kaama kanawa
diner *n.* රෑ කෑම ගන්න ra kaama ganna
dingy *adj.* ඔප නැති opa nathi
dinner *n.* රෑ කෑම raa kaama
dinosaur *n.* ඩයිනසෝර් dinosaur
dip *v.* *t*ගිලෙනවා gilenawa
diploma *n.* ඩිප්ලෝමාව diplomawa
diplomacy *n.* උපායඥනය upayagnanaya
diplomat *n.* රාජ්‍ය දූතයා raaja doothaya
diplomatic *adj.* උපායශීලි upaayasheeli
dipsomania *n.* මදිරෝන්මාදය madirothmaadaya
dire *adj.* දරුණු darunu
direct *adj.* ඍජු riju
direction *n.* දිශාව dishaawa
directive *n.* මඟ පෙන්වීම maga penweema
directly *adv.* එක එල්ලේ eka elle
director *n.* අධ්‍යක්ෂක adhyakshaka
directory *n.* නාමාවලිය naamaawaliya
dirt *n.* කුණු kunu
dirty *adj.* කිලුටු kilutu
disability *n.* අපොහොසත්කම apohosathkama
disable *v.* ශක්තිය නැති කරනවා shakthiya nathi karanawa
disabled *adj.* ශක්තිය නැති shakthiya nathi
disadvantage *n.* අවාසිය awaasiya
disaffected *adj.* මහත් සේ කලකිරුණු mahath se kalakirunu
disagree *v.* එකඟ නොවෙනවා ekanga nowenawa
disagreeable *adj.* අප්‍රසන්න aprasanna
disagreement *n.* එකඟ නොවීම ekanga noweema
disallow *v.* ප්‍රතික්ෂේප කරනවා parathikshepa karanawa
disappear *v.* අතුරුදහන් වෙනවා athurudahan wenawa
disappoint *v.* කලකිරවනවා

kalakirawanawa

disapproval *n.* අමනා පය amanaa-paya

disapprove *v.* විරු ද්ධ වෙනවා wirudda wenawa

disarm *v.* නිරායුධ කරනවා niraayuda karanawa

disarmament *n.* නිරායුධකරණය niraayudakaranaya

disarrange *v.* අවුල් කරනවා awul karanawa

disarray *n.* අවුල් ස්වභා වය awul swabhaawaya

disaster *n.* ව්‍යසනය wyasanaya

disastrous *adj.* විනා ශදායක winaa-shadaayaka

disband *v.* විසුරු වා හැරීම wisuruwa hareema

disbelief *n.* අවිශ්වා සය awishwaa-saya

disburse *v.* මුදල් ගෙවනවා mudal gewanawa

disc *n.* තැටිය thatiya

discard *v.* ඉවතලනවා iwathala-nawaa

discern *v.* වටහා ගන්නවා watahaa gannawa

discharge *v.* නිදහස් කරනවා nidahas karanawa

disciple *n.* ගෝලයා golaya

discipline *n.* සංයමය sanyamaya

disclaim *v.* ප්‍රතික්ෂේප කරනවා prathikshepa karanawa

disclose *v.* හෙළිකරනවා helikara-nawa

disco *n.* ඩිස්කො නැටුම disco natuma

discolour *v.* වෙනස් කරනවා wenas karanawa

discomfit *v.* පරදවනවා paradawanawa

discomfort *n.* අපහසුව apahasuwa

disconcert *v.* අවුලට පත්වීම awulata pathweema

disconnect *v.* විසන්ධි කරනවා wisandha karanawa

disconsolate *adj.* දුකින් පසු වන dukin pasu wana

discontent *n.* අතෘප්තිය athrupthiya

discontinue *v.* නවත්වනවා nawathwanawaa

discord *n.* අසමගිය asamagiya

discordant *adj.* විසංවාදී wisan-waadee

discount *n.* වට්ටම wattama

discourage *v.* අධෛර්ය කරනවා adhairyaya karanawaa

discourse *n.* දේශනය deshanaya

discourteous *adj.* නොහික්මුණු nohikmunu

discover *v.* සොයා ගන්නවා soya gannawa

discovery *n.* අනාවරණය anaawa-ranaya

discredit *v.* අවනම්බුව awanambuwa

discreet *adj.* විචක්ෂණ wichakshana

discrepancy *n.* විෂමතා ව wishama-thaawa

discrete *adj.* ව්‍යක්ත wyaktha

discriminate *v.* වෙනස්කම් කරනවා wenaskam karanawa

discursive *adj.* අනවස්ථිත anawasthitha

discuss *v.* සාකච්ඡා කරනවා saakachcha karanawa

discussion *n.* සාකච්ඡා ව saakachchaawa

disdain *n.* පිළිකුල pilikula
disease *n.* රෝගය rogaya
disembark *v.* ගොඩබසිනවා godaba-sinawa
disembodied *adj.* අශරීරික ashaa-reerika
disempower *v.* ශක්තිය නැති කරගන්නවා shakthiya nathi karagannawa
disenchant *v.* මුළාවීමෙන් මිදෙනවා mulaaweemen midenawa
disengage *v.* මුදනවා mudanawa
disentangle *v.* පටලැවිල්ලෙන් බේරෙනවා patalawillen berenawa
disfavour *n.* අරුචිය aruchiya
disgrace *n.* අවමානය awamaanaya
disgruntled *adj.* අසතුටෙන් සිටින asathuten sitina
disguise *v.* වෙස් වළා ගැනීම wes walaa ganeema
disgust *n.* අප්‍රිය apriya
dish *n.* දීසිය deesiya
dishearten *v.* හිත අධෛර්ය කරනවා hitha adhairyaya karanawa
dishonest *adj.* කුහක kuhaka
dishonour *n.* අපකීර්තිය apakeer-thiya
disillusion *v.* මුළා වෙන් මිදෙනවා mulawen midenawa
disincentive *n.* අනුබල නොදෙන anubala nodena
disinfect *v.* විශබීජ නසනවා wisha-beeja nasanawa
disingenuous *adj.* කපටි kapati
disinherit *v.* ප්‍රවේණියෙන් අස් කරනවා praweniyen as karanawa
disintegrate *v.* කොටස්වලට වෙන් කරනවා kotaswalata wen karanawa
disjointed *adj.* පුරුක් ගැසුණු puruk gasunu
dislike *v.* අකමැති වෙනවා akamathi wenawa
dislocate *v.* අවුල් කරනවා awul karanawa
dislodge *v.* පළවා හරිනවා palawaa harinawa
disloyal *adj.* අපක්ෂපාත apaksha-paathi
dismal *adj.* අඳුරු anduru
dismantle *v.* ගළවනවා galawa-nawaa
dismay *n.* ත්‍රාසය thraasaya
dismiss *v.* අස් කරනවා as karanawa
dismissive *adj.* හෙළා දකින සුලු helaadakina sulu
disobedient *adj.* අකීකරු akeekaru
disobey *v.* අකීකරු වෙනවා akeekaru wenawa
disorder *n.* පෙරළිය peraliya
disorganized *adj.* අසංවිහිත asanwihitha
disorientate *v.* අන්දමන්ද කරනවා andamanda karanawa
disown *v.* සම්බන්ධ නැතැයි කියනවා sambanda nathai kiyanawa
disparity *n.* වෙනස wenasa
dispassionate *adj.* විරාගී wiraagee
dispatch *v.* පිටත් කොට යවනවා pitath kota yawanawa
dispel *v.* පලවා හරිනවා palawaa harinawa
dispensable *adj.* අනවශ්‍ය anawa-shya
dispensary *n.* බෙහෙත්ශාලාව beth-shaalaawa
dispense *v.* නියම කරනවා niyama

karanawa
disperse *v.* විසිරෙනවා wisirenawa
dispirited *adj.* මලානික වූ malaanika woo
displace *v. t* ඉවත් කරනවා iwath karanawa
display *v.* සංදර්ශනය sandarshanaya
displease *v.* අසතුටු කරනවා asathutu karanawa
displeasure *n.* අසතුට asathuta
disposable *adj.* අලෙවිය alewiya
disposal *n.* නියම කිරීම niyama kireema
dispose *v. t* විධාන කරනවා widhana karanawa
dispossess *v.* අහිමි කරනවා ahimi karanawa
disproportionate *adj.* විසමානුපාතික wisamaanupaathika
disprove *v.* විසාධනය කරනවා wisaadhanaya karanawa
dispute *v. i* තර්ක කරනවා tharka karanawa
disqualification *n.* අයෝග්‍යතාව ayogyathaawa
disqualify *v.* නුසුදුසු වෙනවා nusudusu wenawa
disquiet *n.* නොඉවසිලිවන්ත වෙනවා noiwasiliwantha wenawa
disregard *v. t* නොසලකා ඉන්නවා nosalakaa innawa
disrepair *n.* කැඩීබිඳී යෑම kadeebindee yaama
disreputable *adj.* තුච්ඡ thuchcha
disrepute *n.* අපකීර්තිය apakeerthiya
disrespect *n.* අගෞරවය agaurawaya
disrobe *v.* සිවුරු හරිනවා siwru harinawa
disrupt *v.* කඩා බිඳ දමනවා kada binda damanawa
dissatisfaction *n.* අසතුටු බව asathutu bawa
dissect *v.* කපා කොටා දමනවා kapaakotaa damanawa
dissent *v.* විරුද්ධත්වය wiruddathwaya
dissertation *n.* නිබන්ධනය nibandanaya
dissident *n.* විරුද්ධ wirusdha
dissimulate *v.* කපටිකම් කරනවා kapatikam karanawa
dissipate *v.* නාස්ති කරනවා naasthi karanawa
dissolve *v. t* දිය වෙනවා diya wenawa
dissuade *v.* කරුණු කියා වළක්වනවා karunu kiya walakwanawa
distance *n.* පරතරය paratharaya
distant *adj.* ඈත aatha
distaste *n.* අරුචිය aruchiya
distil *v.* ආසවනය කරනවා aasawanaya karanawa
distillery *n.* කල්දේරම් මඩුව kalderam maduwa
distinct *adj.* පැහැදිලි pahadili
distinction *n.* විශිෂ්ටභාවය wishishtabhaawaya
distinguish *v. t* ගෞරව කරනවා gaurawa karanawa
distort *v.* විකෘති කරනවා wikurthi karanawa
distract *v.* වල්මත් කරනවා walmath karanawa
distraction *n.* වික්ෂිප්ත වීම wikshiptha weema
distress *n.* කනගාටුව kanagaatuwa

distribute *v.* බෙදාහරිනවා bedaa-harinawa
distributor *n.* බෙදාහරින්නා bedaaharinna
district *n.* දිස්ත්‍රික්කය disthrikkaya
distrust *n.* අවිශ්වාසය awishwaasaya
disturb *v.* බාධා කරනවා baadhaa karanawa
ditch *n.* අගල agala
dither *v.* වෙව්ලනවා wewlanawa
ditto *n.* එලෙසම elesama
dive *v.* කිමිදෙනවා kimidenawa
diverge *v.* අපසරණය වෙනවා apasaranaya wenawa
diverse *adj.* විවිධ wiwidha
diversion *n.* හැරවීම haraweema
diversity *n.* විවිධත්වය wiwid-hathwaya
divert *v. t* අහකට හරවනවා ahakata harawanawa
divest *v.* ගළවනවා galawanawaa
divide *v.* බෙදනවා bedanawa
dividend *n.* ලාභාංශය laabaanshaya
divine *adj.* දිව්‍ය diwya
divinity *n.* දේවත්වය dewathwaya
division *n.* කොට්ඨාසය kottaashaya
divorce *n.* දික්කසාදය dikkasaadaya
divorcee *n.* දික්කසාද වූ ස්ත්‍රිය dikkasaada wu sthriya
divulge *v.* හෙළිකරනවා helikara-nawa
do *v.* කරනවා karanawa
docile *adj.* හීලෑ heelaa
dock *n.* විත්තිකූඩුව withthikooduwa
docket *n.* සටහන් පත්‍රය satahan pathraya
doctor *n.* වෛද්‍යවරයා waidyawarayaa
doctorate *n.* ආගම aagama
doctrine *n.* ධර්මය dharmaya
document *n.* ලියවිල්ල liyawilla
documentary *n.* ලේඛනගත lekanagatha
dodge *v. t* මඟ හරිනවා manga harinawa
doe *n.* මුව දෙන muwa dena
dog *n.* බල්ලා balla
dogma *n.* ආධානය aadhaanawa
dogmatic *adj.* උද්ධත uddhatha
doldrums *n.* කළකිරීම kalakireema
doll *n.* බෝනික්කා bonikka
dollar *n.* ඩොලරය dollaraya
domain *n.* වසම wasama
dome *n.* හිස hisa
domestic *adj.* ගෘහස්ථ gruhastha
domicile *n.* පදිංචිය padinchiya
dominant *adj.* ප්‍රධාන pradhaana
dominate *v.* සැමටම ඉහළින් පෙනේවා samatama ihalin penawa
dominion *n.* ප්‍රභූත්වය prabhuth-waya
donate *v.* පරිත්‍යාග කරනවා pari-thyaaga karanawa
donkey *n.* බූරුවා booruwa
donor *n.* දායකයා daayakaya
doom *n.* ඉරණම iranama
door *n.* දොර dora
dormitory *n.* නිදන ශාලාව nidana shaalaawa
dose *n.* මාත්‍රාව maathraawa
dossier *n.* ලියුම් පෙට්ටිය liyum pettiya
dot *n.* තිත thitha
dote *v.* සිහිය දුර්වලව සිටිනවා sihiya durwalawa sitinawa
double *adj.* දෙගුණය degunaya

doubt *n.* සැකය sakaya
dough *n.* ඇනූ පාන් පිටි anoo paan piti
down *adv.* පහළ pahala
downfall *n.* විනාශය winaashaya
download *v.* බාගන්නවා baagan-nawa
downpour *n.* වක්කර wakkara
dowry *n.* දෑවැද්ද daawadda
doze *v. i* අඩනින්ද adaninda
dozen *n.* දුසිම dusima
drab *adj.* වර්ණයක් නැති warnayak nathi
draft *n.* කෙටුම්පත ketumpatha
drag *v. t* අදිනවා adinawa
dragon *n.* මකරා makaraa
drain *v. t* වෑහෙනවා waahenawa
drama *n.* නාට්‍යය naatya
dramatic *adj.* නාට්‍යාකාර naatya-akaara
dramatist *n.* නාට්‍ය රචක naatya rachaka
drastic *adj.* සැර sara
draught *n.* සටහන satahana
draw *v.* අඳිනවා andinawa
drawback *n.* ඇඳුම් රාමුව andum raamuwa
drawer *n.* අඳින්නා andinna
drawing *n.* චිත්‍ර කර්මය chithra karmaya
dread *v.t* තැතිගන්නවා thathigan-nawa
dreadful *adj.* දරුණු darunu
dream *n.* සිහිනය sihinaya
dreary *adj.* නීරස neerasa
drench *v.* පෙඟෙනවා pengenawa
dress *v.* ඇඳුම anduma
dressing *n.* සැරසුම sarasuma
drift *v.* පාවෙනවා paawenawa
drill *n.* සරඹ saramba
drink *v. t* පානය කරනවා paanaya karanawa
drip *v. i* කාන්දු වෙනවා kaandu wenawa
drive *v.* පදවනවා padawanawa
driver *n.* රියදුරා riyaduraa
drizzle *n.* හිරිකඩ hirikada
droll *adj.* විකට wikata
droop *v.* මැලවෙනවා malawenawa
drop *v.* වැටෙනවා watenawa
dross *n.* නොවටිනා දෙය nowatinaa deya
drought *n.* ඉඩෝරය idoraya
drown *v.* ගිලී මැරෙනවා gilee marenawa
drowse *v.* නිදිමතේ වැනෙනවා nidimathe wanenawa
drug *n.* ඖෂධය aushadaya
drum *n.* බෙරය beraya
drunkard *adj.* බේබදු bebadu
dry *adj.* වියළි wiyali
dryer *n.* වියළනය wiyalanaya
dual *adj.* යුග්ම yugma
dubious *adj.* අස්ථිර asthira
duck *n.* තාරාවා thaaraawa
duct *n.* නළය nalaya
dudgeon *n.* අමනාපය amanaapaya
due *adj.* නියමිත niyamitha
duel *n.* ද්වන්ද සටන dwanda satana
duet *n.* යුග ගීය yuga geeya
dull *adj.* උදාසීන udaaseena
dullard *n.* මොට්ටයා mottaya
duly *adv.* සුදුසු පිරිදි sudusu paridi
dumb *adj.* නිශ්ශබ්ද nishshabda
dummy *n.* පඹයා pambaya
dump *n.* කුණු ගොඩ kunu goda

dung *n.* ගොම goma

dungeon *n.* ඇඳිරිගෙ 'andirige

duo *n.* ද්විකය dwikaya

dupe *v.* ඉත්තා iththa

duplex *n.* ද්විපථ dwipatha

duplicate *adj.* අනුපිටපත anupita-patha

duplicity *n.* වංචාව wanchaawa

durable *adj.* ස්ථිර sthira

duration *n.* පැවතුම් කාලය pawa-thum kaalaya

during *prep.* අතරතුර atharathura

dusk *n.* සන්ධ්‍යාව sandyaawa

dust *n.* දූවිලි doowili

duster *n.* දූලිකඩ doolikada

dutiful *adj.* කීකරු keekaru

duty *n.* රාජකාරිය raajakaariya

duvet *n.* ඇඳ ඇතිරිල්ල anda athirilla

dwarf *n.* කුරුමිට්ටා kurumitta

dwell *v.* වාසය කරනවා waasaya karanawa

dwelling *n.* පදිංචිය padinchiya

dwindle *v. t* ක්ෂය වෙනවා kshaya wenawa

dye *n.* සායම saayama

dynamic *adj.* උනන්දු unandu

dynamics *n.* ගතිවිද්‍යාව gathi widyaawa

dynamite *n.* ඩයිනමයිට් dynamite

dynamo *n.* ඩයිනමෝව dynamowa

dynasty *n.* රාජ වංශය raaja wanshaya

dysentery *n.* අතීසාරය atheesaara

dysfunctional *adj.* දුෂ්කෘතිය dush-kruthiya

dyslexia *n.* වචන අන්ධතාව wachana andhathaawa

dyspepsia *n.* ආමය aamaya

E

each *adj.* එක් එක් ek ek

eager *adj.* මහත් ඕනෑ කම් ඇති mahath onakamak athi

eagle *n.* රාජාලියා raajaaliya

ear *n.* කණ kana

earl *n.* අර්ල්වරයා arlwaraya

early *adj.* කලින් kalin

earn *v.* උපයනවා upayanawa

earnest *adj.* අප්‍රමාදී apramaadee

earth *n.* පොළොව polowa

earthen *adj.* මැටියෙන් සාදන ලද matiyen saadana lada

earthly *adj.* උසස්කමක් නැති usaskamak nathi

earthquake *n.* භූමිකම්පාව bhoomi-kampaawa

ease *n.* පහසුව pahasuwa

east *n.* නැගෙනහිර nagenahira

Easter *n.* පාස්කුව paaskuwa

eastern *adj.* ප්‍රාචීන praacheena

easy *adj.* පහසු pahasu

eat *v.* කනවා kanawa

eatery *n.* දකින ඕනම දෙයක් කන්නා dakina onama deyak kanna

eatable *adj.* කෑමට සුදුසු kaamata sudusu

ebb *n.* අඩු වෙනවා adu wenawa

ebony *n.* කළුවර kaluwara

ebullient *adj.* උනන්දු ඇති unandu athi

eccentric *adj.* විකේන්ද්‍රික wiken-drika

echo *n.* දෝංකාරය donkaaraya

eclipse *n.* චන්ද්‍රගහණය chandra-gahanaya
ecology *n.* පරිසරවිද්‍යාව parisara widyaawa
economic *adj.* ආර්ථික aarthika
economical *adj.* සකසුරුවම් සහිත sakasuruwam sahitha
economics *n.* ආර්ථිකවිද්‍යාව aarthika widyaawa
economy *n.* ආර්ථිකය aarthikaya
ecstasy *n.* ආනන්දය aanandaya
edge *n.* දාරය daaraya
edgy *adj.* නොරිස්සන norissana
edible *adj.* කෑමට සුදුසු kaamata sudusu
edict *n.* නියෝගය niyogaya
edifice *n.* ප්‍රාසාදය praasaadaya
edit *v.* සංස්කරණය කරනවා sanskara-naya karanawa
edition *n.* සංස්කරණය sanskaranaya
editor *n.* සංස්කාරක sanskaaraka
editorial *adj.* කතුවැකිය kathuwakiya
educate *v.* හික්මනවා hikmanawa
education *n.* අධ්‍යාපනය adhyaa-panaya
efface *v.* මකනවා makanawa
effect *n.* බලපෑම balapaama
effective *adj.* ක්‍රියාකාරී kriyaa-kaaree
effeminate *adj.* කෝමල komala
effete *adj.* දුබල dubala
efficacy *n.* ගුණය gunaya
efficiency *n.* ක්ෂමතාව kshama-thaawa
efficient *adj.* කාර්යක්ෂම kaaryak-shama
effigy *n.* පඹයා pambaya
effort *n.* වෑයම waayama
egg *n.* බිත්තරය biththaraya
ego *n.* ආත්මය aathmaya
egotism *n.* අහංකාරය ahankaaraya
eight *adj.* & *n.* අට ata
eighteen *adj.* & *n.* දහ අට daha ata
eighty *adj.* & *n.* අසූව asoowa
either *adv.* එක්කෝ ekko
ejaculate *v.* නික්මනවා nikmanawa
eject *v. t* නෙරපනවා nerapanawa
elaborate *adj.* අලංකාර කරනවා alankaara karanawa
elapse *v.* ඉකුත් වෙනවා ikuth wenawa
elastic *adj.* ඇදෙන adena
elbow *n.* වැලමිට walamita
elder *adj.* වැඩිමලා wadimalaa
elderly *adj.* වයස්ගත wayasgatha
elect *v.* තෝරනවා thoranawa
election *n.* ඡන්දය chandaya
elective *adj.* ඡන්ද බලය ඇති chanda balaya athi
electorate *n.* ඡන්ද දායක කොට්ඨාසය chanda daayaka kottaasaya
electric *adj.* විද්‍යුත් widyuth
electrician *n.* විදුලි ශිල්පියා widuli shilpiyaa
electricity *n.* විදුලි බලය widuli balaya
electrify *v.* විදුලි බලය කවනවා widuli balaya kawanawa
electrocute *v.* විදුලි බලයෙන් මරනවා widuli balayen maranawa
electronic *adj.* ඉලෙක්ට්‍රොනික ilectronika
elegance *n.* අලංකාරය alankaaraya
elegant *adj.* කදිම kadima
element *n.* මූලද්‍රව්‍ය mooladrawya
elementary *adj.* ආරම්භක

aarambhaka
elephant *n.* හස්තියා hasthiya
elevate *v.* උස්සනවා ussanawa
elevator *n.* උත්තෝලකය uththo-lakaya
eleven *adj. & n.* එකොළහ ekolaha
elf *n.* මිට්ටා mitta
elicit *v.* අනාවරණය කරනවා anaawaranaya
eligible *adj.* යෝග්‍ය yogya
eliminate *v.* ඉවත් කරනවා iwath karanawa
elite *n.* ඉතා උසස් කොටස itha usas kotasa
ellipse *n.* ඉලිප්සය ilipsaya
elocution *n.* උච්චාරණ විධිය uchchaarana widhiya
elongate *v.* දික් කරනවා dik karanawa
elope *v.* රහසින් පැන යනවා rahasin pana yanawa
eloquence *n.* ව්‍යක්තභාවය wyaktha-bhaawaya
else *adv.* නැත්නම් nathnam
elucidate *v. t* පහදා දෙනවා pahadaa denawa
elude *v.* ඉක්මවා හරිනවා ikmawaa harinawa
elusion *n.* මගහැරයාම mangaha-rayaama
elusive *adj.* අල්ලා ගත නොහැකි allaagatha nohaki
emaciated *adj.* වැරුණු waarunu
email *n.* විද්‍යුත් තැපැල widyuth thapaala
emancipate *v. t* නිදහස් කරනවා nidahas karanawa
emasculate *v.* බලෙහීන belaheena
embalm *v.* සුවඳ කවනවා suwanda kawanawa
embankment *n.* අමුණ amuna
embargo *n.* නැව් තහනම naw thahanama
embark *v. t* නැව් නගිනවා naw nanginawa
embarrass *v.* අපහසුවට පත් කරනවා apahasuwata path karanawa
embassy *n.* තානාපති මණ්ඩලය thaanaapathi mandalaya
embattled *adj.* යුද්ධ සජ්ජ yudda sajtha
embed *v.* ඔබ්බනවා obbanawa
embellish *v.* සරසනවා sarasanawa
embitter *v.* තිත්ත කරනවා thiththa karanawa
emblem *n.* සලකුණ salakuna
embodiment *v. t.* මූර්තිය moorthiya
embolden *v.* නිර්භීත කරනවා nirbheetha karanawa
emboss *v.* ගිල්වනවා gilwanawaa
embrace *v.* වැළඳ ගන්නවා walanda gannawa
embroidery *n.* සැරසිලි මැහුම sarasili mahuma
embryo *n.* කලල kalala
emend *v.* ශුද්ධ කරනවා shudda karanawa
emerald *n.* හරිත වර්ණ haritha warna
emerge *v.* මතු වෙනවා mathu wenawa
emergency *n.* හදිසි අවස්ථාව hadisi awasthaawa
emigrate *v.* විගමනය කිරීම wigama-naya kireema
eminence *n.* උස්තැන usthana
eminent *adj.* උසස් usas
emissary *n.* දූතයා doothaya

emit *v.* විහිදුවනවා wihiduwanawaa
emollient *adj.* සුමුදුකරය samudu-karaya
emolument *n.* වේතනය chethanaya
emotion *n.* චිත්තවේගය chiththa-wegaya
emotional *adj.* භාවාත්මක bhaa-waathmaka
emotive *adj.* චිත්තවේගී chiththa-wegee
empathy *n.* සහකම්පනය sahakam-panaya
emperor *n.* අධිරාජ්‍යයා adhiraajyaya
emphasis *n.* අවධාරණය awadhaa-ranaya
emphasize *v.* අවධාරණය කරනවා awadhaaranaya karanawa
emphatic *adj.* ප්‍රබල prabala
empire *n.* අධිරාජ්‍යය adhiraajya
employ *v.* රක්ෂාව rakshaawa
employee *n.* සේවකයා sewakaya
employer *n.* ස්වාමියා swaamiya
empower *v.* පවරනවා pawaranawa
empress *n.* අධිරාජිනිය adhiraaniya
empty *adj.* හිස් his
emulate *v. t* උසස් වීමට ක්‍රියා කරනවා usas weemata kriya karanawa
enable *v.* බලය දෙනවා balaya denawa
enact *v.* පනවනවා panawanawa
enamel *n.* එනැමල් enamal
enamour *v. t* වශී කරනවා washee karanawa
encapsulate *v.* සංක්ෂිප්ත කරනවා sankshiptha karanawa
encase *v.* කොපුලනවා kopulanawa
enchant *v.* වසඟ කරනවා wasanga karanawa
encircle *v. t* වටකරනවා wataka-ranawa
enclave *n.* පරිවෘතය pariwurthaya
enclose *v.* වහනවා wahanawa
enclosure *n.* කුටිය kutiya
encode *v.* කේතංකනය කිරීම kethankanaya kireema
encompass *v.* වටලනවා wata-lanawa
encore *n.* තව වරක් thawa warak
encounter *v.* සටන satana
encourage *v.* ධෛර්යය දෙනවා dhairyaya denawa
encroach *v.* ප්‍රසර්පණය කරනවා prasarpanaya karanawa
encrypt *v.* ගුහාවෙහි සිටිනවා guhaawehi sitinawaa
encumber *v.* බර පටවනවා bara patawanawaa
encyclopaedia *n.* විශ්වකෝෂය wishwakoshaya
end *n.* කෙළවර kelawara
endanger *v.* අන්තරායට පමුණුවනවා antharaayata pamunuwanawaa
endear *v.* සිත් ගන්නවා sith gannawa
endearment *n.* ස්නේහය snehaya
endeavour *v.* උත්සාහ කරනවා uthsaaha karanawa
endemic *adj.* ඒකදේශික ekadeshika
endorse *v.* අනුදත කරනවා anudatha karanawa
endow *v.* පවරා දෙනවා pawaraa denawa
endure *v.* වාවනවා waawanawa
enemy *n.* සතුරා sathuraa
energetic *adj.* කාර්යක්ෂම kaary-akshama
energy *n.* ශක්තිය shakthiya

enfeeble *v.* දුර්වල කරනවා durwala karanawa
enfold *v.* ඔතනවා othanawa
enforce *v.* බල කරනවා bala karanawa
enfranchise *v.* නිදහස් කරනවා nidahas karanawa
engage *v.* නිරත වෙනවා niratha wenawa
engagement *n.* ගිවිසුම giwisuma
engine *n.* එන්ජිම engima
engineer *n.* ඉංජිනේරු වරයා injineru-warayaa
English *n.* ඉංග්‍රීසි ingreesi
engrave *v.* කොටනවා kotanawa
engross *v.* ලොකු අකුරෙන් ලියනවා loku akuren liyanawa
engulf *v.* ගිල දමනවා gila damanawa
enigma *n.* ප්‍රහේලිකාව praheli-kaawa
enjoy *v.* භුක්ති විඳිනවා bhukthi windinawa
enlarge *v.* විශාල කරනවා wishaala karanawa
enlighten *v.* රහත් වෙනවා rahath wenawa
enlist *v.* බැඳෙනවා bandenawa
enliven *v.* ප්‍රාණවත් කරනවා praanawath karanawa
enmity *n.* විරෝධය wirodhaya
enormous *adj.* අතිවිශාල athiwi-shaala
enough *adj.* ඇති පදමට athi pada-mata
enquire *v.* විමසනවා wimasanawa
enquiry *n.* විභාගය wibhaagaya
enrage *v.* කිපෙනවා kipenawa
enrapture *v.* අතිශයින් ප්‍රීතිමත් කරනවා athishain preethimath karanawa
enrich *v.* සාරවත් කරනවා saarawath karanawa
enrol *v.* ලියාපදිංචි කරනවා liyaapa-dinchi karanawa
enshrine *v.* නිදන් කරනවා nidan karanawa
enslave *v.* යටත් කරගන්නවා yatath karagannawa
ensue *v.* පසුව සිද්ධ වෙනවා pasuwa sidda wenawa
ensure *v.* සහතික කරනවා sahathika karanawa
entangle *v. t* පටලනවා patalanawa
enter *v.* ඇතුල් වෙනවා athul wenawa
enterprise *n.* ව්‍යවසාය wyawasaaya
entertain *v.* විනෝදය ඇති කරනවා winodaya athi karanawa
entertainment *n.* විනෝදය winodaya
enthral *v.* වසඟ කරනවා wasanga karanawa
enthrone *v.* සිංහාසනාරූඪ වෙනවා sinhaasanaarooda wenawa
enthusiasm *n.* බලවත් උනන්දුව balawath unanduwa
enthusiastic *n.* ප්‍රබල prabala
entice *v.* පොළඹවනවා polamba-wanawa
entire *adj.* සම්පූර්ණ sampoorna
entirety *n.* සියල්ල siyalla
entitle *v.* නම් කරනවා nam karanawa
entity *n.* වස්තුව wasthuwa
entomology *n.* කීට විද්‍යාව keeta widyaawa
entourage *n.* පිරිසරය parisaraya
entrails *n.* ගර්භය garbhaya

entrance *n.* ඇතුල් වීම athul weema
entrap *v. t.* අසු කරනවා asu karanawa
entreat *v.* බැගෑපත් ලෙස ඉල්ලනවා bagaapath lesa illanawa
entreaty *v. t* ආයාචනය aayaachanaya
entrench *v.* ආරක්ෂක වලල්ලක් යොදාගෙන ඉන්නවා aarakshaka walallak yodagena
entrepreneur *n.* ව්‍යවසායකයා wyawasaayakayaa
entrust *v.* පවරා දෙනවා pawaraa denawaa
entry *n.* පිවිසීම piwiseema
enumerate *v. t* ගණන් කරනවා ganan karanawa
enunciate *v.* පැහැදිලි ලෙස කියනවා pahadili lesa kiyanawa
envelop *v.* දවටනවා dawatanawaa
envelope *n.* ලියුම් කවරය liyum kawaraya
enviable *adj.* අගනා aganaa
envious *adj.* කුඩුකෙඩු kudukedu
environment *n.* වටාපිටාව watapitaawa
envisage *v.* කල්පනා කරනවා kalpanaa karanawa
envoy *n.* නියෝජිතයා niyojithayaa
envy *n.* ඉසි isi
epic *n.* මහාකාව්‍යය mahaakaawya
epicure *n.* කාමභෝගියා kaamabhogiyaa
epidemic *n.* වසංගත wasangatha
epidermis *n.* අපිචර්මය apicharmaya
epigram *n.* උපහැරණය upaharanaya
epilepsy *n.* අපස්මාරය apasmaaraya
epilogue *n.* උපසංහාරය upasanhaaraya
episode *n.* කථාංගය kathaangaya
epistle *n.* හසුන hasuna
epitaph *n.* සමරු පාඨය samaru paataya
epitome *n.* සාරය saaraya
epoch *n.* වකවානුව wakawaanuwa
equal *adj.* සමාන samaana
equalize *v. t* සම කරනවා sama karanawa
equate *v.* සමකරනවා samakaranawa
equation *n.* සමීකරණය samekaranaya
equator *n.* සමකය samakaya
equestrian *adj.* අශ්වාරෝහක ashwaarohaka
equidistant *adj.* සමදුර samadura
equilateral *adj.* සමපාද samapaada
equilibrium *n.* සමතුලිතතාවය samathulithathaawaya
equip *v.* පෙරුම් පුරනවා perum puranawa
equipment *n.* ආම්පන්න aampanna
equitable *adj.* සාධාරණ saadhaarana
equity *n.* සාධාරණය saadhaaranaya
equivalent *adj.* සමක samaka
equivocal *adj.* සැක උපදවන saka upadawana
era *n.* යුගය yugaya
eradicate *v.* වඳ කරනවා wanda karanawa
erase *v.* මකා දමනවා makaadamanawa
erect *adj.* ඍජු riju
erode *v.* කා වදිනවා kaawadinawaa

erogenous *adj.* මදජනක mada-janaka

erosion *n.* සෝදාගෙන යාම soda-gena yaama

erotic *adj.* සරාගී saraagi

err *v.* වරද්දනවා waraddanawa

errand *n.* සංදේශය sandeshaya

errant *adj.* සංචාරක sanchaaraka

erratic *adj.* අස්ථිර astheera

erroneous *adj.* අසත්‍ය asathya

error *n.* දෝෂය doshaya

erstwhile *adj.* ඉස්සර issara

erudite *adj.* උගත් ugath

erupt *v.* පිට දමනවා pita damanawa

escalate *v.* වැඩි වෙනවා wadi wenawa

escalator *n.* සෝපානය sopaanaya

escapade *n.* තක්කඩිකම thakka-dikama

escape *v.i* පලායාම palaayaama

escort *n.* ඇරලනවා aralanawa

esoteric *adj.* ගුප්ත guptha

especial *adj.* විශිෂ්ට wishishta

especially *adv.* විශේෂයෙන්ම wishe-shayenma

espionage *n.* ඔත්තු සේවය oththu sewaya

espouse *v.* සරණ කොට දෙනවා sarana kota denawa

espresso *n.* කෝපි සාදන යන්ත්‍රය kopi saadana yanthraya

essay *n.* රචනාව rachanaawa

essence *n.* සාරය saaraya

essential *adj.* අත්‍යවශ්‍ය athya-washya

establish *v.* පිහිටනවා pihitanawa

establishment *n.* සංස්ථාපනය sans-thaapanaya

estate *n.* වත්ත waththa

esteem *n.* සැලකිල්ල salakilla

estimate *v. t* අනුමාන කරනවා anumaana karanawa

estranged *adj.* භේද කළ beda kala

et cetera *adv.* ආදිය aadiya

eternal *adj.* සදාකාලික sadaakaalika

eternity *n.* සදාකාලය sadaakaalaya

ethic *n* සදාචාර ප්‍රතිපත්ති sadaa-chaara prathipaththi

ethical *n.* ආචාර ධර්ම aachaara dharma

ethnic *adj.* ජනවර්ග janawarga

ethos *n.* ආචාරවිධිය aachaara widhiya

etiquette *n.* ආචාර නීතිය aachaara neethiya

etymology *n.* නිරුක්තිය nirukthiya

eunuch *n.* නපුංසක napunsaka

euphoria *n.* අල්ලාසය allaasaya

euro *n.* යුරෝ euro

European *n.* යුරෝපීය yuropeeya

euthanasia *n.* අනායාස මරණය anaayaasa maranaya

evacuate *v.* හිස් කරනවා his karanawa

evade *v. t* මඟ හරිනවා manga harinawa

evaluate *v. i* අගයනවා agayanawa

evaporate *v.* වාෂ්ප වෙනවා waashpa wenawa

evasion *n.* මඟහැරීම manga hareema

evasive *adj.* ඍජු නොවන riju nowana

eve *n.* සන්ධ්‍යාව sandyaawa

even *adj.* වුවත් wuwath

evening *n.* සැන්දෑව sandaawa

event *n.* සිද්ධිය siddiya
eventually *adv.* අවසානයේදී awa-saanayedi
ever *adv.* නිරතුරුව nirathuruwa
every *adj.* සෑම saama
evict *v.* පිට දමනවා pita damanawa
eviction *n.* නෙරපීම nerapeema
evidence *n.* සාක්ෂිය saakshiya
evident *adj.* පැහැදිලි pahadili
evil *adj.* නපුරු napuru
evince *v.* දක්වනවා dakwanawaa
evoke *v.* උපදවනවා upadawanawaa
evolution *n.* පරිනාමය parinaamaya
evolve *v.* සකස් වෙනවා sakas wenawa
exact *adj.* නිවැරදිම niwaradima
exaggerate *v.* වැඩිකොට දක්වනවා wadikota dakwanawa
exaggeration *n.* බෙහෙලය begalaya
exalt *v.* ප්‍රශංසා කරනවා prashansaa karanawa
exam *n.* විභාගය wibhaagaya
examination *n.* පිරික්සුම piriksuma
examine *v.* පිරික්සනවා piriksanawa
examinee *n.* අයදුම්කරුවා ayadum-karuwa
example *n.* නිදසුන nidasuna
exasperate *v.* අවුස්සනවා awus-sanawa
excavate *v.* හාරනවා haaranawa
exceed *v.* ඉක්මවා යනවා ikmawaa yanawa
excel *v.* පරදවනවා paradawanawa
excellence *n.* විශිෂ්ටතාව wishishtathaawa
excellency *n.* උත්කෘෂ්ටතාව uth-krushtathaawa
excellent *adj.* උත්කෘෂ්ට uthkrushta
except *prep.* හැර hara
exception *n.* හැර දැමීම hara dameema
excerpt *n.* උපුටා ගත් පදය uputa gath padaya
excess *n.* අතිරේකය athirekaya
excessive *adj.* අධික adhika
exchange *v. t* හුවමාරු කරනවා huwamaaru karanawa
exchequer *n.* මුදල් තත්වය mudal thathwaya
excise *n.* සුරා බද්ද sura badda
excite *v.i* කලබල කරනවා kalabala karanawa
excitement *n.* උද්වේගය udwegaya
exclaim *v.* කෑ ගසනවා kaagasanawa
exclamation *n.* කෑ ගැසීම kaaga-seema
exclude *v.* බැහැර කරනවා bahara karanawa
exclusive *adj.* විශේෂිත wisheshitha
excoriate *v.* හම ගසනවා hama gasanawa
excrete *v.* පහ කරනවා paha karanawa
excursion *n.* සෙල්ලම් ගමන sellam gamana
excuse *v.* සමාව දෙනවා samaawa denawa
execute *v.* ක්‍රියාවෙහි යොදනවා kriyaawehi yodanawa
execution *n.* ඉටු කිරීම itu kireema
executive *n.* විධායක widhaayaka
executor *n.* බලකාරයා balakaarayaa
exempt *adj.* විවර්ජනය wiwarjanaya
exercise *n.* අභ්‍යාස abhyaasa
exert *v.* යොදනවා yodanawa
exhale *v.* ප්‍රශ්වාස කරනවා

prashwaasa karanawa

exhaust *v.* හිස් කරනවා his karanawa

exhaustive *adj.* නිරවශේෂ nirawashesha

exhibit *v.* ප්‍රදර්ශනයට තබනවා pradarshanayata thabanawa

exhibition *n.* ප්‍රදර්ශනය pradarshanaya

exhilarate *v.* ප්‍රාණවත් කරනවා praanawath karanawa

exhort *v.* ධෛර්යවත් කරනවා dhairyawath karanawa

exigency *n.* හදිසි වුවමනාව hadisi wuwamanaawa

exile *n.* විවාසිකයා wiwaasikayaa

exist *v.* තියෙනවා thiyenawa

existence *n.* අස්තිත්වය asthithwaya

exit *n.* නික්ම යාම nikma yaama

exonerate *v.* බරින් නිදහස් කරනවා barin nidahas karanawa

exorbitant *adj.* අසාධාරණ asaadhaaranaya

exotic *adj.* විදේශීය widesheeya

expand *v.* විහිදෙනවා wihidenawa

expanse *n.* විශාල ප්‍රදේශය wishaala pradeshaya

expatriate *n.* සියරටින් නෙරපනවා siyaratin nerapanawa

expect *v.* අපේක්ෂා කරනවා apekshaa karanawa

expectant *adj.* බලාපොරොත්තු වන balaaporoththu wana

expedient *adj.* නුවණට හුරු nuwanata huru

expedite *v.* ඉක්මන් කරනවා ikman karanawa

expedition *n.* කඩිනම්කම kadinamkama

expel *v. t* නෙරපනවා nerapanawa

expend *v.* වියදම් කරනවා wiyadam karanawa

expenditure *n.* වියපැහැදම wiya pahadama

expense *n.* වියදම wiyadama

expensive *adj.* මිල අධික mila adhika

experience *n.* අත්දැකීම athdakeema

experiment *n.* පර්යේෂණය paryeshanaya

expert *n.* ප්‍රවීණයා praweenaya

expertise *n.* ප්‍රවීණතාව praweenathawa

expiate *v.* පව් සමා කරගන්නවා paw sama karagannawa

expire *v.* ඉකුත් වෙනවා ikuth wenawa

expiry *n.* අවසානය awasaanaya

explain *v.* පහදනවා pahadanawa

explicit *adj.* ව්‍යක්ත wyaktha

explode *v.* පුපුරවනවා pupurawanawa

exploit *v. t* වික්‍රමය wickramaya

exploration *n.* ගවේෂණය gaweshanaya

explore *v.* ගවේෂණය කරනවා gaweshanaya karanawa

explosion *n.* පිපිරීම pipireema

explosive *adj.* පුපුරන pupurana

exponent *n.* ප්‍රකාශකයා prakaashakaya

export *v. t.* අපනයනය කරනවා apanayanaya karanawa

expose *v.* අනාවරණය කරනවා anaawaranaya karanawa

exposure *n.* අනාවරණය anaawaranaya

express *v.* කියා සිටිනවා kiya sitinawa

expression *n.* ප්‍රකාශනය prakaa-shanaya

expressive *adj.* ප්‍රකාශක prakaa-shaka

expropriate *v.* භුක්තිය පැහැර ගන්නවා bhukthiya pahara gannawa

expulsion *n.* නෙරපීම nerapeema

extant *adj.* විද්‍යමාන widyaamaana

extend *v.* පතුරුවාලීම pathuru-waaleema

extension *n.* විස්තාරනය wisthaa-ranaya

extent *n.* ප්‍රමාණය pramaanaya

exterior *adj.* පිටස්තර pitasthara

external *adj.* බාහිර baahira

extinct *adj.* වඳවී ගිය wanda wee giya

extinguish *v.* නිවනවා niwanawa

extirpate *v.* වනසනවා wanasanawa

extort *v.* බලෙන් ලබා ගන්නවා balen laba gannawa

extra *adj.* අතිරේක athireka

extract *v. t* ඇද ගන්නවා ada gan-nawa

extraction *n.* නිස්සාරණය nissaa-ranaya

extraordinary *adj.* අසාමාන්‍ය asaamanya

extravagance *n.* ප්‍රමාණය ඉක්මවීම pramaanaya ikmaweema

extravagant *adj.* ප්‍රමාණය ඉක්මවා යන pramaanaya ikmawaa yana

extravaganza *n.* විචිත්‍ර රචනාව wichithra rachanaawa

extreme *adj.* උපරිම uparima

extremist *n.* අන්තවාදියා anthawaadiyaa

extricate *v.* මුදවා හරිනවා nudawaa harinawaa

extrovert *n.* සමාජශීලි samaa-jasheeli

extrude *v.* නෙරනවා neranawa

exuberant *adj.* බොහෝ ඵල දරන boho pala darana

exude *v.* මද ගහනවා mada gaha-nawa

eye *n.* ඇස asa

eyeball *n.* ඉංගිරියාව ingiriyaawa

eyesight *n.* දෘෂ්ටිය drushtiya

eyewash *n.* රැවටිල්ල rawatilla

eyewitness *n.* සියැසින් දුටු සාක්ෂිකරු siyasin dutu saakshi

F

fable *n.* උපහැරණය upaharanaya

fabric *n.* චීත්ත cheeththa

fabricate *v.* ගොතනවා gothanawa

fabulous *adj.* කල්පිත kalpitha

facade *n.* මුහුණත muhunatha

face *n.* මුහුණ muhuna

facet *n.* මූණත moonatha

facetious *adj.* සරදමට කැමති sara-damata kamathi

facial *adj.* මුහුණ පිළිබඳ වූ muhuna pilibanda wu

facile *adj.* මෘදු mrudu

facilitate *v.* පහසුකම් සලසනවා pahasukam salasanawa

facility *n.* පහසුකම pahasukama

facing *n.* අභිමුව abimuwa

facsimile *n.* නිවැරදි පිටපත niwaradi pitapatha

fact *n.* කාරණාව kaaranaawa
faction *n.* කලහය kalahaya
factitious *adj.* කෘතිම kruthima
factor *n.* සාධකය saadakaya
factory *n.* කර්මාන්තශාලාව karmaan-thashaalaawa
faculty *n.* පීඨය peetaya
fad *n.* පිස්සුව pissuwa
fade *v.i* විවර්ණ වෙනවා wiwarnma wenawa
Fahrenheit *n.* ෆැරන්හයිට් fahrenheit
fail *v.* අසමත් වෙනවා asamath wenawa
failing *n.* පාඩුව paaduwa
failure *n.* අසමත් වීම asamath weema
faint *adj.* ක්ලාන්ත klaantha
fair *adj.* සාධාරණ saadaarana
fairing *n.* ආරක්ෂක සැකිල්ල aarakshaka salakilla
fairly *adv.* තරමක් tharamak
fairy *n.* දේවදූව dewduwa
faith *n.* ශ්‍රද්ධාව shruddaawa
faithful *adj.* ශ්‍රද්ධාවන්ත shrud-daawantha
faithless *adj.* අශ්‍රද්ධාවත් ashrud-dawath
fake *adj.* මායාව maayaawa
falcon *n.* උකුස්සා ukussa
fall *v.* වැටෙනවා watenawa
fallacy *n.* මුළාව mulaawa
fallible *adj.* ප්‍රමාදී pramaadee
fallow *adj.* පුරන් වූ puran wu
false *adj.* බොරු boru
falsehood *n.* බොරුව boruwa
falter *v.* ඇනහිටිනවා anahitinawa
fame *n.* යසස yasasa
familiar *adj.* හොඳින් දන්නා hondin danna
family *n.* පවුල pawula
famine *n.* සාගතය saagathaya
famished *adj.* හාමතේ සිටි haamathe siti
famous *adj.* ප්‍රසිද්ධ prasidda
fan *n.* පංකාව pankaawa
fanatic *n.* සීමාන්තිකයා seemanthikaya
fanciful *adj.* මනඃකල්පිත manakkalpitha
fancy *n.* අරුමෝසම් arumosam
fanfare *n.* කාහලනාදය kaahala-naadaya
fang *n.* දළය dalaya
fantasize *v.* දවල් හීන දකිනවා dawal heena dakinawa
fantastic *adj.* මායාවී maayaawee
fantasy *n.* විචිත්‍ර කල්පනාව wichithra kalpanaawa
far *adv.* ඈත aatha
farce *n.* විහිළුව wihiluwa
fare *n.* ගමන් ගාස්තුව gaman gaasthuwa
farewell *interj.* ආයුබෝවන් aayubowan
farm *n.* ගොවිපොළ gowipala
farmer *n.* ගොවියා gowiya
fascia *n.* යකඩ පතුර yakada pathura
fascinate *v.* වශී කරනවා washee karanawa
fascism *n.* ෆැසිස්ට් වාදය pasisit waadaya
fashion *n.* විලාසිතා wilaasitha
fashionable *adj.* විලාසිතා ගත wilaasithaagatha
fast *adj.* ඉක්මන් ikman
fasten *v.* තද වෙනවා thada wenawa

fastness *n.* දුර්ගය durgaya
fat *n.* තරබාරු tharabaaru
fatal *adj.* මරණීය maraneeya
fatality *n.* මාරක සිද්ධිය maaraka siddiya
fate *n.* ඉරණම iranama
fateful *adj.* ශාපලත් shaapalath
father *n.* තාත්තා thaaththaa
fathom *n.* බඹ bamba
fatigue *n.* වෙහෙස wehesa
fatuous *adj.* තකතීරු thakatheeru
fault *n.* වැරද්ද waradda
faulty *adj.* සදොස් sados
fauna *n.* සත්ත්ව වර්ගය sathwa wargaya
favour *n.* උපකාරය upakaaraya
favourable *adj.* හිතවත් hithawath
favourite *adj.* ප්‍රියතම priyathama
fax *n.* ෆැක්ස් යන්ත්‍රය fax yanthraya
fear *n.* බිය biya
fearful *adj.* බියකරු biyakaru
fearless *adj.* අභය abhaya
feasible *adj.* සාධ්‍ය saadhya
feast *n.* උත්සවය uthsawa
feat *n.* වික්‍රමය wickramaya
feather *n.* පිහාටුව pihaatuwa
feature *n.* හැඩය hadaya
febrile *adj.* උන සහිත una sahitha
February *n.* පෙබරවාරි pebarawaari
feckless *adj.* දුර්වල durwala
federal *adj.* සාමූහික samoohika
federate *v.* ඒකාබද්ධ කරනවා eka-badda karanawa
federation *n.* සමූහාණ්ඩුව samoo-handuwa
fee *n.* ගාස්තුව gaasthuwa
feeble *adj.* දුර්වල durwala
feed *v.* කෑම සපයනවා kaama sapayanawa
feeder *n.* කවන්නා kawanna
feel *v.* දැනෙනවා danenawa
feeling *n.* හැඟීම hangeema
feign *v.* මායම් වෙනවා maayam wenawa
feisty *adj.* මායම් වන maayam wana
felicitate *v.* සතුට පළ කරනවා sathuta pala karanawa
felicitation *n.* අභිනන්දනය abhinan-danaya
felicity *n.* රමණීයත්වය ramanee-yathwaya
fell *v.* බිම හෙළනවා bima helanawa
fellow *n.* සහකාරයා sahakaaraya
fellowship *n.* සහායත්වය sahaa-yathwaya
felon *n.* දුෂ්ටයා dushtaya
female *adj.* ස්ත්‍රී sthri
feminine *adj.* ගැහැනු gahanu
feminism *n.* ස්ත්‍රී වාදය sthri waadaya
fence *n.* වැට wata
fencing *n.* කඩු හරඹය kadu harambaya
fend *v.* ආරක්ෂාව සලසගන්නවා aarakshaawa salasagannawa
feng shui *n.* ෆෙන්ග් ෂුයි feng shui
fennel *n.* මහදුරු mahaduru
feral *adj.* ප්‍රචණ්ඩ prachanda
ferment *v.* පිපෙනවා pipenawa
fermentation *n.* පැසවීම pasa-weema
fern *n.* මීවන meewana
ferocious *adj.* දරුණු darunu
ferry *n.* තොට thota
fertile *adj.* සාර saara
fertility *n.* සාරත්වය saarathwaya

fertilize *v.* සාරවත් කරනවා saara-wath karanawa
fertilizer *n.* පොහොර pohora
fervent *adj.* ඉතා උනන්දු ithaa unandu
fervid *adj.* ඉතා උණුසුම් ithaa unusum
fervour *n.* මහත් උනන්දුව mahath unanduwa
fester *v.* විකට නලුවා wikata naluwa
festival *n.* සැණකෙළිය sanakeliya
festive *adj.* ප්‍රීතිමත් preethimath
festivity *n.* උත්සවය uthsawaya
fetch *v.* එක්ක යනවා ekka yanawa
fete *n.* මංගල්‍යය mangalyaya
fetish *n.* මෝඩ භක්තිය moda bhakthiya
fettle *n.* අවස්ථාව awasthaawa
fetus *n.* ගර්භය garbhaya
feud *n.* ආරවුල aarawula
feudalism *n.* වැඩවසම් ක්‍රමය wadawasam kramaya
fever *n.* උණ una
few *adj.* ස්වල්ප swalpa
fey *adj.* අමුතු amuthu
fiancé *n.* ආදරවන්තයා aadara-wanthaya
fiasco *n.* බොරුව boruwa
fibre *n.* තන්තු thanthu
fickle *adj.* අස්ථිර astheera
fiction *n.* ප්‍රබන්ධය prabandaya
fictitious *adj.* අසත්‍ය asathya
fiddle *n.* වීනාව weenaawa
fidelity *adj.* භක්තිය bhakthiya
field *n.* කුඹුර kumbura
fiend *n.* යක්ෂයා yakshaya
fierce *adj.* රෞද්‍ර raudra
fiery *adj.* දැවෙන dawena
fifteen *adj. & n.* පහළොව pahalowa
fifty *adj. & n.* පනහ panaha
fig *n.* අත්තික්කා aththikka
fight *v.t* ගහගන්නවා gahagannawa
fighter *n.* සටන් කරන්නා satan karanna
figment *n.* මිථ්‍යා කතාව mithyaa kathaawa
figurative *adj* රූපික roopika
figure *n.* රූපය roopaya
figurine *n.* රූපිකාව roopikaawa
filament *n.* සූත්‍රිකාව soothrikaawa
file *n.* ගොනුව gonuwa
filings *n.* පිරවුම් pirawum
fill *v.* පුරවනවා purawanawa
filler *n.* පිරවුම pirawuma
filling *n.* පිරවීම piraweema
fillip *n.* පෙළඹවීම pelambaweema
film *n.* චිත්‍රපටය chithrapataya
filter *n.* පෙරණය peranaya
filth *n.* කැළිකසළ kalikasala
filtrate *n.* පෙරණය peranaya
fin *n.* වරල warala
final *adj.* අවසාන awasaana
finalist *n.* අවසන් වටයට තේරුණු තැනැත්තා awasan watayata therunu thanaththa
finance *n.* මූල්‍ය moolya
financial *adj.* මුදල් පිළිබඳ mudal pilibanda
financier *n.* ධනපතියා dhanapathiya
find *v.* සොයනවා soyanawa
fine *adj.* සියුම් siyum
finesse *n.* සියුම් දක්ෂකම siyum dakshakama
finger *n.* ඇඟිල්ල angilla
finial *n.* කොත් කැරැල්ල koth karalla
finicky *adj.* ඉතා සුපරීක්ෂාකාරී ithaa

suparikshaakaaree
finish *v.* අහවර කරනවා ahawara karanawa
finite *adj.* සීමිත seemitha
fir *n.* දේවදාර dewadaara
fire *n.* ගින්දර gindara
firewall *n.* ගිනිපවුර ginipawura
firm *adj.* ස්ථිර sthira
firmament *n.* අන්තරීක්ෂය anthareekshanaya
first *adj. & n.* පළමු palamu
first aid *n.* ප්‍රථමාධාර prathamaadhaara
fiscal *adj.* පොදු දේපලට අයත් podu depalata ayath
fish *n.* මාළුවා maaluwa
fisherman *n.* මාළුකාරයා maalukaaraya
fishery *n.* මසුන් අල්ලන තැන masun allana thana
fishy *adj.* මාළුවෙකු වැනි maaluweku wani
fissure *n.* විවරය wiwaraya
fist *n.* අත මිට atha mita
fit *adj.* සුදුසු sudusu
fitful *adj.* අස්ථිර asthira
fitter *n.* සවිකරුවා sawikaruwa
fitting *n.* අනුකූල anukoola
five *adj. & n.* පහ paha
fix *v.* සවි කරනවා sawi karanawa
fixation *n.* සවි කිරීම sawi kireema
fixture *n.* සවිකුරුව sawikuruwa
fizz *v.* සිරි සිරි ගෑම siri siri gaama
fizzle *v.* නිශ්ඵල වෙනවා nishpala wenawa
fizzy *adj.* සිරි සිරි හඬ සහිත siri siri handa sahitha
fjord *n.* පටු කලපුව patu kalapuwa
flab *n.* වැනෙන wanena
flabbergasted *adj.* මහත් පුදුමයට පත්වෙනවා mahath pudumayata pathwenawa
flabby *adj.* සවි නැති sawi nathi
flaccid *adj.* වැරුණු waarunu
flag *n.* කොඩිය kodiya
flagellate *v.* කසෙන් තළනවා kasen thalanawa
flagrant *adj.* බරපතල barapathala
flair *n.* විචක්ෂණභාවය wichakshanabhaawaya
flake *n.* පතුර pathura
flamboyant *adj.* අතිවිචිත්‍ර athiwichithra
flame *n.* දැල්ල dalla
flammable *adj.* දැවෙනසුලු dawenasulu
flank *n.* පැත්ත paththa
flannel *n.* පැනලේ panel
flap *v.* හැපෙනවා hapenawa
flapjack *n.* කුඩා වෙල්ලවැහුම kudaa wellawahuma
flare *n.* ගිනිමැලය ginimalaya
flash *v.* ඇවිලෙනවා awilenawa
flash light *n.* සැණෙලිය sanakeliya
flask *n.* ප්ලාස්කුව plaaskuwa
flat *adj.* පැතලි pathali
flatten *v.t.* සමතලා වෙනවා samathalaa wenawa
flatter *v.* චාටු බස් කියනවා chaatu bas kiyanawa
flatulent *adj.* බඩේ වාතය පිරුණු bade waathaya pirunu
flaunt *v.* හැසිරෙනවා hasirenawa
flavour *n.* රසය rasaya
flaw *n.* කැලල kalala
flea *n.* මැක්කා makka

flee *v.* පලායනවා palaayanawa

fleece *n.* ලොම් කැපීම lom kapeema

fleet *n.* වේගවත් wegawath

flesh *n.* මස masa

flex *v.* නමනවා namanawa

flexible *adj.* පහසුවෙන් නැමිය හැකි pahasuwen namiya haki

flexitime *n.* සුනම්‍ය රාජකාරි වේලාවන් sunamya raajakaaree welawan

flick *v.* වෙවුලනවා wewulanawa

flicker *v.t* චංචලනය chanchalanaya

flight *n.* ඉගිලීම igileema

flimsy *adj.* ඉතා තුනී ithaa thunee

flinch *v.* ඇකිලෙනවා akilenawa

fling *v.* දමා ගැසීම damaa gaseema

flint *n.* ඉතා තද ithaa thada

flip *v.* හෙමින් උඩට ගසනවා hemin udata gasanawa

flippant *adj.* වාචාල waachaala

flipper *n.* අවල් පත awal patha

flirt *v.i* විලාස පානවා wilaasa paanawa

flit *v.* ඉගිලෙනවා igilenawa

float *v.* පාවෙනවා paawenawa

flock *n.* රැන raana

floe *n.* පාවෙන අයිස් කුට්ටිය paawen ais kuttiya

flog *v.* තලනවා thalanawa

flood *n.* ගංවතුර ganwathura

floodlight *n.* ධාරාලෝකය dhaa-raalokaya

floor *n.* බිම bima

flop *v.* වැනි වැනි යනවා wani wani yanawa

floppy *adj.* වැනෙන wanena

flora *n.* තුරුලිය thuruliya

floral *adj.* මලින් කරන ලද malin karana lada

florist *n.* මල්කරු malkaru

floss *n.* සේද රොඩු seda rodu

flotation *n.* ඉපිලුම ipiluma

flounce *v.* අංගවික්ෂේපය anga wikshepaya

flounder *v.* අමාරුවෙන් ක්‍රියා කරනවා amaaruwen kriya karanawa

flour *n.* පිටි piti

flourish *v.* වැජඹෙනවා wajam-benawa

flow *v.i* ප්‍රවාහය prawaahaya

flower *n.* පුෂ්පය pushpaya

flowery *adj.* මලින් ගැවසී malin gawasi

flu *n.* හෙම්බිරිස්සා උණ hembirissa una

fluctuate *v.* අඩු වැඩි වෙනවා adu wadi wenawa

fluent *adj.* කථාවෙහි දක්ෂ kathaawehi daksha

fluff *n.* ලොම් lom

fluid *n.* ද්‍රව drawa

fluke *n.* පැතැල්ල pathalla

fluorescent *adj.* ප්‍රතිදීප්ත prathideeptha

fluoride *n.* ෆ්ලෝරයිඩ් fluoride

flurry *n.* කලබල ගතිය kalabala gathiya

flush *v.* වේගයෙන් වතුර පුරවනවා wegayen wathura purawanawa

fluster *v.* කලබල කරනවා kalabala karanawa

flute *n.* බටනළාව batanalaawa

flutter *v.* වෙව්ලීම wewleema

fluvial *adj.* වතුරු wathuru

flux *n.* ස්‍රාවය sraawaya

fly *v.i* ඉගිලෙනවා igilenawa

foam *n.* පෙණ pena

focal *adj.* නාභිගත naabhigatha
focus *n.* නාභිය naabhiya
fodder *n.* පෝෂ්‍ය pooshya
foe *n.* සතුරා sathura
fog *n.* මීදුම meeduma
foil *v.* බාධා කරනවා baadhaa karanawa
fold *v.t* නමනවා namanawa
foliage *n.* අතු කොළ ආදිය athu kola aadiya
folio *n.* පත් ඉරුව path iruwa
folk *n.* ජනයා janayaa
follow *v.* අනුගමනය කරනවා anugamanaya karanawa
follower *n.* අතවැසියා athawasiya
folly *n.* මෝඩකම modakama
fond *adj.* ප්‍රිය priya
fondle *v.* හුරතල් වෙනවා hurathal wenawa
font *n.* මුද්‍රණ අකුරු වර්ගය mudrana akuru wargaya
food *n.* ආහාරය aahaaraya
fool *n.* මෝඩයා modaya
foolish *adj.* මෝඩ moda
foolproof *adj.* විශ්වාස කටයුතු wishwaasa katayuthu
foot *n.* අඩිය adiya
footage *n.* අඩියාව adiyaawa
football *n.* පාපන්දු paapandu
footing *n.* අවස්ථාව awasthaawa
footling *adj.* පය පමණක් තැබීමට ඉඩ ඇති paya pamanak thabeemata ida athi
for *prep.* සඳහා sandahaa
foray *n.* සටනට යනවා satanata yanawa
forbear *v.* ඉවසනවා iwasanawaa
forbid *v.* තහනම් කරනවා thahanam karanawa
force *n.* බලය balaya
forceful *adj.* ප්‍රබල prabala
forceps *n.* ඩැහි අඬුව dahi anduwa
forcible *adj.* බලහත්කාර balahathkaara
fore *adj.* ඉදිරිය idiriya
forearm *n.* යටිබාහුව yatibaahuwa
forebear *n.* මුතුන්මිත්තා muthunmiththa
forecast *v.t* අනාවැකි කියනවා anaawaki kiyanawa
forefather *n.* මුතුන්මිත්තන්ගේ කෙනෙක් muthunmiththange kenek
forefinger *n.* දබර ඇඟිල්ල dabara angilla
forehead *n.* නළල nalala
foregoing *adj.* යට සඳහන් කළ yata sandahan kala
foreign *adj.* විදේශීය widesheeya
foreigner *n.* විදේශිකයා wideshikaya
foreknowledge *n.* අනාගත ඥානය anaagatha gnaanaya
foreleg *n.* ඉස්සරහ ගාතය issaraha gaathaya
foreman *n.* ප්‍රමුඛයා pramukayaa
foremost *adj.* අග්‍ර agra
forename *n.* මුල්නම mulnama
forensic *adj.* අධිකරණ adhikarana
foreplay *n.* ලිංගික සංසර්ගයට පෙර උත්තේජනය lingika sansargayata pera uththejanaya
forerunner *n.* පෙරටුව යන්නා peratuwa yanna
foresee *v.* දැනගන්නවා danagannawa
foresight *n.* පූර්වදර්ශනය poorwa-

darshanaya
forest *n.* කැලෑව kalaawa
forestall *v.* ඉස්සර වෙනවා issara wenawa
forestry *n.* වන්විද්‍යාව wanawi-dyaawa
foretell *v.*දිවැස් කියනවා diwas kiyanawa
forever *adv.* සදහටම sadahatama
foreword *n.* පෙරවදන perawadana
forfeit *v.* අහිමිකරණය ahimika-ranaya
forge *v.t* වංචා කරණය wanchaa-karanaya
forgery *n.* වංචාව wanchaawaa
forget *v.* අමතක කරනවා amathaka karanawa
forgetful *adj.* මතක නැති වන සුලු mathaka nathi wana sulu
forgive *v.* සමා වෙනවා samaa-wenawa
forgo *v.* යමකින් වළකිනවා yamakin walakinawa
fork *n.* ගෑරුප්පුව gaaruppuwa
forlorn *adj.* අනාථ anaatha
form *n.* පෝරමය poramaya
formal *adj.*විධිමත් widimath
formality *n.*නියමය niyamaya
format *n.* ආකෘතිය aakruthiya
formation *n.*නිර්මාණය nirmaanaya
former *adj.*පූර්ව poorwa
formerly *adv.* පෙරාතුව peraathuwa
formidable *adj.* භයානක bhayaa-naka
formula *n.*සූත්‍රය soothraya
formulate *v.* ක්‍රමවත්ව දක්වනවා kramawathwa dakwanawa
forsake *v.* අත්හරිනවා athharinawa
forswear *v.*දිවුරා අත්හරිනවා diwraa athharinawa
fort *n.* කොටුව kotuwa
forte *n.* ශබ්දය උස් කොට shabdaya us kota
forth *adv.*පිටතට pitathata
forthcoming *adj.* අනාගත anaa-gatha
forthwith *adv.* සැණින් sanin
fortify *v.* බලවත් කරනවා balawath karanawa
fortitude *n.* ධෛර්යය dhaiyaya
fortnight *n.* සති දෙකක් sathi dekak
fortress *n.* බලකොටුව balakotuwa
fortunate *adj.* වාසනාවන්ත waasa-naawantha
fortune *n.* වාසනාව waasanaawa
forty *adj.& n.* හතළිහ hathaliha
forum *n.*විනිශ්චයශාලාව winishchayashaalaawa
forward *adv. &adj.*බිය සැක නැති biya saka nathi
fossil *n.* පොසිල posila
foster *v.* ධෛර්යය දෙනවා dhairyaya denawa
foul *adj.* නීතිවිරෝධී neethiwirodi
found *v.* ආරම්භ කරනවා aaramba karanawa
foundation *n.* පදනම padanama
founder *n.* ස්ථාපකයා sthaapakaya
foundry *n.* වාත්තු මඩුව waaththu maduwa
fountain *n.* වතුර මල wathura mala
four *adj.& n.* හතර hathara
fourteen *adj.& n.* දහහතර dahahathara
fourth *adj.& n.*සිව් වැනි siw wani
fowl *n.* කුකුළා kukula

fox *n.* නරියා nariya
foyer *n.* ප්‍රවේශ ශාලාව prawesha shaalaawa
fraction *n.* භාගය bhaagaya
fractious *adj.* කිපෙන සුලු kipena sulu
fracture *v.t* බිඳෙනවා bindenawa
fragile *adj.* පහසුවෙන් බිඳෙන pahasuwen bindena
fragment *n.* කොටස kotasa
fragrance *n.* සුවඳ suwanda
fragrant *adj.* මනා සුවඳැති manaa suwandathi
frail *adj.* දුර්වල durwala
frame *n.* රාමුව raamuwa
framework *n.* සැකිල්ල sakilla
franchise *n.* ඡන්ද බලය chanda balaya
frank *adj.* අවංක awanka
frankfurter *n.* දුම්ගසා පදම් කරන ලද ලිංගුස් dumgasaa padam karana lada lingus
frantic *adj.* උමතු umathu
fraternal *adj.* සහෝදර sahodara
fraternity *n.* සහෝදරත්වය sahoda-rathwaya
fraud *n.* වංචනිකයා wanchanikaya
fraudulent *adj.* වංචනික wanchanika
fraught *adj.* සංයුක්ත sanyuktha
fray *v.* කෝලාහලය kolahaalaya
freak *n.* විකාරය wikaaraya
freckle *n.* සමේ දුඹුරු ලපය same dumburu lapaya
free *adj.* ස්වාධීන swaadeena
freebie *n.* ස්වාධීන පුද්ගලයා swaadeena pudgalayaa
freedom *n.* ස්වාධීනත්වය swaadee-nathwaya
freeze *v.* මිදෙනවා midenawa
freezer *n.* ශීතකරණය sheetha-karanaya
freight *n.* ගැල් කුලිය gal kuliya
freighter *n.* බඩු නැව badu nawa
French *adj.* ප්‍රංශ pransha
frenetic *adj.* වියරු වැටුණු wiyaru watunu
frenzy *n.* උන්මාදය unmaadaya
frequency *n.* සංඛ්‍යාතය sanky-aathaya
frequent *adj.* නිතර සිදුවෙන nithara siduwena
fresh *adj.* නැවුම් nawum
fret *v.t.* ගෙවී යන්නට සලස්වනවා gewee yannata salaswanawa
fretful *adj.* නොසන්සුන් nosansun
friable *adj.* පහසුවෙන් කුඩු බවට පත්කළ හැකි pahasuwen kudu bawata pathkala haki
friction *n.* ප්‍රබන්ධය prabandaya
Friday *n.* සිකුරාදා sikuraadaa
fridge *n.* ශීතකරණය sheetha-karanaya
friend *n.* යහළුවා yahaluwa
fright *n.* තිගැස්ම thigasma
frighten *v.* බියකරනවා biyaka-ranawa
frigid *adj.* උණුසුමක් නැති unusumak nathi
frill *n.* රැළි පටිය rali patiya
fringe *n.* වාටිය waatiya
frisk *v.* උඩ පනිනවා uda paninawa
fritter *v.* අපතේ හරිනවා apathe harinawa
frivolous *adj.* නිස්සාර nissaara
frock *n.* ගවුම gawma
frog *n.* ගෙම්බා gemba

frolic *v.i.* සෙල්ලම් කරනවා sellam karanawa

from *prep.* වෙතින් wethin

front *n.* ඉදිරිය idiriya

frontbencher *n.* ඉදිරියෙන් සිටින්න idiriyen sitinna

frontier *n.* දේශසීමාව desha-seemaawa

frost *n.* තුෂාර thushaara

frosty *adj.* අතිශීතල athisheethala

froth *n.* පෙණ pena

frown *v.i* රැවිටිල්ල rawatilla

frowsty *adj.* පුස් බැඳුනු pus bandunu

frugal *adj.* සකසුරුවම් වූ sakasu-ruwam wu

fruit *n.* පළතුර palathura

fruitful *adj.* ඵලදායි paladaai

frump *n.* වැරහැලිකාරිය waraha-likaariya

frustrate *v.* භංගකරනවා bhanga-karanawa

fry *v.* බදිනවා bandinawa

fudge *n.* හැල්ල haalla

fuel *n.* ඉන්ධන indhana

fugitive *n.* ක්ෂණික kshanika

fulcrum *n.* ධරය dharaya

fulfil *v.* සපුරනවා sapuranawa

fulfilment *n.* සම්පූර්ණ කිරීම sampoorna kireema

full *adj.* පූර්ණ poorna

fulsome *adj.* නොමන nomana

fumble *v.* අතපත ගානවා athapatha gaanawa

fume *n.* වාෂ්පය waashpaya

fumigate *v.* දුම් කවනවා dum kawanawa

fun *n.* විනෝදය winodaya

function *n.* උත්සවය uthsawaya

functional *adj.* ක්‍රියාකාරිත්වය පිළිබඳ වූ kriyaakaarithwaya pilibanda wu

functionary *n.* නිලධාරියා nilad-haariyaa

fund *n.* අරමුදල aramudala

fundamental *adj.* මූලික moolika

funeral *n.* මළගෙදර malagedara

fungus *n.* පුස් pus

funky *adj.* බියෙන් මිරිකුණ biyen mirikuna

funnel *n.* පුනීලය puneelaya

funny *adj.* හාස්‍ය උපදවන haasya upadawana

fur *n.* මල mala

furious *adj.* කෝපාවිෂ්ට kopaa-wishta

furl *v.* දවටනවා dawatanawa

furlong *n.* හැතැප්ම කාල hathapma kaala

furnace *n.* උඳුන uduna

furnish *v.* පුරවනවා purawanawa

furnishing *n.* ගෙයි ඇති බඩු gei athi badu

furniture *n.* ගෘහ භාණ්ඩ gruha bhaanda

furore *n.* මහත් උනන්දුව mahath unanduwa

furrow *n.* රැල්ල ralla

further *adv.* තවදුරට thawadurata

furthermore *adv.* තවදුරටත් thawaduratath

furthest *adj.& adv.* දුරතම වූ durathama wu

fury *n.* ක්‍රෝධය krodaya

fuse *v.* හා කරනවා haa karanawa

fusion *n.* සංයෝජනය sanyojanaya

fuss *n.* කලබල වෙනවා kalabala wenawa

fussy *adj.* කලබල kalabala
fusty *adj.* පුස් බැඳුනු pus bandunu
futile *adj.* නිරර්ථක nirarthaka
futility *n.* නිෂ්ඵලභාවය nishpalab-haawaya
future *n.* අනාගතය anaagatha
futuristic *adj.* විශේෂ කලා ක්‍රමය wishesha kalaa kramaya

G

gab *v.* වාචාලකම waachaalakama
gabble *v.t.* කටවාචාල කියවනවා katawaachaala kiyawanawa
gadget *n.* යාන්ත්‍රික උපකරණයක් yaanthrika upakaranayak
gaffe *n.* ප්‍රමාදයෙන් වූ වරද pramaadayen wu warada
gag *n.* රවටනවා rawatanawa
gaga *adj.* විකාර wikaara
gaiety *n.* ප්‍රමෝදය pramodaya
gaily *adv.* මහත් ප්‍රීතියෙන් mahath preethiyen
gain *v.* දිනනවා dinanawa
gainful *adj.* වාසි ලැබෙන waasi labena
gait *n.* ගමන gamana
gala *n.* උත්සවය uthsawaya
galaxy *n.* මන්දාකිණිය mandaakiniya
gale *n.* සැර සුළඟ sara sulanga
gall *n.* බලවත් ක්‍රෝධය balawath krodaya
gallant *adj.* නිර්භීත nirbheetha
gallantry *n.* සල්ලාලකම sallalakama
gallery *n.* ගැලරිය galariya
gallon *n.* ගැලුම galuma
gallop *n.* පැන පැන දුවනවා pana duwanawa
gallows *n.* පොකරය pokaraya
galore *adj.* ඉතා බහුලව ithaa bahulawa
galvanize *v.i.* ගැල්වනයිස් කරනවා galvanize karanawa
gambit *n.* චෙස් ක්‍රීඩාවේ ආරම්භක පිළිවෙලක් chess kreedawe aarambaka piliwelak
gamble *v.* සූදු කෙළිනවා soodu kelinawa
gambler *n.* සූදුකාරයා soodu kaaraya
gambol *v.* පෙම් කෙළිනවා pem kelinawa
game *n.* ක්‍රීඩාව kreedawa
gamely *adj.* අභියෝගයට මුහුණ දෙන්නා වූ abiyogayata muhuna denna wu
gammy *adj.* වයසට ගිය මැහැල්ලක් බඳු වූ wayasata giya mahallak bandu wu
gamut *n.* ස්වර සප්තකය swara sapthakaya
gang *n.* කල්ලිය kalliya
gangling *adj.* මනාව නොවැඩුණු manaawa nowadunu
gangster *n.* මැරයා maraya
gangway *n.* ආසන අතර මාර්ගය aasana athara maargaya
gap *n.* විවරය wiwaraya
gape *v.* ඇනුම aanuma
garage *n.* ගරාජය garaajaya
garb *n.* වේශය weshaya
garbage *n.* කුණු කසල kunu kasala
garble *v.* තමන්ට වුවමනා දේ පමණක් තෝරා ගන්නවා thamanta wuwamanaa de pamanak thora

gannawa
garden *n.* ගෙඋයන geuyana
gardener *n.* උයන්පල්ලා uyanpalla
gargle *v.* උගුර සෝදනවා ugura sodanawa
garish *adj.* අතිභූෂිත athibhooshitha
garland *n.* මල් මාලය mal maalaya
garlic *n.* සුදු ළූණු sudu loonu
garment *n.* ඇඳුම anduma
garner *v.* ගබඩා කරනවා gabadaa karanawa
garnet *n.* රතු මැණික් වර්ගයක් rathu manik wargayak
garnish *v.* සරසනවා sarasanawa
garret *n.* අට්ටාලය attaalaya
garrulous *adj.* දොඩමලු dodamalu
garter *n.* මේස් පටිය mes patiya
gas *n.* ගෑස් gaas
gasket *n.* ගෑස් කට්ටුව gaas katuwa
gasp *v.i* පණ අදිනවා pana adinawa
gastric *adj.* ආමාශය පිළිබඳ aamaa-shaya pilibanda
gastronomy *n.* ස්වාදු භෝජනකලාව swaadu bhojanakalaawa
gate *n.* ගේට්ටුව getoowa
gateau *n.* කේක් විශේෂයක් cake wisheshayak
gather *v.* රොක්වෙනවා rokwenawa
gaudy *adj.* අතිභූෂිත athibhooshitha
gauge *n.* මිම්ම mimma
gaunt *adj.* කෙට්ටු kettu
gauntlet *n.* යකඩ අත්වැස්ම yakada athwasma
gauze *n.* දැල් රෙදි dal redi
gawky *adj.* නිවට niwata
gay *adj.* ප්‍රභා සම්පන්න prabhaa-sampanna
gaze *v.* නිරීක්ෂණය nireekshanaya
gazebo *n.* ගිම්හාන කුටිය gimhaanakutiya
gazette *n.* ගැසට් පත්‍රය gasat pathraya
gear *n.* ගියරය giyaraya
geek *n.* ලොල් තැනැත්තා lol thanaththa
gel *n.* ජෙලය jelaya
geld *v.* කප්පාදු කරනවා kappaadu karanawa
gem *n.* මැණික manika
gender *n.* ලිංගය lingaya
general *adj.* පොදු podu
generalize *v.* පොදු බවට හරවනවා podu bawata harawanawa
generate *v.* උපදවනවා upada-wanawa
generation *n.* පරම්පරාව param-paraawa
generator *n.* උත්පාදකයා uthpaa-dakaya
generosity *n.* සුලභ බව sulabha bawa
generous *adj.* සුලභ sulabha
genesis *n.* උත්පත්තිය uppaththiya
genetic *adj.* ජාන jaana
genial *adj.* සැපදායක sapadaayaka
genius *n.* බුද්ධි ප්‍රභාව buddhi prabhaawa
genteel *adj.* ආචාරශීලි aachaa-rasheeli
gentility *n.* සභ්‍යතාව sabhyathaawa
gentle *adj.* මෘදු mrudu
gentleman *n.* මහතා mahatha
gentry *n.* මහත්වරු mahathwaru
genuine *adj.* අව්‍යාජ awyaaja
geographer *n.* භූගෝලවිද්‍යාඥයා bhoogola widyaagniya

geographical *adj.* භූගෝලීය bhoo-goleeya
geography *n.* භූගෝලය bhoogolaya
geologist *n.* භූවිද්‍යාඥයා bhoo widyaagniya
geology *n.* භූවිද්‍යාව bhoo widyaawa
geometric *adj.* ජ්‍යාමිතික jyaa-mithika
geometry *n.* ජ්‍යාමිතිය jyaamithiya
germ *n.* විෂබීජය wishabeejaya
German *n.* ජර්මන් භාෂාව german baashaawa
germane *adj.* අදාළ වන adaala wana
germinate *v.* පැළ කරනවා pala karanawa
germination *n.* පැළ වීම pala weema
gerund *n.* භාවක්‍රියා පද bhaawa-kriyaapada
gestation *n.* ගැබ් දැරීම gab dareema
gesture *n.* ඉඟිය ingiya
get *v.* ලැබෙනවා labenawa
geyser *n.* ගීසරය geesaraya
ghastly *adj.* මිනියක් වැනි miniyak wani
ghost *n.* හොල්මන holmana
giant *n.* යෝධයා yodaya
gibber *v.* ප්‍රලාප pralaapa
gibe *v.* ඔච්චම ochchama
giddy *adj.* තෝන්තු වූ thonthu wu
gift *n.* තෑග්ග thaagga
gifted *adj.* තෑගි කරන ලද thaagi karana lada
gigabyte *n.* ගිගා බයිට් gigabyte
gigantic *adj.* අතිවිශාල athi wishaala
giggle *v.t.* මෝඩ සිනහව moda sinahawa
gild *v.* ඔපදමනවා opadamanawa
gilt *adj.* ඔපදැමූ opadamoo
gimmick *n.* කපටිකම kapatikama
ginger *n.* ඉඟුරු inguru
gingerly *adv.* ඉති පිරිස්සමෙන් ithi parissamen
giraffe *n.* ජිරාෆ් giraffe
girder *n.* බාල්කය baalkaya
girdle *n.* හවඩිය hawadiya
girl *n.* කෙල්ල kella
girlish *adj.* බාලිකාවකගේ වැනි baalikaawakage wani
giro *n.* ගයිරෝ gairowa
girth *n.* වට ප්‍රමාණය wata pramanaya
gist *n.* සාරාංශය saaranshaya
give *v.* දෙනවා denawa
given *adj.* දෙනලද denalada
glacial *adj.* ග්ලැසියර glaciyara
glacier *n.* හිම නදිය hima nadiya
glad *adj.* ප්‍රසන්න prasanna
gladden *v.* සතුටු කරනවා sathutu karanawa
glade *n.* වනාන්තරය wanaantharaya
glamour *n.* වශීකරණය washee-karanaya
glance *v.i.* බැල්ම හෙළෙනවා balma helanawa
gland *n.* ග්‍රන්ථිය granthaya
glare *v.i* රවා බලනවා rawaa balanawa
glass *v.t.* වීදුරු වලින් තනන ලද weeduruwalin thanana lada
glaze *v.* ඔප දමනවා opa damanawa
glazier *n.* වීදුරු සවිකරන්නා weeduru sawi karanna

gleam *v.* දිලිසෙනවා dilisenawa
glean *v.* ඇහිඳ ගන්නවා ahinda gannawa
glee *n.* සන්තෝෂය santhoshaya
glide *v.* ලිස්සා යාම lissa yaama
glider *n.* සැහැල්ලු ගුවන් යානය sahallu guwan yaanaya
glimmer *v.* යන්තම්න් බැබළෙනවා yanthamin babalenawa
glimpse *n.* ක්ෂණික දර්ශනය kshanika darshanaya
glisten *v.* දිස්න වැටෙනවා disna watenawa
glitch *n.* උපකරණයක් හිදිසියේ ක්‍රියා විරහිත වීම upakaranayak hadisiye kriya wirahitha weema
glitter *v.* ලෙළ දෙනවා lela denawa
gloat *v.* අනුන්ගේ දුකේදී උදම් වෙනවා anunge dukedi udam wenawa
global *adj.* වට wata
globalization *n.* ගෝලීයකරණය goleeyakaranaya
globe *n.* ගෝලය golaya
globetrotter *n.* ලෝකපරිචාරකයා lokaparichaarakaya
gloom *n.* දෝමනස domnasa
gloomy *adj.* අඳුරු සහිත anduru sahitha
glorification *n.* ගෞරව සම්මාන පුද කරන අවස්ථාව gaurawa sammana puda karana awasthaawa
glorify *v.* ගෞරව සම්මාන කරනවා gaurawa sammana karanawa
glorious *adj.* ඉසුරුමත් isurumath
glory *n.* යසස yasasa
gloss *n.* ඔපය opaya
glossary *n.* වාග්මාලාව waagmaa-laawa
glossy *adj.* ඔප ඇති opa athi
glove *n.* අත්වැසුම athwasuma
glow *v.* දිලිසෙනවා dilisenawa
glucose *n.* ග්ලූකෝස් glucose
glue *n.* මැලියම් maliyam
glum *adj.* දුර්මුඛ durmuka
glut *n.* අධිකත්වය adhikathwaya
glutton *n.* කෑදරයා kaadaraya
gluttony *n.* කෑදරකම kaadarakama
glycerine *n.* ග්ලිසරින් glycerin
gnarled *adj.* ගැට සහිත gata sahitha
gnat *n.* හෝපුටා hohaputa
gnaw *v.* දුක් දෙනවා duk denawa
go *v.t* ගමන් කරනවා gaman karanawa
goad *v.* හෙණ්ඩුව henduwa
goal *n.* අරමුණ aramuna
goalkeeper *n.* ගෝල් රකින්නා goal rakinna
goat *n.* එළුවා eluwa
gob *n.* කෙළපිඩ kelapida
gobble *v.* තුළුගසමින් කනවා thalugasamin kanawa
goblet *n.* ගුරු ලෙත්තුව guruleth-thuwa
god *n.* දෙවියා dewiyo
godchild *n.* පිජුදුවා pijaduwa
goddess *n.* දේවදුව dewduwa
godfather *n.* ඇපකාර පියා apakaara piya
godly *adj.* ධාර්මික dhaarmika
godmother *n.* ඇපකාර මව apakaara mawa
goggle *n.* ඇස් කරකවනවා as karakawanawa
going *n.* ගමන gamana
gold *n.* රත්තරන් raththaran
golden *adj.* ස්වර්ණමය swarnamaya

goldsmith *n.* රන්කරුවා rankaruwa
golf *n.* ගොල්ෆ් golf
gondola *n.* වැනීසියේ ඔරු වර්ගයක් waneesiye oru wargayak
gong *n.* ඝනය ghanaya
good *adj.* හොඳ honda
goodbye *excl.* ආයුබෝවන් aayubowan
goodness *n.* යහපත්කම yahapathkama
goodwill *n.* කීර්තිනාමය keerthinaamaya
goose *n.* පාත්තයා paaththaya
gooseberry *n.* ගූස්බෙරි gooseberry
gore *n.* කැටි ගැසුනු ලේ kati gasunu le
gorgeous *adj.* ඉති අලංකාර ithi alankaara
gorilla *n.* ගොරිල්ලා gorilla
gory *adj.* කැටි ගැසුනු ලේ සමඟ kati gasunu le samaga
gospel *n.* ශුභාරංචිය shubaaranchiya
gossip *n.* ඕපාදූප oopaadoopa
gouge *v.* උලුප්පනවා uluppanawa
gourd *n.* ලබු කබල labu kabala
gourmand *n.* කෑදරයා kaadaraya
gourmet *n.* රසඥයා rasangnya
gout *n.* වාදම waadama
govern *v.* රජ කරනවා raja karanawa
governance *n.* පාලනය paalanaya
governess *n.* ගුරුවරිය guruwariya
government *n.* ආණ්ඩුව aanduwa
governor *n.* ආණ්ඩුකාරයා aandukaaraya
gown *n.* ගවුම gawuma
grab *v.* ඩැහැ ගැනීම daha ganeema
grace *n.* ස්තුතිය sthuthiya
graceful *adj.* සුන්දර sundara
gracious *adj.* දයාන්විත dayaanwitha
gradation *n.* ක්‍රමණය kramanaya
grade *n.* ශ්‍රේණිය shreniya
gradient *n.* අනුක්‍රමණය anukramanaya
gradual *adj.* ක්‍රමික kramika
graduate *n.* උපාධිධාරී upaadhidaaree
graffiti *n.* කුරුටු ගී kurutu gee
graft *n.* අල්ලස allasa
grain *n.* ධාන්‍ය dhaanya
gram *n.* ග්‍රෑම් gram
grammar *n.* ව්‍යාකරණ wyaakarana
gramophone *n.* ග්‍රැමෆෝනය gramophonaya
granary *n.* බිස්ස bissa
grand *adj.* විශිෂ්ට wishishta
grandeur *n.* මහිමය mahimaya
grandiose *adj.* මහත් ලෙස පෙනෙන mahath lesa penena
grandmother *n.* ආච්චි aachchi
grange *n.* ග්‍රාමීය නිවාසය graameeya niwaasaya
granite *n.* ග්‍රැනයිට් granite
grant *v.* දීමනාව deemanaawa
granule *n.* ඉතා කුඩා ඇටය ithaa kudaa ataya
grape *n.* මිදි midi
graph *n.* ප්‍රස්තාරය prasthaaraya
graphic *adj.* ප්‍රස්තාර prasthaara
graphite *n.* මිනිරන් miniran
grapple *v.t.* බදාගන්නවා badaagannawa
grasp *v.* අත්වැල athwala
grass *n.* තණකොළ thanakola
grasshopper *n.* තණකොළපෙත්තා thanakolapeththa
grate *v.t* කුඩු කරනවා kudu

karanawa
grateful *n.* ප්‍රසන්න prasanna
grater *n.* අල කැරට් ගාන උපකරණය ala karat gaana upakaranaya
gratification *n.* සන්තෝෂය san-thoshaya
gratify *v.* සතුටු කරනවා sathutu karanawa
grating *n.* කණට අමිහිරි kanata amihiri
gratis *adv. &adj.* නොමිලේ nomile
gratitude *n.* කළගුණ kalaguna
gratuitous *adj.* නොමිලයේවූ nomilaye wu
gratuity *n.* ත්‍යාගය thyaagaya
grave *n.* සොහොන sohona
gravel *n.* බොරළු boralu
graveyard *n.* සොහොන් බිම sohon bima
gravitas *n.* ඇදගැනීමේබලය adaganeeme balaya
gravitate *v.* ආකර්ෂණය වෙනවා aakarshanaya wenawa
gravitation *n.* ගුරුත්වාකර්ෂණය guruthwaakarshanaya
gravity *n.* ගුරුත්වාකර්ෂණ බලය guruthwaakarshana balaya
gravy *n.* ඉස්ම isma
graze *v.* ඇහිඳ කනවා ahinda kanawa
grease *n.* ග්‍රීස් grease
great *adj.* මහත් mahath
greatly *adv.* බොහෝසේ boho se
greed *n.* ලෝභය lobhaya
greedy *adj.* ලෝභී lobhee
green *adj. & n.* කොළ පැහැති kola pahathi
greengrocer *n.* එළවළු හා පළතුරු වෙළෙන්දා elawalu haa palathuru welendaa
greenery *v.t.* අලංකාර තුරුලිය alankaara thuruliya
greet *n.* ආචාර කරනවා aachaara karanawa
greeting *n.* ආචාරය aachaaraya
grenade *a.* කුඩා බෝම්බය kuda bombaya
grey *n.* අළු alu
greyhound *n.* සුනඛ විශේෂයක් sunaka wisheshayak
grid *n.* කොටු සැලසුම kotu salasuma
griddle *n.* යකඩ තහඩුව yakada thahaduwa
grief *n.* දුක duka
grievance *n.* දුක් ගැනවිල්ල duk ganawilla
grieve *v.* සෝක කරනවා soka aranawa
grievous *adj.* බරපතල barapathala
grill *v.* වධ කරනවා wadha karanawa
grim *adj.* දරුණු darunu
grime *n.* දැලිකුණු ආදිය dalikunu aadiya
grin *v.* විලිත්තනවා wiliththanawa
grind *v.* අඹරනවා ambaranawa
grinder *n.* ඇඹරුම් යන්ත්‍රය ambarum yanthraya
grip *v.* ඩැහැ ගන්නවා dahagannawa
gripe *v.* බඩරිදෙනවා bada ridenawa
grit *n.* වැලි කැට wali kata
groan *v.* ගොරවනවා gorawanawa
grocer *n.* සිල්ලර වෙළෙන්දා sillara welenda
grocery *n.* සිල්ලර කඩය sillara kadaya
groggy *adj.* වෙරිවූ weri wu
groin *n.* බොක්කු සන්ධිය bokku

sandhiya
groom *v.* බලනවා balanawa
groove *n.* දාරය daaraya
grope *v.* සොයාගන්නට වෑයම් කරනවා soyaagannata waayam karanawa
gross *adj.* අශික්ෂිත ashikshitha
grotesque *adj.* අස්වාභාවික asvaa-baawika
grotto *n.* ගුහාව guhaawa
ground *n.* පිට්ටනිය pittaniya
groundless *adj.* අමූලික amoolika
group *n.* කණ්ඩායම kandaayama
grouping *n.* සමූහනය samoohanaya
grout *n.* දියර බදාම diyara badaama
grovel *v.* බිම වැතිරෙනවා bima wathirenawaa
grow *v.i.* වැඩෙනවා wadenawaa
growl *v.* ගොරවනවා gorawanawaa
growth *n.* වර්ධනය wardanaya
grudge *n* එදිරිවාදිකම ediriwaa-dikama
grudging *adj.* එදිරිවාදී ediriwaadee
gruel *n.* කැඳ kanda
gruesome *adj.* භයානක bhayaa-naka
grumble *v.* අවලාද කියනවා awa-laada kiyanawa
grumpy *adj.* අවලාද කියන awalaada kiyana
grunt *v.i.* අමනාපය ප්‍රකාශ කරනවා amanaapaya prakaasha karanawa
guarantee *v.t* වගකියනවා wagaki-yanawa
guarantor *n.* ඇප කාරයා apa kaaraya
guard *v.* ආරක්ෂා කරනවා aaraksha karanawa
guarded *adj.* ආරක්ෂිත aarakshitha
guardian *n.* භාරකරු bhaarakaru
guava *n.* පේර pera
gudgeon *n.* නිවටයා niwataya
guerrilla *n.* ගරිල්ලා garilla
guess *v.i* අනුමාන කරනවා anumaana karanawa
guest *n.* අමුත්තා amuththa
guffaw *n.* කොක්හඬලනවා kokhan-dalanawaa
guidance *n.* අනුශාසනාව anushaa-sanawa
guide *n.* මාර්ගෝපදේශක maarago-padeshaka
guidebook *n.* මාර්ගෝපදේශ ග්‍රන්ථය maaragopadesha grantaya
guild *n.* සංඝය sanghaya
guile *n.* වංචාව wanchaawa
guillotine *n.* ගිලටීනය gilateenaya
guilt *n.* වරද warada
guilty *adj.* වරදකාර waradakara
guise *n.* රැවටිල්ල rawatilla
guitar *n.* ගිටාරය gitaaraya
gulf *n.* බොක්ක bokka
gull *n.* මුහුදු ලිහිණියා muhudu lihiniya
gullet *n.* උගුර ugura
gullible *adj.* වහා රැවටෙන wahaa rawatena
gully *n.* පීල්ල peella
gulp *v.* ඉක්මනින් ගිලිනවා ikmanin gilinawa
gum *n.* මැලියම් maliyam
gun *n.* තුවක්කුව thuwakkuwa
gurdwara *n.* ගුරු දේවතාවා guru dewathaawaa
gurgle *v.* ගරගර ගානවා garagara gaanawa
gust *n.* හිදිසි කෝපය hadisi kopaya

gut *n.* බඩ වැල bada wala
gutsy *adj.* ධෛර්යයවත් dairyawath
gutter *n.* අගල agala
guy *n.* පඹයා pambaya
guzzle *v.* ගිජු ලෙස කනවා giju lesa kanawa
gymnasium *n.* සරඹ ශාලාව saramba shaalawa
gymnast *n.* සරඹයෙහි දක්ෂයා sarambayehi dakshaya
gymnastic *n.* ජිම්නාස්ටික් gymnastic
gynaecology *n.* නාරිවේදය naariwedaya
gypsy *n.* අහිකුණ්ඨකයා ahikuntakayaa
gyrate *v.* මණ්ඩලාකාර mandalaakara

H

habit *n.* පුරුද්ද purudda
habitable *adj.* වාසයට සුදුසු vaasayata sudusu
habitat *n.* වාසස්ථානය waasasthaanaya
habitation *n.* වාසය waasaya
habituate *v.t.* පුරුදු කරනවා purudu karanawa
habitué *n.* ගුල්ල gulla
hack *v.* පෙති ගහනවා pethi gahanawa
hackneyed *adj.* සුලභ sulabha
haemoglobin *n.* හිමොග්ලොබින් himoglobin
haemorrhage *n.* රක්තපාතය rakthapaathaya
haft *n.* මිට mita
hag *n.* මැහැල්ල mahalla
haggard *adj.* වැරුණු waarunu
haggle *v.* කේවල් කරනවා kewal karanawa
hail *n.* ආමන්ත්‍රණය aamanthranaya
hair *n.* කොණ්ඩය kondaya
haircut *n.* කොණ්ඩා කැපීම konda kapeema
hairstyle *n.* කොණ්ඩා මෝස්තරය konda mostharaya
hairy *adj.* කේශාකාර keshaakara
hajj *n.* වාර්ශික මක්කම වන්දනාව waarshika makkama wandanaawa
halal *adj.* මුස්ලිම් ආගමික නීතිය අනුව මැරූ සතෙකුගේ මස් muslin aagamika neethiya anuwa maroo sathekuge mas
hale *adj.* නිරෝගී nirogee
halitosis *n.* දුර්ගන්ධ ශ්වාසය durganda shwaasaya
hall *n.* ශාලාව shaalawa
hallmark *n.* තථ්‍යාංකය thathyaankaya
hallow *v.* පවිත්‍රභාවයට පමුණුවනවා pawithrabhawayata pamunuwanawa
hallucinate *v.* සිතින් මවාගන්නවා sithin mawaagannawa
halogen *n.* හැලජන් halogen
halt *v.* නවතනවා nawathanawaa
halter *n.* බාන baana
halting *adj.* කොර ගසන kora gasana
halve *v.* දෙකට බෙදෙනවා dekata bedenawa
halyard *n.* කඹ kamba
ham *n.* කලවයෙහි පිටුපස kalawehi pitupasa

hamburger *n.* හැම්බර්ගර් hamburger
hamlet *n.* කුඩා ගම kudaa gama
hammer *n.* මිටිය mitiya
hammock *n.* තොටිල්ල thotilla
hamper *n.* ලොකු කුඩය loku kudaya
hamster *n.* කුඩා සතෙක් kudaa sathek
hamstring *n.* කලවේ නහරය kalawe naharaya
hand *n.* අත atha
handbag *n.* අත් බෑගය ath baagaya
handcuff *n.* මාංචුව maanchuwa
handbill *n.* අත් පත්‍රිකාව wth pathrikaawa
handbook *n.* අත්පොත athpotha
handcuff *n.* මාංචුව maanchuwa
handful *n.* මිට mita
handicap *n.* බාධාව baadhaawa
handicapped *n.* අංගවිකල anga wikala
handicraft *n.* හස්ත කර්මාන්ත hastha karmaanthaya
handiwork *n.* යහපත් අත් වැඩ yahapath ath wada
handkerchief *n.* ලේන්සුව lensuwa
handle *v.t* හසුරු වනවා hasuru-wanawa
handout *n.* දීමනාව deemanaawa
handshake *n.* අතට අත දීම athata atha deema
handsome *adj.* කඩවසම් kada-wasam
handy *adj.* හපන් hapan
hang *v.i.* එල්ලෙනවා ellenawa
hangar *n.* අහස් යාත්‍රාංගනය ahas yaathraanganaya
hanger *n.* එල්ලනය ellanaya
hanging *n.* එල්ලෙන ellenawa
hangover *n.* වෙරිමතින් පසුව ඇති වන අසනීප ගතිය werimathin pasuwa athiwana asaneepa gathiya
hank *n.* කැරල්ල karalla
hanker *v.* ආශා කරනවා aasha karanawa
haphazard *adj.* අහම්බෙන් ඇති වන ahamben athi wana
hapless *adj.* අවාසනාවන්ත awaasanawantha
happen *v.* සිදු වෙනවා sidu wenawa
happening *n.* සිද්ධිය siddiya
happiness *n.* සතුට sathuta
happy *adj.* සතුටු sathutu
harass *v.* වද දෙනවා wada denawa
harassment *n.* හිරිහැර කිරීම hirihara kireema
harbour *n.* වරාය waraaya
hard *adj.* අමාරු amaaru
hard drive *n.* දෘඩ ධාවකය druda dhaawakaya
hardback *n.* ඝන කවර ghana kawara
harden *v.* දැඩි වෙනවා dadi wenawa
hardly *adv.* අමාරුවෙන් amaaruwen
hardship *n.* අමාරුව amaaruwa
hardy *adj.* ශක්තිමත් shakthimath
hare *n.* හාවා haawa
harelip *n.* බෙදුණු තොල bedunu thola
harem *n.* අන්තඃපුර anthakpura
hark *v.* ඇහුම්කන් දෙනවා ahumkan denawaa
harlequin *n.* බහුභූතයා bahuboo-thaya
harm *n.* හිංසාව hinsaawa
harmful *adj.* හිංසාකාර hinsaakara
harmless *adj.* අහිංසක ahinsaka

harmonious *adj.* සුමිහිරි sumihiri
harmonium *n.* වාද්‍ය මංජුසාව waadya manjusaawa
harmonize *v.* එකමුතු වෙනවා ekamuthu wenawa
harmony *n.* සමගිය samagiya
harness *n.* අශ්ව ඇඳුම ashwa anduma
harp *n.* වීනාව weenawa
harpy *n.* ගුරුඩ garuda
harrow *n.* දැති පෝරුව dathi poruwa
harrowing *adj.* ළය පැලෙන laya palena
harsh *adj.* කටුක katuka
harvest *n.* අස්වැන්න aswanna
harvester *n.* ගොයම් කපන්නා goyam kapanna
hassle *n.* ආරවුල aarawula
hassock *n.* කුලිච්චම kulichchama
haste *n.* තදියම thadiyama
hasten *v.* ඉක්මන් වෙනවා ikman wenawa
hasty *adj.* වහා කිපෙන wahaa kipena
hat *n.* හිස් වැස්ම his wasma
hatch *n.* දබෑ දොරක යටි පළුව debaa doraka yati paluwa
hatchet *n.* අත් පොරොව ath porowa
hate *v.t.* වෛර කරනවා waira karanawa
hateful *adj.* වෛරය ඇති කරන wairaya athi karana
haughty *adj.* අහංකාර ahankaara
haulage *n.* බරැදීම baraadeema
haulier *n.* බර බඩු අදින්නා bara badu adinna
haunch *n.* කොලය kolaya
haunt *v.* හොල්මන් කරනවා holman karanawa
haunted *adj.* හොල්මන් සහිත holman sahitha
have *v.* තියෙනවා thiyenawa
haven *n.* නැව් තොට naw thota
havoc *n.* මහත් විනාශය mahath winaashaya
hawk *n.* උකුස්සා ukussa
hawker *n.* පොට්ටනිකාරයා pottanikaaraya
hawthorn *n.* ගස් වර්ගයක් gas wargayak
hay *n.* පිදුරු piduru
hazard *n.* උපද්‍රවය upadrawaya
hazardous *adj.* උපද්‍රව සහිත upadrawa sahitha
haze *n.* තුනී මීදුම thunee meeduma
hazy *adj.* නොපැහැදිලි nopahadili
he *pron.* ඔහු ohu
head *n.* හිස hisa
headache *n.* හිසරුදාව hise rudaawa
heading *n.* මාතෘකාව maathrukaawa
headlight *n.* ඉදිරිපස ප්‍රධාන පහන idiripasa pradaana pahana
headline *n.* සිරස්තලය sirasthalaya
headmaster *n.* මුල්ගුරු mulguru
headphone *n.* හෙඩ්ෆෝනය hedpho-naya
headquarters *n.* මූලස්ථානය moolasthaanaya
headstrong *adj.* හිතුවක්කාර hithuwakkaara
heady *adj.* මුරණ්ඩු murandu
heal *v.* සුව කරනවා suwa karanawa
health *n.* සෞඛ්‍යය saukyaya
healthy *adj.* නිරෝගී nirogee
heap *n.* රාශිය raashiya

hear *v.* ඇසෙනවා asenawa
hearing *n.* ශ්‍රවණය shrawanaya
hearse *n.* මිනී රථය minee rathaya
heart *n.* හදවත hadawatha
heartache *n.* ශෝකය shokaya
heartbreak *n.* දැඩි කම්පාව dadi kampaawa
heartburn *n.* හිතේ වේදනාව hithe wedanaawa
hearten *v.* ධෛර්යමත් වෙනවා dairyamath wenawa
heartening *adj.* කරුණා බරිත karunaa barathi
heartfelt *adj.* හෘදයාංගම hurdayaan-gama
hearth *n.* ලිප lipa
heartless *adj.* අනුකම්පාව නැති anukampaawak nathi
hearty *adj.* උනන්දු unandu
heat *n.* තාපය thaapaya
heater *n.* තාපකය thaapakaya
heath *n.* කනත්ත kanaththa
heathen *n.* අශිෂ්ටයා ashishtaya
heather *n.* කුඩා ගස් වර්ගයක් kudaa gas wargayak
heating *n.* තාපනය thaapanaya
heave *v.* උස්සනවා ussanawa
heaven *n.* දිව්‍ය ලෝකය divya lokaya
heavenly *adj.* දිව්‍යමය divyamaya
heavy *adj.* බර bara
heckle *v.* බාධා කරනවා badha karanawa
hectare *n.* හෙක්ටයාරය hectaraya
hectic *adj.* කලබල සහිත kalabala sahitha
hector *v.* තර්ජනයෙන් බය ගන්වනවා tharjanayen baya ganwanawa
hedge *n.* බඩවැටිය bada watiya
hedonism *n.* සුඛ පරමවාදය sukha paramawaadaya
heed *v.* සලකනවා salakanawaa
heel *n.* විලුඹ wilumba
hefty *adj.* ශක්තිමත් shakthimath
hegemony *n.* ආධිපත්‍යය aadipathya
height *n.* උස usa
heighten *v.* වැඩි කරනවා wadi karanawa
heinous *adj.* සාහසික saahasika
heir *n.* උරුමක්කාරයා urumakkaraya
helicopter *n.* හෙලිකොප්ටරය helicopteraya
heliport *n.* හෙලිකොප්ටර තොටුපොළ helicoptara thotupola
hell *n.* අපාය apaaya
helm *n.* සුක්කානම sukkaanama
helmet *n.* ශිර්ෂකය sheershakaya
help *v.* උදව් කරනවා udau karanawa
helpful *adj.* උපකාරී upakaaree
helping *n.* උපකාරක upakaaraka
helpless *adj.* අසරණ asarana
hem *n.* වාටිය waatiya
hemisphere *n.* අර්ධගෝලය ardagolaya
hen *n.* කිකිළි kikili
hence *adv.* මෙතැන් සිට methan sita
henceforth *adv.* මින් මතු min mathu
henchman *n.* ගෝලයා golaya
henna *n.* හෙනා henaa
henpecked *adj.* දියතාධීන daithaadeena
hepatitis *adj.* සංගමාලය sengamaalaya
heptagon *n.* සප්තාස්රය sapthraasaya
her *pron.* ඇයගේ ayage
herald *n.* ප්‍රකාශකයා

prakaashakaya
herb *n.* ඖෂධ aushadee
herculean *adj.* අතිප්‍රබල athiprab-hala
herd *n.* රංචුව ranchuwa
here *adv.* මෙහි mehi
hereabouts *adv.* මේ අසල me asala
hereafter *adv.* මෙතැන් පටන් methan patan
hereby *adv.* මෙයින් meyin
hereditary *adj.* සහජ sahaja
heredity *n.* ආරය aaraya
heritage *n.* උරුමය urumaya
hermetic *adj.* වායුරෝධී vaayurodee
hermit *n.* තවුසා thawusa
hermitage *n.* අසපුව asapuwa
hernia *n.* අණ්ඩවාතය andawaathaya
hero *n.* වීරයා weeraya
heroic *adj.* වික්‍රමාන්විත wikramaan-witha
heroine *n.* වීර ස්ත්‍රිය weera sthriya
herpes *n.* විසප්පුව wisappuwa
herring *n.* හුරුල්ලා hurulla
hers *pron.* ඇගේ දේ age de
herself *pron.* ඇගේම age ma
hesitant *adj.* සැක සහිත saka sahitha
hesitate *v.* අනුමාන කරනවා anumaana karanawa
heterogeneous *adj.* විෂමජාතීය wishamajaatheeya
heterosexual *adj.* සමලිංගික නොවන samalingika nowana
hew *v.* හෙළනවා helanawa
hexogen *n.* ෂඩාස්‍රය shadaasraya
heyday *n.* හිස්තැන histhana
hibernate *v.* ශිශිරතරණය කරනවා shishiratharanaya karanawa
hiccup *n.* ඉක්කාව ikkawa
hide *v.t* හැංගෙනවා hangenawa
hideous *adj.* ඉතා අප්‍රසන්න itha aprasanna
hierarchy *n.* ධුරාවලිය dhoorawaliya
high *adj.* උස usa
highlight *v.* ඉස්මතු කිරීම ismathu kireema
highly *adv.* ඉහළින් ihalin
Highness *n.* උසස් බව usas bawa
highway *n.* මහ මඟ maha manga
hijack *v.* ගුවන් කොල්ලකනවා guwan kollakanawa
hike *n.* පයින් ගමන payin gamana
hilarious *adj.* අතිහාස athihaasa
hilarity *n.* ප්‍රහර්ෂය praharshaya
hill *n.* කන්ද kanda
hillock *n.* මිටි කන්ද miti kanda
hilt *n.* මිට mita
him *pron.* ඔහුට ohuta
himself *pron.* ඔහුම ohuma
hinder *v.* වළකනවා walakanawaa
hindrance *n.* අවහිරය avahiraya
hindsight *n.* සිදුවූ දේ දැකීම siduwoo de dakeema
hinge *n.* අසව්ව asawwa
hint *n.* ඉඟිය ingiya
hip *n.* උකුළ ukula
hire *v.t* කුලියට ගන්නවා kuliyata gannawa
hirsute *adj.* දෘඪරෝමී drudaromee
his *adj.* ඔහුගේ ohuge
hiss *v.i* සර සර ගානවා sara sara gaanawa
histogram *n.* ජාල රේඛය jaala rekhaya
historian *n.* ඉතිහාසකාරයා ithihaasakaaraya

historic *adj.* ඓතිහාසික aithihaasika
historical *adj.* ප ෞරාණික pau-raanika
history *n.* ඉතිහා සය ithihaasaya
hit *v.* ගහනවා gahanawa
hitch *v.* අමුණනවා amunanawa
hither *adv.* මෙතැ නට methanata
hitherto *adv.* මේ දක්වා me dakwaa
hive *n.* මී වදය mee wadaya
hoard *n.* නිධා නය nidaanaya
hoarding *n.* පුවරු වැ ට puwaru wata
hoarse *adj.* ග රෝ සු gorosu
hoax *n.* කවට උපා ය kawata upaaya
hob *n.* කුඩා රා ක්කය kudaa raakkaya
hobble *v.* කුරගා නවා kuragaanawa
hobby *n.* විනෝදාංශය winodaan-shaya
hobgoblin *n.* පිශා චයා pishaachaya
hockey *n.* හ ොකී ක්‍රීඩා ව hockey kreedaawa
hoist *v.* ඔසවනවා osawanawa
hold *v.t* අල්ලනවා allanawa
holdall *n.* ල ොකු බඩු බෑ ගය loku badu baagaya
hole *n.* සිදුර sidura
holiday *n.* නිවාඩු දිනය niwaadu dinaya
holistic *adj.* සා කල්‍ය saakalya
hollow *adj.* බ ොකුටු bokutu
holly *n.* හ ෝලි ක ොළ holly kola
holmium *n.* හ ෝල්මියම් holmium
holocaust *n.* සමූල ඝා තනය samoola ghaathanaya
hologram *n.* හ ොල ොග්‍රෑමය hologramaya
holster *n.* පිස්ත ෝල ක ොපුව pisthola kopuwa
holy *adj.* ශුද්ධ shudda
homage *n.* ප්‍රණා මය pranaamaya
home *n.* නිවස niwasa
homely *adj.* සැ පදායක sapadaayaka
homicide *n.* මිනීමරු වා minee-maruwa
homogeneous *adj.* සමජාතීය samajaatheeya
homoeopath *n.* සම ප්‍රතිකා ර වෛද්‍ය sama prathikaara wedaya
homeopathy *n.* සම චිකිත්සා ව sama chikithsaawa
homogeneous *a.* සමජාතීය samajaatheeya
homophobia *n.* සමව්‍යාධිය sama-wyaadiya
homosexual *n.* සමලිංගික samalingika
honest *adj.* අවංක awanka
honesty *n.* අවංකකම awankakama
honey *n.* මී පැ ණි mee pani
honeycomb *n.* මී පැ ණි වදය mee pani wadaya
honeymoon *n.* මධුසමය madhu-samaya
honk *n.* හං සයන්ග ේනා දය hansayange naadaya
honorary *adj.* ගරු garu
honour *n.* ගරු ත්වය garuthwaya
honourable *adj.* සම්භා වනීය sambhawaneeya
hood *n.* හිස්වැ ස්ම hiswasma
hoodwink *v.* රවටනවා rawatanawaa
hoof *n.* කුරය kooraya
hook *n.* ක ොක්ක kokka
hooked *adj.* ක ොකු සහිත koku sahitha
hooligan *n.* දාමරිකයා daamarikaya
hoop *n.* වළල්ල walalla

hoopla *n.* වළලු දැමීමේ ක්‍රීඩාව walalu dameeme kreedawa
hoot *n.* හූව hoowa
hoover *n.* හූවරය hoowaraya
hop *v.* පනිනවා paninawa
hop *v.t.* කුන්දු ගහනවා kundu gahanawa
hope *n.* බලාපොරොත්තුව balaporottuwa
hopefully *adv.* බලාපොරොත්තු සහිතව balaporottu sahithawa
hopeless *adj.* නිරපේක්ෂක nirapeksha
horde *n.* රැළ rala
horizon *n.* ක්ෂිතිජය kshithijaya
horizontal *adj.* තිරස් thiras
hormone *n.* හෝමෝනය hormonaya
horn *n.* අං an
hornet *n.* බඹරා bambara
horoscope *n.* කේන්දරය kendaraya
horrendous *adj.* බිහිසුණු bihisunu
horrible *adj.* දරුණු darunu
horrid *adj.* මහත් පිළිකුල් උපදවන mahath pilikul upadawana
horrific *adj.* භයංකර bhayankara
horrify *v.* තැතිගන්වනවා thathigan-wanawaa
horror *n.* සංත්‍රාසය santhraasaya
horse *n.* අශ්වයා ashwayaa
horsepower *n.* අශ්ව බල ashwa bala
horticulture *n.* උද්‍යාන විද්‍යාව udyaana widyaawa
hose *n.* කොට මේස් kota mes
hosiery *n.* මේස් ඇඳුම් mes anduma
hospice *n.* ගිලාන ශාලාව gilaana shalaawa
hospitable *adj.* ආගන්තුක සත්කාරක කරන aaganthuka sathkaara karana
hospital *n.* රෝහල rohala
hospitality *n.* සංග්‍රහය sangrahaya
host *n.* සමූහය samoohaya
hostage *n.* ප්‍රාණ ඇපකරු praana apakaru
hostel *n.* නේවාසිකාගාරය newaasi-kaagaraya
hostess *n.* සත්කාර කරන්නිය sathkaara karanniya
hostile *adj.* සතුරු sathuru
hostility *n.* සතුරුකම sathurukama
hot *adj.* උණුසුම් unusum
hotchpotch *n.* අවුල් ජාලය awul jaalaya
hotel *n.* හෝටලය hotalaya
hound *n.* දඩයම් බල්ලා dadayam balla
hour *n.* පැය paya
house *n.* නිවස niwasa
housewife *n.* ගෘහණිය gruhaniya
housing *n.* නිවාස කටයුතු niwaasa katayuthu
hovel *n.* පැල pala
hover *v.* සුනංගු වෙනවා sunangu wenawa
how *adv.* කෙසේද keseda
however *adv.* කෙසේවුවත් kese wuwath
howl *n.* උඩු බුරනවා udu buralanawa
howler *n.* හඬකරය handakaraya
hub *n.* මධ්‍යස්ථානය madyas-thaanaya
hubbub *n.* කලබලය kalabalaya
huddle *v.* මිරිකී සිටිනවා mirikee sitinawa
hue *n.* පැහැය pahaya

huff *n.* කෝන්තිය kenthiya
hug *v.* වැළඳගන්නවා walanda-gannawa
huge *adj.* විශාල wishaala
hulk *n.* විශාල දේ wishaala de
hull *n.* සිවිය siviya
hum *v.* ගුමුගුමුව gumugumuwa
human *adj.* මිනිස් minis
humane *adj.* දයාබර dayaabara
humanism *n.* මානවවාදය maana-wawaadaya
humanitarian *adj.* මානවවාදී maanawawaadi
humanity *n.* මනුෂ්‍යත්වය manus-hyathwaya
humanize *v.* මෘදුබව ඇති කරනවා mrudubawa athi karanawa
humble *adj.* නිහතමානී nihatha-maani
humid *adj.* තෙත thetha
humidity *n.* දියසීරාව diyaseerawa
humiliate *v.* අවමන් කරනවා awaman karanawaa
humility *n.* යටහත් පහත් බව yatahath pahath bawa
hummock *n.* ගොඩැල්ල godalla
humorist *n.* කවටයා kawataya
humorous *adj.* හාස්‍යජනක haasyajanaka
humour *n.* හාස්‍ය haasya
hump *n.* මොල්ලිය molliya
hunch *v.* කලකිරෙනවා kalakire-nawaa
hundred *adj.& n.* සියය siyaya
hunger *n.* කුසගින්න kusaginna
hungry *adj.* කුසගින්නෙන් පෙළෙන kusaginnen pelena
hunk *n.* ලොකු කුට්ටිය loku kuttiya
hunt *v.* දඩයම් කරනවා dadayam karanawaa
hunter *n.* දඩයක්කාරයා dadayak-karaaya
hurdle *n.* තහංචිය thahanchiya
hurl *v.* හෙළනවා helanawaa
hurricane *n.* චණ්ඩමාරුතය chandamaaruthaya
hurry *v.* ඉක්මන් කරනවා ikman karanawa
hurt *v.* රිදවනවා ridawanawa
hurtle *v.* වැදෙනවා wadenawa
husband *n.* ස්වාමියා swaamiya
husbandry *n* කෘෂිකර්මය krushi-karmaya
hush *v.i* නිශ්ශබ්ද වෙනවා nishshabda wenawa
husk *n.* පොත්ත poththa
husky *adj.* ගොරෝසු gorosu
hustle *v.* තදබද කොට පෙරළනවා thadabada kota peralanawa
hut *n.* මඩුව maduwa
hutch *n.* කූඩුව kooduwa
hybrid *n.* දෙමුහුන් demuhun
hydrant *n.* ජලෝද්ගම නළය jalodgama nalaya
hydrate *v.* සජල කරනවා sajala karanawaa
hydraulic *adj.* ද්‍රාව draawa
hydrofoil *n.* හයිඩ්‍රොෆොයිල බෝට්ටුව hydrofoila bottuwa
hydrogen *n.* හයිඩ්‍රජන් hydrogen
hyena *n.* බලුදිවියා balu diwiya
hygiene *n.* ස්වස්ථතාව swastha-thaawa
hymn *n.* භක්ති ගීතිකාව bhakthi geethikaawa
hype *n.* රැවටිල්ල rawatilla

hyper *pref.* අති athi
hyperactive *adj.* අතික්‍රියාශීලි athikriyaasheeli
hyperbole *n.* අතිශයෝක්තිය athishayokthiya
hypertension *n.* අධි ආතතිය adhi aathathiya
hyphen *n.* හයිපනය hyphenaya
hypnosis *n.* මෝහන විද්‍යාව mohana widyaawa
hypnotism *n.* මෝහනය mohanaya
hypnotize *v.* වශී කරනවා washee karanawaa
hypocrisy *n.* කුහක කම kuhaka kama
hypocrite *n.* කෛරාටිකයා kairaa-tikayaa
hypotension *n.* අඩු රුධිර පීඩනය adu rudira peedanaya
hypothesis *n.* කල්පිතය kalpithaya
hypothetical *adj.* කල්පිත kalpitha
hysteria *n.* හිස්ටීරියාව histeeriyaawa
hysterical *adj.* වායු ග්‍රස්ත waayu grastha

I

I *pron.* මම mama
ice *n.* අයිස් ice
iceberg *n.* හිම කුට්ටිය hima kuttiya
ice-cream *n.* අයිස් ක්‍රීම් ice-cream
icicle *n.* හිම කූර hima koora
icing *n.* අයිසිං icing
icon *n.* අයිකනය iconaya
icy *n.* අමනාප සහිත amanaapa sahitha
idea *n.* සංකල්පය sankalpaya
ideal *n.* පරිපූර්ණ paripoorna
ideally *adv.* විඥනවාදී wingna-nawaadee
idealism *n.* පරමාදර්ශවාදය paramaadarshawaadaya
idealist *n.* පරමාදර්ශවාදියා paramaadarshawaadiya
idealistic *adj.* පරමාදර්ශී paramaadarshee
idealize *v.* උත්කෘෂ්ට සේ සලකනවා uthkrushta se salakanawaa
identical *adj.* අනන්‍ය ananya
identification *n.* හැඳුනුම handunuma
identity *n.* හඳුනා ගැනීම handunaaganeema
identity *v.* අනන්‍යතාවය ananyathaawa
ideology *n.* සංකල්ප විද්‍යාව sankalpa widyaawa
idiocy *n.* මුග්ධ බව mugda bawa
idiom *n.* රූඩිය roodiya
idiomatic *adj.* භාෂා රීතියට අයත් bhashaa reethiyata ayath
idiosyncrasy *n.* ස්වචාරය swachaaraya
idiot *n.* මෝඩයා modaya
idiotic *adj.* මුග්ධ mugda
idle *adj.* අලස alasa
idleness *n.* අලසකම alasakama
idler *n.* අලසයා alasayaa
idol *n.* මූර්තිය moorthiya
idolatry *n.* මූර්ති විද්‍යාව moorthi widyaawa
idolize *v.* අතිශයෙන් ගෞරව කරනවා athishayen gaurawa karanawa
idyll *n.* ග්‍රාම කාව්‍යය graama kaawyaya

if *conj.* හොත් hoth
igloo *n.* හිම ගෙය hima geya
igneous *adj.* ගිනි වැනි gini wani
ignite *v.* පත්තු වෙනවා paththu wenawa
ignition *n.* පත්තු වීම paththu weema
ignoble *adj.* අධම adhama
ignominy *n.* අපකීර්තිය apakeerthiya
ignominious *adj.* නීච neecha
ignoramus *n.* මැටි මොළ mati mola
ignorance *n.* නූගත්කම noogath-kama
ignorant *adj.* අඥාන agnaana
ignore *v.* නොසලකා හරිනවා nosalakaa harinawaa
ill *adj.* අසනීප asaneepa
illegal *adj.* නීති විරෝධී neethi wirodi
illegible *adj.* කියවීමට දුෂ්කර kiya-weemata dushkara
illegibility *n.* කියවීමට දුෂ්කර බව kiyaweemata dushkara bawa
illegitimate *adj.* අවජාත awajaatha
illicit *adj.* තහනම් thahanam
illiteracy *n.* නූගත් කම noogath kama
illiterate *n.* නූගත් noogath
illness *n.* අසනීපය asaneepaya
illogical *adj.* තර්කයට එකඟ නැති tharkayata ekanga nathi
illuminate *v.* දීප්තිමත් කරනවා deepthimath karanawaa
illumination *n.* දීප්තිය deepthiya
illusion *v.t.* මුලා කරනවා mulaa karanawaa
illusory *adj.* මායාවී maayawi
illustrate *n.* විදහා පෑම widahaa paama
illustration *n.* නිරූපනය niroopanaya
illustrious *adj.* ශ්‍රීමත් shreemath
image *n.* ප්‍රතිරූපය prathiroopaya
imagery *n.* මනඃකල්පිතය manak-kalpithaya
imaginary *adj.* මනඃකල්පිත manak-kalpitha
imagination *n.* පරිකල්පනය parikal-panaya
imaginative *adj.* චිත්තෝත්පාදික chiththothpaadika
imagine *v.t.* සිතා ගන්නවා sithaa-gannawa
imbalance *n.* අසමබරතාව asama-barathaawa
imbibe *v.* උරාගන්නවා uraagannawa
imbroglio *n.* ආරවුල aaraula
imbue *v.* සායම් පොවනවා saayam powanawa
imitate *v.* අනුකරණය කරනවා anukaranaya karanawa
imitation *n.* අනුකරණය anuka-ranaya
imitator *n.* අනුකරණය කරන්නා anukaranaya karannaa
immaculate *adj.* නිර්මල nirmala
immanent *adj.* ව්‍යාප්ත vyaaptha
immaterial *adj.* නොවැදගත් nowa-dagath
immature *adj.* ළපටි lapati
immaturity *n.* නොමේරූ බව nomeroo bawa
immeasurable *adj.* අපරිමාණ aparimaana
immediate *adj.* වහා සිදුවන wahaa siduwana
immemorial *adj.* ඉතා පුරාණ ithaa puraana
immense *adj.* අපරිමිත aparimitha

immensity *n.* මහත්වය mahathwaya
immerse *v.* ගිල්වනවා gilwanawaa
immersion *n.* ගිල්වීම gilweema
immigrant *n.* සංක්‍රමණිකයා sankramanikaya
immigrate *v.* සංක්‍රමණය වෙනවා sankramanaya wenawa
immigration *n.* සංක්‍රමණය sankramanaya
imminent *adj.* ඉතා ආසන්න ithaa aasanna
immoderate *adj.* පමණ නොදන්නා pamana nodanna
immodest *n.* අවිනීත awineetha
immodesty *a.* විළිබිය නැති wilibiya nathi
immolate *v.* යාගය පිණිස මරනවා yaagaya pinisa maranawaa
immoral *adj.* අශික්කිත ashikkitha
immorality *n.* දුශ්චරිතය dushcharithaya
immortal *adj.* අමරණීය amaraneeya
immortality *n.* සදාකාලික බව sadaakalika bawa
immortalize *v.* අමරණීය බවට පමුණුවනවා amaraneeya bawata pamunuwanawa
immovable *adv.* අචල achala
immune *adj.* ප්‍රතිශක්ති prathishakthi
immunity *n.* ප්‍රතිශක්තිය prathishakthiya
immunize *v.* ප්‍රතිශක්ති කරනවා prathishakthi karanawa
immunology *n.* ප්‍රතිශක්ති විද්‍යාව prathishakthi widyaawa
immure *v.* සිරකරනවා sirakaranawaa
immutable *adj.* වෙනස් නොවන wenas nowana
impact *n.* බලපෑම balapaama
impair *v.* හානි කරනවා hani karanawaa
impalpable *adj.* ඉතා සියුම් ithaa siyum
impart *v.* බෙදා දෙනවා bedaa denawaa
impartial *adj.* අපක්ෂපාතී apakshapaathee
impartiality *n.* අපක්ෂපාතීත්වය apakshapaatheethwaya
impassable *adj.* දුෂ්කර dushkara
impasse *n.* අවුල් ජාලය awul jaalaya
impassioned *adj.* වේගවත් wegawath
impassive *adj.* ශාන්ත shaantha
impatient *adj.* නොඉවසිලිවන්ත noiwasiliwantha
impeach *v.* දෝෂාරෝපණය කරනවා doshaaropanaya karanawa
impeachment *n.* දෝෂාභියෝගය doshaabhiyogaya
impeccable *adj.* නිර්දෝෂී nirdoshee
impede *v.* වළකනවා walakanawa
impediment *n.* අවහිරය awahiraya
impel *v.* බල කරනවා bala karanawaa
impending *adj.* ළඟදීම සිදුවන langadeema siduwana
impenetrable *adj.* අපාරගම්‍ය apaaragamya
imperative *adj.* අණ දෙන ana dena
imperfect *adj.* අසම්පූර්ණ asampoorna
imperfection *n.* දෝෂය doshaya
imperial *adj.* රාජකීය raajakeeya
imperialism *n.* අධිරාජ්‍යවාදය adhiraajyawaadaya

imperil *v.* අන්තරායට පමුණුවනවා antharaayata pamunuwanawaa
impersonal *adj.* අපුද්ගල apudgala
impersonate *v.* මූර්තිමත් කරනවා moorthimath karanawaa
impersonation *n.* වෙස්වලා ගැනීම weswalaa ganeema
impertinence *n* නොහික්මුනු කම nohikmunu kama
impertinent *adj.* නොහික්මුනු nohikmunu
impervious *adj.* අපාරගම්‍ය apaara-gamya
impetuous *adj.* ඉක්මනින් යන ikmanin yana
impetus *n.* වේගය wegaya
impious *adj.* පාපී paapee
implacable *adj.* සමා නොවන samaa nowana
implant *v.* රෝපණය කරනවා ropanaya karanawaa
implausible *adj.* ඇදිහිය නොහැකි adahiya nohaki
implement *n.* ආම්පන්න aampanna
implicate *v.* හඟවනවා hangawa-nawa
implication *n.* ඇඟවීම angaweema
implicit *adj.* නිසැක nisaka
implode *v.* ඇතුළට පුපුරනවා athulata pupuanawaa
implore *v.t.* අයැද සිටිනවා ayada sitinawaa
imply *v.* අඟවනවා angawanawaa
impolite *adj.* අශිෂ්ට ashishta
import *v.* ආනයනය කරනවා aanaya-naya karanawaa
importer *n.* ආනයනකරු aanay-anakaru
importance *n.* වැදගත්කම wadagathkama
important *adj.* වැදගත් wadagath
impose *v.* රවටනවා rawatanawaa
imposing *adj.* ආනුභාවසම්පන්න aanubhaawasampanna
imposition *n.* රැවටිල්ල rawatilla
impossibility *n.* අශක්‍යතාව ashakyathaawaya
impossible *adj.* නොහැකි nohaki
imposter *n.* ප්‍රතිරූපකයා prathiroo-pakayaa
impotence *n.* බෙලහීනකම belahee-nakama
impotent *adj.* බෙලහීන belaheena
impound *v.* කොටු කරනවා kotu karanawaa
impoverish *v.* හිඟමනට බස්සනවා hingamanata bassanawa
impracticable *adj.* අප්‍රයෝජ්‍ය aprayojya
impractical *adj.* ප්‍රායෝගික නොවන mraayogika nowana
impress *v.* සිතට කා වද්දනවා sithata kaa waddanawaa
impression *n.* සංකල්පනාව sankalpanaawa
impressive *adj.* සිත් ගන්නා sith ganna
imprint *v.* කා වද්දනවා kaawad-danawa
imprison *v.* සිර කරනවා sira karanawaa
improbable *adj.* ඉතා අනුමාන ithaa anumaana
improper *adj.* අවිධිමත් awidimath
impropriety *n.* නොහොබිනාකම nohobinaakama
improve *v.* දියුණු කරනවා diyunu karanawaa

improvement *n.* දියුණුව diyunuwa
improvident *adj.* දුරදිග නොබලන dura diga nobalana
improvise *v.* එවලෙමේ තනනවා ewelema thananawaa
imprudent *adj.* අවිචක්ෂණ awichakshana
impudent *adj.* අවිනීත awineetha
impulse *n.* ආවේගය aawegaya
impulsive *adj.* ආවේගී aawegee
impunity *n.* දුර්විපාක නොලබා සිටීම durwipaaka nolabaa siteema
impure *adj.* අපිරිශුද්ධ aparishudda
impurity *n.* අපවිත්‍රතාව apawithrathaawa
impute *v.* ආරූඪ කරනවා aarooda karanawa
in *prep.* තුළ thula
inability *n.* බැරිකම barikama
inaccurate *adj.* සාවද්‍ය saawadya
inaction *n.* අලසකම alasakama
inactive *adj.* අක්‍රිය akriya
inadequate *adj.* මදි වූ madi woo
inadmissible *adj.* බාරගත නොහැකි baaragatha nohaki
inadvertent *adj.* නොසැලකිලි සහිත nosalakili sahitha
inane *adj.* ඉතා මෝඩ ithaa moda
inanimate *adj.* අප්‍රාණික apraanika
inapplicable *adj.* අදාළ නොවන adaala nowana
inappropriate *adj.* නුසුදුසු nusudusu
inarticulate *adj.* නිශ්ශබ්ද nishshabda
inattentive *adj.* කන් නොදෙන kan nodena
inaudible *adj.* නෑසෙන naasena
inaugural *adj.* ආරම්භක aarambaka
inaugurate *v.* අරඹනවා arambanawaa
inauspicious *adj.* අශුභ ashuba
inborn *adj.* සහජ sahaja
inbred *adj.* නෛසර්ගික naisargika
incalculable *adj.* ඉතා විශාල ithaa wishaala
incapable *adj.* අසමර්ථ asamartha
incapacity *n.* අසමත්කම asamathkama
incarcerate *v.* හිරේ දමනවා hire damanawaa
incarnate *adj.* ශරීරයක් නැති shareerayak nathi
incarnation *n.* අවතාරය awathaaraya
incense *n.* සුවඳ suwanda
incentive *n.* ධෛර්යය දීම dairyaya deema
inception *n.* ආරම්භය aarambaya
incest *n.* ව්‍යභිචාරය wyabhichaaraya
inch *n.* අඟල angala
incidence *n.* සිදුවීම siduweema
incident *n.* සිද්ධිය siddiya
incidental *adj.* අනියම් aniyam
incisive *adj.* උග්‍ර ugra
incite *v.* අවුස්සනවා awussanawa
inclination *n.* ආනතිය aanathiya
incline *v.* ඇල කරනවා ala karanawa
include *v.* අඩංගු කරනවා adangu karanawaa
inclusion *n.* අඩංගු කිරීම adangu kireema
inclusive *adj.* ඇතුළු වූ athulu woo
incoherent *adj.* නොගැලපෙන nogalapena
income *n.* ආදායම aadayama
incomparable *adj.* අනුපමේය

anoopameya
incompatible *adj.* පරස්පර විරෝධී paraspara wirodee
incompetent *adj.* අදක්ෂ adaksha
incomplete *adj.* අසම්පූර්ණ asam-poorna
inconclusive *adj.* අවිනිශ්චිත awi-nishchitha
inconsiderate *adj.* සැලකිලිමත් නැති salakilimath nathi
inconsistent *adj.* අස්ථිර asthira
inconsolable *adj.* සැනසිය නොහැකි sanasiya nohaki
inconspicuous *adj.* නොපෙනෙන nopenena
inconvenience *n.* අපහසුව apaha-suwa
incorporate *v.* ඇතුලත් කරනවා athulath karanawaa
incorporation *n.* සම්මත කිරීම sammatha kireema
incorrect *adj.* වැරදි waradi
incorrigible *adj.* ඉතා මුරණ්ඩු ithaa murandu
incorruptible *adj.* අදූෂ්‍ය adooshya
increase *v.* වැඩි කරනවා wadi karanawaa
incredible *adj.* විශ්වාස කළ නොකළැකි wishwaasa kala nohaki
increment *n.* වැඩිවීම wadiweema
incriminate *v.i.* චෝදනා වකට අසු කරනවා chodanaawakata asu karanawaa
incubate *v.* බිජු රකිනවා biju rakinawaa
inculcate *v.* උගන්වනවා uganwa-nawaa
incumbent *adj.* විහාරාධිපති wiha-raadhipathi
incur *v.* දරනවා daranawaa
incurable *adj.* අසාධ්‍ය asaadya
incursion *n.* ආක්‍රමණය aakra-manaya
indebted *adj.* උපකාර ලැබූ upakaara laboo
indecency *n.* අසභ්‍යතාවය asabya-thaawaya
indecent *adj.* අවිනීත awineetha
indecision *n.* දෙගිඩියාව degidi-yaawa
indeed *adv.* සැබැවින්ම sabawinma
indefensible *adj.* අනාරක්ෂක anaarakshaka
indefinite *adj.* අනියම් aniyam
indemnity *n.* හානි රක්ෂණය haani rakshanaya
indent *v.* කඩතොළු කරනවා kadatholu karanawaa
indenture *n.* ඔප්පුව oppuwa
independence *n.* නිදහස nidahasa
independent *adj.* නිදහස් nidahas
indescribable *adj.* විස්තර නොකළැකි wisthara nokalaki
index *n.* සූචිය suchiya
Indian *n.* ඉන්දීය indeeya
indicate *v.* දක්වනවා dakwanawaa
indication *n.* හැඟවීම hangaweema
indicative *adj.* ප්‍රතීයමාන prathee-yamaana
indicator *n.* දර්ශකය darshakaya
indict *v.* අධි චෝදනා කරනවා adhi chodanaa karanawaa
indictment *n.* අධි චෝදනාව adhi chodanaawa
indifference *n.* වෙනස්කම wenaskama
indifferent *adj.* නොවැදගත්

nowadagath
indigenous *adj.* ස්වදේශීය swade-sheeya
indigestible *adj.* පහසුවෙන් නොදිරන pahasuwen nodirana
indigestion *n.* අජීරණය ajeeranaya
indignant *adj.* කුපිත වූ kupitha woo
indignation *n.* කෝපය kopaya
indignity *n.* අවමානය awamaanaya
indigo *n.* ඉන්ඩිගෝ indigo
indirect *adj.* ඍජු නොවන riju nowana
indiscipline *n.* අවිනය awinaya
indiscreet *adj.* අවිචාරක awichaa-raka
indiscretion *n.* දුරාචාරය duraa-chaaraya
indiscriminate *adj.* ව්‍යාකූල wyaakoola
indispensable *adj.* අත්හළ නොහැකි athhala nohaki
indisposed *adj.* නොකැමති nokamathi
indisputable *adj.* විවාද රහිත wiwaada rahitha
indistinct *adj.* නොපැහැදිලි nopa-hadili
individual *adj.* පුද්ගලික pudgalika
individualism *n.* පුද්ගලවාදය pudgalawaadaya
individuality *n.* පෞද්ගලිකත්වය paudgalikathwaya
indivisible *adj.* නොබෙදිය හැකි nobediya haki
indolent *adj.* උදාසීන udaseena
indomitable *adj.* ස්ථිර stheera
indoor *adj.* ගෘහස්ථ gruhastha
induce *v.* ප්‍රේරණය කරනවා preranaya karanawa
inducement *n.* පෙළඹවීම pelambaweema
induct *v.* ප්‍රවිෂ්ට කරනවා prawishta karanawaa
induction *n.* ප්‍රේරණය preranaya
indulge *v.* ඉඩ දෙනවා ida denawa
indulgence *n.* අනුෂේධය anushed-hanaya
indulgent *adj.* කාරුණික kaarunika
industrial *adj.* කාර්මික kaarmika
industrious *adj.* කඩිසර kadisara
industry *n.* කර්මාන්තය karmaan-thaya
ineffective *adj.* උදාසීන udaaseena
inefficient *adj.* අදක්ෂ adaksha
ineligible *adj.* අයෝග්‍ය ayogya
inequality *n.* වෙනස wenasa
inert *adj.* නිෂ්ක්‍රිය nishkreeya
inertia *n.* අවස්ථිතිය awasthithiya
inescapable *adj.* වැළැකිය නොහැකි walakiya nohaki
inevitable *adj.* අනිවාර්ය aniwaarya
inexact *adj.* හරි නැති hari nathi
inexcusable *adj.* සමාව දිය නොහැකි samaawa diya nohaki
inexhaustible *adj.* විපුල wipula
inexorable *adj.* අනුකම්පා රහිත anukampaa rahitha
inexpensive *adj.* මිල අධික නොවන mila adhika nowana
inexperience *n.* පළපුරුදු නැති බව palapurudu nathi bawa
inexplicable *adj.* විසඳිය නොහැකි wisandiya nohaki
inextricable *adj.* බේරිය නොහැකි beriya nohaki
infallible *adj.* නොවරදින nowa-radina

infamous *adj.* ඉතා දුෂ්ට itha dushta
infamy *n.* අපකීර්තිය apakeerthiya
infancy *n.* ළදරු විය ladaru wiya
infant *n.* ළදරුවා ladaruwa
infanticide *n.* ළදරු ඝාතනය ladaru ghaathanaya
infantile *adj.* බිළිඳු bilinda
infantry *n.* පාබළ paabala
infatuate *v.* මෝහයෙන් මත් කරනවා mohayen math karanawaa
infatuation *n.* අධික ප්‍රේමය adhika premaya
infect *v.* ලෙඩ බෝකරනවා leda bokaranawaa
infection *n.* ආසාදනය aasadanaya
infectious *adj.* බෝවෙන bowena
infer *v.* අනුමාන කරනවා anumaana karanawaa
inference *n.* නිශ්චය nishchaya
inferior *adj.* පහත් pahath
inferiority *n.* පහත් බව pahath bawa
infernal *adj.* අපාගත apaagatha
infertile *adj.* නිසරු nisaru
infest *v.* රැස්කකා උපද්‍රව කරනවා raskakaa upadrawa karanawaa
infidelity *n.* ද්‍රෝහිකම drohikama
infighting *n.* අභ්‍යන්තර ගැටුම් abyanthara gatum
infiltrate *v.* ඇතුළට කාන්දු වෙනවා athulata kaandu wenawa
infinite *adj.* අපරිමිත aparimitha
infinity *n.* අනන්තය ananthaya
infirm *adj.* ගිලන් gilan
infirmity *n.* දුර්වලතාව durwala-thaawa
inflame *v.* ගිනි ගහනවා gini gaha-nawaa
inflammable *adj.* දැල්වෙන සුළු dalwena sulu
inflammation *n.* ප්‍රදාහය pradaa-haya
inflammatory *adj.* කුපිත කරවන kupitha karawana
inflate *v.* පුප්පනවා puppanawa
inflation *n.* උද්ධමනය uddamanaya
inflect *v.* නමනවා namanawa
inflexible *adj.* දැඩි dadi
inflict *v.* හානි පමුණුවනවා haani pamunuwanawaa
influence *n.* ආනුභාවය aanub-haawaya
influential *adj.* වැදගත් wadagath
influenza *n.* ප්‍රතිශ්‍යා රෝගය prathishyaa rogaya
influx *n.* ආගමනය aagamanaya
inform *v.* සැල කරනවා sala kara-nawaa
informal *adj.* අවිධිමත් awidimath
information *n.* තොරතුරු thorathuru
informative *adj.* දක්වන dakwana
informer *n.* ඔත්තුකාරයා oththu-kaaraya
infrastructure *n.* යටිතල ව්‍යුහය yatithala wyuhaya
infrequent *adj.* දුරාචාරයේ සිදුවන duraachaaraye siduwana
infringe *v.* උල්ලංඝනය කරනවා ullanganaya karanawaa
infringement *n.* උල්ලංඝනය කිරීම ullanganaya kireema
infuriate *v.* උමතු කරනවා umathu karanawaa
infuse *v.* ආවිලනය aawilanaya
infusion *n.* ආසේවනය aasewanaya
ingrained *adj.* පාට කරන ලද paata karana lada

ingratitude *n.* ගුණමකුකම gunamakukama
ingredient *n.* අංගය angaya
inhabit *v.* වාසය කරනවා waasaya karanawaa
inhabitable *adj.* වාසයට සුදුසු waasayata sudusu
inhabitant *n.* නිවැසියා niwasiya
inhale *v.* ආශ්වාස කරනවා aashwaasa karanawaa
inhaler *n.* ආනනකය aananakaya
inherent *adj.* ආවේණික aawenika
inherit *v.* උරුම වෙනවා uruma wenawa
inheritance *n.* උරුමය urumaya
inhibit *v.* තහනම් කරනවා thahanam karanawa
inhibition *n.* තහනම thahanama
inhospitable *adj.* ආගන්තුක සත්කාර නොකරන aaganthuka sathkaara nokarana
inhuman *adj.* නොමිනිස් nominis
inimical *adj.* අමිතුරු amithuru
inimitable *adj.* අද්විතීය adwitheeya
initial *adj.* ආරම්භක aarambaka
initiate *v.* මුල් පුරනවා mul puranawaa
initiative *n.* මුල් පිරීම mul pireema
inject *v.* එන්නත් කරනවා ennath karanawaa
injection *n.* එන්නත ennatha
injudicious *adj.* අවිචාරි awichaari
injunction *n.* නියෝගය niyogaya
injure *v.* තුවාල කරනවා thuwaala karanawaa
injurious *adj.* හිංසක hinsaka
injury *n.* තුවාලය thuwaalaya
injustice *n.* අවනඩුව awanaduwa
ink *n.* තීන්ත theentha
inkling *n.* සැකය sakaya
inland *adj.* රට මැදෙහි වූ rata madehi woo
inmate *n.* පදිංචිකාරයා padinchikaaraya
inmost *adj.* ඉතා අභ්‍යන්තර ithaa abyanthara
inn *n.* තානායම thaanayama
innate *adj.* සහජ sahaja
inner *adj.* ආධ්‍යාත්මික aadyaathmika
innermost *adj.* ඉතා අභ්‍යන්තර ithaa abyanthara
innings *n.* ඉනිම inima
innocence *n.* අහිංසකත්වය ahinsakathwaya
innocent *adj.* අහිංසක ahinsaka
innovate *v.* අමුතු ක්‍රම ඇතිකරනවා amuthu krama athikaranawa
innovation *n.* නවෝත්පාදනය nawothpaadanaya
innovator *n.* නවෝත්පාදක nawothpaadaka
innumerable *adj.* අප්‍රමාණ apramaana
inoculate *v.* එන්නත් කරනවා ennath karanawa
inoculation *n.* ආක්‍රමණය aakramanaya
inoperative *adj.* අවලංගු awalangu
inopportune *adj.* අවස්ථානුකූල නොවූ awasthaanukoola nowoo
inpatient *n.* නොඉවසිලිවන්ත noiwasiliwantha
input *n.* ආදානය aadanaya
inquest *n.* මරණ විමසුම marana wimasuma
inquire *v.* විමසනවා wimasanawa

inquiry *n.* විභාගය wibhaagaya

inquisition *n.* විභාග කිරීම wibhaaga kireema

inquisitive *adj.* ප්‍රශ්න ඇසීමට ලැදි prashna aseemata ladi

insane *adj.* උමතු umathu

insanity *n.* උන්මාදය unmaadaya

insatiable *adj.* ඉතා ගිජු ithaa giju

inscribe *v.* කැටයම් කරනවා katayam karanawaa

inscription *n.* ශිලා ලිපිය shilaa lipiya

insect *n.* කෘමියා krumiyaa

insecticide *n.* කෘමිනාශකය krumi-naashakaya

insecure *adj.* අනාරක්ෂිත anaarak-shitha

insecurity *n.* අනාරක්ෂිතභාවය anaarakshithabhaawaya

insensible *adj.* සිහිසන් නැති sihisan nathi

inseparable *adj.* වෙනස් නොකළැකි wenas nokalaki

insert *v.* ඇතුල් කරනවා athul karanawa

insertion *n.* නිවේශය niweshaya

inside *n.* ඇතුල් පැත්ත athul paththa

insight *n.* දර්ශනය darshanaya

insignificance *n.* වැදගැම්මකට නැති wadagammakata nathi

insignificant *adj.* නොවැදගත් nowadagath

insincere *adj.* වංක wanka

insincerity *adv.* කපටිකම kapati-kama

insinuate *v.* ක්‍රමයෙන් විදිනවා kramayen wadinawa

insinuation *n.* ඉංගිතය ingithaya

insipid *adj.* කිවුල් kiwul

insist *v.* බලකර ඉල්ලනවා balakara illanawaa

insistence *n.* බල කිරීම bala kireema

insistent *adj.* වහා කළ යුතු wahaa kala yuthu

insolence *n.* අහංකාරකම ahan-kaarakama

insolent *adj.* අහංකාර ahankaara

insoluble *adj.* අද්‍රාව්‍ය adraawya

insolvency *n.* බංකොලොත්කම bankolothkama

insolvent *adj.* ණය ගෙවන්නට බැරි naya gewannata bari

inspect *v.* පිරික්සනවා piriksanawaa

inspection *n.* පරීක්ෂාව parikshaawa

inspector *n.* පරීක්ෂකයා pariksha-kayaa

inspiration *n.* ආශ්වාස කිරීම aashwaasa kireema

inspire *v.* සිත් තුළට කාවද්දනවා sith thulata kaawaddanawa

instability *n.* අස්ථිර බව asthira bawa

install *v.* සවි කරනවා sawi kara-nawaa

installation *n.* ස්ථාපනය sthaa-panaya

instalment *n.* වාරිකය waarikaya

instance *n.* සිද්ධිය siddiya

instant *adj.* ක්ෂණය kshanaya

instantaneous *adj.* ක්ෂණික kshanika

instead *adv.* වෙනුවට wenuwata

instigate *v.* උසි ගන්නනවා usi gannanawa

instil *v.* කා වද්දනවා kaa wadda-nawa

instinct *n.* ඉව iwa

instinctive *adj.* ඉබේකෙරෙන ibe kerena

institute *n.* ආයතනය aayathanaya

institution *n.* විද්‍යාලය widyaalaya

instruct *v.* නියම කරනවා niyama karanawaa

instruction *n.* නියමය niyamaya

instructor *n.* උපදේශකයා upade-shakayaa

instrument *n.* උපකරණය upaka-ranaya

instrumental *adj.* තූර්ය භාණ්ඩයකින් උපදින thoorya bhandayakin upadina

instrumentalist *n.* තූර්ය වාදකයා thoorya waadakaya

insubordinate *adj.* අකීකරු akee-karu

insubordination *n.* අකීකරු කම akeekarukama

insufficient *adj.* නොසෑහෙන nosa-ahena

insular *adj.* අගතිගාමී agathigaamee

insulate *v.* තනි කරනවා thani karanawa

insulation *n.* පරිවරණය pariwara-naya

insulator *n.* පරිවාරකය pariwaa-rakaya

insulin *n.* ඉන්සියුලින් insulin

insult *v.t.* නින්දා කරනවා nindaa karanawaa

insupportable *adj.* දැරිය නොහැකි dariya nohaki

insurance *n.* රක්ෂණය rakshanaya

insure *v.* රක්ෂණය කරනවා raksha-naya karanawaa

insurgent *n.* කැරලිකාරයා karalikaa-raya

insurmountable *adj.* නගින්නට බැරි naginnata bari

insurrection *n.* කැරලි කෝලාහලය karali kolaahalaya

intact *adj.* නොඉඳුල් noindul

intake *n.* ඇතුල් වීම athul weema

intangible *adj.* නොපැහැදිලි nopahadili

integral *adj.* පූර්ණ poorna

integrity *n.* සම්පූර්ණත්වය sampoor-nathwaya

intellect *n.* බුද්ධිය buddiya

intellectual *adj.* බුද්ධිමත් buddimath

intelligence *n.* ඥානය gnaanaya

intelligent *adj.* ඥානවන්ත gnaana-wantha

intelligible *adj.* පැහැදිලි pahadili

intend *v.* අදහස් කරනවා adahas karanawaa

intense *adj.* තදබල thadabala

intensify *v.* වැඩි කරනවා wadi karanawaa

intensity *n.* තීව්‍රතාව theewra-thaawa

intensive *adj.* තීව්‍ර theewra

intent *n.* උත්සාහවත් uthsaahawath

intention *n.* අභිප්‍රාය abhipraaya

intentional *adj.* වේතනීය wetha-neeya

interact *v.* අන්‍යෝන්‍ය සේ බලපානවා anyonya se balapaanawa

intercede *v.* මැදිහත් වෙනවා madihath wenawa

intercept *v.* බාධා කරනවා badaa karanawa

interception *n.* අතුරු වරනය athuru waranaya

interchange *v.* අතුරු මාරුව athuru maaruwa

intercom *n.* අභ්‍යන්තරව අදහස් හුවමාරු කර ගැනීම abyantharawa adahas huwamaaru kara ganeema

interconnect *v.* එකිනෙකට සම්බන්ධ කරනවා ekinekata sambanda karanawaa

intercourse *n.* ගමනා ගමනය gama-naagamanaya

interdependent *adj.* එකක් අනෙකට බැඳුනු ekak anekata bandunu

interest *n.* පොලිය poliya

interesting *adj.* සිත්ගන්නා sith-ganna

interface *n.* අතුරු මුහුණත athuru muhunatha

interfere *v.* විරුද්ධ වෙනවා wirudda wenawa

interference *n.* බාධාව badhaawa

interim *n.* තාවකාලික thaawakalika

interior *adj.* අභ්‍යන්තර abyanthara

interject *v.* අතරට දමනවා atharata damanawaa

interlink *v.* යා කරනවා yaa kara-nawaa

interlock *v.* පූට්ටු වෙනවා poottu wenawa

interlocutor *n.* සංවාදකයා sanwaa-dakaya

interloper *n.* අයුතු මැදිහත්වන්නා ayuthu madihathwanna

interlude *n.* අන්තස්ථය anthas-tharaya

intermediary *n.* අතරමැදියා athara-madiya

intermediate *adj.* අතරමැදි athara-madi

interminable *adj.* කෙළවරක් නැති kelawarak nathi

intermission *n.* විවේක කාලය wiweka kaalaya

intermittent *adj.* වරින්වර පවත්නා warinwara pawathnaa

intern *v.* සමාරෝධනය කරනවා samamrodanaya karanawa

internal *adj.* අභ්‍යන්තර abyanthara

international *adj.* අන්තර්ජාතික antharjaathika

internet *n.* අන්තර්ජාලය anthar-jaalaya

interplay *n.* පරස්පර ව්‍යවහාරය paraspara wyawahaaraya

interpret *v.* වෙනෙ භාෂාවකට නඟනවා wena bhaashawakata nanga-nawaa

interpreter *n.* පරිවර්තකයා pariwar-thakayaa

interracial *adj.* අන්තර්ජාතීය anthar-jaatheeya

interrelate *v.* එකිනෙකට සම්බන්ධ කරනවා ekinekata sambanda karanawaa

interrogate *v.* ප්‍රශ්න කරනවා prashna karanawaa

interrogative *adj.* ප්‍රශ්නවාචක prashnawaachaka

interrupt *v.* බාධා කරනවා badha karanawa

interruption *n.* බාධාව badhaawa

intersect *v.* ඡේදනය කරනවා chedanaya karanawaa

interstate *n.* අන්තර් රාජ්‍ය anthar raajya

interval *n.* විරාමය wiraamaya

intervene *v.* මැදිවෙනවා madihath-wenawa

intervention *n.* මැදිහත්වීම madihathweema

interview *n.* සම්මුඛ පරීක්ෂණය sammukha parikshana

intestine *n.* බඩ වැල bada wala

intimacy *n.* දැඩි මිත්‍රත්වය dadi mithrathwaya

intimate *adj.* ඉතා හිතවත් ithaa hithawath

intimidate *v.* තැතිගන්නවා thathigannawa

intimidation *n.* තැතිගැන්වීම thathiganweema

into *prep.* තුලට thulata

intolerable *adj.* නොඉවසිය හැකි noiwasiya haki

intolerant *adj.* නොඉවසන noiwasana

intone *v.* ස්වර නගා කියනවා swara nagaa kiyanawa

intoxicate *v.* මත් කරනවා math karanawaa

intoxication *n.* මත් ගතිය math gathiya

intractable *adj.* හික්මිය නොහැකි hikmiya nohaki

intranet *n.* අභ්‍යන්තර සම්බන්ධකම abyanthara sambandakama

intransitive *adj.* අකර්මක akarmaka

intrepid *adj.* වීර weera

intricate *adj.* දුෂ්කර dushkara

intrigue *v.* කුමන්ත්‍රණය kumanthranaya

intrinsic *adj.* ස්වායත්ත swaayaththa

introduce *v.* හඳුන්වනවා handunwanawaa

introduction *n.* හැඳින්වීම handinweema

introductory *adj.* හඳුන්වන handunwana

introspect *v.* අන්තරාවලෝකනය කරනවා antharaawalokanaya karanawaa

introspection *n.* අන්තරාවලෝකනය antharaawalokanaya

introvert *n.* අන්තර්වර්තිකයා antharwarthikayaa

intrude *v.* අනවසරයෙන් ඇතුල් වෙනවා anawasarayen athul wenawa

intrusion *n.* බලෙන් ඇතුල්වීම balen athulweema

intrusive *adj.* ආගන්තුක aaganthuka

intuition *n.* ප්‍රතිභාව prathibhawa

intuitive *n.* ප්‍රතිභාන prathibhana

inundate *v.* වතුරට යට වෙනවා wathurata yata wenawa

invade *v.* ආක්‍රමණය කරනවා aakramanaya karanawa

invalid *n.* අවලංගු awalangu

invalidate *v.* අවලංගු කරනවා awalangu karanawa

invaluable *adj.* අමිල amila

invariable *adj.* නිත්‍ය nithya

invasion *n.* ආක්‍රමණය aakramanaya

invective *n.* මහත් අපවාදය mahath apawaadaya

invent *v.* නිපදවනවා nipadawanawa

invention *n.* නිපදවීම nipadaweema

inventor *n.* නිමැවුම්කරු nimawumkaru

inventory *n.* බඩු වට්ටෝරුව badu wattoruwa

inverse *adj.* ප්‍රතිලෝම prathiloma

invert *v.* යටිකුරු කරනවා yatikuru karanawa

invest *v.t.* ආයෝජනය කරනවා aayojanaya karanawa
investigate *v.* විමර්ශනය කරනවා wimarshanaya karanawa
investigation *n.* සමීක්ෂණය sa-meekshanaya
investment *n.* ආයෝජනය aayoja-naya
invigilate *adj.* විභාගාදිය පරීක්ෂා කරනවා wibhaagadiya parikshaa karanawaa
invigilator *n.* සමීක්ෂකයා sameek-shakayaa
invincible *adj.* අනභිභවනීය anagib-hawaneeya
inviolable *adj.* පීඩා නොකළ යුතු peeda nokala yuthu
invisible *adj.* අදෘශ්‍යමාන adrush-yamaana
invitation *n.* ආරාධනාව aarad-hanaawa
invite *v.* ආරාධනා කරනවා aarad-hana karanawa
inviting *adj.* මනෝහර manohara
invocation *n.* යාතිකාව yaathikawa
invoice *n.* ඉන්වොයිසිය invoiciya
invoke *v.* යදිනවා yadinawaa
involuntary *adj.* ඉබේමේ සිදුවන ibema siduwana
involve *v.* අසු කරනවා asu kara-nawaa
invulnerable *adj.* පීඩා නොකළැකි peeda nokalaki
inward *adj.* ඇතුල් දෙසට athul desata
irate *adj.* කිපුණු kipunu
ire *n.* උදහස udahasa
iris *n.* කළු ඉංගිරියාව kalu ingiriyaawa
irksome *v.* අප්‍රිය apriya
iron *n.* යකඩ yakada
ironical *adj.* උපහාසාත්මක upahaa-sathmaka
irony *n.* උත්ප්‍රාසය uthpraasaya
irradiate *v.* රැස් විහිදනවා ras wihidanawa
irrational *adj.* අවිචාරී awichaari
irreconcilable *adj.* පරස්පර විරෝධී paraspara wirodee
irredeemable *adj.* ආපසු නොගෙවිය හැකි aapasu nogewiya haki
irrefutable *adj.* බිඳ හෙළිය නොහැකි binda heliya nohaki
irregular *adj.* අවිධිමත් awidimath
irregularity *n.* අවිධිමත් බව awidi-math bawa
irrelevant *adj.* අදාළ නොවූ adaala nowu
irreplaceable *adj.* හිලව් නොකළැකි hilaw nokalaki
irresistible *adj.* අරෝධය arodya
irresolute *adj.* අස්ථිර සිත් ඇති asthira sith athi
irrespective *adj.* ගණන් නොගෙන ganan nogena
irresponsible *adj.* වගකීම් රහිත wagakeem rahitha
irreversible *adj.* අප්‍රතිවර්ත aprathi-wartha
irrevocable *adj.* වෙනස් නොකළැකි wenas nokalaki
irrigate *v.* වාරිමාර්ග කපනවා waa-rimaarga kapanawa
irrigation *n.* ජල සමුපාදනය jala samoopadaanaya
irritable *adj.* නොරුස්සන norussana
irritant *n.* උද්දීපකය uddeepakaya
irritate *v.* පීඩා කරනවා peeda kara-nawa

irruption *n.* බලෙන් ඇතුල්වීම balen athulweema
Islam *n.* ඉස්ලාම් ධර්මය islaam dharmaya
island *n.* දිවයින diwayina
isle *n.* දූපත doopatha
islet *n.* දූව doowa
isobar *n.* සමභාර රේඛාව samba-haara rekhawa
isolate *v.* තනි කරනවා thani kara-nawa
isolation *n.* හුදෙකලාව hudekalaawa
issue *n.* ඵලය phalaya
it *pron.* එය eya
italic *adj.* ඇල අකුරු ala akuru
itch *v.i.* කසනවා kasanawaa
itchy *adj.* කසන kasana
item *n.* අයිතමය aithamaya
iterate *v.* නැවත නැවත කියනවා nawatha nawatha kiyanawaa
itinerary *n* සංචාරක sanchaaraka
itself *pron.* එයම eyama
ivory *n.* දන්තමය danthamayaa
ivy *n.* ඉත්ත වැල iththa wala

J

jab *v.* දමා අනිනවා damaa aninawa
jabber *v.* දොඩවනවා dodawanawa
jack *n.* කොස් kos
jackal *n.* හිවලා hiwala
jackass *n.* මොට්ටයා mottaya
jacket *n.* හැට්ටය hattaya
jackpot *n.* ලොකුම තෑග්ග lokuma thaagga
Jacuzzi *n.* ජයග්‍රහණය jayagra-hanaya
jade *n.* අබලන් වූ අශ්වයා abalan wu ashwaya
jaded *adj.* තෙහෙට්ටු වූ thehettu wu
jagged *adj.* කඩතොලු ඇති kadatholu athi
jail *n.* හිරගෙදර hiragedara
jailer *n.* හිරගෙයි මුලාදෑනියා hiragei muladaniya
jam *v.t.* තෙරපෙනවා therapenawa
jam *n.* පැණි දොසි pani dosi
jamboree *n.* බාලදක්ෂයින් ගේ සැණකෙළිය baaladakshain ge sanakeliya
janitor *n.* මුරකාරයා murakaaraya
January *n.* ජනවාරි janawaari
jar *n.* ජාඩිය jaadiya
jargon *n.* දෙඩවිල්ල dedawilla
jasmine *n.* පිච්ච pichcha
jaundice *n.* කහ උණ kaha una
jaunt *n.* කෙටි විනෝද ගමන keti winoda gamana
jaunty *adj.* ජෙත්තුකාරයා jeththukaara
javelin *n.* හෙල්ලය hellaya
jaw *n.* හක්ක hakka
jay *n.* වාචාලයා wachalaya
jazz *n.* ජෑස් නමැති තූර්ය හා නැටුම් විශේෂය jazz namathi thurya haa natum wisheshaya
jazzy *adj.* විචිත්‍ර wichithra
jealous *adj.* ඊර්ෂ්‍යා සහිත eershya sahitha
jealousy *n.* ඊර්ෂ්‍යාව eershyawa
jeans *n.* ඩෙනිම් කලිසම denim kalisama
jeep *n.* ජීප් රිය jeep riya
jeer *v.* ඇද කරනවා ada karanawa
jelly *n.* ජල්ලි jally

jellyfish *n.* ලොඩියා londiya
jeopardize *v.* උවදුරෙහි හෙළනවා uwadurehi helanawa
jeopardy *n.* අනතුර anathura
jerk *n.* ගැස්සීම gasseema
jerkin *n.* සමින් තැනූ කොට කබාය samin thanu kota kabaya
jerry can *n.* ජර්මන් සොල්දාදුවගේ කෑනය german soldaduwage kaanaya
jersey *n.* බැනියම baniyama
jest *n.* විහිළුව vihiluwa
jester *n.* කවටයා kawataya
jet *n.* කළු පුළිඟුව kalu pulinguwa
jet lag *n.* ක්ෂේප ප්‍රමාදය kshepa pramaadaya
jewel *n.* මැණික manika
jeweller *n.* මැණික් වෙළෙන්දා manik welenda
jewellery *n.* ආභරණ aabarana
jibe *n.* උපහාසය upahaasaya
jig *n.* නැටුම් සංගීතය natum sangee-thaya
jiggle *v.* ඉක්මනින් එහා මෙහා යනවා ikmanin eha meha yawanawa
jigsaw *n.* පින්තූර ප්‍රහේලිකාව pinthu-ra prehelikaawa
jingle *n.* කිංකිණි නාදය kinkini naadaya
jinx *n.* අවාසනාව ගෙනෙන දෙය awaasanaawa genena deya
jitters *n.* කලබලය kalabalaya
job *n.* රක්ෂාව rakshaawa
jockey *n.* ඔට්ටුවට ආශාවනේ එළවන්නා ottuwata ashawayan elawannaa
jocose *adj.* කවට kawata
jocular *v.t.* සරදමට කැමති වෙනවා saradamata kamathi wenawa
jog *v.* අවුස්සනවා aussanawa
joggle *v.* ටිකක් සොලවනවා tikak solawanawa
join *v.* සම්බන්ධ කරනවා sambanda karanawa
joiner *n.* වඩුවා waduwa
joint *n.* සරනේරුව saraneruwa
joist *n.* පරාලය paraalaya
joke *n.* විහිළුව vihiluwa
joker *n.* කවටයා kawatayaa
jolly *adj.* ප්‍රසන්න prasanna
jolt *v.t.* හැල හැප්පෙනවා hala happ-penawa
jostle *v.t.* පොරකනවා porakanawa
jot *v.t.* කෙටියෙන් ලියා ගන්නවා ketiyen liyaa gannawa
journal *n.* දින පොත dina potha
journalism *n.* ලේඛන කලාව lekana kalaawa
journalist *n.* පත්‍ර කලා වේදියා pathra kalaa wediyaa
journey *n.* ගමන gamana
jovial *adj.* සෙල්ලක්කාර sellakkaara
joviality *adv.* විනෝදය vinodaya
joy *n.* ප්‍රීතිය preethiya
joyful *adj.* ප්‍රීතිමත් preethimath
joyous *adj.* ප්‍රීතිමත් preethimath
jubilant *adj.* ප්‍රීතියෙන් කුල්මත් වූ preethiyen kulmath wu
jubilation *n.* ජුබිලිය jubiliya
jubilee *n.* ජුබිලිය jubiliya
judge *n.* නඩුකාරයා nadukaarayaa
judgement *n.* මතය mathaya
judicial *adj.* අපක්ෂපාතී apaksha-paathi
judiciary *n.* අධිකරණය adikaranaya
judicious *adj.* නුවණක්කාර nuwana-

kkaara

judo *n.* ජූඩෝ ක්‍රීඩාව judo kreedaawa

jug *n.* ජෝගුව joguwa

juggle *v.* වංචා කරනවා vanchaa karanawa

juggler *n.* මායාකාරයා maayaakaarayaa

juice *n.* යුෂ usha

juicy *adj.* රසවත් rasawath

July *n.* ජූලි මාසය jooli maasaya

jumble *n.* අවුල aula

jumbo *adj.* ජම්බෝව jumbowa

jump *v.i* පනිනවා paninawa

jumper *n.* හැට්ටය hattaya

jumper *n.* ජම්පරය jumperaya

junction *n.* හන්දිය handhiya

juncture *n.* සංගමය sangamaya

June *n.* ජූනි මාසය jooni maasaya

jungle *n.* වනාන්තරය wanantharaya

junior *adj.* ආධුනික aadunika

junior *n.* ආධුනිකයා aadunikaya

junk *n.* සුන්බුන් sunbun

Jupiter *n.* බ්‍රහස්පති brahaspathi

jurisdiction *n.* පාලනය paalanaya

jurisprudence *n.* නීති විද්‍යාව neethi vidyaawa

jurist *n.* නීති වේදියා neethi veediyaa

juror *n.* ජූරි සභා වේ සභිකයා joori sabhawee sabhikayaa

jury *n.* ජූරි සභාව joori sabhawa

just *adj.* යන්තම් yantham

justice *n.* යුක්තිය yukthiya

justifiable *adj.* නිදොස් බව ඔප්පු කළ හැකි nidos bawa oppu kala haki

justification *n.* යුක්තිය yukthiya

justify *v.* නිවැරදි බව දක්වනවා niwaradi bawa dakwanawa

jute *n.* හණ රෙදි hana redhi

juvenile *adj.* බාල baala

K

kaftans *n.* දිග ගවුම් diga gawum

kaleidoscope *n.* බහුරූපේක්ෂය bahuroopekshaya

kangaroo *n.* කැන්ගරු kangaroo

karaoke *n.* පටිගත කළ සංගීතයට ගී ගැයීම patigatha kala sangeethayata gee gayeema

karate *n.* කරාටේ karate

karma *n.* කර්මය karmaya

kebab *n.* ගින්නෙන් පිසගන්නා ලද මස් ginnen pisaganna lada mas

keel *n.* නැව් තලය naw thalaya

keen *adj.* මුවහත් muwahath

keenness *n.* උනන්දුව unanduwa

keep *v.* තබනවා thabanawa

keeper *n.* භාරකරු bhaarakaru

keeping *n.* තබාගැනීම thabaaganeema

keepsake *n.* සිහිවටන තෑග්ග sihiwatana thaagga

keg *n.* කුඩා පීප්පය kudaa peeppaya

kennel *n.* බලු කූඩුව balu kooduwa

kerb *n.* ගැටි බැම්ම gati bamma

kerchief *n.* රෙදි කඩ redi kada

kernel *n.* මදය madaya

kerosene *n.* භූමි තෙල් boomi thel

ketchup *n.* උපස්කරය upaskaraya

kettle *n.* කේතලය kethalaya

key *n.* යතුර yathura

keyboard *n.* යතුරු පුවරුව yathuru puwaruwa

keyhole *n.* යතුරු කපොල්ල yathuru

kapolla
kick *v.* පයින් ගසනවා payin gasanawaa
kid *n.* ළමයා lamayaa
kidnap *v.* පැහැරගෙන යනවා paharagena yanawaa
kidney *n.* වකුගඩුව wakugaduwa
kill *v.* මිනී මරනවා minee maranawaa
killing *n.* ප්‍රාණඝාතය praanaghaathaya
kiln *n.* උළු පෝරණුව ulu poranuwa
kilo *n.* සහස්‍ර sahasra
kilobyte *n.* කිලෝබයිටය kilobitaya
kilometre *n.* කිලෝමීටරය kilomeetaraya
kilt *n.* දණ දක්වා වැටෙන කොට සාය dana dakwaa watena kota saaya
kimono *n.* කිමෝනෝව kimonowa
kin *n.* නෑදෑ පිරිස naadaa pirisa
kind *n.* කාරුණික kaarunika
kindergarten *n.* බාලාංශය baalanshaya
kindle *v.* අවුළුවනවා awuluwanawaa
kindly *adv.* කරුණාවෙන් karunaawen
kinetic *adj.* ගතිවිෂයක gathiwishayaka
king *n.* රජ raja
kingdom *n.* රාජධානිය raajadhaniya
kink *n.* බොකුටුව bokutuwa
kinship *n.* ඥාතීත්වය gnaatheethwaya
kiss *v.t.* හාදු දෙනවා haadu denawa
kit *n.* කට්ටලය kattalaya
kitchen *n.* මුළුතැන්ගෙය muluthangeya
kite *n.* සරුංගලය sarungalaya
kith *n.* මිත්‍රයෝ mithrayo
kitten *n.* බළල් පැටියා balal patiya
kitty *n.* බළල් පැටියා balal patiya
knack *n.* හුරුබුහුටි බව hurubuhuti bawa
knacker *v.* වැඩකට නැති අසුන් මිලට ගෙන මරා මස් විකුණන්නෝ wadakata nathi asun milata gena maraa mas wikunanno
knave *n.* අණ්ඩපාල andapaala
knead *v.* කලවම් කරනවා kalawam karanawaa
knee *n.* දණහිස danahisa
kneel *v.* දණගසනවා danagasanawaa
knickers *n.* කොට කලිසම kota kalisama
knife *n.* පිහිය pihiya
knight *n.* නයිට්වරයා naitwaraya
knighthood *n.* නයිට් පදවිය nait padawiya
knit *v.* ගොතනවා gothanawaa
knob *n.* අගුල් බෝලය agul bolaya
knock *v.* ගැස්සුම gassuma
knot *n.* ගැටය gataya
knotty *adj.* ගැටළු gatalu
know *v.* දන්නවා dannawa
knowing *adj.* දැනුම් තේරුම් ඇති danum therum athi
knowledge *n.* දැනුම danuma
knuckle *n.* මිටෙන් පහර දෙනවා miten pahara denawa
kosher *adj.* නිවැරදි niwaradi
kudos *n.* කීර්තිය keerthiya
kung fu *n.* කුංෆූ චීන සටන් ක්‍රමය kungfu cheena satan kramaya

L

label *n.* ලේබලය lebalaya
labial *adj.* තොල් පිලිබඳ වූ thol pilibanda woo
laboratory *n.* රසායනාගාරය rasaa-yanagaaraya
laborious *adj.* මහන්සියෙන් කළ යුතු mahansiyen kala yuthu
labour *n.* කම්කරු kamkaru
labourer *n.* කුලී වැඩකාරයා kulee wadakaaraya
labyrinth *n.* වංකගිරිය wankagiriya
lace *n.* රේන්දය rendaya
lacerate *v.* තැනින් තැන ඉරනවා thanin thanin iranawaa
lachrymose *adj.* කඳුළු වගුරු වන kandulu wagurawana
lack *n.* හිඟව පවතිනවා hingawa pawathinawa
lackey *n.* දාසයා daasaya
lacklustre *adj.* නිෂ්ප්‍රභ nishprabha
laconic *adj.* ලුහුඬු luhundu
lacquer *n.* ලැකර් lakar
lacrosse *n.* පන්දු ක්‍රීඩා විශේෂයක් pandu kreeda wisheshayak
lactate *v.* කිරි එරෙනවා kiri erenawa
lactose *n.* කිරි වල ඇති සීනි kiri wala athi seeni
lacuna *n.* ගර්තය garthaya
lacy *adj.* ලේස් වැනි lase wani
lad *n.* ගැටවරයා gatawaraya
ladder *n.* ඉණිමග inimaga
laden *n.* පීඩිත වූ peeditha woo
ladle *n.* කිණිස්ස kinissa
lady *n.* ආර්යාව aaaryaawa
ladybird *n.* කුරුමිණියා kuruminiya
lag *v.* විලම්බය wilambaya
lager *n.* බීර විශේෂයක් beera wisheshayak
laggard *n.* අලසයා alasayaa
lagging *n.* විලම්බනය wilambanayaa
lagoon *n.* කළපුව kalapuwa
lair *n.* තිප්පොල thippola
lake *n.* විල wila
lamb *n.* බැටළුවා bataluwa
lambast *v.* පහර දෙනවා pahara denawa
lame *adj.* කොර kora
lament *n.* ලතෝනි දෙනවා lathoni denawa
lamentable *adj.* ශෝචනීය shocha-neeya
laminate *v.* තුනී තහඩු යෙදීම thunee thahadu yedeema
lamp *n.* පහන pahana
lampoon *v.* නින්දාලාපය nindaa-laapaya
lance *n.* ලන්සය lansaya
lancer *n.* ශල්‍යධරයා shalyadharaya
lancet *n.* ශලාකාව shalaakawa
land *n.* ඉඩම idama
landing *n.* ගොඩ බැසීම goda baseema
landlady *n.* ගෙවල් හිමිකාරිය gewal himikaariya
landlord *n.* ගෙවල් හිමියා gewal himiya
landscape *n.* භූමි දර්ශනය bhoomi darshanaya
lane *n.* වීථිය weethiya
language *n.* භාෂාව bhaashaawa
languid *adj.* සෙමෙන් යන semin yana
languish *v.* නිකරුණේ කල් ගෙවෙනවා nikarune kal gewanawa
lank *adj.* හීන්දෑරි heendaari

lanky *adj.* හීන්දෑරි heendaari
lantern *n.* ලන්තෑරුම lanthaaruma
lap *n.* ඇකය akaya
lapse *n.* අවලංගු වෙනවා awalangu wenawa
lard *n.* ඌරු තෙල් ooru thel
larder *n.* ආහාර ගබඩාව aahara gabadaawa
large *adj.* විශාල wishaala
largesse *n.* පරිත්‍යාගය parith-yaagaya
lark *n.* විහිළුව wihiluwa
larva *n.* දළඹුවා dalambuwa
larynx *n.* ස්වරාලය swaraalaya
lasagne *n.* ආහාර වර්ගයක් aahara wargayak
lascivious *adj.* කාමුක kaamuka
laser *n.* ලේසර් කිරණ laser kirana
lash *v.* කස පටිය kasa patiya
lashings *n.* ගොඩක් godak
lass *n.* ගැටිස්සි gatissi
last *adj.* අවසාන awasaana
lasting *adj.* කල් පවත්නා kal pawath-naa
latch *n.* අගුල agula
late *adj.* පරක්කු parakku
lately *adv.* මෑතදී maathadee
latent *adj.* ආනුශයික aanushayika
lath *n.* රීප්පය reeppaya
lathe *n.* ලියන පට්ටලය liyana pattalaya
lather *n.* සබන් පෙන saban pena
latitude *n.* අක්ෂාංශය akshaanshaya
latrine *n.* වැසිකිළිය wasikiliya
latte *n.* අපරදිග aparadiga
latter *adj.* අපර apara
lattice *n.* ගරාදිය garaadiya
laud *v.* ගුණකීර්තිය gunakeerthiya
laudable *adj.* ප්‍රශංසනීය prashansaneeya
laugh *v.* සිනහව sinahawa
laughable *adj.* හාස්‍යජනක haasyajanaka
laughter *n.* හාස්‍යය haasyaya
launch *v.* දියත් කරනවා diyath karanawaa
launder *v.* රෙදි අපුල්ලා මදිනවා redi apulla madinawa
launderette *n.* කාසි යොදා රෙදි සෝදාගත හැකි රෙදි සෝදන kaasi yoda redi sodaagatha haki redi sodana
laundry *n.* ඇපුල්ලුම් පොළ apullum pola
laurel *n.* ජය පත්‍රය jaya pathraya
laureate *n.* සම්මානනීය samma-naneeya
lava *n.* ලාවා lava
lavatory *n.* වැසිකිළිය wasikiliya
lavender *n.* ලැවෙන්ඩර් lavender
lavish *adj.* අධික ලෙස වියදම් කරන adhika lesa wiyadam karana
law *n.* නීතිය neethiya
lawful *adj.* නීත්‍යානුකූල neethyaa-nukoola
lawless *adj.* නොපනත් nopanath
lawn *n.* තණකොළ සහිත පිට්ටනිය thanakola saha pittaniya
lawyer *n.* නීතිවේදියා neethiwediya
lax *adj.* ලිහිල් lihil
laxative *n.* ආරේචකය aarechakaya
laxity *n.* තද නැති බව thada nathi bawa
lay *v.* දිගා කරනවා digaa karanawaa
layer *n.* ස්තරය stharaya
layman *n.* ගිහියා gihiyaa

laze *v.* අලසකමින් කල් ගෙවෙනවා alasakamin kal gewanawa
lazy *adj.* කම්මැලි kammali
leach *v.* ක්ෂයවනවා kshayawa-nawaa
lead *n.* මූලිකත්වය moolikathwaya
lead *v.* මෙහෙයවනවා meheya-wanaya
leaden *adj.* ඊයම් වලින් තැනූ eeyam walin thanu
leader *n.* නා යකයා naayakaya
leadership *n.* නා යකත්වය naayaka-thwaya
leaf *n.* කොළය kolaya
leaflet *n.* පත්‍රිකා ව pathrikaawa
league *n.* සමිගය samagiya
leak *v.* කා න්දු වීම kaandu weema
leakage *n.* කා න්දුව kaanduwa
lean *v.* හේත්තු වෙනවා heththu wenawa
leap *v.* පැ න පැ න යනවා pana pana yanawaa
learn *v.* ඉගෙනගන්නවා igenagan-nawa
learned *adj.* උගත් ugath
learner *n.* පුහුණු වන්නා puhunu wanna
learning *n.* ඉගෙනීම igeneema
lease *n.* කල් බද්ද kal badda
leash *n.* රැහැ න rahana
least *adj.& pron.* ඉතා අඩු ithaa adu
leather *n.* පදම් කල හම padam kala hama
leave *v.t.* පිටවෙනවා pitawenawaa
lecture *n.* දේශනය deshanaya
lecturer *n.* දේශකයා deshakayaa
ledge *n.* පටු රාක්කය patu raakkaya
ledger *n.* ලෙජරය lejaraya

leech *n.* කූඩැ ල්ලා koodalla
leek *n.* ලීක්ස් leeks
left *n.* වම wama
leftist *n.* වා මපක්ෂිකයා waama-pakshikayaa
leg *n.* කකුල kakula
legacy *n.* උරු මය urumaya
legal *adj.* නීතිමය nwwthimaya
legality *n.* නීතියට එකඟ බව neethi-yata ekanga bawa
legalize *v.* නීත්‍යානුකූල neethyaa-nukoola
legend *n.* පුරා වෘ ත්තය purawurthaya
legendary *adj.* මිත්‍යා mithya
leggings *n.* සමට ඇලෙන කලිසම samata alena kalisama
legible *adj.* කියවීමට පැ හැදිලි kiyaweemata pahadili
legion *n.* මහා හමුදාව mahaa hamudaawa
legislate *v.* නීතිගත කරනවා neethigatha karanawaa
legislation *n.* නීති පැ නවීම neethi panaweema
legislative *adj.* ව්‍යවස්ථා දායක wyawasthaadaayaka
legislator *n.* නීති සම්පා දකයා neethi sampaadakaya
legislature *n.* ව්‍යවස්ථා දායකය wyawasthaadaayakaya
legitimacy *n.* නීත්‍යානුකූලභා වය neethyaanukoolabhaawaya
legitimate *adj.* ශා ස්ත්‍රසම්මත shaasthrasammatha
leisure *n.* විවේක කා ලය wiweka kaalaya
leisurely *adj.* විවේකීව wiwekeewa
lemon *n.* දෙහි dehi

lemonade *n.* දෙහි පොන්සා dehi ponsaa
lend *v.* කුලියට දෙනවා kuliyata denawaa
length *n.* දිග diga
lengthy *adj.* දිගටි digati
leniency *n.* මෘදු බව mrudu bawa
lenient *adj.* මොළොක් molok
lens *n.* කාචය kaachaya
lentil *n.* කරල් බෝග karal boga
Leo *n.* සිංහ රාශිය sinha raashiya
leopard *n.* දිවියා diwiyaa
leper *n.* ලාදුරු රෝගියා laaduru rogiya
leprosy *n.* ලාදුරු රෝගය laduru rogaya
lesbian *n.* සම ලිංගික සේවනය කරන ස්ත්‍රිය sama lingika sewanaya karana sthriya
less *adj. & pron.* අඩු adu
lessee *n.* බදුකරු badukaru
lessen *v.* තුනී වෙනවා thunee wenawa
lesser *adj.* වඩා අඩුවූ wadaa adu woo
lesson *n.* පාඩම paadama
lessor *n.* බදු හිමියා badu himiyaa
lest *conj.* යමක් නොවෙන පිණිස yamak nowana pirisa
let *v.* ඉඩ දෙනවා ida denawa
lethal *adj.* මාරක maaraka
lethargic *adj.* කුසීත kuseetha
lethargy *n.* අලස බව alasa bawa
letter *n.* ලියුම liyuma
level *n.* මට්ටම mattama
lever *n.* ලීවරය leewaraya
leverage *n.* උත්තෝලනය යෙදීමෙන් ලැබෙන බලය uththolanaya yedeemen labena balaya
levity *n.* නොසැලකිලිවන්තකම nosalakiliwanthakama
levy *v.* අයබදු ආදිය ලබාගන්නා ayabadu aadiya labaaganna
lewd *adj.* සල්ලාල sallaala
lexical *adj.* ශබ්දකෝෂයක් වැනි shabdakoshayak wani
lexicon *n.* අකාරාදිය akaaradiya
liability *n.* බැර bara
liable *adj.* වගකිවයුතු wagakiwa yuthu
liaise *v.* සම්බන්ධීකරණය කරනවා sambandeekaranaya karanawa
liaison *n.* සම්බන්ධය sambandaya
liar *n.* බොරුකාරයා borukaaraya
libel *n.* අපවාදය apawaadaya
liberal *adj.* නිදහස් මතධාරී nidahas mathadaaree
liberate *v.* මුදනවා mudanawaa
liberation *n.* නිදහස nidahasa
liberator *n.* විමුක්තිදායකයා wimukthidaayakayaa
liberty *n.* ස්වාධීනතාව swadeena-thaawaya
libido *n.* කාමරාගය kaamaraagaya
Libra *n.* තුලා රාශිය thulaa raashiya
librarian *n.* පුස්තකාලාධිපති pustha-kaalaadhipathi
library *n.* පුස්තකාලය pusthakaalaya
licence *n.* අවසරපත්‍රය awasara-pathraya
licensee *n.* බලපත්‍රයක් ලත් තැනැත්තා balapathrayak lath thanaththa
licentious *adj.* අනාචාර anaachaara
lick *v.* ලෙවිනවා lowinawa
lid *n.* වැස්ම wasma

lie *v.* වැතිරෙනවා wathirenawa
liege *n.* යටත් වැසියා yatath wasiya
lien *n.* උකස ukasa
lieu *n.* හිලව්ව hilawwa
lieutenant *n.* උසස් නිලධාරියෙකුගේ දෙවෙනියා usas niladaariyekuge deweniyaa
life *n.* ජීවය jeewaya
lifeless *adj.* අජීව ajeewa
lifelong *adj.* දිවිහිමි diwihimi
lift *v.t.* උස්සා ගෙන යනවා ussagena yanawaa
ligament *n.* අස්ථිබන්ධය asthibandaya
light *n.* ආලෝකය aalokaya
lighten *v.* එළිය කරනවා eliya karanawaa
lighter *n.* බත්තල baththala
lighting *n.* ආලෝකනය aalokanaya
lightly *adv.* සැහැල්ලු sahallu
lightening *n.* අකුණ akuna
lignite *n.* ලිග්නයිට් lignite
like *prep.* ලෙස lesa
likeable *adj.* ප්‍රිය priya
likelihood *n.* වියහැකි බව wiyahaki bawa
likely *adj.* වියහැකි wiyahaki
liken *v.* සමාන කරනවා samaana karanawaa
likeness *n.* සමානකම samaanakama
likewise *adv.* එසේම esema
liking *n.* රුචිය ruchiya
lilac *n.* පළ නිල් පාට pala nil paata
lily *n.* උපුල් upul
limb *n.* අංගය angaya
limber *v.* පහසුවෙන් නැමෙනවා pahasuwen namenawa
limbo *n.* පාතාල ලෝකය paathaala lokaya
lime *n.* දෙහි dehi
limelight *n.* යශෝප්‍රභාව yashoprabhaawa
limerick *n.* හාස පද්‍යය haasa padyaya
limit *n.* මායිම maayima
limitation *n.* සීමාව seemawa
limited *adj.* සීමා සහිත seemasahitha
limousine *n.* මෝටර් රථ විශේෂයක් motor ratha wishashayak
limp *v.* කොර ගසනවා kora gasanawaa
line *n.* පේළිය peliya
lineage *n.* පෙළපත pelapatha
linen *n.* හණ රෙදි hana redi
linger *v.* හැසිරෙනවා hasirenawa
lingerie *n.* කොමු පිළී komu pilee
lingo *n.* දියුණු නොවූ භාෂාව diyunu nowoo bhaashaawa
lingua *n.* ජිහ්වය jeehwaya
lingual *n.* ජිහ්වා jeehwa
linguist *adj.* වාග්වේදී waagwedee
linguistic *adj.* භාෂාමය bhaashaamaya
lining *n.* පෝරුව poruwa
link *n.* පුරුක puruka
linkage *n.* බැඳීම bandeema
linseed *n.* හණ ඇට hana ataya
lintel *n.* වා කවුළුව waa kawuluwa
lion *n.* සිංහයා sinhaya
lip *n.* තොල thola
liposuction *n.* මේද උරාගැනීම meda uraaganeema
liquefy *v.* දිය කරනවා diya karanawaa
liquid *n.* දියර diyara

liquidate *v.* ණය තුරුස් බේරනවා naya thurus beranawa

liquidation *n.* අවසානය awasaa-naya

liquor *n.* මත්පැන් mathpan

lisp *n.* ගොතය gothaya

lissom *adj.* පහසුවෙන් හැරවිය හැකි අඟපසඟ ඇති pahasuwen harawiya haki angapasanga athi

list *n.* ලැයිස්තුව laisthuwa

listen *v.* අහනවා ahanawaa

listener *n.* අසන්නා asanna

listless *adj.* උදාසීන udaseena

literal *adj.* පදගතාර්ථ padaga-thaartha

literary *adj.* සාහිත්‍යමය saahithya-maya

literate *adj.* සාක්ෂර saakshara

literature *n.* සාහිත්‍යය saahithyaya

lithe *adj.* සුනම්‍ය sunamya

litigant *n.* නඩුකියන්නා naduki-yannaa

litigate *v.* නඩුකියනවා nadu kiyanawaa

litigation *n.* නඩු මාර්ගයෙන් අරෝකීම nadu maargen aro keema

litre *n.* ලීටරය leetaraya

litter *n.* රොඩු ගොඩ rodu goda

little *adj.* පොඩි podi

live *v.* ජීවත් වෙනවා jeewath wenawa

livelihood *n.* ජීවිකාව jeewikaawa

lively *adj.* උනන්දු unandu

liven *v.* අලංකාර කරනවා alankaara karanawaa

liver *n.* අක්මාව akmaawa

livery *n.* ඉක්මනින් තරහ යන ikmanin tharaha yana

living *n.* වාසය waasaya

lizard *n.* කටුස්සා katussa

load *n.* උසුලන බර usulana bara

loaf *n.* ගෙඩිය gediya

loan *n.* ණය naya

loath *adj.* නොකැමැති nokamathi

loathe *v.* පිළිකුල් කරනවා pilikul karanawaa

loathsome *adj.* ඉතා අප්‍රසන්න ithaa aprasanna

lobby *n.* ප්‍රවේශ ශාලාව prawesha shaalawa

lobe *n.* පෙනහැල්ලේ එක් කොටසක් penahalle ek kotasak

lobster *n.* පොකිරිස්සා pokirissa

local *adj.* දේශීය desheeya

locale *n.* සිද්ධිය වූ ස්ථානය siddiya woo sthaanaya

locality *n.* පළාත palaatha

localize *v.* පැතිරෙන්න නොදී වළකනවා pathirenna nodee walakanawaa

locate *v.* පිහිටුවනවා pihituwanawaa

location *n.* පිහිටීම pihiteema

lock *n.* අගුල agula

locker *n.* කුඩා අල්මාරිය kudaa almaariya

locket *n.* මාලපෙත්ත maalapeththa

locomotion *n.* සංචරණය sancha-ranaya

locomotive *n.* ජංගමක jangamaka

locum *n.* ආදේශකයා aadeshakaya

locus *n.* පථය pathaya

locust *n.* පළඟැටියා palangatiya

locution *n.* කථා විලාශය katha wilaashaya

lodge *n.* වාඩිය waadiya

lodger *n.* නවාතැන්කාරයා

nawaathankaaraya
lodging *n.* ලැගුම laguma
loft *n.* අට්ටාලය attaalaya
lofty *adj.* උඩඟු udangu
log *n.* ලොම්බුව lombuwa
logarithm *n.* ලඝුගණකය laguga-nakaya
logic *n.* තර්කශාස්ත්‍රය tharka-shaasthraya
logical *adj.* තර්කානුකූල tharka-nukoola
logistics *n.* මනා සංවිධානය manaa sanwidaanaya
logo *n.* ලාංඡනය laanchanaya
loin *n.* තුනටිය thunatiya
loiter *v.* ගැවසෙනවා gawasenawaa
loll *v.* කම්මැලිව ඉන්නවා kammaliwa innawa
lollipop *n.* රස කැවිල්ල rasa kawilla
lolly *n.* සීනි බෝලය seeni bolaya
lone *adj.* හුදකලා වූ hidakalaa woo
loneliness *n.* හුදකලාව hudaka-laawa
lonely *adj.* හුදකලා hudakalaa
loner *n.* තනිව වසන්නා thaniwa wasanna
lonesome *adj.* පාළු paalu
long *adj.* දිග diga
longevity *n.* දීර්ඝායුෂ deergaayusha
longing *n.* දොළදුක doladuka
longitude *n.* දේශාන්තර රේඛාව deshaanthara rekhaawa
loo *n.* වැසිකිළිය wasikiliya
look *v.* බලනවා balanawa
look *n* බැල්ම balma
lookalike *n.* එක සමාන දෙකෙක් eka samaana dekak
loom *n.* අලුව aluwa
loop *n.* දරනුව daranuwa
loose *adj.* බුරුල් burul
loosen *v.* බුරුල් වෙනවා burul wenawa
loot *n.* කොල්ලය kollaya
lop *v.* කොට කර දමනවා kota kara damanawaa
lope *v.* පැන පැන දුවනවා pana pana duwanawaa
lopsided *adj.* පැත්තකට බර paththakata bara
lord *n.* ස්වාමියා swaamiya
lordly *adj.* අහංකාර ahankaara
lore *n.* තොරතුරු thorathuru
lorry *n.* ලොරිය loriya
lose *v.* නැති වෙනවා nathi wenawa
loss *n.* අලාබය alaabaya
lot *pron.* ගොඩ goda
lotion *n.* දියරය diyaraya
lottery *n.* ලොතරැයිය lotharayya
lotus *n.* නෙළුම neluma
loud *adj.* ඝෝෂා සහිත gosha sahitha
lounge *v.* හාන්සි වී සිටිනවා haansi wee sitinawa
lounge *n.* හාන්සි වෙන සෝපාව haansi wena sopaawa
louse *n.* උකුණා ukunaa
lousy *adj.* උකුණන් ඇති ukunan athi
lout *n.* ජඩයා jadaya
Louvre *n.* ලූවරය loowaraya
lovable *adj.* ආදරණීය aadaraneeya
love *n.* ආදරය aadaraya
lovely *adj.* මනහර manahara
lover *n.* පෙම්වතා pemwatha
low *adj.* පහත් pahath
lower *adj.* වඩා පහත් wadaa pahath
lowly *adj.* පහත් pahath
loyal *adj.* ගැති gathi

loyalist *n.* ගැත්තා gaththa
lozenge *n.* ලොසින්ජරය losinjaraya
lubricant *n.* ලිහිසි තෙල් lihisi thel
lubricate *v.* ස්නේහක දමනවා snehaka damanawaa
lubrication *n.* ස්නේහනය snehaya
lucent *adj.* දීප්තිමත් deepthimath
lucid *adj.* අවිකල awikala
lucidity *adv.* සුබෝධත්වය suboda-thwaya
luck *n.* වාසනාව waasanaawa
luckless *adj.* අවාසනාවන්ත awaasa-naawantha
lucky *adj.* වාසනාවන්ත waasa-naawantha
lucrative *adj.* වාසි ඇති waasi athi
lucre *n.* ධනය danaya
ludicrous *adj.* හාස්‍යජනක has-yajanaka
luggage *n.* ගමන්බඩු gamanbadu
lukewarm *adj.* ඇල් මැරුණු al marunu
lull *v.* නළවනවා nalawanawaa
lullaby *n.* දරු නැලවිල්ල daru nalawilla
luminary *n.* ප්‍රසිද්ධ උගතා prasidda ugathaa
luminous *adj.* දිලිසෙන dilisena
lump *n.* වැදැල්ල wadalla
lunacy *n.* උන්මාදය unmaadaya
lunar *adj.* චන්ද්‍ර chandra
lunatic *n.* උන්මත්තකයා unman-thakayaa
lunch *n.* දවල් කෑම dawal kaama
luncheon *n.* දවල් කෑම dawal kaama
lung *n.* පෙනහැල්ල penahalla
lunge *n.* ඉදිරියට පැනීම idiriyata paneema
lurch *n.* දුෂ්කරතාව dushkarathaawa
lure *v.* ආකර්ෂණය aakarshanaya
lurid *adj.* මලානික malaanika
lurk *v.* රැක සිටිනවා raka sitinawa
luscious *adj.* අතිමධුර athimadhura
lush *adj.* සාරවත් saarawath
lust *n.* රාගය raagaya
lustful *adj.* රාගික raagika
lustre *n.* කාන්තිය kaanthiya
lustrous *adj.* කාන්තිමත් kaanthi-math
lusty *adj.* ප්‍රබල prabala
lute *n.* වීණාව weenawa
luxuriant *adj.* සාරවත් saarawath
luxurious *adj.* ඉතා සැපවත් ithaa sapawath
luxury *n.* සුඛෝපභෝගී sukhopa-bogee
lychee *n.* ලෙවකන්නා lewakannaa
lymph *n.* දිය diya
lynch *n.* ආක්‍රමික දණ්ඩනය aakra-mika dandanaya
lyre *n.* වීණා විශේෂයක් weenaa wisheshayak
lyric *n.* ගායනා කළ හැකි gaayanaa kala haki
lyrical *adj.* අතිශය වර්ණනාත්මක athishaya warnanaathmaka
lyricist *n.* ගීත රචකයා geetha rachakayaa

M

macabre *adj.* ඝෝර gora
machine *n.* යන්ත්‍රය yanthraya
machinery *n.* යන්ත්‍ර සූත්‍ර yanthra

soothra
macho *adj.* පිරිමියෙකුගේ දැඩි බව pirimiyekuge dadi bawa
mackintosh *n.* වැහි කබාය wahi kabaaya
mad *adj.* සිහිවිකල් sihi wikal
madam *n.* නෝනා nonaa
madcap *adj.* පිස්සු හටන pissu hatana
Mafia *n.* මාෆියා සංවිධානය maafiya sanwidaanaya
magazine *n.* සඟරාව sangaraawa
magenta *n.* දම්පාට තද රතු dampaata thada rathu
magic *n.* මායම් maayam
magician *n.* විජ්ජාකාරයා wijja-kaaraya
magisterial *adj.* සාටෝප saatopa
magistrate *n.* මහේස්ත්‍රාත් mahes-thraath
magnanimous *adj.* උදාර udaara
magnate *n.* ප්‍රධානියා pradaaniya
magnet *n.* චුම්බකය chumbakaya
magnetic *adj.* චුම්බක chumbaka
magnetism *n.* චුම්බකත්වය chumba-kathwaya
magnificent *adj.* විශිෂ්ට wishishta
magnify *v.* විශාලනය කරනවා wishaalanaya karanawaa
magnitude *n.* ප්‍රමාණය pramaa-naya
magpie *n.* පොල්කිච්චා polkichcha
mahogany *n.* මැහෝගනී mahogany
mahout *n.* ඇත්ගොව්වා athgowwa
maid *n.* වැඩකාරී wadakaaree
maiden *n.* ළමිස්සි lamissi
mail *n.* තැපෑල thapaala
mail order *n.* තැපෑලෙන් ඇණවුම් කිරීම thapaalen anawum kireema
maim *v.* බලය අඩු කරනවා balaya adu karanawaa
main *adj.* ප්‍රධාන pradaana
mainstay *n.* මුඛ්‍ය ප්‍රතිෂ්ඨාව mukya prathishtaawa
maintain *v.* නඩත්තු කරනවා nadath-thu karanawaa
maintenance *n.* නඩත්තුව nadath-thuwa
maisonette *n.* කුඩා නිවස kudaa niwasa
majestic *adj.* තේජවන්ත theja-wantha
majesty *n.* තේජස thejasa
major *adj.* ප්‍රධාන pradaana
majority *n.* බහුතරය bahutharaya
make *v.* සාදනවා saadanawa
make-up *n.* අංග රාග anga raaga
making *n.* සෑදීම saadeema
maladjusted *adj.* සම්පූර්ණයෙන් නොගැළපුණු sampoornayen nogalapunu
maladministration *n.* නොමනා පාලනය nomanaa paalanayana
malady *n.* රෝගය rogaya
malaise *n.* සනීප නැති බව saneepa nathi bawa
malaria *n.* මැලේරියාව malariawa
malcontent *n.* අසන්තුෂ්ට asan-thushta
male *n.* පිරිමි pirimi
malediction *n.* දෙස් තැබීම des thabeema
malefactor *n.* අපරාධකාරයා aparaadakaaraya
malformation *n.* විකෘතිය wikurthiya
malfunction *v.* ක්‍රමවත්ව ක්‍රියා

නොකිරීම kramawathwa kriya nokireema

malice *n.* ද්වේෂය dweshaya

malicious *adj.* දුෂ්ට සිතැති dushta sithathi

malign *adj.* සතුරු sathuru

malignant *adj.* මාරක maaraka

mall *n.* ලී මිටිය lee mitiya

malleable *adj.* හික්මවිය හැකි hikmawiya haki

mallet *n.* අතකොලුව athakoluwa

malnutrition *n.* මන්දපෝෂණය mandaposhanaya

malpractice *n.* දුරාචාරය duraa-chaaraya

malt *n.* යව yawa

maltreat *v.* හිංසා කරනවා hinsa karanawa

mammal *n.* ක්ෂීරපායී සතා kshee-rapai sathaa

mammary *adj.* තනය පිළිබඳ thanaya pilibanda

mammon *n.* ධන ලෝභය dhana lobhaya

mammoth *n.* යෝධ yoda

man *n.* මිනිසා minisaa

manage *v.* පාලනය කරනවා paala-naya karanawa

manageable *adj.* පාලනය කළ හැකි paalanaya kala haki

management *n.* කළමණාකරණය kalamanaakaranaya

manager *n.* කළමණාකරු kalama-naakaru

managerial *adj.* කළමණාකාර kalamanaakaara

mandate *n.* බලපත්‍රය balapathraya

mandatory *adj.* පාලනය කරනු ලබන paalanaya karanu labana

mane *n.* කේශර keshara

manful *adj.* නිර්භීත nirbheetha

manganese *n.* මැංගනීස් manganese

manger *n.* ගව ඔරුව gava oruwa

mangle *v.* තලා පොඩි කරනවා thalaa podi karanawaa

mango *n.* අඹ amba

manhandle *n.* අඩත්තෙට්ටම් කරනවා adaththettam karanawaa

manhole *n.* මනුබිල manubila

manhood *n.* පිරිමිකම pirimikama

mania *n.* උමතුව umathuwa

maniac *n.* උන්මත්තකයා unman-thakayaa

manicure *n.* කරප්‍රසාධනය karapra-saadanaya

manifest *adj.* පැහැදිලි pahadali

manifestation *n.* පහළවීම pahala weema

manifesto *n.* අධිප්‍රකාශය adiprakaashaya

manifold *adj.* නානාවිධ nanaawida

manipulate *v.* මෙහෙයවනවා meheyawanawa

manipulation *n.* මෙහෙයවීම meheyaweema

mankind *n.* මානව වර්ගයා maanawa wargayaa

manly *adj.* පුරුෂාකාර purushaa-kaara

manna *n.* නිරූපිකාව niroopikaawa

mannequin *n.* රූපවතී roopawathee

manner *n.* ආකාරය aakaraya

mannerism *n.* විශේෂ විලාසය wishe-sha wilaasaya

manoeuvre *n.* උපක්‍රමය upak-ramaya

manor *n.* නින්දගම nindagama

manpower *n.* මිනිස් බලය minis balaya
mansion *n.* මන්දිරය mandiraya
mantel *n.* දුම් කවුළුව dum kauluwa
mantle *n.* වැස්ම wasma
mantra *n.* මන්ත්‍රය manthraya
manual *adj.* අත්පොත athpotha
manufacture *v.* නිර්මාණය කරනවා nirmaanaya karanawa
manufacturer *n.* නිපදවන්නා nipadawanna
manumission *n.* වහල් බවින් නිදහස් කිරීම wahal bawin nidahas kireema
manure *n.* පොහොර pohora
manuscript *n.* අත් පිටපත ath pitapatha
many *adj.* බහුල bahula
map *n.* සිතියම sithiyama
maple *n.* මේපල් දැව maple dawa
mar *v.* නරක් කරනවා narak karanawa
marathon *n.* මැරතන් marathon
maraud *v.* කොල්ලකනවා kollakanawa
marauder *n.* කොල්ලකාරයා kollakaaraya
marble *n.* ටීක් බෝලය teek bolaya
march *n.* මාර්තු marthu
march *v.* පෙළපාලි යනවා pelapaali yanawaa
mare *n.* වෙළඹ welamba
margarine *n.* මාගරින් maagarin
margin *n.* දාරය daaraya
marginal *adj.* අද්දර පිහිටි addara pihiti
marigold *n.* දාස්පෙති daaspethi
marina *n.* නිකේතන වරාය nikethama wraaya
marinade *n.* මැරිනේඩය marinadaya
marinate *v.* මස් පදම් කරනවා mas padam karanawa
marine *adj.* මුහුදු muhudu
mariner *n.* නැවියා nawiya
marionette *n.* රූකඩය rookadaya
marital *adj.* විවාහ wiwaaha
maritime *adj.* මුහුදුබඩ muhudubada
mark *n.* සලකුණ salakuna
marker *n.* ලකුණු තබන්නා lakunu thabanna
market *n.* වෙළෙඳපල welandapala
marketing *n.* අලෙවිකරණය alewikaranaya
marking *n.* ලකුණු කිරීම lakunu kireema
marksman *n.* දක්ෂ කුරුමාණම්කාරයා daksha kurumaanamkaaraya
marl *n.* පස pasa
marmalade *n.* දොඩම් ජෑම් dodam jam
maroon *n.* දුඹුරට හුරු රතු පාට dumburata huru rathu paata
marquee *n.* විශාල මඩුව wishaala maduwa
marriage *n.* විවාහය wiwaahaya
marriageable *adj.* විවාහ වීමට සුදුසු wiwaaha weemata sudusu
marry *v.* කසාද බඳිනවා kasaada bandinawa
Mars *n.* අඟහරු ග්‍රහයා angaharu grahayaa
marsh *n* වගුර wagura
marshal *n.* සේනාධිපතියා senaadipathiya
marshmallow *n.* අනෝදා anodaa
marsupial *n.* සපේවිකයා sepaa-

tikaya
mart *n.* වෙළෙඳාම්පොළ welan-daampola
martial *adj.* රණකාමී ranakaamee
martinet *n.* නීති රීති තදින් හසුරුවන්නා neethi reethi thadin hasuruwanna
martyr *n.* මෘතවීරයා mruthaweeraya
martyrdom *n.* ප්‍රාණත්‍යාගය praa-nathyaagaya
marvel *v.i* පුදුම වෙනවා puduma wenawa
marvellous *adj.* අසිරිමත් asirimath
Marxism *n.* මාක්ස්වාදය maak-swaadaya
marzipan *n.* රසකැවිලි වර්ගයක් rasakawili wargayak
mascara *n.* ඇස්පිහාටු ආලේපය aspihaatu alepaya
mascot *n.* මංගල වස්තුව mangala wasthuwa
masculine *adj.* බලවත් balawath
mash *v.t* වසඟ කරනවා wasanga karanawa
mask *n.* වෙස් මුහුණ wes muhuna
masochism *n.* ස්වපීඩකාමය swapeedakaamaya
mason *n.* පෙදරේරුවා pedareruwa
masonry *n.* මේසන් වැඩ mason wada
masquerade *n.* කෝලම් නටනවා kolam natanawaa
mass *n.* ස්කන්ධය skandaya
massacre *n.* සංහාරය sanhaaraya
massage *n.* පණිවිඩය paniwidaya
masseur *n.* සම්බාහකයා samba-hakayaa
massive *adj.* විශාල wishaala
mast *n.* කුඹ ගස kumba gasa
master *n.* ස්වාමියා swaamiyaa
mastermind *n.* මහ මොළකාරයා maha molakaaraya
masterpiece *n.* අග්‍රකෘතිය agra-kruthiya
mastery *n.* පාලනය paalanaya
masticate *v.* හපනවා hapanawaa
masturbate *v.* ලිංගුව අතින් පිරිමැද ලිංගික උත්තේජනය ලබනවා linguwa athin pirimada uththejanaya labanawaa
mat *n.* පැදුර padura
matador *n.* ගොන් පොරකාරයා gon pora kaaraya
match *n.* තරඟය tharangaya
matchmaker *n.* ගිනිකූරු සාදන්නා ginikooru saadanna
mate *n.* සහකාරයා sahakaaraya
material *n.* ද්‍රව්‍යමය dravyamaya
materialism *n.* ද්‍රව්‍යවාදය dravya-waadaya
materialize *v.* සිද්ධ වෙනවා sidda wenawa
maternal *adj.* මව් maw
maternity *n.* මාතෘත්වය maathruthwaya
mathematical *adj.* ගණිත ganitha
mathematician *n.* ගණිතඥයා ganithagnanayaa
mathematics *n.* ගණිතය ganithaya
matinee *n.* පස්වරු දර්ශනය paswaru darshanaya
matriarch *n.* මාතෘ මූලික maathroo moolika
matricide *n.* මව මැරීම mawa mareema
matriculate *v.* විශ්වවිද්‍යාලයකට ඇතුල් වෙනවා

wishwawidyaalayakata athul wenawa

matriculation *n.* විශ්වවිද්‍යාලයකට ඇතුල් වීම wishwawidyaalayakata athul weema

matrimonial *adj.* වෛවාහික waiwaahika

matrimony *n.* සරණ මංගල්‍යය sarana mangalyaya

matrix *n.* න්‍යාසය nyaasaya

matron *n.* පාලිකාව paalikaawa

matter *n.* පදාර්ථය padaarthaya

mattress *n.* මෙට්ටය mettaya

mature *adj.* මුහුකුරා ගිය muhukuraa giya

maturity *n.* පරිණත වීම parinatha weema

maudlin *adj.* වැදගම්මකට නැති wadagammakata nathi

maul *v.* තළා පෙළා දමනවා thalaa pelaa damanawaa

maunder *v.* වැල්වටාරම් දොඩවනවා walwataaram dodawanawaa

mausoleum *n.* සොහොන් ගැබ sohon gaba

maverick *n.* නිරීක්ෂණය nireekshanaya

maxim *n.* සිද්ධාන්තය siddanthaya

maximize *v.* උපරිමය කරනවා uparimaya karanawaa

maximum *n.* උපරිමය uparimaya

May *n.* මැයි මාසය mai maasaya

may *v.* අවසරය awasaraya

maybe *adv.* ඇතැම් විට atham wita

mayhem *n.* ගසා බරපතල ලෙස තුවාල කිරීම gasaa barapathala lesa thuwaala kireema

mayonnaise *n.* මයොනේස් mayonnaise

mayor *n.* නගරාධිපති nagaraadipathi

maze *n.* වංකගිරිය wankagiriya

me *pron.* මම mama

mead *n.* මධු madhu

meadow *n.* දෙනිය deniya

meagre *adj.* ස්වල්ප swalpa

meal *n.* භෝජනය bojanaya

mealy *adj.* පිටි සහිත piti sahitha

mean *v.* හඟවනවා hangawanawaa

meander *v.* ඉබාගාතේ යනවා ibaagaathe yanawaa

meaning *n.* අර්ථය arthaya

means *n.* විධිය widiya

meantime *adv.* අතරතුර කාලය atharathura kaalaya

meanwhile *adv.* අතරවාරේ atharawaare

measles *n.* සරම්ප sarampa

measly *adj.* වැදගම්මකට නැති wadagammakata nathi

measure *v.* මනිනවා maninawa

measure *a.* මැනීම maneema

measured *adj.* ස්ථිර stheera

measurement *n.* මිම්ම mimma

meat *n.* මස් mas

mechanic *n.* යාන්ත්‍රිකයා yaanthrikaya

mechanical *adj.* යාන්ත්‍රික yaanthrika

mechanics *n.* යාන්ත්‍ර විද්‍යාව yaanthra widyaawa

mechanism *n.* යාන්ත්‍රණය yaanthranaya

medal *n.* පදක්කම padakkama

medallion *n.* විශාල පදක්කම widshaala padakkama

medallist *v.i.* පදක්කම් ලැබූ තැනැත්තා padakkam laboo thanaththa

meddle *v.* අවුල් කරනවා awul karanawaa

media *n.* මාධ්‍යය maadyaya

median *adj.* මධ්‍යස්ථ madyastha

mediate *v.* මැදිහත් වෙනවා madihath wenawa

mediation *n.* බේරුම් කිරීම berum kireema

medic *n.* වෛද්‍යවරයා waidya-warayaa

medical *adj.* වෛද්‍ය waidya

medication *n.* බෙහෙත behetha

medicinal *adj.* ලෙඩ සුව කරන leda suwa karana

medicine *n.* ඖෂධ aushada

medieval *adj.* මධ්‍යකාලීන madya-kaleena

mediocre *adj.* සාමාන්‍ය saamanya

mediocrity *n.* අවිශිෂ්ටතාව awishta-thaawa

meditate *v.* භාවනා කරනවා bhaa-wana karanawa

mediation *n.* මැදිහත්වීම madihath weema

meditative *adj.* භාවනාමය bhaawa-naamaya

Mediterranean *adj.* මධ්‍යධරණී madyadharanee

medium *n.* මාධ්‍යය maadyaya

medley *n.* මිශ්‍ර සංගීතය mishra sangeethaya

meek *adj.* විනීත wineetha

meet *v.* හමුවෙනවා hamuwenawa

meeting *n.* රැස්වීම rasweema

mega *adj.* මහා mahaa

megabyte *n.* මෙගාබයිට් megabyte

megahertz *n.* මෙගා හර්ට්ස් mega-hertz

megalith *n.* මහා ශාලාව mahaa shaalawa

megalithic *adj.* පාෂාණ වැනි විශාල paashaana wani wishaala

megaphone *n.* මෙගාෆෝනය megaphonaya

megapixel *n.* මෙගාපික්සලය megapixalaya

melamine *n.* ප්ලාස්ටික් විශේෂයක් plastic wisheshayak

melancholia *n.* විෂාදතාව wishaa-dathaawa

melancholy *n.* නිර්වේදය nirwedaya

melange *n.* සංකරය sankaraya

meld *n.* සුස්වර suswara

melee *n.* අවුල් සහිත සටන awul sahitha satana

meliorate *v.* අවුල් වෙනවා awul wenawa

mellow *adj.* මොළොක් molok

melodic *adj.* ස්වර මාධූර්යයට සම්බන්ධ swara maaduryayata sambanda

melodious *adj.* කනට මිහිරි kanata mihiri

melodrama *n.* උද්වේග නාට්‍යය udwega naatyaya

melodramatic *adj.* අතිනාට්‍යමය athinaatyamaya

melody *n.* තාලය thaalaya

melon *n.* කොමඩු komadu

melt *v.* දිය වෙනවා diya wenawa

member *n.* සාමාජිකයා saamajikaya

membership *n.* සාමාජිකත්වය saa-majikathwaya

membrane *n.* පටලය patalaya

memento *n.* ස්මාරකය smaarakaya

memo *n.* ඥාපය gnaapa

memoir *n.* නිබන්ධය nibandaya

memorable *adj.* සිහිකටයුතු sihikatayuthu

memorandum *n.* මතක සටහන් mathaka satahan

memorial *n.* අනුස්මරණය anusmaranaya

memory *n.* මතකය mathakaya

menace *n.* තර්ජනය tharjanaya

mend *v.* අලුත්වැඩියා කරනවා aluthwadiya karanawa

mendacious *adj.* බොරු boru

mendicant *adj.* හිඟන්නා hinganna

menial *adj.* අධම adama

meningitis *n.* අවෘතිදාහය awurthidaahaya

menopause *n.* ආර්තවාභාවය aarthawaabaawaya

menstrual *adj.* ඔසප්වීම පිළිබඳ osapweema pilibanda

menstruation *n.* ඔසප්වීම osap weema

mental *adj.* මානසික maanasika

mentality *n.* මානසිකත්වය maanasikathwaya

mention *v.* සැල කරනවා sala karanawaa

mentor *n.* උපදේශකයා upadeshakayaa

menu *n.* මෙනුව menuwa

mercantile *adj.* වාණිජ waanija

mercenary *adj.* මුදල් පතා mudal pathaa

merchandise *n.* වෙළෙඳ බඩු welanda badu

merchant *n.* වෙළෙන්දා welenda

merciful *adj.* අනුකම්පා සහගත anukampaasahagatha

mercurial *adj.* අස්ථිර asthira

mercury *n.* රසදිය rasadiya

mercy *n.* අනුකම්පාව anukampaawa

mere *adj.* තනි thani

meretricious *adj.* ව්‍යාජ අලංකාරයෙන් රවටන wyaaja alankaarayen rawatana

merge *v.* සංයුක්ත කරනවා sanyuktha karanawa

merger *n.* සංයෝගය sanyogaya

meridian *n.* මධ්‍ය රේඛාව madya rekhawa

merit *n.* කුසලතාව kusalathaawa

meritorious *adj.* කුසල් සහිත kusal sahitha

mermaid *n.* දිය කිඳුරිය diya kinduriya

merry *adj.* සිනහ උපදවන sinaha upadawana

mesh *n.* දැල dala

mesmeric *adj.* වශීකෘත washeekrutha

mesmerize *v.* වශී කරනවා washee karanawaa

mess *n.* අවුල awula

message *n.* පණිවිඩය paniwidaya

messenger *n.* පණිවිඩකරු paniwidakaru

messiah *n.* ක්‍රිස්තුන් වහන්සේ kristhun wahanse

messy *adj.* අපිරිසිදු apirisidu

metabolism *n.* පරිවෘත්තිය pariwurthiya

metal *n.* ලෝහ loha

metallic *adj.* ලෝහමය lohamaya

metallurgy *n.* ලෝහවිද්‍යාව loha widyaawa

metamorphosis *n.* රූපාන්තරය

roopanthara
metaphor *n.* රූපකය roopakaya
metaphysical *adj.* අභිධර්මය පිළිබඳ වූ abhidarmaya pilibanda woo
metaphysics *n.* අභිධර්මය abhidarmaya
mete *v.* බෙදා දෙනවා beda denawa
meteor *n.* උල්කා පාතය ulkaapathaya
meteoric *adj.* උල්කා පාතයක් වැනි ulkaapaathayak wani
meteorology *n.* කාලගුණ විද්‍යාව kaalaguna widyaawa
meter *n.* මීටරය meetaraya
method *n.* පිළිවෙල piliwela
methodical *adj.* විධිමත් widimath
methodology *n.* විධි විද්‍යාව widi widyaawa
meticulous *adj.* බිය සැක ඇති biya saka athi
metre *n.* විරිත wiritha
metric *adj.* මීටර ක්‍රමය meetara kramaya
metrical *adj.* පද්‍යමය padyamaya
metropolis *n.* අගනුවර aganuwara
metropolitan *adj.* රාජධානිය පිළිබඳ වූ raajadaaniya pilibanda woo
mettle *n.* ශක්තිය shakthiya
mettlesome *n.* ශක්ති සම්පන්න shakthi sampanna
mew *v.* බළලෙකු මෙන් හඬනවා balaleku men handanawaa
mews *n.* අස්හල ashala
mezzanine *n.* බිම් මහල හා පළමු මහල අතර මහල bim mahala haa palamu mahala athara
miasma *n.* විෂවානය wishawaanaya
mica *n.* මයිකා mayikaa
microbiology *n.* ක්ෂුද්‍ර විද්‍යාව kshudra widyaawa
microchip *n.* සූක්ෂ්ම චිපය sookshma chipaya
microfilm *n.* සූක්ෂ්ම චිත්‍රපටය sookshma chithrapatiya
micrometer *n.* මයික්‍රෝ මීටරය micromeetaraya
microphone *n.* මයික්‍රෝ ෆෝනය microphonaya
microprocessor *n.* ක්ෂුද්‍ර සකසනය kshudra sakasanaya
microscope *n.* අන්වීක්ෂය anweekshaya
microscopic *adj.* සූක්ෂ්ම sookshma
microsurgery *n.* සූක්ෂ්ම ශෛල්‍යකර්මය sookshma shailakarmaya
microwave *n.* සූක්ෂ්ම තරංග sookshma tharanga
mid *adj.* මැද mada
midday *n.* මද්දහනය maddahanaya
middle *adj.* මධ්‍යම madyama
middleman *n.* අතරමැදියා atharamadiya
middling *adj.* මධ්‍යම තරමේ madyama tharame
midget *n.* කුරුට්ටා kurutta
midnight *n.* මධ්‍යම රාත්‍රිය madyama raathriya
midriff *n.* සිරුරේ මධ්‍යභාගය sirure madyabhaagaya
midst *adj.* අතර athara
midsummer *adj.* මධ්‍යගිම්හානය madyagimhaanaya
midway *adv.* පාර මැද paara mada
midwife *n.* වින්නඹුව winnambuwa
might *v.* වික්‍රම කරනවා wikrama karanawaa
mighty *adj.* වික්‍රාන්ත wikraantha

migraine *n.* මිග්‍රේන් migrain
migrant *n.* සංක්‍රමිකයා sankramikaya
migrate *v.* සංක්‍රමණය වෙනවා sankramanaya wenawa
migration *n.* සංක්‍රමණය sankramanaya
mild *adj.* මෘදු mrudu
mile *n.* සැතපුම sathapma
mileage *n.* සැතපුම ගණන sathapma ganana
milestone *n.* සැතපුම කණුව sathapma kanuwa
milieu *n.* වටපිටාව watapitaawa
militant *adj.* යුද්ධකාමී yuddakaamee
militant *n.* යුද්ධකාමියා yuddakaamiya
military *adj.* යුද්ධ හමුදාව yudda hamudaawa
militate *v.* යමෙකුට විරුද්ධව පවතිනවා yamekuta wiruddawa pawathinawaa
militia *n.* උප හමුදාව upa hamudaawa
milk *n.* කිරි kiri
milkshake *n.* කිරි වලින් සෑදූ පානයක් kiri walin saadoo paanayak
milky *adj.* කිරි මුසු kiri musu
mill *n.* මෝල mola
millennium *n.* සහස්‍රවර්ෂය sahasrawarshaya
millet *n.* මෙනේරි meneri
milligram *n.* මිලිග්‍රෑමය miligraamaya
millimetre *n.* මිලිමීටරය milimeetaraya
milliner *n.* කාන්තා ඇඳුම් සාදන්න kaantha andum saadanna
million *n.* මිලියනය miliyanaya
millionaire *n.* දසලක්ෂපතියා dasalakshapathiya
millipede *n.* කංකුන්ඩා kankundaa
mime *n.* නාඩගම naadagama
mime *n.* ප්‍රහසනය prahasanaya
mimic *n.* අභිරූපික abhiroopika
mimicry *n.* සරදම saradama
minaret *n.* ප්‍රාසාදශෘංගය praasadashaangaya
mince *v.* අඩු කොට දක්වනවා adu kota dakwanawaa
mind *n.* මනස manasa
mindful *adj.* සැලකිලි සහිත salakili sahitha
mindless *adj.* අඥාන agnaana
mine *pron.* මගේ mage
mine *n.* පතල pathala
miner *n.* පතල්කරුවා pathalkaruwa
mineral *n.* ඛනිජ වර්ග kanija warga
mineralogy *n.* ඛනිජ විද්‍යාව kanija widyaawa
minestrone *n.* එළවළු මිශ්‍රිත සුප් elawalu mishritha sup
mingle *v.* මිශ්‍ර වෙනවා mishra wenawa
mini *adj.* ක්ෂුද්‍ර kshudra
miniature *adj.* ක්ෂුද්‍රරූපී kshudraroopee
minibus *n.* කුඩා බසය kuda basaya
minicab *n.* කුඩා කාර් විශේෂයක් kudaa car wisheshayak
minim *n.* බින්දුව binduwa
minimal *adj.* අවම awama
minimize *v.* කුඩා කොට දක්වනවා kudaa kota dakwanawaa
minimum *n.* අවමය awamaya
minion *n.* වල්ලභයා wallabaya

miniskirt *n.* කුඩා සාය kudaa saaya
minister *n.* ඇමති amathi
ministerial *adj.* අමාත්‍ය amaathya
ministry *n.* අමාත්‍යාංශය amaa-thyaanshaya
mink *n.* මුගටියාගේ ලොම් muga-tiyaage lom
minor *adj.* සුළු sulu
minority *n.* සුළුතරය sulutharaya
minster *n.* ප්‍රධාන දේවස්ථානය pradaana dewasthaanaya
mint *n.* මිංචි minchi
minus *prep.* ඍණ rina
minuscule *adj.* කුඩා අකුරු kuda akuru
minute *n.* මිනිත්තුව miniththuwa
minute *adj.* ඉතා කුඩා ithaa kuda
minutely *adv.* සූක්ෂ්ම ලෙස sook-shma lesa
minx *n.* අවිනීත කෙල්ල awineetha kella
miracle *n.* ආශ්චර්ය aashcharya
miraculous *adj.* ආශ්චර්යජනක aashcharyajanaka
mirage *n.* මිරිඟුව miringuwa
mire *n.* හලෙ hela
mirror *n.* කණ්ණාඩිය kannadiya
mirth *n.* විනෝදය winodaya
mirthful *adj.* ප්‍රමෝදජනක pramodajanaka
misadventure *n.* අහේතුව ahethuwa
misalliance *n.* නුසුදුසු විවාහය nusudusu wiwaahaya
misapply *v.* වැරදි ලෙස යොදනවා waradi lesa yodanawaa
misapprehend *v.* වරදවා වටහා ගන්නවා waradawaa watahaa gannawa
misapprehension *n.* වරදවා තේරුම් ගැනීම waradawaa thrrum ganeema
misappropriate *v.* අයුතු ලෙස අත්කරගන්නවා ayuthu lesa athkaragannawa
misappropriation *v.* අවනතුකර ගන්නවා awanathukara gannawaa
misbehave *v.* අවකල් ක්‍රියාවේ යෙදෙනවා awakal kriyaawe yedenawaa
misbehaviour *n.* අවකල් ක්‍රියාව awakal kriyaawa
misbelief *n.* මිථ්‍යා විශ්වාසය mithyaa wishwaasaya
miscalculate *v.* වැරදි ලෙස ගණන් හදනවා waradi lesa ganan hadanawa
miscalculation *n.* අවගණනය awa-gananaya
miscarriage *n.* ගබ්සාව gabsaawa
miscarry *v.* වරදිනවා waradinawaa
miscellaneous *adj.* සංකීර්ණ san-keerna
mischance *n.* අහේතුව ahethuwa
mischief *n.* දඟය dangaya
mischievous *adj.* දඟ danga
misconceive *v.* වරදවා වටහා ගන්නවා waradawaa watahaa gannawaa
misconception *n.* දුර්මතය durmathaya
misconduct *n.* දුරාචාරය duraa-chaaraya
misconstrue *v.* වරදවා තේරුම් ගන්නවා waradawaa thrrum gannawaa
miscreant *n.* තක්කඩියා thakkadiya
misdeed *n.* අපරාධය aparaadaya

misdemeanour *n.* අනාචාරය anaachaaraya

misdirect *v.* නොමඟ යවනවා nomanga yawanawaa

miser *n.* මසුරා masura

miserable *adj.* කාලකණ්ණියා kaalakanniya

miserly *adj.* මසුරු masuru

misery *n.* කාලකණ්ණිකම kaalakannikama

misfire *v.* වකුරු වෙනවා wakuru wenawa

misfit *n.* අයෝග්‍ය වූ දෙය ayogya woo deya

misfortune *n.* අවාසනාව awaasanaawa

misgive *v.* සිත වැරදි අදහස්වලින් පිරෙනවා sitha waradi adahas walin pirenawa

misgiving *n.* සැකය sakaya

misguide *v.* නොමඟ යනවා nomanga yanawaa

mishandle *v.* අඩත්තෙට්ටම් කරනවා adaththettam karanawaa

mishap *n.* අකරතැබ්බය akarathabbaya

misinform *v.* වැරදි තොරතුරු සපයනවා waradi thorathuru sapayanawaa

misinterpret *v.* වැරදි අර්ථය සපයනවා waradi arthaya sapayanawaa

misjudge *v.* වැරදි ලෙස වටහා ගන්නවා waradi lesa watahaagannawa

mislay *v.* වැරදි තැනක තබනවා waradi thanaka thabanawaa

mislead *v.* මුළා කරනවා mulaa karanawa

mismanagement *n.* අවපාලනය awapaalanaya

mismatch *n.* අයෝග්‍ය ගැළපීම ayogya galapeema

misnomer *n.* අවනාමය awanaamaya

misplace *v.* වැරදි තැනක තබනවා waradi thanaka thabanawaa

misprint *n.* මුද්‍රණ දෝෂය mudrana doshaya

misquote *v.* වැරදි ලෙස උපුටා ගන්නවා waradi lesa uputaagannawaa

misread *v.* වරදවා කියවනවා waradawaa kiyawanawaa

misrepresent *v.* වරදවා විස්තර කරනවා waradawaa wisthara karanawaa

misrule *n.* දුෂ්ට පාලනය dushta paalanaya

miss *v.* අත්හරිනවා athharinawaa

miss *n.* වැරදීම waradeema

missile *n.* මිසයිලය misailaya

missing *adj.* නැතිවුණු nathiwunu

mission *n.* පරමාර්ථය paramaarthaya

missionary *n.* ධර්මදූතයා darma doothaya

missive *n.* සන්දේශය sandesyaha

misspell *v.* අකුරු වරදවා ලියනවා akuru waradawaa liyanawa

mist *n.* මීදුම meeduma

mistake *n.* දෝෂය doshaya

mistaken *adj.* වැරදුණු waradunu

mistletoe *n.* සැරසිලිවලට යොදන වැල් වර්ගයක් sarasiliwalata yodana wal wargayak

mistreat *v.* නරක විධියට සළකනවා naraka widiyata salakanawaa

mistress *n.* ස්වාමිදුව swaamiduwa

mistrust *v.* අවිශ්වාසය

awishwaasaya
misty *adj.* නොපැහැදිලි nopahadili
misunderstand *v.* වරදවා වටහා ගන්නවා waradawaa watahaa gannawa
misunderstanding *n.* වරදවා වටහා ගැනීම waradawaa watahaa ganeema
misuse *v.* පීඩා කරනවා peeda karanawaa
mite *n.* පොඩ්ඩ podda
mitigate *v.* සැහැල්ලු කරනවා sahallu karanawaa
mitigation *n.* ලිහිල් කිරීම lihil kireema
mitre *n.* මයිටරය maitaraya
mitten *n.* අත්මෙස් athmes
mix *v.* මිශ්‍ර කරනවා mishra karanawaa
mixer *n.* මිශ්‍රකය mishrakaya
mixture *n.* සංයෝගය sanyogaya
moan *n.* වැළපෙනවා walapenawaa
moat *n.* අගල agala
mob *n.* කලහකාරී පිරිස kalahakaaree pirisa
mobile *adj.* ජංගම jangama
mobility *n.* සචලතාව sachalathaawa
mobilize *v.* කඳවා පුහුණු කරනවා kandawaa puhunu karanawaa
mocha *n.* අනර්ඝ කෝපි anargha kopi
mock *v.* සරදම් කරනවා saradam karanawaa
mockery *n.* සරදම saradama
modality *n.* ප්‍රකාරතාව prakaarathaawa
mode *n.* මාදිරිය maadiriya
model *n.* මොස්තරය mostharaya
modem *n.* මොඩමය modamaya
moderate *adj.* මධ්‍යම madyama
moderation *n.* සංයමය sanyamaya
moderator *n.* ප්‍රමාණකය pramaanakaya
modern *adj.* නවීන naweena
modernity *n.* නවීනභාවය naweenabhaawaya
modernize *v.* නවීකරණය කරනවා naweekaranaya karanawaa
modernism *n.* නූතනවාදය noothanawaadaya
modest *adj.* නිරහංකාර nirahankaara
modesty *n.* විනීතභාවය wineethabhaawaya
modicum *n.* ස්වල්පය swalpaya
modification *n.* වෙනස් කිරීම wenas kireema
modify *v.t.* වෙනස් කරනවා wenas karanawaa
modish *adj.* පන්නයට pannayata
modulate *v.* උස් පහත් කරනවා us pahath karanawaa
module *n.* මොඩියුලය modiyulaya
moil *v.* බොහෝ වෙහෙසෙ වෙනවා boho wehesa wenawa
moist *adj.* තෙත thetha
moisten *v.* තෙත් වෙනවා theth wenawaa
moisture *n.* තෙතමනය thethamanaya
moisturize *v.* තෙත් කරනවා theth karanawa
molar *n.* මවුල mawula
molasses *n.* උක් පැණි uk pani
mole *n.* මවුලය mawulaya
molecular *adj.* අණුක anuka

molecule *n.* අණුව anuwa
molest *v.* හිරිහැර කරනවා hirihara karanawa
molestation *n.* හිරිහැරය hiriharaya
mollify *v.* මෘදු කරනවා mrudu karanawa
molten *adj.* විලීන wileena
moment *n.* මොහොත mohotha
momentary *adj.* ක්ෂණික kshanika
momentous *adj.* බාරදූර baaradoora
momentum *n.* ගතිබලය gathibalaya
monarch *n.* අධිපතියා adhipathiya
monarchy *n.* රාජාණ්ඩුව raajaan-duwa
monastery *n.* ආරාමය aaraamaya
monastic *adj.* ආශ්‍රමික ashramika
monasticism *n.* ශ්‍රමණ වෘත්තිය shramana wurthiya
Monday *n.* සඳුදා sanduda
monetarism *n.* මුදල් පරිපාලනය mudal paripaalanaya
monetary *adj.* මූල්‍යමය moolya-maya
money *n.* මුදල් mudal
monger *n.* වෙළෙන්දා welendaa
mongoose *n.* මුගටියා mugatiya
mongrel *n.* කලවම් kalawam
monitor *n.* ප්‍රධාන ශිෂ්‍යයා prad-haana shishyayaa
monitory *adj.* අවවාදාත්මක awawaa-daathmaka
monk *n.* භික්ෂුව bhikshuwa
monkey *n.* වඳුරා wanduraa
mono *n.* එකක් ekak
monochrome *n.* ඒකවර්ණ eka-warna
monocle *n.* තනි කාචය thani kaachaya
monocular *adj.* ඒකාක්ෂි ekaakshee
monody *n.* මියගිය කෙනෙකු වෙනුවෙන් ලියැවුණු විලාප ගීය miyagiya keneku wenuwen liyawunu,wilaapa geeya
monogamy *n.* ඒකවිවාහය eka wiwaahaya
monogram *n.* අක්ෂරසංකරය aksha-rasankaraya
monograph *n.* නිබන්ධය nib-handaya
monolatry *n.* ඒකල ekala
monolith *n.* තනි ශෛල thani saila
monologue *n.* ආත්මගතය aathma-gathaya
monophonic *adj.* ශබ්ද සම්ප්‍රේෂණයේදී එක චැනලයක් භාවිතා කරන shabda sampresha-nayedi eka chanalayak bhaa-withaa karana
monopolist *n.* ඒකාධිකාරී පුද්ගලයා ekadhikaaree pudgalaya
monopolize *v.* ඒකාධිකාරී වෙනවා ekaadhikaaree wenawa
monopoly *n.* තනි අයිතිය thani aithiya
monorail *n.* තනිපීල්ල thanipeella
monosyllable *n.* ඒකාක්ෂර පද ekaakshara pada
monotheism *n.* ඒකදේවවාදය ekadewawaadaya
monotheist *n.* ඒකදේවවාදියා ekadewawaadiya
monotonous *adj.* නීරස neerasa
monotony *n.* ඒකාකාර භාවය ekakaara bhaawaya
monsoon *n.* මෝසම mosama
monster *n.* රාක්ෂයා raakshaya
monstrous *n.* අතිවිශාල athi

wishaala
monstrous *adj.* භයානක bhayaa-naka
montage *n.* සමෝධානය samod-haanaya
month *n.* මාසය maasaya
monthly *adj.* මාස්පත maaspatha
monument *n.* ස්මාරකය smaa-rakaya
monumental *adj.* ස්මාරක smaaraka
moo *v.* උම්බා ගානවා umbaa gaanawa
mood *n.* මනෝභාවය manobhaa-waya
moody *adj.* නොසන්සුන් nosansun
moon *n.* හඳ handa
moonlight *n.* හඳපාන handapaana
moor *n.* මහ දෙණිය maha deniya
moorings *n.* නැව නැවැත්වීම nawa nawathweema
moot *adj.* සැක සහිත saka sahitha
mop *n.* බූසිය boosiya
mope *v.* කනස්සල්ලෙන් සිටිනවා kanassallen sitinawa
moped *n.* මෝටරයෙන් දුවන බයිසිකලය motarayen duwana baisikalaya
moraine *n.* හිමපතනය නිසා කඩා වැටෙන කොටස hima pathanaya nisaa kadaa watena kotasa
moral *adj.* සදාචාර sadaachaaraya
morale *n.* චිත්ත ධෛර්යය chiththa dhairyaya
moralist *n.* සදාචාරවාදියා sadaa-chaarawaadiyaa
morality *n.* සදාචාරය sadaa-chaaraya
moralize *v.* සදාචාරය ගැන කතා කරනවා sadachaaraya gana katha karanawa
morass *n.* වගුර wagura
morbid *adj.* අකල්‍ය akalya
morbidity *adv.* සිතෙහි දූෂිතභාවය sithehi dooshitha bhaawaya
more *n.* අධික adhika
moreover *adv.* තවදුරට thawadu-ratath
morganatic *adj.* මෞර්යය පිළිබඳ වූ moshariya pilibanda woo
morgue *n.* මෞරිය mochariya
moribund *adj.* අබලන් වූ abalan wu
morning *n.* උදෑසන udaasana
moron *n.* මහ මෝඩයා maha modaya
morose *adj.* මූසල moosala
morphine *n.* නිදි බෙහෙත් nidi beheth
morphology *n.* රූප විද්‍යාව roopa widyaawa
morrow *n.* පසුදින pasu dina
morsel *n.* ඇබිත්ත abiththa
mortal *adj.* මැරෙනසුලු marenasulu
mortality *n.* මරණ ප්‍රමාණය marana pramaanaya
mortar *n.* වංගෙඩිය wangediya
mortgage *n.* උකස ukasa
mortgagee *n.* උකස් හිමියා ukas himiyaa
mortgagor *n.* උකස්කරු ukaskaru
mortify *v.* තරහ කරනවා tharaha karanawa
mortuary *n.* මතකාගාරය mathakaa-gaaraya
mosaic *n.* විචිත්‍ර wichithra
mosque *n.* මුස්ලිම් දේවස්ථානය muslim dewasthaanaya

mosquito *n.* මදුරුවා maduruwaa
moss *n.* දියසෙවෙල diyasewala
most *n.* ඉතා ithaa
mote *n.* දූවිලි පොඩ doowili poda
motel *n.* නවාතැන්පොළ nawaa-thanpola
moth *n.* සලබයා salabaya
mother *n.* අම්මා amma
mother *n.* මව mawa
motherboard *n.* මව් පුවරුව maw puwaruwa
motherhood *n.* මාතෘත්වය maathru-thwaya
mother-in-law *n.* නැන්දම්මා nandamma
motherly *adj.* මවක වැනි mawaka wani
motif *n.* ගුරු අරුත guru arutha
motion *n.* සෙලවීම selaweema
motionless *adj.* නිශ්චල nishchala
motivate *v.* පොළඹනවා polam-banawa
motivation *n.* පෙළඹවීම pelam-baweema
motive *n.* ක්‍රියා කරවන kriyaa karawana
motley *adj.* විවිධාකාර wiwid-haakaara
motor *n.* මෝටරය motaraya
motorcycle *n.* මෝටර් සයිකලය motar saikalaya
motorist *n.* මෝටර් රථ පදවන්නා motar ratha padawanna
motorway *n.* මෝටර්රිය මඟ motar riya samaga
mottle *n.* පාට ගානවා paata gaanawa
motto *n.* ආදර්ශ පාඨය aadarsha paataya
mould *n.* ආදර්ශය aadarshaya
moulder *v.* දිරායනවා diraayanawa
moulding *n.* වාත්තු කිරීම waaththu kireema
moult *v.* පිහාටු හැලෙනවා pihaatu halenawa
mound *n.* ගොඩැල්ල godalla
mount *v.* සවිකරනවා sawi karanawa
mountain *n.* කන්ද kanda
mountaineer *n.* කඳුකර වැසියා kandukara wasiya
mountaineering *n.* කඳුකර kandukara
mountainous *adj.* කඳු සහිත kandu sahitha
mourn *v.* වැලපෙනවා walapenawaa
mourner *n.* ශෝකවන්නා shoka-wanna
mournful *adj.* දුක්මුසු dukmusu
mourning *n.* දුක් වන duk wana
mouse *n.* මීයා meeya
mousse *n.* මූස් moos
moustache *n.* උඩු රැවුල udu rawla
mouth *n.* කට kata
mouthful *n.* කට පුරා kata puraa
movable *adj.* සචල sachala
move *v.* සලිත වෙනවා salitha wenawa
movement *n.* සෙලවීම selaweema
mover *n.* යෝජනාකරු yojanaakaru
movies *n.* චිත්‍රපට chithrapata
moving *adj.* සසල sasala
mow *v.* කපනවා kapanawa
mozzarella *n.* මොසරෙල්ලා mozzarella
much *pron.* බොහෝ boho
mucilage *n.* මැලියම් maliyam

muck *n.* ගොම පොහොර goma pohora
mucous *adj.* සෙම් සහිත sem sahitha
mucus *n.* සොටු ආදිය sotu aadiya
mud *n.* මඩ mada
muddle *v.* අවුල් කරනවා awul karanawa
muesli *n.* පළතුරු හා ධාන්‍ය එකට මිශ්‍ර කරගත් ආහාරයක් palathuru haa dhaanya ekata mishra karagath dhaanyak
muffin *n.* රොටී වර්ගයක් rotee wargayak
muffle *v.* ඔතා ගන්නවා othaa gannawa
muffler *n.* නිහඬකරය nihandakaraya
mug *n.* පුකුරුව pukooruwa
muggy *adj.* උණුසුම් තෙත් unusum theth
mulatto *n.* නීග්‍රෝ සුදු යන දෙවර්ගයේ මව්පියන්ගේ උපන්තැන neegro sudu yana dewargaye mawpiyange upan thana
mulberry *n.* මල්බෙරි mulberry
mule *n.* කොටළුවා kotaluwa
mulish *adj.* හිතුවක්කාර hithuwa-kkaara
mull *v.* සිතා මතා බලනවා sithaa-mathaa balanawa
mullah *n.* ඉස්ලාම් ධර්මයේ විශේෂඥයා islam dharmaye wisheshagniya
mullion *n.* ජනේල පොල්ල janela polla
multicultural *adj.* බහුසංස්කෘතික bahu sanskruthika
multifarious *adj.* අනේක ප්‍රකාර aneka prakaara
multiform *adj.* බහුරූපී bahu roopi
multilateral *adj.* අංශ බහුල ansha bahula
multimedia *n.* බහු මාධ්‍ය bahu maadya
multiparous *adj.* බහුධාරී bahud-haaree
multiple *adj.* ගුණාකාර gunaakaara
multiplex *n.* අනේක aneka
multiplication *n.* ගුණකිරීම guna kireema
multiplicity *n.* විවිධත්වය wiwid-hathwaya
multiply *v.* ගුණ කරනවා guna karanawa
multitude *n.* සමූහය samoohaya
mum *n.* අම්මා amma
mumble *v.* කොඳුරනවා kondu-ranawa
mummer *n.* කෝලම්කාරයා kolamkaaraya
mummify *v.* මිනිය බෙහෙත් ගල්වා සංරක්ෂණය කරනවා miniya beheth galwaa sanrakshanaya karanawa
mummy *n.* මමිය mamiya
mumps *n.* කම්මුල්ගාය kammul-gaaya
munch *v.* තොලුගානවා tholu-gaanawa
mundane *adj.* ලෞකි lowi
municipal *adj.* නාගරික naagarika
municipality *n.* නගර සභාව nagara sabhaawa
munificent *adj.* උදාර udaara
muniment *n.* ලේඛනාගාරය lekanaa-gaaraya
munitions *n.* යුද්ධෝපකරණ yuddhopakarana
mural *n.* බිතු සිතුවම bithu sithuwama
murder *n.* මිනීමැරුම mineemaruma

murderer *n.* මිනීමරුවා minee-maruwa
murk *n.* අඳුර andura
murky *adj.* දුමාරයෙන් යුත් duma-rayen yuth
murmur *v.* මුතුරනවා mathuranawa
muscle *n.* මස්පිඩුව maspiduwa
muscovite *n.* මොස්කව් නගරයේ වැසියා moscov nagaraye wasiya
muscular *adj.* ශක්තිමත් shak-thimath
muse *n.* ධ්‍යානය dhyaanaya
museum *n.* කෞතුකාගාරය kauthu-kaagaaraya
mush *n.* තලප thalapa
mushroom *n.* බිම්මල bimmala
music *n.* සංගීතය sangeethaya
musical *adj.* කනට ප්‍රිය kanata priya
musician *n.* සංගීතඥයා sangeeth-gniya
musk *n.* කස්තුරි kasthuri
musket *n.* තුවක්කුව thuwakkuwa
musketeer *n.* තුවක්කු ගත් භටයා thuwakku gath bhataya
Muslim *n.* මුස්ලිම් ජාතිකයා muslim jaathikaya
muslin *v.* මස්ලින් muslin
mussel *n.* මට්ටියා mattaya
must *v.* අවශ්‍ය වෙනවා awashya wenawa
mustang *n.* හීලෑ නොකළ අශ්වයා heelaa nokala ashwaya
mustard *n.* අබ aba
muster *v.* උපදවා ගන්නවා upadawa gannawa
musty *adj.* ඉතා පරණ ithaa parana
mutable *adj.* චපල chapala
mutate *v.* වෙනස්වීමට භාජනය වෙනවා wenasweemata bhaajanaya wenawa
mutation *n.* විකෘතිය wikurthiya
mutative *v.* විකෘති වෙනවා wikurthi wenawa
mute *adj.* නිශ්ශබ්ද nishshabda
mutilate *v.* අංගච්ඡේදනය කරනවා angachedanaya karanawa
mutilation *n.* විකලනය wikalanaya
mutinous *adj.* කැරලිකාර karali-kaara
mutiny *n.* කැරලි ගැසීම karali gaseema
mutter *v.* කොඳුරනවා konduranawa
mutton *n.* එළුමස් elumas
mutual *adj.* පොදු podu
muzzle *n.* හොම්බ homba
muzzy *adj.* පටලැවුණු patalawunu
my *adj.* මගේ mage
myalgia *n.* මයල්ජියා myalgia
myopia *n.* දුර නොපෙනීම dura nopeneema
myopic *adj.* දුර නොපෙනෙන dura nopenena
myosis *n.* මයෝසිය mayosiya
myriad *n.* ගණන් නැති ganan nathi
myrrh *n.* සුවඳ ලාටු suwanda laatu
myrtle *n.* සදාහරිත ශාකයක් sadaa-haritha shaakayak
myself *pron.* මම ම mama ma
mysterious *adj.* අභිරහස් abhirahas
mystery *n.* අභිරහස abhirahasa
mystic *n.* මුනිවරයා muniwaraya
mystical *adj.* ගුප්ත guptha
mysticism *n.* පරමවිඥානය parama-wignanaya
mystify *v.* ව්‍යාකූල කරනවා

wyaakoola karanawa

mystique *n.* ගූඪ gooda

myth *n.* මිත්‍යාව mithyaawa

mythical *adj.* පුරාණෝක්තිගත puraanokthigatha

mythological *adj.* පුරාණෝක්ති puraanokthi

mythology *n.* මිත්‍යා කථා සමූහය mithyaa kathaa samoohaya

N

nab *v.* පැන අල්ලා ගන්නවා pana alla gannawa

nabob *nabob* මහා ධනවතා mahaa dhanawatha

nacho *n.* නැකො nacho

nadir *n.* ඉතා පහත් තැන ithaa pahath thana

nag *v.t.* දිගින් දිගට විවේචනය කරනවා digin digata wiwechanaya karanawa

nail *n.* ඇණය anaya

naivety *n.* බොළඳකම bolandakama

naked *adj.* නිරුවත් niruwath

name *n.* නම nama

namely *n.* එනම් enam

namesake *n.* එම නමම ඇති ema namama athi

nanny *n.* ළමයාගේ කිරි මව lamayaage kiri mawa

nap *n.* අඩ නින්ද ada ninda

nape *n.* බෙල්ලේ පසුපැත්ත belle pasupaththa

naphthalene *n.* කපුරු බෝල kapuru bola

napkin *n.* අත්පිස්නාව athpisnaawa

nappy *n.* ඉණකඩ inakada

narcissism *n.* ආත්මරාගය aathmaraagaya

narcissus *n.* මානෙල් වැනි මල් ගසක් maanel wani mal gasak

narcotic *n.* මත්ද්‍රව්‍ය mathdrawya

narrate *v.* කියාගෙන යනවා kiyaa-gena yanawa

narration *n.* කියා දීම kiyaa deema

narrative *n.* කතාන්දරය kathaan-daraya

narrator *n.* කථිකයා kathikaya

narrow *adj.* පටු patu

nasal *adj.* නාසික naasika

nascent *adj.* ආරම්භක aarambhaka

nasty *adj.* පිළිකුල් සහිත pilikul sahitha

natal *adj.* උත්පත්තිය පිළිබඳ uthpath-thiya pilibanda

natant *adj.* ප්ලව plawa

nation *n.* ජාතිය jaathiya

national *adj.* ජාතික jaathika

nationalism *n.* ජාතිවාදය jaathi-waadaya

nationalist *n.* දේශාභිමානියා deshaabhimaaniya

nationality *n.* පුරවැසිභාවය purawa-sibhaawaya

nationalization *n.* ජනසතු කිරීම janasathu kireema

nationalize *v.* ආණ්ඩුවේ පාලනයට පවරා ගන්නවා aanduwe paalanayata pawaraa gannawa

native *n.* ස්වදේශීය swadesheeya

nativity *n.* උත්පත්තිය uthpaththiya

natty *adj.* කඩිම kadima

natural *adj.* ස්වාභාවික swab-haawika

naturalist *n.* ස්වභාව විද්‍යාව swabhaawa widyaawa

naturalize *v.* පුරවැසිකම දෙනවා purawasikama denawa

naturalization *n.* ජාති ප්‍රවේශනය jaathi praweshanaya

naturally *adv.* ස්වාභාවයෙන් swabhaawayen

nature *n.* ස්වභාවය swabhaawaya

naturism *n.* ස්වභාව්‍යය swabhaawya

naughty *adj.* දඟකාර dangakaara

nausea *n.* ඔක්කාරය okkaaraya

nauseate *v.* පිළිකුල ඇතිවෙනවා pilikula athiwenawa

nauseous *adj.* පිළිකුල් සහිත pilikul sahitha

nautical *adj.* නාවුක naawuka

naval *adj.* නාවික naawika

nave *n.* රිය නැබ riya naba

navigable *adj.* නාව්‍ය naawya

navigate *v.* නැවි යවනවා nawi yawanawa

navigation *n.* යාත්‍රණය yaathranaya

navigator *n.* නැව් පදවන්නා naw padawanna

navy *n.* නාවික හමුදාව naawika hamudaawa

nay *adv.* නැහැ naha

near *adv.* අසල asala

nearby *adv.* අවට awata

near *v.i.* ළං වෙනවා lan wenawa

nearest *adj.* සමීපතම samepathama

nearly *adv.* කිට්ටුවෙන් kittuwen

neat *adj.* පිරිසිදු pirisidu

nebula *n.* පටලය patalaya

nebulous *adj.* නොපැහැදිලි nopahadili

necessarily *adv.* අවශ්‍යයම awashyama

necessary *adj.* අවශ්‍ය awashya

necessitate *v.* අවශ්‍ය වෙනවා awashya wenawa

necessity *n.* අවශ්‍යතාව awashyathaawa

neck *n.* බෙල්ල bella

necklace *n.* මාලය maalaya

necklet *n.* කුඩා මාලය kudaa maalaya

necromancy *n.* භූත විද්‍යාව bhootha widyaawa

necropolis *n.* විශාල සුසානභූමිය wishaala susaanabhoomiya

nectar *n.* මල් පැණි mal pani

nectarine *n.* රසවත් ඵල වර්ගයක් rasawath pala wargayak

need *v.* අවශ්‍යතාව awashyathaawa

needful *adj.* අවශ්‍ය awashya

needle *n.* ඉඳිකට්ට idikatta

needless *adj.* නුවුවමනා nuwuwamana

needy *adj.* ඕනෑ oonaa

nefarious *adj.* දරුණු darunu

negate *v.* නිෂේධනය කරනවා nishedhanaya karanawa

negation *n.* නිෂේධනය nishedhanaya

negative *adj.* ඍණාත්මක rinaathmaka

negativity *n.* ඍණතාවය rinathaawaya

neglect *v.* පැහැර හරිනවා pahara harinawa

negligence *n.* නොසැලකිල්ල nosalakilla

negligent *adj.* නොසැලකිලි සහිත

nasalakili sahitha
negligible *adj.* ඉතා සුළු itha sulu
negotiable *adj.* ගිවිසගත හැකි giwisagatha haki
negotiate *v.* කතිකා කරනවා kathikaa karanawa
negotiation *n.* කතිකාව kathikaawa
negotiator *n.* සාකච්ඡා කරන්නා saakachchaa karanna
negress *n.* නොසෑලකීම nosala-keema
negro *n.* නීග්‍රෝ neegro
neigh *n.* හේෂාරාවය heshaaraawaya
neighbour *n.* අසල්වැසියා asalwa-siya
neighbourhood *n.* අසල්වැසියෝ asalwasiyo
neighbourly *adj.* අසල්වාසී asalwaa-see
neither *adj.* දෙකින් එකක්වත් නොවෙන dekin ekakwath nowena
nemesis *n.* පළිගැනීම paliganeema
neoclassical *adj.* නව සම්ප්‍රදායික nawa sampradaaika
Neolithic *adj.* නවශිලා nawashila
neon *n.* නියෝන් වායුව neon waa-yuwa
neophyte *n.* ආධුනිකයා aadhu-nikaya
nephew *n.* බෑනා baana
nepotism *n.* ඥාතිවාදය gnaathi-waadaya
Neptune *n.* මුහුදට අධිපති දෙවියා muhudata adhipathi dewiyo
nerd *n.* මෝඩ පුද්ගලයෙක් moda pudgalayek
Nerve *n.* හපන්කම hapankama
nerveless *adj.* ශක්තියෙන් අඩු shakthiyen adu
nervous *adj.* ඉක්මනින් කලබල වන ikmanin kalabala wana
nervy *adj.* චංචලභාවයෙන් සිටින chanchalabhaawayen sitina
nescience *n.* අවිද්‍යාව awidyaawa
nest *n.* කැදැල්ල kadalla
nestle *v.* තුරුල් වෙනවා thurul wenawa
nestling *n.* කුරුළු පැටියා kurulu patiya
net *n.* දැල dala
nether *adj.* පහළ pahala
netting *n.* දැල් රෙදි ගැතීම dal redi getheema
nettle *n.* තරහ අවුස්සනවා tharaha awussanawa
network *n.* ජාලය jaalaya
neural *adj.* ස්නායු snaayu
neurologist *n.* ස්නායු විද්‍යාඥයා snaayu widyaagnaya
neurology *n.* ස්නායු විද්‍යාව snaayu widyaawa
neurosis *n.* ස්නායු රෝගය snaayu rogaya
neurotic *adj.* ස්නායුව්‍යාධික snaayu-wyaadhika
neuter *adj.* නපුංසක napunsaka
neutral *adj.* උදාසීන udaaseena
neutralize *v.* උදාසීන කරනවා udaa-seena karanawa
neutron *n.* නියුට්‍රෝනය neutronaya
never *adv.* කවදාවත් නැති kawadaa-wath nathi
nevertheless *adv.* එසේනමුත් ese namuth
new *adj.* නව nawa
newly *adv.* අලුතෙන් aluthen
news *n.* පුවත් puwath

next *adj.* මීළඟ meelanga
nexus *n.* සම්බන්ධය sambandaya
nib *n.* තුඩ thuda
nibble *v.* ලෑටි ගහනවා laati gahanawa
nice *adj.* මනා mana
nicety *n.* සියුම් බව siyum bawa
niche *n.* සුදුසු ස්ථානය sudusu sthaanaya
nick *n.* සිදුර sidura
nickel *n.* නිකල් nikal
nickname *n.* විකට නාමය wikata naamaya
nicotine *n.* නිකොටීන් nicotine
niece *n.* ලේලි leli
niggard *n.* මසුරා masuraa
niggardly *adj.* මසුරු masuru
nigger *n.* කල්ලා kalla
niggle *v.* පටු ලෙස විවේචනය කරනවා patu lesa wiwechanaya karanawa
nigh *adv.* ළඟ langa
night *n.* රැය raya
nightingale *n.* රෑ කොවුලා raa kowla
nightmare *n.* නපුරු සිහිනය napuru sihinaya
nightie *n.* රෑ ඇඳුම raa anduma
nihilism *n.* ශූන්‍යවාදය shoonyawaadaya
nil *n.* ශූන්‍යය shoonya
nimble *adj.* කඩිසර kadisara
nimbus *n.* ප්‍රභා මණ්ඩලය prabhaamandalaya
nine *adj.* & *n.* නවය nawaya
nineteen *adj.* & *n.* දහ නවය daha nawaya
nineteenth *adj.* & *n.* දහ නව වැනි daha nawa wani
ninetieth *adj.* & *n.* අනූවැනි anuwani
ninth *adj.* & *n.* නව වැනි nawa wani
ninety *adj.* & *n.* අනූව anoowa
nip *v.* වැඩීම නතර කරනවා wadeema nathara karanawa
nipple *n.* තනපුඩුව thanapuduwa
nippy *adj.* ශීතල sheethala
nirvana *n.* නිවන niwana
nitrogen *n.* නයිට්‍රජන් nitrogen
no *adj.* නැත natha
nobility *n.* උදාරභාවය udaarabhaawaya
noble *adj.* ආර්ය aarya
nobleman *n.* වංශාධිපතියා wanshaadhipathiya
nobody *pron.* කිසිවෙක් නැති kisiwek nathi
nocturnal *adj.* නිශාචර nishaachara
nod *v.* කිරා වැටෙනවා kira watenawa
node *n.* ගැටය gataya
noise *n.* ශබ්දය shabdaya
noisy *adj.* කෑ ගසන kaa gasana
nomad *n.* එඬේරා endera
nomadic *adj.* සංචාරක sanchaaraka
nomenclature *n.* නාමකරණය naamakaranaya
nominal *adj.* නාමික naamika
nominate *v.* නම් කරනවා nam karanawa
nomination *n.* නාම යෝජනාව naama yojanaawa
nominee *n.* නාමිකයා naamikaya
non-alignment *n.* අපිළිවෙළ apiliwela
nonchalance *n.* උදාසීනකම udaaseenakama
nonchalant *adj.* උදාසීන udaaseena
nonconformist *n.* අනනුකූල

පුද්ගලයා ananukoola pudgalaya

none *pron.* කිසිවෙක් නැත kisiwek nathi

nonentity *n.* සොක්කා sokka

nonplussed *adj.* ධනාත්මක නොවන dhanaathmaka nowana

nonetheless *a.* කෙසේවුවත් kese wuwath

nonpareil *adj.* අසහාය asahaaya

nonplussed *adj.* ධනාත්මක නොවන dhanaathmaka nowana

nonsense *n.* විකාර wikaara

nonstop *adj.* අඛණ්ඩ akanda

noodles *n.* නූඩ්ල්ස් noodles

nook *n.* මුල්ල mulla

noon *n.* මධ්‍යාහ්නය madyaahanaya

noose *n.* තොණ්ඩුව thonduwa

nor *conj.&adv.* ත් නැත th natha

Nordic *adj.* නෝඩික nodika

norm *n.* නියමය niyamaya

normal *adj.* සාමාන්‍ය saamanya

normalcy *n.* සාමාන්‍යත්වය saama-nyathwaya

normalize *v.* යථා තත්වයට පත්කරනවා yathaa thathwayata path karanawa

normative *adj.* ප්‍රාමාණික praa-maanika

north *n.* උතුර uthura

northerly *adj.* උතුරෙහි uthurehi

northern *adj.* උතුරු uthuru

nose *n.* නාසය naasaya

nostalgia *n.* සාංකාව saankaawa

nostril *n.* නාස් පුඩුව naas puduwa

nostrum *n.* රහස් බෙහෙත rahas behetha

nosy *adj.* විමසිලිමත් wimasilimath

not *adv.* නැත natha

notable *adj.* සිහිකළ යුතු sihikala uthu

notary *n.* නොතාරිස් nothaaris

notation *n.* ප්‍රස්තාරය prasthaaraya

notch *n.* කට්ටය kattaya

note *n.* සටහන satahana

notebook *n.* සටහන් පොත satahan potha

noted *adj.* සටහන් කළ satahan kala

noteworthy *adj.* සැලකිය යුතු salakiya uthu

nothing *pron.* කිසිත් නැති බව kisith nathi bawa

notice *n.* දැන්වීම danweema

noticeable *adj.* ප්‍රකට prakata

noticeboard *n.* දැන්වීම් පුවරුව danweem puwaru

notifiable *adj.* දැනුම්දිය යුතු danum diya uthu

notification *n.* දැනුම්දීම danum-deema

notify *v.* දැනුම් දෙනවා danum-denawa

notion *n.* සංකල්පනය sankalpanaya

notional *adj.* කාල්පනික kaalpanika

notoriety *n.* අපකීර්තිය apakeerthiya

notorious *prep.* කුප්‍රකට kuprakata

notwithstanding *prep.* එතකුදු වුවත් ethakudu wuwath

nougat *n.* රසකැවිලි විශේෂයක් rasakawili wisheshayak

nought *n.* බින්දුව binduwa

noun *n.* නාමපදය naamapadaya

nourish *v.* පෝෂ්‍ය කරනවා poshya karanawa

nourishment *n.* පෝෂණය posha-naya

novel *n.* නවකතාව nawakathaawa

novelette *n.* කෙටි නවකතාව keti nawakathaawa

novelist *n.* නවකතාකරු nawaka-thaakaru

novelty *n.* අලුත් දේ aluth de

november *n.* නොවැම්බර් මාසය november maasaya

novice *n.* ආධුනිකයා aadhunikaya

now *adv.* දැන් dan

nowhere *adv.* කොහෙවත් නැත kohewath natha

noxious *adj.* හානිකර haanikara

nozzle *n.* තුඩ thuda

nuance *n.* සියුම් වූ වෙනස siyum wu wenasa

nubile *a.* විවාහයට සුදුසු wiwaa-hayata sudusu

nuclear *adj.* න්‍යෂ්ටික nyashtika

nucleus *n.* න්‍යෂ්ටිය nyashtiya

nude *adj.* නග්න nagna

nudge *v.* හෙමින් ඇනීම hemin aneema

nudist *n.* දිගම්බරයා digambaraya

nudity *n.* නිරුවත niruwatha

nudge *v.* හෙමින් ඇනීම hemin aneema

nugatory *adj.* නිෂ්ඵල nishpala

nugget *n.* පිඩ pida

nuisance *n.* කරච්චලය karach-chalaya

null *adj.* අභිශුන්‍ය abhishoonya

nullification *n.* ශුන්‍ය කිරීම shunya kireema

nullify *v.* අහෝසි කරනවා ahosi karanawa

numb *adj.* හැඟීම් නොදැනෙන hangeem nodanena

number *n.* අංකය ankaya

numberless *adj.* අසංඛ්‍ය asankya

numeral *n.* සංඛ්‍යාංකය sankyaanka

numerator *n.* ලවය lawaya

numerical *adj.* සංඛ්‍යාත්මක sankyaathmaka

numerous *adj.* බොහෝ boho

nun *n.* භික්ෂුණී bhikshunee

nunnery *n.* කන්‍යා මඩම kanyaa madama

nuptial *adj.* වෛවාහික waiwaahika

nurse *n.* හෙදිය hediya

nursery *n.* බාලාංශය baalaanshaya

nurture *v.* ඇතිදැඩි කරනවා athidadi karanawa

nut *n.* මුරිච්චිය murichchiya

nutrient *n.* පෝෂකය poshakaya

nutrition *n.* පෝෂණය poshanaya

nutritious *adj.* පෝෂදායි posha-daayee

nutritive *adj.* පෝෂ්‍ය poshya

nutty *adj.* ගෙඩි සහිත gedi sahitha

nuzzle *v.* සෙමින් නාසයෙන් පිරිමදිනවා semin naasayen pirimadinawa

nylon *n.* නයිලෝන් nylon

nymph අප්සරාව apsaraawa

O

oaf *n.* මෝඩයා modaya

oak *n.* ඕක් ගස oak gasa

oar *n.* හබල habala

oasis *n.* ක්ෂෙමභූමිය kshemab-hoomiya

oat *n.* ධාන්‍ය වර්ගයක් dhaanya wargayak

oath *n.* දිවුරුම diwuruma

oatmeal *n.* ඕට් පිටි ooti piti

obduracy *n.* මුරණ්ඩුකම murandukama

obdurate *adj.* මුරණ්ඩු murandu

obedience *n.* කීකරු කම keekarukama

obedient *adj.* කීකරු keekaru

obeisance *n.* ප්‍රණාමය pranaamaya

obesity *n.* තරබාරු කම tharabaarukama

obese *adj.* තරබාරු tharabaaru

obey *v.* අවනත වෙනවා awanatha wenawa

obfuscate *v.* අඳුරු කරනවා anduru karanawa

obituary *n.* අවමංගල awamangala

object *n.* වස්තුව wasthuwa

objection *n.* විරුද්ධත්වය wiruddhathwaya

objectionable *adj.* ප්‍රතිරෝධ්‍ය pathirodya

objective *adj.* පරමාර්ථය paramaarthaya

objectively *adv.* පරමාර්ථමය paramaarthamaya

oblation *n.* යාගය yaagaya

obligated *adj.* පොරොන්දු වූ porondu woo

obligation *n.* පොරොන්දුව poronduwa

obligatory *adj.* අනිවාර්ය aniwaarya

oblige *v.* අනුග්‍රහ කරනවා anugraha karanawa

obliging *adj.* කරුණාවන්ත karunaawantha

oblique *adj.* ඇල වූ ala wu

obliterate *v.* මකා දමනවා makaa damanawa

obliteration *n.* මකා දැමීම makaa dameema

oblivion *n.* අභාවය abhaawaya

oblivious *adj.* අනවධානයෙන් යුක්ත anawadhaanayen yuktha

oblong *adj.* දිගටි digati

obloquy *n.* නින්දාව nindaawa

obnoxious *adj.* අප්‍රිය apriya

obscene *adj.* අශිෂ්ට ashishta

obscenity *n.* කැතකම kathakama

obscure *adj.* අප්‍රකට aprakata

obscurity *n.* අප්‍රසිද්ධිය aprasiddhiya

observance *n.* අනුස්මරණය anusmaranaya

observant *adj.* සෝදිසි සහිත sodisi sahitha

observation *n.* නිරීක්ෂණය nireekshanaya

observatory *n.* නිරීක්ෂණාගාරය nireekshanaa gaaraya

observe *v.* නිරීක්ෂණය කරනවා nireekshanaya karanawaa

obsess *v.* සිත තුළ බලපානවා sitha thula balapaanawaa

obsession *n.* සිත තුළ බලපෑම sitha thula balapaama

obsolescent *adj.* යල් පැනපු yal panapu

obsolete *adj.* අභාවයට ගිය abhawayata giya

obstacle *n.* අවහිරය awahiraya

obstinacy *n* හිතුවක්කාරකම hithuwakkaara kama

obstinate *adj.* හිතුවක්කාර hithuwakkaara

obstruct *v.* වළක්වනවා walakwanawaa

obstruction *n.* බාධාව bhaadhaawa

obstructive *adj.* අවහිර සහිත

awahira sahitha

obtain *v.* ලබා ගන්නවා labaa gannawaa

obtainable *adj.* ලබා ගත හැකි lbaagatha haki

obtrude *v.* බල ප්‍රවේශය bala praweshaya

obtuse *adj.* මන්දබුද්ධික manda buddika

obverse *n.* ප්‍රතිවෘත්තය prathiwurthaya

obviate *v.* වළක්වනවා walakwanawaa

obvious *adj.* පැහැදිලි pahadili

occasion *n.* අවස්ථාව awasthaawa

occasional *adj.* ආගන්තුක aaganthuka

occasionally *adv.* ඇතැම්විට athamwita

occident *n.* අපරදිග aparadiga

occidental *adj.* ප්‍රතීචීන prathiweena

occlude *v.* නවතනවා nawathanawaa

occult *n.* ගුප්ත guptha

occupancy *n.* පදිංචි කාලය padinchi kaalaya

occupant *n.* නිලය දරන්නා nilaya daranna

occupation *n.* ජීවනෝපාය jeewanopaaya

occupational *adj.* වෘත්තීය wurththeeya

occupy *v.* ගන්නවා gannawa

occur *v.* සිදු වෙනවා sidu wenawaa

occurrence *n.* සිද්ධිය siddhiya

ocean *n.* සමුද්‍රය samudraya

oceanic *adj.* සාගරික saagarika

octagon *n.* අට පට්ටම ata pattama

octave *n.* අෂ්ටකය ashtakaya

octavo *n.* අෂ්ට පත්‍රක ashtaka pathraka

October *n.* ඔක්තෝබර් මාසය october maasaya

octogenarian *n.* අසූවයස්කාරයා asoo wayas kaarayaa

octopus *n.* බූවල්ලා boowallaa

octroi *n.* කඩයිම් බද්ද kadaim baddha

ocular *adj.* අක්ෂිය akshiya

odd *adj.* අමුතු amuthu

oddity *n.* විකාරය wikaaraya

odds *n.* වාසි අවාසි waasi awaasi

ode *n.* ගීත කාව්‍යය geetha kaawyaya

odious *adj.* නින්දිත ninditha

odium *n.* ද්වේශය dweshaya

odorous *adj.* සුවඳ හමන suwanda hamana

odour *n.* ගන්ධය ghandaya

odyssey *n.* ත්‍රාසජනක දිග ගමන thraasajanaka dhiga gamana

of *prep.* ගේ ge

off *adv.* ඉවතට iwathata

offence *n.* අමනාපය amanaapaya

offend *v.* වරද කරනවා warada karanawaa

offender *n.* වරදකරු waradakaru

offensive *adj.* අපරාධ aparaadha

offer *v.* පුදනවා pudhanawaa

offering *n.* පූජාව poojaawa

office *n.* කාර්යාලය kaaryaalaya

officer *n.* නිලධාරියා niladhaariyaa

official *adj.* නිලයට අයත් nilayata ayath

officially *adv.* නිලබලයෙන් nila balayen

officiate *v.* පවත්වන pawathwana
officious *adj.* කලබල සහිත kalabala sahitha
offset *v.* පාඩුව පිරිමසනවා paaduwa pirimasinawaa
offshoot *n.* අංකුරය ankuraya
offshore *adj.* අක් වෙරළ ak werala
offside *adj.* අනෙක් පැත්ත anek paththa
offspring *n.* දරුවා daruwaa
oft *adv.* බොහෝ විට boho wita
often *adv.* නිතර nithara
ogle *v.* ඔරවනවා orawanawaa
oil *n.* තෙල් thel
oil *a.* තෛලය thailaya
oily *adj.* තෙල් වැනි thel wani
ointment *n.* ආලේපනය aalepanaya
okay *adj.* හරි hari
old *adj.* මහලු mahalu
oligarchy *n.* රදල ආණ්ඩුව radhala aanduwa
olive *n.* රට වෙරළු rata weralu
Olympic *adj.* ඔලිම්පික් olimpik
omelette *n.* ඔම්ලට් omlet
omen *n.* පෙර නිමිත්ත pera nimiththa
ominous *adj.* අශුභ ashuba
omission *n.* මග හැරීම maga hareema
omit *v.* අත්හරිනවා ath harinawaa
omnibus *n.* පොදු රථය podu rathaya
omnipotence *n.* සර්වශක්තිය sarwa shakthiya
omnipotent *adj.* සර්වබලධාරී sarwa baladharee
omnipresence *n.* සර්වව්‍යාප්තිය sarwa wiyaapthiya
omnipresent *adj.* සර්වව්‍යාපී sarwa wiyaapee
omniscience *n.* සර්වඥතාව sarwagnathaawa
omniscient *adj.* සර්වඥ sarwagna
on *prep.* මත matha
once *adv.* වරක් warak
one *n. & adj.* එක eka
oneness *n.* එකඟබව ekanga bawa
onerous *adj.* බාරදූර baara doora
oneself *pron.* තමා thamaa
onion *n.* ළූණු loonu
onlooker *n.* බලා සිටින්නා balaa sitinna
only *adv.* පමණක් pamanak
onomatopoeia *n.* ශබ්දානුකරණය shabdaanukaranaya
onset *n.* ආක්‍රමණය aakramanaya
onslaught *n.* වේගයෙන් පහරදීම wegayen paharadeema
ontology *n.* සාරාර්ථ විද්‍යාව saaraartha vidyaawa
onus *n.* බර වගකීම bara waga-keema
onward *adv.* ඉදිරියට යන idiriyata yana
onyx *n.* අගස්ති වර්ගයක් agasthi wargayak
ooze *v.i.* වෑස්සෙනවා waasse-nawaa
opacity *n.* පාරාන්ධතාව paarand-hathaawa
opal *n.* අග්නිමාණික්‍යය agni maanikyaya
opaque *adj.* පාරාන්ධ paaraandha
open *adj.* විවෘත wiwurtha
opening *n.* ආරම්භය aarambhaya
openly *adv.* එළිපිට elipita
opera *n.* ඔපෙරාව operaawa
operate *v.* සැලසෙනවා salasenawaa

operation *n.* සත්කම sathkama
operational *adj.* ක්‍රියාකාරිත්වය kriyaakaarithwaya
operative *adj.* ක්‍රියාත්මක kriyaa-thmaka
operator *n.* ක්‍රියා කරවන්නා kriyaa karawannaa
opine *v.* සිතනවා sithanawaa
opinion *n.* මතය mathaya
opium *n.* අබිං abin
opponent *n.* විරුද්ධවාදියා wiruddawaadhiyaa
opportune *adj.* කාලෝචිත kaalo-chitha
opportunism *n.* චපලයා chapalayaa
opportunity *n.* අවස්ථාව awas-thaawa
oppose *v.* විරුද්ධ වෙනවා wiruddha wenawaa
opposite *adj.* විරුද්ධ wiruddha
opposition *n.* විරෝධය wirodhaya
oppress *v.* හිංසා කරනවා hinsaa karanawaa
oppression *n.* හිංසා කිරීම hinsaa kireema
oppressive *adj.* පීඩාකාරී peedaa kaaree
oppressor *n.* පෙළෙන්නා pelennaa
opt *v.* තෝරා ගන්නවා thoraa gannawaa
optic *adj.* නෛතික naithika
optician *n.* දෘෂ්ටි විශේෂඥයා drushti wisagnayaa
optimism *n.* ශුභවාදය shuba waadaya
optimist *n.* ශුභවාදී shuba waadee
optimistic *adj.* සර්වශුභවාදී sarwa shuba waadee
optimize *v.* යහපත් දේ තෝරා ගන්නවා yahapath de thora gannawaa
optimum *adj.* ප්‍රශස්ත prashashtha
option *n.* විකල්පය wikalpaya
optional *adj.* විකල්ප wikalpa
opulence *n.* සමෘද්ධිය samurdiya
opulent *adj.* ධනවත් dhanawath
or *conj.* හෝ ho
oracle *n.* දිවැස් කීම diwas keema
oracular *adj.* දූරදර්ශී dhoora dharshee
oral *adj.* වාචික waachika
orally *adv.* වාචිකව waachikawa
orange *n.* තැඹිලි thambili
oration *n.* දේශනාව deshanaawa
orator *n.* කථිකයා kathikayaa
oratory *n.* කුඩා පල්ලිය kudaa palliya
orb *n.* ගෝලය golaya
orbit *n.* කක්ෂය kakshaya
orbital *adj.* කක්ෂීය kaksheeya
orchard *n.* පලතුරු වත්ත palathuru wattha
orchestra *n.* වාද්‍ය වෘන්දය waadya wrundaya
orchestral *adj.* වාද්‍ය වෘන්දයකට සම්බන්ධ waadya wrundayakata sambanda
orchid *n.* උඩවැඩියා udawadia
ordeal *n.* දිව්‍යය diwyya
order *n.* පිළිවෙළ piliwela
orderly *adj.* ක්‍රමික kramika
ordinance *n.* ව්‍යවස්ථාව wiyawas-thaawa
ordinarily *adv.* සාමාන්‍යයෙන් saamaanyayen
ordinary *adj.* සාමාන්‍ය saamaanya
ordnance *n.* යුද්ධෝපකරණ yuddo-pakarana

ore *n.* ලෝපස් lo pas
organ *n.* අවයවය awayawaya
organic *adj.* කාබනික kaabanika
organism *n.* ජීවියා jeeviyaa
organization *n.* සංවිධානය sanwidhaanaya
organize *v.* සංවිධානය කරනවා sanwidhaanaya karanawaa
orgasm *n.* සූරතාන්තය soorathaanthaya
orgy *n.* අසංවර උත්සවය asanwara uthsawaya
orient *n.* පෙරදිග වැසියා peradiga wasiyaa
oriental *adj.* පෙරදිග peradiga
orientate *v.* දිශානතිය සොයනවා dishaanathiya soyanawaa
origami *n.* ඔරිගාමි origaamee
origin *n.* ආරම්භය aarambaya
original *adj.* මුල් mul
originality *n.* නවතාව nawathaawa
originate *v.* උපදවනවා upadawanawaa
originator *n.* උත්පාදකයා uthpaadakayaa
ornament *n.* පළඳනාව palandanaawa
ornamental *adj.* අලංකාරවත් alnkaarawath
ornamentation *n.* අලංකාරය alankaaraya
ornate *adj.* අලංකෘත alankruta
orphan *n.* අනාථයා anaathayaa
orphanage *n.* අනාථ නිවාසය anaatha niwaasaya
orthodox *adj.* ශාස්ත්‍රීය shasthreeya
orthodoxy *n.* සාධර්මිකතාවය saadarmikathaawaya
orthopaedics *n.* විකලාංග චිකිත්සාව wikalaanga chikithsaawa
oscillate *v.* පැද්දෙනවා paddenawaa
oscillation *n.* දෝලනය dolanaya
ossify *v.* සවි වෙනවා sawi wenawaa
ostensible *adj.* පිටට දක්වන pitata dakwana
ostentation *n.* පුරාජේරුව puraajeruwa
osteopathy *n.* අස්ථි විද්‍යාව asthi vidyaawa
ostracize *v.* පිටුවහල් කරනවා pituwahal karanawaa
ostrich *n.* පැස්බරා pasbaraa
other *adj. & pron.* අනෙක් anek
otherwise *adv.* නැතහොත් nathahoth
otiose *adj.* අලස alasa
otter *n.* මස්කාවා maskaawaa
ottoman *n.* තුර්කි thurki
ounce *n.* අවුන්සය awunsaya
our *adj.* අපගේ apage
ourselves *pron.* අපි ම api ma
oust *v.* නෙරපනවා nerapanawaa
out *adv.* පිටත pitatha
outbid *v.* වැඩි මිලට ඉල්ලනවා wadi milata illanawa
outboard *adj.* වාහනයකින් පිටතට යොමු වූ waahanayakin pitathata yomu woo
outbreak *n.* පැතිරීම pathireema
outburst *n.* කෝලාහලය kolaahalaya
outcast *n.* චණ්ඩාලයා chandaalaya
outclass *v.* ඉහළ පංතියකට අයත් වෙනවා ihala panthiyakata ayath wenawaa
outcome *n.* විපාකය wipaakaya

outcry *n.* කෑමොර ගැසීම kaamora gaseema

outdated *adj.* යල් පැනගිය yal panagiya

outdo *v.* පරදිනවා paradinawaa

outdoor *adj.* එළිමහන් elimahan

outer *adj.* බාහිර baahira

outfit *n.* කට්ටලය kattalaya

outgoing *adj.* පිටවී යන pita wee yana

outgrow *v.* අත්හරිනවා athharinawaa

outhouse *n.* ගේ ළඟ මඩුව ge langa maduwa

outing *n.* විනෝද චාරිකාව winoda chaarikawa

outlandish *adj.* පුදුමාකාර pudu-maakara

outlast *v.* කල් පවතිනවා kal pawa-thinawaa

outlaw *n.* සාහසික අපරාධකාරයා saahasika aparaadhakaaraya

outlay *n.* වියදම wiyadama

outlet *n.* පිටවීමේ මඟ pitaweeme manga

outline *n.* මායිම maayima

outlive *v.* දීර්ඝායු ලබනවා deeryaagu labanawaa

outlook *n.* පෙනීම peneema

outlying *adj.* දුර පිහිටි dura pihiti

outmoded *adj.* පරණ තාලේ parana thaale

outnumber *v.* ගණනින් අධික වෙනවා gananin adika wenawaa

outpatient *n.* බාහිර රෝගී baahira rogee

outpost *n.* ඈත මුරපොළ atha murapola

output *n.* නිමැවුම nimawuma

outrage *n.* මැරවරකම marawa-rakama

outrageous *adj.* සාහසික saahasika

outrider *n.* අසුපිට නැඟ යන asupita nanga yana

outright *adv.* මුළුමනින් mulu-maninma

outrun *v.* ඉක්මවා යනවා ikmawaa yanawa

outset *n.* මුල mula

outshine *v.* දීප්තිමත්ව බැබළෙනවා deepthimathwa babalenawaa

outside *n.* බාහිර baahira

outsider *n.* පිටස්තරයා pitastharayaa

outsize *adj.* ඕනෑවට වඩා විශාල onaawata wdaa wishaala

outskirts *n.* ළඟ පාත langa paatha

outsource *v.* පිටතට දෙනවා pita-thata denawa

outspoken *adj.* ඍජුව කතා කරන rijuwa kathaakarana

outstanding *adj.* විශිෂ්ට wishishita

outstrip *v.* ඉස්සර වෙනවා issara wenawaa

outward *adj.* පිටස්තර pitasthara

outwardly *adv.* මතුපිටින් mathupitin

outweigh *v.* වඩා බරපතලව පවතිනවා wadaa barapathalawa pawathinawaa

outwit *v.* හපන්කමින් රවටනවා hapankamin rawatanawaa

oval *adj.* ඕවලය owalaya

ovary *n.* ඩිම්බකෝෂය dimbakoshaya

ovate *adj.* අණ්ඩාකාර andaakara

ovation *n.* ප්‍රීතිඝෝෂාව preethi-goshaawa

oven *n.* උඳුන unduna

over *prep.* උඩින් udin

overact *v.* අතිධාවනයෙන් ක්‍රියාකරනවා athidhaawanayen kriyaakaranawaa
overall *adj.* සමස්ත samastha
overawe *v.* භය කර යමක් ලබාගන්නවා baya kara yamak labaagannawa
overbalance *v.* සමබර නැතිවෙනවා samabara nathiwenawaa
overbearing *adj.* අහංකාර ahan-kaara
overblown *adj.* වැඩියෙන් පිම්බුණු wadiyen pimbunu
overboard *adv.* යාත්‍රාවෙන් yaathraawen
overburden *v.* අධික බර පටවනවා adhika bara patawanawaa
overcast *adj.* අඳුරු වූ anduru woo
overcharge *v.* අධි ආරෝපණය adhi aaropanaya
overcoat *n.* උඩ කබාය uda kabaawa
overcome *v.* පරදවනවා parade-wanawaa
overdo *v.* අධික ලෙස වෙහෙසෙනවා adhika lesa wehesenawaa
overdose *n.* වැඩිකොට දක්වනවා wadikota dakwanawaa
overdraft *n.* අයිරාව ayiraawa
overdraw *v.* බෙගල් කියනවා begal kiyanawaa
overdrive *n.* අති වේග athi wega
overdue *adj.* කල් පැනපු kal panapu
overestimate *v.* අධිතක්සේරු කරනවා adhithakseru karanawaa
overflow *v.* උතුරනවා uthuranawaa
overgrown *adj.* අධික ලෙස වැඩුණු adhika lesa wadunu
overhaul *v.* පසුකර යනවා pasukara yanawaa
overhead *adv.* උඩින් පිහිටි udin pihiti
overhear *v.* අහම්බෙන් ඇහෙනවා ahamben ahenawaa
overjoyed *adj.* ප්‍රීතියෙන් පිනාගිය preethiyen pinagiya
overlap *v.* එකපිට එක වැටීම eka pita eka wateema
overleaf *adv.* අනෙක් පස anek pasa
overload *v.* වැඩි බර පටවනවා wadi bara patawanawaa
overlook *v.* උඩින් බලනවා udin balanawaa
overly *adv.* අධික ලෙස adhika lesa
overnight *adv.* රාත්‍රියෙහි raa-thriyehi
overpass *n.* ගුවන් පාලම guwan paalama
overpower *v.* බලයෙන් යටත් කරගන්නවා balayen yatath karagannawa
overrate *v.* අධික අගයක් අත්වනවා adhika agayak athwanawa
overreach *v.* වරද්ද ගන්නවා waradda gannawa
overreact *v.* වැඩි ප්‍රතිචාරයක් දක්වනවා wadi prathichaarayak dakwanawaa
override *v.* පාගාගෙන යනවා paagaagena yanawaa
overrule *v.* ප්‍රතික්ෂේප කරනවා prathikshepa karanawaa
overrun *v.* කාලය ඉක්මවනවා kaalaya ikmawanawaa
overseas *adv.* එතෙර ethera
oversee *v.* පාලනය කරනවා paalanaya karanawaa
overseer *n.* කංකානම kankaanama
overshadow *v.* යමකුගේ උසස්කම

මුවා කරනවා yamekuge usaskama muwaakaranawaa

overshoot *v.* ඉලක්කය ඉක්මවා විදිනවා ilakkaya ikmawaa widinawaa

oversight *n.* ප්‍රමාදය pramaadaya

overspill *n.* පිටාර ගැලීම pitaara galeema

overstep *v.* සීමාව ඉක්මවා යනවා deema ikmawaa yanawaa

overt *adj.* ප්‍රකට prakata

overtake *v.* ඉස්සර වෙනවා issara wenawaa

overthrow *v.* පරාජය කරනවා paraajaya karanawaa

overtime *n* අතිකාලය athikaalaya

overtone *n.* උපරිතානය upari-thaanaya

overture *n.* ප්‍රාරම්භ වාදනාව praarambha waadanaawa

overturn *v.* පරදවනවා parada-wanawaa

overview *n.* දළ විශේෂණය dala wisheshanaya

overweening *adj.* අහංකාර ahankaara

overwhelm *v.* විනාශ කරනවා winaasha karanawaa

overwrought *adj.* වෙහෙසුණු wehesunu

ovulate *v.* ඩිම්බ මෝචනය වෙනවා dimba mochanaya wenawaa

owe *n.* ණයව සිටිනවා nayawaa sitinawaa

owing *adj.* අයවියයුතු aya wiyayuthu

owl *n.* බකමූණා bakamoona

own *adj. & pron.* සිය siya

owner *n.* හිමිකරුවා himikaruwaa

ownership *n.* හිමිකම himikama

ox *n.* උසභ usabha

oxide *n.* ඔක්සයිඩය oxidaya

oxygen *n.* ඔක්සිජන් වායුව oxygen waayuwa

oyster *n.* බෙල්ලා bella

ozone *n* ඕසෝන් ස්ථරය ozone stharaya

P

pace *n.* ඇවිදීමේ වේගය awideeme wegaya

pacemaker *n.* දුවන්නා duwanna

pacific *n.* සමාදානයට කැමති samaa-daanayata kamathi

pacifist *n.* සාමවාදියා saama waadiyaa

pacify *v.* සංසිඳවනවා sansin-dawanawaa

pack *n.* කුට්ටම kuttama

package *n.* පැකේජය pakejaya

packet *n.* පැකැට්ටුව pakattuwa

packing *n.* ඇසුරුම asuruma

pact *n.* පොරොන්දුව poronduwa

pad *n.* තුනී පැතලි කොට්ටය thunee pathali kottaya

padding *n.* පිරවුම piriuma

paddle *n.* හබල habala

paddock *n.* මැඩියා madiyaa

padlock *n.* ඉබියතුර ibi yathura

paddy *n.* වී wee

paediatrician *n.* බාල චිකිත්සක baala chikithsaka

paediatrics *n.* බාල චිකිත්සාව baala chikithsaawa

paedophile *n.* ළමයින් සමඟ කාමයෙහි

යෙදෙන්නා lamaing samaga kaamayehi yedennaa

pagan *n.* අශිෂ්ටයා ashishtayaa

page *n.* පිටුව pituwa

pageant *n.* සංදර්ශනය sandarshanaya

pageantry *n.* උත්සවශ්‍රීය uthsawasreeya

pagoda *n.* ස්තූපය sthuupaya

pail *n.* කුඩා බාල්දිය kudaa baaldiya

pain *n.* වේදනාව wedanaawa

painful *adj.* වේදනා සහිත wedanaa sahitha

painkiller *n.* වේදනා නාශකය wedanaa naashakaya

painstaking *adj.* වේදනාකාරී wedanaakaaree

paint *n.* තීන්ත theentha

painter *n.* සිත්තරා siththaraa

painting *n.* සිතුවම sithuwama

pair *n.* යුගලය yugalaya

paisley *n.* සුවිශේෂ නිමැවුම් ලක්ෂණ ඇති suwishesha nimawum lakshana athi

pal *n.* යාළුවා yaaluwaa

palace *n.* මාළිගාව maaligaawa

palatable *adj.* කෑමට ප්‍රිය kaamata priya

palatal *adj.* තාලුජ thaaluja

palate *n.* රුචිය ruchiya

palatial *adj.* මාලිගාවක් වැනි maaligaawak wani

pale *adj.* සුදුමැලි sudumali

palette *n.* වර්ණ පලකය warna palakaya

paling *n.* වැට wata

pall *n.* ඝන වැස්ම ghana wasma

pallet *n.* පැදුර padura

palm *n.* අත්ල athla

palmist *n.* හස්ත රේඛා ශාස්ත්‍රය hastha rekaa shasthraya

palmistry *n.* සාමුද්‍රිකා saamudrikaa

palpable *adj.* ස්පර්ශ කළ හැකි sparsha kala haki

palpitate *v.* ස්පන්දනය වෙනවා spandanaya wenawaa

palpitation *n.* ස්පන්දනය spandanaya

palsy *n.* අංශභාගය anshabaagaya

paltry *adj.* ඉතා සුළු ithaa sulu

pamper *v.* වැඩි සැප දෙනවා wadi sapa denawaa

pamphlet *n.* පත්‍රිකාව pathrikaawa

pamphleteer *n.* පත්‍රිකා රචනය pathrikaa rachanaya

pan *n.* ඇතිලිය athiliya

panacea *n.* සියලු ලෙඩට බෙහෙත siyalu ledata behetha

panache *n.* ආඩ්‍යතාව aadyathaawaya

pancake *n.* ලැවරිය lawariya

pancreas *n.* අග්න්‍යාසය agniyasaya

panda *n.* පැන්ඩා pandaa

pandemonium *n.* මහා කෝලාහලය mahaa kolaahalaya

pane *n.* වීදුරු තහඩුව weeduru thahaduwa

panegyric *n.* ගුණවර්ණනාව guna warnanaawa

panel *n.* මණ්ඩලය mandalaya

pang *n.* මහත් දුක mahath duka

panic *n.* සංත්‍රාසය santhraasaya

panorama *n.* සමස්ත දර්ශනය samastha darshakaya

pant *v.* හති දමනවා hathi damanawaa

pantaloon *n.* කෝලමා kolamaa
pantheism *n.* සර්ව දේවවාදය sarwa dewawaadaya
pantheist *adj.* සර්වේශ්වරවාදියා sarweshwara waadiya
panther *n.* අඳුන් දිවියා andun diwiyaa
panties *n.* කාන්තා යටඇඳුම් kaanthaa yata andum
pantomime *n.* අභිරූපණය abhiroo-panaya
pantry *n.* කෑම තබන ගබඩාව kaama thabana thana
pants *n.* කලිසම් kalisama
papacy *n.* පාප් පදවිය paap prada-wiya
papal *adj.* පාප් paap
paper *n.* කඩදාසිය kadadaasiya
paperback *n.* කඩදාසි බැම්ම සමග kadadaasi bamma samaga
par *n.* සම sama
parable *n.* උපමා කථාව upamaa kathaawa
parachute *n.* පැරෂුටය para-shootaya
parachutist *n.* පැරෂුට් භටයා para-shoot batayaa
parade *n.* පෙළපාළිය pelapaaliya
paradise *n.* පාරාදීසය paaraa-deesaya
paradox *n.* විරුද්ධාභාසය wiruddhaa baasaya
paradoxical *adj.* විරෝධාභාසය wiroddha baasaya
paraffin *n.* පැරෆින් තෙල් parafin thel
paragon *n.* උතුම් දර්ශනය uthum darshanaya
paragraph *n.* ඡේදය chedaya
parallel *n.* සමාන්තර samaanthara
parallelogram *n.* සමාන්තරාස්රය samaantharaasraya
paralyse *v.* කොර කරනවා kora karanawaa
paralysis *n.* අංශභාගය ansha baagaya
paralytic *adj.* අංශභාග රෝගියා anshabaaga rogiya
paramedic *n.* අනුපූරක වෛද්‍ය සේවකයා anupuuraka waidya sewakayaa
parameter *n.* පරාමිතිය paramithiya
paramount *adj.* පරමතම para-mithiya
paramour *n.* සොර අඹුව sora ambuwa
paraphernalia *n.* මෙවලම් mewa-lama
paraphrase *v.* සන්න කරනවා sanna karanawa
parasite *n.* පරපුටුවා paraputuwa
parasol *n.* සත satha
parcel *n.* පාර්සලය paarsalaya
parched *adj.* වියළි wiyali
pardon *n.* සමාව samaawa
pardonable *adj.* සමා කළ හැකි samaa kala haki
pare *v.* සසිනවා sasinawa
parent *n.* පියා හෝ මව piyaa ho mawa
parentage *n.* පෙළපත pelapatha
parental *adj.* ස්නේහවන්ත snehawantha
parenthesis *n.* වරහන් යෙදූ කොටස warahan yedu kotasa
pariah *n.* නීචයා neechaya
parish *n.* වසම wasama
parity *n.* සමානත්වය samaa-

nathwaya
park *n.* උද්‍යානය udyaanaya
parky *adj.* උද්‍යානමය udyaanamaya
parlance *n.* භාෂා ව්‍යවහාරය bhaa-shaa wyawahaaraya
parley *n.* කතා බහ kathaa baha
parliament *n.* පාර්ලිමේන්තුව paar-limenthuwa
parliamentarian *n.* මන්ත්‍රීමණ්ඩලයේ සාමාජිකයා manthreemanda-laye saamaajikaya
parliamentary *adj.* පාර්ලිමේන්තුවට අයත් paarlimenthuwata ayath
parlour *n.* සාලය saalaya
parochial *adj.* ප්‍රාදේශීය parade-sheeya
parody *n.* සරදම saradama
parole *n.* මුර වචනය mura wachanaya
parricide *n.* පීතෘ ඝාතක peethru ghaathaka
parrot *n.* ගිරවා girawa
parry *v.* පහර වළකනවා pahara walakanawa
parse *v.* ව්‍යාකරණ විග්‍රහ කරනවා wyaakarana wigraha karanawa
parsimony *n.* මසුරු කම masuru-kama
parson *n.* පළාතක් භාර දේවගැතිතුමා palaathak bhaara dewagathi-thuma
part *n.* කොටස kotasa
partake *v.* හවුල් වෙනවා hawul wenawa
partial *adj.* අසම්පූර්ණ asampoorna
partiality *n.* ඇල්ම alma
participate *v.* සහභාගි වෙනවා sahabhaagee wenawa
participant *n.* සහභාගීව ක්‍රියා කරන්නා sahabhaageewa kriyaa karanna
participation *n.* සහභාගීත්වය sahib-haageethwaya
particle *n.* අංශුව anshuwa
particular *adj.* සුවිශේෂී suwi-sheshee
parting *n.* වෙන් කිරීම wen kireema
partisan *n.* පාක්ෂික paakshika
partition *n.* වෙන් කිරීම wen kireema
partly *adv.* පංගුවක් panguwak
partner *n.* හවුල්කරු hawulkaru
partnership *n.* හවුල් ව්‍යාපාරය hawul wyaapaaraya
party *n.* සාදය saadaya
pass *v.* සමත් වෙනවා samath wenawa
passable *adj.* තරමක් සතුටුදායක tharamak sathutudaayaka
passage *n.* එගොඩ වීම egoda weema
passenger *n.* මගියා magiya
passing *adj.* අස්ථිර astheera
passion *n.* රාගය raagaya
passionate *adj.* සරාගී saraagi
passive *adj.* අක්‍රිය akreeya
passport *n.* ගමන් බල පත්‍රය gaman bala pathraya
past *adj.* යට ගිය yata giya
pasta *n.* පිටි මෝලිය piti moliya
paste *n.* තලපය thalapaya
pastel *n.* පැස්ටල් pastel
pasteurized *adj.* පැස්ටරීකරණය කළ pastareekaranaya kala
pastime *n.* විනෝදාංශය winodaan-shaya
pastor *n.* පාදිලි උන්නාන්සේ paadili

unnaanse
pastoral *adj.* ගැමි gami
pastry *n.* පිටි කෑම piti kaama
pasture *n.* තණබිම thana bima
pasty *n.* පිටි සහිත piti sahitha
pat *v.* අතින් තට්ටු කරනවා athin thattu karanawa
patch *n.* අණ්ඩය andaya
patchy *adj.* අණ්ඩ සහිත anda sahitha
patent *n.* පේටන්ට් බලපත්‍රය patent balapathraya
paternal *adj.* පිය පස piya pasa
paternity *n.* පීතෘත්වය peethru-thwaya
path *n.* මඟ manga
pathetic *adj.* ශෝකජනක shoka-janaka
pathology *n.* ව්‍යාධිවේදී wyaad-hiwedee
pathos *n.* කරුණා රසය karunaa rasaya
patience *n.* ඉවසීම iwaseema
patient *adj.* ඉවසිලිවන්ත iwasili-wantha
patient *n.* රෝගියා rogiya
patio *n.* නිවසකට යාබදව ඇති වහලක් නැති කොටස niwasakata yaaba-dawa athi wahalak nathi kotasa
patisserie *n.* කැවිලි වෙළෙන්දාගේ සාප්පුව kawili welendaage saappuwa
patriarch *n.* කුලදෙටුවා kuladetuwa
patricide *n.* පියා මැරීම piyaa mareema
patrimony *n.* පිය උරුමය piya urumaya
patriot *n.* ජාතිමාමකයා jaathimaamakayaa
patriotic *adj.* දේශමාමක deshamaa-maka
patriotism *n.* දේශප්‍රේමය desha-premaya
patrol *v.* මුර සංචාරය කරනවා mura sanchaara karanawa
patron *n.* ආරක්ෂකයා aarakshakaya
patronage *n.* අනුග්‍රහය anugrahaya
patronize *v.* උපකාර කරනවා upa-kaara karanawa
pattern *n.* රටාව rataawa
patty *n.* පස්තෑලය pasthaalaya
paucity *n.* හිඟකම hingakama
paunch *n.* බඩ bada
pauper *n.* හිඟන්නා hinganna
pause *n.* විරාමය wiraamaya
pave *v.* බිම ගල් ගඩොල් ආදිය අතුරනවා bima gal gadol aadiya athuranawa
pavement *n.* පදිකවේදිකාව padika-wedikaawa
pavilion *n.* මණ්ඩපය mandapaya
paw *n.* අණ්ඩ anda
pawn *n.* උකස ukasa
pawnbroker *n.* උකස් බඩු ගන්නා ukas badu ganna
pay *v.* ගෙවනවා gewanawa
payable *n.* ගෙවිය හැකි gewiya haki
payee *n.* ආදායකයා aadaayakaya
payment *n.* ගාස්තුව gaasthuwa
pea *n.* රට මෑ rata maa
peace *n.* සාමය saamaya
peaceable *adj.* සමාදානයට කැමති samaadaanayata kamathi
peaceful *adj.* සාමකාමී saam-kaamee
peach *n.* පීච් නම් පළතුර peach nam

palathura

peacock *n.* මොණරා monara

peahen *n.* සෙබඩ sebada

peak *n.* තුඩ thuda

peaky *adj.* ලෙඩින් ledin

peal *n.* ගර්ජනාව garjanaawa

peanut *n.* රටකජු ratakaju

pear *n.* පයෙර් pear

pearl *n.* මුතු ඇටය muthu ataya

peasant *n.* පිටිසර වැසියා pitisara wasiya

peasantry *n.* ගොවි ජනයා gowi janaya

pebble *n.* ගල් කැටය gal kataya

pecan *n.* ගෙඩි විශේෂයක් gedi wisheshayak

peck *v.i.* ඇහිඳ කනවා ahinda kanawa

peculiar *adj.* අමුත් amuth

pedagogue *n.* අහංකාර උගතා ahankaara ugathaa

pedagogy *n.* ශික්ෂණ ශාස්ත්‍රය shikshana shaasthraya

pedal *n.* පිදිකය padikaya

pedant *n.* උගත්කමින් අහංකාරව සිටින්නා ugathkamin ahankaara-wa sitinna

pedantic *adj.* පණ්ඩිතමානී panditha-maanee

peddle *v.* ගෙවල් ගානේ බඩු විකුණමින් යනවා gewal gaane badu wiku-namin yanawa

pedestal *n.* පාදස්තලය paadas-thalaya

pedestrian *n.* පිදිකයා padikaya

pedicure *n.* පා වල නියපොතු හැඩගැන්වීම paa wala niyapothu hadaganweema

pedigree *n.* ගෝත්‍රය gothraya

pedlar *n.* තොරොම්බල්කාරයා thorombalkaaraya

pedometer *n.* පාදමානය paadamaa-naya

peek *v.* හොරෙන් බලනවා horen balanawa

peel *n.* පොත්ත poththa

peep *v.* එබිකම් කරනවා ebikam karanawa

peer *n.* වංශාධිපතියා wanshaadhi-pathiyaa

peer *v.* එබිකම් කරනවා ebikam karanawa

peerage *n.* රදළ පෙළ radala pela

peerless *adj.* අසමසම asamasama

peg *n.* කොක්ක kokka

pejorative *adj.* අවමානාත්මක awamaanaathmaka

pelican *n.* කරවැල් කොකා karawal kokaa

pellet *n.* උණ්ඩය undaya

pelmet *n.* තිර නෙරුව thira neruwa

pelt *v.* එල්ල කරනවා ella karanawa

pelvis *n.* ශ්‍රෝණිය shroniya

pen *n.* පෑන paana

penal *adj.* දණ්ඩන dandana

penalize *v.* දඬුවම් කරනවා dandu-wam karanawaa

penalty *n.* දඬුවම danduwama

penance *n.* තපස thapasa

penchant *n.* ළැදිකම ladikama

pencil *n.* පැන්සල pansala

pendant *n.* පැන්ඩනය pandanaya

pendent *adj.* එල්ලා වැටෙන ella watena

pending *adj.* විසඳීමට තිබෙන wisandeemata thibena

pendulum *n.* අවලම්භය awalambhaya

penetrate *v.* විනිවිද යනවා winiwida yanawa

penetration *n.* විනිවිද යෑම winiwida yaama

penguin *n.* පෙන්ගුයින් penguin

peninsula *n.* අර්ධද්වීපය ardhadweepaya

penis *n.* ශිශ්නය shishnaya

penitent *adj.* පසුතැවෙන pasuthawena

penniless *adj.* ඉතා දිළිඳු ithaa dilindu

penny *n.* පැන්සය pansaya

pension *n.* විශ්‍රාම වැටුප wishraama watupa

pensioner *n.* විශ්‍රාමිකයා wishraamikaya

pensive *adj.* කල්පනාවෙහි යෙදුණු kalpanaawehi yedunu

pentagon *n.* පංචාස්‍රය panchaasraya

penthouse *n.* උපග්‍රහය upagrahaya

penultimate *adj.* උපාන්ත upaantha

people *n.* ජනයා janaya

pepper *n.* ගම්මිරිස් gammiris

peppermint *n.* පෙපර්මින්ට් peppermint

peptic *adj.* දිරවිය හැකි dirawiya haki

per *prep.* විසින් wisin

perambulate *v.t.* එහා මෙහා යනවා ehaa mehaa yanawa

perceive *v.* දකිනවා dakinawa

perceptible *adj.* තේරුම්ගත හැකි therumgatha haki

percentage *n.* ප්‍රතිශතය prathishathaya

perceptible *adj.* දැකිය හැකි dakiya haki

perception *n.* දැකීම dakeema

perceptive *adj.* ප්‍රත්‍යක්ෂ ඥානය හා සබැඳි prathyaksha gnaanaya haa sabandi

perch *n.* පර්චස් එක perchas eka

percipient *adj.* ප්‍රතිග්‍රාහක prathigraahaka

percolate *v.* වැස්සෙනවා wassenawa

percolator *n.* පෙරහන perahana

perdition *n.* විනාශය winaashaya

perennial *adj.* නිරන්තර niranthara

perfect *adj.* පරිපූර්ණ paripoorna

perfection *n.* පරිපූර්ණත්වය paripoornathwaya

perfidious *adj.* ද්‍රෝහී drohee

perforate *v.* සිදුරු කරනවා siduru karanawa

perforce *adv.* බලහත්කාරයෙන් balahathkaarayen

perform *v.* රඟදෙනවා rangadenawa

performance *n.* රඟ දැක්වීම ranga dakweema

performer *n.* රඟපාන්නා rangapaanna

perfume *n.* සුවඳ විලවුන් suwanda wilawun

perfume *adv.* සුගන්ධය sugandhaya

perfunctory *adj.* නොසැලකිලිමත්ව ක්‍රියා කරන nosalakilimathwa kriyaa karana

perhaps *adv.* සමහරවිට samahara wita

peril *n.* මහත් අනතුර mahath anathura

perilous *adj.* උපද්‍රව සහිත

upadrawa sahitha
period *n.* කාල පරිච්ඡේදය kaala parichchedaya
periodic *adj.* ආවර්තිත aawarthitha
periodical *adj.* කලින් කල සිදුවන kalin kala siduwana
periphery *n.* පර්යන්තය paryanthaya
perish *v.* වැනසෙනවා wanasenawa
perishable *adj.* ඉක්මනින් නරක් වන ikmanin narak wana
perjure *v.* දිවුරා බොරු කියනවා diwuraa boru kiyanawa
perjury *n.* දිවුරා බොරු කීම diwraa boru keema
perk *v.* අහංකාර ලෙස හැසිරෙනවා ahankaara lesa hasirenawa
perky *adj.* උඩඟු udangu
permanence *n.* ස්ථිරත්වය stheera-thwaya
permanent *adj.* ස්ථිර stheera
permeable *adj.* පාරගම්‍ය paara-gamya
permissible *adj.* අවසර දිය හැකි awasara diya haki
permission *n.* අවසරය awasaraya
permissive *adj.* ඉඩ ඇති ida athi
permit *v.* අවසර දෙනවා awasara denawa
permutation *n.* සංකරණය sanka-ranaya
pernicious *adj.* ඝාතක ghaathaka
perpendicular *adj.* ලම්භක lamb-haka
perpetrate *v.* වරදක් කරනවා wara-dak karanawa
perpetual *adj.* නිරන්තර niranthara
perpetuate *v.t.* චිරස්ථායි කරනවා chirasthaai karanawa
perplex *v.* සැක උපදවනවා saka upadawanawa
perplexity *n.* විමතිය wimathiya
perquisite *n.* අතිරේක ලාභය athireka laabhaya
perry *n.* බීම වර්ගයක් beema wargayak
persecute *v.* හිංසා කරනවා hinsaa karanawa
persecution *n.* හිංසා කිරීම hinsaa kireema
perseverance *n.* උත්සාහය uthsaahaya
persevere *v.i.* නොපසුබටව කරනවා nopasubatawa karanawa
persist *v.* නොනැසී පවතිනවා nonasee pawathinawa
persistence *n.* පැවැත්ම pawathma
persistent *adj.* නොනැසී පවත්නා nonasee pawathnaa
person *n.* පුද්ගලයා pudgalaya
persona *n.* කථක kathaka
personage *n.* උත්තමයා uththamaya
personal *adj.* පුද්ගලික pudgalika
personality *n.* පෞරුෂය paurshaya
personification *n.* පුද්ගලීකරණය pudgaleekaranaya
personify *v.* පුද්ගලීකරණය කරනවා pudgaleekaranaya karanawaa
personnel *n.* සේවක මණ්ඩලය sewaka mandalaya
perspective *n.* පර්යාලෝකය paryaalokaya
perspicuous *adj.* නිරවුල් nirawul
perspiration *n.* ස්වේදනය swe-danaya
perspire *v.t.* දාඩිය දමනවා daadiya damanawa
persuade *v.* නම්මා ගන්නවා namm gannawa

persuasion *n.* පෙළඹවීම pelambaweema

pertain *v.* අදාළව පවතිනවා adaalawa pawathinawa

pertinent *adj.* උචිත uchitha

perturb *v.* වික්ෂිප්තභාවයට පමුණුවනවා wikshipthabhaawayata pamunuwanawa

perusal *n.* පරීක්ෂාකාරීව කියවීම pareekshaakaareewa kiyaweema

peruse *v.* පරීක්ෂාවෙන් කියවා බලනවා pareekshaawen kiyawaa balanawa

pervade *v.* ව්‍යාප්ත වෙනවා wyaaptha wenawa

perverse *adj.* මුරණ්ඩු murandu

perversion *n.* දුරාචාරය duraachaaraya

perversity *n.* අගතිය agathiya

pervert *v.* මුළා කරනවා mulaa karanawa

pessimism *n.* සර්වශුභවාදය sarwashubhawaadaya

pessimist *n.* සර්වශුභවාදියා sarwashubhawaadiya

pessimistic *adj.* සර්වශුභවාදී sarwashubhawaadee

pest *n.* වසංගතය wasangathaya

pester *v.* හිරිහැර කරනවා hirihara karanawa

pesticide *n.* කෘමිනාශක ද්‍රව්‍යය kruminaashaka drawya

pestilence *n.* වසංගත රෝගය wasangatha rogaya

pet *n.* සුරතලා surathala

petal *n.* මල් පෙත්ත mal peththa

petite *adj.* පුංචි punchi

petition *n.* පෙත්සම pethsama

petitioner *n.* පෙත්සම්කරු pethsamkaru

petrify *v.* ගල්වෙනවා gal wenawa

petrol *n.* පෙට්‍රල් petrol

petroleum *n.* පෙට්‍රෝලියම් petroleum

petticoat *n.* යටගවුම yatagawma

pettish *adj.* කේන්ති යන kenthi yana

petty *adj.* නොවැදගත් nowadagath

petulance *n.* වහා ඇවිස්සෙන බව wahaa awissena bawa

petulant *adj.* නොරිස්සුම් ගති ඇති norissum gathi athi

phantom *n.* අවතාරය awathaaraya

pharmaceutical *adj.* ඖෂධ aushadha

pharmacist *n.* බෙහෙත් වෙළෙන්දා beheth welendaa

pharmacy *n.* ඖෂධාගාරය aushadhaagaaraya

phase *n.* අවධිය awadhiya

phenomenal *adj.* ආශ්චර්යවත් aashcharyawath

phenomenon *n.* ආශ්චර්ය aashcharya

phial *n.* කුප්පිය kuppiya

philanthropic *adj.* පරාර්ථකාමී paraarthakaamee

philanthropist *n.* පරාර්ථකාමියා paraarthakaamiyaa

philanthropy *n.* පරාර්ථකාමීභාවය paraarthakaameebhaawaya

philately *n.* මුද්දර එකතු කිරීම muddara ekathu kireema

philological *adj.* වාග්විද්‍යාත්මක waag widyaathmaka

philologist *n.* වාග්විද්‍යාඥයා waag widyaagniya

philology *n.* වාග්විද්‍යාව waag widyaawa

philosopher *n.* දාර්ශනිකයා daarshanikaya
philosophical *adj.* දර්ශනය පිළිබඳ වූ darshanaya pilibanda wu
philosophy *n.* දර්ශනය darshanaya
phlegmatic *adj.* සෙම් අධික sem adhika
phobia *n.* භීතිකාව bheethikaawa
phoenix *n.* පීනික්ෂියා peenikshiya
phone *n.* බණුව banuwa
phonetic *adj.* ශබ්දයන් පිළිබඳ shabdayan pilibandawa
phosphate *n.* ෆොස්ෆේට් phosphate
phosphorus *n.* ෆොස්ෆරස් phosphorus
photo *n.* සේයාව seyaawa
photocopy *n.* ඡායා පිටපත chaayaa pitapatha
photograph *n.* ඡායාරූපය chaayaa-roopaya
photographer *n.* ඡායාරූප ශිල්පියා chaayaaroopa shilpiya
photographic *adj.* ඡායාරූප chaa-yaaroopa
photography *n.* ඡායාරූප ශිල්පය chaayaaroopa shilpaya
photostat *n.* ඡායාස්ථිති chaa-yaasthithi
phrase *n.* වාක්‍ය ඛණ්ඩය waakya kandaya
phraseology *n.* පද රචනාව pada rachanaawa
physical *adj.* භෞතික bhauthika
physician *n.* චිකිත්සකයා chikith-sakayaa
physics *n.* භෞතික විද්‍යාව bhau-thika widyaawa
physiognomy *n.* මුහුණුවර muhu-nuwara
physiotherapy *n.* කායික චිකිත්සාව kaaika chikithsaawa
physique *n.* දේහය dehaya
pianist *n.* පියානෝ වාදකයා piyaano waadakaya
piano *n.* පියානෝව piaanowa
piazza *n.* ගඩොල් ගිලි වලින් වට වූ චතුරස්‍ර වීදිය godanagili walin wata wu chathurasra weediya
pick *v.* තෝරාගන්නවා thoragannawa
picket *n.* මුරපොළ murapola
pickings *n.* ඇහිඳගත් දේ ahindagath de
pickle *n.* අච්චාරු achchaaru
picnic *n.* සෙල්ලම් ගමන sellam gamana
pictograph *n.* චිත්‍ර ප්‍රස්තාරය chithra prasthaaraya
pictorial *adj.* චිත්‍රාත්මක chithraathmaka
picture *n.* පින්තූරය pinthooraya
picturesque *adj.* දර්ශනීය darsha-neeya
pie *n.* පක්ෂි වර්ගයක් pakshee wargayak
piece *n.* කෑබැල්ල kaballa
piecemeal *adv.* ටික ටික tika tika
pier *n.* කණුව kanuwa
pierce *v.* සිදුරු කරනවා siduru karanawa
piety *n.* ශ්‍රද්ධාව shruddhaawa
pig *n.* ඌරා uraa
pigeon *n.* පරෙවියා parewiyaa
pigeonhole *n.* කුඩා කූඩුව kudaa kooduwa
piggery *n.* ඌරු මඩුව uru maduwa
pigment *n.* සායම saayama
pigmy *n.* ඉතා සුළු ithaa sulu

pike *n.* හෙල්ලය hellaya

pile *n.* රාශිය raashiya

pilfer *v.* සුළු හොරකම් කරනවා sulu horakam karanawa

pilgrim *n.* වන්දනාකරු wanda-naakaru

pilgrimage *n.* වන්දනා ගමන wan-danaa gamana

pill *n.* බෙහෙත් ගුලිය beheth guliya

pillar *n.* ස්ථම්භය sthambhaya

pillow *n.* කොට්ටය kottaya

pilot *n.* ගුවන් නියමුවා guwan niya-muwa

pimple *n.* කුරුලෑව kurulaawa

pimple *n.* කුරුලෑව kurulaawa

pin *n.* අල්පෙනෙත්ත alpeniththa

pincer *n.* අඬුව anduwa

pinch *v.* කොනිත්තනවා konith-thanawa

pine *v.* දුකින් පසු වෙනවා dukin pasu wenawa

pineapple *n.* අන්නාසි annasi

pink *adj.* රෝස පාට rosa paata

pinnacle *n.* කොත kotha

pinpoint *v.* ඉතා සියුම් ඉලක්කය ithaa siyum ilakkaya

pint *n.* පනිට්ටුව panittuwa

pioneer *n.* පුරෝගාමියා purogaamiya

pious *adj.* බැතිමත් bathimath

pipe *n.* නළය nalaya

pipette *n.* පිපෙට්ටුව pipettuwa

piquant *adj.* සිත් ගන්නා sith ganna

pique *n.* කේන්තිය kenthiya

piracy *n.* මුහුදු කොල්ලය muhudu kollaya

pirate *n.* මුහුදු කොල්ලකරු muhudu kollakaru

pistol *n.* පිස්තෝලය pistholaya

piston *n.* පිස්ටනය pistanaya

pit *n.* වළ wala

pitch *n.* තාරතාව thaarathaawa

pitcher *n.* කෙණ්ඩිය kendiya

piteous *adj.* කණගාටුදායක kana-gaatudaayaka

pitfall *n.* බොරු වළ boru wala

pitiful *adj.* කාලකණ්ණි kaalakanni

pitiless *adj.* අකාරුණ්‍ය akaarunya

pity *n.* දයාව dayaawa

pivot *n.* කේන්ද්‍රය kendraya

pivotal *adj.* ප්‍රධාන pradhaana

pixel *n.* පික්සලය pixalaya

pizza *n.* පීසා pizza

placard *n.* පලක්කට්ටුව palak-kattuwa

placate *v.* සතුටුකරවා ගන්නවා sathutukarawaa gannawa

place *n.* ස්ථානය sthaanaya

placement *n.* ස්ථාපනය sthaa-panaya

placid *adj.* සෞම්‍ය saumya

plague *n.* මහාමාරිය mahaamaariya

plain *adj.* සරල sarala

plaintiff *n.* පැමිණිලිකරු paminilikaru

plaintive *adj.* දුක්මුසු dukmusu

plait *n.* ගෙතුම gethuma

plan *n.* සැලැස්ම salasma

plane *n.* තලය thalaya

planet *n.* ග්‍රහලෝකය grahalokaya

planetary *adj.* ග්‍රහ graha

plank *n.* පුවරුව puwaruwa

plant *n.* පැළය palaya

plantain *n.* කෙසෙල් kesel

plantation *n.* වගාව wagaawa

plaque *n.* ඵලකය palakaya

plaster *n.* පැලැස්තරය palastharaya

plastic *n.* ප්ලාස්ටික් plastic

plate *n.* පිඟාන pingaana
plateau *n.* සානුව saanuwa
platelet *n.* රුධිර පට්ටිකාව rudhira pattikaawa
platform *n.* වේදිකාව wedikaawa
platinum *n.* ප්ලැටිනම් platinum
platonic *adj.* ක්‍රියාවෙන් කාමුක නොවූ kriyaawen kaamuka nowu
platoon *n.* පාබල හමුදා ඛණ්ඩය paabala hamudaa kandaya
platter *n.* ලොකු තැටිය loku thatiya
plaudits *n.* ප්‍රශංසා prashansaa
plausible *adj.* ව්‍යාජ wyaaja
play *v.i.* සෙල්ලම් කරනවා sellam karanawa
playground *n.* ක්‍රීඩා පිටිය kreeda pitiya
playwright *n.* නාටක රචක naataka rachaka
player *n.* ක්‍රීඩකයා kreedakaya
plaza *n.* සාප්පු සංකීර්ණය saappu sankeernaya
plea *n.* කන්නලව්ව kannalaw
plead *v.* ආයාචනා කරනවා aayaa-chanaa karanawa
pleasant *adj.* ප්‍රසන්න prasanna
pleasantry *n.* විහිළු තහළු wihilu thahalu
please *v.* සතුටු වෙනවා sathutu wenawa
pleasure *n.* සතුට sathuta
pleat *n.* රැලි දමනවා rali damanawa
plebeian *adj.* සාමාන්‍ය saamanya
plebiscite *n.* ජනමත විමසුම jana-matha wimasuma
pledge *n.* ප්‍රතිඥාව prathignaawa
plenty *pron.* බහුල බව bahula bawa
plethora *n.* රාශිය raashiya
pliable *adj.* කීකරු keekaru
pliant *adj.* පහසුවෙන් නැමෙන pahasuwen namena
pliers *n.* කුඩා අඬුව kudaa anduwa
plight *n.* අවස්ථාව awasthaawa
plinth *n.* කයිරුව kairuwa
plod *v.* බොහෝ මහන්සියෙන් ඇවිදිනවා boho mahansiyen awidinawa
plot *n.* කුමන්ත්‍රණය kumanthranaya
plough *n.* නගුල nagula
ploughman *n.* හාන තැනැත්තා haana thanaththaa
ploy *n.* කූටෝපාය kootopaaya
pluck *v.* කඩනවා kadanawa
plug *n.* පෙනුව penuwa
plum *n.* වියලි මිදි wiyali midi
plumage *n.* පිහාටු රැස pihaatu rasa
plumb *v.* ගැඹුර බලනවා gambura balanawa
plumber *n.* ජල නල කාර්මිකයා jala nala kaarmikayaa
plume *n.* වේගයෙන් වැටීම wegayen wateema
plummet *v.* වේගයෙන් පහතට වැටෙනවා wegayen pahatha watenawa
plump *adj.* ඍජු riju
plunder *v.* පැහැර ගන්නවා pahara gannawa
plunge *v.* සූදු කෙළිනවා soodu kelinawa
plural *adj.* බහු වචන bahu wachana
plurality *n.* බහුත්වය bahulathwaya
plus *prep.* සමඟ samaga
plush *n.* සේද රෙදි වර්ගයක් seda redi wargayak
ply *n.* ලෑල්ල laalla
pneumatic *adj.* වායව waayawa

pneumonia *n.* නියුමෝනියාව neumoniaawa
poach *v.* හොරෙන් දඩයම් කරනවා horen dadayam karanawa
pocket *n.* පසුම්බිය pasumbiya
pod *n.* කරල karal
podcast *n.* කරල් ඉවතලාම karal iwathalaama
podium *n.* කුඩා වේදිකාව kudaa wedikaawa
poem *n.* කාව්‍යය kaawya
poet *n.* කවියා kawiyaa
poetry *n.* කාව්‍ය සංග්‍රහය kaawya sangrahaya
poignancy *n.* බලවත් කණගාටුව balawath kanagaatuwa
poignant *adj.* සැර sara
point *n.* තුඩ thuda
pointing *n.* කුස්තුර වැසීම kusthura waseema
pointless *adj.* නිෂ්ඵල nishpala
poise *n.* තැන්පත්කම thanpathkama
poison *n.* විෂ wisha
poisonous *adj.* විෂ සහිත wisha sahitha
poke *v.* ඔබා බලනවා obaa balanawa
poker *n.* උඳුන් කූර undun koora
poky *adj.* ඇහුරුණු ahurunu
polar *adj.* ධ්‍රැවික drawika
pole *n.* ධ්‍රැවය drawaya
polemic *n.* විවාදය wiwaadaya
police *n.* පොලීසිය poleesiya
policeman *n.* පොලිස්කාරයා polis-kaaraya
policy *n.* ප්‍රතිපත්තිය prathipaththiya
polish *n.* ඔපය opaya
polite *adj.* ශිෂ්ට shishta
politeness *n.* ආචාරසම්පන්නකම aachaarasampannakama
politic *adj.* දූරදර්ශී dooradarshee
political *adj.* දේශපාලන deshapaalana
politician *n.* දේශපාලනඥයා deshapaalagniyaa
politics *n.* දේශපාලනය deshapaalanaya
polity *n.* ආණ්ඩුක්‍රමය aandu-kramaya
poll *n.* ඡන්දය chandaya
pollen *n.* රේණු renu
pollster *n.* ජනමත විමසන්නා janamatha wimasanna
pollute *v.* කෙලෙසනවා kelasanawa
pollution *n.* දූෂණය dooshanaya
polo *n.* අශ්වාරෝහකයන්ගේ පන්දු ක්‍රීඩාව ashwaarohakayange pandu kreedaawa
polyandry *n.* බහුපතික්‍රමය bahu-pathikramaya
polygamous *adj.* බහුවිවාහික bahu wiwaahika
polygamy *n.* බහුවිවාහය bahu wiwaahaya
polyglot *adj.* බහුභාෂා bahu bhaashaa
polygraph *n.* බහුරේඛය bahu rekaya
polytechnic *n.* බහුතාක්ෂණික bahu thaakshanika
polytheism *n.* බහුදේවවාදය bahudewawaadaya
polytheistic *adj.* බහුදේවවාදියා bahudewawaadiyaa
pomegranate *n.* දෙළුම් delum
pomp *n.* අලංකාරය alankaaraya
pomposity *n.* උඩඟුකම udan-gukama

pompous *adj.* ආඩම්බර aadambaraya
pond *n.* පොකුණ pokuna
ponder *v.* ඕනෑකමින් සිතා බලනවා onaakamin sithaa balanawa
pontiff *n.* පාප්තුමා paapthumaa
pony *n.* පෝනියා poniyaa
pool *n.* දිය කඩිත්ත diya kadiththa
poor *adj.* දුප්පත් duppath
poorly *adv.* අසනීප ගති ඇති asaneepa gathi athi
pop *v.* හිදිසියෙන් එනවා hadisiyen enawa
pope *n.* පාප් වහන්සේ paap wahanse
poplar *n.* ගස් විශේෂයක් gas wisheshayak
poplin *n.* පොප්ලින් poplin
populace *n.* මහජනයා mahajanaya
popular *adj.* ජනප්‍රිය janapriya
popularity *n.* ජනප්‍රසාදය janaprasaadaya
popularize *v.* ජනතාව අතර ප්‍රකට කරනවා janathaawa athara prakata karanawa
populate *v.* ජනගහනය ඇති කරනවා janagahanaya athi karanawa
population *n.* ජනගහනය janagahanaya
populous *adj.* ජනාකීර්ණ janaakeerna
porcelain *n.* පෝසිලේන් porcelain
porch *n.* ද්වාරමණ්ඩලය dwaaramandalaya
porcupine *n.* ඉත්තෑවා iththaawaa
pore *n.* විවරය wiwaraya
pork *n.* ඌරු මස් uru mas
pornography *n.* කාමෝද්දීපන රචනය kaamoddeepana rachanaya
porridge *n.* කැඳ kanda
port *n.* තොටුපොළ thotupala
portable *adj.* අතේ ගෙන යා හැකි athe gena yaa haki
portage *n.* ඔසවා ගෙන යෑම osawaa gena yaama
portal *n.* වාසල් රාමුව waasal raamuwa
portend *v.* පෙර නිමිති දක්වනවා pera nimithi dakinawa
portent *n.* පෙරනිමිත්ත peranimiththa
porter *n.* දොරටුපාල doratupaala
portfolio *n.* අමාත්‍යධූරය amaathyadhooraya
portico *n.* ද්වාරමණ්ඩලය dwaaramandalaya
portion *n.* දායාදය daayaadaya
portrait *n.* චිත්‍රය chithraya
portraiture *n.* චිත්‍ර කලාව chithra kalaawa
portray *v.* නිරූපණය කරනවා niroopanaya karanawa
portrayal *n.* නිරූපණය niroopanaya
pose *v.* පෙන්වන ආකාරය penwana aakaaraya
posh *adj.* ලක්ෂණ lakshana
posit *v.* ප්‍රකාශ කරනවා prakaasha karanawaa
position *n.* තත්වය thathwaya
positive *adj.* ධනාත්මක dhanaathmaka
possess *v.* අයිතිව සිටිනවා aithiwa sitinawa
possession *n.* දේපළ depala
possessive *adj.* ස්වාමිත්වය දක්වන swaamithwaya dakwana
possibility *n.* හැකියාව hakiyaawa

possible *adj.* විය හැකි wiya haki
post *n.* තානාන්තරය thaanaantharaya
postage *n.* තැපැල් ගාස්තුව thapal gaasthuwa
postal *adj.* තැපැල් thapal
postcard *n.* තැපැල් පත thapal patha
postcode *n.* තැපැල් කේතය thapal kethaya
poster *n.* පෝස්ටරය posteraya
posterior *adj.* පසු භාගයෙහි පිහිටි pasu bhaagayehi pihiti
posterity *n.* සංහතිය sanhathiya
postgraduate *n.* පශ්චාත් උපාධි pashchaath upaadhi
posthumous *adj.* මළ පසු mala pasu
postman *n.* තැපැල්කරු thapalkaru
postmaster *n.* තැපැල් ස්ථානාධිපති thapal sthaanaadhipathi
postmortem *n.* ශවපරීක්ෂණය shawapareekshanaya
postoffice *n.* තැපැල් කාර්යාලය thapal kaaryaalaya
postpone *v.* කල් දමනවා kal damanawa
postponement *n.* කල් දැමීම kal dameema
postscript *n.* පසු වදන pasu wadana
posture *n.* ඉරියව්ව iriyawwa
pot *n .* සැළිය saliya
potato *n.* අල ala
potency *n.* ශක්තිය shakthiya
potent *adj.* සමර්ථ samartha
potential *adj.* විභව wibhawa
potentiality *n.* විභවතාව wibhawathaawa
potter *v.* අත පත ගගා සිටිනවා atha patha gagaa sitinawa
pottery *n.* කුඹල් කර්මාන්තය kumbal karmaanthaya
pouch *n.* කුඩා මල්ල kudaa malla
poultry *n.* කුකුළු ගණය kukulu ganaya
pounce *v.* හිල් කරනවා hil karanawa
pound *n.* පවුම pawuma
pour *v.* වක්කරනවා wakkaranawa
poverty *n.* දුප්පත්කම duppathkama
powder *n.* කුඩු kudu
power *n.* බලය balaya
powerful *adj.* ප්‍රබල prabala
practicability *n.* ප්‍රායෝගිකත්වය praayogikathwaya
practicable *adj.* ප්‍රායෝගික praayogika
practical *adj.* ප්‍රායෝගීය praayogeeya
practice *n.* පුහුණුව puhunuwa
practise *v.* පුරුදු වෙනවා purudu wenawa
practitioner *n.* වෘත්තිකයා wurthikaya
pragmatic *adj.* උපයෝගික upayogika
pragmatism *n.* උපයෝගිකතාවාදය upayogikathaawaadaya
praise *v.t.* ප්‍රශංසා කරනවා prashansaa karanawa
praline *n.* සීනිවලින් සාදන ද්‍රව්‍යයක් seeniwalin saadana drawyak
pram *n.* අත දරුවන් තබා තල්ලුකරන රථය atha daruwan thabaa thallukarana rathaya
prank *n.* සමච්චලය samachchalaya
prattle *v.* බොළඳ බස් bolanda bas
pray *v.* යදිනවා yadinawa

prayer *n.* යාච්ඤාව yaachgnaawa

preach *v.* අවවාද කරනවා awawaada karanawa

preacher *n.* දේශකයා deshakayaa

preamble *n.* ප්‍රාරම්භය praarambhaya

precarious *adj.* අස්ථිර astheera

precaution *n.* පූර්වෝපාය poorwopaaya

precautionary *adj.* ආරක්ෂක aarakshaka

precede *v.* කලින් සිදුවෙනවා kalin sidu wenawa

precedence *n.* ඉස්සරවීම issara weema

precedent *n.* පූර්වාදර්ශය poorwaadarshaya

precept *n.* ශික්ෂාව shikshaawa

precinct *n.* සීමාව seemaawa

precious *adj.* මාහැඟි maahangi

precipitate *v.* අවක්ෂේප කරනවා awakshepa karanawa

précis *n.* සාරය saaraya

precise *adj.* සියුම් siyum

precision *n.* සුනම්‍යතාව sunamyathaawa

precognition *n.* පූර්වඥානය poorwagnaanaya

precondition *n.* පූර්ව කොන්දේසිය poorwa kondesi

precursor *n.* පුරෝගාමියා purogaamiyaa

predator *n.* විලෝපියා wilopiyaa

predecessor *n.* පූර්වගාමියා poorwagaamiyaa

predestination *n.* දෛවය dhaiwaya

predetermine *v.* කලින් නියම කරනවා kalin niyama karanawa

predicament *n.* අසීරු තත්වය aseeru thathwaya

predicate *n.* කියන ලද්ද kiyana ladda

predict *v.* දිවැස් කියනවා diwas kiyanawa

prediction *n.* අනාවැකිය anaawakiya

predominance *n.* ප්‍රබලතර බව prabalathara bawa

predominant *adj.* අතිප්‍රමුඛ athipramukha

predominate *v.* ප්‍රමුඛතම වෙනවා pramukhathama wenawa

pre-eminence *n.* විශිෂ්ටතාවය wishishtathaawaya

pre-eminent *adj.* විශිෂ්ට wishishta

pre-empt *v.* පළමුව භුක්තිය ගන්නවා palamuwa bhukthiya gannawaa

prefabricated *adj.* කෘතිමව නිර්මාණය කළ krutheemawa nirmaanaya kala

preface *n.* භූමිකාව bhoomikaawa

prefect *n.* ශිෂ්‍ය නායකයා shishya naayakaya

prefer *v.* වඩා කැමති වෙනවා wadaa kamathi wenawaa

preference *n.* මනාපය manaapaya

preferential *adj.* වැඩි කැමැත්තක් දක්වන wadi kamaththak dakwana

preferment *n.* උසස්වීම usasweema

prefix *n.* උපසර්ගය upasargaya

pregnancy *n.* ගැබ් ගැනීම gab ganeema

pregnant *adj.* ගැබ්බර gabbara

prehistoric *adj.* ඉතා පුරාණ ithaa puraana

prejudge *v.* අගතියට යනවා agathiyata yanawaa

prejudice *n.* අගතිය agathiya
prejudicial *adj.* අගතිගාමී agathi-gaamee
prelate *n.* නායක හිමි naayaka himi
preliminary *adj.* ප්‍රාථමික praathamika
prelude *n.* පූර්විකාව poorwikaawa
premarital *adj.* විවාහයට පෙර wiwaahayata pera
premature *adj.* අකල් akal
premeditate *v.* කලින් සැලසුම් කරනවා kalin salasum karanawaa
premeditation *n.* පූර්වමර්ශනය poor-wamarshanaya
premier *adj.* අග්‍ර agra
premiere *n.* ප්‍රමුඛ pramukha
premise *n.* ප්‍රතිඥාව prathignaawa
premises *n.* පරිශ්‍රය parishraya
premium *n.* වාරිකය waarikaya
premonition *n.* නොදැනුම noda-numa
preoccupation *n.* පූර්වනියුක්තිය poorwaniyukthiya
preoccupy *v.* යොදවනවා yoda-wanawaa
preparation *n.* සූදානම soodaanama
preparatory *adj.* මූලික moolika
prepare *v.* සූදානම් වෙනවා soodanam wenawa
preponderance *n.* අධිකත්වය adikathwaya
preponderate *v.* බලයෙන් අධිකව පවතිනවා balayen adhikawa pawathinawaa
preposition *n.* නිපාත nipaatha
prepossessing *adj.* සිත් ගන්න sith ganna
preposterous *adj.* විපරීත wiparitha
prerequisite *n.* අවශ්‍ය awashya
prerogative *n.* පරමාධිකාරය para-maadhikaaraya
presage *v.* අශුභ නිමිති පෙනෙනවා ashuba nimithi penenawaa
prescience *n.* පූර්වඥානය poor-wagnaanaya
prescribe *v.* නියම කරනවා niyama karanawaa
prescription *n.* බෙහෙත් වට්ටෝරුව beheth wattoruwa
presence *n.* පැමිණීම pamineema
present *adj.* පැමිණි pamini
present *n.* ත්‍යාගය thyaagaya
present *v.* ඉදිරිපත් කරනවා idiripath karanawaa
presentation *n.* ඉදිරිපත් කිරීම idiripath kireema
presently *adv.* දැනට danata
preservation *n.* සංරක්ෂණය sanrakshanaya
preservative *n.* සංරක්ෂණ sanrakshana
preserve *v.* ආරක්ෂා කරනවා aarakshaa karanawaa
preside *v.* මුලසුන දරනවා mulasuna daranawaa
president *n.* ජනපති janapathi
presidential *adj.* ජනපති පිළිබඳ වූ janapathi pilibanda woo
press *v.* ඔබනවා obanawaa
pressure *n.* පීඩනය peedanaya
pressurize *v.* පීඩනයට ලක් කරනවා peedanayata lak karanawaa
prestige *n.* කීර්තිය keerthiya
prestigious *adj.* ගෞරවාන්විත gaurawaanwitha
presume *v.* සිතා ගන්නවා sithaa gannawa

presumption *n.* සිතිවිල්ල sithiwilla
presuppose *v.* හැඟෙනවා hangenawaa
presupposition *n.* ආකල්පනය aakalpanaya
pretence *n.* බොරුවට ඇඟවීම boruwata angaweema
pretend *v.* බොරු කරනවා boru karanawaa
pretension *n.* ව්‍යාජය wyaajaya
pretentious *adj.* ව්‍යාජක wyaajaka
pretext *n.* රැවටිල්ල rawatilla
prettiness *n.* අලංකාරය alankaaraya
pretty *adj.* ලක්ෂණ lakshana
pretzel *n.* විස්කෝතු වර්ගයක් wiskothu wargayak
prevail *v.* දිනනවා dinanawaa
prevalence *n.* ව්‍යාප්තිය wyaapthiya
prevalent *adj.* ව්‍යාප්ත wyaaptha
prevent *v.* වළක්වනවා walakwanawaa
prevention *n.* වැළැක්වීම walakweema
preventive *adj.* වළක්වන walakwana
preview *n.* පෙරහුරුව perahuruwa
previous *adj.* පූර්ව poorwa
prey *n.* ගොදුර godura
price *n.* මිල mila
priceless *adj.* අමිල amila
prick *v.* අනිනවා aninawaa
prickle *n.* කටුව katuwa
pride *n.* මානය maanaya
priest *n.* පැවිද්දා pawidda
priesthood *n.* පූජකභාවය poojakabhaawaya
prim *adj.* කල එළි ඇති kala eli athi
primacy *n.* ප්‍රථමතාව prathamathaawa
primal *adj.* මූලික moolika
primarily *adv.* ප්‍රාථමිකව praathamikawa
primary *adj.* ප්‍රාථමික praathamika
primate *n.* අග්‍රරාජගුරු ප්‍රසාදිතන agraraajaguru prasaadithana
prime *adj.* ශ්‍රේෂ්ඨ shreshta
primer *n.* හෝඩි පොත hodi potha
primeval *adj.* ආදිතම aadithama
primitive *adj.* ආදිකල්පික aadikalpika
prince *n.* කුමාරයා kumaaraya
princely *adj.* රාජකීය raajakeeya
princess *n.* කුමාරිය kumaariya
principal *adj.* ප්‍රධාන pradaana
principal *n.* විදුහල්පති widuhalpathi
principle *n.* නියමය niyamaya
print *v.* මුද්‍රණය කරනවා mudranaya karanawa
printout *n.* මුද්‍රිතය mudrithaya
printer *n.* මුද්‍රණ යන්ත්‍රය mudrana yanthraya
prior *adj.* පූර්ව poorwa
priority *n.* ප්‍රමුඛතාව pramukhathaawa
priory *n.* තාපසාරාමය thaapasaaraamaya
prism *n.* ප්‍රිස්මය prismaya
prison *n.* සිරගෙදර siragedara
prisoner *n.* සිරකරුවා sirakaruwa
pristine *adj.* නොකිලිටි nokiliti
privacy *n.* පෞද්ගලිකත්වය paudgalikathwaya
private *adj.* පුද්ගලික pudgalika
privation *n.* අඟහිඟකම agahingakama
privatize *v.* පුද්ගලීකරණය කරනවා

pudgaleekaranaya karanawaa

privilege *n.* වරප්‍රසාදය waraprasaadaya

privy *adj.* ගුප්ත guptha

prize *n.* තෑග්ග thaagga

pro *n.* ප්‍ර pra

proactive *adj.* වඩාත් කාර්යශීලී wadath kaaryasheeli

probability *n.* සම්භාවිතාවය sambhaawithaya

probable *adj.* සම්භව්‍ය sambhawya

probably *adv.* පෙනෙන හැටියට penena hatiyata

probate *n.* පරිවාසය pariwaasaya

probation *n.* කෙනෙකුගේ ගතිගුණ kenekuge gathiguna

probationer *n.* පරිවාසිකයා pariwaasikayaa

probe *n.* වග විභාගය waga wibhaagaya

probity *n.* අවංකකම awankakama

problem *n.* ගැටලුව gataluwa

problematic *adj.* සැක සහිත saka sahitha

procedure *n.* පටිපාටිය patipaatiya

proceed *v.* ඉදිරියට යනවා idiriyata yanawaa

proceedings *n.* කාර්ය වාර්තාව kaarya waarthaawa

proceeds *n.* ලබන මුදල් labana mudal

process *n.* ක්‍රියාවලිය kriyaawaliya

procession *n.* පෙරහැර perahara

proclaim *v.* හෙළි කරනවා heli karanawaa

proclamation *n.* නිවේදනය niwedanaya

proclivity *n.* ඇල්ම alma

procrastinate *v.* අතපසු කරනවා athapasu karanawaa

procrastination *n.* අතපසු කිරීම athapasu kireema

procreate *v.* උපදවනවා upadawanawaa

procure *v.* සලසනවා salasanawaa

procurement *n.* සම්පාදනය sampaadanaya

prod *v.* පොළඹවනවා polambawanawaa

prodigal *adj.* නාස්ති කරන naasthi karana

prodigious *adj.* ආශ්චර්ය aashcharya

prodigy *n.* අද්භූත දේ adbhootha de

produce *v.* නිෂ්පාදනය කරනවා nishpaadanaya karanawaa

producer *n.* නිෂ්පාදකයා nishpaadakaya

product *n.* නිෂ්පාදිතය nishpaadithaya

production *n.* නිෂ්පාදනය nishpaadanaya

productive *adj.* ඵලදායී phaladayee

productivity *n.* පලදායිතාව paladayithaawa

profane *adj.* ලෞකික laukika

profess *v.* පළ කරනවා pala karanawaa

profession *n.* වෘත්තිය wurthiya

professional *adj.* වෘත්තිමය wurthimaya

professor *n.* මහාචාර්යවරයා mahaachaaryawarayaa

proficiency *n.* ප්‍රවීනතාව praweenathaawa

proficient *adj.* දක්ෂ daksha

profile *n.* පැතිකඩ pathikada

profit *n.* ලාභය laabhaya
profitable *adj.* ලාභ උපදවන laabha upadawana
profiteering *n.* ගිනි කෑම gini kaama
profligacy *n.* අශීලාචාරකම asheelaachaarakama
profligate *adj.* දුරාචාර duraachaaraya
profound *adj.* අධික adhika
profundity *n.* අධිකත්වය adhikathwaya
profuse *adj.* නොමසුරු nomasuru
profusion *n.* බහුල bahula
progeny *n.* ප්‍රජාව prajaawa
prognosis *n.* විග්‍රහය wigrahaya
prognosticate *v.* පෙනේ කියනවා pena kiyanawaa
programme *n.* වැඩසටහන wadasatahana
progress *n.* දියුණුව diyunuwa
progressive *adj.* දියුණු වන diyunu wana
prohibit *v.* වළක්වනවා walakwanawaa
prohibition *n.* තහනම thahanama
prohibitive *adj.* බාධක baadaka
project *n.* ව්‍යාපෘතිය wyaapruthiya
projectile *n.* ප්‍රක්ෂිප්තය prakshipthaya
projection *n.* ප්‍රක්ෂේපනය prakshepanaya
projector *n.* ප්‍රක්ෂේපකය prakshepaya
prolapse *n.* පහත වැටීම pahatha wateema
proliferate *v.* ප්‍රගුණන වෙනවා pragunana wenawaa
proliferation *n.* ප්‍රගුණනය pragunanaya
prolific *adj.* බොහෝ පල දරන boho pala darana
prologue *n.* ප්‍රස්තාවනාව prasthaawanaawa
prolong *v.* දික් කරනවා dik karanawaa
prolongation *n.* දික් කිරීම dik kireema
promenade *n.* සක්මන් මළුව sakman maluwa
prominence *n.* ප්‍රසිද්ධිය prasiddiya
prominent *adj.* මතු වී පෙනෙන mathu wee penena
promiscuous *adj.* කලවම් kalawam
promise *n.* පොරොන්දුව poronduwa
promising *adj.* බලාපොරොත්තු සහිත balaaporoththu sahitha
promote *v.* උසස් කරනවා usas karanawaa
promotion *n.* උසස් වීම usas weema
prompt *v.* උනන්දු කරනවා unandu karanawaa
prompter *n.* සිහිකරු sihikaru
promulgate *v.* ප්‍රසිද්ධ කරනවා prasidda karanawaa
prone *adj.* යමක් දෙසට නැවුණු yamak desata nawunu
pronoun *n.* සර්වනාමය sarwanaamaya
pronounce *v.* උච්චාරණය කරනවා uchcharanaya karanawaa
pronunciation *n.* උච්චාරණය uchcharanaya
proof *n.* සාක්ෂිය saakshiya
prop *n.* කුරුව karuwa
propaganda *n.* ප්‍රචාරක කටයුතු prachaaraka katayuthu
propagate *v.* බෝකරනවා bo

karanawaa

propagation *n.* ප්‍රචාරණය praachaaranaya

propel *v.* දුවවනවා duwawanawaa

propeller *n.* නෞකා ප්‍රේරකය naukaa prerakaya

proper *adj.* ඔබින obina

property *n.* දේපළ depala

prophecy *n.* අනාගත වාක්‍යය anaa-gatha waakyaya

prophesy *v.* අනාවැකි කියනවා anaawaki kiyanawaa

prophet *n.* ඍෂිවරයා rishiwarayaa

prophetic *adj.* අනාගතය හෙළි කරන anaagathaya heli karana

propitiate *v.* සතුටු කරනවා sathutu karanawaa

proportion *n.* සමානුපාතය samaa-nupaathaya

proportional *adj.* සමානුපාතික samaanupaathika

proportionate *adj.* සමප්‍රමාණ samapramaana

proposal *n.* යෝජනාව yojanaawa

propose *v.* යෝජනා කරනවා yojanaa karanawaa

proposition *n.* ප්‍රස්තුතය prasthu-thaya

propound *v.* තේරුම් කර දෙනවා therum kara denawa

proprietary *adj.* හිමිකාර himikaara

proprietor *n.* හිමියා himiyaa

propriety *n.* සුදුසුකම sudusukama

prorogue *v.* සභාව විසුරුවා හරිනවා sabhaawa wisuruwa harinawaa

prosaic *adj.* අවිශිෂ්ට awishishta

prose *n.* ගද්‍ය රචනාව gadya rachanaawa

prosecute *v.* පරිශීලනය කරනවා parisheelanaya karanawaa

prosecution *n.* පැමිණිල්ල paminilla

prosecutor *n.* නඩු පවරන්නා nadu pawaranna

prospect *n.* අපේක්ෂාව apekshaawa

prospective *adj.* අනාගත anaagatha

prospectus *n.* පූර්ව නිවේදනය poorwa niwedanaya

prosper *v.* දියුණු වෙනවා diyunu wenawaa

prosperity *n.* සමෘද්ධිය samurdiya

prosperous *adj.* සසිරි sasiri

prostate *n.* පුරස්ථිතය purasthithaya

prostitute *n.* ගණිකාව ganikaawa

prostitution *n.* ගණිකා වෘත්තිය ganikaa wurthiya

prostrate *adj.* දිගා වී සිටින digaa wee sitina

prostration *n.* බලක්ෂය වීම balak-shaya weema

protagonist *n.* ප්‍රධානියා pradaaniya

protect *v.* ආරක්ෂා කරනවා aarakshaa karanawaa

protection *n.* ආරක්ෂාව aarak-shaawa

protective *adj.* ආරක්ෂිත aarak-shitha

protectorate *n.* ආරක්ෂිතය aarakshithaya

protein *n.* ප්‍රෝටීන proteena

protest *n.* විරුද්ධත්වය wiruddath-waya

protestation *n.* ඒකාන්ත ප්‍රකාශය ekaantha prakaashaya

protocol *n.* මූලපත්‍රය moolapa-thraya

prototype *n.* මූලරූපය moola-roopaya

protracted *adj.* බොහෝ කල් ගතවන boho kal gathawana

protractor *n.* කෝණමානය kona-maanaya

protrude *v.* නෙරනවා neranawaa

proud *adj.* ආඩම්බර aadambara

prove *v.* ඔප්පු කරනවා oppu karanawaa

provenance *n.* නිදානය nidaanaya

proverb *n.* පිරුළ pirula

proverbial *adj.* ඉතා ප්‍රකට ithaa prakata

provide *v.* සපයනවා sapayanawaa

providence *n.* දුරදිග බැලීම duradiga baleema

provident *adj.* දූරදර්ශී dooradarshee

providential *adj.* දේව පිහිටෙන් වූ dewa pihiten woo

province *n.* පළාත palaatha

provincial *adj.* පළාත් pathaath

provision *n.* සූදානම soodanama

provisional *adj.* තාවකාලික thaa-wakaalika

proviso *n.* කොන්දේසිය kondesiya

provocation *n.* කුපිත කිරීම kupitha kireema

provocative *adj.* කුපිත කරවන kupitha karawana

provoke *v.* අවුස්සනවා awussanawa

prowess *n.* පරාක්‍රමය paraa-kramaya

proximate *adj.* කිට්ටු kittu

proximity *n.* කිට්ටුව kittuwa

proxy *n.* බලපත්‍රය balapathraya

prude *n.* ලජ්ජාකාරයා lajjaakaaraya

prudence *n.* නුවණක්කාර බව nuwa-nakkara bawa

prudent *adj.* විචක්ෂණ wichakshana

prudential *adj.* නුවණක්කාර nuwa-nakkaara

prune *n.* වියළි ඵල වර්ගයක් wiyali phala wargayak

pry *v.* අමාරුවෙන් අරිනවා amaaruwen arinawaa

psalm *n.* දේව ස්තෝත්‍රය dewa sthothraya

pseudo *adj.* ව්‍යාජ wyaaja

pseudonym *n.* ව්‍යාජ නාමය wyaaja naamaya

psyche *n.* ආත්මය aathmaya

psychiatrist *n.* මනෝචිකිත්සකයා mano chikithsakayaa

psychiatry *n.* මානසික maanasika

psychic *adj.* ආධ්‍යාත්මික aadyaa-thmika

psychological *adj.* මනෝ mano

psychologist *n.* මනෝවිද්‍යාඥයා mano widyaagnaya

psychology *n.* මනෝවිද්‍යාව mano widyaawa

psychopath *n.* මනෝව්‍යාධිය mano wyaadiya

psychosis *n.* මනෝවිකාරය mano wikaaraya

psychotherapy *n.* මනෝරෝග චිකිත්සාව mano roga chikithsaawa

pub *n.* අවන්හල awanhala

puberty *n.* මල්වරවීම malwara weema

pubic *adj.* පොදු podu

public *adj.* රාජ්‍ය raajya

publication *n.* ප්‍රකාශනය prakaa-shanaya

publicity *n.* ප්‍රචාරය prachaaraya

publicize *v.* ප්‍රසිද්ධියට පමුණුවනවා prasiddiyata pamunuwanawaa

publish *v.* ප්‍රකාශ කරනවා prakaasha karanawaa

publisher *n.* ප්‍රකාශකයා prakaa-shakayaa

pudding *n.* පුඩිම pudima

puddle *n.* මඩ කඩිත්ත mada kadiththa

puerile *adj.* බොළඳ bolanda

puff *n.* හුස්ම හෙළීම husma heleema

puffy *adj.* ඉදිමුණු idimunu

pull *v.* අදිනවා adinawaa

pulley *n.* කප්පිය kappiya

pullover *n.* උඩුකය වසන ඇඳුමකි udukaya wasana andumaki

pulp *n.* පල්පය palpaya

pulpit *n.* ධර්මාසනය dharmaa-sanaya

pulsar *n.* අඳුරු තාරකාව anduru thaarakaawa

pulsate *v.* නාඩි වැටෙනවා naadi watenawa

pulsation *n.* ස්පන්දනය spandanaya

pulse *n.* ස්පන්දය spandaya

pummel *v.* මිට මොළවා ගසනවා mita molawaa gasanawaa

pump *n.* පොම්පය pompaya

pumpkin *n.* වට්ටක්කා wattakka

pun *n.* ශ්ලේෂය shleshaya

punch *v.* හිල් කරනවා hil karanawaa

punctual *adj.* කාලානුගත kaala-nugatha

punctuality *n.* නියමිත වේලාවට වැඩ කිරීම niyamitha welawaata wada kireema

punctuate *v.* විරාම තබනවා wiraama thabanawaa

punctuation *n.* විරාම ලකුණු wiraa-ma lakunu

puncture *n.* කුඩා සිදුර kuda sidura

pungency *n.* කටුක බව katuka bawa

pungent *adj.* අමිහිරි amihiri

punish *v.* දඬුවම් කරනවා danduwam karanawaa

punishment *n.* දඬුවම danduwama

punitive *adj.* දණ්ඩනීය dandaneeya

punter *n.* ඔට්ටු අල්ලන්නා ottu allanna

puny *adj.* ඉතා දුර්වල itha durwala

pup *n.* බලු කුක්කා balu kukkaa

pupil *n.* ශිෂ්‍යයා shishyayaa

puppet *n.* රූකඩය rookadaya

puppy *n.* බලු පැටවා balu patawaa

purblind *adj.* අවිචක්ෂණ awichak-shana

purchase *v.* මිලට ගන්නවා milata gannawaa

pure *adj.* ශුද්ධ shudda

purgation *n.* විමෝචනය wimo-chanaya

purgative *adj.* විරේකය wirekaya

purgatory *n.* පීඩා ස්ථානය peeda sthaanaya

purge *v.* විරේක කරනවා wireka karanawa

purification *n.* ශුද්ධිය shuddiya

purify *v.* ශුද්ධ කරනවා shudda karanawaa

purist *n.* භාෂා ශුද්ධි වාදියා bhaashaa shuddi waadiya

puritan *n.* අසභ්‍ය දේ අතිශයින් පිළිකුල් කරන asabya de athishayin pilikul karana

puritanical *adj.* අසභ්‍ය දේ අතිශයින් පිළිකුල් කරන asabya de athi-shayin pilikul karana

purity *n.* ශුද්ධිය shuddiya

purple *n.* දම් පාට dam paata
purport *v.* අරමුණු කරනවා aramunu karanawaa
purpose *n.* අරමුණ aramuna
purposely *adv.* ඕනෑ වටම onaawatama
purr *v.* සතුට දක්වනවා sathuta dakwanawaa
purse *n.* පසුම්බිය pasumbiya
purser *n.* නැවේ මුදල් භාරකාරයා nawe mudal bhaarakarayaa
pursuance *n.* ක්‍රියාවෙහි යෙදීම kriyaawehi yedeema
pursue *v.* එළවාගෙන යනවා elawaagena yanawaa
pursuit *n.* පරිශීලනය parisheelanaya
purvey *v.* ආහාර පානාදිය සපයනවා aahara paanadiya sapayanawaa
purview *n.* සීමාව seemawa
pus *n.* සැරව sarawa
push *v.* තල්ලු කරනවා thallu karanawaa
pushy *adj.* උද්‍යෝගීමත් udyogee-math
puss *n.* බළලා balalaa
put *v.* දමනවා damanawaa
putative *adj.* උත්ප්‍රේක්ෂිය uthprek-sheeya
putrid *adj.* දුගඳ හමන duganda hamana
puzzle *v.t.* ව්‍යාකූල කරනවා wyaa-koola karanawaa
pygmy *n.* වාමනයා waamanaya
pyjamas *n.* පිජාමා pijaama
pyorrhoea *n.* දත්මුල් දියව යෑම dathmul diyawa yaama
pyramid *n.* පිරමීඩය pirameedaya
pyre *n.* චිතකය chithakaya
pyromania *n.* දහනෝන්මාදය daha-nonmaadaya
python පොළඟා polangaa

Q

quack *n* බොරු කාරයා boru kaarayaa
quackery *n.* බොරු වෙදකම boru wedakama
quad *n.* සිව්බිඩි siwbidi
quadrangle *a.* චතුරස්රය chathu-rasraya
quadrangular *n.* චතුරස්රාකාර chathrasraakaara
quadrant *n.* වෘත්තපාදය wurtha paadaya
quadrilateral *n.* චතුර්භූජය chathur boojaya
quadruped *n.* සිව්පාවා siwpaawaa
quadruple *adj.* චතුර්ගුණ chathur-guna
quadruplet *n.* සිව් නිඹුල්ලු siw nimbullu
quaff *v.* උගුරට දෙකට බොනවා ugurata dekata bonawaa
quail *n.* වටුවා watuwaa
quaint *adj.* චමත්කාරී chama-thkaaree
quaintly *adv.* චමත්කාරී ලෙස chamathkaaree lesa
quake *v.* හෙල්ලුම් කනවා hellum kanawaa
quaker *n.* අහිංසක විනය පරමාර්ථ කොටගත් ක්‍රිස්තියානි නිකාය ahinsaka winaya paramaartha

kotagath kristhiyaani nikaaya

qualification *n.* සුදුසුකම sudu-sukama

qualify *v.* සුදුසුකම් ලබනවා sudu-sukam labanawaa

qualitative *adj.* ගුණාත්මක gunaa-thmaka

quality *n.* ගුණය gunaya

qualm *n.* හිදිසි අසනීප ගතිය hadisi asaneepa gathiya

quandary *n.* දෙගිඩියාව degidiyaawa

quango *n.* අඩක් රාජ්‍ය අංශයට අයත් රාජ්‍ය ආයතන වලින් මූල්‍යාධාර adak raajya anshayata ayath raajya aayathana walin moolyaadaara

quantify *v.* ප්‍රමාණාත්මක කරනවා pramaanathmaka karanawaa

quantitative *adj.* ප්‍රමාණාත්මක pramaanaathmaka

quantity *n.* ප්‍රමාණය pramaanaya

quantum *n.* සුදුසු ප්‍රමාණය sudusu pramaanaya

quarantine *n.* නිරෝධායනය nirodhaayanaya

quark *n.* මූලික අංශුවක කොටස moolika anshuwaka kotasa

quarrel *n.* කලකෝලාහලය kalako-laahalaya

quarrelsome *adj.* කලහකාරී kalahakaaree

quarry *n.* ගල්වල gal wala

quart *n.* නැළිය naliya

quarter *n.* කාල kaala

quarterly *adj.* තුන්මසකට වරක් වූ thun masakata warak wu

quartet *n.* චතුරංගිකය chathu-rangikaya

quartz *n.* තිරුවාණ thiruwaana

quash *v.* අවලංගු කරනවා awalangu karanawaa

quaver *v.* වෙව්ලමින් කතා කරනවා wewlamin kathaa karanawaa

quay *n.* වරාය වේදිකාව waraaya wedikaawa

queasy *adj.* ඔක්කාරයට එන okkaa-rayata ena

queen *n.* රැජිණ rajina

queer *adj.* අමුතු ගති ඇති amuthu gathi athi

quell *v.* සමනය කරනවා samanaya karanawaa

quench *v.* නිවනවා niwanawaa

querulous *adj.* වැරදි සොයන waradi soyana

query *n.* ප්‍රශ්නය prashnaya

quest *n.* ගවේෂණය gaweshanaya

question *n.* ප්‍රශ්නය prashnaya

questionable *adj.* සැක සහිත saka sahitha

questionnaire *n.* ප්‍රශ්න මාලාව prashna maalaawa

queue *n.* පෝලිම polima

quibble *n.* චක්‍රෝතිය chakkrorthiya

quick *adj.* කඩිසර kadisara

quicken *v.* ඉක්මන් කරනවා ikman karanawaa

quickly *adv.* ඉක්මනට ikmanata

quid *n.* ව්‍යාපදේශය wiyaapa-deshaya

quiescent *adj.* ශාන්ත shaantha

quiet *adj.* නිශ්චල nischala

quieten *v.* නිශ්චල වෙනවා nischala wenawaa

quietetude *n.* නිශ්චල වූ nischala wu

quiff *n.* කූර koora

quilt *n.* ඇතිරිල්ල athirilla

quilted *adj.* මැද යමක් අහුරා රෙදි

දෙපටක් එකට මහන ලද mada yamak ahuraa redhi depatak ekata maheema

quin *n.* පහ බැගින් වූ paha bagin wu

quince *n.* කුඩා ඇඹුල් ගෙඩි වර්ගයක් kudaa ambul gedi wargayak

quinine *n.* ක්විනීන් kwinaeen

quintessence *n.* ඉතා උසස් තත්වය itha usas thathwaya

quip *n.* උපහාසය upahaasaya

quirk *n.* උපහාස වැකිය upahaasa wakiya

quit *v.* අත්හරිනවා ath harinawaa

quite *adv.* මුළුමනින් mulumaninma

quits *adj.* සම බව sama bawa

quiver *v.* වෙව්ලනවා wewlanawaa

quixotic *adj.* උදාර udaara

quiz *n.* ප්‍රහේලිකාව prahelikaawa

quizzical *adj.* ප්‍රශ්නාර්ථවත් prashnaarthawath

quondam *adj.* ආදි aadee

quorum *n.* ගණපූරණය ganapoornaya

quota *n.* නියම කොටස niyama kotasa

quotation *n.* නියම කළ මිල niyama kala mila

quote *v.* ගෙන හැර දක්වනවා gena hara dakwanawaa

quotient *n.* ඵලය phalaya

R

rabbit *n.* හාවා haawaa

rabble *n.* නොහික්මුණු රංචුව nohikmunu ranchuwa

rabid *adj.* උමතු umathu

rabies *n.* ජලභීතිකා රෝගය jalabheethika rogaya

race *n.* තරඟ දිවීම tharanga diweema

race *v.* තරඟයට දුවනවා tharangayata duwanawa

racial *adj.* ජාතිවාදි jaathiwaadi

racialism *n.* ජාතිවාදය jaathiwaadaya

rack *n.* රාක්කය raakkaya

racket *n.* පිත්ත piththa

racketeer *n.* වංචාකාරයා wanchakaaraya

racy *adj.* රසවත් rasawath

radar *n.* රේඩාර් කිරණ radar kirana

radial *adj.* අරීය areeya

radiance *n.* දීප්තිය deepthiya

radiant *adj.* කාන්තිමත් kaanthimath

radiate *v.* පැතිරෙනවා pathirenawa

radiation *n.* විකිරණය wikiranaya

radical *adj.* විප්ලවවාදි wiplawawaadi

radio *n.* ගුවන් විදුලිය guwan widuliya

radioactive *adj.* විකිරණශීලි wikiranasheeli

radiography *n.* විකිරණ රේඛනය wikirana rekhanaya

radiology *n.* විකිරණවේදය wikiranawedaya

radish *n.* රාබු raabu

radium *n.* රේඩියම් radium

radius *n.* අරය araya

raffle *n.* ලොතරැයිය lotharayiya

raft *n.* පහුර pahura

rag *n.* වැරහැල්ල warahalla

rage *n.* වියරුව wiyaruwa

ragged *adj.* වැරහැලි ඇඳගත් warahali andagath

raid *n.* වැටලීම wataleema
rail *n.* රේල් පීල්ල rail peella
railing *n.* ගරාදි වැට garaadi wata
raillery *n.* උපහාසය upahaasaya
railway *n.* දුම්රිය මග dumriya maga
rain *n* වර්ෂාව warshaawa
rainbow *n.* දේදුන්න dedunna
raincoat *n.* වැහි කබාය wahi kabaaya
rainfall *n.* වර්ෂාපතනය warshaa-pathanaya
rainforest *n.* වැසි වනාන්තරය wasi wanantharaya
rainy *adj.* වැසි සහිත wasi sahitha
raise *v.* ඉහල දමනවා ihala dama-nawa
raisin *n.* වියලි මුද්‍රික ඵල wiyali mudrika phala
rake *n.* රෙක්කය rekkaya
rally *n.* රැලිය raliya
ram *n.* තිරළුවා thireluwa
ramble *v.* වැල්වටාරම් දොඩවනවා walwataaram dodawanawa
ramification *n.* අතු විහිදීම athu wihideema
ramify *v.* අතු විහිදෙනවා athu wihidenawa
ramp *n.* පල්ලම pallama
rampage *v.* බැණ වදිනවා bana wadinawa
rampant *adj.* ඉවසුම් නැති iwasum nathi
rampart *n.* ආරක්ෂාව aarakshaawa
ramshackle *adj.* ගරා වැටුණු garaa watunu
ranch *n.* විශාල ගොවිපළ wishaala gowipala
rancid *adj.* මුඩු mudu
rancour *n.* බද්ධ වෛරය baddha wairaya
random *adj.* අහඹු ලෙස ahambu lesa
range *n.* පරාසය paraasaya
ranger *n.* උයන්පල්ලා uyanpalla
rank *n.* පදවිය padawiya
rank *v.* පෙළට තබනවා pelata thabanawa
rankle *v.* සිතේ පැසවනවා shithe pasawanawa
ransack *v.* කොල්ලකනවා kola-kanawa
ransom *n.* වන්දිය wandiya
rant *v.* වල්පල් දොඩවනවා walpal dodawanawa
rap *v.* තට්ටු කරනවා thattu karanawa
rapacious *adj.* ඉතා ගිජු ithaa giju
rape *v.* කන්‍යා දූෂණය කරනවා kanyaa dooshanaya kranawa
rapid *adj.* ශීඝ්‍ර sheegra
rapidity *n.* ඉක්මන් බව ikman bawa
rapier *n.* දෙපැත්ත කැපෙන සිහින් කඩුව depaththa kapena sihin kaduwa
rapist *n.* දූෂණය කරන්නා doo-shanaya karannaa
rapport *n.* සබඳතාව sabandathaawa
rapprochement *n.* නැවතත් මිත්‍ර වීම nawathath mithra weema
rapt *adj.* නිමග්න nimagna
rapture *n.* අධික ප්‍රීතිය adhika preethiya
rare *adj.* දුර්ලභ durlabha
raring *adj.* ඕනෑකම් ඇති onaakam athi
rascal *n.* තක්කඩියා thakkadiyaa
rash *adj.* කුෂ්ට kushta
rasp *n.* රාස්පුව raaspuwa

raspberry *n.* ඔච්චමට කියන පදයක් ochchamata kiyana padayak
rat *n.* මීයා meeya
ratchet *n.* දැති ර ෝදය dathi rodaya
rate *n.* ශීඝ්‍රතා ව sheegrathaawa
rather *adv.* වැඩියෙන් wadiyen
ratify *v.* ස්ථිර කරනවා sthira kara-nawa
rating *n.* ඇගයුම agayuma
ratio *n.* අනුපා තය anupaathaya
ration *n.* පංගුව panguwa
rational *adj.* පරිමේය parimeeya
rationale *n.* තා ර්කිකත්වය thaarki-kathwaya
rationalism *n.* බුද්ධිවා දය buddhi-waadaya
rationalize *v.* සා ධා රණ බව දක්වනවා saadhaarana bawa dakwanawa
rattle *v.* කියවනවා kiyawanawa
raucous *adj.* කර්කශ karkasha
ravage *v.t.* විනා ශ කරනවා winasha karanawa
rave *v.* ද ඩෙවනවා dodawanada
raven *n.* බ හෙ ෝබඩගිනි ඇති boho badagini athi
ravenous *adj.* ඉතා කෑ දර ithaa kaadara
ravine *n.* ගිරිකඳුර girikandura
raw *adj.* අමු amu
ray *n.* කිරණය kiranaya
raze *v.* මකා දමනවා makaa damanawa
razor *n.* දැළි පිහිය dali pihiya
reach *v.* සේන්දු වෙනවා sendu wenawa
react *v.* ප්‍රතික්‍රියා කරනවා prathikriyaa karanawa
reaction *n.* ප්‍රතික්‍රියා ව prathi-kriyaawa
reactionary *adj.* ප්‍රතිගාමී prathi-gaami
reactor *n.* ප්‍රතික්‍රියා කා රකය prathi-kriyaakaarakaya
read *v.* කියවනවා kiyawanawa
reader *n.* කියවන්නා kiyawanna
readily *adv.* පහසුවෙන් pahasuwen
reading *n.* කියවීම kiyaweema
readjust *v.* ප්‍රතිසමා ය ෝග වනවා prathisamaayoga wanawa
ready *adj.* ළැදි ladi
reaffirm *v.* යළි ප්‍රතිඥා දෙනවා yali prathigna denawa
real *adj.* තා ත්වික thaathwika
realism *n.* යථා ර්තවාදියා yathaar-thawaadiya
realistic *adj.* තා ත්වික thaathwika
reality *n.* යථා ර්ථය yathaarthaya
realization *n.* සා ක්ෂා ත්කරණය saak-shaathkaranaya
realize *v.* අවබ ෝධ කරනවා awa-bodha karanawa
really *adv.* සැ බෑවින්ම sabawinma
realm *n.* විෂය wishaya
ream *n.* රීම reema
reap *v.* කපනවා kapanawa
reaper *n.* ග ොයම් කපන්නා goyam kapanna
reappear *v.* නැ වත මතුවෙනවා nawatha mathuwenawa
reappraisal *n.* නැ වත මිල කිරීම naeatha mila kireema
rear *n.* පිටුපස pitupasa
rearrange *v.* නැ වත අසුරනවා nawatha asuranawa
reason *n.* හේතුව hethuwa
reasonable *adj.* සා ධා රණ

sadhaarana
reassess *v.* නැවත අගය කරනවා nawatha agaya karanawa
reassure *v.* සනසවනවා sana-sawanawa
rebate *n.* ප්‍රතිදානය prathidaanaya
rebel *v.* කැරලි ගසනවා karali gasanawa
rebellion *n.* කැරැල්ල karalla
rebellious *adj.* කැරලිකාර kara-likaara
rebirth *n.* පුනර්භවය punarbhawaya
rebound *v.* ආපසු පනිනවා aapasu paniawa
rebuff *v.* තරවටු කරනවා tharawatu karanawaa
rebuild *v.* නැවත සාදනවා nawatha saadanawa
rebuke *v.* තරවටු කරනවා tharawatu karanawaa
rebuke *v.t.* චෝදනා කරනවා chodana karanawa
recall *v.* මෙනෙහි කරනවා menehi karanawa
recap *v.* නැවත හසුකරගැනීම nawatha hasukaraganeema
recapitulate *v.* සාරාංශය දක්වනවා saranshaya dakwanawa
recapture *v.* නැවත අල්ලා ගන්නවා nawatha allagannawa
recede *v.* පසු බසිනවා pasu basinawa
receipt *n.* කුවිතාන්සිය kuwithaansiya
receive *v.* ලැබෙනවා labenawa
receiver *n.* ග්‍රාහකයා graahakayaa
recent *adj.* මෑත maatha
recently *adv.* නොබෝදා nobodaa
receptacle *n.* ග්‍රාහකය graahakaya
reception *n.* පිළිගැනීම piliganeema
receptionist *n.* පිළිගැනීමේ නිලධාරිනී piliganeeme niladhaarini
receptive *adj.* සුඛග්‍රාහී sukha-graahee
recess *n.* විරාමය wiraamaya
recession *n.* පසු බැසීම pasu baseema
recessive *adj.* පසු බසින pasu basina
recharge *v.* නැවත ආරෝපණය කරනවා nawatha aaropanaya karanawa
recipe *n.* වට්ටෝරුව wattoruwa
recipient *n.* ප්‍රතිග්‍රාහකයා prathi-graahakayaa
reciprocal *adj.* පරස්පරය para-sparaya
reciprocate *v.* පරස්පර කරනවා paraspara karanawa
recital *n.* සංගීතය sangeethaya
recite *v.* ගායනා කරනවා gaayanaa karanawa
reckless *adj.* සාහසික saahasika
reckon *v.t.* සලකනවා salakanawa
reclaim *v.* බේරාගන්නවා bera-gannawa
reclamation *n.* බේරා ගැනීම beraa ganeema
recline *v.* ඇල කරනවා ala karanawa
recluse *n.* තාපසයා thaapasayaa
recognition *n.* හඳුන්වාදීම handunwaa deema
recognize *v.i.* හඳුනා ගන්නවා handunaagannawaa
recoil *v.* පසු බසිනවා pasu basinawa
recollect *v.* නැවත මතක් කරනවා nawatha mathak karanawa
recollection *n.* අනුස්මරණය anusmaranaya

recommend *v.* නිර්දේශ කරනවා nirdesha karanawa
recommendation *n.* නිර්දේශය nirdeshaya
recompense *v.* ගෙවනවා gewanawa
reconcile *v.* සමඟි වෙනවා samangi wenawa
reconciliation *n.* සංසන්දනය sansandanaya
recondition *v.* අලුත්වැඩියා කර සකස් කරගන්නවා aluthwadiyaa kara sakas karagannawa
reconsider *v.* යළි සළකා බලනවා yali salakaa balanawa
reconstitute *v.* නැවත සකස් කරනවා nawatha sakas karanawa
reconstruct *v.* නැවත ගොඩනගනවා nawatha godanaganawa
record *n.* වාර්තාව waarthaawa
recorder *n.* රෙකෝඩය rekodaya
recount *v.* නැවත ගණිනවා nawatha ganinawa
recoup *v.* හිලව් කරනවා hilaw karanawa
recourse *n.* උපාය upaaya
recover *v.* ආපසු ලබා ගන්නවා aapasu labaagannawa
recovery *n.* ආපසු ලබා ගැනීම aapasu labaaganeema
recreate *v.* නැවත සාදාගන්නවා nawatha saadagannawa
recreation *n.* විනෝදය winodaya
recrimination *n.* ප්‍රතිචෝදනා prathichodanaa
recruit *v.* බඳවා ගන්නවා bandawaa gannawa
rectangle *n.* ඍජුකෝණාස්‍රය rijukonaasraya
rectangular *adj.* ඍජුකෝණාස්‍ර rijukonaasra
rectification *n.* ඍජුකරණය rijukaranaya
rectify *v.* ඍජු කරනවා riju karanawa
rectitude *n.* ඍජු භාවය riju bhaawaya
rectum *n.* ගුද මාර්ගය guda maargaya
recumbent *adj.* ඇලවූ ala wuu
recuperate *v.* සුවය ලබනවා suwaya labanawa
recur *v.* නැවත සිද්ධ වෙනවා nawatha siddha wenawa
recurrence *n.* පුනරාවර්තනය punaraawarthanaya
recurrent *adj.* පුනරාවර්තන punaraawarthana
recycle *v.* ප්‍රතිචක්‍රීකරණය prathichakreekaranaya
red *adj.* රතු rathu
reddish *adj.* මදක් රතුවූ madak rathu wuu
redeem *v.* මුදා හරිනවා mudaa harinawa
redemption *n.* නිදහස් කිරීම nidahas kireema
redeploy *v.* නැවත මෙහෙයවනවා nawatha meheyawanawa
redolent *adj.* සුගන්ධි sugandhi
redouble *v.* වඩා බලවත් වෙනවා wadaa balawath wenawa
redoubtable *adj.* භයජනක bhayajanaka
redress *v.* සහන සලසනවා sahana salasanawa
reduce *v.* අඩු කරනවා adu karanawa
reduction *n.* අඩු කිරීම adu kireema
reductive *adj.* අඩුතර aduthata

redundancy *n.* අධිකත්වය adhikathwaya
redundant *adj.* අධික adhika
reef *n.* ඉල්ලම illama
reek *v.* ගඳ ගහනවා ganda gahanwa
reel *n.* පටය pataya
refer *v.* සඳහන් කරනවා sandahan karanawa
referee *n.* තීරකයා theerakayaa
reference *n.* යොමුව yomuwa
referendum *n.* ජනවිචාරණය jana wichaaranaya
refill *v.* නැවත පුරවනවා nawatha purawanawa
refine *v.* පිරිසිදු කරනවා pirisidu karanwa
refinement *n.* ලාලිත්‍යය laalithya
refinery *n.* පට්ටලය pattalaya
refit *v.* අලුතෙන් සපයනවා aluthen sapayanawa
reflect *v.* පරාවර්තනය වෙනවා paraawarthanaya wenawa
reflection *n.* ඡායාව chaayaawa
reflective *adj.* පරාවර්තක paraawarthaka
reflex *n.* ප්‍රතිරූපය prathiroopaya
reflexive *adj.* පරාවර්ති parawarthee
reflexology *n.* පරාවර්ති විද්‍යාව parawarthee widyaawa
reform *v.* ප්‍රතිසංස්කරණය කරනවා prathisanskaranaya karanawa
reformation *n.* ප්‍රතිසංස්කරණය prathisanskaranaya
reformer *n.* ප්‍රතිසංස්කාරකයා prathisanskarakaya
refraction *n.* වර්තනය warthanaya
refrain *v.t.* වළකිනවා walakinawa
refresh *v.* වෙහෙස නිවනවා wehesa niwanawa
refreshment *n.* වෙහෙස නිවීම wehesa niweema
refrigerate *v.* ශීත කරනවා sheetha karanawa
refrigeration *n.* ශීතනය sheethanaya
refrigerator *n.* ශීතකරණය sheethakaranaya
refuge *n.* සරණ sarana
refugee *n.* අනාථයා anaathayaa
refulgence *adj.* දීප්තිමත්කම deepthimathkama
refulgent *adj.* දීප්තිමත් deepthimath
refund *v.* මුදල් ආපසු දෙනවා mudal aapasu denawa
refund *v.* මුදල් ආපසු දෙනවා mudal aapasu denawa
refurbish *v.* යළි ඔප දමනවා yali opa damanawa
refusal *n.* ප්‍රතික්ෂේප කිරීම prathikshepa kireema
refuse *v.* ප්‍රතික්ෂේප කරනවා prathikshepa karanawa
refuse *n.* නොවටිනා කොටස nowatinaa kotasa
refutation *n.* නිෂ්ප්‍රභ කිරීම nishprabha kireema
refute *v.* වැරදි බව ඔප්පු කරනවා waradi bawa oppu karanawa
regain *v.* නැවත ලබාගන්නවා nawatha labaagannawa
regal *adj.* රාජකීය raajakeeya
regard *v.* තකනවා thakanawa
regarding *prep.* සම්බන්ධයෙන් sambandhayen
regardless *adv.* නොසලකා nosalakaa
regenerate *v.* නැවත ප්‍රකෘතිමත්

කරනවා nawatha prakurthimath karanawa

regeneration *n.* පුනර්ජනනය punarjananaya

regent *n.* රාජ්‍යාධිකාරී raajyaad-hikaaree

reggae *n.* රෙගේ සංගීතය regei sangeethaya

regicide *n.* රාජඝාතකයා raaja ghaathakayaa

regime *n.* රාජ්‍ය පාලනය raajya paalanaya

regiment *n.* රෙජිමේන්තුව regi-menthuwa

region *n.* කලාපය kalaapaya

regional *adj.* ප්‍රාදේශීක praa-deshika

register *n.* නාම ලේඛනය naama lekhanaya

registrar *n.* රෙජිස්ට්‍රාර් registraar

registration *n.* ලියාපදිංචිය liyaa-padinchiya

registry *n.* රෙජිස්ට්‍රාර් කාර්යාලය registraar kaaryaalaya

regress *v.* පිරිහෙනවා pirihenawa

regret *n.* පසුතැවිල්ල pasuthawilla

regrettable *adj.* ශෝචනීය shocha-neeya

regular *adj.* ක්‍රමානුකූල kramaa-nukoola

regularity *n.* සමමිතිය samamithiya

regularize *v.* නිවැරදි බවට පමුණුවනවා niwaradi bawata pamunuwanawa

regulate *v.* හසුරුවනවා hasuru-wanawa

regulation *n.* ව්‍යවස්ථාව wyawas-thaawa

regulator *n.* පාලකය paalakaya

rehabilitate *v.* පුනරුත්ථාපනය කරනවා punuruththaapanaya karanawa

rehabilitation *n.* පුනරුත්ථාපනය punuruththaapanaya

rehearsal *n.* පෙරහුරුව perahuruwa

rehearse *v.* පෙරහුරු කරනවා pera-huru karanawa

reign *v.* රාජ්‍යය කරනවා raajya karanawa

reimburse *v.* ගිය වියදම දෙනවා giya wiyadam denawa

rein *n.* තෝන් ලණුව thon lanuwa

reincarnate *v.* නැවත ඉපදෙනවා nawatha ipadenawaa

reinforce *v.* බලය වැඩි කරනවා balaya wadi karanawa

reinforcement *n.* වඩා ඇඩි කිරීම wadaa dadi kireema

reinstate *v.* පුනස්ථාපනය කිරීම punasthaapanaya kireema

reinstatement *n.* පුනස්ථාපනය punasthaapanaya

reiterate *v.* නැවත නැවත කියනවා nawatha nawatha kiyawanawa

reiteration *n.* නැවත නැවත කීම nawatha nawatha keema

reject *v.* ප්‍රතික්ෂේප කරනවා prathik-shepa karanawa

rejection *n.* ප්‍රතික්ෂේපය prathik-shepaya

rejoice *v.* ප්‍රමුදිත කරනවා pramu-ditha karanawa

rejoin *v.* නැවත සම්බන්ධ කරනවා nawatha sambandha karanawa

rejoinder *n.* ප්‍රති උත්තරය prathi uththaraya

rejuvenate *v.* තිරිහන් වෙනවා thirihan wenawa

rejuvenation *n.* තිරිහන් වීම thirihan

weema
relapse *v.* නරක අතට හැරෙනවා naraka athata harenawa
relate *v.* සම්බන්ධ වෙනවා sambandha wenawa
relation *n.* සම්බන්ධය sambandhaya
relationship *n.* සබැඳියාව saban-diyawa
relative *adj.* සම්බන්ධී sambandhee
relativity *n.* සාපේක්ෂතාව saapek-shathaawa
relax *v.* නිස්කලංකව ඉන්නවා niska-lankawa innawa
relaxation *n.* විශ්‍රාමය wishraamaya
relay *n.* ප්‍රතිප්‍රචාරය prathipra-chaaraya
release *v.* අත හරිනවා atha harinawa
relegate *v.* නියම කරනවා niyama karanawa
relent *v.* අනුකම්පාව දක්වනවා anukampaawa dakwanawa
relentless *adj.* නිර්දය nirdaya
relevance *n.* අදාළතාව adaa-lathaawa
relevant *adj.* උචිත uchitha
reliable *adj.* විශ්වාස කළ හැකි wishwaasa kala haki
reliance *n.* විශ්වාසය wishwaasaya
relic *n.* ධාතුව dhaathuwa
relief *n.* සහනය sahanaya
relieve *v.* පැහැරගන්නවා pahara gannawa
religion *n.* ආගම aagama
religious *adj.* ආගමික aagamika
relinquish *v.* අත් හරිනවා ath harinawa
relish *v.* ආශා කරනවා aashaa kara-nawa
relocate *v.* අලුත් තැනකට යනවා aluth thanakata yanawaa
reluctance *n.* අමනාපය amanaa-paya
reluctant *adj.* නොකැමැති nokamathi
rely *v.* විශ්වාසය තබනවා wish-waasaya thabanawa
remain *v.* ඉතුරු වෙනවා ithuru wenawa
remainder *n.* අවශේෂය awa-sheshaya
remains *n.* සුන්බුන් sunbun
remand *v.* හිරබාරයේ තබනවා hirabaaraye thabanawa
remark *v.* සටහන් කරගන්නවා satahan karagannawa
remarkable *adj.* අපූර්ව apoorwa
remedial *adj.* ප්‍රතිකාර්මික prathi-kaarmika
remedy *n.* ප්‍රතිකර්මය prathi-karmaya
remember *v.* මතක තබාගන්නවා mathaka thabaagannawa
remembrance *n.* අනුස්මරණය anusmaranaya
remind *v.* මතක් කරනවා mathak karanawa
reminder *n.* මතක් කිරීම mathak kireema
reminiscence *v.* පිළිසමරනවා pilisa-maranawa
reminiscent *adj.* සිහිකරවන sihi-karawana
remiss *adj.* ප්‍රමාද pramaada
remission *n.* සමාව දීම sammawa deema
remit *n.* නගනවා naganawa
remittance *n.* ප්‍රේරණය preranaya
remnant *n.* සෙස්ස sessa

remonstrate *v.* තරවටු කරනවා tharawatu karanawaa

remorse *n.* පසුතැවිල්ල pasuthawilla

remote *adj.* ඈත aatha

removable *adj.* ඉවත් කළ හැකි iwath kala haki

removal *n.* ඉවත් කිරීම iwath kireema

remove *v.* ඉවත් කරනවා iwath karanawa

remunerate *v.* ප්‍රති උපකාර කරනවා prathi upakaara karanawa

remuneration *n.* ප්‍රතිඵලය prathipalaya

remunerative *adj.* ඵලදායී paladaayi

renaissance *n.* පුනරුදය punarudaya

render *v.* සලකනවා salakanawa

rendezvous *n.* රහස් හමුව rahas hamuwa

renegade *n.* ද්‍රෝහියා drohiyaa

renew *v.* අලුත්වැඩියා කරනවා aluthwadiyaa karanawa

renewal *adj.* ප්‍රතිසංස්කරණය prathisanskaranaya

renounce *v.t.* සම්බන්ධය ප්‍රතික්ෂේප කරනවා sambandhaya prathikshepa karanawa

renovate *n.* අලුත්වැඩියා කරනවා aluthwadiyaa karanawa

renovation *n.* අලුත්වැඩියාව aluthwadiyaawa

renown *n.* කීර්තිය keerthiya

renowned *adj.* කීර්තිමත් keerthimath

rent *n.* කුලිය kuliya

rental *n.* බදු කුලිය badu kuliya

renunciation *n.* අත් හැරීම ath hareema

reoccur *v.* නැවත එනවා nawatha enawa

reorganize *v.* ප්‍රතිසංවිධානය prathisanwidhanaya

repair *v.* පිළිසකර කරනවා pilisakara karanawa

repartee *n.* මුඛරි ප්‍රතිඋත්තරය mukhari prathiuththaraya

repatriate *v.* නැවත සියරටට පමුණුවනවා nawatha siyaratata pamunuwanawa

repatriation *n.* නැවත සියරටට පැමිණීම nawatha siyaratata pamineema

repay *v.* ආපසු දෙනවා aapasu denawa

repayment *n.* ආපසු ගෙවීම aapasu geweema

repeal *v.* අස් කරනවා as karanawa

repeat *v.* නැවත කරනවා nawataha karanawa

repel *v.* විකර්ෂණය කරනවා wikarshanaya karanawa

repellent *adj.* විකර්ෂකය wikarshakaya

repent *v.* පසුතැවිලි වෙනවා pasuthawili wenawa

repentance *n.* සන්තාපය santhaapaya

repentant *adj.* පසුතැවිලි වූ pasuthawili wuu

repercussion *n.* දෝංකාරය donkaaraya

repetition *n.* පුනරාවර්තනය punaraawarthanaya

replace *v.* ප්‍රතිස්ථාපනය කරනවා prathisthaapanaya karanawa

replacement *n.* ආදේශනය aadeshanaya

replay *v.* නැවත විකාශය කරනවා nawatha wikaashaya karanawa

replenish *v.* නැවත පුරවනවා nawatha purawanawa

replete *adj.* පරිපූර්ණ paripoorna

replica *n.* ප්‍රතිරූපය prathiroopaya

replicate *v.* ප්‍රචලිත කරනවා prachalitha karanawa

reply *v.* පිළිතුරු දෙනවා pilithuru denawa

report *v.* වාර්තා කරනවා waarthaa karanawa

reportage *n.* සිදුවීම් විස්තරය siduweema wishtharaya

reporter *n.* වාර්තා කරු waarthaa karu

repose *n.* විශ්‍රාමය wishraamaya

repository *n.* කෝෂය koshaya

repossess *v.* නැවත භුක්තිය ලබා ගන්නවා nawatha bhukthiya labaa gannawa

reprehensible *adj.* ගර්හා කළ යුතු garbhaa kala yuthu

represent *v.* පෙනී සිටිනවා penee sitinawa

representation *n.* ආදර්ශය aadar-shaya

representative *adj.* නියෝජිත niyojitha

repress *v.* යටපත් කරනවා yatapath karanawaa

repression *n.* අවරෝධනය awarod-hanaya

reprieve *v.* දඬුවම අත්හිටවනවා daduwama athhitawanawa

reprimand *v.* තරවටු කරනවා tharawatu karanawaa

reprint *v.* නැවත මුද්‍රණය කරනවා nawatha mudranaya karanawa

reprisal *n.* පළි ගැනීම pali ganeema

reproach *v.* අවලාද කියනවා awalaada kiyanawa

reproach *n.* අවලාද awalaada

reproduce *v.* නැවත උපදවනවා nawataha upadawanawa

reproduction *n.* ප්‍රජනනය prajananaya

reproductive *adj.* ප්‍රජනන prajanana

reproof *n.* තරවටුව tharawatuwa

reprove *v.* බනිනවා baninawa

reptile *n.* උරගයා uragayaa

republic *n.* ජනරජය janarajaya

republican *adj.* ජනරජ janaraja

repudiate *v.* ප්‍රතික්ෂේප කරනවා prathikshepa karanawa

repudiation *n.* ප්‍රතික්ෂේප කිරීම prathikshepa kireema

repugnance *n.* විරෝධය wirodhaya

repugnant *adj.* විරුද්ධ wiruddha

repulse *v.* ප්‍රතික්ෂේපය prathik-shepaya

repulsion *n.* විකර්ෂණය wikar-shanaya

repulsive *adj.* ඉතා කැත ithaa katha

reputation *n.* ප්‍රසිද්ධිය prasiddhiya

repute *n.* කීර්තිය keerthiya

request *n.* ඉල්ලීම illeema

requiem *n.* මෘතශාන්තිකර්මය mruthashaanthikarmaya

require *v.* අවශ්‍ය වෙනවා awashya wenawaa

requirement *n.* අවශ්‍යතාවය awashyathaawaya

requisite *adj.* අවශ්‍ය awashya

requisite *n.* අවශ්‍ය දෙය awashya deya

requisition *n.* කොන්දේසිය kondesiya
requite *v.t.* ප්‍රතිදානය කරනවා prathidanaya karanawa
rescind *v.* අවලංගු කරනවා awalangu karanawa
rescue *v.* බේරා ගන්නවා beragannawa
research *n.* පර්යේෂණය paryeshanaya
resemblance *n.* අනුහාරය anuhaaraya
resemble *v.* සමානව සිටිනවා samaanawa sitinawa
resent *v.* අප්‍රිය කරනවා apriya karanawa
resentment *n.* අමනාපය amanaapaya
reservation *n.* වෙන් කිරීම wen kireema
reserve *v.* වෙන් කරනවා wen karanawa
reservoir *n.* ජලාශය jalaashaya
reshuffle *v.* කලවම් කරනවා kalawam karanawa
reside *v.* පදිංචිව සිටිනවා padinchiwa sitinawa
residence *n.* වාසස්ථානය waasasthaanaya
resident *n.* නිවැසි niwasi
residential *adj.* පදිංචියට සුදුසු padinchiyata sudusu
residual *adj.* ශේෂ්‍ය sheshya
residue *n.* ශේෂය sheshaya
resign *v.* අස් වෙනවා as wenawa
resignation *n.* අස්වීමේ ලියවිල්ල as weeme liyawilla
resilient *adj.* ප්‍රත්‍යස්ථ prathyastha
resist *v.* විරෝධය පානවා wirodhaya paanawa
resistance *n.* ප්‍රතිරෝධය prathirodhaya
resistant *adj.* යටත් නොවන yatath nowana
resolute *adj.* තිරසාර thirasaara
resolution *n.* විභේදනය wibhedanaya
resolve *v.* විසඳෙනවා wisandenawa
resonance *n.* අනුනාදය anunaadaya
resonant *adj.* අනුනාදක anunaadaka
resonate *v.* අනුනාද වෙනවා anunaada wenawa
resort *n.* සේවනය sewanaya
resound *v.* රැව්දෙනවා rawdenawa
resource *n.* උපක්‍රමය upakramaya
resourceful *adj.* උපාය දක්ෂ upaaya daksha
respect *n.* ගුරුත්වය garuthwaya
respectable *adj.* වැදගත් wadagath
respectful *adj.* විනීත wineetha
respective *adj.* අනුපිළිවෙළෙට anupiliwelata
respiration *n.* ශ්වසනය shwasanaya
respirator *n.* ශ්වාසකය shwaasakaya
respire *v.* හුස්ම ගන්නවා husma gannawa
respite *n.* නැවතිල්ල nawathilla
resplendent *adj.* ඒකාලෝක ekaaloka
respond *v.* ප්‍රතිචාර දක්වනවා prathichaara dakwanawa
respondent *n.* වගඋත්තරකරු wagauththarakaru
response *n.* ප්‍රතිචාරය prathichaaraya

responsibility *n.* වගකීම wagakeema

responsible *adj.* වගකියයුතු wagakiya yuthu

responsive *adj.* වහා පලෙඹෙන wahaa pelambena

rest *v.* විවේක ගන්නවා wiweka gannawa

restaurant *n.* ආපන ශාලාව aapana shaalaawa

restaurateur *n.* ආපන ශාලාවෙහි පාලකයා aapana shaalaawehi paalakayaa

restful *adj.* ශාන්ත shaantha

restitution *n.* වන්දි ගෙවීම wandi geweema

restive *adj.* අවිනීත awineetha

restoration *adj.* ප්‍රතිසංස්කරණය prathisanskaranaya

restore *v.* නැවත සකස් කරනවා nawatha sakas karanawa

restrain *v.* අවහිර කරනවා awahira karanawa

restraint *n.* අවහිරය awahiraya

restrict *n.* සීමා කිරීම seema kireema

restriction *n.* තහනම thahanama

restrictive *adj.* බාධක baadhaka

result *n.* ප්‍රතිඵලය prathipalaya

resultant *adj.* සම්ප්‍රයුක්ත sam-prayuktha

resume *v.* නැවත අරඹනවා nawatha arambanawa

resumption *n.* ආරම්භ කිරීම aarambha kireema

resurgence *a.* පුනර්ජීවනය punarjeewanaya

resurgent *adj.* නැවත නැඟී සිටින nawatha nagee sitina

resurrect *v.* ඉදිරිපත් කරනවා idiripath karanawa

retail *n.* සිල්ලරට විකුණනවා sillarata wikunanawaa

retailer *n.* සිල්ලර වෙළෙන්දා sillara welendaa

retain *v.i.* අල්ලාගන්නවා allaaga-nnawa

retainer *n.* සේවකයා sewakayaa

retaliate *v.* පළිගන්නවා paligannawa

retaliation *n.* පළි ගැනීම pali ganeema

retard *v.* බාධා කරනවා badhaa karanawa

retardation *n.* මන්දනය mandanaya

retarded *adj.* ආබාධිත aabaadhitha

retch *v.* ඔක්කාර කරනවා okkaara karanawa

retention *n.* ධාරණය dhaaranaya

retentive *adj.* දරා සිටින daraa sitina

rethink *v.* යළි තක්සේරුව yali thakseruwa

reticent *adj.* කුලැටි kulaati

retina *n.* දෘෂ්ටි විතානය drushti withaanaya

retinue *n.* පිරිවර ජනයා piriwara janayaa

retire *v.* විශ්‍රාම ගන්නවා wishraama gannawa

retirement *n.* විශ්‍රාමය wish-raamaya

retiring *adj.* ඉතා විනීත ithaa wineetha

retort *v.* කට ගහනවා kata gahanawa

retouch *v.* වඩා හොඳ කරනවා wadaa honda karanawa

retrace *v.t.* නැවත සොයා යනවා nawatha soyaa yanawa

retract *v.* වරද පිළිගන්නවා warada piligannawa

retread *v.* නැවත පුරවන ලද ටයරය nawatha purawana lada tayaraya

retreat *v.t.* ඇලව තිබෙනවා alawa thibenawa

retrench *v.* වියදම අඩු කරනවා wiyadama adu karanawa

retrenchment *n.* වියදම අඩු කිරීම wiyadama adu kireema

retrial *n.* නැවත විමසීම nawatha wimaseema

retribution *n.* විපාකය wipaakaya

retrieve *v.* සොයා ලබාගන්නවා soyaa labagannawa

retriever *n.* වෙඩි වැදුණු සතුන් සොයාගෙන යන්නා wedi wadunu sathun soyaagena yannaa

retro *adj.* ආපසු aapasu

retroactive *adj.* පූර්වකාරී poorwakaaree

retrograde *adj.* ප්‍රතිගාමී prathigaamee

retrospect *n.* ප්‍රත්‍යාවලෝකනය prathyaawalokanaya

retrospective *adj.* ප්‍රත්‍යාවලෝකන prathyaawalokana

return *v.* පෙරළා එනවා peralaa enawaa

return *n.* ආපසු එවුම aapasu ewuma

reunion *n.* නැවත හමුවීම nawatha hamuweema

reunite *v.* ආපසු සමගි වෙනවා aapasu samagi wenawaa

reuse *v.* නැවත භාවිතා කරනවා nawatha bhaawithaa karanawa

revamp *v.* හරිගස්සනවා harigassanawa

reveal *v.* හෙළි කරනවා heli karanawa

revel *v.* අතිශයෙන් ප්‍රීති වෙනවා athishayin preethi wenawa

revelation *n.* හෙළිදරව්ව helidarawwa

revenge *n.* පළි ගැනීම pali ganeema

revenue *n.* ආදායම aadaayama

reverberate *v.* ගිගුම් දෙනවා gigum denawa

revere *v.* ගරු කරනවා garu karanawa

revered *adj.* සම්මානිත sammanitha

reverence *n.* සම්මානය sammanaya

reverend *adj.* පූජ්‍ය poojya

reverent *adj.* විනීත wineetha

reverential *adj.* භක්තිමත් bhakthimath

reverie *n.* චින්තනය chinthanaya

reversal *n.* වෙනස්වීම wenas weema

reverse *v.* පස්ස ගහනවා passa gahanawa

reversible *adj.* ප්‍රතිවර්ත්‍ය prathiwarthya

revert *v.* ආපසු පැමිණෙනවා aapasu paminenawa

review *n.* විමර්ශනය wimarshanaya

revile *v.* නින්දා කරනවා nindaa karanawa

revise *v.* සංශෝධනය කරනවා sanshodhanaya karanawa

revision *n.* සංශෝධනය sanshodhanaya

revival *n.* පුනර්වනය punarwanaya

revivalism *n.* පුනර්වනවාදය punarwanawaadaya

revive *v.* පණ පිහිටුවනවා pana pihituwanawa

revocable *adj.* අහෝසි කළ හැකි ahosi kala haki

revocation *n.* අහෝසි කිරීම ahosi

kireema
revoke *v.* අවලංගු කිරීම awalangu kireema
revolt *v.* කැරලි ගසනවා karali gasanawa
revolution *n.* විප්ලවය wiplawaya
revolutionary *adj.* විප්ලවවාදී wiplawa waadee
revolutionize *v.* විප්ලවීකරණය wiplaweekaranaya
revolve *v.* පරිභ්‍රමණය වෙනවා paribhramanaya wenawaa
revolver *n.* පිස්තෝලය pistholaya
revulsion *n.* පිළිකුල pilikula
reward *n.* තෑග්ග thaagga
rewind *v.* නැවත ඔතනවා nawatha othanawa
rhapsody *n.* ව්‍යාකූල ප්‍රබන්ධය wyaakoola prabandhaya
rhetoric *n.* අලංකාර ශාස්ත්‍රය alankaara shaasthraya
rhetorical *adj.* උපමා උපමේය සහිත upamaa upameya sahitha
rheumatic *adj.* වාත waatha
rheumatism *n.* රක්තවාතය rakthawaathaya
rhinoceros *n.* රයිනෝසිරස් rhinoceros
rhodium *n.* රෝඩියම් rhodium
rhombus *n.* රොම්බසය rombasaya
rhyme *n.* එළිසමය elisamaya
rhythm *n.* රිද්මය ridmaya
rhythmic *adj.* රිද්මයානුකූල ridmayaanukoola
rib *n.* ඉළ ඇටය ila ataya
ribbon *n.* පීත්ත පටිය peeththa patiya
rice *n.* බත් bath
rich *adj.* පොහොසත් pohosath
richly *adv.* උසස් අන්දමින් usas andamin
richness *n.* සමෘද්ධිය samurdhiya
rick *n.* ගොයම් කොළය goyam kolaya
rickets *n.* ග්‍රහනිය grahaniya
rickety *adj.* වැනෙන wanena
rickshaw *n.* රික්ෂෝ රථය rikshaw rathaya
rid *v.* ඉවත් කරනවා iwath karanawa
riddance *n.* ඉවත් කිරීම iwath kireema
riddle *n.* ප්‍රහේලිකාව prahelikaawa
riddled *adj.* ප්‍රහේලිකා ගත කළ prahelikaagatha kala
ride *v.* පැදගෙන යනවා padagena yanawa
rider *n.* ආරෝහකයා aarohakayaa
ridge *n.* වැටිය watiya
ridicule *n.* උපහාසය upahaasaya
ridiculous *adj.* හාස්‍ය haasya
rife *adj.* බහුල bahula
rifle *n.* රයිෆලය rifalaya
rifle *v.* කොල්ලකනවා kollakanawa
rift *n.* විවරය wiwaraya
rig *v.* පෙරුම් පුරනවා perum puranawa
rigging *n.* නැවේ ආම්පන්න nawe aampanna
right *adj.* නිවැරදි niwaradi
right *n* දකුණ dakuna
righteous *adj.* යහපත් yahapath
rightful *adj.* නියම niyama
rigid *adj.* තද thada
rigmarole *n.* හෑල්ල haalla
rigorous *adj.* තදබල thadabala
rigour *n.* දැඩි බව dadi bawa

rim *n.* වල්ල willa
ring *n.* මුද්ද mudda
ring *v.* නාද කරනවා naada karanawa
ringlet *n.* කුඩා මුද්ද kudaa mudda
ringworm *n.* වට පණුවා wata panuwaa
rink *n.* ලිහිසි ක්‍රීඩා සඳහා ආවුරු පෙත lihisi kreedaa sandahaa aawuru petha
rinse *v.* පිරිසිදු දියෙහි සෝදනවා pirisidu diyehi sodanawa
riot *n.* කැරැල්ල karalla
rip *v.* ඉරනවා iranawa
ripe *adj.* ඉදුණු idunu
ripen *v.* ඉදවනවා idawanawa
riposte *n.* පහර දීම pahara deema
ripple *n.* කුඩා දියරැල්ල kudaa diyaralla
rise *v.* ඉහළ යනවා ihala yanawa
risible *adj.* සිනාසීමට කැමති sinaseemata kamathi
rising *n.* උද්ගමය udgamanaya
risk *n.* අවදානම awadaanama
risky *adj.* අවදානම් සහිත awadaanam sahitha
rite *n.* විධිය widhiya
ritual *n.* පිළිවෙත piliwetha
rival *n.* සතුරු sathuru
rivalry *n.* විරෝධය wirodhaya
riven *n.* පැළුණු palunu
river *n.* ගඟ ganga
rivet *n.* රිවට් කරනවා rivert karanawa
rivulet *n.* දොළ dola
road *n.* පාර paara
road works *n.* පාර පිළිබඳ කටයුතු paara pilibanda katayuthu
roadworthy *adj.* ගමනට සුදුසු gamanata sudusu
roadster *n.* සාමාන්‍ය ගමනට සුදුසු වාහනය saamaanya gamanata sudusu waahanaya
roam *v.* ඉබාගාතේ යනවා ibaagaathe yanawa
roar *n.* ගර්ජනය garjanaya
roar *v.* ගොරවනවා gorawanawa
roast *v.* කර කරනවා kara karanawa
rob *v.* මංකොල්ල කනවා mankol-lakanawa
robber *n.* මංකොල්ලකාරයා mankol-lakaaraya
robbery *n.* මංකොල්ලය mankollaya
robe *n.* ලෝගුව loguwa
robot *n.* රොබෝවා robowa
robust *adj.* ශක්තිමත් shakthimath
rock *n.* ගල gala
rocket *n.* රොකට්ටුව rockettuwa
rocky *adj.* ගල් සහිත gal sahitha
rod *n.* පොල්ල polla
rodent *n.* කාන්නකයා kaannakayaa
rodeo *n.* ගවයන් ගාල් කිරීම gawayan gaal kireema
roe *n.* කුරංගයා kurangayaa
rogue *n.* මරයා marayaa
roguery *n.* හොරමරකම horama-rakama
roguish *adj.* මැර mara
roister *v.* වෙරි වී කෑගසමින් යනවා weri wee kaagasamin yanawaa
role *n.* භූමිකාව bhoomikawa
roll *v.i.* පෙරළනවා peralanawa
roll *n.* රෝල roller
roll-call *n.* නම් කැඳවීම nam kandaweema
roller *n.* රෝල roller
rollercoaster *n.* රෝලර්කෝස්ටරය rollercoasteraya

romance *n.* ප්‍රේම වෘත්තාන්තය prema wruthaanthaya
romantic *adj.* ශෘංගාර shrungaara
romp *v.* පෙම්කෙළිනවා pemkelinawa
roof *n.* වහලය wahalaya
roofing *n.* වහලේ අඩුවැඩිය wahale aduwadiya
rook *n.* වංචාකාරයා wanchaa-kaaraya
rookery *n.* කපුටන් ලගින තැන kaputan lagina thana
room *n.* කාමරය kaamaraya
roomy *adj.* ඉඩපාඩු ඇති idapaadu athi
roost *n.* කුරුලු රැල kurulu rala
rooster *n.* කුකුළා kukulaa
root *n.* මුල mula
rooted *adj.* මුල් බැසගත් mul basagath
rope *n.* ලණුව lanuwa
rosary *n.* රෝස උයන rosa uyana
rose *n.* රෝස මල rosa mala
rosette *n.* සෙව්වන්දිය sewwandiya
roster *n.* මුර ලැයිස්තුව mura layisthuwa
rostrum *n.* වේදිකාව wedikaawa
rosy *adj.* රෝස පාට rosa pata
rot *v.* කුණු වෙනවා kunu wenawa
rota *n.* මුර ලැයිස්තුව mura layisthuwa
rotary *adj.* පරිභ්‍රම paribhrama
rotate *v.* කරකැවෙනවා karaka-wenawa
rotation *n.* කරකැවීම karakaweema
rote *n.* පුරුද්ද purudda
rotor *n.* භ්‍රමකය bhramakaya
rotten *adj.* කුණුවූ kunu wuu
rouge *n.* සුවඳ පුයර මිශ්‍රණයක් suwanda puyara mishranayak
rough *adj.* රළු ralu
roulette *n.* තිත්කුරුව thithkuruwa
round *adj.* වටකුරු watakuru
roundabout *n.* වටරවුම watara-wuma
rounded *adj.* වටකුරු watakuru
roundly *adv.* නිර්භයවම nirbhayawa
rouse *v.* අවුස්සනවා awussanawa
rout *n.* ගෝට්ටිය gottiya
route *n.* මාර්ගය maargaya
routine *n.* දිනචර්යාව dinacharyaawa
rove *v.* ඉබාගාතේ යනවා ibaagaathe yanawa
rover *n.* මූදු කොල්ලකාරයා moodu kollakaarayaa
roving *adj.* මූදු කොල්ලකන moodu kollakana
row *n.* පෙළ pela
rowdy *adj.* මැරවර marawara
royal *n.* රාජකීය raajakeeya
royalist *n.* රාජ පාක්ෂිකයා raaja paakshikaya
royalty *n.* රාජවංශය raaja wanshaya
rub *n.* පිසදැමීම pisa dameema
rub *v.* පිරිමදිනවා pirimadinawa
rubber *n.* රබර් rubber
rubbish *n.* කසල kasala
rubble *n.* සක්ක ගල් sakka gal
rubric *n.* මාතෘකා පාඨය mathrukaa paataya
ruby *n.* රතුකැට rathu kata
rucksack *n.* ගමන් මල්ල gaman malla
ruckus *n.* ගෝණු gonu
rudder *n.* සුක්කානම sukkaanama
rude *adj.* නපුරු napuru
rudiment *n.* ආකෘතිය aakruthiya

rudimentary *adj.* අසම්පූර්ණ asam-poorna

rue *v.* පසුතැවෙනවා pasutha-wenawaa

rueful *adj.* පසුතැවිලි වෙන pasu-thawili wena

ruffian *n.* මැරවරයා marawarayaa

ruffle *v.* අවුල් කරනවා awul karanawa

rug *n.* පලස palasa

rugby *n.* රග්බි ක්‍රීඩාව rugby kreedaawa

rugged *adj.* සමතලා නොවූ samathalaa nowuu

ruin *n.* විනාශය winaashaya

ruinous *adj.* විනාශකාරී winaa-shakaaree

rule *n.* නීතිය neethiya

rule *v.* පාලනය කරනවා paalanaya karanawa

ruler *n.* කෝදුව koduwa

ruling *n.* අධිපති adhipathi

rum *n.* රම් rum

rumble *v.* ගොරවනවා gorawanawa

rumbustious *adj.* චණ්ඩ chanda

ruminant *n.* වමාරා කන wamaaraa kana

ruminate *v.* වමාරා කනවා wamaaraa kanawaa

rumination *n.* වමාරා කෑම wamaa-raa kaama

rummage *v.* අවුස්සා සොයනවා awussaa soyanawa

rummy *n.* කාඩ් ක්‍රීඩාවක් card kreedaawak

rumour *n.* කටකතාව katakathaawa

rumple *v.* බොකුටු කරනවා bokutu karanawa

rumpus *n.* ආරාවුල aarawula

run *n.* දිවීම diweema

run *v.* දුවනවා duwanawa

runaway *adj.* පලා යන්නා palaayannaa

rundown *adj.* දුර්වල durwala

runway *n.* ගුවන්යානා ධාවනපථය guwan yaanaa dhaawana pathaya

rung *n.* ඉණිමං පත්ත iniman peththa

runnel *n.* ෙ ඇළ dola

runner *n.* ධාවකයා dhaawakayaa

runny *adj.* ගලන galana

rupture *v.t.* භේද වෙනවා bheda wenawa

rural *adj.* ගම්බද gambada

ruse *n.* ප්‍රයෝගය prayogaya

rush *v.* වේගයෙන් යනවා wegayen yanwa

rusk *n.* විස්කෝතු වර්ගයක් wiskothu wargayak

rust *n.* මලකඩ malakada

rustic *adj.* පිටිසර pitisara

rusticate *v.* පිටිසරබදව ජීවත් වෙනවා pitisarabadawa jeewath wenawa

rustication *n.* පිටිසරබදව ජීවත් වීම pitisarabadawa jeewath weema

rusticity *n.* පිටිසරකම pitisarakama

rustle *v.* සර සර ගානවා sara sara gaanawa

rusty *adj.* මල බැඳුණු mala bandunu

rut *n.* මද කාලය mada kaalaya

ruthless *adj.* අනුකම්පා නැති anukampaa nathi

rye *n.* රයි rye

S

Sabbath *n.* උපෝස්ථ දිනය upostha dinaya
sabotage *v.* කඩාකප්පල් කරනවා kdaakappal karanawaa
sabre *n.* වකුටු කඩුව wakutu kaduwa
saccharin *n.* සැකරින් sakarin
saccharine *adj.* සැකරින් සහිත sakarin sahitha
sachet *n.* ඉතා කුඩා මල්ල ithaa kudaa malla
sack *n.* ගෝනිය goniya
sack *v.* පහ කරනවා paha karanawaa
sacrament *n.* සංස්කාරය sanskaaraya
sacred *adj.* සුපිරිශුද්ධ supiri shuddha
sacrifice *n.* කැප කිරීම kapa kireema
sacrifice *v.* බිලි පුදනවා bili pudanawaa
sacrificial *adj.* යාගය පිළිබඳ yaagaya pilibanda
sacrilege *n.* කෙලෙසීම kelaseema
sacrilegious *adj.* අපරාධගත aparaadagatha
sacrosanct *adj.* නොකෙලෙසිය යුතු nokelesiya yuthu
sad *adj.* දුක් මුසු duk musu
sadden *v.* දුක් උපදවනවා duk upadawanawaa
saddle *n.* සෑදලය saadalaya
saddler *n.* සෑදල තනන්නා saadala thanannaa
sadism *n.* ක්‍රෑර කමට ඇති ප්‍රිය බව kroora kamata athi priya bawa
sadist *n.* පරපීඩා ප්‍රීතිය විඳින්නා para peedaa preethiya windinna
safari *n.* දඩයමේ යාම dhadayame yaama
safe *adj.* සුරක්ෂිත surakshitha
safe *n.* සේප්පුව seppuwa
safeguard *n.* සුරක්ෂිතතාවය surakithaawaya
safety *n.* පරෙස්සම paressama
saffron *n.* කහ kaha
sag *v.* මැදින් එල්ලා වැටෙනවා madin ellaa watenawaa
saga *n.* ආඛ්‍යාතය aakyathaya
sagacious *adj.* විචක්ෂණ wichakshana
sagacity *n.* විචක්ෂණ භාවය wichakshana bhaawaya
sage *n.* ප්‍රාඥවන්තයා pragnaawanthayaa
sage *adj.* ප්‍රාඥ praagna
sail *n.* යාත්‍රා ගමන yaathraa gamana
sail *v.* යාත්‍රා කරනවා yaathraa karanawaa
sailor *n.* නාවිකයා naavikayaa
saint *n.* සාන්තවරයා saanthawarayaa
saintly *adj.* අධි භක්තිමත් adhi bakthimath
sake *n.* කාරණය kaaranaya
salable *adj.* විකිණිය හැකි wikiniya haki
salad *n.* සලාදය salaadaya
salary *n.* වැටුප watupa
sale *n.* අලෙවිය alewiya
salesman *n.* අලෙවි කරු alewi karu
salient *adj.* ඉතා වැදගත් itha wadhagath
saline *adj.* ලුණු ඇති lunu athi

salinity *n.* ලවණතාව lawanathaawa
saliva *n.* කෙළ kela
sallow *adj.* පඬුවන් panduwan
sally *n.* වාග් ප්‍රහාරය waag prahaaraya
salmon *n.* සමන් මාළුවා saman maaluwaa
salon *n.* අමුත්තන් පිළිගන්න ශාලාව amuththan piliganna shaalaawa
saloon *n.* බාබර් සාප්පුව baabar saappuwa
salsa *n.* නර්තන විලාශයක් narthana wilaashayak
salt *n.* ලුණු lunu
salty *adj.* ලුණු මිශ්‍ර lunu misra
salutary *adj.* වැඩ දායක wada dhaayaka
salutation *n.* ආචාරය aachaaraya
salute *n.* ආචාර කරනවා aachaara karanawaa
salvage *v.* බේරා ගන්නවා beraa gannawaa
salvation *n.* යමකින් ගැළවීමේ මාර්ගය yamakin galaweeme maargaya
salver *n.* කුඩා බන්දේසිය kudaa bandesiya
salvo *n.* ඔල්වර හඬ olvara handa
Samaritan *n.* සමාරිය පලාතේ වාසියා samaariya palaathe vasia
same *adj.* සම sama
sample *n.* නියැදිය niyadiya
sampler *n.* ආදර්ශ ගෙත්තම aadarsha geththama
sanatorium *n.* සුකස්ථානය sukasthaanaya
sanctification *n.* පවිත්‍ර කිරීම pawithra kireema
sanctify *v.* සිද්ධස්ථානයක් බවට පමුණුවනවා siddasthaanayak bawata pamunuwanawaa
sanctimonious *adj.* බොරු සිල් අඟනවා boru sil angawana
sanction *v.* එකඟ වෙනවා ekanga wenawaa
sanctity *n.* ශුද්ධවන්තකම shudda-wanthakama
sanctuary *n.* සිද්ධස්ථානය siddasthaanaya
sanctum *n.* ඉතා විවේක ස්ථානය ithaa wiweka sthaanaya
sand *n.* වැලි weli
sandal *n.* සඳුන් sandun
sandalwood *n.* සඳුන් ගස sandun gasa
sander *n.* වැලි පත් අල්ලනය wali path allanaya
sandpaper *n.* වැලි කඩදාසි wali kadadhaasi
sandwich *n.* සැන්ඩ්විච් sandwich
sandy *adj.* වැලි සහිත weli sahitha
sane *adj.* යුක්ති සහගත yukthi sahagatha
sangfroid *n.* විපතේදී නොසැලීම wipathedee nosaleema
sanguinary *adj.* ලේ වැගිරීම් සහිත le wagareem sahitha
sanguine *adj.* අපේක්ෂා සහිත apeksha sahitha
sanitarium *n.* රෝගීන් සඳහා වූ සත්කාරාගාරය rogeen sandahaa wu sathkaaraagaaraya
sanitary *adj.* සනීපාරක්ෂාව sanee-paarakshaka
sanitation *n.* සෞඛ්‍ය ආරක්ෂාව saukya aarakshaawa
sanitize *v.* සනීපාරක්ෂාව සලසනවා saneepaarakshawa salasanawaa

sanity *n.* සිහි විපරම sihi wiparama
sap *n.* සාරය saaraya
sapling *n.* ලපටි ගස lapati gasa
sapphire *n.* නිල් කැටය nil kataya
sarcasm *n.* ව්‍යාජ ප්‍රශංසාව wiyaaja prasansaawa
sarcastic *adj.* ව්‍යාජෝක්තියෙන් යුත් wiyaajokthiyen yuth
sarcophagus *n.* ගල් මිනී පෙට්ටිය gal minee pettiya
sardonic *adj.* නින්දා සහගත nindaa sahagatha
sari *n.* සාරිය saariya
sartorial *adj.* ඇඳුම් මැහීම පිළිබඳ andum maheema pilibanda
sash *n.* ඉසෙ පළඳින පටිය ise palandina patiya
Satan *n.* සාතන් saathan
satanic *adj.* යක්ෂයා පිළිබඳ yakshayaa pilibanda
Satanism *n.* සාතන් පිදීම saathn pideema
satchel *n.* කූර පයිය koora paiya
sated *adj.* තෘප්තියට පත් කළ thrupthiyata path kala
satellite *n.* චන්ද්‍රිකාව chandrikaawa
satiable *adj.* තෘප්‍ය thrupya
satiate *v.* සන්තෘප්ත වෙනවා santhruptha wenawaa
satiety *n.* තෘප්ත ස්වභාවය thruptha swabhaawaya
satin *n.* පැත්තෙන් දිලිසෙන පට රෙදි paththen dilisena pata redhi
satire *n.* හාස්‍යය haasyaya
satirical *adj.* උපහාසාත්මක upahaasaathmaka
satirist *n.* උපහාස රචකයා upahaasa rachakayaa
satirize *v.* උපහාසයට ලක් කරනවා upahaasayata lak karanawaa
satisfaction *n.* සතුටු කිරීම sathutu kireema
satisfactory *adj.* සතුටුදායක sathutudaayaka
satisfy *v.* සැනසෙනවා sanasenawaa
saturate *v.* සන්තෘප්ත කරනවා santhruptha karanawaa
saturation *n.* සන්තෘප්ත වීම santh-ruptha weema
Saturday *n.* සෙනසුරාදා sena-suraadaa
saturnine *adj.* මන්ද බුද්ධික manda buddhika
sauce *n.* ආනම aanama
saucer *n.* පීරිසිය peerisiya
saucy *adj.* අවිනීත awineetha
sauna *n.* හුමාල ස්නානය humaala snaanaya
saunter *v.* රොන්දේ යනවා ronde yanawaa
sausage *n.* සොසේජස් sosegas
savage *adj.* වනචර wanachara
savagery *n.* වනචාරීත්වය wana-chaareethwaya
save *v.* ඉතිරි කරනවා ithiri karanawaa
savings *n.* ඉතිරි කරගත් මුදල් ithiri karagath mudhal
saviour *n.* ගැලවුම් කරුවා galawum karuwaa
savour *v.t.* ආස්වාදය aaswaadaya
savoury *adj.* රස බර rasa bara
saw *n.* කියත kiyatha
saw *v.* ඉරෙනවා irenawaa
sawdust *n.* කියත් කුඩු kiyath kudu
saxophone *n.* සැක්සෆෝනය

saksaponaya
say *n.* කියමන kiyamana
saying *n.* කීම keema
scab *n.* තුවාලයේ කබල thuwaalaye kabala
scabbard *n.* කඩු කොපුව kadu kopuwa
scabies *n.* පණු හොරි panu hori
scabrous *adj.* ගොරහැඩි gorahadi
scaffold *n.* එල්ලුම් ගස ellum gasa
scaffolding *n.* පලංචිය palanchiya
scald *v.* පුලුස්සනවා pulussanawaa
scale *n.* තරාදිය tharaadiya
scallop *n.* බීක්කුව beekkuwa
scalp *n.* ශීර්ෂ චර්මය sheersha chrmaya
scam *n.* කූට උපක්‍රමය koota upakkramaya
scamp *n.* වැදගම්මකට නැති තැනැත්තා wadagammakata nathy thanaththaa
scamper *v.t.* බයෙන් දුවනවා bhayen duwanawaa
scan *v.* පිරිලෝකනය කරනවා parilo-kanaya karanawaa
scanner *n.* පිරිලෝකනය parilo-kanaya
scandal *n.* අපකීර්තිය apakeerthiya
scandalize *v.* සිත් වේදනා කරනවා sith wedanaa karanawaa
scant *adj.* හිඟ hinga
scanty *adj.* ප්‍රමාණ නොවන pramaana nowana
scapegoat *n.* බිල්ලා billa
scar *n.* කැළල kalala
scarce *adj.* දුර්ලභ durlaba
scarcely *adv.* යාන්තමින් yaanthamin
scare *v.* මහත් බය mahath bhaya
scarecrow *n.* පඹයා pambayaa
scarf *n.* උතුරු සළුව uthuru saluwa
scarlet *n.* ලෝහිත වර්ණය lohitha warnaya
scarp *n.* කන්දේ බෑවුම kande baawuma
scary *adj.* බය උපදවන bhaya upadawana
scathing *adj.* රෞද්‍ර raudra
scatter *v.* විසිරෙනවා wisirenawaa
scavenge *v.* කසල ඉවත් කරනවා kasala iwath karanawaa
scenario *n.* නාට්‍යයකට අංක පරිච්ඡේදවල කෙටුම්පත naatyayaka anka parichchedawala ketum-patha
scene *n.* දර්ශනය darshanaya
scenery *n.* ස්වාභාවික දර්ශනය swab-haawika darshanaya
scenic *adj.* සොබාදහම පිළිබඳ වූ sobaadahama pilibanda wu
scent *n.* සුවඳ suwanda
sceptic *n.* අවිශ්වාසය awiswaasiyaa
sceptical *adj.* සැක ඇති saka athi
sceptre *n.* ආධිපත්‍යය aadipathyaya
schedule *n.* න්‍යාය පත්‍රය niyaaya pathraya
schematic *adj.* ක්‍රමානුරූප kramaa-nuroopa
scheme *n.* යෝජනා ක්‍රමය yojanaa kramaya
schism *n.* සංඝ භේදය sanga bedaya
schizophrenia *n.* හීනෝන්මාදය heennonmaadhaya
scholar *n.* ශාස්ත්‍රධරයා shash-thradharayaa
scholarly *adj.* විද්වත් widhwath
scholarship *n.* ශිෂ්‍යත්වය shisya-

thwaya

scholastic *adj.*විද්‍යා ස්ථානයන් පිළිබඳ වූ vidyaa sthaanayan pilibanda wu

school *n.* පාසල paasala

sciatica *n.* ශිර ශෝණිත රක්තය sronitha rakthaya

science *n.*විද්‍යාව vidyaawa

scientific *adj.*විද්‍යානුකූල vidyaa-nukoola

scientist *n.*විද්‍යාඥයා vidyagnayaa

scintillating *adj.*දීප්තිමත් deep-thimath

scissors *n.* කතුර kathura

scoff *v.i.* සමච්චල් කරනවා samach-chal karanawaa

scold *v.* බැණ වදිනවා bana wadhi-nawaa

scoop *n.* ලොකු හඬ loku handa

scooter *n.* ස්කූටරය skootaraya

scope *n.* අවකාශය awakaashaya

scorch *v.* මතුපිටින් දවනවා mathu-pitin dhawanawaa

score *n.* වාසිය waasiya

score *v.* ලකුණු ලබා ගන්නවා lakunu labaa gannawaa

scorer *n.* ගණන් ලකුණු කරන්නා ganan lakunu karannaa

scorn *n.* අවමානය awamaanaya

scornful *adj.* උදාරම් udaaram

scorpion *n.* ගෝනුස්සා gonussaa

Scot *v.* ගෙවීමක් කරනවා geveemak karanawaa

scot-free *adv.*සිය කැමැත්තෙන් කරන siya kamaththen karana

scoundrel *n.*දුර්ජනයා durjanayaa

scour *v.* සෙදී යනවා sedee yanawaa

scourge *n.* වසංගතය wasangathaya

scout *n.* බාල දක්ෂයා baala dakshayaa

scowl *n.* රවා බැලීම rawaa baleema

scrabble *v.*හූරනවා hooranawaa

scraggy *adj.* කෙට්ටු kettu

scramble *v.* බඩගා යනවා badagaa yanawaa

scrap *n.* කැබැල්ල kaballa

scrape *v.*සූරා දමනවා sooraa damanawaa

scrappy *adj.* මනාව සකස් නොවූ manaawa sakas nowu

scratch *v.t.* පහුරු ගානවා pahuru gaanawaa

scrawl *v.*කුරුටු ගානවා kurutu gaanawaa

scrawny *adj.* කැහැටු kahatu

screech *n.* යටිගිරියෙන් කෑගැසීම yatigiriyen kaagaseema

scream *v.* බෙරිහන් දෙනවා berihan denawaa

screech *n.* යටිගිරියෙන් කෑගැසීම yatigiriyen kaagaseema

screed *n.* හැල්ල haalla

screen *n.*තිරය thiraya

screw *n.* ඉස්කුරුප්ප ඇණය iskuruppu anaya

screwdriver *n.* ඉස්කුරුප්ප නියන iskuruppu niyana

scribble *v.* ඉක්මනින් කැතට ලියනවා ikmanin kathata liyanawaa

scribe *n.* රචකයා rachakayaa

scrimmage *n.* කෝලාහලය kolahalaya

scrimp *v.* ලෝභකම් කරනවා lobakam karanawaa

script *n.*පිටපත pitapatha

scripture *n.* ආගමික ධර්ම ග්‍රන්ථය aagamika dharma granthaya

scroll *n.* ලියවැල liyawala
scrooge *n.* ලෝභයා lobayaa
scrub *v.* අතුල්ලනවා athullanawaa
scruffy *adj.* අශෝභන ashobana
scrunch *v.* විකා කනවා wikaa kanawaa
scruple *n.* ඩිංගිත්ත dingiththa
scrupulous *adj.* සාවධාන saawad-haana
scrutinize *v.* සියුම් ලෙස පරීක්ෂා කරනවා siyum lesa pareekshaa karanawaa
scrutiny *n.* සියුම් පරීක්ෂාව siyum pareekshaawa
scud *v.* වේගයෙන් යාත්‍රා කරනවා wegayen yaathraa karanawaa
scuff *v.* දෙපා අද්දමින් ගමන් කරනවා depaa addhamin gaman karanawaa
scuffle *n.* පොරය poraya
sculpt *v.* කැටයම් කරනවා katayam karanawaa
sculptor *n.* මූර්ති ශිල්පියා moorthi shilpiyaa
sculptural *adj.* මූර්තිමය moor-thimaya
sculpture *n.* මූර්තිය moorthiya
scum *n.* පෙණ pena
scurrilous *adj.* අසභ්‍ය asabya
scythe *n.* ලොකු දැකැත්ත loku daakaththa
sea *n.* මුහුද muhudha
seagull *n.* මුහුදු ලිහිණියා muhudu lihiniyaa
seal *n.* මුද්‍රාව mudraawa
sealant *n.* කාන්දු වළක්වන ද්‍රව්‍යය kaandu walakwana drauyaya
seam *n.* සන්ධිය sandhiya
seamless *adj.* වාටි මූට්ටු රහිත waati moottu rahitha
seamy *adj.* මූට්ටුවේ යට පත්ත පෙනෙන moottuwe yata paththa penena
sear *v.* කර්ශක බවට පත්කරනවා karshaka bawata pathkaranawaa
search *v.* සෝදිසි කරනවා sodisi karanawaa
seaside *n.* මුහුද ආශ්‍රිත ප්‍රදේශය muhudha aasritha pradeshaya
season *n.* සමය samaya
seasonable *adj.* යෝග්‍ය yogya
seasonal *adj.* සාමයික saamaika
seasoning *n.* තෙම්පරාදුව thempa-raaduwa
seat *n.* ආසනය aasanaya
seating *n.* ඇති ආසන ප්‍රමාණය athi aasana pramaanaya
secede *v.* නොපමාව අස් වෙනවා nopamaawa as wenawaa
secession *n.* අස්වීම asweema
seclude *v.* හුදකලා වීම hudakalaa wenawaa
secluded *adj.* හුදකලාව තබනවා hudakalaawa thabanawaa
seclusion *n.* හුදකලා වාසය hudakalaa waasaya
second *adj.* දෙවැනි dewani
secondary *adj.* ද්විතීය dwitheeya
secrecy *n.* රහස්‍යතාව rahasya-thaawaya
secret *adj.* අප්‍රකට aprakata
secretariat *n.* මහ ලේකම් කාර්යාලය maha lekam kaaryaalaya
secretary *n.* ලේකම් lekam
secrete *v.* සඟවනවා sanga-wanawaa

secretion *n.* ස්‍රාවය sraawaya
secretive *adj.* ගුප්ත guptha
sect *n.* නිකාය nikaaya
sectarian *adj.* නිකායික nikaaika
section *n.* කාණ්ඩය kaandaya
sector *n.* කේන්ද්‍ර ඛණ්ඩය kendra khandaya
secular *adj.* ලෝකායත්ත lokaayaththa
secure *adj.* සුරක්ෂිත surakshitha
security *n.* ආරක්ෂාව aarakshaawa
sedan *n.* දෝලාව dolaawa
sedate *adj.* සන්සුන් sansun
sedation *n.* ශමනය shamanaya
sedative *n.* වේදනා නාශකය wedanaa naashakaya
sedentary *adj.* වාඩි වී කරන waadi wee karana
sediment *n.* රොන් මඩ ron mada
sedition *n.* රාජ ද්‍රෝහිකම raaja drohikama
seditious *adj.* කැරලි ඇතිකරවන karali athikarawana
seduce *v.* නොමඟ යවනවා nomaga yawanawaa
seduction *n.* දූෂණය dooshanaya
seductive *adj.* මුලා කරනවා mulaa karawana
sedulous *adj.* උද්‍යෝගී udyogee
see *v.* පෙනෙවා penawaa
seed *n.* බීජ beeja
seedy *adj.* මැලවුණු malawunu
seek *v.i.* ලබාගන්නට උත්සහ කරනවා labaagannata uthsaaha karanawaa
seem *v.* පෙනී යනවා penee yanawaa
seemly *adj.* විනීත wineetha
seep *v.* තෙතෙ බහිනවා thetha bahinawaa
seer *n.* මුනිවරයා muniwarayaa
see-saw *n.* ඉහළ පහළ යාම ihala pahala yaama
segment *n.* ඡේදය chedaya
segregate *v.* වෙන්කොට තබනවා wenkota thabanawaa
segregation *n.* වෙන්කර තැබීම wenkara thabeema
seismic *adj.* භූමිකම්පා පිළිබඳ වූ boomikampaa pilibanda wu
seize *v.* අත් කරගන්නවා ath karagannawaa
seizure *n.* අල්ලා ගැනීම allaa ganeema
seldom *adv.* කලාතුරකින් kalaathurakin
select *v.* තෝරනවා thoranawaa
selection *n.* තෝරාගැනීම thoraaganeema
selective *adj.* තේරිය හැකි theriya haki
self *n.* තමා thamaa
selfish *adj.* ආත්මාර්ථකාමී aathmaarthakaamee
selfless *adj.* පරාර්ථකාමී paraarthakaamee
self-made *adj.* ස්වෝත්සාහයෙන් දියුණු වූ swaothsaahayen diyunu wu
sell *v.* විකුණනවා wikunanawaa
seller *n.* විකුණන්නා wikunannaa
selvedge *n.* රෙද්දේ වියන ලද වාටිය reddhe wiyana lada waatiya
semantic *adj.* අර්ථ විචාරය සම්බන්ධ artha wichaaraya sambanda
semblance *n.* ආකාරය aakaaraya
semen *n.* ශුක්‍ර ධාතුව shukra dhaa-

thuwa

semester *n.* විශ්ව විද්‍යාලයේ වර්ෂාර්ධය wishwa vidyaalaye warshaardhaya

semicircle *n.* අර්ධ වෘත්තය ardha wurthaya

semicolon *n.* තිත් කොමාව thith komaawa

seminal *adj.* ශුක්‍ර පිළිබඳ shukra pilibanda

seminar *n.* සම්මන්ත්‍රණය sammanthranaya

semitic *adj.* සැමිටික් වර්ගයට අයත් samitik wargayata ayath

senate *n.* උත්තර මන්ත්‍රණ සභාව uththara manthrana sabhaawa

senator *n.* උත්තර මන්ත්‍රී uththara manthree

senatorial *adj.* උත්තර මන්ත්‍රී පිළිබඳ uththara manthree pilibanda

send *v.* පිටත් කරනවා pitath karanawaa

senile *adj.* වියපත් wiyapath

senility *n.* මහලු බව mahalu bawa

senior *adj.* ජ්‍යෙෂ්ඨ jeshta

seniority *n.* ජ්‍යෙෂ්ඨත්වය jeshtathwaya

sensation *n.* සංවේදනය sanwedanaya

sensational *adj.* සංවේගාත්මක sanwegaathmaka

sensationalize *v.* සංවේදනය වූ sanwedanaya wu

sense *n.* දැනීමේ ශක්තිය daneeme shakthiya

senseless *adj.* මෝඩ moda

sensibility *n.* සංවේදීතාවය sanwedeethaawaya

sensible *adj.* සිහි නුවණ ඇති sihi nuwana athi

sensitive *adj.* සංවේදී sanwedee

sensitize *v.* සංවේදී කරනවා sanwedee karanawaa

sensor *n.* උත්තේජකය වෙනස්වීම මනින උපකරණය uththejakaya wenasweema manina upakaranaya

sensory *adj.* ඉන්ද්‍රිය සම්බන්ධ indreeya sambanda

sensual *adj.* කාමුක kaamuka

sensualist *n.* කාමුකයා kaamukayaa

sensuality *n.* කාමුක බව kaamuka bawa

sensuous *adj.* අනුරාගී anuraagee

sentence *n.* වාක්‍යය waakyaya

sententious *adj.* ගාම්භීර gaambeera

sentient *adj.* හැඟීම් දැනෙන hangeem danena

sentiment *n.* හැඟීම hangeema

sentimental *adj.* රසාත්මක rasaathmaka

sentinel *n.* මුර කරන භටයා mura karana batayaa

sentry *n.* කාවල kaawala

separable *adj.* වෙන් කළ හැකි wen kala haki

separate *v.* වෙන් වෙනවා wen wenawaa

separation *n.* වෙන් වීම wen weema

separatist *n.* බෙදුම් වාදියා bedum waadiyaa

sepsis *n.* පැසවනවා pasawanawaa

September *n.* සැප්තැම්බර් මාසය sapthambar maasaya

septic *adj.* පැසවූ pasawu

sepulchral *adj.* සොහොනේ පිළිබඳ sohon pilibanda

sepulchre *n.* සොහොන් ගෙය sohon geya

sepulture *n.* භූමදාන කෘත්‍යය boomadaana kruthyaya

sequel *n.* විපාකය wipaakaya

sequence *n.* අනුපිළිවෙළ anupiliwela

sequential *adj.* අනුගාමික anugaamika

sequester *v.* තුරන් කරනවා thuran karanawaa

serene *adj.* සන්සුන් sansun

serenity *n.* ශාන්ත භාවය shaantha baawaya

serf *n.* ප්‍රවේණි දාසයා praweni daasayaa

serge *n.* ලොම් රෙදි වර්ගයක් lom reddhi wargayak

sergeant *n.* සැරයන් sarayan

serial *adj.* කාණ්ඩ වශයෙන් වූ kaanda washayen wu

serialize *v.* කොටස් වශයෙන් පළ කරනවා kotas washayen pala karanawaa

series *n.* පෙළ pela

serious *adj.* කල්පනාවෙහි යෙදුණු kalpanaawehi yedunu

sermon *n.* දේශනාව deshanaawa

sermonize *v.* දේශනා කරනවා deshanaa karanawaa

serpent *n.* සර්පයා sarpayaa

serpentine *adj.* සර්පාකාර sarpaakaara

serrated *adj.* දැති සහිත dathi sahitha

servant *n.* මෙහෙකරුවා mehekaruwaa

serve *v.* ගැතිකම් කරනවා gathikam karanawaa

server *n.* කුඩා බන්දේසිය kudaa bandesiya

service *n.* සේවය sewaya

serviceable *adj.* වැඩට ගත හැකි wadata gatha haki

serviette *n.* අත් පිස්නාව ath pisnaawa

servile *adj.* දාසයෙකු වැනි daasayeku wani

servility *n.* දාස භාවය daasa baawaya

serving *n.* සේවා සපයනවා sewaa sapayanawaa

sesame *n.* තල thala

session *n.* සැසිය sasiya

set *v.* ගළපනවා galapanawaa

set *n* කට්ටලය kattalaya

settee *n.* ජෝඩු පුටුව jodu putuwa

setter *n.* දඩයම් බලු වර්ගයක් dhadayam balu wargayak

setting *n.* වටපිටාව wataapitaawa

settle *v.* නිරවුල් කරනවා niraul karanawaa

settlement *n.* නිරවුල් කිරීම niraul kireema

settler *n.* පදිංචිකාරයා padinchi kaarayaa

seven *adj. & n.* හත hatha

seventeen *adj. & n.* දහ හත daha hatha

seventeenth *adj. & n.* දහ හත්වෙනි daha hathweni

seventh *adj. & n.* හත්වෙනි hathweni

seventieth *adj. & n.* හැත්තෑ වෙනි haththaa weni

seventy *adj. & n.* හැත්තෑව haaththaawa

sever *v.* සිඳිනවා sindinawaa

several *adj. & pron.* කිහිපයක් kihipayak

severance *n.* කපා වෙන් කිරීම kapaa wen kireema
severe *adj.* රළු ralu
severity *n.* දරුණුකම darunukama
sew *v.* මහනවා mahanawaa
sewage *n.* කැලි කසල kali kasala
sewer *n.* කසල කාණුව kasala kaanuwa
sewerage *n.* කසල කාණු ක්‍රමය kasala kaanu kramaya
sex *n.* ස්ත්‍රී පුරුෂ භාවය sthree purusha baawaya
sexism *n.* ස්ත්‍රී පුරුෂ භාවය නිසා වෙනස්කම් කිරීම sthree purusha baawaya nisaa wenaskam kireema
sexton *n.* දේවස්ථාන මෙහෙකරුවා dewasthaana mehekaruwaa
sextuplet *n.* සය දරු උපතක දරුවෙක් saya daru upathaka daruwek
sexual *adj.* ලිංගික lingika
sexuality *n.* ලිංගිකතාව lingika-thaawa
sexy *adj.* කාමුක kaamuka
shabby *adj.* කසිකබල් kasikabal
shack *n.* කුඩා ගෙපැල kuda gepala
shackle *n.* මාංචු maanchu
shade *n.* අඳුර andura
shade *v.* අඳුරු කරනවා anduru karanawaa
shadow *n.* සෙවණැල්ල sewanalla
shadow *a.* සේයාව seyawa
shadowy *adj.* සෙවණ ඇති sewana athi
shady *adj.* සැක සහිත saka sahitha
shaft *n.* දණ්ඩ dhanda
shag *n.* පෙඳ සහිත දියකාවා pende sahitha diyakaawaa
shake *v.* හොළවනවා holawanawaa
shaky *adj.* අස්ථිර asthira
shall *v.* අනාගතය දක්වන උපකාරක ක්‍රියා පදයක් anaagathaya dakwana upakaaraka kriyaa padayak
shallow *adj.* නොගැඹුරු nogamburu
sham *n.* රැවටිල්ල rawatilla
shamble *v.* අවලක්ෂණ ලෙස ඇවිදිනවා awalakshana lesa awidinawaa
shambles *n.* සතුන් මරණ ස්ථානය sathun marana sthaanaya
shame *n.* ලැජ්ජාව lajjaawa
shameful *adj.* නින්දා සහගත nindaa sahagatha
shameless *adj.* නිර්ලජ්ජ nirlajja
shampoo *n.* හිස සේදීම hisa sedeema
shank *n.* කෙණ්ඩය kendaya
shanty *n.* පැල pala
shape *n.* හැඩය hadaya
shapeless *adj.* හැඩයක් නැති hadayak nathi
shapely *adj.* හොඳ හැඩහුරුකමක් ඇති honda hadahurukama athi
shard *n.* කැබිලිත්ත kabiliththa
share *n.* කොටස kotasa
shark *n.* මෝරා mora
sharp *adj.* මුවහත් muwahath
sharpen *v.* මුවහත් කරනවා muwa-hath karanawaa
sharpener *n.* මුවහත් කරන උපකරණය muwahath karana upakaranaya
shatter *v.t.* කුඩු පට්ටම් වෙනවා kudu pattam wenawaa
shattering *adj.* කුඩු පට්ටම් කරනවා

kudu pattam karanawaa
shave *v.* රැවුල බානවා raula baanawaa
shaven *adj.* මුඩු mudu
shaving *n.* මුඩු කිරීම mudu kireema
shawl *n.* සළුව saluwa
she *pron.* ඇය aya
sheaf *n.* ගොයම් මිටිය goyam mitiya
shear *v.* ලොම් කපනවා lom kapanawaa
sheath *n.* හනස්ස hanassa
shed *n.* මඩුව maduwa
sheen *n.* දිස්නය disnaya
sheep *n.* බැටළුවා bataluwaa
sheepish *adj.* බියසුලු biyasulu
sheer *adj.* ඍජු ridju
sheet *n.* ඇතිරිල්ල athirilla
shelf *n.* රාක්කය raakkaya
shell *n.* කට්ට katta
shelter *n.* ඉඳුම් හිටුම් indum hitum
shelve *v.* රාක්කයේ තබනවා raakkaye thabanawaa
shepherd *n.* එඬේරා enderaa
shield *n.* පළිහ paliha
shift *v.* එහා මෙහා කරනවා ehaa mehaa karanawaa
shiftless *adj.* අලස alasa
shifty *adj.* චපල chapala
shimmer *v.* දිලිසෙනවා dilisenawaa
shin *n.* කකුලේ ඇටය kakule ataya
shine *v.* බැබලෙනවා babalenawaa
shingle *n.* වහළට යොදන ලී උළු කැටය wahalata yodana lee ulu kataya
shiny *adj.* වළාකුළු නැති walaakulu nathi
ship *n.* නැව nawa
shipment *n.* නැවේ බඩු තොගය nawe badu thogaya
shipping *n.* නාවික කටයුතු naawika katayuthu
shipwreck *n.* නැව් දියබත් වීම naw diyabath weema
shipyard *n.* නැව තනන ස්ථානය naw thanana sthaanaya
shire *n.* එගලන්තයේ කෝරළය engalanthaye koralaya
shirk *v.* කොන් වෙනවා kon wenawaa
shirker *n.* මඟ හරින්නා maga harinna
shirt *n.* කමිසය kamisaya
shiver *v.* වෙව්ලනවා wewlanawaa
shoal *n.* මාලු රෑන maalu raana
shock *n.* තිගැස්ම thigasma
shock *v.* කම්පා කරනවා kampaa karanawaa
shocking *adj.* මහත් සංවේගය උපදනවා mahath sanwegaya upadawana
shoddy *adj.* කමකට නැති kamakata nathi
shoe *n.* සපත්තුව sapaththuwa
shoestring *n.* සපත්තු බඳින පටිය sapaththu bandina patiya
shoot *v.* වෙඩි තියනවා wedi thiya-nawaa
shooting *n.* දඩයම් කරනවා dha-dayam karanawaa
shop *n.* සාප්පුව saappuwa
shopkeeper *n.* සාප්පුකාරයා saap-pukaarayaa
shoplifting *n.* සාප්පු බඩු හොරකම් කිරීම saappu badu horakam kireema
shopping *n.* මිලයට ගත් බඩු milayata gath badu

shore *n.* වෙරළ werala
short *adj.* කොට kota
shortage *n.* අඩු ප්‍රමාණය adu pramaanaya
shortcoming *n.* අඩු ලුහුඬුකම adu luhundukama
shortcut *n.* කෙටි පාර keti paara
shorten *v.* කොට වෙනවා kota wenawaa
shortfall *n.* අඩුව aduwa
shortly *adv.* ඉතා ඉක්මනින් itha ikmanin
should *v.* කළ යුතු වෙනවා kala yuthu wenawaa
shoulder *n.* උරහිස urahisa
shout *v.i.* බෙරිහන් දෙනවා berihan denawaa
shove *v.* බලෙන් තල්ලු කරනවා balen thallu karanawaa
shovel *n.* සවල sawala
show *v.* දක්වනවා dakwanawaa
showcase *n.* බඩු දැකිය හැකි අල්මාරිය badu dakiya haki almaariya
showdown *n.* බලය පෙන්වනවා balaya penwanawaa
shower *n.* නොකඩවා ලැබෙන ආශිර්වාද nokadawaa labena aasheerwaada
showy *adj.* සාටෝප saatopa
shrapnel *n.* උණ්ඩ කැබලි unda kabali
shred *n.* හීන් පටිය heen patiya
shrew *n.* දබරකාර ස්ත්‍රී dabarakaara sthree
shrewd *adj.* සිහි නුවණැති sihi nuwanathi
shriek *v.* විගඩම් කරනවා wigadam karanawa
shrill *adj.* කර්කශ karkasha
shrine *n.* පූජනීය වස්තුව poojaneeya wasthuwa
shrink *v.* ඇකිලෙනවා akilenawaa
shrinkage *n.* ඇකිලීම akileema
shrivel *v.* ඇකිලී රැලි වැටෙනවා akilee rali watenawaa
shroud *n.* ආවරණය aawaranaya
shrub *n.* පඳුර pandura
shrug *v.* උරහිස් උස්සනවා urahis ussanawaa
shudder *v.* වෙව්ලනවා wewlanawaa
shuffle *v.t.* කලවම් කරනවා kalawam karanawaa
shun *v.t.* යමකින් ඉවත සිටිනවා yamakin iwathwa sitinawaa
shunt *v.* අයින් කරනවා ain kara-nawaa
shut *v.* වහනවා wahanawaa
shutter *n.* පියන piyana
shuttle *n.* හරස් දණ්ඩ haras dhanda
shuttlecock *n.* බැඩ්මින්ටන් ක්‍රීඩාවේ ශටලය badmintan kreedaawe shatalaya
shy *adj.* කුලෑටි kulaati
sibilant *adj.* ඌෂ්මාක්ෂර ooshmaak-shara
sibling *n.* සහෝදරයා හෝ සහෝදරී sahodaraya ho sahodaree
sick *adj.* අසනීප වූ asaneepa wu
sickle *n.* දෑකැත්ත daakaththa
sickly *adj.* ලෙඩ ඇති leda athi
sickness *n.* අසනීපය asaneepaya
side *n.* පැත්ත paththa
sideline *n.* අප්‍රධාන කටයුත්ත apradaana katayuththa
siege *n.* බලකොටු ආදිය වැටලීම balakotu aadiya watalaama

siesta *n.* මධ්‍යාහ්න නිද්‍රාව madyahna nidraawa
sieve *n.* පෙනේරය peneraya
sift *v.* හලනවා halanawaa
sigh *v.i.* සුසුම් ලනවා susum lanawaa
sight *n.* පෙනීම peneema
sighting *n.* විසිතුරු දර්ශනය wisithuru darshanaya
sightseeing *n.* විසිතුරු නැරඹීම wisithuru narabeemma
sign *n.* සළකුණ salakuna
signal *n.* සංඥාව sangnaawa
signatory *n.* අත්සන් තබන්නා athsan thabanna
signature *n.* අත්සන athsana
significance *n.* අභිප්‍රාය abhipraaya
significant *n.* අර්ථ සහිත artha sahitha
signification *n.* වැදගත්කම wadagathkama
signify *v.* දන්වනවා danwanawaa
silence *n.* නිශ්ශබ්දතාවය nisshabdathaawaya
silencer *n.* සයිලන්සරය sailansaraya
silent *adj.* නිසොල්මන් nisolman
silhouette *n.* ඡායා දර්ශකය chaayaa darshakaya
silicon *n.* සිලිකන් silikan
silk *n.* සේද seda
silken *adj.* පටනූලෙන් තැනූ patanoolen thanu
silkworm *n.* සේද පණුවා seda panuwaa
silky *adj.* සේද වැනි seda wani
sill *n.* එළිපත්ත elipaththa
silly *adj.* තකතීරු thakathiru
silt *n.* රොන් මඩ ron mada
silver *n.* රිදී ridee
similar *adj.* සමානතාවය samaanathwaya
similarity *n.* සමානතාවය samaanathwaya
simile *n.* උපමාව upamaawa
simmer *v.* මද ගින්නේ තම්බනවා mada ginne thambanawaa
simper *v.* නියවනවා niyawanawaa
simple *adj.* සරල sarala
simpleton *n.* නිවටයා niwatayaa
simplicity *n.* චාම් කම chaam kama
simplification *n.* සරල කිරීම sarala kireema
simplify *v.* සුළු කරනවා sulu karanawaa
simulate *v.* බොරු වෙස් ගන්නවා boru wes gannawaa
simultaneous *adj.* සමකාලික samakaalika
sin *n.* පව pawa
since *prep.* පටන් patan
sincere *adj.* අවංක awanka
sincerity *n.* අවංක කම awanka kama
sinecure *n.* වැඩ නැතිව පඩි ලැබෙන රැකියාව wada nathiwa padi labena rakiyaawa
sinful *adj.* පාපකාරී paapakaaree
sing *v.* සින්දු කියනවා sindu kiyanawaa
singe *v.* යන්තම් දවනවා yantham dawanawaa
singer *a.* ගායකයා gaayakayaa
single *adj.* තනි thani
singlet *n.* යට කමිසය yata kamisaya
singleton *n.* තනි දෙයක් thani deyak
singular *adj.* ඒක වචන eka waachana

singularity *n.* අසාමාන්‍යතාවය asaamaanyathaawaya
singularly *adv.* පුදුම ලෙස puduma lesa
sinister *adj.* වාමෙහි වූ wamehi wu
sink *v.* මැඩපවත්වනවා madapawa-thwanawaa
sink *n.* සොරොව් බේසම sorow besama
sinner *n.* පව්කාරයා paw kaarayaa
sinuous *adj.* වංගු සහිත wangu sahitha
sinus *n.* සැරව සහිත වණය sarawa sahitha wanaya
sip *v.* ටික ටික බොනවා tika tika bonawaa
siphon *n.* සයිෆනය saipanaya
sir *n.* ගෞරව සහිත ආමන්ත්‍රණයේදී යොදන පදය gaurawa sahitha aamanthranayedee yodana padaya
siren *n.* දිය රකුසී diya rakusee
sissy *n.* ගෑණියක් වගේ තරුණ gaaniyak wage tharuna
sister *n.* සහෝදරී sahodaree
sisterhood *n.* ස්ත්‍රීන්ගේ සමාජය sthreenge samaajaya
sisterly *adj.* සහෝදරියක් වැනි sahodariyak wani
sit *v.* ඉඳගන්නවා indagannawaa
site *n.* භූමි භාගය boomi baagaya
sitting *n.* සභා වාරය sabhaa waaraya
situate *v.* පිහිටුවනවා pihituwanawa
situation *n., a* අවස්ථාව awas-thaawa
six *adj.& n.* හය haya
sixteen *adj. & n.* දහසය dahasaya
sixteenth *adj. & n.* දහසය වැනි dahasaya wani
sixth *adj. & n.* හයවැනි hayawani
sixtieth *adj. & n.* හැට වෙනි hata weni
sixty *adj. & n.* හැට hata
size *n.* ප්‍රමාණය pramaanaya
sizeable *adj.* තරමක් ලොකු thara-mak loku
sizzle *v.* කරවෙනවා karawenawaa
skate *n.* මඩුවා maduwaa
skateboard *n.* හිම මත ලිස්සන පුවරුව hima matha lissana puwaruwa
skein *n.* නූල් කැරැල්ල nool karalla
skeleton *n.* ඇට සැකිල්ල ata sakilla
sketch *n.* ලුහුඬු සටහන luhundu satahana
sketchy *adj.* කටු සටහනින් පමණක් දැක්වෙන katu satahanin pamanak dakwena
skew *v.* ඇල වෙනවා ala wenawa
skewer *n.* මස් කූර mas koora
ski *n.* හිම සපත්තුව hima sapath-thuwa
skid *v.* ඇලවෙට ලිස්සා යනවා aleta lissa yanawaa
skilful *adj.* සූක්ෂම sookshama
skill *n.* දක්ෂකම dakshakama
skilled *adj.* සමත් samath
skim *v.* පෙන ඉවත් කරනවා pena iwath karanawaa
skimp *adj.* ලෝබකම් පානවා lobakam paanawaa
skin *n.* සම sama
skinny *adj.* ඉතා කෙට්ටු itha kettu
skip *v.* නොසලකා හරිනවා nosalakaa harinawaa
skipper *n.* නැවේ කපිත්තා nawe

kappiththa
skirmish *n.* සුලු සටන sulu satana
skirt *n.* සාය saaya
skirting *n.* සාය රෙදි saaya redhi
skit *n.* උපහාස රචනාව upahaasa rachanaawa
skittish *adj.* දඟකාර dangakaara
skittle *n.* පැරදීම paradeema
skull *n.* හිස් කබල his kabala
sky *n.* අහස ahasa
skylight *n.* වහළ කවුළුව wahala kauluwa
skyscraper *n.* ගගනචුම්බිතය gagana chumbithaya
slab *n.* පැතලි තහඩුව pathali thahaduwa
slack *adj.* බුරුල burula
slacken *v.* බුරුල දෙනවා burula denawaa
slag *n.* ලෝහ බොර loha bora
slake *v.t.* සංසිඳුවනවා sansindu-wanawaa
slam *v.* තදින් වසනවා thadin wasanawaa
slander *n.* අපවාදය apawaadaya
slanderous *adj.* අපවාදාත්මක apawaadaathmaka
slang *n.* ග්‍රාම්‍ය ව්‍යවහාරය graamya wiyawahaaraya
slant *v.* ඇලෙට තබනවා aleta thabanawaa
slap *v.t.* අතුල් පහර දෙනවා athul pahara denawaa
slash *v.* කස පහර දෙනවා kasa pahara denawaa
slat *n.* ලෝහ පතුර loha pathura
slate *n.* ශිලා පුවරුව shilaa puwaruwa
slattern *n.* මූසලී moosalee
slatternly *adj.* කුණු තැවරුණු kunu thawarunu
slaughter *n.* සත්ව ඝාතනය sathwa ghaathanaya
slave *n.* වහල wahalaa
slavery *n.* වහල්කම wahalkama
slavish *adj.* වහලෙකු වැනි wahaleku wani
slay *v.* වනසනවා wanasanawaa
sleaze *n.* පහත් වැඩ කරන්නා pahath wada karanna
sleazy *adj.* ජරාව සහිත jaraawa sahitha
sledge *n.* ලොකු මිටිය loku mitiya
sledgehammer *n.* කුළුගෙඩිය kulugediya
sleek *adj.* මටසිලුටු matasilitu
sleep *n.* නින්ද ninda
sleeper *n.* නිදන්නා nidannaa
sleepy *adj.* නිදිබර nidibara
sleet *n.* හිම වැස්ස hima wassa
sleeve *n.* ඇඳුමේ අත andume atha
sleigh *n.* හිම යානය hima yaanaya
sleight *n.* අතින් කරන ව්‍යාජ උපාය athin karana wiyaaja upaaya
slender *adj.* හීන්දෑරි heendaari
sleuth *n.* සතෙකු ගිය පාර satheku giya paara
slice *n.* පෙත්ත peththa
slick *adj.* සිනිඳු sinidu
slide *v.* රූටනවා rootanawaa
slight *adj.* ස්වල්ප swalpa
slightly *adv.* යන්තම් yantham
slim *adj.* කෘෂ krusha
slime *n.* සෙවෙල sewala
slimy *adj.* සෙවෙල සහිත sewala sahitha

sling *n.* කඹය kambaya
slink *v.* අතුරු දහන් වෙනවා athurudahan wenawaa
slip *v.* ලිස්සනවා lissanawaa
slipper *n.* සෙරෙප්පුව sereppuwa
slippery *adj.* ලිස්සන lissana
slit *v.t.* දිගට ඉරනවා digata iranawaa
slither *v.* ලිස්සා ගෙන යනවා lissa-gena yanawaa
slob *n.* මෝඩයා modayaa
slobber *v.* කටින් කෙළ හලනවා katin kela halanawaa
slogan *n.* සටන් පාඨය satan paataya
slope *v.* ඇලව තිබෙන්නට සලස්වනවා alawa thibennata salaswanawaa
sloppy *adj.* පිළිවෙළකට නැති piliwelakata nathy
slot *n.* කට්ටය kattaya
sloth *n.* ඉතා අලස itha alasa
slothful *adj.* කම්මැලි kammali
slouch *v.* හිස හා උරහිස් එල්ලී වැටෙන සේ වාඩිවී සිටිනවා hisa haa urahis ellee watena se waadiwee sitinawaa
slough *n.* සර්පයාගේ හැව sarpa-yaage hawa
slovenly *adj.* කැත සිරිත් ඇති katha sirith athi
slow *adj.* මන්දගාමී mandagaamee
slowly *adv.* සෙමින් semin
slowness *n.* වේගය මද කම wegaya mada kama
sludge *n.* ගොහොඩු මඩ gohodu mada
slug *n.* හම් බෙල්ලා ham bella
sluggard *n.* කුසීතයා kuseethayaa
sluggish *adj.* හෝන්දු මාන්දු hondu maandu
sluice *n.* සොරොව්ව sorowwa
slum *n.* මුඩුක්කුව mudukkuwa
slumber *v.* යටවී තිබෙනවා yata wee thibenawaa
slump *v.* පිරිහානියට පත්වෙනවා parihaaniyata pathwenawaa
slur *v.* පැටලෙනවා patalenawaa
slurp *v.* තළු ගසනවා thalu gasanawaa
slush *n.* දිය සහිත මඩ diya sahitha mada
slushy *adj.* මඩ සහිත mada sahitha
slut *n.* අධම ස්ත්‍රී adhama sthree
sly *adj.* දඟ සහිත danga sahitha
smack *n.* රස දැනෙනවා rasa danenawaa
small *adj.* පොඩි podi
smallpox *n.* මසූරි masuri
smart *adj.* දැකුම්කළු dakumkalu
smarten *v.* සරසනවා sarasanawaa
smash *v.* සුන්බුන් කරනවා sunbun karanawaa
smashing *adj.* උත්කෘෂ්ට uthkrushta
smattering *n.* සුලු දැනීම sulu daneema
smear *v.* තැවරෙනවා thawarenawaa
smell *n.* ගඳ සුවඳ දැනීම ganda suwanda daneema
smelly *adj.* ගඳ ගහන ganda gahana
smidgen *n.* ඇබිත්ත abiththa
smile *v.* මඳ ලෙස හිනා වෙනවා mada lesa hinaawenawaa
smirk *v.* බොරුවට සිනහ වෙනවා boruwata sinaha wenawaa
smith *n.* ආචාරියා aachaariyaa
smock *n.* පිටගැවුම pitagauma
smog *n.* මීදුම සහ දුම මිශ්‍ර පටලය meeduma saha duma misra

patalaya
smoke *n.* දුම duma
smoky *adj.* දුම් සහිත dum sahitha
smooch *v.* දුම් පිට කරනවා dum pita karanawaa
smooth *adj.* සුමට sumata
smoothie *n.* සුමට වූ sumata wu
smother *v.* හුස්ම හිර කරනවා husma hira karanawaa
smoulder *v.* වෛරය සිත යට ලියනවා wairaya sitha yata liyalanawaa
smudge *v.* බොඳ වෙනවා bonda wenawaa
smug *adj.* ආත්ම තෘප්තිය aathma thruptha
smuggle *v.* හොරෙ බඩු ජාවාරම් කරනවා hora badu jaawaaram karanawaa
smuggler *n.* හොරෙ බඩු ජාවාරම් කාරයා hora badu jaawaaram kaarayaa
snack *n.* සුලු කෑම sulu kaama
snag *n.* අකරතැබ්බය akarathabbaya
snail *n.* ගොලුබෙල්ලා golubella
snake *n.* නාගයා naagayaa
snap *v.* කඩා ගන්නවා kadaa gannawaa
snapper *n.* මාලු විශේෂයක් maalu wisheshayak
snappy *adj.* වහා කිපෙන wahaa kipena
snare *n.* උගුල ugula
snarl *v.* ගොරවනවා gorawanawaa
snarl *v.t.* දත් නියවා ගොරවනවා dath niyawaa gorawanawaa
snatch *v.* ඩැහැ ගන්නවා dahagan-nawaa
snazzy *adj.* හැඩ hada
sneak *v.* කේලාම් කියනවා kelaam kiyanawaa
sneaker *n.* කැන්වස් පාවහන් kanvas paawahan
sneer *n.* විරිත්තීම wiriththeema
sneeze *v.i.* කිඹුහුන් අරිනවා kimbu-hun arinawaa
snide *adj.* ප්‍රෝඩාකාර prodaakaara
sniff *v.* සිඹ බලනවා simba balanawaa
sniffle *v.* පුසුඹ බලනවා pusunmba balanawaa
snigger *n.* අවඥාවෙන් සිනාසීම awagnaawen sinaaseema
snip *v.* කතුරකින් කපනවා kathurakin kapanawaa
snipe *v.* දුර සැඟවී වෙඩි තියනවා dura sangawee wedi thiyanawaa
snippet *n.* කුඩා කැබැල්ල kudaa kaballa
snob *n.* බොරු අහංකාරකාරයා boru ahankaarakaarayaa
snobbery *n.* පුහු වැඩ puhu wada
snobbish *adj.* බොරු උසස්කම් දක්වනවා boru usaskam dakwana
snooker *n.* බිලියඩ් ක්‍රීඩාව biliyad kreedaawak
snooze *n.* මඳ වෙලාවක් නිදීම mada welaawak nideema
snore *n.* නින්දේ ගෙරවීම ninden geraweema
snort *n.* මහ හඬින් නාසයෙන් හුස්ම පිට කිරීම maha handin naasayen husma pita kireema
snout *n.* හොම්බ homba
snow *n.* හිම hima
snowball *n.* හිම ගුලි hima guli
snowy *adj.* හිම සහිත hima sahitha
snub *v.* අනුම්පද කියනවා anumpada kiyanawaa

snuff *v.* දුම් කුඩු උරනවා dum kudu uranawaa

snuffle *v.* අමාරුවෙන් නහයෙන් හුස්ම ගන්නවා amaaruwen nahayen husma gannawaa

snug *adj.* හොඳින් ආවරණය වූ hondin aawaranaya wu

snuggle *v.* තුරුල්ව සිටිනවා thurulwa sitinawaa

so *adv.* එනිසා enisaa

soak *v.* බී ගන්නවා bee gannawaa

soap *n.* සබන් saban

soapy *adj.* සබන් මුසු saban musu

soar *v.i.* අහසට පියාසර කරනවා ahasata piyaasara karanawaa

sob *v.* ඉකි ගසනවා iki gasanawaa

sober *adj.* සිහිසුන් ඇති sihisun athi

sobriety *n.* සන්සුන්කම sansunkama

soccer *n.* පාපන්දු paapandu

sociability *n.* සුවචකම suwacha-kama

sociable *adj.* සමාජශීලී samaa-jasheeli

social *adj.* සමාජය පිළිබඳ වූ samaa-jaya pilibanda wu

socialism *n.* සමාජවාදය samaaja-waadaya

socialist *n.* & *adj.* සමාජවාදියා samaajawaadiyaa

socialize *v.* පොදු අයිතියට පවරනවා podu aithiyata pawaranawaa

society *n.* සංගමය sangamaya

sociology *n.* සමාජවිද්‍යාව samaaja vidyaawa

sock *n.* කොට මේස් kota mes

socket *n.* කෙවෙනිය keveniya

sod *n.* පිඩැල්ල pidalla

soda *n.* සෝඩා sodaa

sodden *adj.* අධික ලෙස පෙඟුණු adika lesa pengunu

sodomy *n.* පුන් මෛථූනය pun maithoonaya

sofa *n.* සෝපාව sopaawa

soft *adj.* සුමුදු sumudu

soften *v.* මෘදු වෙනවා mrudu wenawaa

soggy *adj.* ඉතා තෙත ithaa thetha

soil *n.* පස් pas

sojourn *n.* තාවකාලික පදිංචිය thaawakaalika padinchiya

solace *n.* අස්වැසිල්ල aswasilla

solar *adj.* සූර්ය පිළිබඳ sooryaa pilibanda

solder *n.* පෑස්සීමට යොදන ඊයම් paasseemata yodana iyam

soldier *n.* යුධ භටයා yudha batayaa

sole *n.* යටි පතුල yati pathula

solely *adv.* තනිකරම thanikarama

solemn *adj.* ඉතා සන්සුන් ithaa sansun

solemnity *n.* සංවේගය sanwegaya

solemnize *v.* චාරිත්‍රානුකූලව සිදුකරනවා chaarithraanukoolawa sidukara-nawaa

solicit *v.* අයැද සිටිනවා ayada sitinawaa

solicitation *n.* ආයාචනය aaya-chanaya

solicitor *n.* නීතිඥයා neetheegnayaa

solicitous *adj.* උත්සුක uthsuka

solicitude *n.* මහත් සැලකිල්ල mahath salakilla

solid *adj.* ඝන ghana

solidarity *n.* සමූහත්වය samoo-hathwaya

soliloquy *n.* තනියම කතා කිරීම

thaniyama katha kireema

solitaire *n.* තනිව කරන ක්‍රීඩාව thaniwa karana kreedaawa

solitary *adj.* ඒකීය ekeeya

solitude *n.* හුදකලා වාසය hudakalaa waasaya

solo *n.* ඒකල ekala

soloist *n.* ඒකල වාදකයා ekala waadakaya

solubility *n.* ද්‍රාව්‍යතාව draawya-thaawa

soluble *adj.* ද්‍රාව්‍ය draawya

solution *n.* ද්‍රාවණය draawanaya

solve *v.* විසඳනවා wisandanawaa

solvency *n.* ණය ගෙවිය හැකි බව naya gewiya haki bawa

solvent *n.* ද්‍රාවකය draawakaya

sombre *adj.* දීප්තියක් නැති deepthiyak nathi

some *adj.* සමහරක් samaharak

somebody *pron.* කවුද කෙනෙක් kaudo kenek

somehow *adv.* කෙසේ හෝ kese ho

someone *pron.* යමෙක් yamek

somersault *n.* කරණම karanama

somnolent *adj.* නිසිමත වූ nisimatha woo

something *pron.* කිසිවක් kisiwak

somewhat *adv.* යම් ප්‍රමාණයක් yam pramaanayak

somewhere *adv.* යම්කිසි තැනක yamkisi thanaka

somnambulism *n.* නින්දෙන් ඇවිදීම ninden awideema

somnambulist *n.* නින්දෙන් ඇවිදින්නා ninden awidinnaa

somnolence *n.* නිදිමත nidimatha

somnolent *adj.* නිදිමත වූ nidimatha woo

son *n.* පුතා puthaa

song *n.* ගීතය geethaya

songster *n.* ගායකයා gaayakaya

sonic *adj.* ශබ්දයට සම්බන්ධ shabdayata sambanda

sonnet *n.* ලුහුඬු පද්‍යය luhundu padyaya

sonority *n.* සඝෝෂාව goshaawa

soon *adv.* ඉක්මනින් ikmanin

soot *n.* දැලි dali

soothe *v.* සනසනවා sanasanawaa

sophism *n.* විතණ්ඩවාදය withan-dawaadaya

sophist *n.* විතණ්ඩවාදිය withan-dawaadiya

sophisticate *n.* නරක් කිරීම narak kireema

sophisticated *adj.* අතිපණ්ඩිත athipanditha

sophistication *n.* විදග්ධතාව widagdathaawa

soporific *adj.* නිදි ඇති කරන nidi athi karana

sopping *adj.* තෙතබරි thethabari

soppy *adj.* ඉතා තෙත් වූ ithaa theth woo

sorbet *n.* අයිස් දැමූ සරු වත් ais damoo saruwath

sorcerer *n.* මන්ත්‍රකාරයා manthrakaarayaa

sorcery *n.* හූනියම hooniyama

sordid *adj.* අධම adama

sore *adj.* වේදනා සහිත wedana sahitha

sorely *adv.* තදබල thadabala

sorrow *n.* සන්තාපය santhaapaya

sorry *adj.* කණගාටු වන kanagaatu

wana

sort *n.* වර්ගය wargaya

sortie *n.* කඳවුරෙන් බැස ගොස් පහරදීම kandawuren basa gos paharadeema

sough *v.* සීත්කාරය කරනවා swwthkaaraya karanawa

soul *n.* ආත්මය aathmaya

soulful *adj.* බලවත් හැඟීම් ඇති balawath hangeem athi

soulless *adj.* අන ආත්ම anaathma

soul mate *n.* සහකරු sahakaru

sound *n.* ශබ්දය shabdaya

soundproof *adj.* හඬ වළක්වනවා handa walakwana

soup *n.* සුපය soopaya

sour *adj.* ඇඹුල් ambul

source *n.* ප්‍රභවය prabhawaya

souse *v.* පොඟවනවා pongawanawaa

south *n.* දකුණ dakuna

southerly *adj.* දකුණුදිගින් dakunu digin

southern *adj.* දකුණු dakunu

souvenir *n.* සිහිවටනය sihiwatanaya

sovereign *n.* මහරජ maharaja

sovereignty *n.* ස්ව රේ භ වය swairee bhaawaya

sow *n.* ඌරි eeri

spa *n.* වතුර උල්පත wathura ulpatha

space *n.* අවකාශය awakaashaya

spacious *adj.* ඉඩකඩ ඇති idakada athi

spade *n.* ඉස්කෝප්පය iskoppaya

spam *n.* ස්පෑම් spam

span *n.* අවධිය awadiya

Spaniard *n.* ස්පඤ්ඤ ජාතිකයා spaanna jaathikayaa

spaniel *n.* සුනඛවිශේෂයක් sunaka wisheshayak

Spanish *n.* ස්පඤ්ඤ spaanna

spank *v.* අල්ලෙන් තට්ටමට ගහනවා allen thattamata gahanawaa

spanking *adj.* කඩිම kadima

spanner *n.* මුරිච්චි යතුර murichchi yathura

spare *adj.* අමතර amathara

sparing *adj.* මසුරු masuru

spark *n.* ගිනි පුපුර gini pupura

sparkle *v.* දිලිසෙනවා dilisenawaa

sparkling *n.* දීප්තිමත් deepthimath

sparrow *n.* ගේ කුරුල්ලා ge kurulla

sparse *adj.* දුරින් දුර පිහිටි durin dura pihiti

spasm *n.* ආන්දෝලනය aandolanaya

spasmodic *adj.* අස්ථිර asthira

spastic *adj.* මොළයේ ආබාධයකින් පෙලෙන molaye aabadayakin pelena

spat *n.* කෙළ ගැසුවා kela gasuwaa

spate *n.* හදිසි ගලා ඒම hadisi gala ema

spatial *adj.* අවකාශය පිළිබඳ awakaashaya pilibanda

spatter *v.* විහිදෙනවා wihidenawaa

spawn *v.* බිජු දමනවා biju damanawaa

spay *v.* ඩිම්බකෝෂය ඉවත් කරනවා dimbakosha iwath karanawaa

speak *v.* කතා කරනවා kathaa karanawaa

speaker *n.* කථිකයා kathikayaa

spear *n.* හෙල්ලය hellaya

spearhead *n.* තෝමරතලය thomarathalaya

spearmint *n.* මිංචි පැළය minchi palaya
special *adj.* විශේෂ wishesha
specialist *n.* විශේෂඥයා wisheshagnayaa
speciality *n.* විශේෂත්වය wisheshathwaya
specialization *n.* විශේෂඥභාවය wisheshagnabhaawaya
specialize *v.* විශිෂ්ට වෙනවා wishishta wenawaa
species *n.* විශේෂය wisheshaya
specific *adj.* විශිෂ්ට wishishta
specification *n.* විශේෂ නියමය wishesha niyamaya
specify *v.* විශේෂණය කරනවා wisheshanaya karanawaa
specimen *n.* නිදර්ශකය nidarshakayaa
specious *adj.* සැබෑ සේ පෙනෙන sabaa se penena
speck *n.* බිඳ binda
speckle *n.* ලපය lapaya
spectacle *n.* කණ්ණාඩිය kannaadiya
spectacular *adj.* විශිෂ්ට wishishta
spectator *n.* නරඹන්නා narambanna
spectral *adj.* භූතාකාර bhoothaakara
spectre *n.* අවතාරය awathaaraya
spectrum *n.* වර්ණාවලිය warnaa-waliya
speculate *v.* අනුමාන කරනවා anumaana karanawaa
speculation *n.* අනුමාන කල්පනාව anumaana kalpanaawa
speech *n.* කතාව kathaawa
speechless *adj.* නිශ්ශබ්ද nish-shabda
speed *n.* වේගය wegaya
speedway *n.* අධිවේග මාර්ගය adhi-wega maargaya
speedy *adj.* වේගවත් wegawath
spell *v.t.* අක්ෂර වින්‍යාසය දක්වනවා akshara winyaasaya dakwana-waa
spellbound *adj.* විස්මිත wismitha
spelling *n.* අක්ෂර වින්‍යාසය akshara winyaasaya
spend *v.* වියදම් කරනවා wiyadam karanawaa
spendthrift *n.* නාස්තිකාරයා naasthi-kaaraya
sperm *n.* ශුක්‍රාණුව shukraanuwa
sphere *n.* ගෝලය golaya
spherical *n.* ගෝලාකාර golaakara
spice *n.* කුළු බඩුව kulu baduwa
spicy *adj.* රසවත් rasawath
spider *n.* මකුළුවා makuluwaa
spike *n.* කටුව katuwa
spiky *adj.* උලක් වැනි ulak wani
spill *v.* ඉහිරෙනවා ihirenawaa
spillage *n.* අපතේ යාම apathe yaama
spin *v.* කරකැවෙනවා karakawenawa
spinach *n.* නිවිති niwithi
spinal *adj.* කොඳු ඇටය පිළිබඳ kondu ataya pilibanda
spindle *n.* ඉද්ද idda
spindly *adj.* දිගටි digati
spine *n.* කොඳු ඇටය kondu ataya
spineless *adj.* පණ නැති pana nathi
spinner *n.* නූල් කටින්නා nool katinna
spinster *n.* අවිවාහක ස්ත්‍රිය awi-waahika sthriya
spiral *adj.* දඟර වූ dangara woo
spire *n.* කොත kotha

spirit *n.* ස්පිරිතුව spreethuwa
spirited *adj.* සැර sara
spiritual *adj.* ආධ්‍යාත්මික adyaa-thmika
spiritualism *n.* භූත විද්‍යාව bhootha widyaawa
spiritualist *n.* භූත විද්‍යාඥයා bhootha widyagnayaa
spirituality *n.* ආධ්‍යාත්මිකතාවය aadyaathmikathaawaya
spit *n.* දිග මුදුතුඩුව diga mudu-thuduwa
spite *n.* එදිරිය ediriya
spiteful *adj.* කුඩුකෙඩු kudukedu
spittle *n.* කෙළ kela
spittoon *n.* පසික්කම pasikkama
splash *v.* වගුරනවා waguruwanawaa
splatter *v.* සට පට ගා වැටෙනවා sata pata gaa watenawaa
splay *v.* හන්දි පන්නවා handi paninawaa
spleen *n.* ප්ලීහය pleehaya
splendid *adj.* තේජස්වී thejaswee
splendour *n.* තේජස thejasa
splenetic *adj.* ඉක්මනින් කිපෙන ikmanin kipena
splice *v.* පුරුද්දනවා puruddanawaa
splint *n.* පතුර pathura
splinter *n.* කීර keera
split *v.* පලනවා palanawaa
splutter *v.* පුපුරමින් කතා කරනවා pupuramin kathaa karanawaa
spoil *v.* නරක් වෙනවා narak wenawaa
spoiler *n.* කොල්ලකාරයා kola-kaaraya
spoke *n.* ගැරඩිය garaadiya
spokesman *n.* නියෝජිතයා niyoji-thayaa
sponge *n.* ඉස්පන්ජිය ispanjiya
sponsor *n.* අනුග්‍රාහකයා anugraa-hakayaa
sponsorship *n.* අනුග්‍රාහකත්වය anugraahakathwaya
spontaneity *n.* නිරායාසය niraa-yaasaya
spontaneous *adj.* ස්වයංසිද්ධ swa-yansidda
spool *n.* බීරලුව beeraluwa
spoon *n.* හැන්ද handa
spoonful *n.* පුරා හැන්දක් puraa handak
spoor *n.* ඉව පාර iwa paara
sporadic *adj.* විරල wirala
spore *n.* බීජානුව beejaanuwa
sport *n.* ක්‍රීඩාව kreedaawa
sporting *adj.* සෙල්ලමට කැමති sellamata kamathi
sportive *adj.* සෙල්ලක්කාර sellakkaara
sportsman *n.* ක්‍රීඩකයා kree-dakayaa
spot *n.* පල්ලම pallama
spotless *adj.* නිර්මල nirmala
spousal *n.* විවාහ සිද්ධිය wiwaaha siddiya
spouse *n.* භාර්යාව bhaaryaawa
spout *n.* පිහිල්ල pihilla
sprain *v.t.* උළුක්කු වෙනවා ulukku wenawaa
sprat *n.* හාල්මැස්සා haalmassaa
sprawl *v.* වැතිරෙනවා wathirenawaa
spray *n.* හිරිකඩ hirikada
spread *v.* පැතිරෙනවා pathirenawaa
spreadsheet *n.* පැතුරුම් පත pathu-rum patha

spree *n.* සල්ලාලකම් sallalalakam
sprig *n.* රිකිල්ල rikilla
sprightly *adj.* කඩිසර kadisara
spring *v.* පනිනවා paninawaa
sprinkle *v.i.* ඉසිනවා isinawaa
sprinkler *n.* වතුර මල wathura mala
sprinkling *n.* ඉසීම iseema
sprint *v.* වේගයෙන් ටික දුරක් දුවනවා wegayen tika durak duwanawaa
sprinter *n.* කෙටි දුර ධාවකයා keti dura dhaawakayaa
sprout *v.* වැවෙනවා wawenawaa
spry *adj.* හුරුබුහුටි hurubuhuti
spume *n.* පෙණ pena
spur *n.* පොරෝ කටුව pora katuwa
spurious *adj.* බොරු boru
spurn *v.* පයින් ගසා ඉවතලනවා payin gasaa iwathalanawaa
spurt *v.* වේගයෙන් නික්මෙනවා wegayen nikmenawaa
sputum *n.* කෙළ kela
spy *n.* ඔත්තුකාරයා oththukaaraya
squabble *n.* සණ්ඩුව sanduwa
squad *n.* භට රංචුව bhata ranchuwa
squadron *n.* භට කණ්ඩායම bhata kandaayama
squalid *adj.* දීන deena
squall *n.* හඬ නගා ඇඬීම handa nangaa andeema
squander *v.* නාස්ති කරනවා naasthi karanawaa
square *n.* සමචතුරස්රය samacha-thurasraya
squash *v.* මිරිකා පොඩිකරනවා mirikaa podikaranawaa
squat *v.i.* ඇන්තියා ගන්නවා anathiyaa gannawaa
squawk *v.* තදින් හඬලනවා thadin handalanawaa
squeak *n.* උස් හීන් හඬ us heen handa
squeal *n.* බියෙන් නගන හඬ biyen nagana handa
squeeze *v.* මිරිකනවා mirikanawaa
squib *n.* රතිඤ්ඤය rathinnaya
squid *n.* දැල්ල dalla
squint *v.* වපර ලෙස බලනවා wapara lesa balanawaa
squire *n.* සහචරයා sahacharayaa
squirm *v.* පණුවන් මෙන් දඟලනවා panuwan men dangalanawaa
squirrel *n.* ලේනා lena
squirt *v.* වේගයෙන් දිය විදිනවා wegayen diya widinawaa
squish *v.* මිරිකනවා mirikanawaa
stab *v.* පිහියෙන් අනිනවා pihiyen aninawaa
stability *n.* ස්ථායිතාවය sthaai-thaawa
stabilization *n.* ස්ථායිකරණය sthaaikaranaya
stabilize *v.* තහවුරු කරනවා thahawuru karanawaa
stable *adj.* ස්ථායි sthaai
stable *n.* ඉස්තාලය isthaalaya
stack *n.* කැටිය katiya
stadium *n.* ක්‍රීඩාංගනය kreedaan-ganaya
staff *n.* කාර්ය මණ්ඩලය kaarya mandalaya
stag *n.* ගෝනා gonaa
stage *n.* වේදිකාව wedikaawa
stagecoach *n.* අශ්ව කෝච්චිය ashwa kopchchiya
stagger *v.* මහත් විශ්මයට පමුණුවනවා mahath wishmayata pamunuwa-nawaa

staggering *adj.* ඉතා විශාල ithaa wishaala
stagnant *adj.* ගලා නොයන galaa noyana
stagnate *v.* පල් වෙනවා pal wenawa
stagnation *n.* පල් වීම pal weema
staid *adj.* සන්සුන් sansun
stain *v.t.* කෙලෙසනවා kelesanawaa
stair *n.* පඩිපෙළ padipela
staircase *n.* ආරෝහණය aarohanaya
stake *n.* ඔට්ටුව ottuwa
stale *adj.* පල් වූ pal woo
stalemate *n.* ස්ථම්භනය sthambhanaya
staleness *n.* පිලුණු බව pilunu bawa
stalk *n.* නටුව natuwa
stalker *n.* පීඩා කරනවා peeda karannaa
stall *n.* සල්පිල salpila
stallion *n.* කප්පාදු නොකළ අශ්වයා kappadu nokala ashwayaa
stalwart *adj.* ශක්ති සම්පන්න shakthi sampanna
stamen *n.* රේණුව renuwa
stamina *n.* සවි බලය sawi balaya
stammer *v.* ගොත ගසනවා gotha gasanawaa
stamp *n.* මුද්දරය muddaraya
stamp *v.* මුද්රා තබනවා mudraa thabanawaa
stampede *n.* කුලප්පු වීම kulappu weema
stance *n.* ඉරියව්ව iriyawwa
stanchion *n.* රුකුල rukula
stand *v.* සිටගෙන සිටිනවා sitagena sitinawaa
standard *n.* සම්මතය sammathaya
standardization *n.* ප්රමිත කිරීම pramitha kireema
standardize *v.* ප්රමිත කරනවා pramitha karanawaa
standing *n.* සිටීම siteema
standpoint *n.* ප්රතිඵලය prathipaththiya
standstill *n.* නැවතී සිටීම nawathee siteema
stanza *n.* ශ්ලෝකය shlokaya
staple *n.* අමු ද්රව්ය amu drawya
staple *v.* වවනවා wawanawaa
stapler *n.* ස්ටේප්ලරය stapelaraya
star *n.* තරුව tharuwa
starch *n.* පිෂ්ටය pishtaya
starchy *adj.* කැඳ සහිත kanda sahitha
stare *v.* රවා බලනවා rawaa balanawaa
stark *adj.* දරදඬු daradandu
starlet *n.* නවක නිළිය nawaka niliya
startling *n.* පුදුම සහිත puduma sahitha
starry *adj.* තරු වැනි tharu wani
start *v.* අරඹනවා arambanawaa
starter *n.* ආරම්භකයා aarambakayaa
startle *v.* බය ගන්වනවා baya ganwawaa
starvation *n.* හාමත haamatha
starve *v.* පෝෂණය නොකොට සිටිනවා poshanaya nokota sitinawaa
stash *v.* සඟවා තබනවා sangawaa thabanawaa
state *n.* තත්වය thaththwaya
stateless *adj.* පුරවැසිභාවය නොමැති purawasibhaawaya nomathi

stately *adj.* උදාර udaara
statement *n.* ප්‍රකාශය prakaashaya
statesman *n.* උසස් දේශපාලඥයා usas deshapaalagnayaa
static *adj.* ස්ථිතික sthithika
statically *adv.* ස්ථිතිමය sthithimaya
station *n.* නැවතුම nawathuma
stationary *adj.* ස්ථාවර sthaawara
stationer *n.* ලිපිද්‍රව්‍ය වෙළෙන්දා lipidrawya welendaa
stationery *n.* ලිපිද්‍රව්‍ය lipidrawya
statistical *adj.* සංඛ්‍යානය san-kyaana
statistician *n.* සංඛ්‍යාලේඛනඥයා sankyaalekanagnya
statistics *n.* සංඛ්‍යානය san-kyaanaya
statuary *n.* ප්‍රතිමා කලාව prathimaa kalaawa
statue *n.* ප්‍රතිමාව prathimaawa
statuesque *adj.* පිළිමයක් වැනි pilimayak wani
statuette *n.* කුඩා පිළිමය kudaa pilimaya
stature *n.* උස ප්‍රමාණය usa pramaanaya
status *n.* තරාතිරම tharaathirama
statute *n.* ව්‍යවස්ථාව wywasthaawa
statutory *adj.* ව්‍යවස්ථානුකූල wyawasthaanukoola
staunch *adj.* කාන්දු රහිත kaandu rahitha
stave *n.* කවියක පදය kaviyaka padaya
stay *v.* නතර වෙනවා nathara wenawaa
stead *n.* ස්ථානය sthaanaya
steadfast *adj.* අචල achala
steadiness *n.* ස්ථිර ගතිය stheera gathiya
steady *adj.* වෙනස් නොවී පවත්නා wenas novee pawathnaa
steak *n.* මාලු කුට්ටිය maalu kuttiya
steal *v.* සොරා කනවා soraa kanawaa
stealth *n.* රහස්කම rahaskama
stealthily *adv.* හෙමින් සීරුවේ hemin seeruwe
stealthy *adj.* සඟවා කියනවා sangawaa kiyana
steam *n.* හුමාලය humaalaya
steamer *n.* දුම් නැව dum nawa
steed *n.* ජවසම්පන්න අශ්වයා jawasampanna ashwaya
steel *n.* වානේ waane
steep *adj.* අධික බෑවුම් ඇති adika baawum athi
steeple *n.* පල්ලියේ උස් කොත palliye us kotha
steeplechase *n.* බාධක අශ්ව දිවුම baadaka ashwa diwuma
steer *v.* සුක්කානම අල්ලනවා sukkaa-nama allanawaa
stellar *adj.* තාරකා පිළිබඳ වූ thaarakaa pilibanda wu
stem *n.* නටුව natuwa
stench *n.* මහත් දුර්ගන්ධය mahath durgandaya
stencil *n.* හැඩ අච්චුව hada achchuwa
stenographer *n.* ලඝු ලේඛකයා laghu lekakayaa
stenography *n.* ලඝු ලේඛනය laghu lekanaya
stentorian *adj.* අධි ගාම්භීර හඬ adhi gambeera handa
step *n.* පියවර piyawara

steppe *n.* පතන pathana
stereo *n.* ත්‍රිමාන thrimaana
stereophonic *adj.* ත්‍රිමාන ධ්වනික thrimaana dwanika
stereoscopic *adj.* ත්‍රිමානේක්ෂ thrimaaneksha
stereotype *n.* ඒකායක රූපය ekaayaka roopaya
sterile *adj.* වඳ wanda
sterility *n.* වඳ බව wanda bawa
sterilization *n.* ජීවානුහරණය jeevaa-nuharanaya
sterilize *v.* ජීවානුහරණය කරනවා jeevaanuharanaya karanawaa
sterling *n.* රන් පවුම ran pauma
stern *adj.* දයාවක් නැති dayaawak nathi
sternum *n.* උරෝස්ථිය urosthiya
steroid *n.* විටමින් හා හෝමෝන අඩංගු සංයෝගයක් vitamin haa homona adangu sanyogayak
stertorous *adj.* ගොරවන gora-wana
stethoscope *n.* වෛද්‍ය නළාව weda nalaawa
stew *n.* ඉස්ටු istu
steward *n.* ආවතේවකාරයා aawathe-wakaarayaa
stick *n.* පොල්ල polla
sticker *n.* ස්ටිකරය stikaraya
stickleback *n.* කුඩා මාලුවෙක් kudaa maaluwek
stickler *n.* රීතියට වැඩ කරන්නා reethiyata wada karannaa
sticky *adj.* ඇලෙන alena
stiff *adj.* දරදඬු daradandu
stiffen *v.* දැඩි වෙනවා dadi wenawaa
stifle *v.* මැඩ පවත්වනවා mada pawathwanawaa
stigma *n.* කළල kalala
stigmata *n.* කලංකය kalankaya
stigmatize *v.* ගර්හා කරනවා garbha karanawaa
stile *n.* කුඩල්ල kadulla
stiletto *n.* හිල් කටුව hil katuwa
still *adj.* නිසොල්මන් nisolman
stillborn *n.* මැරී උපන් maree upan
stillness *n.* නිසංසලතාව nisansala thaawa
stilt *n.* බොරු කකුල boru kakula
stilted *adj.* උඩඟු udangu
stimulant *n.* බල වචන bala wachana
stimulate *v.* බල වඩනවා bala wadanawaa
stimulus *n.* ප්‍රබෝධකය prabo-dakaya
sting *n.* දළය dalaya
stingy *adj.* මසුරු masuru
stink *v.* පල් වෙනවා pal wenawaa
stint *n.* කුම්මැහිකම් කරනවා kumma-hikam karanawaa
stipend *n.* වැටුප watupa
stipple *v.* තිත් යොදා කටයම් කරනවා thith yoda katayam karanawaa
stipulate *v.* නියම කරනවා niyama karanawaa
stipulation *n.* නියමය niyamaya
stir *v.* හැඳි ගානවා handi gaanawaa
stirrup *n.* පාපටිය paapatiya
stitch *n.* මැහුම mahuma
stitch *v.* මහනවා mahanawaa
stock *n.* තොගය thogaya
stockbroker *n.* ව්‍යාපාර වස්තු තැරැව්කාරයා wiyapaara wasthu tharawkaarayaa

stockade *n.* දඬු වට dandu wata
stocking *n.* දිග මේස් diga mes
stockist *n.* වෙළෙන්දා welendaa
stocky *adj.* තරබාරු tharabaaru
stoic *n.* උදාසීන udaaseena
stoke *v.* ඉන්ධන යොදනවා indana yodanawaa
stoker *n.* ඉන්ධන යොදන්නා indana yodannaa
stole *n.* කාන්තා සාටකය kaanthaa saatakaya
stolid *adj.* දරදඬු darandhadu
stomach *n.* බඩ bada
stomp *n.* ජෑස් සංගීතය jaas sangeethaya
stone *n.* ගල gala
stony *adj.* ගල් සහිත gal sahitha
stooge *n.* පණ්දම pandamaa
stool *n.* කොලොම්බුව kolombuwa
stoop *v.* එබෙනවා ebenawaa
stop *v.* නවත්වනවා nawathwanawaa
stoppage *n.* නැවතිල්ල nawathilla
stopper *n.* ඇබය abaya
storage *n.* ගබඩා ගාස්තුව gabadaa gaasthuwa
store *n.* ගබඩාව gabadaawa
storey *n.* සොල්දර තට්ටුව soldara thattuwa
stork *n.* කොකා kokaa
storm *n.* කුණාටුව kunaatuwa
stormy *adj.* කුණාටු සහිත kunaatu sahitha
story *n.* කතන්දරය kathaadaraya
stout *adj.* ස්ථූල sthoola
stove *n.* ලිප lipa
stow *v.* ගබඩා කරනවා gabadaa karanawaa
straddle *v.* දෙගිඩියෙන් සිටිනවා degidiyaawen sitinawaa
straggle *v.* ඉබාගාතේ යනවා ibaagaathe yanawaa
straggler *n.* ඉබාගාතේ යන තැනැත්තා ibaagaathe yana thanaththa
straight *adj.* සිරස් siras
straighten *v.* දිග හරිනවා diga hrinawaa
straightforward *adj.* අවංක awanka
straightway *adv.* වහාම wahaama
strain *v.* වෙහෙසීමෙන් දුර්වල වෙනවා weheseemen durwala wenawaa
strain *n.* මහත් වෙහෙස mahath wehesa
strained *adj.* පීඩනයට ලක්වූ peedanayata lakwu
strait *n.* ඉතා අමාරු අවස්ථාව ithaa amaaru awasthaawa
straiten *v.i.* අමාරුවට පත් කරනවා amaaruwata path karanawaa
strand *v.* වෙරළට වද්දනවා weralata waddanawaa
strange *adj.* අමුතු amuthu
stranger *n.* අමුත්තා amuththa
strangle *v.* හුස්ම හිර කරනවා husma hira karanawaa
strangulation *n.* බෙල්ල මිරිකා මැරීම bella mirikaa mareema
strap *n.* පටිය patiya
strapping *adj.* පටියෙන් තැලීම patiyen thaleema
stratagem *n.* කූට උපාය koota upaaya
strategic *adj.* යුද්ධෝපාය පිළිබඳවූ yuddhopaya pilibanda wu
strategist *n.* සේනා හැසිරවීමේ සමර්ථය senaa hasiraweeme samarthayaa
strategy *n.* සටන් කිරීමේ ශාස්ත්‍රය

satan kireeme shasthraya

stratify *v.* සවි වෙනවා savi wenawaa

stratum *n.* ස්ථරය stharaya

straw *n.* පිදුරු ගහ piduru gaha

strawberry *n.* ස්ට්‍රෝබෙරි stroberi

stray *v.* මං මුලා වී යනවා man mulaa wee yanawaa

streak *n.* වයිරම wairama

streaky *adj.* වයිරම් වැටුණු wairam watunu

stream *n.* දියපාර diyapaara

streamer *n.* රශ්මි කදම්භය rashmi kadambaya

streamlet *n.* කුඩා ඇල kudaa ela

street *n.* වීදිය veediya

strength *n.* හයිය haiya

strengthen *v.* වඩා ශක්තිමත් කරනවා wadaa shakthimath karanawaa

strenuous *adj.* පරිශ්‍රමයෙන් කළයුතු parisramayen kalayuthu

stress *n.* ආතතිය aathathiya

stress *v.t.* බර කොට කියවනවා bara kota kiyanawaa

stretch *v.* වැඩි කරනවා wadi karanawaa

stretch *n.* වැඩි කොට දැක්වීම wadi kota dakweema

stretcher *n.* ගිලන් මැස්ස gilan massa

strew *v.* විසුරනවා wisuranawaa

striation *n.* වයිරම wairama

stricken *adj.* දුක්ඛිත dukkitha

strict *adj.* බුරුලක් නැති burulak nathi

strictly *adv.* නීති මතින් neethi mathin

stricture *n.* බරපතල චෝදනාව barapathala chodanaawa

stride *v.* ඇතින් තබමින් යනවා aathin paya thabamin yanawaa

strident *adj.* අමිහිරි amihiri

strife *n.* ආරවුල aaraula

strike *v.* වර්ජනය warjanaya

striker *n.* වර්ජකයා warjakayaa

striking *adj.* ප්‍රහාරික prahaarika

string *n.* කෙන්ද kenda

stringency *n.* තදබල ගතිය thadabala gathiya

stringent *adj.* තදබල thadabala

stringy *adj.* කෙඳි සහිත kendi sahitha

strip *v.t.* ගලවා දමනවා galawaa damanawaa

stripe *n.* ඉර ira

stripling *n.* ගැටයා gatayaa

stripper *n.* ඉවත් කරන්න iwath karanna

strive *v.* දඟලනවා dangalanawaa

strobe *n.* පරිභ්‍රමණ මානය paribramana maanaya

stroke *n.* හදිසි ආබාධය hadisi aabaadaya

stroll *v.* සක්මන් කරනවා sakman karanawaa

strong *adj.* සවිමත් sawimath

stronghold *n.* බල කොටුව bala kotuwa

strop *n.* පිහි මදින පටිය pihi madina patiya

stroppy *adj.* ඉක්මනින් කෝප වන ikmanin kopa wana

structural *adj.* ව්‍යුහාත්මක wiyu-haathmaka

structure *n.* සැකිල්ල sakillla

strudel *n.* උඩුඟු udangu

struggle *v.* බොහෝ සේ දඟලනවා boho se dangalanawaa

strum *v.* නීරස ලෙස වාදනය කරනවා neerasa lesa waadanaya karanawaa
strumpet *n.* වේශ්‍යාව weshyaawa
strut *n.* මුක්කුව mukkuwa
stuart *adj.* ආධාරකයක් අවශ්‍ය aadarakayak awashya
stub *n.* කොටෙ හැපෙනවා kote hapenawaa
stubble *n.* රැවුල් කොට සහිත raul kota sahitha
stubborn *adj.* ඇට්ටර attara
stucco *n.* බදාමය badaamaya
stud *n.* පොහොට්ටුව pohottuwa
stud *v.* ගැවසී සිටිනවා gawasee sitinawaa
student *n.* ශිෂ්‍යයා shishyayaa
studio *n.* චිත්‍රාගාරය chithraa-gaaraya
studious *adj.* ඉගෙනීමෙහි ලැදි වූ igeneemehi ladi wu
study *n.* ඉගෙනීම igeneema
study *v.* ඉගෙන ගන්නවා igena gannawaa
stuff *n.* අඩු වැඩිය adu wadiya
stuffing *n.* පුරවන ද්‍රව්‍යය purawana drauyaya
stuffy *adj.* පටු කල්පනා සහිත patu kalpanaa sahitha
stultify *v.* තකතීරු කම දක්වනවා thakathirukama dakwanawaa
stumble *v.* පැකිළෙනවා pakilenawaa
stump *n.* විකට් කණුව wikat kanuwa
stun *v.* තොන්තු කරනවා thonthu karanawaa
stunner *n.* තොන්තු කරන්නා thonthu karanna
stunning *adj.* ඉස්තරම් istharam
stunt *v.* අමාරු ක්‍රියා කිරීම amaaru kriyaa kireema
stupefy *v.* සිහිමුලා කරනවා sihi mulaa karanawaa
stupendous *adj.* ආශ්චර්ය සම්පන්න aascharya sampanna
stupid *adj.* සිහිවිකල sihi wikala
stupidity *n.* ගොන් කම gon kama
stupor *n.* සිහිමුලා බව sihi mulaa bawa
sturdy *adj.* හැඩි දැඩි hadi dadi
stutter *v.* ගොත ගසනවා gotha gasanawaa
sty *n.* ඌරු කොටුව ooru kotuwa
stygian *adj.* අපායෙහි වැනි apaayehi wani
style *n.* මෝස්තරය mostharaya
stylish *adj.* හොඳට ඇඳ පැළඳගත් hondata anda palandagath
stylist *n.* විලාසිතා ප්‍රිය කරන්නා wilaasithaa priya karanna
stylistic *adj.* ශෛලිගත shailigatha
stylized *adj.* ශෛලිගත වූ shailigatha wu
stylus *n.* පන්හිඳ panhinda
stymie *v.* දුෂ්කර අවස්ථාව dushkara awasthaawa
styptic *adj.* ලේ නවත්වන බෙහෙත le nawathwana behetha
suave *adj.* සිත් ගන්නා sith ganna
subaltern *n.* උප ප්‍රධාන මුලාදැනියා upa pradaana mulaadaniyaa
subconscious *adj.* සිතෙහි අප්‍රකටව පවතින sithehi aprakatawa pawathnaa
subcontract *v.* උප කොන්ත්‍රාත්තුව upa konthraththuwa
subdue *v.* ආන් බාන් කරනවා aan baan karanawaa

subedit *v.* මුද්‍රණය සඳහා ලිපි සකස් කරනවා mudranaya sandahaa lipi sakas karanawa
subject *n.* විශ්වය wishaya
subjection *n.* යටත් කිරීම yatath kireema
subjective *adj.* විෂයාත්මක wishayaathmaka
subjudice *adj.* විනිශ්චයට භාජනය වී ඇති winishchayata baajanaya wee athi
subjugate *v.* පාලනයට පත් කරනවා paalanayata path karanawaa
subjugation *n.* යටත් කර ගැනීම yatath kara ganeema
subjunctive *adj.* අසම්භාව්‍ය asambaawya
sublet *v.t.* දෙවනුව කුලියට දෙනවා dewanuwa kuliyata denawaa
sublimate *v.* පිරිසිදු බවට පමුණුවනවා pirisidu bawata pamunuwanawaa
sublime *adj.* පරමෝත්කෘෂ්ට paramothkrushta
subliminal *adj.* භවාංග bhawaanga
submarine *n.* සබ්මැරීනය sambareenaya
submerge *v.* කිඳා බහිනවා kindaa bahinawaa
submerse *v.* නිමග්න nimagna
submersible *adj.* ගිල්විය හැකි gilviya haki
submission *n.* යටහත් ප්‍රකාශය yatahath prakaasaya
submissive *adj.* යටහත් පහත් yatahath pahath
submit *v.* යොමනවා yomanawaa
subordinate *adj.* වඩා පහත් wadaa pahath
subordination *n.* අධරායනය adharaayanaya
suborn *v.* වරදට පොළඹවනවා waradata polambawanawaa
subscribe *v.* සම්මාදම් දෙනවා sammaadam denawaa
subscript *adj.* යටි ලකුණු yati lakunu
subscription *n.* සම්මාදම sammaadama
subsequent *adj.* යමකට පසුව සිදුවන yamakata pasuwa siduwana
subservience *n.* අවනත භාවය awanatha baawaya
subservient *adj.* ඉතා යටහත් itha yatahath
subside *v.* යටහත් වෙනවා yatahath wenawa
subsidiary *adj.* උපාංගය upangaya
subsidize *v.* මුදලින් උපකාර කරනවා mudalin upakaara karanawaa
subsidy *n.* සහනාධාරය sahanaadaaraya
subsist *v.* යැපෙනවා yapenawaa
subsistence *n.* යැපීම yapeema
subsonic *adj.* උපධ්වනි upadwani
substance *n.* සාරය saaraya
substantial *adj.* සාරානුකූල saara-anukoola
substantially *adv.* සනාථ කළ හැකි sanaatha kala haki
substantiate *v.* සනාථ කරනවා sanaatha karanawaa
substantiation *n.* කරුණු ඉදිරිපත් කිරීම karunu idiripath kireema
substantive *adj.* ස්වාධීන swaadeena
substitute *n.* ආදේශකය aadeshakaya
substitution *n.* ආදේශය aadeshaya

subsume *v.* උපග්‍රහනය කරනවා upagrahanaya karanawaa

subterfuge *n.* ප්‍රයෝගය prayogaya

subterranean *adj.* පොළව යට පිහිටි polawa yata pihiti

subtitle *n.* උප ශීර්ෂය upa sheershaya

subtle *adj.* දුර්බෝධ durboda

subtlety *n.* ඉතා සියුම් වෙනස ithaa siyun wenasa

subtotal *n.* උප මුලු ගණන upa mulu ganana

subtract *v.* අඩු කරනවා adu karanawaa

subtraction *n.* අඩු කිරීම adu kireema

subtropical *adj.* අර්ධ නිවර්තන arda nivarthana

suburb *n.* උප නගරය upa nagaraya

suburban *adj.* නගරාසන්න nagaraasanna

suburbia *n.* නගර බද පෙදෙසෙහි හා එහි වැසියෝ nagara bada pedese ha ehi wasiyo

subversion *n.* විප්ලවය wiplawaya

subversive *adj.* විනාශදායක winaasadaayaka

subvert *v.i.* විපයාසය wipayaasaya

subway *n.* උමං මග uman maga

succeed *v.* සඵල කර ගන්නවා sapala kara gannawaa

success *n.* සඵලත්වය sapalathwaya

successful *adj.* සඵල sapala

succession *n.* අනුක්‍රමය anukramaya

successive *adj.* පිළිවෙළින් ආ piliwelin aa

successor *n.* අනුප්‍රාප්තිකයා anupraapthikayaa

succinct *adj.* සංක්ෂිප්ත sankshiptha

succour *n.* සහය sahaaya

succulent *adj.* රස පිරුණු rasa pirunu

succumb *v.* වසඟ වෙනවා wasanga wenawaa

such *adj.* එවැනි ewani

suck *v.* උරා බොනවා uraa bonawaa

sucker *n.* උරා බොන්නා uraa bonnaa

suckle *v.* තන බුරුල්ලෙන් කිරි පොවනවා thana burullen kiri powanawaa

suckling *n.* කිරි දරුවා kiri daruwaa

suction *n.* උරා ඇදගැනීම uraa adaganeema

sudden *adj.* ක්ෂණික kshanika

suddenly *adv.* හිදිසියෙන්ම hadisiyenma

Sudoku *n.* ජපන් ක්‍රීඩාවක් japan kreedaawak

sue *v.t.* නඩු කියනවා nadu kiyanawaa

suede *n.* පදම් කළ එළු හම padam kala elu hama

suffer *v.i.* විඳිනවා windinawaa

sufferance *n.* අවසරය awasaraya

suffice *v.* සෑහෙනවා saahenawaa

sufficiency *n.* පුළුවන්කම puluwankama

sufficient *adj.* සෑහෙන පමණ වූ saahena pamana wu

suffix *n.* උපසර්ගය upasargaya

suffocate *v.* හුස්ම හිර වෙනවා husma hira wenawaa

suffocation *n.* හුස්ම හිර කිරීම husma hira kireema

suffrage *n.* කැමැත්ත ප්‍රකාශ කිරීම kamaththa prakasha kireema

suffuse *v.* සම තැන පැතිරෙනවා sama thana pathirenawaa
sugar *n.* සීනි seeni
suggest *v.* යෝජනා කරනවා yojanaa karanawaa
suggestible *adj.* යෝජනා වලට විවෘත yojanaa walata wiwurtha
suggestion *n.* යෝජනාව yojanaawa
suggestive *adj.* යමක් අඟවනවා yamak angawana
suicidal *adj.* ආත්ම නාශක aathma naashaka
suicide *n.* සියදිවි නසා ගැනීම siya diwi nasaa ganeema
suit *n.* ඇඳුම් කට්ටලය andum kattalaya
suitability *n.* යෝග්‍යතාවය yogyathaawaya
suitable *adj.* සුදුසු sudusu
suite *n.* අරුමෝසම් බඩු කට්ටලය arumosam badu kattalaya
suitor *n.* විවාහ බස් ඉල්ලන්නා wiwaaha bas illanna
sulk *v.* බුම්ම ගන්නවා bummaa gannawaa
sullen *adj.* බුම්මගෙන සිටින bum-maagena sitina
sully *v.* දුර්වර්න කරනවා durwarna karanawaa
sulphur *n.* ගෙන්දගම් gendagam
sultana *n.* වියළි මුද්දරප්පලම් wiyali muddarappalam
sultry *adj.* සුළං නැති sulan nathi
sum *n.* මුළු එකතුව mulu ekathuwa
summarily *adv.* වහාම wahaama
summarize *v.* සාරාංශ කරනවා saaransha karanawaa
summary *n.* සාරාංශය saaranshaya
summer *n.* ගිම්හානය gimhaanaya
summit *n.* මස්තකය masthakaya
summon *v.* කැඳවනවා kandawanawaa
summons *n.* සිතාසිය sithaasiya
sumptuous *adj.* මහත් අලංකාරයෙන් යුත් mahath alankaarayen yuth
sun *n.* ඉර ira
sun *v.* සඩ කිරණ sada kirana
sundae *n.* අයිස් ක්‍රීම් වර්ගයක් ice kreem wargayak
Sunday *n.* ඉරිදා iridaa
sunder *v.* වියෝග කරනවා wiyoga karanawaa
sundry *adj.* විවිධ wiwidha
sunken *adj.* ගිල්වුනු ලැබු gilwanu labu
sunny *adj.* හිරු එළිය ඇති hiru eliya athi
super *adj.* සුපිරි supiri
superabundance *adj.* අති විපුලතාවය athi wipulathaawa
superabundant *adj.* අති විපුල athi wipula
superannuation *n.* විශ්‍රාම පාරිතෝෂිකය wisraama paarithoshikaya
superb *adj.* ශ්‍රේෂ්ට shreshta
supercharger *n.* බල වර්ධකය bala wardakaya
supercilious *adj.* නොසැලකිලි සහිත nosalakili sahitha
superficial *adj.* නොගැඹුරු nogamburu
superficiality *n.* නොගැඹුරු බව nogamburu bawa
superfine *adj.* ඉස්තරම් istharam
superfluity *n.* අධිකත්වය adhika-thwaya

superfluous *adj.* වැඩිමනත් wadimanath

superhuman *adj.* අති මානුෂික athi maanushika

superimpose *v.* අධිස්ථාපනය කරනවා adhisthaapanaya karanawaa

superintend *v.* පාලනය කරනවා paalanaya karanawaa

superintendence *n.* පාලනය paala-naya

superintendent *n.* පාලකයා paala-kayaa

superior *adj.* උත්තරීතර uththa-reethara

super**iority** *n.* ශ්‍රේෂ්ටත්වය shresh-tathwaya

superlative *adj.* අති ශ්‍රේෂ්ට athi shreshta

supermarket *n.* සුපිරි වෙළෙඳසැල supiri welandasala

supernatural *adj.* අධි ස්වාභාවික adhi swaabaawika

superpower *n.* සුපිරි බලවතා supuri balawathaa

superscript *adj.* උඩුකුරු udukuru

supersede *v.* අවලංගු කරනවා awalangu karanawaa

supersonic *adj.* අති ධ්වනික athi dwanika

superstition *n.* මිත්‍යා ඇදහීම mithyaa adaheema

superstitious *adj.* අන්ධවිශ්වාස ඇති anda wiswaasa athi

superstore *n.* සුපිරි සාප්පුව supiri saappuwa

supervene *v.* පසුව සිදුවෙනවා pasuwa siduwenawaa

supervise *v.* අධීක්ෂණය කරනවා adeekshanaya karanawaa

supervision *n.* අධීක්ෂණය adeekshanaya

supervisor *n.* අධීක්ෂක adeekshaka

supper *n.* සන්ධ්‍යා භෝජනය sandya bojanaya

supplant *v.* වෙනුවට පත් කරනවා wenuwata path karanawaa

supple *adj.* සුනම්‍ය sunamya

supplement *n.* ඌනපූර්ණය oona poornaya

supplementary *adj.* ඌනපූරකය oona poorakaya

suppliant *n.* බැගෑපත්ව ඉල්ලනවා bagaapathwa illanna

supplicate *v.* ආයාචනා කරනවා aayaachnaa karanawwa

supplier *n.* සපයන්නා sapayannaa

supply *v.* සපයා දීම sapayaa deema

support *v.* ආධාර කරනවා aadhaara karanawaa

support *n.* අත් උදව්ව ath udauwa

suppose *v.* කල්පනා කරනවා kalpanaa karanawaa

supposition *n.* කල්පනාව kalpa-naawa

suppository *n.* යෝනියේ හෝ ගුද මාර්ගයේ දියවීමට දමන බෙහෙත් yoniye ho guda maargaye diyaweemata damana beheth

suppress *v.* ඔබනවා obanawaa

suppression *n.* මර්ධනය mar-danaya

suppurate *v.* සාරය හැදෙනවා saaraya hadenawaa

supremacy *n.* ආධිපත්‍යය aadhi-pathyaya

supreme *adj.* අති උත්තම athi uththama

surcharge *n.* වැඩිපුර අය කරන

ගා ස්තුව wadipura aya karana gaasthuwa
sure *adj.* නිසැ ක nisaka
surely *adv.* නිසැ කවම nisakawama
surety *n.* ඇපකරු apakaru
surf *n.* රළ rala
surface *n.* මතුපිට mathu pita
surfeit *n.* අති තෘප්තිය athi thrupthiya
surge *n.* සැ ඩ වතුර sada wathura
surgeon *n.* ශල්‍ය ව ෛද්‍ය shalya waidya
surgery *n.* ශල්‍යකර්මය shalya-karmaya
surly *adj.* පරු ෂ parusha
surmise *v.t.* නිකම් සිතනෙවා nikam sithenawaa
surmount *v.* අමාරු ජයගන්නවා amaaru jayagannawaa
surname *n.* පළෙපත් නම pelapath nama
surpass *v.* ඉක්මවා යනවා ikmawaa yanawaa
surplus *n.* වැඩිපුර වූ wadipura wu
surprise *n.* විස්මය wismaya
surreal *adj.* විස්මකරු wismakuru
surrealism *n.* අතා ත්විකවා දය athaa-thwikawaadaya
surrender *v.* අයිතිය අත්හරිනවා aithiya ath harinawaa
surrender *n.* යටත් වීම yatath weema
surreptitious *adj.* රහසින් කරන ලද rahasin karana lada
surrogate *n.* ප්‍රතිනිහිතය prathini-hithaya
surround *v.* වටළනවා watalanawaa
surroundings *n.* අට පිහිටි ද ෙ awata pihiti de
surtax *n.* අධි බද්ද adhi baddha
surveillance *n.* මුර කිරීම mura kireema
survey *v.t.* මනිනවා maninawaa
surveyor *n.* මිනින්ද ෝරු ව minin-doruwaa
survival *n.* නාොනැ සී ඉතිරි වීම nonasee ithiri weema
survive *v.* නාොමැ රී බරේනවා nomaree berenawaa
susceptible *adj.* අවනත වනෙවා awanatha wana
suspect *v.* සැ ක කරනවා saka karanawaa
suspect *n* සැ කකරු sakakaru
suspend *v.* තා වකා ලිකව අත්හිටුවනවා thaawakaalikawa athhituwa-nawaa
suspense *n.* අවිනිශ්චිත භා වය awinischitha baawaya
suspension *n.* එල්ල තැබීම ella thabeema
suspicion *n.* සැ ක සිතීම saka sitheema
suspicious *adj.* සැ ක සහිත saka sahitha
sustain *v.* දරා සිටිනවා daraa sitinawaa
sustainable *adj.* ප ෝෂිත කළ හැ කි poshitha kala haki
sustenance *n.* ප ෝෂණය posha-naya
suture *n.* අස්ථිසිකනය asthisikanaya
svelte *adj.* සිඟිති ශරීරයක් ඇති singithi shareerayak athi
swab *n.* ඝන පුළුන් ර ෙද ghana pulun roda
swaddle *v.* රෙදි වලින් තද කාොට දමනවා reddhi walin thada kota

damanawaa

swag *n.* සොරාගත් බඩු soraagath badu

swagger *v.* පුරසාරම් දොඩනවා purasaaram dhodanawaa

swallow *v.* ගිල ගන්නවා gila gannawaa

swamp *n.* වගුර wagura

swan *n.* හංසයා hansayaa

swank *v.* පුරසාරම purasaarama

swanky *v.* ජෙත්තුකාරයා jeththu-kaara

swap *v.* හුවමාරු කරගන්නවා huwamaaru karagannawaa

swarm *n.* කෘමි රැළ krumi rala

swarthy *adj.* කළු පැහැති kalu pahathi

swashbuckling *adj.* මැරවරකම් කරනවා marawarakam karanawaa

swat *v.* තලනවා thalanawaa

swathe *n.* වෙළුම weluma

sway *v.* පැද්දෙනවා paddenawaa

swear *v.* දිව්රනවා diwranawaa

sweat *n.* දහඩිය dahadiya

sweater *n.* ඝන කමිසය ghana kamisaya

sweep *v.* අතුගානවා athugaanawaa

sweeper *n.* පිසදමන්නා pisada-mannaa

sweet *adj.* පැණි රස ඇති pani rasa athi

sweet *n.* පැණි රස කෑම pani rasa kaama

sweeten *v.* පැණි රස කරනවා pani rasa karanawaa

sweetheart *n.* සෙනෙහෙවන්තිය senehewanthiya

sweetmeat *n.* අවුල awulu

sweetener *n.* රස ගන්වන දේ rasa ganwana de

sweetness *n.* මිහිරි බව mihiri bawa

swell *v.* ඉදිමෙනවා idimenawaa

swell *n.* වැඩිවීම wadi weema

swelling *n.* ඉදිමුම idimuma

swelter *v.* පීඩා විඳිනවා peeda windinawaa

swerve *v.* වැරදි මඟ හැසිරෙනවා waradi maga hasirenawaa

swift *adj.* යුහුසුළු yuhusulu

swill *v.* සෝදා හැරීම sodaa hareema

swim *v.* පීනනවා peenanawaa

swimmer *n.* පීනන්නා peenannaa

swindle *v.* මහත් වංචාව mahath wanchaawa

swindler *n.* මහත් වංචාකාරයා mahath wancha kaarayaa

swine *n.* ඌරා ooraa

swing *n.* ඔන්චිල්ලාව onchillaawa

swing *v.* පැද්දෙනවා paddenawaa

swingeing *adj.* පැද්දුම padduma

swipe *v.* හොරෙන් පහර ගන්නවා horen pahara gannawaa

swirl *v.* කසෙන් පහර ගන්නවා kasen pahara denawaa

swish *adj.* සිත්කාරයා sithkaaraya

switch *n.* වහරුව waharuwa

swivel *v.* බඹරය කරකවෙනවා bambaraya karakawenawaa

swoon *v.* ක්ලාන්ත වෙනවා klaantha wenawaa

swoop *v.* හදිසියෙන් පැන අල්ල ගන්නවා hadisiyen pana alla gannawaa

sword *n.* කඩුව kaduwa

sybarite *n.* සැපට ගිජු තැනැත්තා sapata giju thanaththa

sycamore *n.* විශාල ගස් වෙසෙස wishaala gas wesesa

sycophancy *n.* කයිවාරු දෙඩීම kaiwaaru dhedeema

sycophant *n.* කයිවාරු දොඩන්නා kaiwaaru dhodanna

syllabic *adj.* අක්ෂර සම්බන්ධ akshara sambanda

syllable *n.* අක්ෂරය aksharaya

syllabus *n.* විෂය මාලාව wishaya maalaawa

syllogism *n.* අනුමාන වාක්‍යය anumaana waakyaya

sylph *n.* අප්සරාව apsaraawa

sylvan *adj.* වනයෙහි වූ wanayehi wu

symbiosis *n.* සහවනය sahawanaya

symbol *n.* ලක්ෂණය lakshanaya

symbolic *adj.* සංකේතාත්මක sanke-thaathmaka

symbolism *n.* ලක්ෂණ පද්ධතිය lakshana paddathiya

symbolize *v.* සම්මිතිය sammithiya

symmetrical *adj.* සම්මිතික sama-mithika

symmetry *n.* අනුකූලතාව anukoo-lathaawa

sympathetic *adj.* දයාවන්ත dayaa-wantha

sympathize *v.* අනුකම්පා වෙනවා anukampaa wenawaa

sympathy *n.* කණගාටුව kana-gaatuwa

symphony *n.* තූර්ය සංවාදය thoorya sanwaadaya

symposium *n.* දාර්ශනිකයන්ගේ සම්භාෂණය dharshanikayange sambaashanaya

symptom *n.* රෝග ලක්ෂණය roga lakshanaya

symptomatic *adj.* නිමිති වශයෙන් දකින nimithi washayen dakina

synchronize *v.* එකවිට සිදුවෙනවා ekawita siduwenawaa

synchronous *adj.* එකවිට සිදුවන ekawita siduwana

syndicate *n.* වෙළෙඳ මණ්ඩලය welanda mandalaya

syndrome *n.* සහ ලක්ෂණය saha lakshanaya

synergy *n.* සහ ක්‍රියාව saha kriyaawa

synonym *n.* සමානාර්ථ පදය samaanaartha padaya

synonymous *adj.* තුල්‍යාර්ථික thulyaarthika

synopsis *n.* සාර සංග්‍රහය sara sangrahaya

syntax *n.* වාක්‍ය වින්‍යාසය waakya vinyaasaya

synthesis *n.* සංශ්ලේෂණය sansh-leshnaya

synthesize *v.* සංශ්ලේෂණය කරනවා sanshleshnaya karanawaa

synthetic *adj.* සංයෝගාත්මක sanyogaathmaka

syringe *n.* සිරින්ජරය sirinjaraya

syrup *n.* පැණිය paniya

system *n.* ක්‍රියා පිළිවෙළ kriyaa piliwela

systematic *adj.* ක්‍රමානුකූල kramaanukoola

systematize *v.* ක්‍රමානුකූල සේ සකස් කරනවා kramaanukoola se sakas karanawaa

systemic *adj.* ශරීර පද්ධතිය හෝ අවයව පද්ධතියට සම්බන්ධ shareera paddathiyata ho awayawa paddathiyata sambanda

T

tab *n.* කුඩා තීරුව kuda theeruwa
table *n.* මේසය mesaya
tableau *n.* චිත්‍රාභිනය chitrabhinaya
tablet *n.* පෙත්ත peththa
tabloid *n.* කුඩා ප්‍රමාණයේ පුවත්පත kuda pramaanaye puwathpatha
taboo *n.* තහංචිය thahanchiya
tabular *adj.* තලස්ථ thalastha
tabulate *v.* වගු කරනවා wagu karanawaa
tabulation *n.* වගු මගින් දැක්වීම wagu magin dakweema
tabulator *v.* නොලියන ලද පලකය noliyana lada palakaya
tachometer *n.* භ්‍රමවේග මානය bramawega maanaya
tacit *adj.* හඬ නොනගන handa nonagana
taciturn *adj.* කතා කිරීමට නොකැමති katha kireemata nokamathy
tack *n.* නූල් ඇද මැහීම nool ada maheema
tackle *v.t.* පොරෝ බදනවා pora badanawaa
tacky *adj.* ඇලෙන සුලු alena sulu
tact *n.* ස්ථානෝචිත ප්‍රඥාව sthano-chitha pragnawa
tactful *adj.* නුවණක්කාර nuwana-kkaara
tactic *n.* උපාය upaaya
tactician *n.* උපාය දක්ෂයා upaaya dakshayaa
tactical *adj.* උපාය පිළිබඳ වූ upaaya pilibanda wu
tactile *adj.* ස්පර්ශක විෂය sparshaka wishaya
tag *n.* යමක අමුණන ලද yamaka amunana laddha
tail *n.* වලිගය waligaya
tailor *n.* ඇඳුම් මහන andum mahanna
taint *v.* කෙලෙසෙනවා kelesanawaa
take *v.* ගෙනයනවා genayanawaa
takeaway *n.* රැගෙන යනවා ragena yanawaa
takings *n.* ආදායම aadaayama
talc *n.* තලාතු මිනිරන් thalaathu miniran
tale *n.* කතන්දරය kathandaraya
talent *n.* කුසලතාවය kusala-thaawaya
talented *adj.* නිපුණ nipuna
talisman *n.* යන්ත්‍රය yanthraya
talk *v.* කතාව kathawa
talkative *adj.* මුකරි mukari
tall *adj.* උස usa
tallow *n.* සත්ව තෙල් sathwa thel
tally *n.* ගණන ganana
talon *n.* පක්ෂීන්ගේ නිය paksheenge niya
tamarind *n.* සියඹලා siyambalaa
tambourine *n.* රබාන rabaana
tame *adj.* හීලෑ heela
tamely *adv.* හීලෑ නොකලෑකි heela nokalaki
tamp *v.* ඔබා තද කරනවා obaa thada karanawaa
tamper *v.* අතපත ගානවා athapatha gaanawaa
tampon *n.* කපු පුළුන් ගුලිය kapu pulun guliya
tan *n.* දුඹුරු වර්ණය dumburu warnaya
tandem *n.* දෙතුන් දෙනෙකු යන බයිසිකලය dethun deneku yana

baisikalaya

tang *n.* සැර රසය sara rasaya

tangent *n.* ස්පර්ශ රේඛාව sparsha rekaawa

tangerine *n.* ජමනාරං jamanaaran

tangible *adj.* ස්පර්ශය දැනෙන sparshaya danena

tangle *v.t.* පටලවනවා patala-wanawaa

tank *n.* ටැංකිය tankiya

tanker *n.* තෙල් පටවන නැව thel patawana nawa

tanner *n.* පැන්ස හයේ කාසිය pansa haye kaasiya

tannery *n.* පදම් කරන ලද padam karana lada

tantalize *v.* ලැබිය නොහැකි දේ පෙන්වා හිරිහැරයට පත් කරනවා labiya nohaki de penwaa hiriharayata path karanawaa

tantamount *adj.* තුල්‍ය thulya

tantrum *n.* හදිසි කෝපය hadisi kopaya

tap *n.* කරාමය karaamaya

tapas *n.* ටැප tapa

tape *n.* පටිය patiya

tape *v.i.* පටු තීරුවකින් වෙලෙනවා patu theeruwakin welanawaa

taper *v.* ක්‍රමයෙන් හීන වෙනවා kramayen heen wenawaa

tapestry *n.* විචිත්‍ර ජවනිකාව wichi-thra jawanikaawa

tappet *n.* නැවතීම් සහිත චලනයක් ලබා දෙන කැමිය nawatheem sahitha chalanayak laba dena kamiya

tar *n.* තාර thaara

tardy *adj.* සුනංගු sunangu

target *n.* ඉලක්කය ilakkaya

tariff *n.* ගාස්තු ලේඛනය gaasthu lekanaya

tarn *n.* ගිරි විල giri wila

tarnish *v.* දිස්නය අඩු වෙනවා disnaya adu wenawaa

tarot *n.* කාඩ් 78කින් යුත් ක්‍රීඩාවක් kaard 78kin yuth kreedaawak

tarpaulin *n.* ඉටිරෙදි itiredhi

tart *n.* වේශ්‍යාව weshyaawa

tartar *n.* නපුරා napuraa

task *n.* දුෂ්කර කටයුත්ත dushkara katayuththa

tassel *n.* පොහොට්ටුව pohottuwa

taste *n.* රසය rasaya

taste *v.* රස විඳිනවා rasa windinawaa

tasteful *adj.* රසවත් rasawath

tasteless *adj.* නීරස neerasa

tasty *adj.* ඉතා රසවත් itha rasawath

tatter *n.* වැරහැල්ල warahalla

tattle *n.* ඕපාදූප opaa doopa

tattoo *n.* පච්චය pachchaya

tatty *adj.* බාල ඇඳුම් baala andum

taunt *n.* සරදම saradama

taut *adj.* තදකොට අඳින ලද thadakota andina landa

tavern *n.* සුරා සල suraa sala

tawdry *adj.* උවමනා නැති අලංකාර සහිත uwamanaa nathi alankaara sahitha

tax *n.* බද්ද baddha

taxable *adj.* බදු ගෙවිය යුතු badu gewiya uthu

taxation *n.* අය බදු ගැනීම aya baddhu ganeema

taxi *n.* කුලී රථය kulee rathaya

taxi *v.* කුලී රථයෙන් යනවා kulee rathayen yanawaa

taxonomy *n.* විද්‍යාවේ වර්ගීකරණය vidyaawe wargeekaranaya

tea *n.* තේ the
teach *v.* උගන්නනවා ugannanawaa
teacher *n.* ගුරු වරයා guruwarayaa
teak *n.* තේක්ක thekka
team *n.* කණ්ඩායම kandaayama
tear *v.* කඳුලු වැහෙනවා kandulu waahenawaa
tear *n.* කඳුලු kandulu
tearful *adj.* ශෝකී shokee
tease *v.* සරදම් කරනවා saradam karanawaa
teat *n.* සූප්පුව sooppuwa
technical *adj.* කාර්මික kaarmika
technicality *n.* තාක්ෂණිකත්වය thaakshanikathwaya
technician *n.* කාර්මික ශිල්පියා kaarmika shilpiyaa
technique *n.* ශිල්ප කර්මය shilpa kramaya
technological *adj.* තාක්ෂණවේදීය thaakshanawedee
technologist *n.* කර්මාන්ත kar-maantha shilpiya
technology *n.* තාක්ෂණය thak-shanaya
tedious *adj.* වෙහෙස ඇති කරන wehesa athi karana
tedium *n.* පරිශ්‍රමය parissramaya
teem *v.* ඉතා ගහනව පවතිනවා itha gahanawa pawathinawaa
teenager *n.* ගැටවරයා gatawarayaa
teens *adj.* ගැටවර gatawara
teeter *v.* වැනෙනවා wanenawaa
teethe *v.* දත් එනවා dath enawaa
teetotal *adj.* අමද්‍යප amaddyapa
teetotaller *n.* මත්පැන් නොබොන්න mathpan nobonna
telecast *v.t.* විකාශනය vikaashnaya
telecommunications *n.* විදුලි සංදේශය widuli sandeshanaya
telegram *n.* විදුලි පුවත widuli puwatha
telegraph *n.* විදුලි ලිපිය widuli lipiya
telegraphic *adj.* විදුලි ලිපි හා සම්බන්ධ widuli lipi ha sambanda
telegraphy *n.* විදුලි ලිපි යැවීමේ ක්‍රමය widuli lipi yaweeme kramaya
telepathic *adj.* පරචිත්ත ඥනය පිළිබඳ වූ para chiththa gnanaya pilibanda wu
telepathist *n.* පරචිත්ත ඥනය ඇති තැනැත්තා para chiththa gnanaya athi thanaththa
telepathy *n.* පරචිත්ත ඥනය para chiththa gnanaya
telephone *n.* දුරකතනය duraka-thanaya
teleprinter *n.* දුර ලිපි මුද්‍රණ යන්ත්‍රය dura lipi mudrana yanthrya
telescope *n.* දුරදක්නය duradaknaya
teletext *n.* ටෙලිටෙක්ස්ට් teletext
televise *v.* විකාශය කරනවා wikaashaya karanawaa
television *n.* රූපවාහිනිය roopawaahiniya
tell *v.* කියනවා kiyanawaa
teller *n.* ගනකයා ganakayaa
telling *adj.* සිත්ගන්න sithganna
telltale *adj.* ඕපාදූපකාරයා opadu-pakaaraya
temerity *n.* සාහසිකත්වය saha-sikathaawa
temper *n.* තරහා ගතිය tharaha gathiya
temperament *n.* ප්‍රකෘති ස්වභාවය prakurthy swabaawaya

temperamental *adj.* මනෝඩීන manodeena

temperance *n.* මත්පැනින් වෙන්වීම mathpanin wenweema

temperate *adj.* සමශීත උෂ්ණ දේශගුණය sama sheetha ushna deshagunaya

temperature *n.* උෂ්ණත්වය ushna-thwaya

tempest *n.* චණ්ඩ මාරුතය chanda maaruthaya

tempestuous *adj.* මහත් කුණාටු සහිත mahath kunaatu sahitha

template *n.* අච්චුව achchuwa

temple *n.* පන්සල pansala

tempo *n.* තාලයේ වේගය thalaye wegaya

temporal *adj.* ලෞකික විනයට අයත් laukika winayata ayath

temporary *adj.* තාවකාලික thaa-wakaalika

temporize *v.* කල් ගන්නවා kal gannawaa

tempt *v.* වරද කිරීමට පොළඹවනවා warada kireemata polamban-nawaa

temptation *n.* පෙළඹවීම pelam-baweema

tempter *n.* වරදෙහි පොළඹවනවා waradehi polambawanna

ten *adj. & adv.* දහය dahaya

tenable *adj.* නොබිඳිය හැකි nobin-diya haki

tenacious *adj.* තදින් ඇලී සිටින thadin alee sitina

tenacity *n.* ස්ථිර භාවය stheera bhaawaya

tenancy *n.* බදු ගෙන සිටීම badhu gena siteema

tenant *n.* බදුකාරයා badhu kaarayaa

tend *v.* ආධාර වෙනවා aadaara wenawaa

tendency *n.* හුරුකම hurukama

tendentious *adj.* අගති සහිත agathi sahitha

tender *adj.* සියුමැලි siyumali

tender *n.* ටෙන්ඩරය tendaraya

tendon *n.* ස්නායු බද්ධය snaayu baddhaya

tenement *n.* බද්දට ගත් ඉඩම baddhata gath idama

tenet *n.* පිළිගත් මතය piligath mathaya

tennis *n.* ටෙනිස් ක්‍රීඩාව tenis kreedaawa

tenor *n.* සංගීතයේ මධ්‍යම නාදය sangeethaye madyama naadaya

tense *adj.* අමාරුවෙන් ඉවසා සිටින amaaruwen iwasaa sitina

tensile *adj.* දිගට ඇදිය හැකි digata adiya haki

tension *n.* ආතතිය aathathiya

tent *n.* කූඩාරම koodaarama

tentacle *n.* ග්‍රාහිකාව graahikaawa

tentative *adj.* අස්ථිර asthira

tenterhook *n.* රෙදි ඇදීමට යොදන රාමුවෙහි යෙදූ කොකු redi adeemata yodana raamuwehi yedu koku

tenth *adj. & n.* දසවෙනි dasaweni

tenuous *adj.* සියුම් siyum

tenure *n.* භුක්තිය bukthiya

tepid *adj.* ඇල් මරුණු al marunu

term *n.* වාරය waaraya

termagant *n.* චණ්ඩි ගැහැණිය chandi gahaniya

terminal *adj.* පර්යන්ත paryantha

terminate *v.* කෙළවර කරනවා kelawara karanawaa
termination *n.* කෙළවර kelawara
terminological *adj.* පාරිභාෂිත ශබ්ද මාලාවට අයත් paaribaashika shabda maalaawata ayath
terminology *n.* පාරිභාෂිත ශබ්ද මාලාව paaribaashika shabda maalaawa
terminus *n.* ගමනාන්තය gamana-anthaya
termite *n.* වේයා weyaa
terrace *n.* තට්ටු ගෙය thattu geya
terracotta *n.* රතට පිළිස්සූ rathata pilissoo
terrain *n.* බිම් පෙදෙස bim pedesa
terrestrial *adj.* පොළොවෙහි පවතින polawehi pawathnaa
terrible *adj.* භයානක bayaanaka
terrier *n.* කුඩා බලු වර්ගයක් kudaa balu wargayak
terrific *adj.* අති විශාල athi wishaala
terrify *v.* බිය ගන්නවනවා biya gannanawaa
territorial *adj.* භෞමික baumika
territory *n.* භූමි ප්‍රදේශය boomi pradeshaya
terror *n.* භීෂණය beeshanaya
terrorism *n.* ත්‍රස්තවාදය thrastha-waadaya
terrorist *n.* ත්‍රස්තවාදියා thrastha-waadiyaa
terrorize *v.* බිහිසුණු ක්‍රියා කරනවා bihisunu kriyaa karanawaa
terry *n.* බිහිසුණු පුද්ගලයා bihisunu pudgalayaa
terse *adj.* සංක්ෂිප්ත sankshiptha
tertiary *adj.* තෘතීයික thrutheeika
test *n.* පරීක්ෂාව pareekshaawa
testament *n.* අන්තිම කැමති පත්‍රය anthima kamathi pathraya
testate *adj.* අන්තිම කැමති පත්‍රයක් ලියා ඇති anthima kamathi pathrayak liya athi
testicle *n.* අණ්ඩය andaya
testify *v.* සාක්ෂි දෙනවා saakshi denawaa
testimonial *n.* සාක්ෂාත් කරනවා saakshaath kaaraya
testimony *n.* සාක්ෂිය saakshiya
testis *n.* වෘෂණය wrushanaya
testosterone *n.* පුරුෂ හෝමෝනයක් purusha homonayak
testy *adj.* වහා කිපෙන waha kipena
tetchy *adj.* නුරුස්සන nurussana
tether *v.t.* දිගෙලි කරනවා digeli karanawaa
text *n.* වගන්තිය waganthiya
textbook *n.* පාඨ ග්‍රන්ථය paata granthaya
textual *adj.* පාඨ පිළිබඳ paata pilibanda
textile *n* රෙදි පිළි redi pili
textual *adj.* පාඨ පිළිබඳ paata pilibanda
texture *n.* වියමන wiyamana
thank *v.* ප්‍රශංසා කරනවා prasansaa karanawaa
thankful *adj.* ස්තුතිවන්ත sthuthi-wantha
thankless *adj.* කළගුණ නොදන්න kala guna nodannaa
that *pron. & adj.* අරක araka
thatch *n.* සෙවිලි කිරීම sewili kireema
thaw *v.* හිම දියවෙනවා hima diyawenawa
the *adj.* රාශියකින් එකක් වෙන්කිරීම පිණිස නාම පදයකට මුලට යෙදෙන

වචනය rashiyakin ekak wenki-reema pinisa naama padayaka mulata yodana wchanaya

theatre *n.* රඟහල rangahala

theatrical *adj.* නාට්‍ය පිළිබඳ naatya pilibanda

theft *n.* සොරකම් sorakam

their *adj.* ඔවුන්ගේ ounge

theism *n.* දේව වාදය dewa waadaya

them *pron.* ඔවුන්ට ounta

thematic *adj.* තේමාත්මක themaath-maka

theme *n.* තේමාව themaawa

themselves *pron.* ඔවුන්ම ounma

then *adv.* එවර ewara

thence *adv.* එතැන් සිට ethan sita

theocracy *n.* දේවාධිරාජ්‍යය dewaa-diraajyaya

theodolite *n.* ද්වි කෝණමානය dwi konamaanaya

theologian *n.* දේවධර්මධරයා dewad-harmadarayaa

theology *n.* දේවධර්ම ශාස්ත්‍රය dewadharma shashthraya

theorem *n.* සිද්ධාන්තය siddaan-thaya

theoretical *adj.* සිද්ධාන්තික siddan-thika

theorist *n.* සිද්ධාන්තවාදියා siddan-thawaadiyaa

theorize *v.* සිද්ධාන්ත ඉදිරිපත් කරනවා siddantha idiripath karanawaa

theory *n.* න්‍යාය niyaaya

theosophy *n.* බ්‍රහ්ම විද්‍යාව brahma vidyaawa

therapeutic *adj.* රෝග නාශක පිළියම roga naashaka piliyama

therapist *n.* ප්‍රතිකාර කරන්න prathikaara karanna

therapy *n.* ප්‍රතිකාරය prathikaaraya

there *adv.* එහේ ehe

thermal *adj.* උෂ්ණ තාප විෂයක ushna thaapa vishayaka

thermodynamics *n.* තාප ගති විද්‍යාව thaapa gathi vidyaawa

thermometer *n.* උෂ්ණත්වමානය ushnathwamaanaya

thermos *n.* උණු වතුර බෝතලය unu wathura bothalaya

thermosetting *adj.* තාප ස්ථාපන thaapa sthaapana

thermostat *n.* තාප පාලකය thaapa paalakaya

thesis *n.* නිබන්ධනය nibandanaya

they *pron.* ඔවුන් owun

thick *adj.* ඝන ghana

thicken *v.* ඝන වෙනවා ghana wenawaa

thicket *n.* වන ලැහැබ wana lahaba

thief *n.* හොරා hora

thigh *n.* කලවය kalawaya

thimble *n.* දිදාලය didaalaya

thin *adj.* තුනී thunee

thing *n.* දෙය deya

think *v.* හිතනවා hithanawaa

thinker *n.* තුනී thunee

third *adj.* තුන්වැනි thunwani

thirst *n.* පිපාසාව pipaasaawa

thirsty *adj.* පිපාසිත pipaasitha

thirteen *adj.* & *n.* දහතුන dahathuna

thirteen *adj.* & *n.* දහතුන්වෙනි daha-thunweni

thirteenth *adj.* & *n.* දහතුන්වෙනියා dahathunwenia

thirtieth *adj.* & *n.* තිස්වෙනි thisweni

thirtieth *adj.* & *n.* තිස්වෙනි thisweni

thirty *adj.* & *n.* තිහ thiha

thirty *adj. & n.* තිහ thiha

this *pron.& adj.* මෙක meka

thistle *n.* කටු සහිත පැළෑටිය katu sahitha palatiya

thither *adv.* ඒතනට ethanata

thong *n.* හම් පටිය ham patiya

thorn *n.* කට්ට katta

thorny *adj.* කටු සහිත katu sahitha

thorough *adj.* විශිෂ්ට wishishta

thoroughfare *n.* පොදු පාර podu paara

though *conj.* එහෙත් eheth

thoughtful *adj.* කල්පනා සහිත kalpanaa sahitha

thoughtless *adj.* නොසැලකිලිවන්ත nosalakiliwantha

thousand *adj. & n.* දහස dahasa

thrall *n.* දාසයා daasayaa

thrash *v.* තඩි බානවා thadi baa-nawaa

thread *n.* නූල noola

threat *n.* තර්ජනය tharjanaya

threaten *v.* තරවටු කරනවා tharawatu karanawaa

three *adj. & n.* තුන thuna

thresh *v.* ගොයම් පාගනවා goyam paaganawaa

threshold *n.* ඒළිපත elipatha

thrice *adv.* තුන් වරක් thun warak

thrift *n.* සකසුරුවම sakasuruwama

thrifty *adj.* සකසුරුවම් සහිත sakasuruwam sahitha

thrill *n.* බලවත් ප්‍රීතිය balawath preethiya

thriller *n.* ත්‍රාස කතාව thraasa kathaawa

thrive *v.* සඵල වෙනවා sapala wenwaa

throat *n.* උගුර ugura

throaty *adj.* ගොරෝසු gorosu

throb *v.* ගැහෙනවා gahenawaa

throes *n.* චිත්ත සන්තා chiththa santhaa

throne *n.* සිහසුන sihasuna

throng *n.* රැස් කකා සිටින සමූහය ras kakaa sitina samoohaya

throttle *n.* ඉන්ධන පාලකයා indana paalakaya

through *prep. &adv.* අතරෙන් atharen

throughout *prep.* මුළුල්ලෙහි mulullehi

throw *v.* විසි කරනවා visi karanawaa

thrush *n.* උල්ලෝගම ullogama

thrust *v.* තෙරපනවා therapanawaa

thud *n.* බොල් හඬ bol handa

thug *n.* මැරවරයා marawarayaa

thumb *n.* මාපට ඇඟිල්ල maapata angilla

thunder *n.* අකුණ akuna

thunderous *adj.* මහත් ශබ්ද ඇති mahath shabda athi

Thursday *n.* බ්‍රහස්පතින්දා brahaspathindaa

thus *adv.* මෙලෙස melesa

thwart *v.* නිෂ්ප්‍රභා කරනවා nish-prabaa karanawaa

thyroid *n.* තයිරොයිඩ් ග්‍රන්ථිය thyroid granthiya

tiara *n.* කුඩා ඔටුන්න kudaa otunna

tick *n.* හරි ලකුණ hari lakuna

ticket *n.* ප්‍රවේශ පත්‍රය prawesha pathraya

ticking *n.* මෙට්ට රෙදි metta redhi

tickle *v.* හැකිති කවනවා hankithi kawanawaa

ticklish *adj.* කිති ඇති kithi athi

tidal *adj.* වඩදිය බාදිය පිළිබඳ වූ wadadiya baadiya pilibanda wu
tiddly *n.* වඩදිය බාදිය ඇතිවන wadadiya baadiya athiwana
tide *n.* වඩදිය බාදිය wadadiya baadiya
tidings *n.* ආරංචි aaranchi
tidiness *n.* පිරිසිදුකම pirisidukama
tidy *adj.* නිසි පිළිවෙළට තබාගත් nisi piliwalata thabaagath
tie *v.* ගැට ගසනවා gata gasanawaa
tie *n.* කර පටිය kara patiya
tied *adj.* බඳින ලද bandina lada
tier *n.* ගෙවල් පේළිය gewal peliya
tiger *n.* කොටියා kotiyaa
tight *adj.* තද thada
tighten *v.* තද කරනවා thada karanawaa
tile *n.* උළු ulu
till *prep.* තුරු thuru
tiller *n.* ගොවිතැන් කරනවා govithan karanawaa
tilt *v.* ඇල වෙනවා ala wenawaa
timber *n.* ලී lee
time *n.* වේලාව welaawa
timely *adj.* කාලානුරූප kaalaanurupa
timid *adj.* බියසුලු biyasulu
timidity *n.* බයාදුකම bayaadukama
timorous *adj.* බයාදු bayaadu
tin *n.* බෙලෙක් belek
tincture *n.* බෙහෙත් වතුර මිශ්‍රණය beheth wathura misranaya
tinder *n.* වහා ගිනි ගන්නා දේ wahaa gini ganna de
tinge *n.* ස්වල්ප මිශ්‍රණය swalpa misranaya
tingle *n.* සියුම් වේදනාවක් දැනෙනවා siyum wedanaawak danenawaa
tinker *v.* ලෝහ භාණ්ඩ අලුත්වැඩියා කරන්නා loha baanda aluthwadiya karanna
tinkle *v.* ටින් ටින් ගානවා tin tin gaanawaa
tinsel *n.* සරුව පිත්තල saruwa piththala
tint *n.* මන්ද වර්ණය manda warnaya
tiny *adj.* ඉතා කුඩා itha kudaa
tip *n.* හෝඩුවාව hoduwaawa
tipple *v.* නිතර මත්පැන් බොනවා nithara mathpan bonawaa
tipster *n.* තොරතුරු සපයන්නා thorathuru sapayanna
tipsy *n.* වෙරි වූ weri wu
tiptoe *v.* පාද ඇඟිලිවල අග paada angiliwala aga
tirade *n.* නොකඩවා කරන බැන වැදීම nokadawaa karana bana wadeema
tire *v.* වෙහෙසෙනවා wehasenawaa
tired *adj.* වෙහෙසුණු wehesunu
tireless *adj.* වෙහෙස නොදැනෙන wehesa nodanena
tiresome *adj.* වෙහෙස ඇති කරන wehasa athi karana
tissue *n.* ඉතා සියුම් වියමන itha siyum wiyamana
titanic *adj.* අති විශාල athi wishaala
titbit *n.* රස කෑම කැබැල්ල rasa kama kaballa
tithe *n.* පොඩිත්තා podiththa
titillate *v.* කිති කවනවා kithi kawanawaa
titivate *v.* ජෙත්තු වෙනවා jeththu wenawaa
title *n.* මාතෘකාව maathrukaawa
titled *adj.* පටබැඳි නමක් ඇති patabandi namak athi

titular *adj.* නාම මාත්‍ර naama maathra

to *prep.* දක්වා dakwaa

toad *n.* ගෙමැඩියා gemadia

toast *n.* සව්දිය sawdiya

toaster *n.* කර කරන යන්ත්‍රය kara karana yantraya

tobacco *n.* දුම් කොළ dum kola

today *adv.* අද ada

toddle *v.* පිය නගනවා piya naga-nawaa

toddler *n.* සිඟිත්තා singiththa

toe *n.* පයේ ඇඟිල්ල paye angilla

toffee *n.* ටොපිය topiya

tog *n.* පුරුක puruka

toga *n.* පුරාණ රෝමන්වරුන්ගේ ඇඳුම puraana romanwarunge anduma

together *adv.* එකවර ekawara

toggle *n.* පුරුක puruka

toil *v.i.* නියැලෙනවා niyalenawa

toilet *n.* වැසිකිලිය wasikiliya

toiletries *n.* සාදන කාමරයට අවශ්‍ය දේ saadana kaamarayata awashya de

toils *n.* උගුල ugula

token *n.* නිමිත්ත nimiththa

tolerable *adj.* ඉවසිය හැකි iwasiya haki

tolerance *n.* ඉවසිල්ල iwasillla

tolerant *adj.* ඉවසිලිමත් iwasilimath

tolerate *v.* යමක් ඉවසනවා yamak iwasanawaa

toleration *n.* සාධාරණත්වය saadaa-ranathwaya

toll *n.* රේන්දය rendaya

tomato *n.* තක්කාලි thakkaali

tomb *n.* සොහොන් ගෙය sohon geya

tomboy *n.* පිරිමි දරුවෙකු ලෙස හැසිරෙන ගැහැණු දරුවා pirimi daruweku lasa hasirena gahanu daruwaa

tome *n.* විශාල පොත wishaala potha

tomfoolery *n.* මෝඩ හැසිරීම moda hasireema

tomorrow *adv.* හෙට heta

ton *n.* ටොන් එක ton eka

tone *n.* හඬ handa

toner *n.* ටෝනරය tonaraya

tongs *n.* දිග අඬුව diga anduwa

tongue *n.* දිව diwa

tonic *n.* ශක්තිජනක පානය shak-thijanaka paanaya

tonight *adv.* අද රෑ ada raa

tonnage *n.* ටොන් ගණන ton ganana

tonne *n.* කිලෝග්‍රෑම් 1000 kilo gram 1000

tonsil *n.* සෙම් ගෙඩි sem gedi

tonsure *n.* කෙස් මුඩු කිරීම kes mudu kireema

too *adv.* එසේම esema

tool *n.* මෙවලම mewalama

tooth *n.* දත datha

toothache *n.* දත් කැක්කුම dath kakkuma

toothless *adj.* දත් නැති dath nathi

toothpaste *n.* දත් බෙහෙත් dath beheth

toothpick *n.* දත් කූර dath koora

top *n.* මුදුන muduna

topaz *n.* පුෂ්පරාගය pushparaaga

topiary *n.* පඳුරු කොට කර කපා හැඩ ගැන්වීම panduru kota kara kapaa hada ganweema

topic *n.* විෂය ක්ෂේත්‍රය wishaya sheshthraya

topical *adj.* කාලෝචිත kaalochitha

topless *adj.* නිරාවරිත උඩු කය niraawaritha udu kain

topographer *n.* භූ ලක්ෂණ සිතියම්කරු boo lakshna sithiyam-karu

topographical *adj.* භූ ලක්ෂණ සහිත boo lakshana sahitha

topography *n.* භූමි විස්තර boomi wistharaya

topping *n.* මුදුන් පිරිය mudun piriya

topple *v.* පෙරළී වැටෙනවා peralee watenawaa

tor *n.* කුඩා කන්ද kudaa kanda

torch *n.* විදුලි පන්දම widuli pandama

toreador *n.* ගොන්පොර කාරයා gonpora kaaraya

torment *n.* වද වේදනාව wada wedanaawa

tormentor *n.* වධකයා wadakayaa

tornado *n.* ටොනේඩෝ කුණාටුව tornado kunaatuwa

torpedo *n.* දිය යට නළ බෝම්බය diya yata nala bombaya

torpid *adj.* උනන්දුවක් නැති unan-duwak nathy

torrent *n.* ජල ප්‍රවාහය jala pra-waahaya

torrential *adj.* වේගයෙන් ගලා යන wegayen galaa yana

torrid *adj.* උෂ්ණාධික usnaadika

torsion *n.* ව්‍යාවර්තනය wyawarthanaya

torso *n.* කවන්ධය kawandaya

tort *n.* අලාභහානි කිරීමේ වරද alaabahaani kireeme warada

tortoise *n.* ඉබ්බා ibba

tortuous *adj.* වංක wanka

torture *n.* බලවත් හිංසාව balawath hinsaawa

toss *v.* උඩ විසි කරනවා uda wisi karanawaa

tot *n.* මත්පැන් පොද mathpan poda

total *adj.* සම්පූර්ණ sampoorna

total *n.* මුලු එකතුව mulu ekathuwa

totalitarian *adj.* ඒකාධිපති රාජ්‍යය ekaadipathy rajaya

totality *n.* සමස්ථය samasthaya

tote *v.* ඔට්ටු ඇල්ලීමේ ක්‍රමය ottu alleeme kramaya

totter *v.* දුර්වලව පිහිටා තිබෙනවා durwalawa pihitaa thibenawaa

touch *v.* ස්පර්ශ වෙනවා sparsha wenawaa

touching *adj.* අනුකම්පාව දනවන anukampaawa danawana

touchy *adj.* ඉක්මනින් අමනාප වෙන ikmanin amanaapa wena

tough *adj.* දරදඬු daradandu

toughen *v.* දැඩි වෙනවා dhadi wenawaa

toughness *n.* ශක්තතාව shakthathaawa

tour *n.* චාරිකාව chaarikaawa

tourism *n.* සංචාරක ව්‍යාපාරය sanchaaraka wiyaapaaraya

tourist *n.* සංචාරක sancharakaya

tournament *n.* තරඟාවලිය tharan-gaawaliya

tousle *v.* කෙස් අවුල් කරනවා kes awul karanawaa

tout *v.* ඔත්තු සොයනවා oththu soyanawaa

tow *v.* කඹයකින් ඇදගෙන යනවා kambayakin adagena yanawaa

towards *prep.* දෙසට desata

towel *n.* තුවාය thuwaaya

towelling *n.* තුවා රෙදි thuwaa redhi

tower *n.* අටල්ල atalla
town *n.* නගරය nagaraya
township *n.* නියම් ගම niyam gama
toxic *adj.* ධූලක dhoolaka
toxicology *n.* විෂ විද්‍යාව visha vidyaawa
toxin *n.* විෂබීජ vishabeeja
toy *n.* කෙළි බඩුව keli baduwa
trace *v.t.* සළකුණු කර ගන්නවා salakunu kara gannawaa
traceable *adj.* සළකුණු කර ගත හැකි salakunu kara gatha haki
tracing *n.* අනු රේඛණය anu rekanaya
track *n.* පා සටහන paa satahana
tracksuit *n.* පීළි ඇඳුම් කට්ටලය peeli andum kattalaya
tract *n.* යාය yaaya
tractable *adj.* හික්මවිය හැකි hikmawiya haki
traction *n.* ඇදගෙන යාම adagena yaama
tractor *n.* ට්‍රැක්ටරය tractaraya
trade *n.* කර්මාන්තය karmaanthaya
trademark *n.* වෙළෙඳ ලකුණ welanda lakuna
trader *n.* වෙළෙන්දා welendaa
tradesman *n.* කඩකාරයා kadakaarayaa
tradition *n.* සම්ප්‍රදාය sampradaaya
traditional *adj.* සම්ප්‍රදායික sampradaaika
traditionalist *n.* සම්ප්‍රදාය වාදියා sampradaaya waadiyaa
traduce *v.* අපකීර්තියට පත් කරනවා apakeerthiyata path karanawaa
traffic *n.* රථ ගමනා ගමනය ratha gamanaagamanaya
trafficker *n.* ගමනා ගමනය gamanaagamanaya
trafficking *n.* හොර ජාවාරම hora jaawaarama
tragedian *n.* ශෝකාන්ත නාට්‍යයෙහි කතෘ shokaantha naatyayehi kathroo
tragedy *n.* ඛේදවාචකය kedhawaachakaya
tragic *adj.* ඛේදාන්ත kedhaantha
trail *n.* ඉව පාර iwa paara
trailer *n.* දිගට වැදෙන වල digata wadena wala
train *n.* දුම්රිය dumriya
train *v.* පුහුණු වෙනවා puhunu wenawaa
trainee *n.* පුහුණුව ලබනවා puhunuwa labannaa
trainer *n.* පුහුණු කරන්නා puhunu karannaa
training *n.* පුහුණුව ලබන්නා puhunuwa labannaa
traipse *v.* අමාරුවෙන් ඇවිදින්නා amaruwen awidinawaa
trait *n.* ගතිය gathiya
traitor *n.* ද්‍රෝහියා drohiyaa
trajectory *n.* ගමන් පථය gaman pathaya
tram *n.* ට්‍රෑම් රථය tram rathaya
trammel *v.* අවහිර කරනවා awahira karanawaa
tramp *v.* ශබ්ද නගමින් ඇවිදිනවා shabda nagamin awidinawaa
trample *v.* මඩනවා madanawaa
trampoline *n.* කරණම් ගැසීමට භාවිතා කරන රාමුවක සවිකළ කැන්වස් රෙද්ද karanam gaseemata bhaawitha karana raamuwaka sawikala kanvas reddha

trance *n.* දහන dahana
tranquil *adj.* ශාන්ත shaantha
tranquillity *n.* උපශමය upashamaya
tranquillize *v.* නිසංසල කරනවා nisansala karanawaa
transact *v.* ගනුදෙනු වල යෙදෙනවා ganudenu wala yedenawaa
transaction *n.* ගනුදෙනුව ganu-denuwa
transatlantic *adj.* අත්ලාන්තික් සාගරය හරහා athlaanthik saagaraya harahaa
transceiver *n.* සම්ප්‍රේෂණ හා ග්‍රාහක ගුවන් විදුලි යන්ත්‍රය sampreshana haa graahaka guwan widuli yanthraya
transcend *v.* ඉක්මවා යනවා ikmawaa yanawaa
transcendent *adj.* ශ්‍රේෂ්ට shreshta
transcendental *adj.* ලෝකෝත්තර lokoththara
transcontinental *adj.* මහද්වීපයක් පුරා පතල mahadweepayak puraa pathala
transcribe *v.* පිටපත් කරනවා pitapath karanawaa
transcript *n.* පිටපත pitapatha
transcription *n.* පිටපත් කිරීම pitapath kireema
transfer *v.* මාරු කරනවා maaru karanawaa
transferable *adj.* මාරු කළ හැකි maaru kala haki
transfiguration *n.* ශ්‍රේෂ්ට රූපාන්තරය shreshta roopaantharaya
transfigure *v.* විශිෂ්ටත්වයට පමුණුවනවා wishishtathwayata pamunuwanawaa
transform *v.* පෙනුම වෙනස් කරනවා penuma wenas karanawaa
transformation *n.* විපරිනාමය wipa-rinaamaya
transformer *n.* පරිනාමකය parinaamakaya
transfuse *v.* පාරවිලනය කරනවා paarawilanaya karanawaa
transfusion *n.* පාරවිලනය paarawilanaya
transgress *v.* උල්ලංඝනය කරනවා ullanganaya karanawaa
transgression *n.* උල්ලංඝනය ullanganaya
transient *adj.* අනිත්‍ය anithya
transistor *n.* ට්‍රාන්සිස්ටරය transistaraya
transit *n.* තැනකින් තැනකට යාම thanakin thanakata yaama
transition *n.* සංක්‍රමණය sankramanaya
transitive *adj.* සකර්මක sakarmaka
transitory *adj.* අස්ථිර asthira
translate *v.* පරිවර්තනය කරනවා pariwarthanaya karanawaa
translation *n.* පරිවර්තනය pariwarthanaya
transliterate *v.* අක්ෂර පරිවර්තනය කරනවා akshara pariwarthanaya karanawaa
translucent *adj.* ආලෝකය විනිවිද වැටෙන aalokaya winiwidha watena
transmigration *n.* සංසරණය sansaranaya
transmission *n.* සම්ප්‍රේෂණය sampreshanaya
transmit *v.* සම්ප්‍රේෂණය කරනවා sampreshanaya karanawaa

transmitter *n.* සම්ප්‍රේෂකය sampreshakaya

transmute *v.* තත්වාන්තරකරණය කරනවා thathwaantharakaranaya karanawaa

transparency *n.* විනිවිද පෙනීම winiwidha peneema

transparent *adj.* පාරදෘශ්‍ය paaradrushya

transpire *v.* ශරීරයේ සිදුරු වලින් පිටවෙනවා shareeraye siduru walin pitawenawaa

transplant *v.* පැළ සිටවනවා pala sitawanawaa

transport *v.* ප්‍රවාහනය කරනවා prawaahanaya karanawaa

transportation *n.* ප්‍රවාහනය prawaahanaya

transporter *n.* විශාල ප්‍රවාහක වාහනයක් wishaala prawaahaka waahanayak

transpose *v.* ස්ථාන මාරු කරනවා sthaana maaru karanawaa

transsexual *n.* මානසික අතින් විරුද්ධ ලිංගයට නැඹුරු වූ maanasika athin wirudda lingayata namburu wu

transverse *adj.* හරහා වැටුණු harahata watunu

transvestite *n.* විරුද්ධ ලිංගික පක්ෂයේ ඇඳුම් අඳින wiruddha lingika pakshaye andum andinnaa

trap *n.* උගුල ugula

trapeze *n.* ට්‍රැපීසය trapezaya

trash *n.* ලට පට lata pata

trauma *n.* සිතෙහි ඇතිවන කම්පනය sithehi athiwana kampanaya

travel *v.* ගමන් යනවා gaman yanawaa

traveller *n.* ගමන් කරනවා gaman karannaa

travelogue *n.* චිත්‍ර ආධාරයෙන් ගමන් විස්තරයක් දක්වමින් කරන කතාව chithra aadhaarayen gaman wistharayak dakwamin karana kathaawa

traverse *v.* හරස් කපනවා haras kapanawaa

travesty *n.* විකාරය wikaaraya

trawler *n.* ට්‍රෝලර් යාත්‍රාව trolar yaathraawa

tray *n.* තැටිය thatiya

treacherous *adj.* විශ්වාසය නොතැබිය හැකි wiswaasaya nothabiya haki

treachery *n.* විශ්වාසය කඩ කිරීම wiawaasaya kada kireema

treacle *n.* පැණි pani

tread *v.* අඩි තබා යනවා adi thabaa yanawaa

treadle *n.* පා පොල්ල paa polla

treadmill *n.* පාදයෙන් ක්‍රියා කරවන යන්ත්‍රය paadayen kriya karawana yanthraya

treason *n.* රාජ ද්‍රෝහීත්වය raaja droheethwaya

treasure *n.* නිධානය nidhaanaya

treasurer *n.* භාණ්ඩාගාරික bhaan-daagaarika

treasury *n.* භාණ්ඩාගාරය bhaan-daagaaraya

treat *v.* සංග්‍රහ කරනවා sangraha karanawaa

treatise *n.* නිබන්ධය nibandaya

treatment *n.* ප්‍රතිකාරය prathi-kaaraya

treaty *n.* සන්ධානය sandaanaya

treble *adj.* තුන් ගුණයක් වූ thun gunayak wu

tree *n.* ගස gasa
trek *n.* අමාරු දිග ගමන amaaru diga gamana
trellis *n.* ගරාදි වැට garaadi wata
tremble *v.* සසල වෙනවා sasala wenawaa
tremendous *adj.* ලොකු හපන් loku hapan
tremor *n.* වෙවුලුම wewluma
tremulous *adj.* සැලෙන salena
trench *n.* අගල agala
trenchant *adj.* ඇනුම්පද සහිත anumpada sahitha
trend *n.* නැඹුරුතාවය nambu-ruthaawaya
trendy *adj.* ජෙත්තුකාරයා jeththu-kaara
trepidation *n.* චකිතය chakithaya
trespass *v.* අනවසරයෙන් තැනකට ඇතුල් වෙනවා anawasarayen thanakata athul wenawaa
tress *n.* කෙස් රොද kes roda
trestle *n.* පලන්චිය palanchiya
trial *n.* අත්හදා බැලීම athhadaa baleema
triangle *n.* ත්‍රිකෝණය thrikonaya
triangular *adj.* ත්‍රිකෝණාකාර thrikonaakaara
triathlon *n.* තුන් ඉසව් මළල තරඟය thun isaw malala tharanga
tribal *adj.* ගෝත්‍රික gothrika
tribe *n.* පෙළපත pelapatha
tribulation *n.* මහත් විපත mahath wipatha
tribunal *n.* විනිශ්චය සභාව winish-chaya sabhaawa
tributary *n.* අතු ගංගා athu ganga
tribute *n.* ගුණ කතාව guna kathaawa
trice *n.* ක්ෂණය kshanaya
triceps *n.* ත්‍රිමූර්ධකය thrimoo-dahkaya
trick *n.* උපාය upaaya
trickery *n.* ප්‍රෝඩාව prodaawa
trickle *v.* වැක්කෙරෙනවා wakkerenawaa
trickster *n.* ප්‍රයෝගකාරයා prayogakaarayaa
tricky *adj.* පරිස්සමෙන් කළ යුතු parissamen kala yuthu
tricolour *n.* ත්‍රිවර්ණ thriwarna
tricycle *n.* රෝද තුනේ බයිසිකලය roda thune baicikalaya
trident *n.* ත්‍රිශූලය thrishoolaya
trier *n.* උත්සාහවන්තයා uthsaa-hawanthayaa
trifle *n.* සුලු දේ sulu de
trigger *n.* තුවක්කුවේ කොක්ක thuwakkuwe kokaa
trigonometry *n.* ත්‍රිකෝණමිතිය thrikonamithiya
trill *n.* කම්පා වන ලෙස නගන ශබ්දය kampaa wana lesa nagana shabdaya
trillion *adj & n.* දස දහස් ප්‍රකෝටිය dasa dahas prakotiya
trilogy *n.* තුන් ඈඳුනු කෘතිය thun andunu kruthiya
trim *v.* කොට කරනවා kota karanawaa
trimmer *n.* කපටියා kapatiyaa
trimming *n.* සැරසිල්ල sarasilla
trinity *n.* ත්‍රිත්වය thrithwaya
trinket *n.* නොවටිනා දේ nowatinaa de
trio *n.* තුන් කට්ටුව thun kattuwa
trip *v.* පැකිළ වැටෙනවා pakila

watenawaa

tripartite *adj.* ත්‍රෛපාක්ෂික thrai paakshika

triple *n.* කොටස් තුනක් ඇති kotas thunak athi

triplet *n.* තුන් පද කවිය thun pada kaviya

triplicate *adj.* පිටපත් තුනකින් යුත් pitapath thunakin yuth

tripod *n.* කකුල් තුනේ පුටුව kakul thune putuwa

triptych *n.* ත්‍රිපංගු භූෂණය thripangu booshanaya

trite *adj.* යල් පැනපු yal panapu

triumph *n.* විශිෂ්ට ජයග්‍රහණය wishishta jayaggrahanaya

triumphal *adj.* උත්සව සහිත uthsawa sahitha

triumphant *adj.* ජය ලත් jaya lath

trivet *n.* කකුල් තුනේ කුඩා කනප්පුව kakul thune kudaa kanappuwa

trivia *n.* අගයක් නැති දේවල් agayak nathi dewal

trivial *adj.* නොවැදගත් nowadagath

troll *n.* අඟුටුමිට්ටා angutumittaa

trolley *n.* ට්‍රොලිය troliya

troop *n.* භට කණ්ඩායම bhata kandaayama

trooper *n.* අශ්වාරෝහක භටයා ashwaarohaka bhatayaa

trophy *n.* කුසලානය kusalaanaya

tropic *n.* නිවර්තනය niwarthanaya

tropical *adj.* උෂ්ණ කලාපයට අයත් ushna kalaapayata ayath

trot *v.* ළඟ ළඟ පා තබමින් දුවනවා langa langa paa thabamin duwanawaa

trotter *n.* වේගයෙන් ඇවිදිනවා wegayen awidinawaa

trouble *n.* කරදරය karadaraya

troubleshooter *n.* කරදර සමථයකට පත්කරනවා karadara samathayakata pathkaranna

troublesome *adj.* කරුමක්කාර karumakkaara

trough *n.* සතුන්ගේ කෑම ඔරුව sathunge kama oruwa

trounce *v.* බැට දෙනවා bata denawa

troupe *n.* කණ්ඩායම kandaayama

trousers *n.* කලිසම kalisama

trousseau *n.* මනාලියගේ ඇඳුම් කට්ටලය manaaliyage andum kattalaya

trout *n.* මිරිදිය මාලු වර්ගයක් miridiya maalu wargayak

trowel *n.* මේසන් හැන්ද mesan handa

troy *n.* රන් රිදී මිනුම් ඒකක ක්‍රමය ran ridhee minum ekaka kramaya

truant *n.* අලසයා alasayaa

truce *n.* තාවකාලික සහනය thaawa-kaalika sahanaya

truck *n.* ගනුදෙනු කිරීම ganudenu kireema

trucker *n.* දුර බඩු ගෙනයන ලොරි රියදුරා dura badu genayana lori riyaduraa

truculent *adj.* දබරයට කැමති dabarayata kamathi

trudge *v.* අමාරුවෙන් ඇවිදිනවා amaaruwen awidinawaa

true *adj.* සත්‍ය sathya

truffle *n.* සුවඳ හතු suwanda hathu

trug *n.* මහත් තරඟය mahath tharangaya

truism *n.* කවුරුත් දන්නා සත්‍යය kauruth dannaa sathyaya

trump *n.* තුරුම්පුව thurumpuwa
trumpet *n.* හොරණෑව horanaawa
truncate *v.* මුදුනෙන් කපා දමනවා mudunen kapaa damanawaa
truncheon *n.* මුගුර mugura
trundle *v.* පෙරළීගෙන යනවා peraleegena yanawaa
trunk *n.* සොඬවැල sondawala
truss *n.* පිදුරු මිටිය piduru mitiya
trust *n.* විශ්වාසය wishwaasaya
trustee *n.* භාරකාරයා bhaara-kaarayaa
trustful *adj.* දැඩි විශ්වාසය ඇති dhadi wishwaasaya athi
trustworthy *adj.* විශ්වාසනීය wishwasaneeya
trusty *adj.* පක්ෂපාති pakshapaathi
truth *n.* ඇත්ත aththa
truthful *adj.* සත්‍යවාදී sathya-waadee
try *v.* වෑයම් කරනවා waayam karanawaa
trying *adj.* වෙහෙසෙන wehesena
tryst *n.* සංකේතය sankethaya
tsunami *n.* උදම් රළ udam rala
tub *n.* බෝට්ටුව bottuwa
tube *n.* නළය nalaya
tubercle *n.* කුඩා ගැටය kudaa gataya
tuberculosis *n.* ක්ෂය රෝගය kshaya rogaya
tubular *adj.* නළයක් වැනි nalayak wani
tuck *v.* රැලි දමනවා rali damanawaa
Tuesday *n.* අඟහරුවාදා angaha-ruwaadaa
tug *v.* ඇදගෙන යනවා adhagena yanawaa
tuition *n.* අමතර ඉගැන්වීම amathara iganweema
tulip *n.* මල් වර්ගයක් mal wargayak
tumble *v.* හදිසියෙන් වැටෙනවා hadi-siyen watenawaa
tumbler *n.* තම්බලේරුව tham-baleruwa
tumescent *adj.* ඉදිමුණු idimunu
tumour *n.* තඩිස්සිය thadissiya
tumult *n.* කෝලාහලය kolaahalaya
tumultuous *adj.* මහත් ශබ්ද සහිත mahath shabda sahitha
tun *n.* ලොකු පීප්පය loku peeppaya
tune *n.* තනුව thanuwa
tuner *n.* තූර්ය නාද සකස් කරනවා thoorya naada sakas karannaa
tunic *n.* කබාය kabaaya
tunnel *n.* බිංගෙය bingeya
turban *n.* සුම්බාරය sumbaraya
turbid *adj.* මඩ සහිත mada sahitha
turbine *n.* ජල රෝදය jala rodaya
turbocharger *n.* ටර්බෝ ආරෝපකය terbo aaropakaya
turbulence *n.* දාමරිකකම daamari-kakama
turbulent *adj.* දාමරික daamarika
turf *n.* තණපිඩැල්ල thana pidalla
turgid *adj.* ඉදිමුණු idimunu
turkey *n.* කළුකුමා kalukumaa
turmeric *n.* කහ kaha
turmoil *n.* ආරවුල aaraula
turn *v.* හැරීම hareema
turner *n.* ලියන වඩුවා liyana waduwaa
turning *n.* විවර්ත wiwartha
turnip *n.* එළවළු වර්ගයක් elawalu wargayak
turnout *n.* අවහැරුවම awaharawuma

turnover *n.* පිරිවැටුම piriwatuma
turpentine *n.* ටර්පන්ටයින් tapantain
turquoise *n.* නිල් මැණික nil manika
turtle *n.* කැස්බෑවා kasbaawaa
tusk *n.* දළය dalaya
tussle *n.* දබරය dabaraya
tutelage *n.* ආරක්ෂාව aarakshaawa
tutor *n.* උපදේශකයා upadesha-kayaa
tutorial *n.* පන්ති පදනම panthi paadama
tuxedo *n.* කබා වර්ගයක් kabaa wargayak
tweak *v.* කොනහා හියයනේ අදිනවා konahaa haiyen adinawaa
twee *adj.* කුරුළු හඬ kurulu handa
tweed *n.* ලොම් රෙදි වර්ගයක් lom redhi wargayak
tweet *v.* පක්ෂියා හඬනවා pakshiyaa handanawaa
tweeter *n.* සියුම් හඬ සඳහා වූ විකාශන යන්ත්‍රය siyum handa sandahaa wu shabda wikaashana yanthraya
tweezers *n.* කුඩා අඬුව kudaa anduwa
twelfth *adj.&n.* දොළොස්වෙනි dolosweni
twelfth *adj.&n.* දොළොස්වෙනි dolosweni
twelve *adj.&n.* දොළහ dolaha
twentieth *adj.&n.* විසිවෙනි wisiweni
twentieth *adj.&n.* විසිවෙනි wisiweni
twenty *adj.&n.* විස්ස wissa
twice *adv.* දෙවරක් dewarak
twiddle *v.* ඇඟිලි කඩනවා angili kadanawaa
twig *n.* රිකිල්ල rikilla
twilight *n.* ගොම්මන් වෙලාව gomman welaawa
twin *n.* නිවුන් niwun
twine *n.* දඟරය dangaraya
twinge *n.* දැවිල්ල dawilla
twinkle *v.* දීප්තිමත්ව බබළනවා deepthimathwa babalanawaa
twirl *v.* ඉක්මනින් වටේ කැරකෙනවා ikmanin wate karakawanawaa
twist *v.* දඟ දමනවා danga damanawaa
twitch *v.* නහර ගැහෙනවා nahara gahenawaa
twitter *v.* චර චර ගානවා chara chara gaanawaa
two *adj.&n.* දෙක deka
twofold *adj.* උභය ubaya
tycoon *n.* ධනපති ව්‍යාපාරිකයා dhanapathi wiyaapaarikayaa
type *n.* වර්ගය wargaya
typesetter *n.* අච්චු අකුරු අමුණන්නා achchu akuru amunannaa
typhoid *n.* උණ සන්නිපාතය una sannipaathaya
typhoon *n.* ටයිෆූන් typhoon
typhus *n.* බෝවන උණ රෝගයක් bowana una rogayak
typical *adj.* ප්‍රකෘති prakurthi
typify *v.* සංකේතවත් කරනවා sankethawath karanawaa
typist *n.* යතුරු ලියන්නා yathuru liyannaa
tyrannize *v.* භය ගන්වා පාලනය කරනවා bhaya ganwaa paalanaya karanawaa
tyranny *n.* දුෂ්ට පාලනය dhushta paalanaya
tyrant *n.* දුෂ්ට රජ dhushta raja

tyre *n.* ටයරය tayaraya

U

ubiquitous *adj.* සෑම තැනම පවත්නා saama thanama pawathnaa
udder *n.* සතුන්ගේ තන බුරුල්ල sathunge thana burulla
ugliness *n.* අසුන්දරත්වය asunda-rathaawaya
ugly *adj.* අවලක්ෂණ awalakshana
ulcer *n.* වණවූ තුවාලය wana wu thuwaalaya
ulterior *adj.* දුරින් පිහිටි durin pihiti
ultimate *adj.* ඉතා දුරින් පිහිටි itha durin pihiti
ultimately *adv.* අවසානයේදී awasaanayedee
ultimatum *n.* අන්තිම යෝජනාව anthima yojanaawa
ultra *pref.* අධික adika
ultramarine *n.* අති නීල වර්ණය athi neela warnaya
ultrasonic *adj.* අති ධ්වනික athi dwanika
ultrasound *n.* අති ධ්වනිය athi dwaniya
umber *n.* සායමක් ලෙස භාවිතා කරන යපස් saayamak lesa bhawithaa karana yapas
umbilical *adj.* නාභියට සම්බන්ධ naabhiyata sambanda
umbrella *n.* කුඩය kudaya
umpire *n.* විනිශ්චකරුවා winish-chakaruwaa
unable *adj.* නොහැකි nohaki
unanimity *a.* සම්මුතිය sammuthiya
unaccountable *adj.* හේතුව කිව නොහැකි hethuwa kiwa nohaki
unadulterated *adj.* අමිශ්‍ර amisra
unalloyed *adj.* මාත්තුව අඩු නැති maaththuwa adu nathi
unanimous *adj.* සමගි සම්පන්න samagi sampanna
unarmed *adj.* නිරායුධ niraauda
unassailable *adj.* දෝෂාරෝපණය කළ නොහැකි doshaaropanaya kala nohaki
unassuming *adj.* උඩඟු නොවූ undangu nowu
unattended *adj.* අප්‍රාප්ත apraaptha
unavoidable *adj.* වැළැක්විය නොහැකි walakwiya nohaki
unaware *adj.* නොදැනුවත් nodanuwath
unbalanced *adj.* අඩමාන adamaana
unbelievable *adj.* විශ්වාස කළ නොහැකි wiswaasa kala nohaki
unbend *v.* නැම්ම අරිනවා namma arinawaa
unborn *adj.* නූපන් noopan
unbridled *adj.* සීමාවක් නැති seemaawak nathi
unburden *v.* බර ඉවත් කරනවා bara iwath karanawaa
uncalled *adj.* නොඇමතූ noamathoo
uncanny *adj.* තේරුම් ගැනීමට දුෂ්කර therum ganeemata dushkara
unceremonious *adj.* උත්සවශ්‍රීයක් නොමැති uthsawasreeyak nomathi
uncertain *adj.* සැක සහිත saka sahitha
uncharitable *adj.* අකරුණාවන්ත akarunaawantha
uncle *n.* මාමා maamaa

unclean *adj.* අපිරිසිදු apirisidu
uncomfortable *adj.* අපහසු apahasu
uncommon *adj.* දුර්ලභ durlaba
uncompromising *adj.* ඉතා දැඩි itha dhady
unconditional *adj.* කොන්දේසි රහිත kondesi rahitha
unconscious *adj.* සිහි නැති sihi nathi
uncouth *adj.* අශෝභන ashobana
uncover *v.* වැස්ම ඉවත් කරනවා wasma iwath karanawaa
unctuous *adj.* තෙල් ආකාර thel aakara
undeceive *v.* මුළා නොකරනවා mulaa nokaranawaa
undecided *adj.* තීරණයකට නොපැමිණි theeranayakata nopamini
undeniable *adj.* සැකයක් නොමැති sakayak nomathi
under *prep.* යටින් yatin
underarm *adj.* කිහිල්ලෙහි kihillehi
undercover *adj.* හොරේ රහසේ hora rahase
undercurrent *n.* යට සැඩ පහර yata sada pahara
undercut *v.* යටින් කපා හරිනවා yatik kapaa harinawaa
underdog *n.* දුර්වලයා durwalayaa
underestimate *v.* අඩුවෙන් තක්සේරු කරනවා aduwen thakseru karanawaa
undergo *v.* යමක් කරවගන්නවා yamak karawaagannawaa
undergraduate *n.* උපාධි ශිෂ්‍යයා upaadi shishyayaa
underground *adj.* පොළොවෙ යට පිහිටි polowa yata pihiti
underhand *adj.* වංක wanka
underlay *n.* හොරේ ප්‍රතිප්‍රචාරය hora prathiprachaaraya
underline *v.t.* යටින් ඉරි අඳිනවා yatin iri andinawaa
underling *n.* යටතේ සිටින්නා yatathe sitinna
undermine *v.* යටින් හාරා බිඳිනවා yatin haaraa bindinawaa
underneath *prep.* පහළ pahala
underpants *n.* යට කලිසම yata kalisama
underpass *n.* යටින් ගමන් කිරීමට ඇති පාර yatin gaman kireemata athi paara
underprivileged *adj.* වරප්‍රසාද නොලත් warapprasaada nolath
underrate *v.* අඩුවෙන් මිල තක්සේරු කරනවා aduwen mila thakseru karanawa
underscore *v.* යටින් ඉරි අඳිනවා yatin iri andinawaa
undersigned *n.* යට අත්සන් කළ yata athsan kala
understand *v.t.* තේරුම් ගන්නවා therum gannawaa
understanding *n.* තේරුම් ගැනීම therum ganeema
understate *v.* අඩු කර දක්වනවා adu kara dakwanawaa
undertake *v.* යමක් කිරීමට භාරගන්නවා yamak kireemata baaragannawaa
undertaker *n.* අවමංගල්‍යය අධ්‍යක්ෂක awamangalyaya adyakshaka
underwear *n.* යට ඇඳුම් yata andum

underworld *n.* පාතාල ලෝකය paathaala lokaya
underwrite *v.* ප්‍රතිරක්ෂණය කරනවා prathirakshanaya karanawaa
undesirable *adj.* අනිෂ්ට anishta
undo *v.* නිෂ්ප්‍රභා කරනවා nishpraba karanawaa
undoing *n.* විනාශය winaashaya
undone *adj.* නොකරන ලද nokarana lada
undress *v.* ඇඳුම් ලිහනවා andum lihanawaa
undue *adj.* නොනිසි nonisi
undulate *v.* තරංග නැගෙනවා tharanga nagenawaa
undying *adj.* අමරණීය amaraneeya
unearth *v.* පාදනවා paadanawaa
uneasy *adj.* අපහසු apahasu
unemployable *adj.* රැකියාවට නුසුදුසු rakiyaawata nusudusu
unemployed *adj.* රක්ෂාව නැති rakshaawa nathi
unending *adj.* කෙළවරක් නැති kelawarak nathi
unequalled *adj.* අසහාය asahaaya
uneven *adj.* සමතලා නැති samathalaa nathi
unexceptionable *adj.* නිරවද්‍ය niravadya
unexceptional *adj.* අසාමාන්‍ය නොවූ asaamaanya nowu
unexpected *adj.* අනපේක්ෂිත anapekshitha
unfailing *adj.* නොවරදින nowa-radina
unfair *adj.* අසාධාරණ asaadaarana
unfaithful *adj.* ද්‍රෝහී drohee
unfit *adj.* අභව්‍ය abawya
unfold *v.* ක්‍රමයෙන් එළිදරව් වෙනවා kramayen elidaraw wenawaa
unforeseen *adj.* කලින් නුදුටු kalin nudutu
unforgettable *adj.* අමතක කල නොහැකි amathaka kala nohaki
unfortunate *adj.* අවාසනාවන්ත awaasanaawantha
unfounded *adj.* අභූත abootha
unfurl *v.* දිග හරිනවා diga harinawaa
ungainly *adj.* අශෝභන ashobana
ungovernable *adj.* මැඩපැවැත්විය නොහැකි madapawathwiya nohaki
ungrateful *adj.* ගුණමකු gunamaku
unguarded *adj.* රැකවලක් නැති rakawalak nathi
unhappy *adj.* අසතුටු asathutu
unhealthy *adj.* ලෙඩ සහිත leda sahitha
unheard *adj.* අශ්‍රැත ashrutha
unholy *adj.* අපිරිශුද්ධ aparishuddha
unification *n.* එක්සත් කිරීම eksath kireema
uniform *adj.* එක සේ පවත්නා eka se pawathnaa
unify *v.* එක්සත් කරනවා eksath karanawaa
unilateral *adj.* ඒකාංශ ekaansha
unimpeachable *adj.* නිර්මල nirmala
uninhabited *adj.* ජනශූන්‍ය jana shunya
union *n.* සංගමය sangamaya
unionist *n.* වෘත්තීය සමිතියේ සාමාජිකයා wurtheeya samithiye saamaajikayaa
unique *adj.* අසමසම asamasama
unisex *adj.* ස්ත්‍රී පුරුෂ දෙපක්ෂයටම සරිලන sthree purusha

depakshayatama sarilana

unison *n.* ස්වර සංවාදය swara sanwaadaya

unit *n.* ඒකකය ekakaya

unite *v.* සමගි කරනවා samagi karanawaa

unity *n.* සමගිය samagiya

universal *adj.* සර්ව sarwa

universality *adv.* සර්ව සාධාරණත්වය sarwa saadaanarathwaya

universe *n.* විශ්වය wishwaya

university *n.* විශ්වවිද්‍යාලය vishwa vidyaalaya

unjust *adj.* අයුතු ayuthu

unkempt *adj.* හිස නොපීරූ hisa nopeeru

unkind *adj.* අකාරුණික akaarunika

unknown *adj.* නාඳුනන nandunana

unleash *v.* වරදට ඉඩ හරිනවා waradata ida harinawaa

unless *conj.* මිස misa

unlike *prep.* අසමාන asamaana

unlikely *adj.* අසම්භාවය asam-baawaya

unlimited *adj.* සීමාරහිත seemaa-rahitha

unload *v.* බඩු බානවා badu baanawaa

unmanned *adj.* මිනිසුන් සේවයේ නොයෙදෙන minisun sewaye noyedena

unmask *v.* වෙස්මුහුණ ගලවනවා wesmuhuna galawanawaa

unmentionable *adj.* නොකිය හැකි nokiya haki

unmistakable *adj.* වැරදිය නොහැකි waradiya nohaki

unmitigated *adj.* කිසි අඩුපාඩුවක් නැති kisi adupaaduwak nathi

unmoved *adj.* නොසෑලෙන nosalena

unnatural *adj.* අස්වාභාවික aswaabaawika

unnecessary *adj.* අනවශ්‍ය anawshya

unnerve *v.* හිත චංචල කරනවා hitha chanchala karanawaa

unorthodox *adj.* අසත්‍යලබ්ධික asathyalabdika

unpack *v.* ගලවනවා galawanawaa

unpleasant *adj.* හිරිකිත hirikitha

unpopular *adj.* ජනප්‍රිය නොවූ janappriya nowu

unprecedented *adj.* පෙර නොදුටු විරූ pera nodutu wiroo

unprepared *adj.* සූදානම් නොවූ soodanam nowu

unprincipled *adj.* ප්‍රතිපත්තියක් නැති prathipaththiyak nathi

unprofessional *adj.* වෘත්තීය නොවන wurtheeya nowana

unqualified *adj.* සුදුසුකම් නැති sudusukam nathi

unreasonable *adj.* යුතුකම් නොසලකන yuthukam nosalakana

unreliable *n* විශ්වාස කළ නොහැකි wishwaasa kala nohaki

unreserved *adj.* විශේෂයෙන් වෙන් නොකළ wisheshayen wen nokala

unrest *n.* නොසන්සුන් බව nosansun bawa

unrivalled *adj.* සම නොකළැකි sama nokalaki

unruly *adj.* මුරණ්ඩු murandu

unscathed *adj.* අනතුරු නොලැබ anathuru nolaba

unscrupulous *adj.* කිසි ප්‍රතිපලයක්

නැති kisi prathipaththiyak nathi

unseat *v.* ආසනයෙන් පහ කරනවා aasanayen paha karanawaa

unselfish *adj.* ආත්මාර්ථකාමී නොවන aathmaarthakaamee nowana

unsettle *v.* කලබල කරනවා kalabala karanawaa

unshakeable *adj.* සෙලවිය නොහැකි selawiya nohaki

unskilled *adj.* අදක්ෂ adaksha

unsocial *adj.* සමාජශීලී නොවන samaajasheelee nowana

unsolicited *adj.* සිය කැමැත්තෙන් දෙන ලද siya kamaththen dena lada

unstable *adj.* චපල chapala

unsung *adj.* ප්‍රශංසා නොලැබූ prasansaa nolabu

unthinkable *adj.* අචින්ත්‍ය achinthya

untidy *adj.* අපිරිසුදු apirisudu

until *prep.* තුරු thuru

untimely *adj.* අකාල akaala

untold *adj.* නොකියන ලද nokiyana lada

untouchable *adj.* ස්පර්ශ කළ නොහැකි sparsha kala nohaki

untoward *adj.* අපහසු apahasu

unusual *adj.* අසාමාන්‍ය asaa-maanya

unutterable *adj.* වචනයෙන් කිව නොහැකි wachanayen kiwa nohaki

unveil *v.* වැස්ම ඉවත් කරනවා wasma iwath karanawaa

unwarranted *adj.* බලයක් නොමැති balayak nomathi

unwell *adj.* අසනීප asaneepa

unwilling *adj.* නොකැමති nokamathi

unwind *v.* ඒතීම ලිහනවා etheema lihanawaa

unwise *adj.* අඥාන agnana

unwittingly *adv.* ඕනෑ නැති කම onaa nathi kama

unworldly *adj.* අලෞකික alaukika

unworthy *adj.* අයෝග්‍ය ayogya

up *adv.* උඩට udata

upbeat *adj.* ශුභවාදී shubawaadee

upbraid *adj.* අවලාද කරනවා awalaada karanawaa

upcoming *adj.* එමින් පවතින emin pawathina

update *v.* යාවත්කාල කරනවා yaawathkaala karanawaa

upgrade *v.* උසස් කරනවා usas karanawaa

upheaval *n.* මහත් කම්පාව mahath kampaawa

uphold *v.* වාවනවා waawanawaa

upholster *v.* ගෙදරකට අවශ්‍ය ඇඳන් පුටු ආදිය සපයනවා gedarakata awshyaya andan putu aadiya sapayanawaa

upholstery *n.* ගෘහභාණ්ඩ සැපයීම gruhabhanda sapayeema

uplift *v.* අභිවෘද්ධිය abhiwurdiya

upload *v.* උඩුගත කිරීම udugatha karanawaa

upper *adj.* වඩා ඉහළින් පිහිටි wadaa ihalin pihiti

upright *adj.* ඍජු riju

uprising *n.* කැරැල්ල karalla

uproar *n.* කලබගෑනී kalabagaanee

uproarious *adj.* කලහකාරී kala-hakaaree

uproot *v.* මුලින් උපුටනවා mulin uputanawaa

upset *v.* අවුල් කරනවා awul karanawaa

upshot *n.* අවසාන සිද්ධිය awasaana siddhiya
upstart *n.* අලුත් පොහොසතා aluth pohosatha
upsurge *n.* හිදිසි නැගීම hadisi nageema
upturn *n.* දියුණුව diyunuwa
upward *adv.* උඩ අතට uda athata
urban *adj.* නාගරික naagarika
urbane *adj.* සභ්‍ය sabya
urbanity *n.* ආචාරශීලී භාවය achaarasheelee bhawaya
urchin *n.* කොල්ලා kolla
urge *v.* පොළඹවනවා polambawanawaa
urgent *adj.* හිදිසි hadisi
urinal *n.* මූත්‍රා භාජනය moothraa bhajanaya
urinary *adj.* මූත්‍රා පිළිබඳ වූ moothra pilibanda wu
urinate *v.* මූත්‍රා කරනවා moothraa karanawaa
urine *n.* මූත්‍රා moothraa
urn *n.* පුකුරුව pukuruwa
usable *adj.* වැඩට යෙදිය හැකි wadata yediya haki
usage *n.* භාවිතාව bhawithaawa
use *v.t.* පාවිච්චි කරනවා pawichchi karanawaa
useful *adj.* වැඩදායක wadadhayaka
useless *adj.* වැඩකට නැති wadakata nathi
user *n.* ප්‍රයෝජන ගන්නා prayojana ganna
usher *n.* ප්‍රවේශකයා praweshakayaa
usual *adj.* නිතර සිදුවන nithara siduwana
usually *adv.* පුරුදු පිරිදි purudu paridi
usurp *v.* පැහැර ගන්නවා pahara gannawaa
usurpation *n.* පැහැර ගැනීම pahara ganeema
usury *n.* අධික පොලිය adika poliya
utensil *n.* ගෙදර දොර භාජන gedara dora bhajana
uterus *n.* ගර්භාශය garbashaya
utilitarian *adj.* උපයෝගිතාවාදියා upayogithaawaadiyaa
utility *n.* උපයෝගිතාවය upayogithaawaya
utilization *n.* ප්‍රයෝජ්‍යකරණය prayojyakaranaya
utilize *v.* ප්‍රයෝජන කරනවා prayojana gannawaa
utmost *adj.* ඉතා හැකි itha haki
utopia *n.* මනෝරාජ්‍යය mano raajyaya
utopian *adj.* කල්පිත kalpitha
utter *adj.* අත්‍යන්ත aththyantha
utterance *n.* උච්චාරණය uchchaaranaya
uttermost *adj.* & *n.* ඉතා දුර itha dura

V

vacancy *n.* පුරප්පාඩුව purappaduwa
vacant *adj.* හිස් his
vacate *v.* අත්හැර යනවා athhara yanawaa
vacation *n.* නිවාඩුව niwaaduwa
vaccinate *v.* එන්නත් කරනවා ennath karanawaa
vaccination *n.* අත් විදීම ath

wideema

vaccine *n.* එන්නත ennatha

vacillate *v.* තීරණයකට නොපැමිණ සිතනවා theeranayakata nopamina sitinawaa

vacillation *n.* අවිනිශ්චිත භාවය avinishchitha baawaya

vacuous *adj.* අමන amana

vacoom *n.* රික්තකය rikthakaya

vagabond *n.* පාදඩයා padhadayaa

vagary *n.* විකාර කල්පනාව wikaara kalpanaawa

vagina *n.* යෝනි මාර්ගය yoni maargaya

vagrant *n.* නන්නත්තාරේ ඇවිදිනවා nannaththare awidinna

vague *adj.* අනුමාන anumaana

vagueness *n.* නොපැහැදිලි බව nopahadili bawa

vain *adj.* අහංකාර ahankaara

vainglorious *adj.* ආඩම්බර adambara

vainly *adv.* නිෂ්ඵල ලෙස nishpala lesa

valance *n.* වඩිම්බු ලෑල්ල wadimbu lalla

vale *n.* මිටියාවත mitiyaawatha

valediction *n.* සමුගැනීම samuganeema

valency *n.* සංයුජතාව sanyujathaawaya

valentine *n.* ප්‍රේම නිමිත්ත prema nimiththa

valet *n.* ආවතේව කාරයා aawathewa kaarayaa

valetudinarian *n.* ආතුරයා aathurayaa

valiant *adj.* වික්‍රමාන්විත wickramaanwitha

valid *adj.* වලංගු walangu

validate *v.* වලංගු කරනවා walangu karanawaa

validity *n.* වලංගු බව walangu bawa

valise *n.* ගමන් මල්ල gaman malla

valley *n.* නිම්න භූමිය nimna boomiya

valour *n.* පරාක්‍රමය parakkramaya

valuable *adj.* වටිනා watinaa

valuation *n.* තක්සේරුව thakseruwa

value *n.* අගය agaya

valve *n.* කපාටය kapaataya

vamp *n.* මෝහිනී mohinee

vampire *n.* පිසාචයා pisachayaa

van *n.* වෑන් රිය van riya

vandal *n.* ම්ලේච්ඡයා mlechchayaa

vandalize *v.* විනාශ කරනවා vinasa karanawaa

vane *n.* හුළං පෙත්ත hulan peththa

vanguard *n.* යුධ පෙරමුණෙහි වූ සේනාව yuda peramunehi wu senaawa

vanish *v.* අතුරු දහන් වෙනවා athurudahan wenawaa

vanity *n.* නිස්සාර භාවය nissaara baawaya

vanquish *v.* අභිබවනවා abhibhawanawaa

vantage *n.* වාසිය waasiya

vapid *adj.* කමකට නැති kamakata nathy

vaporize *v.* හුමාලය බවට හැරෙනවා humalaya bawata harenawaa

vapour *n.* වාෂ්පය washpaya

variable *adj.* වෙනස් වන wenas wana

variance *n.* වෙනස wenasa

variant *n.* විචල්‍ය wichalya

variation *n.* වෙනස්වීම

wenasweema
varicose *adj.* නහර ඉදිමුණු nahara idimunu
varied *adj.* විවිධ wiwida
variegated *adj.* විචිත්‍ර wichithra
variety *n.* විවිධත්වය wiwidhathwaya
various *adj.* වෛවර්ණ waiwaa-ranna
varlet *n.* නිවටයා nivatayaa
varnish *n.* වානිෂ් varnish
vary *v.* වෙනස්ව පවතිනවා wenaswa pawathinawaa
vascular *adj.* සනාල sanaala
vase *n.* මල් බඳුන mal banduna
vasectomy *n.* වාසෙක්තම් ශල්‍යකර්මය wasektham shalya-karmaya
vassal *n.* දාසයා daasayaa
vast *adj.* අපරිමාණ aparimaana
vaudeville *n.* විවිධ ප්‍රසංගය wiwidha prasangaya
vault *n.* ගුහාව guhaawa
vaunted *adj.* පාරට්ටු කරනවා paa-rattu karanawaa
veal *n.* වහු මස් wahu mas
vector *n.* දෛශිකය daishikaya
veer *n.* නැඹුරු වෙනවා namburu wenawaa
vegan *n.* මස් මාලු නොකන mas maalu nokannaa
vegetable *n.* එළවළු elawalu
vegetarian *n.* එළවළු වලින් පමණක් යුත් elawalu walin pamanak uth
vegetate *v.* කම්මැලි කමින් ජීවත් වෙනවා kammali kamen geewath wenawaa
vegetation *n.* ගහ කොළ gaha kola
vegetative *adj.* වර්ධක wardaka
vehement *adj.* තද පරුෂ thada parusha
vehicle *n.* රථ වාහන ratha wahana
vehicular *adj.* රථ වාහන පිළිබඳ ratha waahana pilibanda
veil *n.* මුහුණු වැස්ම muhunu wasma
vein *n.* ශිරාව shiraawa
velocity *n.* ප්‍රවේගය prawegaya
velour *n.* වියු විල්ලුද wiyu willuda
velvet *n.* විල්ලුද willuda
velvety *adj.* විල්ලුද වැනි willuda wani
venal *adj.* මිලයට ගත හැකි milayata gatha haki
venality *n.* දූෂිත භාවය dushitha bawaya
vend *v.* විකුණනවා wikunanawaa
vendetta *n.* බද්ධ වෛරය baddha wairaya
vendor *n.* වෙළෙන්දා welendaa
veneer *n.* තුනී ලැලි පතුර thunee lali pathura
venerable *adj.* පූජ්‍ය poojya
venerate *v.* ගරු කරනවා garu karanawaa
veneration *n.* මහත් භක්තිය mahath bakthiya
venetian *adj.* වැනිසියානු wane-siyaanu
vengeance *n.* වන්දිය wandiya
vengeful *adj.* එදිරි පිරිමසින ediri pirimasina
venial *adj.* සමාවිය හැකි samaawiya haki
venom *n.* හිංසා කිරීමේ ආශාව hinsaa kireeme ashaawa
venomous *adj.* කුඩකෙඩු kudukedu
venous *adj.* ශිරා පිළිබඳ වූ shiraa pilibanda wu

vent *n.* කුඩා විවරය kudaa wiwaraya
ventilate *v.* වාතාශ්‍රය ලැබීමට සලස්වනවා waathaasraya labee-mata salaswanawaa
ventilation *n.* වාතාශ්‍රය waathaas-raya
ventilator *n.* වා කවුළුව waa kau-luwa
venture *n.* දුෂ්කර කටයුත්ත dushkara katayuththa
venturesome *adj.* අවදානමට මුහුණ දෙන awadaanamata muhuna dena
venue *n.* ස්ථානය sthanaya
veracious *adj.* සත්‍යවාදී sathya-waadee
veracity *n.* සත්‍යවාදී භාවය sathya-waadee baawaya
veranda *n.* ආලින්දය aalindaya
verb *n.* ක්‍රියා පදය kriyaa padaya
verbal *adj.* කට වචනයෙන් කියන ලද kata wachanayen kiyana lada
verbally *adv.* මුඛ වාක්‍යයෙන් mukha waakyayen
verbalize *v.* වචනයෙන් කියනවා wachanayen kiyanawaa
verbatim *adv.* වචන අනුසාරයෙන් wachana anusaarayen
verbiage *n.* වචන බහුල්‍යය wachana bahulyaya
verbose *adj.* දිගින් දිගට කතා කරන digin digata katha karana
verbosity *n.* වාග් බහුල්‍යය waag bahulyaya
verdant *adj.* ලපටි lapati
verdict *n.* තීන්දුව theenduwa
verge *n.* අද්දර addara
verification *n.* හරි වැරදි බැලීම hari waradi baleema
verify *v.* ස්ථිර කරනවා stheera karanawaa
verily *adv.* සැබැවින්ම sabawinma
verisimilitude *n.* ඇත්ත වාගේ පෙනීම aththa waage peneema
veritable *adj.* නියම niyama
verity *n.* ධර්මය darmaya
vermillion *n.* සාදිලිංගම් හා රතු පාට saadilingam hi rathu paata
vermin *n.* පළිබෝධකයෝ palibo-dakayo
vernacular *n.* ස්ව භාෂාව swa baashaawa
vernal *adj.* වසන්ත wasantha
versatile *adj.* හුරු බුහුටි huru buhuti
versatility *n.* බහුශ්‍රැත භාවය bahus-rutha baawaya
verse *n.* පද්‍ය padya
versed *adj.* ප්‍රවීණ praweena
versification *n.* කාව්‍ය රචනය kaawya rachanaya
versify *v.* පද බඳිනවා pada bandi-nawaa
version *n.* අනුවාදය anuwaadaya
verso *n.* පොතෙහි වම් පිටුව pothehi wam pituwa
versus *prep.* එදිරිව ediriwa
vertebra *n.* කොඳු ඇටයේ පුරුකය kondu etaye purukaya
vertebrate *n.* පෘෂ්ඨවංශිකයා prushta wansikayaa
vertex *n.* මුදුන muduna
vertical *adj.* සිරස් siras
vertiginous *adj.* කරකැවිලි ඇති කරන karakawili athi karana
vertigo *n.* හිසේ කරකැවිල්ල hise karakawilla
verve *n.* ප්‍රාණවත් භාවය pranawath

baawaya
very *adv.* බොහෝ boho
vesicle *n.* හමේ කුඩා බිබිල hame kuda bibila
vessel *n.* ලේ නහරය le naharaya
vest *n.* බැනියම baniyama
vestibule *n.* වාහල්කඩ waahalkada
vestige *n.* ලාංඡනය laanchanaya
vestment *n.* පොරෝණාව poronaawa
vestry *n.* අයබදු ගෙවන්නන්ගේ නියෝජිත පිරිස ayabadu gewannange niyojitha pirisa
veteran *n.* බොහෝ පළපුරුදු ඇති boho palapurudu athi
veterinary *adj.* පශු වෛද්‍ය කර්මය පිළිබඳ pashu waidya karmaya pilibanda
veto *n.* නිශේධ බලය nisheda balaya
vex *v.* හිත රිදනවා hitha ridawanawaa
vexation *n.* හිරිහැරය hiriharaya
via *prep.* මඟින් magin
viable *adj.* ජීව්‍ය jeewya
viaduct *n.* බෝක්කු පාර bokku paara
vial *n.* කුප්පිය kuppiya
viands *n.* භෝජන bojana
vibe *n.* කම්පනය kampanaya
vibrant *adj.* දෙදරන dedarana
vibraphone *n.* සංගීත භාණ්ඩයක් sangeetha baandayak
vibrate *v.* වේගයෙන් ගැහෙනවා wegayen gahenawaa
vibration *n.* වෙව්ලීම wewleema
vibrator *n.* කම්පන කාරකය kampana kaarakaya
vicar *n.* ප්‍රදේශයක් භාර දේවගැති තැන pradeshayak baara dewagathi thana
vicarious *adj.* පරාර්තය පිණිස වූ paraarthaya pinisa wu
vice *n.* දුරාචාරය duraacharaya
viceroy *n.* ප්‍රතිරාජය prathiraajayaa
vice-versa *adv.* අනෙක් අතට anek athata
vicinity *n.* වටපිටාව watapitaawa
vicious *adj.* සාවද්‍ය saawadya
vicissitude *n.* පෙරළීම peraleema
victim *n.* වංචාවකට හසු වූ තැනැත්තා wanchaaawakata hasu wu thanaththa
victimize *n.* විපතට හෙළනවා wipathata helanawaa
victor *n.* ජයග්‍රාහකයා jayaggraahakayaa
victorious *adj.* නොපැරදුණු noparadunu
victory *n.* ජයග්‍රහනය jayaggrahanaya
victualler *n.* කෑම සපයන්නා kama sapayannaa
victuals *n.* ආහාර පාන aahaara paana
video *n.* වීඩියෝ කිරීම video kireema
vie *v.* තරංග කරනවා tharanga karanawaa
view *n.* දර්ශනය darshanaya
vigil *n.* නිදි මැරීම nidi mareema
vigilance *n.* මුර කිරීම mura kireema
vigilant *adj.* අවදිව සිටින awadiwa sitina
vignette *n.* ලියවැල liyawala
vigorous *adj.* ප්‍රබල prabala
vigour *n.* ශක්තිය shakthiya
Viking *n.* නාවික වෙළෙන්දා naavika welendo
vile *adj.* අදම adama

vilify *v.* අපවාද කරනවා apawaada karanawaa
villa *n.* පිටිසර ලොකු ගෙය pitisara loku geya
village *n.* ගම gama
villager *n.* ගම්වාසියා gamvasia
villain *n.* සාහසිකයා sahasikayaa
vindicate *v.* අපකීර්තියෙන් වළකනවා apakeerthiyen walakwanawaa
vindication *n.* නිදොස් කිරීම nidos kireema
vine *n.* මිදි වැල midhi wala
vinegar *n.* විනාකිරි vinaakiri
vintage *n.* මිදි නෙලන කාලය midhi nelana kaalaya
vintner *n.* වයින් වෙළෙන්දා wain welendaa
vinyl *n.* ප්ලාස්ටික් විශේෂයක් plastic wisheshayak
violate *v.* කඩ කරනවා kada karanawaa
violation *n.* උල්ලංඝනය කරනවා ullanganaya kireema
violence *n.* සැහැසිකම sahasikama
violent *adj.* සැහැසි sahasi
violet *n.* දම් පාට dam paata
violin *n.* වයලීනය wayaleenaya
violinist *n.* වයලීන වාදකයා wayaleena waadakaya
virago *n.* කට හැකරි kata hakari
viral *adj.* වයිරසයක් නිසා ඇතිවන wairasayak nisa athiwena
virgin *n.* කන්යාව kanyaawa
virginity *n.* කන්යා භාවය kanya baawaya
virile *adj.* පුරුෂ ශක්තියෙන් යුත් purusha shakthiyen uth
virility *n.* පුරුෂ ශක්තිය purusha shakthiya
virtual *adj.* තාත්වික thaathwika
virtue *n.* සුචරිතය sucharithaya
virtuous *adj.* ධර්මිෂ්ට darmishta
virulence *n.* ප්‍රචණ්ඩතාවය prachandathaawaya
virulent *adj.* බොහෝ විෂ සහිත boho wisa sahitha
virus *n.* වයිරසය vairasaya
visa *n.* වීසා පත්‍රය visa pathraya
visage *n.* මුහුණුවර muhunuwara
viscid *adj.* උකු uku
viscose *n.* විස්කෝස් රෙදි viscose reddhi
viscount *n.* උසස් පන්තියේ වංශාධිපතිවරයෙක් usas panthiye wanshadipathiwarayek
viscountess *n.* ආධිපාද දේවිය aadi-paada dewiya
viscous *adj.* ඇලෙන සුලු alena sulu
visibility *n.* දෘශ්‍යතාවය drushyathaawaya
visible *adj.* පෙනෙන penena
vision *n.* සංකල්පය sankalpaya
visionary *adj.* කාල්පනික kaalpanika
visit *v.* බැලීම පිණිස යනවා baleema pinisa yanawaa
visitation *n.* දීර්ඝ වෙහෙසකර චාරිකාව deerga wehesakara charikaawa
visitor *n.* ආගන්තුකයා aaganthukaya
visor *n.* මුකවාඩම mukawaadama
vista *n.* දර්ශන පථය dharshana pathaya
visual *adj.* පෙනීම පිළිබඳ වූ peneema pilibanda wu
visualize *v.* මවා ගන්නවා mawaa gannawaa
vital *adj.* ජීවත් වීමට අවශ්‍ය jeewath

weemata awashya
vitality *n.* මහත් උනන්දුව mahath unanduwa
vitalize *v.* ප්‍රාණවත් කරනවා pranawath karanawaa
vitamin *n.* විටමින් vitamin
vitiate *v.* නිෂ්ප්‍රභා කරනවා nishpraba karanawaa
viticulture *n.* මිදි වැවීමේ ශාස්ත්‍රය midhi waweeme shasthraya
vitreous *adj.* කාචමය kaachamaya
vitrify *v.* වීදුරු බවට හරවනවා weeduru bawata harawanawaa
vitriol *n.* ගිනි වතුර gini wathura
vituperation *n.* දොස් කීම dos keema
vivacious *adj.* සෙල්ලක්කාර sellakkaara
vivacity *n.* ප්‍රසන්නතාවය prasanna thaawaya
vivarium *n.* සත්ව කොටුව sathwa kotuwa
vivid *adj.* පැහැදිලිව පෙනෙන pahadiliwa penena
vivify *v.* උනන්දු කරනවා unandu karanawaa
vixen *n.* දුෂ්ට ස්ත්‍රී dushta sthree
vocabulary *n.* වචන මාලාව wachana maalaawa
vocal *adj.* කටහඬින් කරනු ලබන katahandin karanu labana
vocalist *n.* ගායකයා gaayakayaa
vocalize *v.* ස්වර යොදා කියනවා swara yodaa kiyanawaa
vocation *n.* රක්ෂාව rakshaawa
vociferous *adj.* ඝෝෂාකාර goshaakaara
vogue *n.* චරිතය charithraya
voice *n.* කට හඬ kata handa
voicemail *n.* හඬ ලිපිය handa lipiya
void *adj.* අවලංගු awalangu
voile *n.* සැහැල්ලු කපු පිළි sahallu kapu pili
volatile *adj.* ඉක්මනින් වෙනස්වීම ikmanin wenasweema
volcanic *adj.* ගිනි කඳු වැනි gini kandu wani
volcano *n.* ගිනි කන්ද gini kanda
volition *n.* සංකල්පය sankalpaya
volley *n.* වෙඩි මුරය wedi muraya
volt *n.* වෝල්ට් විදුලි ඒකකය volt widuli ekakaya
voltage *n.* වෝල්ටීයතාවය volteeyathaawaya
voluble *adj.* වාචාල waachaala
volume *n.* ශබ්ද ප්‍රමාණය shabda pramaanaya
voluminous *adj.* අති විශාල athi wishala
voluntarily *adv.* ස්වේච්ඡාවෙන් swechchaawen
voluntary *adj.* සිය කැමැත්තෙන් කරන siya kamaththen karana
volunteer *n.* ස්වේච්ඡා සේවක swechcha sewaka
voluptuary *n.* සල්ලාලයා sallaalaya
voluptuous *adj.* කාමුක kaamuka
vomit *v.* වමනය wamanaya
voodoo *n.* හදි හූනියම් hadhi hooniyam
voracious *adj.* කෑදර kaadara
vortex *n.* සුළි හුළඟ suli hulanga
votary *n.* බැතිමතා bathimatha
vote *n.* ඡන්දය දෙනවා chandaya denawaa
voter *n.* ඡන්ද දායකයා chanda daayakayaa

votive *adj.* භාර ඔප්පු කරන baara oppu karana

vouch *v.* සහතික කරනවා sahathika karanawaa

voucher *n.* වවුචරය vaucharaya

vouchsafe *v.* අනුග්‍රහය දක්වනවා anuggrahaya dakwanawaa

vow *n.* ගිවිසුම givisuma

vowel *n.* ප්‍රාණ අක්ෂරය praana aksharaya

voyage *n.* යාත්‍රාව yaathraawa

voyager *n.* සමුද්‍ර යාත්‍රිකයා samudra yaathrikayaa

vulcanize *v.* වොල්කනයිස් කරනවා volkanais karanawaa

vulgar *adj.* අශ්ශීල ashsheela

vulgarian *n.* අශිෂ්ට පුද්ගලයා ashishta pudgalayaa

vulgarity *n.* අශිෂ්ටත්වය ashish-tathwaya

vulnerable *adj.* අනතුරට භාජනය විය හැකි anathurata baajana wiya haki

vulpine *adj.* කපටි kapati

vulture *n.* ඉතා කරදරය itha kaada-rayaa

W

wacky *adj.* පිස්සු pissu

wad *n.* පොරුව poruwa

waddle *v.* ගාටනවා gaatanawaa

wade *v.* වතුරෙ බැස යනවා wathure basa yanawaa

wader *n.* දිය කුරුල්ලා diya kurulla

wadi *n.* මළ දොළ mala dola

wafer *n.* කතෝලිකයන්ගෙ සත්ප්‍රසාද පූප පත්‍ත katholikayange sathprasaada poopa peththa

waffle *v.* සම්පප්‍රලාප දොඩවනවා sampapralaapa dhodawanawaa

waft *v.* කොඩියක් වනනවා kodiyak wananawaa

wag *v.* එහෙ මෙහෙ වැනෙනවා eha meha wanenawaa

wage *n.* වේතනය wethanaya

wager *n.* & *v.* ඔට්ටුව ottuwa

waggle *v.* වැනෙනවා wanenawaa

wagon *n.* රෝද හතරේ කරත්තය roda hathare karaththaya

wagtail *n.* වෙරළ වටුවා werala watuwaa

waif *n.* අනාථ දරුවා anaatha daruwaa

wail *n.* ලතෝනිය lathoniya

wain *n.* වාහනය waahanaya

wainscot *n.* බිත්ති ජනේලය biththi janelaya

waist *n.* ඉඟ inga

waistband *n.* ඉඟ පටිය inga patiya

waistcoat *n.* යට කබාය yata kabaaya

wait *v.* පමා වෙනවා pamaa wena-waa

waiter *n.* භෝජනාගාර සේවකයා bojanaagaara sewakayaa

waitress *n.* හෝටල් සේවිකාව hotal sewikaawa

waive *v.* අයිතිවාසිකම් අතහරිනවා aithiwaasikam athaharinawaa

wake *v.* අවදිවෙනවා awadiwenawaa

wakeful *adj.* නොනිදා සිටින nonidaa sitina

waken *v.* කූද්දනවා kooddanawaa

walk *v.* ඇවිදිනවා awidinawaa

wall *n.* බිත්තිය biththiya
wallaby *n.* කුඩා සතෙක් kuda sathek
wallet *n.* පසුම්බිය pasumbiya
wallop *v.* තඩි බානවා thadi baanawaa
wallow *v.* මඩේ ලගිනවා made laginawaa
wally *n.* ප්‍රාකාරය praakaraya
walnut *n.* ගස් වර්ගයක් gas wargayak
walrus *n.* මුහුදු ඇතා muhudu atha
waltz *n.* වෝල්ස් නැටුම waltz natuma
wan *adj.* සුදුමැලි sudumali
wand *n.* යෂ්ටිය yashtiya
wander *v.* දඩාවතේ යනවා dhadaawathe yanawaa
wane *v.* වරනවා waranawaa
wangle *v.* කඩා ගන්නවා kadaa gannawaa
want *v.* උවමනා කරනවා uwamanaa karanawaa
wanting *adj.* ආශා කරනවා asha karana
wanton *adj.* නොහික්මුණු nohikmunu
war *n.* යුද්ධය yuddaya
warble *v.* කුරුලු නාද නද දෙනවා kurulu naada nada denawaa
warbler *n.* සින්දු කියන කුරුල්ලා sindu kiyana kurullaa
ward *n.* වාට්ටුව waattuwa
warden *n.* ශිෂ්‍ය නිවාසයේ ආධිපත්‍යය shishya nivaasaye adipathiyaa
warder *n.* හිරකරුවන් භාරව සිටින hirakaruwan baarawa sitinnaa
wardrobe *n.* ඇඳුම් අයිත්තම් andum aaiththam
ware *n.* වෙළෙඳ බඩු welanda badu
warehouse *n.* බඩු ගබඩාව badu gabadaawa
warfare *n.* රණකාමීය ranakaamaya
warlike *adj.* සටන්කාමී satankaamee
warm *adj.* උෂ්ණ ushna
warmth *n.* උණුසුම unusuma
warn *v.* අනතුරු අඟවනවා anathuru angawanawaa
warning *n.* අවවාදය awawaadaya
warp *v.* ඇකිලෙනවා akilenawaa
warrant *n.* වරෙන්තුව warenthuwa
warrantor *n.* වගකියන්නා wagakiyannaa
warranty *n.* වගකීම wagakeema
warren *n.* හා ගුල haa gula
warrior *n.* රණශූරයා rana shooraya
wart *n.* කරගැටය kara gataya
wary *adj.* පිරිස්සම් සහිත parissam sahitha
wash *v.* සෝදනවා sodanawaa
washable *adj.* සේදිය හැකි sediya haki
washer *n.* අපුල්ලනවා apullannaa
washing *n.* සේදීම sedeema
wasp *n.* දෙබරා debaraa
waspish *adj.* ඉක්මනින් තරහා යන ikmanin tharahaa yana
wassail *n.* සුරාපානෝත්සවය suraapaanothsawaya
wastage *n.* අපතේ යන ප්‍රමාණය apathe yana pramaanaya
waste *v.* නාස්තිකරනවා naasthikaranawaa
wasteful *adj.* නාස්තිකාර naasthikaara
watch *v.* පරීක්ෂාවෙන් බලා හිඳිනවා pareekshawen balaa hindinawaa
watchful *adj.* පරීක්ෂාකාරී pareekshakaari

watchword *n.* මුරපදය murapadaya
water *n.* වතුර wathura
water *n.* වතුර wathura
waterfall *n.* දිය ඇල්ල diya alla
watermark *n.* දිය සළකුණ diya salakuna
watermelon *n.* දිය කොමඩු diya komadu
waterproof *adj.* දිය කාන්දු නොවන diya kaandu nowana
watertight *adj.* වතුර නොවදින wathura nowadina
watery *adj.* දියාරු diyaaru
watt *n.* විදුලි බලය පිළිබඳ මිම්මක් widuli balaya pilibanda mimmak
wattage *n.* වොටීයතාවය woteeya-thaawaya
wattle *n.* වරිච්චිය warichchiya
wave *v.* රැලි ගසනවා rali gasanawaa
waver *v.* දෙගිඩියා වෙනවා degidiyaa wenawaa
wavy *adj.* රැළි සහිත rali sahitha
wax *n.* ඉටි iti
way *n.* සිරිත siritha
waylay *v.* මංකොල්ලකනවා mankol-lakanawaa
wayward *adj.* හිතුවක්කාර hithuwak-kaara
we *pron.* අපි api
weak *adj.* දුර්වල durwala
weaken *v.* අබලන් වෙනවා abalan wenawaa
weakling *n.* නිවටයා niwatayaa
weakness *n.* දුර්වලත්වය durwalath-waya
weal *n.* යහපත yahapatha
wealth *n.* වත් පොහොසත්කම wath pohosathkama
wealthy *adj.* පොහොසත් pohosath
wean *v.* කිරි වරනවා kiri waranawaa
weapon *n.* ආයුධය ayudaya
wear *v.* පළඳිනවා palandinawaa
wearisome *adj.* වෙහෙස උපදනවා wehesa upadawana
weary *adj.* වෙහෙසට පත් wehesata path
weasel *n.* මුගටියා mugatiyaa
weather *n.* කාලගුණය kaalagunaya
weave *v.* වියනවා wiyanawaa
weaver *n.* වියන්නා wiyannaa
web *n.* දැල dala
webby *adj.* දැල් සහිත dal sahitha
webpage *n.* වෙබ් පිටුව web pituwa
website *n.* වෙබ් අඩවිය web adawiya
wed *v.* කරකාර බඳිනවා karakaara bandinawaa
wedding *n.* විවාහ මංගල්යය wiwaaha mangallaya
wedge *n.* කූඤ්ඤය koonnaya
wedlock *n.* විවාහ බන්ධනය wiwaaha bandanaya
Wednesday *n.* බදාදා badaadaa
weed *n.* වල් පැළෑටිය wal palatiya
week *n.* සතිය sathiya
weekday *n.* සතියේ දවස sathiye dawasa
weekly *adj.* සතිපතා sathipatha
weep *v.* වැලපෙනවා walapenawaa
weepy *adj.* හැඬීමට ආසන්න handee-mata asanna
weevil *n.* ගුල්ලා gulla
weigh *v.* බර බලනවා bara bala-nawaa
weight *n.* බර bara
weighting *n.* බර තැබීම bara thabeema

weightlifting *n.* බර එසවීමේ ක්‍රීඩාව bara esaweeme kreedaawa
weighty *adj.* බරපතල barapathala
weir *n.* අමුණ amuna
weird *adj.* අද්භූත adbootha
welcome *n.* ආදරයෙන් පිළිගන්නවා adarayen piliganeema
weld *v.* පාස්සනවා paassanawa
welfare *n.* සුභ සාධනය suba sadhanaya
well *adv.* සනීපයෙන් saneepen
well *n.* ළිඳ linda
wellington *n.* දිග රබර් සපත්තුව diga rabar sapaththuwa
welt *n.* ශරීරයේ කැළල shareeraye kalala
welter *n.* අවුල aula
wen *n.* ඉන්න inna
wench *n.* ගැටිස්සී gatissee
wend *v.* පසුකොට යනවා pasukota yanawaa
west *n.* බටහිර batahira
westerly *adv.* බටහිරින් batahirin
western *adj.* අපරදිග aparadiga
westerner *n.* යුරෝපීය ජාතිකයා yuropeeya jathikaya
westernize *v.* බටහිර පන්නයට හැඩගැසෙනවා batahira pannayata hada gasenawaa
wet *adj.* තෙත thetha
wetness *n.* තෙතමනය thethama-naya
whack *v.* පහර දෙනවා pahara denawaa
whale *n.* තල්මසා thalmasa
whaler *n.* තල්මසුන් මරන්නා thlmasun marannaa
whaling *n.* තල්මසුන් මැරීම thalmasun mareema
wharf *n.* රේගුව reguwa
wharf age *n.* රේගු ගාස්තුව regu gaasthuwa
what *pron. & adj.* මොකක් mokak
whatever *pron.* මොකවත් mokawath
wheat *n.* තිරිඟු thiringu
wheaten *adj.* තිරිඟු වලින් සාදන ලද thiringu walin saadana lada
wheedle *v.* චාටු බස් කියනවා chaatu bas kiyanawaa
wheel *n.* රෝදය rodaya
wheeze *v.* සද්දෙට හුස්ම ගන්නවා saddeta husma gannawaa
whelk *n.* කුඩා බෙල්ලන් වර්ගයක් kuda belllan wargayak
whelm *v.* යට කරනවා yata karanawaa
whelp *n.* පොතකයා pothakayaa
when *adv.* කවදා kawadaa
whence *adv.* කොහි සිට kohi sita
whenever *conj.* හැම විටම hama witama
where *adv.* කොතන kothana
whereabouts *adv.* උඩ බිම uda bima
whereas *n.* නමුත් namuth
whet *v.* උනන්දු කරනවා unandu karanawaa
whether *conj.* නමුත් namuth
whey *n.* කිරි මෝරු kiri moru
which *pron. & adj.* කොයි koi
whichever *pron.* කොයිකත් koikath
whiff *n.* ලේශය leshaya
while *n.* මොහොත mohotha
whilst *conj.* එහෙත් eheth
whim *n.* හිදිසි ආසාව hadisi aasaawa
whimper *v.* ඉකි බිඳිමින් හඬනවා iki

bindimin handanawaa

whimsical *adj.* හිතුමතයේ ක්‍රියා කරන hithumathaye kriyaa karana

whimsy *n.* හිතුමතය hithumathaya

whine *n.* අඳෝනාව andonaawa

whinge *v.* මැසිවිලි කිරීම masiwili kireema

whinny *n.* මන්දහේෂාව mandaheshaawa

whip *n.* කසය kasaya

whir *n.* වේගයෙන් කරකැවීමෙන් ඇතිවන ශබ්දය wegayen karakaweemen athiwana shabdaya

whirl *v.* වේගයෙන් කැරකෙනවා wegayen karakawenawaa

whirligig *n.* වේගයෙන් කැරකෙන කෙළි බඩුවක් wegayen karakena keli baduwak

whirlpool *n.* දිය සුළිය diya suliya

whirlwind *n.* වායු ගුල්මය waayu gulmaya

whirr *v.* හඬ නගමින් කරකවනවා handa nagamin karakawanawaa

whisk *v.* වේගයෙන් ඉවත යනවා wegayen iwathwa yanawaa

whisker *n.* බළල් රැවුල් ගස් balal raul gas

whisky *n.* විස්කි නම් මත්පැන් වර්ගයක් whisky nam mathpan wargayak

whisper *v.* මුමුණනවා mumunanawaa

whist *n.* කඩදාසි සෙල්ලමක් kadadaasi sellamak

whistle *n.* පිඹින කුඩා නළාව pimbina kudaa nalaawa

whit *n.* ඉතා කුඩා ප්‍රමාණය itha kuda pramaanaya

white *adj.* සුදු sudu

whitewash *n.* සුදු හුණු ගානවා sudu hunu gaanawaa

whither *adv.* කොයි දෙසට koi desata

whiting *n.* සුදු පිරියම sudu piriyama

whittle *v.* ක්‍රමයෙන් කපා හරිනවා kramayen kapaa harinawaa

whiz *v.* වේගයෙන් වායුව හරහා යන දෙයකින් නගන ශබ්දය wegayen waayuwa harahaa yana deyakin nagana shabdaya

who *pron.* කවුද kauda

whoever *pron.* කවුරු හරි kauru hari

whole *adj.* ඔක්කොම okkoma

whole-hearted *adj.* මුළු හිතින් කරනු ලබන mulu hithin karanu labana

wholesale *n.* තොග වෙළෙඳාම thoga welandaama

wholesaler *n.* තොග වෙළෙන්දා thoga welendaa

wholesome *adj.* සනීපදායක saneepadaayaka

wholly *adv.* සම්පූර්ණයෙන්ම sampurnayenma

whom *pron.* කාටද kaatada

whoop *n.* ඔල්වර හඬ olvara handa

whopper *n.* ගජ බින්නය gaja binnaya

whore *n.* වෛශ්‍යාව waishyaawa

whose *adj. & pron.* කාගෙද kaageda

why *adv.* ඇයි ay

wick *n.* පහන් තිරය pahan thiraya

wicked *adj.* පාපිෂ්ඨ paapishta

wicker *n.* වේවැල් wewal

wicket *n.* කඩුල්ල kadulla

wide *adj.* පැතිරුනු pathirunu

widen *v.* පළල් කරනවා palal karanawaa

widespread *adj.* පැතිරුනු pathirunu

widow *n.* වැන්දඹු ස්ත්‍රිය wandambu

sthriya
widower *n.* වැන්දඹු පුරුෂයා wan-dambu purushayaa
width *n.* පළල palala
wield *v.* ලෙලෙවනවා lelawanawaa
wife *n.* බිරිඳ birinda
wig *n.* බොරු කොණ්ඩය boru kondaya
wiggle *v.* පණුවෙකු මෙන් දඟලනවා panuweku men dangalanawaa
Wight *n.* පුද්ගලයා pudgalayaa
wigwam *n.* රතු ඉන්දියන් කාරයන්ගේ කුඩාරම rathu indiyan kaarayange kudaarama
wild *adj.* වනචාරී wanachaaree
wilderness *n.* වල් බිහිවූ ඉඩම wal bihiwu idama
wile *n.* කපටිකම kapatikama
wilful *adj.* මුරණ්ඩු murandu
will *v.* අධිෂ්ඨාන කරනවා adishtaana karanawaa
willing *adj.* සිය කැමැත්තෙන් කරන siya kamaththen karana
willingness *adj.* කැමැත්ත kamaththa
willow *n.* ගස් වර්ගයක් gas wargayak
wily *adj.* ප්‍රයෝගකාර prayogakaara
wimble *n.* කාන්තා තොප්පියක් kaantha thoppiyak
wimple *n.* මධ්‍ය කාලීන කාන්තා තොප්පියක් madya kaaleena kaanthaa thoppiyak
win *v.* ජය ගන්නවා jaya gannawaa
wince *v.* වේදනාවෙන් ඇකිලෙනවා wedanaawen akilenawaa
winch *n.* දබරය dabaraya
wind *n.* සුළඟ sulanga
windbag *n.* වාචාලයා waachaalaya
winder *n.* ඔතනය othanaya
windlass *n.* කරකවා ඔසවන යන්ත්‍රය karakawaa osawana yanthraya
windmill *n.* සුළං මෝල sulan mola
window *n.* ජනේලය janelaya
windy *adj.* සුළං සහිත sulan sahitha
wine *n.* වයින් wine
winery *n.* වයින් සාදන තැන wine saadana thana
wing *n.* පියාපත piyaapatha
wink *v.* ඇසිපිය ගහනවා asi piya gahanawaa
winkle *n.* කාවාටියා kaawaatiya
winner *n.* ජයග්‍රාහකයා jayaggraa-hakayaa
winning *adj.* සිත් ගන්නා sith gannaa
winnow *v.* හුළං කරනවා hulan karanawaa
winsome *adj.* මනරම් manaram
winter *n.* ශීත ඍතුව sheetha irthuwa
wintry *adj.* ශීත සුළඟ ඇති sheetha sulang athi
wipe *v.* පිසිනවා pisinawaa
wire *n.* කම්බිය kambiya
wireless *adj.* කම්බි නැති kambi nathi
wiring *n.* විදුලි රැහැන් ඇදීම widuli rahan adeema
wisdom *n.* ප්‍රඥාව pragnawa
wise *adj.* නුවණ ඇති nuwana athi
wish *v.* ප්‍රාර්ථනාව prarthanaawa
wishful *adj.* ප්‍රාර්ථනා කරන prarthanaa karana
wisp *n.* රොද roda
wisteria *n.* නිල් හෝදම් පාට මල් ඇති ලතා විශේෂයක් nil ho dam pata mal athi latha wisheshayak
wistful *adj.* කල්පනාවෙන් බර වූ kalpanawen bara wu

wit *n.* හස්‍ය රසය hasya rasaya
witch *n.* මායාකාරිය mayaakaariya
witchcraft *n.* මායා කර්මය mayaa karmaya
witchery *n.* මෝහනය mohanaya
with *prep.* සමඟ Samaga
withal *adv.* තවද thawada
withdraw *v.* අස් කර ගන්නවා as kara gannawa
withdrawal *n.* ඉවත් කර ගැනීම iwath kara ganeema
withe *n.* බන් වැල ban wala
wither *v.* තැවෙනවා thawenawa
withhold *v.* නොදී වළකනවා nodee walakanawa
within *prep.* ඇතුළත athulatha
without *prep.* පිටත pitatha
withstand *v.* යටත් නොවී සිටින yatath novee sitinawa
witless *adj.* අඥාන agnaana
witness *n.* සාක්ෂිකාරයා saakshi-karaya
witter *v.* සිනහ උපදවනවා sinaha upadawanawaa
witticism *n.* සිනහ උපදවන කියමන sinaha upadawana kiyamana
witty *adj.* කවට kawata
wizard *n.* මන්ත්‍රකාරයා manthra-karaya
wizened *adj.* ජරාවට ගියා jaraawata giya
woad *n.* නිල්වන් ආලේපයක් nilwan aalepayak
wobble *v.* පැත්තෙන් පැත්තට වැනෙනවා paththen paththata wanenawa
woe *n.* විපත wipatha
woeful *adj.* ඉතා දුක්මුසු ithaa dukmusu
wok *n.* තාච්චිය thaachchiya
wold *n.* ගස් කොළන් නැති හුණු ගල් ප්‍රදේශය gas kolan nathi hunu gal pradeshaya
wolf *n.* වෘකයා wurkayaa
woman *n.* ස්ත්‍රිය sthriya
womanhood *n.* ස්ත්‍රීත්වය sthreethwaya
womanize *v.* සල්ලාල ලෙස හැසිරෙනවා sallala lesa hasire-nawa
womb *n.* ගර්භාෂය garbaashaya
wonder *v.* පුදුමය pudumaya
wonderful *adj.* පුදුම සහිත puduma sahitha
wondrous *adj.* පුදුම එළවනසුලු puduma elawanasulu
wonky *adj.* වැනෙන wanena
wont *n.* සිරිත siritha
wonted *adj.* පුරුදු purudu
woo *v.* ආශා කරනවා ashaa karanawa
wood *n.* දැව dawa
wooded *adj.* ගස් කොළන් සහිත gas kolan sahitha
wooden *adj.* ලීයෙන් තැනූ leeyen thanu
woodland *n.* වන ලැහැබ wana lahaba
woof *n.* වෘකයාගේ බිරුම් හඬ wurkayange birum handa
woofer *n.* විශාල ශබ්ද විකාශන යන්ත්‍රය wishaala shabda wikaashana yanthraya
wool *n.* ලොම් රෙදි lom redi
woollen *adj.* ලොමින් සැදූ lomin sadu
woolly *adj.* ලොම් සහිත lom sahitha

woozy *adj.* සිහි මඳ sihi manda
word *n.* වචනය wachanaya
wording *n.* වචන යෙදූ අන්දම wachana yedu andama
wordy *adj.* බොහෝ වචන ඇති boho wachana athi
work *n.* කාර්යය kaaryaya
workable *adj.* වැඩට ගත හැකි wadata gatha haki
workaday *adj.* වැඩ කරන දිනය wada karana dinaya
worker *n.* සේවකයා sevakaya
working *n.* වැඩ කිරීම wada kireema
workman *n.* කර්මාන්තකරුවා karmanthakaruwa
workmanship *n.* කාර්මිකත්වය kaarmikathwaya
workshop *n.* වැඩපොළ wadapola
world *n.* ලෝකය lokaya
worldly *adj.* ලෞකික laukika
worm *n.* පණුවා panuwa
wormwood *n.* කොහොඹ kohomba
worried *adj.* කනස්සලු වූ kanassalu woo
worrisome *adj.* කනස්සල්ලෙන් kanassallen
worry *v.* වද වෙනවා wada wenawa
worse *adj.* වඩා නරක ලෙස wada naraka lesa
worsen *v.* වඩාත් නරක වෙනවා wadaath naraka wenawa
worship *n.* වැඳීම wandeema
worshipper *n.* ආගම අදහන්න aagama adahanna
worst *adj.* ඉතා නරක itha naraka
worsted *n.* රෙදි වර්ගයක් redi wargayak
worth *adj.* වටිනා watinaa
worthless *adj.* නොවටින nowatina
worthwhile *adj.* ප්‍රයෝජන සහිත prayojana sahitha
worthy *adj.* සුදුසු sudusu
would *v.* විය හැකි වෙනවා wiya haki wenawa
would-be *adj.* විය හැකි wiya haki
wound *n.* තුවාලය thuwaalaya
wrack *n.* විනාශය winaashaya
wraith *n.* අවතාරය awathaaraya
wrangle *n.* අඬදබර කරනවා andadabara karanawa
wrap *v.* ඔතනවා othanawa
wrapper *n.* වැස්ම wasma
wrath *n.* කෝපය kopaya
wreak *v.* පළිගන්නවා pali gannawa
wreath *n.* මල් වඩම mal wadama
wreathe *v.* වටේ දවටනවා wate dawatanawaa
wreck *n.* නෞකාභංගය naukaabhangaya
wreckage *n.* සුන්බුන් sunbun
wrecker *n.* කඩා බිඳ දමන්නා kada binda damanna
wren *n.* නාවුක හමුදාවේ සේවිකාව nawuka hamudaawe sewikaawa
wrench *v.* ඇද ගැනීම ada ganeema
wrest *v.* බලෙන් පැහැරගන්නවා balen paharagannawa
wrestle *v.* පොරබදිනවා porabadinawa
wrestler *n.* මල්ලවයා mallawaya
wretch *n.* කාලකණ්ණියා kaalakanniya
wretched *adj.* ඉතා අවාසනාවන්ත ithaa awaasanaawantha
wrick *v.* පෙරළා දමනවා peralaa damanawa

wriggle *v.* ඇඹරනෙවා ambarenawa

wring *v.* මහත් සේ රිදවනෙවා mahath
se ridawanawa

wrinkle *n.* ඉහිය ingiya

wrinkle *n.* කප්ටිකම kapatikama

wrist *n.* මැණික් කටුව manik katuwa

writ *n.* ආඥා පත්රය aagnaa pathraya

write *v.* ලියන්න liyanna

writer *n.* ලේඛකය lekakaya

writhe *v.* වෙදේන වනේ ඇඹරනෙවා
wedanawen ambarenawa

writing *n.* ලිවීම liweema

wrong *adj.* වැරදි waradi

wrongful *adj.* වැරදි සහිත waradi
sahitha

wry *adj.* ඇදවු ada wu

X

xenon *n.* බරථි නිෂ්ක්රීය වායුවක්
barathi nishkreeya waayuwak

xenophobia *n.* විදේශිකයන් නුරුස්න
බව wideshikayan nurusnaa bawa

Xerox *n.* සරෙ ෙක්ස්පිටපත්කරණය
xerox pitapathkaranaya

Xmas *n.* නත්තල naththala

x-ray *n.* x කිරණය x kiranaya

xylophagous *adj.* කෑස්යලගෙනෑ ගස්
xylophagous

xylophilous *adj.* කෑස්යලගෙලස්
xylophilous

xylophone *n.* කෑස්යලගෙ ෙනය
xylophonaya

yacht *n.* කුඩ යන්තුව kuda
yaathraawa

yachting *n.* යන්තර කිරීම yaathra
kireema

yachtsman *n.* ද්රෙ ෙ෨ී පදවන්න
droni padawanna

yak *n.* තිබ්බතයේ ෙ෪ක් ගවය
thibbathaye yak gawaya

yam *n.* වැලක අලය walaka alaya

yap *v.* බුරනවා buranawa

yard *n.* යාරය yaaraya

yarn *n.* කැටි නූල් kati nool

yashmak *n.* මුස්ලිම් කතුන් පොදු
ස්ථාන වලදී අදින මුහුණ වැස්ම
muslim kathun podu sthana
waladee andina muhunu wasma

yaw *v.* මහ වැරදි හැරෙනවා maga
waradee harenawa

yawn *v.* ඇනුම් අරිනවා aanum
arinawa

year *n.* වර්ෂය warshaya

yearly *adv.* වාර්ෂික warshika

yearn *v.* ප්රාර්ථන කරනවා prarthana
karanawa

yearning *n.* ප්රාර්ථන ව prarthanawa

yeast *n.* පැ ස්වීමේ ේක්රීය විලියට
සම්බන්ධ දීලිර වර්ගයක් pasaweeme
kriyawaliyata sambanda dileera
wargayak

yell *n.* මොරෙදනවා moradenawa

yellow *adj.* කහ පාට kaha paata

yelp *n.* උඩු බුරනවා udu buranawa

Yen *n.* ජපානයේ මුදල් ඒකකය
japanaye mudal ekakaya

yeoman *n.* සුළු ඉඩම් හිමි ගොවිය sulu
idam himi goviya

yes *excl.* එසේය eseya
yesterday *adv.* ඊයේ දවස iye dawasa
yet *adv.* තවම thawama
yeti *n.* හිමාලයේ හිම මිනිසා himalaye hima minisa
yew *n.* යූ ගස yew gasa
yield *v.* උපයා දෙනවා upayaa denawa
yob *n.* වැස්ම wasma
yodel *v.* ස්විස් කඳුකර වාසීන්ගේ ගායන ක්‍රමයක් swiss kandukara waasinge gaayana kramayak
yoga *n.* යෝග අභ්‍යාස ක්‍රමය yoga abyaasa kramaya
yogi *n.* යෝග ක්‍රම පිළිපදින්නා yoga krama pilipadinna
yogurt *n.* කිරි වලින් සාදන කෑමක් kiri walin sadana kaamak
yoke *n.* ඉඟ inga
yokel *n.* පිටිසරයා pitisaraya
yolk *n.* කහමදය kahamadaya
yonder *adj.* අර පෙනෙන තැන ara penena thana
yonks *n.* ඈත පෙනෙන aatha penena
yore *n.* ආදි කාලය aadi kaalaya
you *pron.* ඔබ oba
young *adj.* යෞවන් yowun
youngster *n.* ගැටවරයා gatawaraya
your *adj.* ඔබගේ obage
yourself *pron.* නුඹම numbama
youth *n.* තාරුණ්‍යය thaarunyaya
youthful *adj.* තරුණ tharuna
yowl *n.* සතෙකු වේදනාවෙන් කෑ ගැසීම satheku wedanawen kaa ga-seema
yummy *adj.* ප්‍රණීත praneetha

Z

zany *adj.* මොට්ටයා mottaya
zap *v.* පහර දෙනවා pahara denawa
zeal *n.* උද්‍යෝගය udyogaya
zealot *n.* අධික ලෙස උනන්දු වන්නා adika lesa unandu wannaa
zealous *adj.* අතිශය උද්‍යෝගී athishaya udyogi
zebra *n.* සීබ්‍රා zebra
zebra crossing *n.* පදිකයන් මාරු වන තැන padikayan maru vena thana
zenith *n.* ඉතා උස තැන ithaa us thana
zephyr *n.* මඳ පවන mada pawana
zero *adj.* ශුන්‍යය shunyaya
zest *n.* අභිරුචිය abhiruchiya
zigzag *n.* වංගු සහිත wangu sahitha
zilch *n.* වංගුව wanguwa
zinc *n.* තුත්තනාගම් thuththanagam
zing *n.* සීන්ග් හඬ zing handa
zip *n.* මහත් වේගය mahath wegaya
zircon *n.* මැණික් වර්ගයක් manik wargayak
zither *n.* තත් සහිත තූර්ය භාණ්ඩයක් thath sahitha thurya baandayak
zodiac *n.* රාශි චක්‍රය raashi chkraya
zombie *n.* පිල්ලිය pilliya
zonal *adj.* කලාපීය kalapeeya
zone *n.* කලාපය kalaapaya
zoo *n.* සත්වෝද්‍යානය sathwo-dyaanaya
zoological *adj.* සත්වවිද්‍යා sathwa vidyaa

zoologist *n.* සත්ව විද්‍යාවෙහි විශේෂඥයා sathwa vidyaavehi vishesagnaya

zoology *n.* සත්ව විද්‍යාව sathwa vidyaawa

zoom *v.* ශීඝ්‍ර ආරෝහණය sheegra aarohanaya

SINHALESE-ENGLISH

A

aaaryaawa ආර්යාව *n.* lady
aabaadhitha ආබාධිත *adj.* retarded
aabadaya ආබාධය *n.* ailment
aabarana ආභරණ *n.* jewellery
aachaara dharma ආචාර ධර්ම *n.* ethical
aachaara karanawa ආචාර කරනවා *v.* bow
aachaara karanawa ආචාර කරනවා *n.* greet
aachaara karanawaa ආචාර කරනවා *n.* salute
aachaara neethiya ආචාර නීතිය *n.* etiquette
aachaara samaachaarayehi yedunu ආචාර සමාචාරයෙහි යෙදුණු *adj.* ceremonious
aachaara widhiya ආචාර විධිය *n.* ethos
aachaarasampannakama ආචාරසම්පන්නකම *n.* politeness
aachaarasheelee ආචාරශීලි *adj.* courteous
aachaarasheeli ආචාරශීලි *adj.* complaisant
aachaarasheeli ආචාරශීලි *adj.* debonair
aachaarasheeli ආචාරශීලි *adj.* genteel
aachaaraya ආචාරය *n.* greeting
aachaaraya ආචාරය *n.* salutation
aachaariyaa ආචාරියා *n.* smith
aacharasheeli nowu ආචාරශීලි නොවූ *adj.* amoral
aachchi ආච්චි *n.* grandmother
aadaanaagaaraya ආදාහනාගාරය *n.* crematorium
aadaara wenawaa ආධාර වෙනවා *v.* tend
aadaayakaya ආදායකයා *n.* payee
aadaayama ආදායම *n.* revenue
aadaayama ආදායම *n.* takings
aadahanaya ආදාහනය *n.* cremation
aadahanaya karanawa ආදාහනය කරනවා *v.* cremate
aadambara ආඩම්බර *adj.* proud
aadambarakaaraya ආඩම්බරකාරයා *adj.* cavalier
aadambaraya ආඩම්බර *adj.* pompous
aadanaya ආදානය *n.* input
aadarakayak awashya ආධාරකයක් අවශ්‍ය *adj.* stuart
aadaraneeya ආදරණීය *adj.* amiable
aadaraneeya ආදරණීය *adj.* beloved
aadaraneeya ආදරණීය *adj.* lovable
aadarawanthaya ආදරවන්තයා *n.* fiancé
aadaraya ආදරය *n.* love
aadarsha geththama ආදර්ශ ගෙත්තම *n.* sampler
aadarsha paataya ආදර්ශ පාඨය *n.* motto
aadarshanaya ආදර්ශනය *n.* demonstration
aadarshanaya karanawa ආදර්ශනය කරනවා *v.* demonstrate
aadarshaya ආදර්ශය *n.* mould
aadarshaya ආදර්ශය *n.* representation
aadayama ආදායම *n.* income
aadee ආදි *adj.* quondam
aadeshakaya ආදේශකයා *n.* locum

aadeshakaya ආදේශකය *n.* substitute
aadeshanaya ආදේශනය *n.* replacement
aadeshaya ආදේශය *n.* substitution
aadhaanagraahiya ආධානග්‍රාහියා *n.* bigot
aadhaanawa ආධානය *n.* dogma
aadhaara karanawaa ආධාර කරනවා *v.* support
aadhaaraya ආධාරය *n.* backing
aadhipathyaya ආධිපත්‍යය *n.* supremacy
aadhunikaya ආධුනිකයා *n.* neophyte
aadhunikaya ආධුනිකයා *n.* novice
aadi kaalaya ආදි කාලය *n.* yore
aadikalpika ආදිකල්පික *adj.* primitive
aadipaada dewiya ආධිපාද දේවිය *n.* viscountess
aadipathya ආධිපත්‍යය *n.* hegemony
aadipathyaya ආධිපත්‍යය *n.* sceptre
aadithama ආදිතම *adj.* primeval
aadiwasika ආදිවාසික *adj.* aboriginal
aadiya ආදිය *adv.* et cetera
aadunika ආධුනික *adj.* junior
aadunikaya ආධුනිකයා *n.* amateur
aadunikaya ආධුනිකයා *n.* junior
aadyaathmika ආධ්‍යාත්මික *adj.* inner
aadyaathmika ආධ්‍යාත්මික *adj.* psychic
aadyaathmikathaawaya ආධ්‍යාත්මිකතාවය *n.* spirituality
aadyathaawaya ආඪ්‍යතාවය *n.* panache
aagama ආගම *n.* doctorate
aagama ආගම *n.* religion
aagama adahanna ආගම අදහන්නා *n.* worshipper
aagamanaya ආගමනය *n.* influx
aagamika ආගමික *adj.* religious
aagamika dharma granthaya ආගමික ධර්ම ග්‍රන්ථය *n.* scripture
aaganthuka ආගන්තුක *adj.* occasional
aaganthuka ආගන්තුක *adj.* intrusive
aaganthuka sathkaara karana ආගන්තුක සත්කාරක කරන *adj.* hospitable
aaganthuka sathkaara nokarana ආගන්තුක සත්කාර නොකරන *adj.* inhospitable
aaganthukaya ආගන්තුකයා *n.* visitor
aagnaa pathraya ආඥා පත්‍රය *n.* writ
aahaara paana ආහාර පාන *n.* victuals
aahaaraya ආහාරය *n.* diet
aahaaraya ආහාරය *n.* food
aahara gabadaawa ආහාර ගබඩාව *n.* larder
aahara paanadiya sapayanawaa ආහාර පානාදිය සපයනවා *v.* purvey
aahara pilibanda upades denna ආහාර පිළිබඳ උපදෙස් දෙන්නා *n.* dietitian
aahara wargayak ආහාර වර්ගයක් *n.* lasagne
aakaaraya ආකාරය *n.* semblance
aakaasha thalaya ආකාශ තලය *n.* aerospace
aakalana ආකලන *n.* additive
aakalpanaya ආකල්පනය *n.* presupposition

aakalpaya ආකල්පය *n.* attitude
aakaraya ආකා රය *n.* manner
aakarshanaya ආකර්ෂණය *v.* attract
aakarshanaya ආකර්ෂණය *v.* lure
aakarshanaya wenawa ආකර්ෂණය වෙනවා *v.* gravitate
aakasha sanchaaraya ආකා ශ සං චා රය *n.* aviation
aakoolathwaya ආකූලත්වය *n.* complication
aakramanaya ආක්‍රමණය *n.* incursion
aakramanaya ආක්‍රමණය *n.* inoculation
aakramanaya ආක්‍රමණය *n.* invasion
aakramanaya ආක්‍රමණය *n.* onset
aakramanaya karanawa ආක්‍රමණය කරනවා *v.* invade
aakramaniyaka ආක්‍රමණිකයා *n.* aggressor
aakramika dandanaya ආක්‍රමික දණ්ඩනය *n.* lynch
aakruthiya ආකෘතිය *n.* format
aakruthiya ආකෘතිය *n.* rudiment
aakyathaya ආඛ්‍යා තය *n.* saga
aalepanaya ආලේපනය *n.* balm
aalepanaya ආලේපය *v.* daub
aalepanaya ආලේපනය *n.* ointment
aalindaya ආලින්දය *n.* atrium
aalindaya ආලින්දය *n.* veranda
aalokanaya ආල ෝකනය *n.* lighting
aalokaya ආල ෝකය *n.* light
aalokaya winiwidha watena ආල ෝකය විනිවිද වැටෙන *adj.* translucent
aamaashaya pilibanda ආමා ශය පිළිබඳ *adj.* gastric
aamanthranaya ආමන්ත්‍රණය *n.* hail
aamawaathaya harinawa ආමවා තය හරිනවා *v.* blub
aamaya ආමය *n.* dyspepsia
aamlikathaawaya ආම්ලිකතා වය *n.* acidity
aampanna ආම්පන්න *n.* equipment
aampanna ආම්පන්න *n.* implement
aan baan karanawaa ආන් බා න් කරනවා *v.* subdue
aanama ආනම *n.* sauce
aananakaya ආනනකය *n.* inhaler
aanandaya ආනන්දය *n.* delectation
aanandaya ආනන්දය *n.* ecstasy
aanathiya ආනතිය *n.* inclination
aanayanakaru ආනයනකරු *n.* importer
aanayanaya karanawaa ආනයනය කරනවා *v.* import
aandinawa ඈඳිනවා *v.* attach
aandinawaa ඈඳිනවා *v.* copulate
aandolanaya ආන්දෝලනය *n.* spasm
aandoo ඇඳූ *adj.* articulate
aandukaaraya ආණ්ඩුකා රයා *n.* governor
aandukramaya ආණ්ඩුක්‍රමය *n.* polity
aandum ඇඳුම් *n.* attire
aanduwa ආණ්ඩුව *n.* government
aanduwe paalanayata pawaraa gannawa ආණ් ඩුවේ පා ලනයට පවරා ගන්නවා *v.* nationalize
aangnawa ආඥා ව *n.* behest
aanubhaawasampanna ආනුභා වසම් පන්න *adj.* imposing
aanubhaawaya ආනුභා වය *n.*

influence
aanum arinawa ඈනුම් අරිනවා *v.* yawn
aanuma ඈනුම *v.* gape
aanushayika ආනුශයික *adj.* latent
aapadawa ආපදාව *n.* calamity
aapana shaalaawa ආපන ශාලාව *n.* restaurant
aapana shaalaawehi paalakayaa ආපන ශාලාවෙහි පාලකයා *n.* restaurateur
aapana shaalawa ආපන ශාලාව *n.* cafe
aapassata ema ආපස්සට ඒම *n.* backlash
aapasu ආපසු *adj.* backward
aapasu ආපසු *adj.* retro
aapasu denawa ආපසු දෙනවා *v.* repay
aapasu ewuma ආපසු එවුම *n.* return
aapasu geweema ආපසු ගෙවීම *n.* repayment
aapasu labaaganeema ආපසු ලබාගැනීම *n.* recovery
aapasu labaagannawa ආපසු ලබාගන්නවා *v.* recover
aapasu nogewiya haki ආපසු නොගෙවිය හැකි *adj.* irredeemable
aapasu paminenawa ආපසු පැමිණෙනවා *v.* revert
aapasu paneema ආපසු පැනීම *v.* bounce
aapasu paniawa ආපසු පනිනවා *v.* rebound
aapasu samagi wenawaa ආපසු සමගි වෙනවා *v.* reunite
aaraadhanaawa ආරාධනාව *n.* courtship
aaraamaya ආරාමය *n.* monastery
aaradhana karanawa ආරාධනා කරනවා *v.* invite
aaradhanaawa ආරාධනාව *n.* invitation
aaraksha karanawa ආරක්ෂා කරනවා *v.* guard
aarakshaa kala haki ආරක්ෂා කළ හැකි *adj.* defensible
aarakshaa karanawa ආරක්ෂා කරනවා *v.* defend
aarakshaa karanawaa ආරක්ෂා කරනවා *v.* preserve
aarakshaa karanawaa ආරක්ෂා කරනවා *v.* protect
aarakshaawa ආරක්ෂාව *n.* bulwark
aarakshaawa ආරක්ෂාව *n.* protection
aarakshaawa ආරක්ෂාව *n.* rampart
aarakshaawa ආරක්ෂාව *n.* security
aarakshaawa ආරක්ෂාව *n.* tutelage
aarakshaawa salasagan-nawa ආරක්ෂාව සලසගන්නවා *v.* fend
aarakshaka ආරක්ෂක *n.* defence
aarakshaka ආරක්ෂක *adj.* defensive
aarakshaka ආරක්ෂක *adj.* precautionary
aarakshaka pirisa ආරක්ෂක පිරිස *n* bodyguard
aarakshaka salakilla ආරක්ෂක සැකිල්ල *n.* fairing
aarakshaka walallak yodagena ආරක්ෂක වළල්ලක් යොදාගෙන ඉන්නවා *v.* entrench
aarakshakaya ආරක්ෂකයා *n.* curator
aarakshakaya ආරක්ෂකයා *n.* patron

aarakshakayaa ආරක්ෂකයා *n.* custodian
aarakshitha ආරක්ෂිත *adj.* guarded
aarakshitha ආරක්ෂිත *adj.* protective
aarakshithaya ආරක්ෂිතය *n.* protectorate
aaramba karanawa ආරම්භ කරනවා *v.* found
aarambaka ආරම්භක *adj.* inaugural
aarambaka ආරම්භක *adj.* initial
aarambakayaa ආරම්භකයා *n.* starter
aarambaya ආරම්භය *n.* beginning
aarambaya ආරම්භය *n.* debut
aarambaya ආරම්භය *n.* inception
aarambaya ආරම්භය *n.* origin
aarambha kireema ආ රම්භ කිරීම *n.* resumption
aarambhaka ආරම්භක *adj.* elementary
aarambhaka ආරම්භක *adj.* nascent
aarambhaya ආරම්භය *n.* opening
aaranchi ආරංචි *n.* tidings
aaraula ආරවුල *n.* imbroglio
aaraula ආරවුල *n.* strife
aaraula ආරවුල *n.* turmoil
aarawula ආරවුල *n.* feud
aarawula ආරවුල *n.* hassle
aarawula ආරුවුල *n.* rumpus
aaraya ආරය *n.* heredity
aarechakaya ආරචේකය *n.* laxative
aarohakayaa ආර ෝහකයා *n.* rider
aarohanaya ආර ෝහණය *n.* staircase
aarooda karanawa ආරූ ඩ කරනවා *v.* impute
aaropanaya ආර ෝපණය *n.* charge
aaropanaya karanawa ආර ෝපණය කරනවා *v.* charge
aarthawaabaawaya ආර්තවා භා වය *n.* menopause
aarthika ආර්ථික *adj.* economic
aarthika widyaawa ආර්ථික විද් යා ව *n.* economics
aarthikaya ආර්ථිකය *n.* economy
aarukku peliya ආරු ක්කු පළේිය *n.* arcade
aarukkuwa ආරු ක්කුව *n.* arch
aarya ආර්ය *adj.* noble
aaryaawa ආර්යා ව *n.* dame
aasaathmika අසා ත්මික *adj.* allergic
aasaathmikathawaya අසා ත්මිකතා ව ය *n.* allergy
aasadanaya ආසා දනය *n.* infection
aasana athara maargaya ආසන අතර මා ර්ගය *n.* gangway
aasanaya ආසනය *n.* seat
aasanayen paha karanawaa ආසනයනේ පහ කරනවා *v.* unseat
aasathmika kaarakaya ආසා ත්මික කා රකය *n.* allergen
aasawanaya karanawa ආසවනය කරනවා *v.* distil
aascharya sampanna ආශ්චර්ය සම්පන්න *adj.* stupendous
aasewanaya ආසවේනය *n.* infusion
aasha karanawa ආශා කරනවා *v.* hanker
aashaa karanawa ආශා කරනවා *v.* covet
aashaa karanawa ආශා කරනවා *v.* relish
aashaawa ආශා ව *n.* desire
aashcharya ආශ්චර්ය *n.* miracle
aashcharya ආශ්චර්ය *n.*

phenomenon
aashcharya ආශ්චර්ය *adj.* prodigious
aashcharyajanaka ආශ්චර්යජනක *adj.* miraculous
aashcharyawath ආශ්චර්යවත් *adj.* p henomenal
aashirwaada karanawa ආශිර්වාද කරනවා *v.* bless
aashirwaadaathmaka ආශිර්වාදාත්මක *adj.* charismatic
aashirwaadaya ආශිර්වාදය *n.* blessing
aashwaasa karanawaa ආශ්වාස කරනවා *v.* inhale
aashwaasa kireema ආශ්වාස කිරීම *n.* inspiration
aashwaasha praashwaasa karanawa ආශ්වාස ප්‍රාශ්වාස කරනවා *v.* breathe
aasiri ආසිරි *n.* benediction
aasiyaanuwa ආසියානුවා *adj.* Asian
aaswaadaya ආස්වාදය *v.t.* savour
aatha ඈත *adv.* afar
aatha ඈත *adj.* distant
aatha ඈත *adv.* far
aatha ඈත *adj.* remote
aatha penena ඈත පෙනෙන *n.* yonks
aathathiya ආතතිය *n.* stress
aathathiya ආතතිය *n.* tension
aathin paya thabamin yanawaa ඈතින් තබමින් යනවා *v.* stride
aathma charithaya ආත්ම චරිතය *n.* autobiography
aathma naashaka ආත්ම නාශක *adj.* suicidal
aathma thruptha ආත්ම තෘප්තිය *adj.* smug
aathma wishwasaya ආත්ම විශ්වාසය *n.* aplomb
aathmaarthakaamee ආත්මාර්ථකාමී *adj.* selfish
aathmaarthakaamee nowana ආත්මාර්ථකාමී නොවන *adj.* unselfish
aathmagathaya ආත්මගතය *n.* monologue
aathmaraagaya ආත්මරාගය *n.* narcissism
aathmaya ආත්මය *n.* ego
aathmaya ආත්මය *n.* psyche
aathmaya ආත්මය *n.* soul
aathurayaa ආතුරයා *n.* valetudinarian
aawaranaya ආවරණය *n.* cladding
aawaranaya ආවරණය *n.* shroud
aawarna අවර්ණ *n.* colourless
aawarthitha ආවර්තිත *adj.* periodic
aawathewa kaarayaa ආවතේව කාරයා *n.* valet
aawathewakaarayaa ආවතේවකාරයා *n.* steward
aawathewakaru ආවතේවකරු *n.* chamberlain
aawegaya ආවේගය *n.* impulse
aawegee ආවේගී *adj.* impulsive
aawenika ආවේණික *adj.* inherent
aawilanaya ආවිලනය *v.* infuse
aawurthibheethikaawa ආවෘතිභීතිකාව *n.* claustrophobia
aayaachanaa karanawa ආයාචනා කරනවා *v.* plead
aayaachanaya ආයාචනය *v. t.* entreaty
aayaachnaa karanawwa ආයාචනා

කරනවා *v.* supplicate
aayachanaya ආයාචනය *n.* solicitation
aayathanaya ආයතනය *n.* institute
aayojanaya ආයෝජනය *n.* investment
aayojanaya karanawa ආයෝජනය කරනවා *v.t.* invest
aayubowan ආයුබෝවන් *interj.* farewell
aayubowan ආයුබෝවන් *excl.* goodbye
aayusha ganana ආයුෂ ගණක *n.* actuary
aba අබ *n.* mustard
abalan wenawaa අබලන් වෙනවා *v.* weaken
abalan wu අබලන් වූ *adj.* decrepit
abalan wu අබලන් වූ *adj.* moribund
abalan wu ashwaya අබලන් වූ අශ්වයා *n.* jade
abawya අභව්‍ය *adj.* unfit
abaya ඇබය *n.* stopper
abbagaathayaa අබ්බගාතයා *n.* cripple
abbahi weema ඇබ්බැහි වීම *n.* addiction
abhaawapraptha අභාවප්‍රාප්ත *adj.* deceased
abhaawaya අභාවය *n.* oblivion
abhawayata giya අභාවයට ගිය *adj.* obsolete
abhaya අභය *adj.* fearless
abheesaaree wenawa අභිසාරී වෙනවා *v.* converge
abhibhawanawaa අභිබවනවා *v.* vanquish
abhidarmaya අභිධර්මය *n.* metaphysics
abhidarmaya pilibanda woo අභිධර්මය පිළිබඳ වූ *adj.* metaphysical
abhilashaya අභිලාෂය *n.* ambition
abhimatha අභිමත *adj.* arbitrary
abhimatha අභිමත *adj.* desirable
abhimathakaranaya අභිමතකරණය *v.* customize
abhinandanaya අභිනන්දනය *n.* felicitation
abhiniweshanaya අභිනිවේශනය *n.* bigotry
abhipraaya අභිප්‍රාය *n.* intention
abhipraaya අභිප්‍රාය *n.* significance
abhirahas අභිරහස් *adj.* mysterious
abhirahasa අභිරහස *n.* mystery
abhiroopanaya අභිරූපණය *n.* pantomime
abhiroopika අභිරූපික *n.* mimic
abhiruchiya අභිරුචිය *n.* appetite
abhiruchiya අභිරුචිය *n.* zest
abhishaapa karanawa අභිශාප කරනවා *v.* denounce
abhishoonya අභිශූන්‍ය *adj.* null
abhiwurdiya අභිවෘද්ධිය *v.* uplift
abhiyachana අභියාචනාව *v.t.* appeal
abhiyoga karanawa අභියෝග කරනවා *v.* dare
abhiyogaya අභියෝගය *n.* challenge
abhyaasa අභ්‍යාස *n.* exercise
abimuwa අබිමුව *n.* facing
abin අබිං *n.* opium
abiththa ඇබිත්ත *n.* acolyte
abiththa ඇබිත්ත *n.* morsel
abiththa ඇබිත්ත *n.* smidgen
abiyogayata muhuna denna wu අභියෝගයට මුහුණ දෙන්නා වූ *adj.*

gamely
abootha අභූත *adj.* unfounded
abyanthara අභ්‍යන්තර *adj.* interior
abyanthara අභ්‍යන්තර *adj.* internal
abyanthara gatum අභ්‍යන්තර ගැටුම් *n.* infighting
abyanthara sambandakama අභ්‍යන්තර සම්බන්ධකම *n.* intranet
abyantharawa adahas huwa-maaru kara ganeema අභ්‍යන්තරව අදහස් හුවමාරු කර ගැනීම *n.* intercom
acetate ඇසිටේට් *n.* acetate
acetone ඇසිටෝන් *n.* acetone
achaarasheelee bhawaya ආචාරශීලී භාවය *n.* urbanity
achala අචල *adj.* constant
achala අචල *adv.* immovable
achala අචල *adj.* steadfast
achchaaru අච්චාරු *n.* pickle
achchu akuru amunannaa අච්චු අකුරු අමුණන්නා *n.* typesetter
achchuwa අච්චුව *n.* template
achinthya අචින්ත්‍ය *adj.* unthinkable
actinium ඇක්ටිනියම් *n.* actinium
ada අද *adv.* today
ada ganeema ඇද ගැනීම *n.* attraction
ada ganeema ඇද ගැනීම *v.* wrench
ada gannawa ඇද ගන්නවා *v.* contort
ada gannawa ඇද ගන්නවා *v.t.* extract
ada karanawa ඇද කරනවා *v.* jeer
ada ninda අඩ නින්ද *n.* nap
ada raa අද රෑ *adv.* tonight
ada wu ඇද වූ *adj.* wry
adaala අදාළ *adj.* applicable
adaala nowana අදාළ නොවන *adj.* inapplicable
adaala nowu අදාළ නොවූ *adj.* irrelevant
adaala wana අදාළ වන *adj.* germane
adaalathaawa අදාළතාව *n.* relevance
adaalawa pawathinawa අදාළව පවතිනවා *v.* pertain
adaganeeme balaya ඇදගැනීමේ බලය *n.* gravitas
adagena yaama ඇදගෙන යාම *n.* traction
adahas karanawa අදහස් කරනවා *v.* contemplate
adahas karanawaa අදහස් කරනවා *v.* intend
adahas wimasanawa අදහස් විමසනවා *v.* consult
adaheema ඇදහීම *n.* cult
adaheema ඇදහීම *n.* devotion
adahilla ඇදහිල්ල *n.* creed
adahiya nohaki ඇදහිය නොහැකි *adj.* implausible
adahiya yuthu ඇදහිය යුතු *adj.* credible
adairyaya karanawa අධෛර්යය කරනවා *v.* deject
adairyaya kireema අධෛර්යය කිරීම *n.* dejection
adak raajya anshayata ayath raajya aayathana walin moolyaadaara අඩක් රාජ්‍ය අංශයට අයත් රාජ්‍ය ආයතන වලින් මූල්‍යාධාර *n.* quango
adaksha අදක්ෂ *adj.* amateurish
adaksha අදක්ෂ *adj.* incompetent
adaksha අදක්ෂ *adj.* inefficient

adaksha අදක්ෂ *adj.* unskilled
adama අධම *adj.* menial
adama අධම *adj.* sordid
adama අදම *adj.* vile
adamaana අඩමාන *adj.* unbalanced
adamaanaya අඩමානය *n. &v.* conjecture
adambara ආඩම්බර *adj.* vainglorious
adangu de අඩංගු දේ *n.* component
adangu karanawaa අඩංගු කරනවා *v.* include
adangu kireema අඩංගු කිරීම *n.* inclusion
adanguwa thibenawa අඩංගුව තිබෙනවා *v.t.* contain
adaninda අඩනින්ද *v. i* doze
adarayen piliganeema ආදරයෙන් පිළිගන්නවා *n.* welcome
adasanda අඩසඳ *n.* crescent
adata ඇදට *adv.* awry
adaththettam karanawaa අඩත්තේට්ටම් කරනවා *n.* manhandle
adaththettam karanawaa අඩත්තේට්ටම් කරනවා *v.* mishandle
adawal අඩවල් *adv.* ajar
adbhootha de අද්භූත දේ *n.* prodigy
adbootha අද්භූත *adj.* weird
addara අද්දර *n.* verge
addara pihiti අද්දර පිහිටි *adj.* marginal
adeekshaka අධීක්ෂක *n.* supervisor
adeekshanaya අධීක්ෂණය *n.* supervision
adeekshanaya karanawaa අධීක්ෂණය කරනවා *v.* supervise
adena ඇදෙන *adj.* elastic
adenawa ඇදෙනවා *v.* dilate
adewawaadiya අදේවවාදියා *n.* atheist
adhagena yanawaa ඇදගෙන යනවා *v.* tug
adhairyaya karanawaa අධෛර්යය කරනවා *v.* discourage
adhama අධම *adj.* abject
adhama අධම *adj.* despicable
adhama අධම *adj.* ignoble
adhama sthree අධම ස්ත්‍රී *n.* slut
adhamaya අධමයා *n.* cad
adharaayanaya අධරායනය *n.* subordination
adhi අධි *prep.* above
adhi aaropanaya අධි ආරෝපණය *v.* overcharge
adhi aathathiya අධි ආතතිය *n.* hypertension
adhi baddha අධි බද්ද *n.* surtax
adhi bakthimath අධි භක්තිමත් *adj.* saintly
adhi chodanaa karanawaa අධි චෝදනා කරනවා *v.* indict
adhi chodanaawa අධි චෝදනාව *n.* indictment
adhi gambeera handa අධි ගාම්භීර හඬ *adj.* stentorian
adhi swaabaawika අධි ස්වාභාවික *adj.* supernatural
adhika අධික *adj.* excessive
adhika අධික *n.* more
adhika අධික *adj.* profound
adhika අධික *adj.* redundant
adhika agayak athwanawa අධික අගයක් අත්වනවා *v.* overrate
adhika bara patawanawaa අධික බර පටවනවා *v.* overburden
adhika lesa අධික ලෙස *adv.* overly

adhika lesa wadunu අධික ලෙස වැඩුණු *adj.* overgrown
adhika lesa wehesenawaa අධික ලෙස වෙහෙසෙනෙවා *v.* overdo
adhika lesa wiyadam karana අධික ලෙස වියදම් කරන *adj.* lavish
adhika preethiya අධික ප්‍රීතිය *n.* rapture
adhika premaya අධික ප්‍රේමය *n.* infatuation
adhikaariya අධිකාරිය *n.* authority
adhikarana අධිකරණ *adj.* forensic
adhikathwaya අධිකත්වය *n.* glut
adhikathwaya අධිකත්වය *n.* profundity
adhikathwaya අධිකත්වය *n.* redundancy
adhikathwaya අධිකත්වය *n.* superfluity
adhikawa අධිකව *adj.* deep
adhikawa pawathinawa අධිකව පවතිනවා *v.i.* abound
adhimurjaawa අධිමූර්ජාව *n.* coma
adhineethigna අධිනීතිඥ *n.* advocate
adhineethignia අධිනීතිඥයා *n.* barrister
adhipathi අධිපති *n.* ruling
adhipathiya අධිපතියා *n.* monarch
adhiraajya අධිරාජ්‍යය *n.* empire
adhiraajyawaadaya අධිරාජ්‍යවාදය *n.* imperialism
adhiraajyaya අධිරාජ්‍යයා *n.* emperor
adhiraaniya අධිරානිය *n.* empress
adhishoshanaya karanawa අධිශෝෂණය කරනවා *v.* adsorb
adhishtaanaya අධිෂ්ඨානය *v. t* determination
adhisthaapanaya karanawaa අධිස්ථාපනය කරනවා *v.* superimpose
adhithakseru karanawaa අධිතක්සේරු කරනවා *v.* overestimate
adhiwega maargaya අධිවේග මාර්ගය *n.* speedway
adhyaapanaya අධ්‍යාපනය *n.* education
adhyakshaka අධ්‍යක්ෂක *n.* director
adi gaseema අඩි ගැසීම *n.* binge
adi thabaa yanawaa අඩි තබා යනවා *v.* tread
adika අධික *pref.* ultra
adika baawum athi අධික බෑවුම් ඇති *adj.* steep
adika lesa pengunu අධික ලෙස පෙඟුණු *adj.* sodden
adika lesa unandu wannaa අධික ලෙස උනන්දු වන්නා *n.* zealot
adika poliya අධික පොලිය *n.* usury
adikaranaya අධිකරණය *n.* judiciary
adikathwaya අධිකත්වය *n.* preponderance
adinawa අදිනවා *v. t* drag
adinawaa අදිනවා *v.* pull
adiprakaashaya අධිප්‍රකාශය *n.* manifesto
adishtaana karanawaa අධිෂ්ඨාන කරනවා *v.* will
adiya අඩිය *n.* bottom
adiya අඩිය *n.* foot
adiyaawa අඩියාව *n.* footage
adooshya අදූෂ්‍ය *adj.* incorruptible
adraawya අද්‍රාව්‍ය *adj.* insoluble
adrushyamaana අදෘශ්‍යමාන *adj.* invisible

adu අඩු *adj. & pron.* less
adu kara dakwanawaa අඩු කර දක්වනවා *v.* understate
adu karanawa අඩු කරනවා *v.* deduct
adu karanawa අඩු කරනවා *v.* reduce
adu karanawaa අඩු කරනවා *v.* subtract
adu kireema අඩු කිරීම *n.* abbreviation
adu kireema අඩු කිරීම *n.* deduction
adu kireema අඩු කිරීම *n.* reduction
adu kireema අඩු කිරීම *n.* subtraction
adu kota dakwanawaa අඩු කොට දක්වනවා *v.* mince
adu luhundukama අඩු ලුහුඬුකම *n.* shortcoming
adu paaduwa අඩු පාඩුව *n.* defect
adu pramaanaya අඩු ප්‍රමාණය *n.* shortage
adu rudira peedanaya අඩු රුධිර පීඩනය *n.* hypotension
adu wadi wenawa අඩු වැඩි වෙනවා *v.* fluctuate
adu wadiya අඩු වැඩිය *n.* stuff
adu wenawa අඩු වෙනවා *v.* decrease
adu wenawa අඩු වෙනවා *v.* diminish
adu wenawa අඩු වෙනවා *n.* ebb
aduthata අඩුතර *adj.* reductive
aduwa අඩුව *n.* shortfall
aduwen mila thakseru karanawa අඩුවෙන් මිල තක්සේරු කරනවා *v.* underrate
aduwen thakseru karanawaa අඩුවෙන් තක්සේරු කරනවා *v.* underestimate
adwitheeya අද්විතීය *adj.* inimitable
adyaathmika ආධ්‍යාත්මික *adj.* spiritual
aga අග *n.* acme
agaadha අගාධ *adj.* abysmal
agahingakama අගහිඟකම *n.* privation
agala අගල *n.* ditch
agala අගල *n.* gutter
agala අගල *n.* moat
agala අගල *n.* trench
aganaa අගනා *adj.* enviable
aganuwara අගනුවර *n.* capital
aganuwara අගනුවර *n.* metropolis
agasthi අගස්ති *n.* agate
agasthi wargayak අගස්ති වර්ගයක් *n.* onyx
agathi sahitha අගති සහිත *adj.* biased
agathi sahitha අගති සහිත *adj.* tendentious
agathigaamee අගතිගාමී *adj.* insular
agathigaamee අගතිගාමී *adj.* prejudicial
agathiya අගතිය *n.* bias
agathiya අගතිය *n.* perversity
agathiya අගතිය *n.* prejudice
agathiyata yanawaa අගතියට යනවා *v.* prejudge
agaurawaya අගෞරවය *n.* disrespect
agaya අගය *n.* value
agaya aduweema අගය අඩුවීම *n.* depreciation
agaya karanawa අගය කරනවා *v.* admire
agaya kireema අගය කිරීම *n.* admiration

agaya kota salakanawa අගය කොට සළකනවා *v.* appreciate
agayak nathi dewal අගයක් නැති දේවල් *n.* trivia
agayanawa අගයනවා *v. i* evaluate
agayuma ඇගයුම *n.* assessment
agayuma ඇගයුම *n.* rating
age de ඇගේ දේ *pron.* hers
age ma ඇගේම *pron.* herself
agnaana අඥාන *adj.* ignorant
agnaana අඥාන *adj.* mindless
agnaana අඥාන *adj.* witless
agnana අඥාන *adj.* unwise
agni maanikyaya අග්නිමාණික්‍යය *n.* opal
agniyasaya අග්න්‍යාසය *n.* pancreas
agosthu අගෝස්තු *n* August
agra අග්‍ර *adj.* foremost
agra අග්‍ර *adj.* premier
agrakruthiya අග්‍රකෘතිය *n.* masterpiece
agraraajaguru prasaadithana අග්‍රරාජගුරු ප්‍රසාදිතැන *n.* primate
agul bolaya අගුල් බෝලය *n.* knob
agula අගුල *n.* latch
agula අගුල *n.* lock
aguna kiyanawa අගුණ කියනවා *v.* detract
ahakata harawanawa අහකට හරවනවා *v. t* divert
ahakin අහකින් *adj.* aloof
ahamben ahenawaa අහම්බෙන් ඇහෙනවා *v.* overhear
ahamben athi wana අහම්බෙන් ඇති වන *adj.* haphazard
ahambu අහඹු *adj.* accidental
ahambu lesa අහඹු ලෙස *adj.* random
ahanawaa අහනවා *v.* listen
ahankaara අහංකාර *adj.* bossy
ahankaara අහංකාර *adj.* haughty
ahankaara අහංකාර *adj.* insolent
ahankaara අහංකාර *adj.* lordly
ahankaara අහංකාර *adj.* overbearing
ahankaara අහංකාර *adj.* overweening
ahankaara අහංකාර *adj.* vain
ahankaara lesa hasirenawa අහංකාර ලෙස හැසිරෙනවා *v.* perk
ahankaara ugathaa අහංකාර උගතා *n.* pedagogue
ahankaarakama අහංකාරකම *n.* insolence
ahankaaraya අහංකාරය *n.* arrogance
ahankaaraya අහංකාරය *n.* egotism
ahas kambiya අහස් කම්බිය *n.* aerial
ahas yaanaya අහස් යානය *n.* aircraft
ahas yaathraanganaya අහස් යාත්‍රාංගනය *n.* hangar
ahasa අහස *n.* sky
ahasata piyaasara karanawaa අහසට පියාසර කරනවා *v.i.* soar
ahawara karanawa අහවර කරනවා *v.* finish
ahethuwa අහේතුව *n.* misadventure
ahethuwa අහේතුව *n.* mischance
ahikuntakayaa අහිකුණ්ටකයා *n.* gypsy
ahimi karanawa අහිමි කරනවා *v.* confiscate
ahimi karanawa අහිමි කරනවා *v.* deprive
ahimi karanawa අහිමි කරනවා *v.* dispossess

ahimi kireema අහිමි කිරීම *n.* confiscation
ahimikaranaya අහිමිකරණය *v.* forfeit
ahinda gannawa ඇහිඳ ගන්නවා *v.* glean
ahinda kanawa ඇහිඳ කනවා *v.* graze
ahinda kanawa ඇහිඳ කනවා *v.i.* peck
ahindagath de ඇහිඳගත් දේ *n.* pickings
ahinsaka අහිංසක *adj.* harmless
ahinsaka අහිංසක *adj.* innocent
ahinsaka winaya paramaartha kotagath kristhiyaani nikaaya අහිංසක විනය පරමාර්ථ කොටගත් ක්‍රිස්තියානි නිකාය *n.* quaker
ahinsakathwaya අහිංසකත්වය *n.* innocence
aho අහෝ *conj.* alas
ahosi kala haki අහෝසි කළ හැකි *adj.* revocable
ahosi karanawa අහෝසි කරනවා *v.t* abolish
ahosi karanawa අහෝසි කරනවා *v.* nullify
ahosi kireema අහෝසි කිරීම *n.* revocation
ahumkan denawaa ඇහුම්කන් දෙනවා *v.* hark
ahurunu ඇහුරුණු *adj.* poky
ain karanawaa අයින් කරනවා *v.* shunt
ais damoo saruwath අයිස් දැමූ සරුවත් *n.* sorbet
aithamaya අයිතමය *n.* item
aithi wenawa අයිති වෙනවා *v.* belong
aithihaasika ඓතිහාසික *adj.* historic
aithiwa sitinawa අයිතිව සිටිනවා *v.* possess
aithiwaasikam athaharinawaa අයිතිවාසිකම් අතහරිනවා *v.* waive
aithiwasikam අයිතිවාසිකම් *n.* belongings
aithiya අයිතිය *v.* claim
aithiya ath harinawaa අයිතිය අත්හරිනවා *v.* surrender
ajeeranaya අජීරණය *n.* indigestion
ajeewa අජීව *adj.* lifeless
ak werala අක් වෙරළ *adj.* offshore
akaala අකාල *adj.* untimely
akaaradi අකාරාදි *adj.* alphabetical
akaaradiya අකාරාදිය *n.* lexicon
akaarunika අකාරුණික *adj.* unkind
akaarunya අකාරුණ්‍ය *adj.* pitiless
akal අකල් *adj.* premature
akalya අකල්‍ය *adj.* morbid
akamathi wenawa අකමැති වෙනවා *v.* dislike
akanda අඛණ්ඩ *adj.* continual
akanda අඛණ්ඩ *adj.* continuous
akanda අඛණ්ඩ *adj.* nonstop
akarathabbaya අකරතැබ්බය *n.* dilemma
akarathabbaya අකරතැබ්බය *n.* mishap
akarathabbaya අකරතැබ්බය *n.* snag
akarmaka අකර්මක *adj.* intransitive
akarunaawantha අකරුණාවන්ත *adj.* uncharitable
akaya ඇකය *n.* lap
akeekaru අකීකරු *adj.* disobedient
akeekaru අකීකරු *adj.* insubordinate
akeekaru wenawa අකීකරු වෙනවා *v.* defy

akeekaru wenawa අකීකරු වෙනවා *v.* disobey
akeekarukama අකීකරු කම *n.* insubordination
akilee rali watenawaa ඇකිලී රැලි වැටෙනවා *v.* shrivel
akileema ඇකිලීම *n.* shrinkage
akilenawa ඇකිලෙනවා *v.* flinch
akilenawaa ඇකිලෙනවා *v.* shrink
akilenawaa ඇකිලෙනවා *v.* warp
akkaraya අක්කරය *n.* acre
akmaawa අක්මාව *n.* liver
akramika අක්‍රමික *adj.* anomalous
akramikathawaya අක්‍රමිකතාව *n.* anomaly
akreeya අක්‍රිය *adj.* passive
akriya අක්‍රිය *adj.* inactive
aksha danda අක්ෂ දණ්ඩ *n.* axle
akshaanshaya අක්ෂාංශය *n.* latitude
akshara pariwarthanaya karanawaa අක්ෂර පරිවර්තනය කරනවා *v.* transliterate
akshara sambanda අක්ෂර සම්බන්ධ *adj.* syllabic
akshara winyaasaya අක්ෂර වින්‍යාසය *n.* spelling
akshara winyaasaya dakwanawaa අක්ෂර වින්‍යාසය දක්වනවා *v.t.* spell
aksharasankaraya අක්ෂරසංකරය *n.* monogram
aksharaya අක්ෂරය *n.* syllable
akshaya අක්ෂය *n.* axis
akshiya අක්ෂිය *adj.* ocular
akuna අකුණ *n.* bolt
akuna අකුණ *n.* lightening
akuna අකුණ *n.* thunder
akuru amunanna අකුරු අමුණන්න *n.* compositor
akuru waradawaa liyanawa අකුරු වරදවා ලියනවා *v.* misspell
akusalaya අකුසලය *n* demerit
al marunu ඇල් මැරුණු *adj.* lukewarm
al marunu ඇල් මැරුණු *adj.* tepid
ala ඇළ *n.* canal
ala අල *n.* potato
ala akuru ඇල අකුරු *adj.* italic
ala hadaya ඇල හැඩය *n.* bevel
ala karanawa ඇල කරනවා *v.* incline
ala karanawa ඇල කරනවා *v.* recline
ala karat gaana upakaranaya අල කැරට් ගාන උපකරණය *n.* grater
ala wenawa ඇල වෙනවා *v.* skew
ala wenawaa ඇල වෙනවා *v.* tilt
ala wu ඇලවූ *adj.* oblique
ala wuu ඇලවූ *adj.* recumbent
alaabahaani kireeme warada අලාභහානි කිරීමේ වරද *n.* tort
alaabaya අලාබය *n.* loss
alaabhaya අලාභය *v. t.* decrement
alankaara අලංකාර *adj.* beautiful
alankaara karanawa අලංකාර කරනවා *v.* beautify
alankaara karanawa අලංකාර කරනවා *adj.* elaborate
alankaara karanawaa අලංකාර කරනවා *v.* liven
alankaara kramaya අලංකාර ක්‍රමය *n.* decor
alankaara nowoo shabda rasaya අලංකාර නොවූ ශබ්ද රසය *v.* alliterate
alankaara shaasthraya අලංකාර ශාස්ත්‍රය *n.* rhetoric
alankaara thuruliya අලංකාර

තුරුලිය *v.t.* greenery
alankaaraya අලංකාරය *n.* elegance
alankaaraya අලංකාරය *n.* ornamentation
alankaaraya අලංකාරය *n.* pomp
alankaaraya අලංකාරය *n.* prettiness
alankruta අලංකෘත *adj.* ornate
alasa අලස *adj.* idle
alasa අලස *adj.* otiose
alasa අලස *adj.* shiftless
alasa bawa අලස බව *n.* lethargy
alasakama අලසකම *n.* idleness
alasakama අලසකම *n.* inaction
alasakamin kal gewanawa අලසකමින් කල් ගෙවනවා *v.* laze
alasayaa අලසයා *n.* idler
alasayaa අලසයා *n.* laggard
alasayaa අලසයා *n.* truant
alaukika අලෞකික *adj.* unworldly
alawa thibenawa ඇලව තිබෙනවා *v.t.* retreat
alawa thibennata salaswanawaa ඇලව තිබෙන්නට සලස්වනවා *v.* slope
alaya ඇලය *n.* cant
albamaya ඇල්බමය *n* album
aleema ඇලීම *n.* adherence
aleema ඇලීම *n.* cohesion
alena ඇලෙන *adj.* clammy
alena ඇලෙන *adj.* cohesive
alena ඇලෙන *adj.* sticky
alena sulu ඇලෙන සුලු *adj.* tacky
alena sulu ඇලෙන සුලු *adj.* viscous
alenawa ඇලෙනවා *n.* addict
aleta lissa yanawaa ඇලෙට ලිස්සා යනවා *v.* skid
aleta thabanawaa ඇලෙට තබනවා *v.* slant
alewi karu අලෙවි කරු *n.* salesman
alewikaranaya අලෙවිකරණය *n.* marketing
alewiya අලෙවිය *adj.* disposable
alewiya අලෙවිය *n.* sale
alfa ඇල්ෆා *n.* alpha
aligatapera අලිගැටපේර *n.* avocado
alingika අලිංගික *adj.* asexual
alla ganeema අල්ල ගැනීම *n.* apprehension
alla gannawa අල්ල ගන්නවා *v.* catch
alla gannawa අල්ල ගන්නවා *v.* clench
allaa ganeema අල්ලා ගැනීම *n.* seizure
allaagannawa අල්ලා ගන්නවා *v.i.* retain
allaagatha nohaki අල්ලා ගත නොහැකි *adj.* elusive
allaasaya අල්ලාසය *n.* euphoria
allagath අල්ලාගත් *n.* captive
allanawa අල්ලනවා *v.t* hold
allasa අල්ලස *v. t.* bribe
allasa අල්ලස *n.* graft
alleema ඇල්ලීම *v.* capture
allen thattamata gahanawaa අල්ලෙන් තට්ටමට ගහනවා *v.* spank
alma ඇල්ම *n.* partiality
alma ඇල්ම *n.* proclivity
almaariya අල්මාරිය *n.* cabinet
alnkaarawath අලංකාරවත් *adj.* ornamental
alpeniththa අල්පෙනෙත්ත *n.* pin
altharaya අල්තාරය *n.* altar
alu අළු *n.* ash
alu අළු *n.* grey
aluminium ඇලුමිනියම් *n.* aluminium

alunu ඇලුණු *adj.* addicted

aluth de අලුත් දේ *n.* novelty

aluth pohosatha අලුත් පොහොසතා *n.* upstart

aluth thanakata yanawaa අලුත් තැනකට යනවා *v.* relocate

aluthen අලුතෙන් *adv.* newly

aluthen sapayanawa අලුතෙන් සපයනවා *v.* refit

aluthin අලුතින් *adv.* afresh

aluthwadiya karanawa අලුත්වැඩියා කරනවා *v.* mend

aluthwadiyaa kara sakas karagannawa අලුත්වැඩියා කර සකස් කරගන්නවා *v.* recondition

aluthwadiyaa karanawa අලුත්වැඩියා කරනවා *v.* renew

aluthwadiyaa karanawa අලුත්වැඩියා කරනවා *n.* renovate

aluthwadiyaawa අලුත්වැඩියාව *n.* renovation

aluwa අලුව *n.* loom

aluyama අලුයම *n.* dawn

ama ඇම *n.* bait

amaaru අමාරු *adj.* hard

amaaru diga gamana අමාරු දිග ගමන *n.* trek

amaaru jayagannawaa අමාරු ජයගන්නවා *v.* surmount

amaaru kriyaa kireema අමාරු ක්‍රියා කිරීම *v.* stunt

amaaruwa අමාරුව *n.* hardship

amaaruwata path karanawaa අමාරුවට පත් කරනවා *v.i.* straiten

amaaruwen අමාරුවෙන් *adv.* hardly

amaaruwen arinawaa අමාරුවෙන් අරිනවා *v.* pry

amaaruwen awidinawaa අමාරුවෙන් ඇවිදිනවා *v.* trudge

amaaruwen iwasaa sitina අමාරුවෙන් ඉවසා සිටින *adj.* tense

amaaruwen kriya karanawa අමාරුවෙන් ක්‍රියා කරනවා *v.* flounder

amaaruwen nahayen husma gannawaa අමාරුවෙන් නහයෙන් හුස්ම ගන්නවා *v.* snuffle

amaathya අමාත්‍ය *adj.* ministerial

amaathyaanshaya අමාත්‍යාංශය *n.* ministry

amaathyadhooraya අමාත්‍යධූරය *n.* portfolio

amaddyapa අමද්‍යප *adj.* teetotal

amana අමන *adj.* vacuous

amanaapa sahitha අමනාප සහිත *n.* icy

amanaapaya අමනාපය *n.* disapproval

amanaapaya අමනාපය *n.* dudgeon

amanaapaya අමනාපය *n.* offence

amanaapaya අමනාපය *n.* reluctance

amanaapaya අමනාපය *n.* resentment

amanaapaya prakaasha karanawa අමනාපය ප්‍රකාශ කරනවා *v.i.* grunt

amanaya අමනයා *n.* berk

amaraneeya අමරණීය *adj.* immortal

amaraneeya අමරණීය *adj.* undying

amaraneeya bawata pamunuwanawa අමරණීය බවට පමුණුවනවා *v.* immortalize

amaruwen awidinawaa අමාරුවෙන් ඇවිදින්නා *v.* traipse

amathaka kala nohaki අමතක කල

නොහැකි *adj.* unforgettable

amathaka karanawa අමතක කරනවා *v.* forget

amathanawa අමතනවා *v.* call

amathara අමතර *adj.* additional

amathara අමතර *adj.* spare

amathara deya අමතර දෙය *n.* adjunct

amathara iganweema අමතර ඉගැන්වීම *n.* tuition

amathi ඇමති *n.* minister

amba අඹ *n.* mango

ambaranawa අඹරනවා *v.* grind

ambarenawa ඇඹරෙනවා *v.* wriggle

ambarum yanthraya ඇඹරුම් යන්ත්‍රය *n.* grinder

ambul ඇඹුල් *adj.* sour

ambul rasathi ඇඹුල් රසැති *adj.* citric

ambusamiyanse jeewath wenawa අඹුසැමියන් සජීවත් වෙනවා *v.* cohabit

amihiri අමිහිරි *adj.* cloying

amihiri අමිහිරි *adj.* pungent

amihiri අමිහිරි *adj.* strident

amila අමිල *adj.* invaluable

amila අමිල *adj.* priceless

amisra අමිශ්‍ර *adj.* unadulterated

amithuru අමිතුරු *adj.* inimical

amlaya අම්ලය *n.* acid

amma අම්මා *n.* mother

amma අම්මා *n.* mum

amoolika අමූලික *adj.* groundless

ampiyaraya ඇම්පියරය *n.* ampere

amu අමු *adj.* raw

amu drawya අමු ද්‍රව්‍ය *n.* staple

amula අමුල *adj.* baseless

amuna අමුණ *n.* embankment

amuna අමුණ *n.* weir

amunanawa අමුණනවා *v.* append

amunanawa අමුණනවා *v.* hitch

amunuma ඇමුණුම *n.* attachment

amurthaya අමෘතය *n.* ambrosia

amuth අමුත් *adj.* peculiar

amuththa අමුත්තා *n.* guest

amuththa අමුත්ත *n.* stranger

amuththan piliganna shaalaawa අමුත්තන් පිළිගන්න ශාලාව *n.* salon

amuthu අමුතු *adj.* fey

amuthu අමුතු *adj.* odd

amuthu අමුතු *adj.* strange

amuthu gathi athi අමුතු ගති ඇති *adj.* queer

amuthu krama athikaranawa අමුතු ක්‍රම ඇතිකරනවා *v.* innovate

amuthuwen අමුතුවෙන් *adv.* anew

an අං *n.* horn

an sathu karanawa අන් සතු කරනවා *v.i.* alienate

an thattuwa අං තට්ටුව *n.* antler

ana dena අණ දෙන *adj.* imperative

ana denna අණ දෙන්නා *n.* commandant

ana hitinawa ඇන හිටිනවා *v.* cease

ana karanawa අණ කරනවා *adj.* dictate

anaachaara අනාචාර *adj.* licentious

anaachaaraya අනාචාරය *n.* adultery

anaachaaraya අනාචාරය *n.* misdemeanour

anaagatha අනාගත *adj.* forthcoming

anaagatha අනාගතය *n.* future

anaagatha අනාගත *adj.* prospective

anaagatha gnaanaya අනාගත ඥානය *n.* foreknowledge

anaagatha waakyaya අනාගත වාක්‍යය *n.* prophecy

anaagathaya dakwana upakaaraka kriyaa padayak අනා ගතය දක්වන උපකා රක ක්‍රියා පදයක් *v.* shall

anaagathaya heli karana අනා ගතය හෙළි කරන *adj.* prophetic

anaarakshaka අනා රක්ෂක *adj.* indefensible

anaarakshitha අනා රක්ෂිත *adj.* insecure

anaarakshithabhaawaya අනා රක්ෂිතභා වය *n.* insecurity

anaatha අනා ථ *adj.* forlorn

anaatha daruwaa අනා ත දරු වා *n.* waif

anaatha niwaasaya අනා ථ නිවා සය *n.* orphanage

anaathayaa අනා ථයා *n.* orphan

anaathayaa අනා ථයා *n.* refugee

anaathma අනා ත්ම *adj.* soulless

anaawaki kiyanawa අනා වැකි කියනවා *v.t* forecast

anaawaki kiyanawaa අනා වැකි කියනවා *v.* prophesy

anaawakiya අනා වැකිය *n.* prediction

anaawaranaya අනා වරණය *n.* discovery

anaawaranaya අනා වරණය කරනවා *v.* elicit

anaawaranaya අනා වරණය *n.* exposure

anaawaranaya karanawa අනා වරණය කරනවා *v.* detect

anaawaranaya karanawa අනා වරණය කරනවා *v.* expose

anaayaasa maranaya අනා යා ස මරණය *n.* euthanasia

anagibhawaneeya අනභිභවනීය *adj.* invincible

anahitinawa ඇනහිටිනවා *v.* falter

analas අනලස් *adj.* assiduous

ananthaya අනන්තය *n.* infinity

ananukoola pudgalaya අනනුකූල පුද්ගලයා *n.* nonconformist

ananya අනන්‍ය *adj.* identical

ananyathaawa අනන්‍යතා වය *v.* identity

anapekshitha අනපේක්ෂිත *adj.* unexpected

anargha kopi අනර්ඝ කෝපි *n.* mocha

anathiyaa gannawaa ඇනතියා ගන්නවා *v.i.* squat

anathura අනතුර *n.* danger

anathura අනතුර *n.* jeopardy

anathurata baajana wiya haki අනතුරට භා ජනය විය හැකි *adj.* vulnerable

anathuru angawanawaa අනතුරු අඟවනවා *v.* warn

anathuru nolaba අනතුරු නොලැ බ *adj.* unscathed

anathuru sahitha අනතුරු සහිත *adj.* adventurous

anathurudaayaka අනතුරු දායක *adj.* dangerous

anathuruwa අනතුරු ව *prep.* after

anawadhaanayen yuktha අනවධා නයෙන් යුක්ත *adj.* oblivious

anawasarayen athul wenawa අනවසරයෙන් ඇතුල් වෙනවා *v.* intrude

anawasarayen thanakata athul wenawaa අනවසරයෙන් තැ නකට ඇතුල් වෙනවා *v.* trespass

anawashya අනවශ්‍ය *adj.* dispensable

anawasthitha අනවස්ථිත *adj.* discursive

anawshya අනවශ්‍ය *adj.* unnecessary

anaya ඇණය *n.* nail

anda ඇඳ *n.* bed

anda අන්ධ *adj.* blind

anda අණ්ඩ *n.* paw

anda athirilla ඇඳ ඇතිරිල්ල *n.* duvet

anda bhaawaya අන්ධ භාවය *n.* blindness

anda sahitha අණ්ඩ සහිත *adj.* patchy

anda wiswaasa athi අන්ධවිශ්වාස ඇති *adj.* superstitious

andaakara අණ්ඩාකාර *adj.* ovate

andadabara karanawa අඩදබර කරනවා *n.* wrangle

andamanda karanawa අන්දමන්ද කරනවා *v.* disorientate

andanawaa අඬනවා *v.* cry

andapaala අණ්ඩපාල *n.* knave

andawaathaya අණ්ඩවාතය *n.* hernia

andaya අණ්ඩය *n.* patch

andaya අණ්ඩය *n.* testicle

andeema ඇඬීම *n.* cry

andehi ඇඳෙහි *n.* abeyance

andhakaaraya අන්ධකාරය *n.* darkness

andinawa අඳිනවා *n.* apparel

andinawa අඳිනවා *v.* draw

andinna අඳින්න *n.* drawer

andiri neethiya ඇඳිරි නීතිය *n.* curfew

andirige ඇඳිරිගෙ *n.* dungeon

andonaawa අඳ කෝ ව *n.* whine

andum ඇඳුම් *n.* clothing

andum ඇඳුම් *n.* costume

andum aaiththam ඇඳුම් ආයිත්තම් *n.* wardrobe

andum andinawa ඇඳුම් අඳිනවා *v.* clothe

andum kattalaya ඇඳුම් කට්ටලය *n.* accoutrement

andum kattalaya ඇඳුම් කට්ටලය *n.* suit

andum lihanawaa ඇඳුම්ලිහනවා *v.* undress

andum mahanna ඇඳුම් මහන *n.* tailor

andum maheema pilibanda ඇඳුම් මැහීමපිළිබඳ *adj.* sartorial

andum paladum ඇඳුම් පැළඳුම් *v.* caparison

andum raamuwa ඇඳුම් රාමුව *n.* drawback

anduma ඇදුම *n.* asthma

anduma ඇඳුම *v.* dress

anduma ඇඳුම *n.* garment

andume atha ඇඳුමේඅත *n.* sleeve

andumin sarasunu ඇඳුමින් සැරසුණු *adj.* clad

andun diwiyaa අඳුන්දිවියා *n.* panther

andunanna අඳුනන්න *n.* acquaintance

andura අඳුර *n.* murk

andura අඳුර *n.* shade

anduru අඳුරු *adj.* dark

anduru අඳුරු *adj.* dim

anduru අඳුරු *adj.* dismal

anduru karanawa අඳුරු කරනවා *v.* obfuscate

anduru karanawaa අඳුරු කරනවා *v.* shade

anduru sahitha අඳුරු සහිත *adj.*

gloomy
anduru thaarakaawa අඳුරු තාරකාව *n.* pulsar
anduru wenawa අඳුරු වෙනවා *v.* blur
anduru wenawaa අඳුරු වෙනවා *v.* darken
anduru woo අඳුරු වූ *adj.* overcast
anduwa අඬුව *n.* pincer
anek අනෙක් *adj. & pron.* other
anek athata අනෙක් අතට *adv.* vice-versa
anek pasa අනෙක් පස *adv.* overleaf
anek paththa අනෙක් පැත්ත *adj.* offside
aneka අනේක *n.* multiplex
aneka prakaara අනේක ප්‍රකාර *adj.* multifarious
anga badda ඇඟ බද්ද *n.* capitation
anga raaga අංග රාග *n.* make-up
anga wikala අංගවිකල *n.* handicapped
anga wikshepaya අංගවික්ෂේපය *v.* flounce
angachedanaya karanawa අංගච්ඡේදනය කරනවා *v.* mutilate
angaharu grahayaa අඟහරු ග්‍රහයා *n.* Mars
angaharuwaadaa අඟහරුවාදා *n.* Tuesday
angala අඟල *n.* inch
anganaya අංගනය *n.* courtyard
angasama අංගසම *adj.* congruent
angawanawa අඟවනවා *v.* connive
angawanawaa අඟවනවා *v.* imply
angaweema ඇඟවීම *n.* implication
angaya අංගය *n.* ingredient
angaya අංගය *n.* limb
angili kadanawaa ඇඟිලි කඩනවා *v.* twiddle
angilla ඇඟිල්ල *n.* finger
angula අඟුල *n.* canoe
anguru අඟුරු *n.* charcoal
anguru aakaraya අඟුරු ආකරය *n.* colliery
angutumittaa අඟුටුමිට්ටා *n.* troll
anik අනික් *adj.* another
aninawaa අනිනවා *v.* prick
anishta අනිෂ්ට *adj.* undesirable
anithya අනිත්‍ය *adj.* transient
aniwaarya අනිවාර්ය *adj.* compulsive
aniwaarya අනිවාර්ය *adj.* inevitable
aniwaarya අනිවාර්ය *adj.* obligatory
aniya අඹිය *n.* acne
aniyam අනියම් *adj.* incidental
aniyam අනියම් *adj.* indefinite
anka අංක *adj.* digital
anka widyaawa අංකවිද්‍යාව *n.* arithmetic
ankaya අංකය *n.* digit
ankaya අංකය *n.* number
ankuraya අංකුරය *n.* bud
ankuraya අංකුරය *n.* offshoot
annasi අන්නාසි *n.* pineapple
anodaa අනෝදා *n.* marshmallow
anodaya ඇනෝඩය *n.* anode
anoo paan piti ඇනූ පාන් පිටි *n.* dough
anoopameya අනූපමේය *adj.* incomparable
anoowa අනූව *adj. & n.* ninety
ansha baagaya අංශබාගය *n.* paralysis
ansha bahula අංශ බහුල *adj.* multilateral
anshabaaga rogiya අංශබාග

රෝගිය *adj.* paralytic
anshabaagaya අංශභාගය *n.* palsy
anshakaya අංශකය *n.* degree
anshuwa අංශුව *n.* particle
antanaawa ඇන්ටනාව *n.* antenna
anthakpura අන්තඃපුර *n.* harem
anthar raajya අන්තර් රාජ්‍ය *n.* interstate
antharaawalokanaya අන්තරාවලෝකනය *n.* introspection
antharaawalokanaya karanawaa අන්තරාවලෝකනය කරනවා *v.* introspect
antharaayata pamunuwanawaa අන්තරායට පමුණුවනවා *v.* endanger
antharaayata pamunuwanawaa අන්තරායට පමුණුවනවා *v.* imperil
anthareekshanaya අන්තරීක්ෂය *n.* firmament
anthargathaya අන්තර්ගතය *n.* content
antharjaalaya අන්තර්ජාලය *n.* internet
antharjaatheeya අන්තර්ජාතිය *adj.* interracial
antharjaathika අන්තර්ජාතික *adj.* international
antharwarthikayaa අන්තර්වර්තිකයා *n.* introvert
anthastharaya අන්තස්ථය *n.* interlude
anthawaadiyaa අන්තවාදියා *n.* extremist
anthima kamathi pathraya අන්තිම කැමති පත්‍රය *n.* testament
anthima kamathi pathrayak liya athi අන්තිම කැමති පත්‍රයක් ලියා ඇති *adj.* testate
anthima yojanaawa අන්තිම යෝජනාව *n.* ultimatum
anu rekanaya අනු රේඛණය *n.* tracing
anubadda අනුබද්ධ *adj.* concomitant
anubadda අනුබද්ධ *v.* conjugate
anubadda karanawa අනුබද්ධ කරනවා *v.* affiliate
anubadda kireema අනුබද්ධ කිරීම *n.* affiliation
anubadda pradaahaya අනුබද්ධ ප්‍රදාහය *n.* appendicitis
anubaddaya අනුබද්ධය *n.* appendix
anubala denawa අනුබල දෙනවා *n.* abhorrence
anubala nodena අනුබල නොදෙන *n.* disincentive
anubalaya අනුබලය *n.* aegis
anudanuma අනුදැනුම *n.* assent
anudatha karanawa අනුදත කරනවා *v.* endorse
anugaamee අනුගාමී *adj.* consecutive
anugaamee අනුගාමී *adj.* consequent
anugaamika අනුගාමික *adj.* sequential
anugamanaya karanawa අනුගමනය කරනවා *v.* follow
anuggrahaya dakwanawaa අනුග්‍රහය දක්වනවා *v.* vouchsafe
anugraahakathwaya අනුග්‍රාහකත්වය *n.* sponsorship
anugraahakayaa අනුග්‍රාහකයා *n.* sponsor
anugraha karanawa අනුග්‍රහ කරනවා *v.* oblige
anugrahaya අනුග්‍රහය *n.* patronage
anuhaaraya අනුහාරය *n.*

resemblance
anuka අණුක *adj.* molecular
anukampaa karanawa අනුකම්පා කරනවා *v.* commiserate
anukampaa nathi අනුකම්පා නැති *adj.* ruthless
anukampaa rahitha අනුකම්පා රහිත *adj.* inexorable
anukampaa wenawaa අනුකම්පා වෙනවා *v.* sympathize
anukampaasahagatha අනුකම්පා සහගත *adj.* merciful
anukampaawa අනුකම්පාව *n.* compassion
anukampaawa අනුකම්පාව *n.* mercy
anukampaawa dakwanawa අනුකම්පාව දක්වනවා *v.* relent
anukampaawa danawana අනුකම්පාව දනවන *adj.* touching
anukampaawak nathi අනුකම්පාව නැති *adj.* heartless
anukaranaya අනුකරණය *n.* imitation
anukaranaya karanawa අනුකරණය කරනවා *v.* imitate
anukaranaya karannaa අනුකරණය කරන්නා *n.* imitator
anukoola අනුකූල *n.* fitting
anukoolathaawa අනුකූලතාව *n.* symmetry
anukramanaya අනුක්‍රමණය *n.* gradient
anukramaya අනුක්‍රමය *n.* succession
anukramayen අනුක්‍රමයෙන් *adv.* consecutively
anumaana අනුමාන *adj.* vague
anumaana kalpanaawa අනුමාන කල්පනාව *n.* speculation
anumaana karanawa අනුමාන කරනවා *v. t* estimate
anumaana karanawa අනුමාන කරනවා *v.i* guess
anumaana karanawa අනුමාන කරනවා *v.* hesitate
anumaana karanawaa අනුමාන කරනවා *v.* infer
anumaana karanawaa අනුමාන කරනවා *v.* speculate
anumaana waakyaya අනුමාන වාක්‍යය *n.* syllogism
anumatha karanawa අනුමත කරනවා *v.* accede
anumatha karanawa අනුමත කරනවා *v.* acquiesce
anumatha karanawa අනුමත කරනවා *v.* approve
anumatha kireema අනුමත කිරීම *n.* acquiescence
anumathaya අනුමතය *n.* consent
anumathiya අනුමැතිය *n.* approval
anumpada kiyanawaa ඇනුම්පද කියනවා *v.* snub
anumpada sahitha ඇනුම්පද සහිත *adj.* trenchant
anunaada wenawa අනුනාද වෙනවා *v.* resonate
anunaadaka අනුනාදක *adj.* resonant
anunaadaya අනුනාදය *n.* resonance
anunge dukedi udam wenawa අනුන්ගේ දුකේදී උදම් වෙනවා *v.* gloat
anupaathaya අනුපාතය *n.* ratio
anupiliwela අනුපිළිවෙළ *n.* sequence
anupiliwelata අනුපිළිවෙළට *adj.*

respective
anupitapatha අනුපිටපත *adj.* duplicate
anupooraka අනුපූරක *adj.* complementary
anupoorakaya අනුපූරකය *n.* complement
anupraapthikayaa අනුප්‍රාප්තිකයා *n.* successor
anuprasaaya අනුප්‍රාසය *n.* alliteration
anupuuraka waidya sewakayaa අනුපූරක වෛද්‍ය සේවකයා *n.* paramedic
anuraagaya අනුරාගය *n.* ardour
anuraagee අනුරාගී *adj.* sensuous
anuroopa අනුරූප *adj.* consistent
anuroopathaawa අනුරූපතාව *n.* correspondence
anushaasanawa අනුශාසනාව *n.* guidance
anushedhanaya අනුෂේධය *n.* indulgence
anusmaranaya අනුස්මරණය *n.* commemoration
anusmaranaya අනුස්මරණය *n.* memorial
anusmaranaya අනුස්මරණය *n.* observance
anusmaranaya අනුස්මරණය *n.* recollection
anusmaranaya අනුස්මරණය *n.* remembrance
anuwa අනුව *adv.* according
anuwa අණුව *n.* molecule
anuwaadaya අනුවාදය *n.* version
anuwani අනුවැනි *adj.* & *n.* ninetieth
anuwarthanaya අනුවර්තනය *n.* adaptation
anwartha naamaya අන්වර්ථ නාමය *n.* alias
anweekshaya අන්වීක්ෂය *n.* microscope
anyonya se balapaanawa අන්‍යෝන්‍ය සේ බලපානවා *v.* interact
apa kaaraya ඇපකාරයා *n.* guarantor
apaagatha අපාගත *adj.* infernal
apaaragamya අපාරගම්‍ය *adj.* impenetrable
apaaragamya අපාරගම්‍ය *adj.* impervious
apaaya අපාය *n.* hell
apaayehi wani අපායෙහි වැනි *adj.* stygian
apagaamikaya අපගාමිකයා *adj.* deviant
apagamanaya wenawa අපගමනය වෙනවා *v.* deviate
apage අපගේ *adj.* our
apaharanaya අපහරණය *v.* abet
apahasu අපහසු *adj.* cumbersome
apahasu අපහසු *adj.* uncomfortable
apahasu අපහසු *adj.* uneasy
apahasu අපහසු *adj.* untoward
apahasuwa අපහසුව *n.* discomfort
apahasuwa අපහසුව *n.* inconvenience
apahasuwata path karanawa අපහසුවට පත් කරනවා *v.* embarrass
apakaara mawa ඇපකාර මව *n.* godmother
apakaara piya ඇපකාර පියා *n.* godfather
apakaru ඇපකරු *n.* surety
apakeerthiya අපකීර්තිය *n.*

dishonour
apakeerthiya අපකීර්තිය *n.* disrepute
apakeerthiya අපකීර්තිය *n.* ignominy
apakeerthiya අපකීර්තිය *n.* infamy
apakeerthiya අපකීර්තිය *n.* notoriety
apakeerthiya අපකීර්තිය *n.* scandal
apakeerthiyata path karanawaa අපකීර්තියට පත් කරනවා *v.* traduce
apakeerthiyen walakwanawaa අපකීර්තියෙන් වළකනවා *v.* vindicate
apakshapaathee අපක්ෂපාති *adj.* impartial
apakshapaatheethwaya අපක්ෂපාතීත්වය *n.* impartiality
apakshapaathi අපක්ෂපා ත *adj.* disloyal
apakshapaathi අපක්ෂකා ති *adj.* judicial
apalekanaya අපලේඛනය *n.* blacklist
apanayanaya karanawa අපනයනය කරනවා *v. t.* export
apara අපර *adj.* latter
aparaada sahaayaka අපරා ධ සහා යක *n.* accomplice
aparaadagatha අපරා ධගත *adj.* sacrilegious
aparaadakaaraya අපරා ධකා රයා *n.* malefactor
aparaadaya අපරා ධය *n.* misdeed
aparaadha අපරා ධ *adj.* offensive
aparaadhakaruwa අපරා ධකරු වා *n.* criminal
aparaadhawedaya අපරා ධවේදය *n.* criminology
aparaadya අපරා ධය *n.* crime
aparadiga අපරදිග *n.* latte
aparadiga අපරදිග *n.* occident
aparadiga අපරදිග *adj.* western
aparikshaakaaree අපරීක්ෂා කා රී *adj.* careless
aparimaana අපරිමා ණ *adj.* immeasurable
aparimaana අපරිමා ණ *adj.* vast
aparimitha අපරිමිත *adj.* immense
aparimitha අපරිමිත *adj.* infinite
aparishudda අපරිශුද්ධ *adj.* impure
aparishuddha අපරිශුද්ධ *adj.* unholy
apasaranaya wenawa අපසරණය වෙනවා *v.* diverge
apasmaaraya අපස්මා රය *n.* epilepsy
apathe harinawa අපතේ හරිනවා *v.* fritter
apathe yaama අපතේ යා ම *n.* spillage
apathe yana pramaanaya අපතේ යන ප්‍රමා ණය *n.* wastage
apawaada අපවා ද *n.* aspersions
apawaada karanawaa අපවා ද කරනවා *v.* vilify
apawaadaathmaka අපවා දාත්මක *adj.* slanderous
apawaadaya අපවා දය *n.* libel
apawaadaya අපවා දය *n.* slander
apawath wu අපවත් වූ *adj.* defunct
apawithra thathwaya nathi karanawa අපවිත්‍ර තත්වය නැතිකරනවා *v.* decontaminate
apawithrathaawa අපවිත්‍රතා ව *n.* impurity
apaya ඇපය *n.* bail
apeksha sahitha අපේක්ෂා සහිත *adj.* sanguine
apekshaa karanawa අපේක්ෂා කරනවා *v.* expect
apekshaawa අපේක්ෂා ව *n.* prospect

apekshakaya අපේක්ෂකයා *n.* aspirant
apekshakaya අපේක්ෂකයා *n.* candidate
apekshawa අපේක්ෂාව *n.* anticipation
api අපි *pron.* we
api ma අපි ම *pron.* ourselves
apicharmaya අපිචර්මය *n.* epidermis
apiliwela අපිළිවෙළ *n.* non-alignment
apirisidu අපිරිසිදු *adj.* messy
apirisidu අපිරිසිදු *adj.* unclean
apirisudu අපිරිසිදු *adj.* untidy
apohosathkama අපහොසත්කම *n.* disability
apoorwa අපූර්ව *adj.* remarkable
apple ඇපල් *n.* apple
apple sura ඇපල් සුරා *n.* cider
apraanika අප්‍රාණික *adj.* inanimate
apraaptha අප්‍රාප්ත *adj.* unattended
apradaana katayuththa අපරදාන කටයුතු *n.* sideline
aprahitha අප්‍රතිහත *adj.* dauntless
aprakata අප්‍රකට *adj.* obscure
aprakata අප්‍රකට *adj.* secret
apramaadee අප්‍රමාදී *adj.* earnest
apramaana අප්‍රමාණ *adj.* innumerable
aprasanna අප්‍රසන්න *adj.* disagreeable
aprasiddhiya අප්‍රසිද්ධිය *n.* obscurity
aprathiwartha අප්‍රතිවර්ත *adj.* irreversible
aprayojya අප්‍රයෝජ්‍ය *adj.* impracticable
aprikanu අප්‍රිකානු *adj.* African
apriya අප්‍රිය *n.* disgust
apriya අප්‍රිය *v.* irksome
apriya අප්‍රිය *adj.* obnoxious
apriya bawa අප්‍රිය බව *n.* antipathy
apriya karanawa අප්‍රිය කරනවා *v.* detest
apriya karanawa අප්‍රිය කරනවා *v.* resent
apsaraawa අප්සරාව nymph
apsaraawa අප්සරාව *n.* sylph
apudgala අපුද්ගල *adj.* impersonal
apullannaa අපුල්ලනවා *n.* washer
apullum pola ඇපුල්ලුම් පොළ *n.* laundry
ara penena thana අර පෙනෙන තැන *adj.* yonder
araabi අරාබි *n.* Arabian
araabi අරාබි *n.* Arabic
araabiya අරාබියා *n.* Arab
araajikathwaya අරාජිකත්වය *n.* anarchy
aragalaya අරගලය *n.* conflict
araka අරක *pron. & adj.* that
aralanawa ඇරලනවා *n.* escort
arambanawa අරඹනවා *v.* begin
arambanawaa අරඹනවා *v.* commence
arambanawaa අරඹනවා *v.* inaugurate
arambanawaa අරඹනවා *v.* start
arambeema ඇරඹීම *n.* commencement
aramudala අරමුදල *n.* fund
aramuna අරමුණ *n.* aim
aramuna අරමුණ *n.* goal
aramuna අරමුණ *n.* purpose
aramunak nathi අරමුණක් නැති *adj.* aimless

aramunu karanawaa අරමුණු කරනවා *v.* purport
araya අරය *n.* radius
arbudaya අර්බුදය *n.* crisis
arctic ආක්ටික් *adj.* Arctic
arda nivarthana අර්ධ නිවර්තන *adj.* subtropical
ardagolaya අර්ධගෝලය *n.* hemisphere
ardha wurthaya අර්ධ වෘත්තය *n.* semicircle
ardhadweepaya අර්ධද්වීපය *n.* peninsula
areeya අරීය *adj.* radial
arlwaraya අර්ල්වරයා *n.* earl
arodya අරෝධ්‍ය *adj.* irresistible
artha dakwanawa අර්ථ දක්වනවා *v.* define
artha piriheema අර්ථ පිරිහීම *n.* bathos
artha sahitha අර්ථ සහිත *n.* significant
artha wichaaraya sambanda අර්ථ විචාරය සම්බන්ධ *adj.* semantic
arthaya අර්ථය *n.* meaning
aruchiya අරුචිය *n.* anorexia
aruchiya අරුචිය *n.* disfavour
aruchiya අරුචිය *n.* distaste
arumosam අරුමෝසම් *n.* fancy
arumosam badu kattalaya අරුමෝසම් බඩු කට්ටලය *n.* suite
as bandinawa ඇස් බඳිනවා *v.* blindfold
as kara gannawa අස් කර ගන්නවා *v.* withdraw
as karakawanawa ඇස් කරකවනවා *n.* goggle
as karanawa අස් කරනවා *v.* dismiss
as karanawa අස් කරනවා *v.* repeal
as weeme liyawilla අස්වීමේ ලියවිල්ල *n.* resignation
as wenawa අස් වෙනවා *v.* resign
asa ඇස *n.* eye
asaadaarana අසාධාරණ *adj.* unfair
asaadhaaranaya අසාධාරණ *adj.* exorbitant
asaadya අසාධ්‍ය *adj.* incurable
asaamaanya අසාමාන්‍ය *adj.* unusual
asaamaanya nowu අසාමාන්‍ය නොවූ *adj.* unexceptional
asaamaanyathaawaya අසාමාන්‍යතාවය *n.* singularity
asaamanya අසාමාන්‍ය *adj.* abnormal
asaamanya අසාමාන්‍ය *adj.* extraordinary
asaara අසාර *adj.* barren
asaarthaka wenawa අසාර්ථක වෙනවා *v.i* abort
asabya අසභ්‍ය *adj.* scurrilous
asabya de athishayin pilikul karana අසභ්‍ය දේ අතිශයින් පිළිකුල් කරන *n.* puritan
asabya de athishayin pilikul karana අසභ්‍ය දේ අතිශයින් පිළිකුල් කරන *adj.* puritanical
asabyathaawaya අසභ්‍යතාවය *n.* indecency
asahaaya අසහාය *adj.* nonpareil
asahaaya අසහාය *adj.* unequalled
asala අසල *prep.* by
asala අසල *adv.* near
asalwaasee අසල්වාසී *adj.* neighbourly
asalwasiya අසල්වැසියා *n.*

neighbour
asalwasiyo අසල්වැසියෝ *n.* neighbourhood
asamaana අසමාන *prep.* unlike
asamabarathaawa අසමබරතාව *n.* imbalance
asamagiya අසමගිය *n.* discord
asamartha අසමර්ථ *adj.* incapable
asamasama අසමසම *adj.* peerless
asamasama අසමසම *adj.* unique
asamath weema අසමත් වීම *n.* failure
asamath wenawa අසමත් වෙනවා *v.* fail
asamathkama අසමත්කම *n.* incapacity
asambaawaya අසම්භාවය *adj.* unlikely
asambaawya අසම්භාව්‍ය *adj.* subjunctive
asamodagam අසමෝදගම් *n.* aniseed
asampeedanaya karanawa අසම්පීඩනය කරනවා *v.* decompress
asampoorna අසම්පූර්ණ *adj.* deficient
asampoorna අසම්පූර්ණ *adj.* imperfect
asampoorna අසම්පූර්ණ *adj.* incomplete
asampoorna අසම්පූර්ණ *adj.* partial
asampoorna අසම්පූර්ණ *adj.* rudimentary
asaneepa අසනීප *adj.* ill
asaneepa අසනීප *adj.* unwell
asaneepa gathi athi අසනීප ගති ඇති *adv.* poorly
asaneepa wu අසනීප වූ *adj.* sick
asaneepaya අසනීපය *n.* illness
asaneepaya අසනීපය *n.* sickness
asankaya අසංඛ්‍ය *adj.* countless
asankya අසංඛ්‍ය *adj.* numberless
asanna අසන්න *v.* ask
asanna අසන්නා *n.* listener
asanthushta අසන්තුෂ්ට *n.* malcontent
asanwara uthsawaya අසංවර උත්සවය *n.* orgy
asanwihitha අසංවිහිත *adj.* disorganized
asapuwa අසපුව *n.* hermitage
asarana අසරණ *adj.* adrift
asarana අසරණ *adj.* destitute
asarana අසරණ *adj.* helpless
asathuta අසතුට *n.* displeasure
asathuten sitina අසතුටෙන් සිටින *adj.* disgruntled
asathutu අසතුටු *adj.* cheerless
asathutu අසතුටු *adj.* unhappy
asathutu bawa අසතුටු බව *n.* dissatisfaction
asathutu karanawa අසතුටු කරනවා *v.* displease
asathya අසත්‍ය *adj.* erroneous
asathya අසත්‍ය *adj.* fictitious
asathya prakaashaya අසත්‍ය ප්‍රකාශය *n.* canard
asathyalabdika අසත්‍යලබ්ධික *adj.* unorthodox
asawwa අසව්ව *n.* hinge
asbastos ඇස්බැස්ටොස් *n.* asbestos
aseemitha අසීමිත *adj.* boundless
aseeru අසීරු *adj.* arduous
aseeru අසීරු *adj.* difficult
aseeru thathwaya අසීරු තත්වය *n.* predicament
asena ඇසෙන *adj.* audible

asenawa ඇසනෙවා *v.* hear
asha karana ආශා කරනවා *adj.* wanting
ashaa karanawa ආශා කරනවා *v.* woo
ashaareerika අශාරීරික *adj.* disembodied
ashakyathaawaya අශක්‍යතාව *n.* impossibility
ashala අස්හල *n.* mews
asheelaachaarakama අශීලාචාරකම *n.* profligacy
ashikkitha අශික්ෂිත *adj.* immoral
ashikshitha අශික්ෂිත *adj.* abominable
ashikshitha අශික්ෂිත *adj.* gross
ashishta අශිෂ්ට *adj.* impolite
ashishta අශිෂ්ට *adj.* obscene
ashishta pudgalayaa අශිෂ්ට පුද්ගලයා *n.* vulgarian
ashishtathwaya අශිෂ්ටත්වය *n.* vulgarity
ashishtaya අශිෂ්ටයා *n.* heathen
ashishtayaa අශිෂ්ටයා *n.* pagan
ashobana අශෝභන *adj.* bedraggled
ashobana අශෝභන *adj.* scruffy
ashobana අශෝභන *adj.* uncouth
ashobana අශෝභන *adj.* ungainly
ashramika ආශ්‍රමික *adj.* monastic
ashruddawath අශ්‍රද්ධාවත් *adj.* faithless
ashrutha අශ්‍රැත *adj.* unheard
ashsheela අශීල *adj.* vulgar
ashtaka pathraka අෂ්ට පත්‍රක *n.* octavo
ashtakaya අෂ්ටකය *n.* octave
ashuba අශුභ *adj.* inauspicious
ashuba අසුභ *adj.* ominous
ashuba nimithi penenawaa අශුභ නිමිති පෙනෙනවා *v.* presage
ashwa anduma අශ්ව ඇඳුම *n.* harness
ashwa bala අශ්ව බල *n.* horsepower
ashwa kopchchiya අශ්ව කෝච්චිය *n.* stagecoach
ashwaarohaka අශ්වාරෝහක *adj.* equestrian
ashwaarohaka bhatayaa අශ්වාරෝහක භටයා *n.* trooper
ashwaarohakayange pandu kreedaawa අශ්වාරෝහකයන්ගේ පන්දු ක්‍රීඩාව *n.* polo
ashwayaa අශ්වයා *n.* horse
ashwayaage as wasum අශ්වයාගේ ඇස් වැසුම් *n.* blinkers
asi piya gahanawaa ඇසිපිය ගහනවා *v.* wink
asipiya gahanawa ඇසිපිය ගහනවා *v.* blink
asirimath අසිරිමත් *adj.* marvellous
asoo wayas kaarayaa අසූවයස්කාරයා *n.* octogenarian
asoowa අසූව *adj. & n.* eighty
asphatika අස්ඵටික *adj.* amorphous
aspihaatu alepaya ඇස්පිහාටු ආලේපය *n.* mascara
assa liweema අසා ලිවීම *n.* dictation
asse අස්සේ *adv.* between
asthaai karanawa අස්ථායි කරනවා *v.* destabilize
astheera අස්ථිර *adj.* erratic
astheera අස්ථිර *adj.* fickle
astheera අස්ථිර *adj.* passing
astheera අස්ථිර *adj.* precarious
asthi vidyaawa අස්ථි විද්‍යාව *n.* osteopathy

asthibandaya අස්ථිබන්ධය *n.* ligament
asthira අස්ථිර *adj.* dubious
asthira අස්ථිර *adj.* fitful
asthira අස්ථිර *adj.* inconsistent
asthira අස්ථිර *adj.* mercurial
asthira අස්ථිර *adj.* shaky
asthira අස්ථිර *adj.* spasmodic
asthira අස්ථිර *adj.* tentative
asthira අස්ථිර *adj.* transitory
asthira bawa අස්ථිර බව *n.* instability
asthira sith athi අස්ථිර සිත් ඇති *adj.* irresolute
asthisikanaya අස්ථිසිකනය *n.* suture
asthithwaya අස්තිත්වය *n.* existence
astigmatisama ඇස්ටිග්මැටිසම *n.* astigmatism
asu karanawa අසු කරනවා *v. t.* entrap
asu karanawaa අසු කරනවා *v.* involve
asundarathaawaya අසුන්දරත්වය *n.* ugliness
asupita nanga yana අසුපිට නැ ග යන *n.* outrider
asuruma ඇසුරු ම *n.* packing
asvaabaawika අස්වා භාවික *adj.* grotesque
aswaabaawika අස්වා භාවික *adj.* unnatural
aswanna අස්වැ න්න *n.* harvest
aswaseema අස්වැසීම *n.* consolation
aswasilla අස්වැසිල්ල *n.* solace
asweema අස්වීම *n.* secession
ata අට *adj. & n.* eight
ata pattama අට පට්ටම *n.* octagon
ata sahitha ඇට සහිත *adj.* bony
ata sakilla ඇට සැකිල්ල *n.* skeleton
atalla අටල්ල *n.* tower
ataya ඇටය *n.* bone
ath baagaya අත් බෑ ගය *n.* handbag
ath hareema අත් හැරීම *n.* renunciation
ath harinawa අත් හරිනවා *v.* relinquish
ath harinawaa අත්හරිනවා *v.* omit
ath harinawaa අත්හරිනවා *v.* quit
ath karagannawaa අත් කරගන්නවා *v.* seize
ath pisnaawa අත් පිස්නා ව *n.* serviette
ath pitapatha අත් පිටපත *n.* manuscript
ath porowa අත් ප රෝ වෙ *n.* hatchet
ath udauwa අත් උදව්ව *n.* support
ath wideema අත් විදීම *n.* vaccination
atha අත *n.* hand
atha daruwan thabaa thallukarana rathaya අත දරු වන් තබා තල්ලුකරන රථය *n.* pram
atha harinawa අත හරිනවා *v.* release
atha mita අත මිට *n.* fist
atha murapola ඈත මුරප ොළ *n.* outpost
atha patha gagaa sitinawa අත පත ගගා සිටිනවා *v.* potter
athaathwikawaadaya අතාත්විකවා දය *n.* surrealism
athakoluwa අතකොලුව *n.* mallet
atham wita ඇතැ ම්විට *adv.* maybe
athamwita ඇතැ ම්විට *adv.* occasionally
athapasu karanawaa අතපසු කරනවා *v.* procrastinate

athapasu kireema අතපසු කිරීම *n.* procrastination
athapasu woo wada අතපසු වූ වැඩ *n.* backlog
athapatha gaanawa අතපත ගානවා *v.* fumble
athapatha gaanawaa අතපත ගානවා *v.* tamper
athara අතර *adj.* midst
atharamadi අතරමැදි *adj.* intermediate
atharamadiya අතරමැදියා *n.* intermediary
atharamadiya අතරමැදියා *n.* middleman
atharata damanawaa අතරට දමනවා *v.* interject
atharathura අතරතුර *prep.* during
atharathura kaalaya අතරතුර කාලය *adv.* meantime
atharawaare අතරවාරේ *adv.* meanwhile
athare අතරේ *prep.* amid
atharehi අතරෙහි *prep.* among
atharen අතරෙන් *prep. &adv.* through
athata atha deema අතට අත දීම *n.* handshake
athawasiya අතවැසියා *n.* apprentice
athawasiya අතවැසියා *n.* follower
athdakeema අත්දැකීම *n.* experience
athe gena yaa haki අතේ ගෙන යා හැකි *adj.* portable
atheesaara අතීසාරය *n.* dysentery
atheethaahrutha අතීතාහෘත *adj.* atavistic
athgowwa ඇත්ගොව්වා *n.* mahout
athhadaa baleema අත්හදා බැලීම *n.* trial
athhala nohaki අත්හළ නොහැකි *adj.* indispensable
athhara yanawaa අත්හැර යනවා *v.* vacate
athharinawa අත්හරිනවා *adj.* abashed
athharinawa අත්හරිනවා *v.* forsake
athharinawaa අත්හරිනවා *v.* miss
athharinawaa අත්හරිනවා *v.* outgrow
athhitaweema අත්හිටවීම *v.i* abide
athi අති *pref.* hyper
athi aasana pramaanaya ඇති ආසන ප්‍රමාණය *n.* seating
athi daksha අති දක්ෂ *n.* ace
athi dwanika අති ධ්වනික *adj.* supersonic
athi dwanika අති ධ්වනික *adj.* ultrasonic
athi dwaniya අති ධ්වනිය *n.* ultrasound
athi maanushika අති මානුෂික *adj.* superhuman
athi neela warnaya අති නීල වර්ණය *n.* ultramarine
athi padamata ඇති පදමට *adj.* enough
athi shreshta අති ශ්‍රේෂ්ට *adj.* superlative
athi thrupthiya අති තෘප්තිය *n.* surfeit
athi uththama අති උත්තම *adj.* supreme
athi wega අති වේග *n.* overdrive
athi wipula අති විපුල *adj.* superabundant
athi wipulathaawa අති විපුලතාවය *adj.* superabundance

athi wishaala අති විශාල *adj.* gigantic

athi wishaala අති විශාල *n.* monstrous

athi wishaala අති විශාල *adj.* terrific

athi wishaala අති විශාල *adj.* titanic

athi wishala අති විශාල *adj.* voluminous

athibhooshitha අතිභූෂිත *adj.* garish

athibhooshitha අතිභූෂිත *adj.* gaudy

athidadi karanawa ඇතිදැඩි කරනවා *v.* nurture

athidhaawanayen kriyaakaranawaa අතිධාවනයෙන් ක්‍රියා කරනවා *v.* overact

athihaasa අතිහාස *adj.* hilarious

athikaalaya අතිකාලය *n* overtime

athikriyaasheeli අතික්‍රියාශීලි *adj.* hyperactive

athikshudaawa අතික්ෂුධාව *n.* bulimia

athiliya ඇතිලිය *n.* pan

athimadhura අතිමධුර *adj.* luscious

athin karana wiyaaja upaaya අතින් කරන ව්‍යාජ උපාය *n.* sleight

athin thattu karanawa අතින් තට්ටු කරනවා *v.* pat

athinaatyamaya අතිනාට්‍යමය *adj.* melodramatic

athipanditha අතිපණ්ඩිත *adj.* sophisticated

athiprabhala අතිප්‍රබල *adj.* herculean

athipramukha අතිප්‍රමුඛ *adj.* predominant

athireema ඇතිරීම *n.* bedding

athireka අතිරේක *adj.* extra

athireka laabhaya අතිරේක ලාභය *n.* perquisite

athirekaya අතිරේකය *n.* addendum

athirekaya අතිරේකය *n.* excess

athirilla ඇතිරිල්ල *n.* quilt

athirilla ඇතිරිල්ල *n.* sheet

athishain preethimath karanawa අතිශයින් ප්‍රීතිමත් කරනවා *v.* enrapture

athishaya udyogi අතිශය උද්‍යෝගී *adj.* zealous

athishaya warnanaathmaka අතිශය වර්ණනාත්මක *adj.* lyrical

athishayen gaurawa karanawa අතිශයෙන් ගෞරව කරනවා *v.* idolize

athishayin preethi wenawa අතිශයෙන් ප්‍රීති වෙනවා *v.* revel

athishayokthiya අතිශයෝක්තිය *n.* hyperbole

athisheethala අතිශීතල *adj.* frosty

athiwichithra අතිවිචිත්‍ර *adj.* flamboyant

athiwishaala අතිවිශාල *adj.* enormous

athkara gannawa අත්කර ගන්නවා *v.* acquire

athla අත්ල *n.* palm

athlaanthik saagaraya harahaa අත්ලාන්තික් සාගරය හරහා *adj.* transatlantic

athmes අත්මේස් *n.* mitten

athola අතොල *n.* atoll

athpisnaawa අත්පිස්නාව *n.* napkin

athpolasan deema අත්පොළසන් දීම *n.* applause

athpolasan deema අත්පොළසන් දීම *v.* clap

athpotha අත්පොත *n.* handbook

athpotha අත්පොත *adj.* manual

athrupthiya අතෘප්තිය *n.* discontent

athsan thabanna අත්සන් තබන්නා *n.* signatory
athsana අත්සන *n.* signature
aththa අත්ත *n.* branch
aththa ඇත්ත *n.* truth
aththa waage peneema ඇත්ත වාගේ පෙනීම *n.* verisimilitude
aththikarama අත්තිකාරම *n.* advance
aththikka අත්තික්කා *n.* fig
aththyantha අත්‍යන්ත *adj.* utter
athu ganga අතු ගංගා *n.* tributary
athu kola aadiya අතු කොළ ආදිය *n.* foliage
athu wihideema අතු විහිදීම *n.* ramification
athu wihidenawa අතු විහිදෙනවා *v.* ramify
athugaanawaa අතුගානවා *v.* sweep
athul desata ඇතුල් දෙසට *adj.* inward
athul karanawa ඇතුල් කරනවා *v.* insert
athul pahara denawaa අතුල් පහර දෙනවා *v.t.* slap
athul paththa ඇතුල් පැත්ත *n.* inside
athul weema ඇතුල් වීම *n.* admission
athul weema ඇතුල් වීම *n.* entrance
athul weema ඇතුල් වීම *n.* intake
athul wenawa ඇතුල් වෙනවා *v.* enter
athulata kaandu wenawa ඇතුළට කාන්දු වෙනවා *v.* infiltrate
athulata pupuanawaa ඇතුළට පුපුරනවා *v.* implode
athulath karanawa ඇතුළත් කරනවා *v.* admit
athulath karanawaa ඇතුලත් කරනවා *v.* incorporate
athulath weema ඇතුලත් වීම *n.* admittance
athulatha ඇතුළත *prep.* within
athullanawaa අතුල්ලනවා *v.* scrub
athulu woo ඇතුළු වූ *adj.* inclusive
athuru kaama අතුරු කෑම *n.* brunch
athuru maaruwa අතුරු මාරුව *v.* interchange
athuru mathiwaranawa අතුරු මැතිවරණය *n.* by-election
athuru muhunatha අතුරු මුහුණත *n.* interface
athuru waranaya අතුරු වරනය *n.* interception
athurudahan wenawa අතුරුදහන් වෙනවා *v.* disappear
athurudahan wenawaa අතුරුදහන් වෙනවා *v.* slink
athurudahan wenawaa අතුරුදහන් වෙනවා *v.* vanish
athurupasa අතුරුපස *n.* dessert
athwala අත්වැල *n.* banisters
athwala අත්වැල *v.* grasp
athwasuma අත්වැසුම *n.* glove
athwenawa අත්වෙනවා *v.t.* accrue
athyantha warnanawa අත්‍යන්ත වර්ණනාව *n.* accolade
athyawashya අත්‍යවශ්‍ය *adj.* essential
atlas ඇට්ලස් *n.* atlas
attaalaya අට්ටාලය *n.* garret
attaalaya අට්ටාලය *n.* loft
attalaya අට්ටාලය *n.* bastion
attara ඇට්ටර *adj.* stubborn
atuwa අටුව *n.* attic
atuwa අටුව *n.* barn

aula අවුල *n.* jumble
aula අවුල *n.* welter
aushada ඖෂධ *n.* medicine
aushadaya ඖෂධය *n.* drug
aushadee ඖෂධි *n.* herb
aushadha ඖෂධ *adj.* pharmaceutical
aushadhaagaaraya ඖෂධා ගා රය *n.* pharmacy
aussanawa අවුස්සනවා *v.* jog
australiaanu ඕස්ට්‍රේලියා නු *n.* Australian
autographaya ඔටෝග්‍රා ෆය *n.* autograph
avahiraya අවහිරය *n.* hindrance
avavaadaya අවවා දය *n.* advice
avinishchitha baawaya අවිනිශ්චිත භා වය *n.* vacillation
awaasanaawa අවා සනා ව *n.* misfortune
awaasanaawa genena deya අවා සනා ව ගෙනෙන දෙය *n.* jinx
awaasanaawantha අවා සනා වන්ත *adj.* luckless
awaasanaawantha අවා සනා වන්ත *adj.* unfortunate
awaasanawantha අවා සනා වන්ත *adj.* hapless
awaasiya අවාසිය *n.* detriment
awaasiya අවාසිය *n.* disadvantage
awabodha karanawa අවබෝධ කරනවා *v.* realize
awabodhaya අවබෝධය *n.* comprehension
awadaanam අවදානම් *adj.* critical
awadaanam sahitha අවදානම් සහිත *adj.* risky
awadaanama අවදානම *n.* risk
awadaanamata muhuna dena අවධා නමට මුහුණ දෙන *adj.* venturesome
awadhaanagraahee අවධා නග්‍රාහී *adj.* demanding
awadhaaranaya අවධා රණය *n.* emphasis
awadhaaranaya karanawa අවධා රණය කරනවා *v.* emphasize
awadhanaya අවධා නය *n.* attention
awadhiya අවධිය *n.* phase
awadi karanawa අවදි කරනවා *v.* awaken
awadi wenawa අවදි වනවා *v.* arouse
awadiwa sitina අවදිව සිටින *adj.* vigilant
awadiwenawaa අවදිවෙනවා *v.* wake
awadiya අවධිය *n.* span
awagananaya අවගණනය *n.* miscalculation
awagnaawen sinaaseema අවඥා වෙන් සිනා සීම *n.* snigger
awagnawa අවඥා ව *n.* affront
awaharawuma අවහැ රවුම *n.* turnout
awahira karanawa අවහිර කරනවා *v.* constrict
awahira karanawa අවහිර කරනවා *v.* restrain
awahira karanawaa අවහිර කරනවා *v. t.* debar
awahira karanawaa අවහිර කරනවා *v.* trammel
awahira sahitha අවහිර සහිත *adj.* obstructive
awahira yedeema අවහිර යෙදීම *n.* blockade
awahiraya අවහිරය *n.* barricade
awahiraya අවහිරය *n.* blockage
awahiraya අවහිරය *n.* congestion

awahiraya අවහිරය *n.* impediment
awahiraya අවහිරය *n.* obstacle
awahiraya අවහිරය *n.* restraint
awajaatha අවජාත *adj.* illegitimate
awakaashaya අවකාශය *n.* scope
awakaashaya අවකාශය *n.* space
awakaashaya pilibanda අවකාශය පිළිබඳ *adj.* spatial
awakal kriyaawa අවකල් ක්‍රියාව *n.* misbehaviour
awakal kriyaawe yedenawaa අවකල් ක්‍රියාවේ යෙදෙනවා *v.* misbehave
awakshepa karanawa අවක්ෂේප කරනවා *v.* precipitate
awal patha අවල් පත *n.* flipper
awalaada අවලාද *n.* reproach
awalaada karanawaa අවලාද කරනවා *adj.* upbraid
awalaada kiyana අවලාද කියන *adj.* grumpy
awalaada kiyanawa අවලාද කියනවා *v.* grumble
awalaada kiyanawa අවලාද කියනවා *v.* reproach
awalakshana අවලක්ෂණ *adj.* ugly
awalakshana karanawa අවලක්ෂණ කරනවා *v.* deform
awalakshana lesa awidinawaa අවලක්ෂණ ලෙස ඇවිදිනවා *v.* shamble
awalamaa අවලමා *adj.* delinquent
awalambhaya අවලම්භය *n.* pendulum
awalangoo woo අවලංගු වූ *adj.* antiquated
awalangu අවලංගු *adj.* inoperative
awalangu අවලංගු *n.* invalid
awalangu අවලංගු *adj.* void
awalangu karanawa අවලංගු කරනවා *v.* abolition
awalangu karanawa අවලංගු කරනවා *v.* cancel
awalangu karanawa අවලංගු කරනවා *v.* invalidate
awalangu karanawa අවලංගු කරනවා *v.* rescind
awalangu karanawaa අවලංගු කරනවා *v.* quash
awalangu karanawaa අවලංගු කරනවා *v.* supersede
awalangu kireema අවලංගු කිරීම *n.* cancellation
awalangu kireema අවලංගු කිරීම *v.* revoke
awalangu wenawa අවලංගු වෙනවා *n.* lapse
awalassana අවලස්සන *adj.* clumsy
awama අවම *adj.* minimal
awamaana අවමාන *adj.* contemptuous
awamaana tharjana අවමාන තර්ජන *n.* blackmail
awamaanaathmaka අවමානාත්මක *adj.* pejorative
awamaanaya අවමානය *n.* contempt
awamaanaya අවමානය *n.* disgrace
awamaanaya අවමානය *n.* indignity
awamaanaya අවමානය *n.* scorn
awamaanayata path wenawa අවමානයට පත් වෙනවා *v.* condescend
awaman kara අවමන් කරා *v.* degrade
awaman karanawa අවමන් කරනවා *v.* demean

awaman karanawa අවමන් කරනවා *v.* despise
awaman karanawaa අවමන් කරනවා *v.* humiliate
awaman kireema අවමන් කිරීම *n.* abbey
awaman labanawa අවමන් ලබනවා *v.* denigrate
awamangala අවමංගල *n.* obituary
awamangalyaya adyakshaka අවමංගල්යය අධ්යක්ෂක *n.* undertaker
awamaya අවමය *n.* minimum
awanaamaya අවනාමය *n.* misnomer
awanaduwa අවනුඩුව *n.* injustice
awanambuwa අවනම්බුව *v.* discredit
awanatha baawaya අවනත භාවය *n.* subservience
awanatha wana අවනත වනෙවා *adj.* susceptible
awanatha weema අවනත වීම *n.* allegiance
awanatha wenawa අවනත වනෙවා *v.* obey
awanathukara gannawaa අවනතුකර ගන්නවා *v.* misappropriation
awanhala අවන්හල *n.* pub
awanka අවංක *adj.* bonafide
awanka අවංක *adj.* devout
awanka අවංක *adj.* frank
awanka අවංක *adj.* honest
awanka අවංක *adj.* straightforward
awanka අවංක *adj.* sincere
awanka kama අවංක කම *n.* sincerity
awankakama අවංකකම *n.* candour
awankakama අවංකකම *n.* honesty
awankakama අවංකකම *n.* probity
awapaalanaya අවපාලනය *n.* mismanagement
awapaathaya අවපාතය *n.* depression
awarodakaya අවර ෝධකයා *n.* buffer
awarodakaya අවර ෝධකය *n.* bumper
awarodhanaya අවර ෝධනය *n.* repression
awasaana අවසාන *adj.* final
awasaana අවසාන *adj.* last
awasaana siddhiya අවසාන සිද්ධිය *n.* upshot
awasaanaya අවසානය *n.* expiry
awasaanaya අවසානය *n.* liquidation
awasaanayedee අවසානයේදී *adv.* ultimately
awasaanayedi අවසානයේදී *adv.* eventually
awasan watayata therunu thanaththa අවසන් වටයට තෝරුණු තැනැත්තා *n.* finalist
awasara denawa අවසර දනෙවා *v.* permit
awasara diya haki අවසර දිය හැකි *adj.* permissible
awasarapathraya අවසරපත්රය *n.* licence
awasaraya අවසරය *v.* may
awasaraya අවසරය *n.* permission
awasaraya අවසරය *n.* sufferance
awasheshaya අවශේෂය *n.* remainder
awashoshanaya karanawa අවශෝෂණය කරනවා *v.* absorb
awashya අවශ්ය *adj.* necessary
awashya අවශ්ය *adj.* needful

awashya අවශ්‍ය *n.* prerequisite
awashya අවශ්‍ය *adj.* requisite
awashya deya අවශ්‍ය දයෙ *n.* requisite
awashya wenawa අවශ්‍ය වනෙවා *v.* must
awashya wenawa අවශ්‍ය වනෙවා *v.* necessitate
awashya wenawaa අවශ්‍ය වනෙවා *v.* require
awashyama අවශ්‍යම *adv.* necessarily
awashyathaawa අවශ්‍යතා ව *n.* demand
awashyathaawa අවශ්‍යතා ව *n.* necessity
awashyathaawa අවශ්‍යතා ව *v.* need
awashyathaawaya අවශ්‍යතා වය *n.* requirement
awasihiya අවිසිහිය *n.* amnesia
awasthaanukoola nowoo අවස්තානුකූල නොවූ *adj.* inopportune
awasthaawa අවස්ථා ව *n.* chance
awasthaawa අවස්ථා ව *n.* fettle
awasthaawa අවස්ථා ව *n.* footing
awasthaawa අවස්ථා ව *n.* occasion
awasthaawa අවස්ථා ව *n.* opportunity
awasthaawa අවස්ථා ව *n.* plight
awasthaawa අවස්ථා ව *n., a* situation
awasthithiya අවස්ථිතිය *n.* inertia
awata අවට *adv.* nearby
awata pihiti de අට පිහිටි ද ේ*n.* surroundings
awathaaraya අවතා රය *n.* incarnation
awathaaraya අවතා රය *n.* phantom
awathaaraya අවතා රය *n.* spectre
awathaaraya අවතා රය *n.* wraith
awathala අවතල *adj.* concave
awawaada karanawa අවවා ද කරනවා *v.* preach
awawaadaathmaka අවවා දාත්මක *adj.* cautionary
awawaadaathmaka අවවා දාත්මක *adj.* monitory
awawaadaya අවවා දය *n.* caution
awawaadaya අවවා දය *n.* warning
awayawaya අවයවය *n.* organ
awichaaraka අවිචා රක *adj.* indiscreet
awichaari අවිචාරි *adj.* injudicious
awichaari අවිචාරි *adj.* irrational
awichakshana අවිචක්ෂණ *adj.* imprudent
awichakshana අවිචක්ෂණ *adj.* purblind
awideeme wegaya ඇවිදීමේ වගේය *n.* pace
awidimath අවිධිමත් *adj.* improper
awidimath අවිධිමත් *adj.* informal
awidimath අවිධිමත් *adj.* irregular
awidimath bawa අවිධිමත් බව *n.* irregularity
awidinawaa ඇවිදිනවා *v.* walk
awidu bawa durukaranawa අවිදූ බව දුර කරනවා *v.* demystify
awidyaawa අවිද්‍යා ව *n.* nescience
awihala අවිහල *n.* arsenal
awikala අවිකල *adj.* lucid
awilagath ඇවිලගත් *adj.* aflame
awilenawa ඇවිලනෙවා *v.* flash
awinaya අවිනය *n.* indiscipline
awineetha අවිනීත *adj.* cheeky
awineetha අවිනීත *n.* immodest
awineetha අවිනීත *adj.* impudent

awineetha අවිනීත *adj.* indecent
awineetha අවිනීත *adj.* restive
awineetha අවිනීත *adj.* saucy
awineetha kella අවිනීත කෙල්ල *n.* minx
awinischitha baawaya අවිනිශ්චිත භාවය *n.* suspense
awinishchitha අවිනිශ්චිත *adj.* inconclusive
awishishta අවිශිෂ්ට *adj.* prosaic
awishtathaawa අවිශිෂ්ටතාව *n.* mediocrity
awishwaasa අවිශ්වාස *adj.* deceptive
awishwaasaya අවිශ්වාසය *n.* disbelief
awishwaasaya අවිශ්වාසය *n.* distrust
awishwaasaya අවිශ්වාසය *v.* mistrust
awiswaasiyaa අවිශ්වාසය *n.* sceptic
awitili karanawa ඇවිටිලි කරනවා *v.* deprecate
awiwaahaka bhaaryaawa අවිවාහක භාර්යාව *n.* concubine
awiwaahika sthriya අවිවාහික ස්ත්‍රිය *n.* spinster
awiweki අවිවේකී *adj.* busy
awul jaalaya අවුල් ජාලය *n.* hotchpotch
awul jaalaya අවුල් ජාලය *n.* impasse
awul karagannawa අවුල් කරගන්නවා *v.* bungle
awul karanawa අවුල් කරනවා *v.* complicate
awul karanawa අවුල් කරනවා *v.* confuse
awul karanawa අවුල් කරනවා *v.* disarrange
awul karanawa අවුල් කරනවා *v.* dislocate
awul karanawa අවුල් කරනවා *v.* muddle
awul karanawa අවුල් කරනවා *v.* ruffle
awul karanawaa අවුල් කරනවා *v.* meddle
awul karanawaa අවුල් කරනවා *v.* upset
awul sahitha satana අවුල් සහිත සටන *n.* melee
awul swabhaawaya අවුල් ස්වභාවය *n.* disarray
awul wenawa අවුල් වෙනවා *adj.* bemused
awul wenawa අවුල් වෙනවා *v.* meliorate
awula අවුල *n.* confusion
awula අවුල *n.* mess
awulata pathweema අවුලට පත්වීම *v.* disconcert
awulu අවුල *n.* sweetmeat
awuluwanawaa අවුළුවනවා *v.* kindle
awunsaya අවුන්සය *n.* ounce
awurthidaahaya අවෘතිදාහය *n.* meningitis
awussaa soyanawa අවුස්සා සොයනවා *v.* rummage
awussanawa අවුස්සනවා *v.* exasperate
awussanawa අවුස්සනවා *v.* incite
awussanawa අවුස්සනවා *v.* provoke
awussanawa අවුස්සනවා *v.* rouse
awyaaja අව්‍යාජ *adj.* artless
awyaaja අව්‍යාජ *adj.* genuine
ay ඇයි *adv.* why
aya ඇය *pron.* she

aya baddhu ganeema අය බදු ගැනීම *n.* taxation

aya wiyayuthu අයවියයුතු *adj.* owing

ayabadu aadiya labaaganna අයබදු ආදිය ලබා ගන්න *v.* levy

ayabadu gewannange niyojitha pirisa අයබදු ගෙවන්නන්ගේ නියෝජිත පිරිස *n.* vestry

ayada sitinawaa අයැද සිටිනවා *v.t.* implore

ayada sitinawaa අයැද සිටිනවා *v.* solicit

ayadinawa අයදිනවා *v.* beg

ayadinawa අයදිනවා *v.* beseech

ayadumkaruwa අයදුම්කරුවා *n.* applicant

ayadumkaruwa අයදුම්කරුවා *n.* examinee

ayage ඇයගේ *pron.* her

ayahapath අයහපත් *adj.* bad

ayakami අයකැමි *n.* cashier

ayath wenawa අයත් වෙනවා *v.* comprise

ayawaya lekanaya අයවැය ලේඛනය *n.* budget

ayiraawa අයිරාව *n.* overdraft

ayithi karaganeema අයිති කරගැනීම *n.* appropriation

ayogya අයෝග්‍ය *adj.* ineligible

ayogya අයෝග්‍ය *adj.* unworthy

ayogya galapeema අයෝග්‍ය ගැළපීම *n.* mismatch

ayogya woo deya අයෝග්‍ය වූ දෙය *n.* misfit

ayogyathaawa අයෝග්‍යතාව *n.* disqualification

ayudaya ආයුධය *n.* weapon

ayuthu අයුතු *adj.* unjust

ayuthu lesa athkaragannawa අයුතු ලෙස අත්කරගන්නවා *v.* misappropriate

ayuthu madihathwanna අයුතු මැදිහත්වන්න *n.* interloper

ayuthu prayojana gannawa අයුතු ප්‍රයෝජන ගන්නවා *v.* abuse

B

baa gaanawa බෑ ගානවා *v. i* bleat

baabar saappuwa බාබර් සාප්පුව *n.* saloon

baadaka බාධක *adj.* prohibitive

baadaka ashwa diwuma බාධක අශ්වදිවුම *n.* steeplechase

baadakaya බාධකය *n.* barrier

baadha karanawa බාධා කරනවා *v.* counteract

baadha karanawa බාධා කරනවා *v.* deter

baadhaa karanawa බාධා කරනවා *v.* disturb

baadhaa karanawa බාධා කරනවා *v.* foil

baadhaawa බාධාව *n.* handicap

baadhaka බාධක *adj.* restrictive

baagannawa බාගන්නවා *v.* download

baagaya බෑගය *n.* bag

baahira බාහිර *adj.* cosmetic

baahira බාහිර *adj.* external

baahira බාහිර *adj.* outer

baahira බාහිර *n.* outside

baahira rogee බාහිර රෝගී *n.*

outpatient

baahuwa බාහුව *n.* arm

baala බාල *adj.* juvenile

baala andum බාල ඇඳුම් *adj.* tatty

baala chikithsaawa බාල චිකිත්සාව *n.* paediatrics

baala chikithsaka බාල චිකිත්සක *n.* paediatrician

baala dakshayaa බාල දක්ෂයා *n.* scout

baala kireema බාල කිරීම *n.* adulteration

baalaanshaya බාලාංශය *n.* nursery

baaladakshain ge sanakeliya බාලදක්ෂයින් ගේ සැණකෙළිය *n.* jamboree

baalanshaya බාලාංශය *n.* kindergarten

baalikaawakage wani බාලිකාවකගේ වැනි *adj.* girlish

baalkaya බාල්කය *n.* girder

baana බාන *n.* halter

baana බෑනා *n.* nephew

baappa බාප්පා *adj.* avuncular

baara doora බාරදූර *adj.* onerous

baara kireema බාර කිරීම *n.* consignment

baara oppu karana භාර ඔප්පු කරන *adj.* votive

baaradoora බාරදූර *adj.* momentous

baaragatha nohaki බාරගත නොහැකි *adj.* inadmissible

babalana බබළන *adj.* brilliant

babalanawa බබළනවා *v.* brighten

babaleema බැබළීම *n.* blaze

babalenawaa බැබලෙනවා *v.* shine

baboon බැබූන් *n.* baboon

bacon බේකන් *n.* bacon

bacteria බැක්ටීරියා *n.* bacteria

bada බඩ *n.* bowel

bada බඩ *n.* paunch

bada බඩ *n.* stomach

bada ridenawa බඩ රිදෙනවා *v.* gripe

bada wala බඩ වැල *n.* gut

bada wala බඩ වැල *n.* intestine

bada watiya බඩවැටිය *n.* hedge

badaa gannawa බදා ගන්නවා *v.* cuddle

badaa karanawa බාධා කරනවා *v.* intercept

badaadaa බදාදා *n.* Wednesday

badaagannawa බදාගන්නවා *v.* clasp

badaagannawa බදාගන්නවා *v.t.* grapple

badaamaya බදාමය *n.* stucco

badagaa yanawaa බඩගා යනවා *v.* scramble

badagaama බඩගෑම *v.* crawl

badawadilla බඩවැඩිල්ල *n.* benefice

baddha බද්ද *n.* tax

baddha wairaya බද්ධ වෛරය *n.* rancour

baddha wairaya බද්ධ වෛරය *n.* vendetta

baddhata gath idama බද්දට ගත් ඉඩම *n.* tenement

bade kakkuma බඩේ කැක්කුම *n.* colic

bade waathaya pirunu බඩේ වාතය පිරුණු *adj.* flatulent

badha karanawa බාධා කරනවා *v.* heckle

badha karanawa බාධා කරනවා *v.* interrupt

badhaa karanawa බාධා කරනවා *v.* retard

badhaawa බාධාව *n.* interference
badhaawa බාධාව *n.* interruption
badhu gena siteema බදු ගෙන සිටීම *n.* tenancy
badhu kaarayaa බදු කාරයා *n.* tenant
badmintan kreedaawe shatalaya බැඩ්මින්ටන් ක්‍රීඩාවේ ශටලය *n.* shuttlecock
badminton බැඩ්මින්ටන් *n.* badminton
badu baahira බඩු බාහිර *n.* chattel
badu baanawaa බඩු බානවා *v.* unload
badu dakiya haki almaariya බඩු දැකිය හැකි අල්මාරිය *n.* showcase
badu gabadaawa බඩු ගබඩාව *n.* warehouse
badu gewiya uthu බදු ගෙවිය යුතු *adj.* taxable
badu himiyaa බදු හිමියා *n.* lessor
badu kuliya බදු කුලිය *n.* rental
badu nawa බඩු නැව *n.* freighter
badu wattoruwa බඩු වට්ටෝරුව *n.* inventory
badukaru බදුකරු *n.* lessee
baduthogaya බඩුතොගය *n.* cargo
bagaapath lesa illanawa බැගෑපත් ලෙස ඉල්ලනවා *v.* entreat
bagaapathwa illanna බැගෑපත්ව ඉල්ලනවා *n.* suppliant
bagee wilaasithaawa බැගි විලාසිතාව *n.* baguette
bahara karanawa බැහැර කරනවා *v.* exclude
bahu bhaashaa බහු භාෂා *adj.* polyglot
bahu maadya බහු මාධ්‍ය *n.* multimedia
bahu rekaya බහු රේඛය *n.* polygraph
bahu roopi බහු රූපී *adj.* multiform
bahu sanskruthika බහුසංස්කෘතික *adj.* multicultural
bahu thaakshanika බහු තාක්ෂණික *n.* polytechnic
bahu wachana බහු වචන *adj.* plural
bahu wiwaahaya බහුවිවාහය *n.* polygamy
bahu wiwaahika බහුවිවාහික *adj.* polygamous
bahuawayawikayak බහුඅවයවිකයක් *adj.* acrylic
bahuboothaya බහුබූතයා *n.* harlequin
bahudewawaadaya බහුදේවවාදය *n.* polytheism
bahudewawaadiyaa බහුදේවවාදියා *adj.* polytheistic
bahudhaaree බහුධාරී *adj.* multiparous
bahula බහුල *adj.* many
bahula බහුල *n.* profusion
bahula බහුල *adj.* rife
bahula bawa බහුල බව *pron.* plenty
bahulathwaya බහුලත්වය *n.* abundance
bahulathwaya බහුත්වය *n.* plurality
bahupathikramaya බහුපතික්‍රමය *n.* polyandry
bahuroopekshaya බහුරූපේක්ෂය *n.* kaleidoscope
bahusrutha baawaya බහුශ්‍රැත භාවය *n.* versatility
bahutharaya බහුතරය *n.* majority
baibalaya බයිබලය *n.* Bible
baicycalaya බයිසිකලය *n.* bicycle

baineththuwa බයිනෙත්තුව *n.* bayonet
bakamoona බකමූණ *n.* owl
bakki karaththaya බක්කි කරත්තය *n.* buggy
bala aniya බල ඇණිය *n.* battalion
bala ganima බලා ගැනීම *n.* care
bala gannawa බලා ගන්නවා *v.* cherish
bala karanawa බල කරනවා *v.* compel
bala karanawa බල කරනවා *v.* constrain
bala karanawa බල කරනවා *v.* enforce
bala karanawaa බල කරනවා *v.* impel
bala kireema බල කිරීම *n.* compulsion
bala kireema බල කිරීම *n.* insistence
bala kotuwa බල කොටුව *n.* stronghold
bala praweshaya බල ප්‍රවේශය *v.* obtrude
bala wachana බල වචන *n.* stimulant
bala wadanawaa බල වඩනවා *v.* stimulate
bala wardakaya බල වර්ධකය *n.* supercharger
balaa sitinna බලා සිටින්න *n.* onlooker
balaaporoththu nathuwa sitiawa බලාපොරොත්තු නැතිව සිටිනවා *n.* despair
balaaporoththu sahitha බලාපොරොත්තු සහිත *adj.* promising
balaaporoththu wana බලාපොරොත්තු වන *adj.* expectant
balagannaa pudgalayaa බලා ගන්නා පුද්ගලයා *n.* carer
balahathkaara බලහත්කාර *adj.* forcible
balahathkaarakam karanawa බලහත්කාරකම් කරනවා *v.* coerce
balahathkaarayen බලහත්කාරයෙන් *adv.* perforce
balakaarayaa බලකාරයා *n.* executor
balakaaya බලකාය *n.* corps
balakara illanawaa බලකර ඉල්ලනවා *v.* insist
balakotu aadiya watalaama බලකොටු ආදිය වැටලීම *n.* siege
balakotuwa බළකොටුව *n.* citadel
balakotuwa බලකොටුව *n.* fortress
balakshaya weema බලක්ෂය වීම *n.* prostration
balal patiya බළල් පැටියා *n.* kitten
balal patiya බළල් පැටියා *n.* kitty
balal raul gas බළල් රැවුල් ගස් *n.* whisker
balala බළලා *n.* cat
balalaa බළලා *n.* puss
balaleku men handanawaa බළලෙකු මෙන් හඬනවා *v.* mew
balanawa බලනවා *v.* groom
balanawa බලනවා *v.* look
balapaama බලපෑම *n.* effect
balapaama බලපෑම *n.* impact
balapaanawa බලපානවා *v.* affect
balapathraya බලපත්‍රය *n.* mandate
balapathraya බලපත්‍රය *n.* proxy
balapathrayak lath thanaththa බලපත්‍රයක් ලත් තැනැත්තා *n.* licensee
balaporoththu wenawa බලාපොරොත්තු වෙනවා *v.* await
balaporottu sahithawa

බලාපොරොත්තු සහිතව *adv.* hopefully
balaporottuwa බලාපොරොත්තුව *n.* hope
balasahitha බල සහිත *adj.* authoritative
balawath බලවත් *adj.* masculine
balawath hangeem athi බලවත් හැඟීම් ඇති *adj.* soulful
balawath hinsaawa බලවත් හිංසාව *n.* torture
balawath kanagaatuwa බලවත් කණගාටුව *n.* poignancy
balawath karanawa බලවත් කරනවා *v.* fortify
balawath krodaya බලවත් ක්‍රෝධය *n.* gall
balawath preethiya බලවත් ප්‍රීතිය *n.* thrill
balawath unanduwa බලවත් උනන්දුව *n.* enthusiasm
balawath vedana athi karana බලවත් වේදනා ඇති කරනවා *v.* agonize
balaya බලය *n.* force
balaya බලය *n.* power
balaya adu karanawaa බලය අඩු කරනවා *v.* maim
balaya denawa බලය දෙනවා *v.* authorize
balaya denawa බලය දෙනවා *v.* enable
balaya pawareema බලය පැවරීම *n.* delegation
balaya penwanawaa බලය පෙන්වනවා *n.* showdown
balaya wadi karanawa බලය වැඩි කරනවා *v.* reinforce
balayak nomathi බලයක් නොමැති *adj.* unwarranted
balayen adhikawa pawathinawaa බලයෙන් අධිකව පවතිනවා *v.* preponderate
balayen yatath karagannawa බලයෙන් යටත් කරගන්නවා *v.* overpower
baleema pinisa yanawaa බැලීම පිණිස යනවා *v.* visit
balen athulweema බලෙන් ඇතුල්වීම *n.* intrusion
balen athulweema බලෙන් ඇතුල්වීම *n.* irruption
balen laba gannawa බලෙන් ලබා ගන්නවා *v.* extort
balen paharagannawa බලෙන් පැහැරගන්නවා *v.* wrest
balen thallu karanawaa බලෙන් තල්ලු කරනවා *v.* shove
balla බල්ලා *n.* dog
balli බැල්ලී *n.* bitch
balma බැල්ම *n* look
balma helanawa බැල්ම හෙළනවා *v.i.* glance
balu diwiya බලු දිවියා *n.* hyena
balu kooduwa බලු කූඩුව *n.* kennel
balu kukkaa බලු කුක්කා *n.* pup
balu patawaa බලු පැටවා *n.* puppy
baluma බැලුම *n.* balloon
bama බැම *n.* brow
bamba බඹ *n.* fathom
bambara බඹරා *n.* hornet
bambaraya karakawenawaa බඹරය කැරකෙනවා *v.* swivel
bambasara බඹසර *n.* celibacy
ban wala බන් වැල *n.* withe
bana wadhinawaa බැණ වදිනවා *v.*

scold
bana wadinawa බැණ වදිනවා *v.* chide
bana wadinawa බැණ වදිනවා *v.* rampage
banaraya බැනරය *n.* banner
bandapatiya බඳපටිය *n.* belt
bandawaa gannawa බඳවා ගන්නවා *v.* recruit
bandeema බැඳීම *n.* binding
bandeema බැඳීම *n.* bond
bandeema බැඳීම *n.* linkage
bandenawa බැඳෙනවා *v.* enlist
bandhanaya බන්ධනය *n.* clamp
bandina lada බඳින ලද *adj.* tied
bandinawa බඳිනවා *v.* bind
bandinawa බඳිනවා *v.* fry
bangalaawa බංගලාව *n.* bungalow
baninawa බණිනවා *v.* berate
baninawa බණිනවා *v.* reprove
banis gediya බනිස් ගෙඩිය *n.* bun
baniyama බැනියම *n.* jersey
baniyama බැනියම *n.* vest
banjowa බැන්ජෝව *n.* banjo
bankaraya බංකරය *n.* bunker
bankolothkama බංකොලොත්කම *n.* bankruptcy
bankolothkama බංකොලොත්කම *n.* insolvency
banku karu බැංකු කරු *n.* banker
bankuwa බැංකුව *n.* bank
bankuwa බංකුව *n.* bench
banuwa බණුව *n.* phone
bara බර *adj.* heavy
bara බැර *n.* liability
bara බර *n.* weight
bara badu adinna බර බඩු අදින්නා *n.* haulier
bara balanawaa බර බලනවා *v.* weigh
bara esaweeme kreedaawa බර එසවීමේ ක්‍රීඩාව *n.* weightlifting
bara iwath karanawaa බර ඉවත් කරනවා *v.* unburden
bara kota kiyanawaa බර කොට කියවනවා *v.t.* stress
bara patawanawaa බර පටවනවා *v.* encumber
bara thabeema බර තැබීම *n.* weighting
bara wagakeema බර වගකීම *n.* onus
baraadeema බරැදීම *n.* haulage
baraandaya බරාඳය *n.* corridor
barapathala බරපතල *adj.* flagrant
barapathala බරපතල *adj.* grievous
barapathala බරපතල *adj.* weighty
barapathala chodanaawa බරපතල චෝදනාව *n.* stricture
barapathala kireema බරපතල කිරීම *n.* aggravation
barathi nishkreeya waayuwak බරැති නිෂ්ක්‍රිය වායුවක් *n.* xenon
barikama බැරිකම *n.* inability
barin nidahas karanawa බරින් නිදහස් කරනවා *v.* exonerate
baroththiya බරෝත්තිය *n.* bib
basaya බසය *n.* bus
basinawa බසිනවා *v.* descend
basma බෑස්ම *n.* declivity
bata denawa බැට දෙනවා *v.* trounce
batahira බටහිර *n.* west
batahira pannayata hada
gasenawaa බටහිර පන්නයට හැඩ ගැසෙනවා *v.* westernize
batahirin බටහිරින් *adv.* westerly

bataluwa බැටළුවා *n.* lamb
bataluwaa බැටළුවා *n.* sheep
batan polla බැටන් පොල්ල *n.* baton
batanalaawa බටනළාව *n.* flute
batariya බැටරිය *n.* battery
bath බත් *n.* rice
bath koora බත් කූර *n.* chopstick
bathik බතික් *n.* batik
bathimath බැතිමත් *adj.* pious
bathimatha බැතිමතා *n.* devotee
bathimatha බැතිමතා *n.* votary
baththala බත්තල *n.* lighter
baumika භෞමික *adj.* territorial
bautheesma karanawa බෞතීස්ම කරනවා *v.* baptize
bautheesma karanna බෞතීස්ම කරන්නා *n.* Baptist
baya ganwawaa බය ගන්වනවා *v.* startle
baya kara yamak labaagannawa භය කර යමක් ලබා ගන්නවා *v.* overawe
bayaadu බයාදු *adj.* timorous
bayaadukama බයාදුකම *n.* timidity
bayaanaka භයානක *adj.* terrible
bayagulla බයගුල්ලා *n.* coward
bebadda බේබද්දා *adj.* alcoholic
bebadu බේබදු *adj.* drunkard
beda denawa බෙදා දෙනවා *v.t.* apportion
beda denawa බෙදා දෙනවා *v.* mete
beda kala භේද කළ *adj.* estranged
bedaa denawaa බෙදා දෙනවා *v.* impart
bedaaharinawa බෙදාහරිනවා *v.* distribute
bedaaharinna බෙදාහරින්නා *n.* distributor
bedanawa බෙදනවා *v.* divide
bedum waadiyaa බෙදුම් වාදියා *n.* separatist
bedunu thola බෙදුණු තොල *n.* harelip
bee gannawaa බී ගන්නවා *v.* soak
beech gasa බීච් ගස *n.* beech
beegal බීගල් *n.* beagle
beeja බීජ *n.* seed
beejaanuwa බීජාණුව *n.* spore
beekaraya බීකරය *n.* beaker
beekkuwa බීක්කුව *n.* scallop
beema බීම *n.* beverage
beema hala බීම හල *n.* bar
beema wargayak බීම වර්ගයක් *n.* perry
beera බීර *n.* beer
beera wargayak බීර වර්ගයක් *n.* ale
beera wisheshayak බීර විශේෂයක් *n.* lager
beeraluwa බීරලුව *n.* spool
beeshanaya භීෂණය *n.* terror
beet බීට් *n.* beet
beet alaya බීට් අලය *n.* beetroot
begal kiyanawaa බේගල් කියනවා *v.* overdraw
begalaya බේගලය *n.* exaggeration
beheth guliya බෙහෙත් ගුලිය *n.* pill
beheth wathura misranaya බෙහෙත් වතුර මිශ්‍රණය *n.* tincture
beheth wattoruwa බෙහෙත් වට්ටෝරුව *n.* prescription
beheth welendaa බෙහෙත් වෙළෙන්දා *n.* pharmacist
behetha බෙහෙත *n.* medication
belaheena බෙලහීන *v.* emasculate
belaheena බෙලහීන *adj.* impotent
belaheenakama බෙලහීනකම *n.*

impotence

belek බලෙකේ *n.* tin

bella බෙල්ල *n.* neck

bella බෙල්ල *n.* oyster

bella mirikaa mareema බෙල්ල මිරික මැරීම *n.* strangulation

belle pasupaththa බෙල්ලෙ පසුපැත්ත *n.* nape

bera wakkaranawaa බෙරෙ වක්කරනවා *v.* decant

beraa ganeema බෙරෙ ගැනීම *n.* reclamation

beraa gannawaa බෙරෙ ගන්නවා *v.* salvage

beragannawa බෙරෙගන්නවා *v.* reclaim

beragannawa බෙරෙ ගන්නවා *v.* rescue

beraya බෙරය *n.* drum

bergeraya බර්ගරය *n.* burger

berihan deema බෙරිහන්දීම *v.* bray

berihan denawa බෙරිහන් දෙනවා *v.* blare

berihan denawaa බෙරිහන් දෙනවා *v.* scream

berihan denawaa බෙරිහන් දෙනවා *v.i.* shout

beriya nohaki බෙරිය නොහැකි *adj.* inextricable

berum kaaraya බෙරුම්ක රය *n.* arbitrator

berum kireema බෙරුම් කිරීම *n.* arbitration

berum kireema බෙරුම් කිරීම *n.* mediation

besama බෙසම *n.* basin

bethshaalaawa බෙත්ශාලව *n.* dispensary

bhaadhaawa බාධාව *n.* obstruction

bhaagaya භාගය *n.* fraction

bhaagyawath භාග්‍යවත් *adj.* blessed

bhaajanaya භාජනය *n.* container

bhaandaagaaraya භාණ්ඩාගාරය *n.* depository

bhaandaagaaraya භාණ්ඩාගාරය *n.* treasury

bhaandaagaarika භාණ්ඩාගාරික *n.* treasurer

bhaara denawa බර දෙනවා *v.* deliver

bhaara ganima භර ගැනීම *n.* adoption

bhaaradeema බ රීම *n.* delivery

bhaarakaarayaa භ රක රය *n.* trustee

bhaarakaru භ රකරු *n.* guardian

bhaarakaru භ රකරු *n.* keeper

bhaaryaawa භ ර්‍යාව *n.* spouse

bhaashaa shuddi waadiya භාෂා ශුද්ධි වදිය *n.* purist

bhaashaa wyawahaaraya භාෂා ව්‍යවහාරය *n.* parlance

bhaashaamaya භාෂ මය *adj.* linguistic

bhaashaawa භාෂාව *n.* language

bhaawaathmaka භාවාත්මක *adj.* emotional

Bhaawaawanathiya භාවවනතිය *n.* anticlimax

bhaawakriyaapada භ වක්‍රියා පද *n.* gerund

bhaawana karanawa භාවන කරනවා *v.* meditate

bhaawanaamaya භාවන මය *adj.* meditative

331

bhakthi geethaya භක්ති ගීතය *n.* carol
bhakthi geethikaawa භක්ති ගීතිකා ව *n.* hymn
bhakthimath භක්තිමත් *adj.* reverential
bhakthiya භක්තිය *adj.* fidelity
bhangakaranawa භං ගකරනවා *v.* frustrate
bhangura භංගුර *adj.* brittle
bhara wenawa භා ර වෙනවා *v.* devolve
bharaya භා රය *n.* burden
bharaya භරය *n.* denominator
bhashaa reethiyata ayath භා ෂා රීතියට අයත් *adj.* idiomatic
bhata kandaayama භට කණ්ඩා යම *n.* squadron
bhata kandaayama භට කණ්ඩා යම *n.* troop
bhata ranchuwa භට රංචුව *n.* squad
bhauthika භෞතික *adj.* physical
bhauthika widyaawa භෞතික විද්‍යා ව *n.* physics
bhawaanga භවා ංග *adj.* subliminal
bhawithaawa භාවිතා ව *n.* usage
bhaya ganwaa paalanaya karanawaa භය ගන්වා පා ලනය කරනවා *v.* tyrannize
bhaya ganwanawa භය ගන්වනවා *v.* daunt
bhaya karanawa භය කරනවා *v.* appal
bhaya sahitha භය සහිත *adj.* apprehensive
bhaya upadawana බය උපදවන *adj.* scary
bhayaanaka භයා නක *adj.* awful
bhayaanaka භයා නක *adj.* formidable
bhayaanaka භයා නක *adj.* gruesome
bhayaanaka භයා නක *adj.* monstrous
bhayajanaka භයජනක *adj.* redoubtable
bhayankara භයංකර *adj.* horrific
bhayen akilenawaa භයෙන් ඇකිළෙනවා *v.* cower
bhayen duwanawaa බයෙන් දුවනවා *v.t.* scamper
bheda wenawa භේද වෙනවා *v.t.* rupture
bhedaya භේදය *v.* breach
bheethikaawa භීතිකා ව *n.* phobia
bhikshunee භික්ෂුණී *n.* nun
bhikshuwa භික්ෂුව *n.* monk
bhojanaagaaraya භෝජනා ගා රය *n.* cabaret
bhojanaagaaraya භෝජනා ගා රය *n.* cafeteria
bhoo widyaagniya භූ විද්‍යා ඥයා *n.* geologist
bhoo widyaawa භූ විද්‍යා ව *n.* geology
bhoogola widyaagniya භූගෝල විද්‍යා ඥයා *n.* geographer
bhoogolaya භූගෝලය *n.* geography
bhoogoleeya භූගෝලීය *adj.* geographical
bhoomi darshanaya භූමි දර්ශනය *n.* landscape
bhoomikaawa භූමිකා ව *n.* preface
bhoomikampaawa භූමිකම්පා ව *n.* earthquake
bhoomikawa භූමිකා ව *n.* role

bhootha widyaawa භූත විද්‍යාව *n.* necromancy

bhootha widyaawa භූත විද්‍යාව *n.* spiritualism

bhootha widyagnayaa භූත විද්‍යඥයා *n.* spiritualist

bhoothaakara භූතා ක ර *adj.* spectral

bhramakaya භ්‍රමකය *n.* rotor

bhukthi windinawa භුක්ති විඳිනවා *v.* enjoy

bhukthiya pahara gannawa භුක්තිය පැහැර ගන්නවා *v.* expropriate

bibila බිබිළ *n.* blain

bihiri බිහිරි *adj.* deaf

bihisunu බිහිසුණු *adj.* horrendous

bihisunu kriyaa karanawaa බිහිසුණු ක්‍රියා කරනවා *v.* terrorize

bihisunu pudgalayaa බිහිසුණු පුද්ගලයා *n.* terry

biju damanawaa බීජ දමනවා *v.* spawn

biju rakinawaa බීජ රකිනවා *v.* incubate

bilee katuwa බිලී කටුව *n.* barb

bili pudanawaa බිලි පුදනවා *v.* sacrifice

bilinda බිළිඳා *n.* babe

bilinda බිළිඳ *adj.* infantile

biliyad kreedaawak බිලියඩ් ක්‍රීඩාව *n.* snooker

biliyanaya බිලියනය *n.* billion

billa බිල් ලා *n.* scapegoat

billiard gasana rita බිලියඩ් ගසන රිට *n.* cue

billiard kreedawa බිලියඩ් ක්‍රීඩාව *n.* billiards

bilpatha බිල්පත *n.* bill

bim mahala haa palamu mahala athara බිම් මහල හා පළමු මහල අතර මහල *n.* mezzanine

bim pedesa බිම් පෙදෙස *n.* terrain

bima බිම *n.* floor

bima gal gadol aadiya athuranawa බිම ගල් ගඩොල් ආදිය අතුරනවා *v.* pave

bima helanawa බිම හෙළනවා *v.* fell

bima wathirenawaa බිම වැතිරෙනවා *v.* grovel

bimgeya බිම්ගෙය *n.* cellar

bimmala බිම්මල *n.* mushroom

binda බිඳ *n.* blob

binda බිඳ *n.* speck

binda heliya nohaki බිඳ හෙළිය නොහැකි *adj.* irrefutable

bindenawa බිඳෙනවා *v.t* fracture

binduwa බින්දුව *n.* minim

binduwa බින්දුව *n.* nought

bingeya බිංගෙය *n.* tunnel

birch gasa බර්ච් ගස *n.* birch

bireema බිරීම *n.* bark

birinda බිරිඳ *n.* wife

bissa බිස්ස *n.* granary

biththaraya බිත්තරය *n.* egg

biththi janelaya බිත්ති ජනේලය *n.* wainscot

biththi raakkaya බිත්ති රාක්කය *n.* cupboard

biththiya බිත්තිය *n.* wall

bithu sithuwama බිතු සිතුවම *n.* mural

biya බිය *n.* fear

biya gannanawaa බිය ගන්නවනවා *v.* terrify

biya path බිය පත් *adj.* afraid

biya saka athi බිය සැක ඇති *adj.*

meticulous
biya saka nathi බිය සැක නැති *adv.* *&adj.* forward
biya wenawa බිය වෙනවා *v* alarm
biyagulla බියගුල්ල *adj.* craven
biyagulu බියගුලු *adj.* dastardly
biyakaranawa බියකරනවා *v.* frighten
biyakaru බියකරු *adj.* fearful
biyasulu බියසුලු *adj.* sheepish
biyasulu බියසුලු *adj.* timid
biyasulukama බියසුලුකම *n.* cowardice
biyen mirikuna බියෙන් මිරිකුණ *adj.* funky
biyen nagana handa බියෙන් නගන හඬ *n.* squeal
bo karanawaa බෝකරනවා *v.* propagate
bo kireema බෝකිරීම *v.* breed
boho බොහෝ *pron.* much
boho බොහෝ *adj.* numerous
boho බොහෝ *adv.* very
boho badagini athi බොහෝ බඩගිනි ඇති *n.* raven
boho kal gathawana බොහෝ කල් ගතවන *adj.* protracted
boho mahansiyen awidinawa බොහෝ මහන්සියෙන් ඇවිදිනවා *v.* plod
boho pala darana බොහෝ ඵල දරන *adj.* exuberant
boho pala darana බොහෝ පල දරන *adj.* prolific
boho palapurudu athi බොහෝ පළපුරුදු ඇති *n.* veteran
boho se බොහෝ සේ *adv.* greatly
boho se dangalanawaa බොහෝ සේ දඟලනවා *v.* struggle
boho wachana athi බොහෝ වචන ඇති *adj.* wordy
boho wehesa wenawa බොහෝ වෙහෙස වෙනවා *v.* moil
boho wisa sahitha බොහෝ විෂ සහිත *adj.* virulent
boho wita බොහෝ විට *adv.* oft
bojana භෝජන *n.* viands
bojana sangrahaya භෝජන සංග්‍රහය *n.* banquet
bojanaagaara sewakayaa භෝජනාගාර සේවකයා *n.* waiter
bojanaya භෝජනය *n.* meal
bokka බොක්ක *n.* bay
bokka බොක්ක *n.* gulf
bokku paara බොක්කු පාර *n.* viaduct
bokku sandhiya බොක්කු සන්ධිය *n.* groin
bokutu බොකුටු *adj.* hollow
bokutu karanawa බොකුටු කරනවා *v.* rumple
bokutuwa බොකුටුව *n.* kink
bol handa බොල් හඬ *n.* thud
bola gala බොල ගල *n.* cobble
bolanda බොළඳ *adj.* puerile
bolanda bas බොළඳ බස් *v.* prattle
bolandakama බොළඳකම *n.* naivety
bolaththa බොලත්ත *n.* besom
bolaya බෝලය *n.* ball
bomba helana guwan yaanaya බෝම්බ හෙළන ගුවන් යානය *n.* bomber
bomba helanawa බෝම්බ හෙළනවා *v.* bombard
bomba heleema බෝම්බ හෙළීම *n.* bombardment
bombaya බෝම්බය *n.* bomb

bonchi බෝංචි *n.* bean
bonda wenawaa බොඳ වෙනවා *v.* smudge
bonikka බෝනික්කා *n.* doll
boo lakshana sahitha භූ ලක්ෂණ සහිත *adj.* topographical
boo lakshna sithiyamkaru භූ ලක්ෂණ සිතියම්කරු *n.* topographer
boomadaana kruthyaya භූමදාන කෘත්‍යය *n.* sepulture
boomi baagaya භූමි භාගය *n.* site
boomi pradeshaya භූමි ප්‍රදේශය *n.* territory
boomi thel භූමි තෙල් *n.* kerosene
boomi wistharaya භූමි විස්තර *n.* topography
boomikampaa pilibanda wu භූමිකම්පා පිළිබඳ වූ *adj.* seismic
booruwa බූරුවා *n.* donkey
boosiya බූසිය *n.* mop
boowallaa බූවල්ලා *n.* octopus
boralu බොරළු *n.* gravel
borichchiya බෝරිච්චිය *n.* cuff
boru බොරු *adj.* bogus
boru බොරු *adj.* false
boru බොරු *adj.* mendacious
boru බොරු *adj.* spurious
boru ahankaarakaarayaa බොරේ අහංකාරකාරයා *n.* snob
boru dath kuttama බොරු දත් කුට්ටම *n.* denture
boru kaarayaa බොරු කාරයා *n* quack
boru kakula බොරු කකුල *n.* stilt
boru karanawaa බොරු කරනවා *v.* pretend
boru kondaya බොරු කොණ්ඩය *n.* wig
boru sil angawana බොරු සිල් අඟනවා *adj.* sanctimonious
boru usaskam dakwana බොරු උසස්කම් දක්වනවා *adj.* snobbish
boru wala බොරු වල *n.* pitfall
boru wedakama බොරු වෙදකම *n.* quackery
boru wes gannawaa බොරු වෙස් ගන්නවා *v.* simulate
borukaaraya බොරු කාරයා *n.* liar
boruwa බොරුව *n.* falsehood
boruwa බොරුව *n.* fiasco
boruwa helidaraw karanawaa බොරුව හෙළිදරව් කරනවා *v.* debunk
boruwata angaweema බොරුවට ඇඟවීම *n.* pretence
boruwata sinaha wenawaa බොරුවට සිනහ වෙනවා *v.* smirk
boruwen rawatanawa බොරුවෙන් රවටනවා *v.* cajole
bothalaya බෝතලය *n.* bottle
boththama බොත්තම *n.* button
bottuwa බෝට්ටුව *n.* boat
bottuwa බෝට්ටුව *n.* tub
bounceraya බවුන්සරය *n.* bouncer
bowana බෝවන *adj.* catching
bowana una rogayak බෝවන උණ රෝගයක් *n.* typhus
bowena බෝවෙන *adj.* infectious
boxing kreedakaya බොක්සිං ක්‍රීඩකයා *n.* boxer
boxing kreedawa බොක්සිං ක්‍රීඩාව *n* boxing
boyawa බෝයාව *n.* buoy
brahaspathi බ්‍රහස්පති *n.* Jupiter
brahaspathindaa බ්‍රහස්පතින්දා *n.* Thursday
brahma vidyaawa බ්‍රහ්ම විද්‍යාව *n.*

theosophy
brahmachaaree බ්‍රහ්මචාරි *adj.* celibate
braille akuru බ්‍රේල් අකුරු *n.* Braille
bramawega maanaya භ්‍රමවේග මානය *n.* tachometer
brandy බ්‍රැන්ඩි *n.* brandy
brithanya බ්‍රිතාන්‍ය *adj.* British
browsaraya බ්‍රවුසරය *n.* browser
bubula බුබුළ *n.* bubble
bubula බුබුල *n.* bulb
buddhi prabhaawa බුද්ධි ප්‍රභාව *n.* genius
buddhiwaadaya බුද්ධිවාදය *n.* rationalism
buddimath බුද්ධිමත් *adj.* intellectual
buddiya බුද්ධිය *n.* intellect
bukthiya භුක්තිය *n.* tenure
bummaa gannawaa බුම්ම ගන්නවා *v.* sulk
bummaagena sitina බුම්මගෙන සිටින *adj.* sullen
buranawa බුරනවා *v.* yap
burul බුරුල් *adj.* loose
burul wenawa බුරුල් වෙනවා *v.* loosen
burula බුරුල *adj.* slack
burula denawaa බුරුල දෙනවා *v.* slacken
burulak nathi බුරුලක් නැති *adj.* strict
burusuwa බුරුසුව *n.* brush
butter බටර් *n.* butter
bytaya බයිටය *n.* byte

C

cadmium කැඩ්මියම් *n.* cadmium
cake gediya කේක් ගෙඩිය *n.* cake
cake wisheshayak කේක් විශේෂයක් *n.* gateau
calcium කැල්සියම් *n.* calcium
cameraawa කැමරාව *n.* camera
can කැන් *n.* can
candela කැන්ඩලෙ *n.* candela
canvas කැන්වස් *n.* canvas
carat කැරට් *n.* carat
carbohydrate කාබෝහයිඩ්‍රේට් *n.* carbohydrate
carbon කාබන් *n.* carbon
carbonate කාබනේට් *adj.* carbonate
card kreedaawak කාඩ් ක්‍රීඩාවක් *n.* rummy
cardboard කාඩ්බෝඩ් *n.* cardboard
carrot කැරට් *n.* carrot
cartoon කාටූන් *n.* cartoon
catholica කතෝලික *adj.* catholic
cell fonaya සෙල් ෆෝනය *n.* cellphone
celluloid සෙලියුලොයිඩ් *n.* celluloid
cellulose සෙලියුලෝස් *n.* cellulose
celsius සෙල්සියස් *n.* Celsius
celtic කෙල්ටික් *adj.* Celtic
centigrade සෙන්ටිග්‍රේඩ් *adj.* centigrade
centimeteraya සෙන්ටිමීටරය *n.* centimetre
ceramic සෙරමික් *n.* ceramic
chaam kama චාම් කම *n.* simplicity
chaapaya චාපය *n.* arc
chaarikaawa චාරිකාව *n.* tour
chaarithraanukoolawa sidukaranawaa චාරිත්‍රානුකූලව සිදුකරනවා *v.* solemnize
chaatu bas kiyanawa චාටු බස් කියනවා *v.* flatter

chaatu bas kiyanawaa චාටු බස් කියනවා *v.* wheedle
chaatu katha චාටු කතා ව *n.* blarney
chaayaa darshakaya ඡායා දර්ශකය *n.* silhouette
chaayaa pitapatha ඡායා පිටපත *n.* photocopy
chaayaaroopa ඡායාරූප *adj.* photographic
chaayaaroopa shilpaya ඡායාරූප ශිල්පය *n.* photography
chaayaaroopa shilpiya ඡායාරූප ශිල්පියා *n.* photographer
chaayaaroopaya ඡායාරූපය *n.* photograph
chaayaasthithi ඡායාස්ථිති *n.* photostat
chaayaawa ඡායාව *n.* reflection
chakithaya චකිතය *n.* trepidation
chakkrorthiya චක්‍රෝර්තිය *n.* quibble
chamathkaaree චමත්කාරී *adj.* quaint
chamathkaaree lesa චමත්කාරී ලෙස *adv.* quaintly
champagne ෂැම්පේන් *n.* champagne
chanchalabhaawayen sitina චංචලභාවයෙන් සිටින *adj.* nervy
chanchalanaya චංචලනය *v.t* flicker
chanda චණ්ඩ *adj.* boisterous
chanda චණ්ඩ *adj.* rumbustious
chanda balaya ඡන්ද බලය *n.* franchise
chanda balaya athi ඡන්ද බලය ඇති *adj.* elective
chanda daayaka ඡන්ද දායක *adj.* constituent
chanda daayaka kottaasaya ඡන්ද දායක කොට්ඨාසය *n.* electorate
chanda daayakayaa ඡන්ද දායකයා *n.* constituency
chanda daayakayaa ඡන්ද දායකයා *n.* voter
chanda maaruthaya චණ්ඩ මාරුතය *n.* tempest
chandaalaya චණ්ඩාලයා *n.* outcast
chandamaaruthaya චණ්ඩමාරුතය *n.* hurricane
chandaya ඡන්දය *n.* ballot
chandaya ඡන්දය *n.* election
chandaya ඡන්දය *n.* poll
chandaya denawaa ඡන්දය දෙනවා *n.* vote
chandi gahaniya චණ්ඩි ගැහැණිය *n.* termagant
chandiya චණ්ඩියා *n.* bandit
chandra චන්ද්‍ර *adj.* lunar
chandragahanaya චන්ද්‍රග්‍රහණය *n.* eclipse
chandrikaawa චන්ද්‍රිකාව *n.* satellite
chapala චපල *adj.* capricious
chapala චපල *adj.* mutable
chapala චපල *adj.* shifty
chapala චපල *adj.* unstable
chapala bawa චපල බව *n.* caprice
chapalayaa චපලයා *n.* opportunism
chara chara gaanawaa චර චර ගානවා *v.* twitter
charachara gaanawa චරචර ගානවා *v.* bumble
chargeraya චාජරය *n.* charger
charithaapadaanaya චරිතාපදානය *n.* biography
charithaya චරිතය *n.* character
charithraya චරිතය *n.* vogue

chasiya චැසිය *n.* chassis
chathrasraakaara චතුරස්රාකාර *n.* quadrangular
chathur boojaya චතුර්භුජය *n.* quadrilateral
chathura චතුර *n.* cavalry
chathurangikaya චතුරංගිකය *n.* quartet
chathurasraya චතුරස්රය *a.* quadrangle
chathurguna චතුර්ගුණ *adj.* quadruple
chedanaya karanawaa ඡේදනය කරනවා *v.* intersect
chedaya ඡේදය *n.* paragraph
chedaya ඡේදය *n.* segment
cheenaya චීනය *n.* china
cheese චීස් *n.* cheese
cheetah චීටා *n.* cheetah
cheeththa චීත්ත *n.* fabric
cheque patha චෙක් පත *n.* cheque
chess kreedawa චෙස් ක්රීඩාව *n.* chess
chess kreedawe aarambaka piliwelak චෙස් ක්රීඩාවේ ආරම්භක පිළිවෙලක් *n.* gambit
chethanaya චේතනය *n.* emolument
chikithsakayaa චිකිත්සකයා *n.* physician
chiminiya චිමිනිය *n.* chimney
chimpanzee චිම්පන්සි *n.* chimpanzee
chinthanaya චින්තනය *n.* reverie
chipaya චිපය *n.* chip
chirasthaai karanawa චිරස්ථායි කරනවා *v.t.* perpetuate
chithakaya චිතකය *n.* pyre
chithra aadhaarayen gaman wistharayak dakwamin karana kathaawa චිත්ර ආධාරයෙන් ගමන් විස්තරයක් දක්වමින් කරන කතාව *n.* travelogue
chithra kalaawa චිත්ර කලාව *n.* portraiture
chithra karmaya චිත්ර කර්මය *n.* drawing
chithra prasthaaraya චිත්ර ප්රස්තාරය *n.* pictograph
chithra shilpiya චිත්රශිල්පියා *n.* artist
chithraagaaraya චිත්රාගාරය *n.* studio
chithraathmaka චිත්රාත්මක *adj.* pictorial
chithrapata චිත්රපට *n.* movies
chithrapataya චිත්රපටිය *n.* film
chithraya චිත්රය *n.* portrait
chiththa dhairyaya චිත්ත ධෛර්යය *n.* morale
chiththa santhaa චිත්ත සන්තා *n.* throes
chiththawegaya චිත්තවේගය *n.* emotion
chiththawegee චිත්තවේගී *adj.* emotive
chiththothpaadika චිත්තෝත්පාදික *adj.* imaginative
chitrabhinaya චිත්රාභිනය *n.* tableau
chlorine ක්ලෝරීන් *n.* chlorine
chloroform ක්ලෝරෝෆෝම් *n.* chloroform
chocolate චොකලට් *n.* chocolate
chodana karanawa චෝදනා කරනවා *v.* accuse
chodana karanawa චෝදනා කරනවා *v.t.* rebuke
chodanaawakata asu karanawaa

චෝදනාවකට අසු කරනවා *v.i.* incriminate
chodanawa චෝදනාව *n.* accusation
choliya චෝලිය *n.* bodice
choodithaya චූදිතයා *v.t.* accused
chrome ක්‍රෝම් *n.* chrome
chumbaka චුම්බක *adj.* magnetic
chumbakathwaya චුම්බකත්වය *n.* magnetism
chumbakaya චුම්බකය *n.* magnet
chutney චට්නි *n.* chutney
cinemaawa සිනමාව *n* cinema
circus kandaayama සර්කස් කණ්ඩායම *n.* circus
clonaya ක්ලෝනය *n.* clone
cobalt කොබෝල්ට් *n.* cobalt
cocaine කොකේන් *n.* cocaine
cocoa කොකෝවා *n.* cacao
cocoa කොකෝවා *n.* cocoa
coke anguru කෝක් අඟුරු *n.* coke
collage කොලාජ් *n.* collage
comiyunist waadaya කොමියුනිස්ට් වාදය *n.* communism
commando bataya කමාන්ඩෝ භටයා *n.* commando
commawa කොමාව *n.* comma
compost pohora කොම්පෝස්ට් පොහොර *n.* compost
concrete කොන්ක්‍රීට් *n.* concrete
conthraathkaru කොන්ත්‍රාත්කරු *n.* contractor
conthraaththuwa කොන්ත්‍රාත්තුව *n.* contract
conthraaththuwa කොන්ත්‍රාත්තුව *n* contract
corporal කෝප්‍රල් *n.* corporal
cortisone කෝටිසෝන් *n.* cortisone
cursoraya කර්සරය *n.* cursor
custard කස්ටඩ් *n.* custard
cutlet කට්ලට් *n.* cutlet
cyan warnaya සියන් වර්ණය *n.* cyan
cyanide සයනයිඩ් *n.* cyanide
cypress gasa සයිප්‍රස් ගස *n.* cypress

D

daadiya damanawa දාඩිය දමනවා *v.t.* perspire
daadu kataya දාදු කැටය *n.* dice
daahakaya දාහකය *n.* burner
daakaththa දෑකැත්ත *n.* sickle
daamarika දාමරික *adj.* brutal
daamarika දාමරික *adj.* turbulent
daamarikakama දාමරිකකම *n.* turbulence
daamarikaya දාමරිකයා *n.* hooligan
daanya දානය *n.* alms
daarakaagaaraya දාරකාගාරය *n.* crèche
daaraya දාරය *n.* border
daaraya දාරය *n.* edge
daaraya දාරය *n.* groove
daaraya දාරය *n.* margin
daarshanikaya දාර්ශනිකයා *n.* philosopher
daasa baawaya දාස භාවය *n.* servility
daasaya දාසයා *n.* lackey
daasayaa දාසයා *n.* thrall
daasayaa දාසයා *n.* vassal
daasayeku wani දාසයෙකු වැනි *adj.* servile
daasiya දාසිය *n.* cravat
daaspethi දාස්පෙති *n.* marigold

daawadda දෑවැද්ද *n.* dowry
daayaadaya දායාදය *n.* portion
daayaka wenawa දායක වෙනවා *v.* contribute
daayakathwaya දායකත්වය *n.* contribution
daayakaya දායකයා *n.* donor
dabara angilla දබර ඇඟිල්ල *n.* forefinger
dabarakaara sthree දබරකාර ස්ත්‍රී *n.* shrew
dabaraya දබරය *n.* altercation
dabaraya දබරය *n.* contention
dabaraya දබරය *n.* tussle
dabaraya දබරය *n.* winch
dabarayata kamathi දබරයට කැමති *adj.* belligerent
dabarayata kamathi දබරයට කැමති *adj.* truculent
dada දද *n.* cist
dadabbara දඩබ්බර *adj.* brash
dadayakkaraaya දඩයක්කාරයා *n.* hunter
dadayam balla දඩයම් බල්ලා *n.* hound
dadayam karanawaa දඩයම් කරනවා *v.* hunt
dadi දැඩි *adj.* inflexible
dadi bawa දැඩි බව *n.* rigour
dadi kampaawa දැඩි කම්පාව *n.* heartbreak
dadi mithrathwaya දැඩි මිත්‍රත්වය *n.* intimacy
dadi wenawa දැඩි වෙනවා *v.* harden
dadi wenawaa දැඩි වෙනවා *v.* stiffen
dadiwa alla gannawa දැඩිව අල්ලා ගන්නවා *v. t.* clutch
daduwama athhitawanawa දඬුවම අත්හිටවනවා *v.* reprieve
daffodil mala ඩැෆොඩිල් මල *n.* daffodil
daha ata දහ අට *adj. & n.* eighteen
daha ganeema ඩැහැ ගැනීම *v.* grab
daha hatha දහ හත *adj. & n.* seventeen
daha hathweni දහ හත්වෙනි *adj. & n.* seventeenth
daha nawa wani දහ නව වැනි *adj. & n.* nineteenth
daha nawaya දහ නවය *adj. & n.* nineteen
dahadiya දහඩිය *n.* sweat
dahadiya nogalana දහඩිය නොගලන *n.* antiperspirant
dahagannawa ඩැහැ ගන්නවා *v.* grip
dahagannawaa ඩැහැ ගන්නවා *v.* snatch
dahahathara දහහතර *adj.& n.* fourteen
dahana දහන *n.* trance
dahanaya දහනය *n.* combustion
dahanonmaadaya දහනෝන්මාදය *n.* pyromania
dahasa දහස *adj. & n.* thousand
dahasaya දහසය *adj. & n.* sixteen
dahasaya wani දහසය වැනි *adj. & n.* sixteenth
dahathuna දහතුන *adj. & n.* thirteen
dahathunweni දහතුන්වෙනි *adj. & n.* thirteen
dahathunwenia දහතුන්වෙනියා *adj. & n.* thirteenth
dahawala දහවල *n.* day
dahaya දහය *adj. & adv.* ten
dahi anduwa ඩැහි අඬුව *n.* forceps
dairyamath wenawa ධෛර්යමත් වෙනවා *v.* hearten

dairyawath ධෛර්යයවත් *adj.* gutsy
dairyaya deema ධෛර්යය දීම *n.* incentive
daishikaya දෛශිකය *n.* vector
daisy mala ඩේසි මල *n.* daisy
daithaadeena දියතාඩීන *adj.* henpecked
daiwagnaya දෛවඥයා *n.* astrologer
daiwaya දෛවය *n.* destiny
dakeema දැකීම *n.* perception
dakina onama deyak kanna දකින ඕනම දෙයක් කන්නා *n.* eatery
dakinawa දකිනවා *v.* behold
dakinawa දකිනවා *v.* perceive
dakiya haki දැකිය හැකි *adj.* perceptible
daksha දක්ෂ *adj.* apt
daksha දක්ෂ *adj.* clever
daksha දක්ෂ *adj.* deft
daksha දක්ෂ *adj.* proficient
daksha දක්ෂ *adj.* crafty
daksha kurumaanamkaaraya දක්ෂ කුරුමානම්කාරයා *n.* marksman
daksha lesa meheyawanawaa දක්ෂ ලෙස මෙහෙයවනවා *v.* cope
dakshakama දක්ෂකම *n.* dexterity
dakshakama දක්ෂකම *n.* skill
dakumkalu දැකුම්කළු *adj.* smart
dakuna දකුණ *n* right
dakuna දකුණ *n.* south
dakunu දකුණු *adj.* southern
dakunu digin දකුණු දිගින් *adj.* southerly
dakwaa දක්වා *prep.* to
dakwana දක්වන *adj.* informative
dakwanawa දන්වනවා *v.* acquaint
dakwanawaa දක්වනවා *v. t* denote
dakwanawaa දක්වනවා *v.* evince
dakwanawaa දක්වනවා *v.* indicate
dakwanawaa දක්වනවා *v.* show
dakwu දැක්වූ *adj.* bespoke
dal redi දැල් රෙදි *n.* gauze
dal redi getheema දැල් රෙදි ගෙතීම *n.* netting
dal sahitha දැල් සහිත *adj.* webby
dal wani දැල් වැනි *adj.* cellular
dala දළ *adj.* approximate
dala දළ *adj.* crude
dala දැල *n.* mesh
dala දැල *n.* net
dala දැල *n.* web
dala wisheshanaya දළ විශේෂණය *n.* overview
dalambuwa දළඹුවා *n.* caterpillar
dalambuwa දළඹුවා *n.* larva
dalaya දළය *n.* fang
dalaya දළය *n.* sting
dalaya දළය *n.* tusk
dali දැලි *n.* soot
dali pihiya දැළි පිහිය *n.* razor
dalikunu aadiya දැළිකුණු ආදිය *n.* grime
dalla දැල්ල *n.* flame
dalla දැල්ල *n.* squid
dalwena sulu දැල්වෙන සුලු *adj.* inflammable
dam paata දම් පාට *n.* purple
dam paata දම් පාට *n.* violet
damaa aninawa දමා අනිනවා *v.* jab
damaa gaseema දමා ගැසීම *v.* fling
damanawaa දමනවා *v.* put
dampaata thada rathu දම්පාට තද රතු *n.* magenta
damwala දම්වැල *n.* chain
dan දැන් *adv.* now
dan wani gediyak දං වැනි ගෙඩියක්

n. berry
dana දැන *adj.* aware
dana dakwaa watena kota saaya දණ දක්වා වැටෙන කොට සාය *n.* kilt
danaganeema දැනගැනීම *n.* cognizance
danagannawa දැනගන්නවා *v.* ascertain
danagannawa දැනගන්නවා *v.* assure
danagannawa දැනගන්නවා *v.* foresee
danagasanawaa දණගසනවා *v.* kneel
danahisa දණහිස *n.* knee
danata දැනට *adv.* presently
danaya ධනය *n.* lucre
danda දණ්ඩ *n.* bludgeon
dandana දණ්ඩන *adj.* penal
dandaneeya දණ්ඩනීය *adj.* punitive
dandelion mala ඩැන්ඩලියන් මල *v.* dandelion
dandu wata දඬු වට *n.* stockade
danduwam karanawaa දඬුවම් කරනවා *v.* penalize
danduwam karanawaa දඬුවම් කරනවා *v.* punish
danduwama දඬුවම *n.* penalty
danduwama දඬුවම *n.* punishment
daneeme shakthiya දැනීමේ ශක්තිය *n.* sense
danenawa දැනෙනවා *v.* feel
danga දඟ *adj.* mischievous
danga damanawaa දඟ දමනවා *v.* twist
danga sahitha දඟ සහිත *adj.* sly
dangakaara දඟකාර *adj.* naughty
dangakaara දඟකාර *adj.* skittish
dangalanawaa දඟලනවා *v.* strive
dangara woo දඟර වූ *adj.* spiral
dangaraya දඟරය *n.* coil
dangaraya දඟරය *n.* twine
dangaya දඟය *n.* mischief
dannawa දන්නවා *v.* know
dantha waidya දන්ත වෛද්‍ය *n.* dentist
danthaja දන්තජ *adj.* dental
danthamayaa දන්තමය *n.* ivory
danum denawa දැනුම් දෙනවා *v.* apprise
danum denawaa දැනුම් දෙනවා *v.* communicate
danum diya haki දැනුම් දිය හැකි *adj.* communicable
danum diya uthu දැනුම් දිය යුතු *adj.* notifiable
danum therum athi දැනුම් තේරුම් ඇති *adj.* knowing
danuma දැනුම *n.* knowledge
danumdeema දැනුම්දීම *n.* notification
danumdenawa දැනුම් දෙනවා *v.* notify
danuwath දැනුවත් *adj.* conscious
danveema දැන්වීම *n.* advertisement
danwanawaa දන්වනවා *v.* signify
danweem puwaru දැන්වීම් පුවරු ව *n.* noticeboard
danweema දැන්වීම *n.* notice
daraa sitina දරා සිටින *adj.* retentive
daraa sitinawaa දරා සිටිනවා *v.* sustain
daradandu දරදඬු *adj.* stark
daradandu දරදඬු *adj.* stiff
daradandu දරදඬු *adj.* tough
daranawa දරනවා *v.t* bear

daranawaa දරනවා *v.* incur
darandhadu දරදඬු *adj.* stolid
daranuwa දරනුව *n.* loop
dariya nohaki දැරිය නොහැකි *adj.* insupportable
darma doothaya ධර්මදූතයා *n.* missionary
darmaya ධර්මය *n.* verity
darmishta ධර්මිෂ්ට *adj.* virtuous
darshakaya දර්ශකය *n.* indicator
darshanaya දර්ශනය *n.* insight
darshanaya දර්ශනය *n.* philosophy
darshanaya දර්ශනය *n.* scene
darshanaya දර්ශනය *n.* view
darshanaya pilibanda wu දර්ශනය පිළිබඳ වූ *adj.* philosophical
darshaneeya දර්ශනීය *adj.* picturesque
daru nalawilla දරු නැලවිල්ල *n.* lullaby
daru pawla දරු පවුල *n.* brood
darunu දරුණු *n.* brute
darunu දරුණු *adj.* dire
darunu දරුණු *adj.* dreadful
darunu දරුණු *adj.* ferocious
darunu දරුණු *adj.* grim
darunu දරුණු *adj.* horrible
darunu දරුණු *adj.* nefarious
darunukama දරුණුකම *n.* severity
daruwa දැරුවා *v.* bore
daruwaa දරුවා *n.* offspring
dasa dahas prakotiya දස දහස් ප්‍රකෝටිය *adj & n.* trillion
dasalakshapathiya දසලක්ෂපතියා *n.* millionaire
dasaweni දසවෙනි *adj. & n.* tenth
dashakaya දශකය *n.* decade
dashama දශම *adj.* decimal
dath beheth දත් බෙහෙත් *n.* toothpaste
dath enawaa දත් එනවා *v.* teethe
dath kakkuma දත් කැක්කුම *n.* toothache
dath koora දත් කූර *n.* toothpick
dath nathi දත් නැති *adj.* toothless
dath niyawaa gorawanawaa දත් නියවා ගොරවනවා *v.t.* snarl
datha දත *n.* tooth
dathi poruwa දැති පෝරුව *n.* harrow
dathi rodaya දැති රෝදය *n.* cog
dathi rodaya දැති රෝදය *n.* ratchet
dathi sahitha දැති සහිත *adj.* serrated
dathmul diyawa yaama දත්මුල් දියවී යෑම *n.* pyorrhoea
daththa දත්ත *n.* data
daththaya දත්තය *n.* datum
dawa දැව *n.* wood
dawal heena dakinawa දවල් හීන දකිනවා *v.* fantasize
dawal kaama දවල් කෑම *n.* lunch
dawal kaama දවල් කෑම *n.* luncheon
dawanawa දවනවා *v.* char
dawatanawa දවටනවා *v.* furl
dawatanawaa දවටනවා *v.* envelop
dawena දැවෙන *adj.* burning
dawena දැවෙන *adj.* combustible
dawena දැවෙන *adj.* fiery
dawenasulu දැවෙනසුලු *adj.* flammable
dawilla දැවිල්ල *n.* twinge
dayaabara දයාබර *adj* benevolent
dayaabara දයාබර *n.* darling
dayaabara දයාබර *adj.* humane
dayaanwitha දයාන්විත *adj.* benign
dayaanwitha දයාන්විත *adj.* gracious

dayaawa දයාව *n.* pity
dayaawak nathi දයාවක් නැති *adj.* stern
dayaawantha දයාවන්ත *adj.* sympathetic
dayabara දයාබර *adj.* affectionate
debaa doraka yati paluwa දෙබෑ දොරක යටි පළුව *n.* hatch
debaraa දෙබරා *n.* wasp
debasa දෙබස *n.* dialogue
dedarana දෙදරන *adj.* vibrant
dedawilla දෙඩවිල්ල *n.* jargon
dedena දෙදෙනා *adj. & pron.* both
dedunna දේදුන්න *n.* rainbow
deema ikmawaa yanawaa සීමාව ඉක්මවා යනවා *v.* overstep
deemanaawa දීමනාව *v.* grant
deemanaawa දීමනාව *n.* handout
deemanawa දීමනාව *n.* alimony
deena දීන *adj.* squalid
deepthimath දීප්තිමත් *adj.* bright
deepthimath දීප්තිමත් *adj.* lucent
deepthimath දීප්තිමත් *adj.* refulgent
deepthimath දීප්තිමත් *adj.* scintillating
deepthimath දීප්තිමත් *n.* sparkling
deepthimath karanawaa දීප්තිමත් කරනවා *v.* illuminate
deepthimathkama දීප්තිමත්කම *adj.* refulgence
deepthimathwa babalanawaa දීප්තිමත්ව බබළනවා *v.* twinkle
deepthimathwa babalenawaa දීප්තිමත්ව බැබළෙනවා *v.* outshine
deepthiya දීප්තිය *n.* illumination
deepthiya දීප්තිය *n.* radiance
deepthiyak nathi දීප්තියක් නැති *adj.* sombre
deerga wehesakara charikaawa දීර්ඝ වෙහෙසකර චාරිකාව *n.* visitation
deergaayusha දීර්ඝායුෂ *n.* longevity
deeryaagu labanawaa දීර්ඝායු ලබනවා *v.* outlive
deesiya දීසිය *n.* dish
degidiyaa wenawaa දෙගිඩියා වෙනවා *v.* waver
degidiyaawa දෙගිඩියාව *n.* indecision
degidiyaawa දෙගිඩියාව *n.* quandary
degidiyaawen sitinawaa දෙගිඩියාවෙන් සිටිනවා *v.* straddle
degidiyawa දෙගිඩියාව *adj.* ambivalent
degunaya දෙගුණය *adj.* double
dehaya දේහය *n.* physique
dehi දෙහි *n.* lemon
dehi දෙහි *n.* lime
dehi ponsaa දෙහි පෝන්සා *n.* lemonade
deka දෙක *adj.&n.* two
dekata bedenawa දෙකට බෙදෙනවා *v.* halve
dekin ekakwath nowena දෙකින් එකක්වත් නොවෙන *adj.* neither
deltaawa ඩෙල්ටාව *n.* delta
delum දෙළුම් *n.* pomegranate
demuhun දෙමුහුන් *n.* hybrid
denalada දෙනලද *adj.* given
denawa දෙනවා *v.* give
denim kalisama ඩෙනිම් කලිසම *n.* jeans
deniya දෙණිය *n.* dell
deniya දෙනිය *n.* meadow
depaa addhamin gaman karanawaa දෙපා අද්දමින් ගමන්

කරනවා *v.* scuff

depaarthamenthuwa දෙපාර්තමේන්තුව *n.* department

depala දේපළ *n.* possession

depala දේපළ *n.* property

depaththa kapena sihin kaduwa දෙපැත්ත කපන සිහින් කඩුව *n.* rapier

des thabeema දෙස් තැබීම *n.* malediction

desambar maasaya දෙසැම්බර් මාසය *n.* December

desata දෙසට *prep.* towards

deshaabhimaaniya දේශාභිමානියා *n.* nationalist

deshaanthara rekhaawa දේශාන්තර රේඛාව *n.* longitude

deshakayaa දේශකයා *n.* lecturer

deshakayaa දේශකයා *n.* preacher

deshamaamaka දේශමාමක *adj.* patriotic

deshanaa karanawaa දේශනා කරනවා *v.* sermonize

deshanaawa දේශනාව *n.* oration

deshanaawa දේශනාව *n.* sermon

deshanaya දේශනය *n.* discourse

deshanaya දේශනය *n.* lecture

deshapaalagniyaa දේශපාලඥයා *n.* politician

deshapaalana දේශපාලන *adj.* political

deshapaalanaya දේශපාලනය *n.* politics

deshapremaya දේශප්‍රේමය *n.* patriotism

deshaseemaawa දේශසීමාව *n.* frontier

deshayata huru wenawa දේශයට හුරු වෙනවා *v.t* acclimatise

desheeya දේශීය *adj.* local

desibalaya ඩෙසිබලය *n.* decibel

dethun deneku yana baisikalaya දෙතුන් දෙනෙකු යන බයිසිකලය *n.* tandem

dewa pihiten woo දේව පිහිටෙන් වූ *adj.* providential

dewa sthothraya දේව ස්තෝත්‍රය *n.* psalm

dewa waadaya දේව වාදය *n.* theism

dewaadiraajyaya දේවාධිරාජ්‍යය *n.* theocracy

dewadaara දේවදාර *n.* fir

dewadaaru දේවදාරු *n.* cedar

dewadharma shashthraya දේවධර්ම ශාස්ත්‍රය *n.* theology

dewadharmadarayaa දේවධර්මධරයා *n.* theologian

dewadoothaya දේවදූතයා *n.* archangel

dewameheya pawathwanna දේවමෙහෙයෙ පවත්වන්නා *n.* celebrant

dewani දෙවැනි *adj.* second

dewanuwa kuliyata denawaa දෙනුවන් කුලියට දෙනවා *v.t.* sublet

dewarak දෙවරක් *adv.* twice

dewasthaana mehekaruwaa දේවස්ථාන මෙහෙකරුවා *n.* sexton

dewasthaanaye midula දේවස්ථානයේ මිදුල *n.* churchyard

dewathwaya දේවත්වය *n.* divinity

dewduwa දේවදූව *n.* angel

dewduwa දේවදූව *n.* fairy

dewduwa දේවදූව *n.* goddess

dewiyaa දෙවියා *n.* deity

dewiyeku men salakanawaa

දේවියකු මෙන් සළකනවා *v.* deify
dewiyo දෙවියා *n.* god
dewmadura දේවමැදුර *n.* chapel
deya දෙය *n.* thing
dhaanya ධාන්‍ය *n.* grain
dhaanya wargayak ධාන්‍ය වර්ගයක් *n.* oat
dhaaraalokaya ධාරාලෝකය *n.* floodlight
dhaaraawa ධාරාව *n.* current
dhaaranaya ධාරණය *n.* retention
dhaarithaawa ධාරිතාව *n.* capacity
dhaarithrakaya ධාරිත්‍රකය *n.* capacitor
dhaarmika ධාර්මික *adj.* godly
dhaathuwa ධාතුව *n.* relic
dhaawakayaa ධාවකයා *n.* runner
dhadaawathe yanawaa දඩාවතේ යනවා *v.* wander
dhadayam balu wargayak දඩයම් බලු වර්ගයක් *n.* setter
dhadayam karanawaa දඩයම් කරනවා *n.* shooting
dhadayame yaama දඩයමේ යාම *n.* safari
dhadi ඇඩි *adj.* adamant
dhadi wenawaa ඇඩි වෙනවා *v.* toughen
dhadi wishwaasaya athi ඇඩි විශ්වාසය ඇති *adj.* trustful
dhairyawath karanawa ධෛර්යවත් කරනවා *v.* exhort
dhairyaya denawa ධෛර්යය දෙනවා *v.* encourage
dhairyaya denawa ධෛර්යය දෙනවා *v.* foster
dhaiwaya දෛවය *n.* predestination
dhaiyaya ධෛර්යය *n.* fortitude
dhamaniya ධමනිය *n.* artery
dhana lobhaya ධන ලෝභය *n.* mammon
dhanaathmaka ධනාත්මක *adj.* positive
dhanaathmaka nowana ධනාත්මක නොවන *adj.* nonplussed
dhanaathmaka nowana ධනාත්මක නොවන *adj.* nonplussed
dhanapathi wiyaapaarikayaa ධනපති ව්‍යාපාරිකයා *n.* tycoon
dhanapathiya ධනපතියා *n.* financier
dhanawaadaya ධනවාදය *n.* capitalism
dhanawaadiya ධනවාදියා *n. &adj.* capitalist
dhanawath ධනවත් *adj.* opulent
dhanda දණ්ඩ *n.* shaft
dhanyaya ධාන්‍යය *n.* cereal
dharaya ධරය *n.* fulcrum
dharmaasanaya ධර්මාසනය *n.* pulpit
dharmaya ධර්මය *n.* doctrine
dharshana pathaya දර්ශන පථය *n.* vista
dharshanikayange sambaasha-naya දාර්ශනිකයන්ගේ සම්භාෂණය *n.* symposium
dhoolaka ධූලක *adj.* toxic
dhoora dharshee දූරදර්ශී *adj.* oracular
dhoorawaliya ධුරාවලිය *n.* hierarchy
dhushta paalanaya දුෂ්ට පාලනය *n.* tyranny
dhushta raja දුෂ්ට රජ *n.* tyrant
dhwanika ධ්වනික *adj.* acoustic
dhyaanaya ධ්‍යානය *n.* muse
didaalaya දිදාලය *n.* thimble

diesel ඩීසල් *n.* diesel
diga දිග *n.* length
diga දිග *adj.* long
diga anduwa දිග අඬුව *n.* tongs
diga gawum දිග ගවුම් *n.* kaftans
diga harinawaa දිග හරිනවා *v.* unfurl
diga hrinawaa දිග හරිනවා *v.* straighten
diga mes දිග මේස් *n.* stocking
diga muduthuduwa දිග මුදුතුඩුව *n.* spit
diga rabar sapaththuwa දිග රබර් සපත්තුව *n.* wellington
digaa karanawaa දිගා කරනවා *v.* lay
digaa wee sitina දිගා වී සිටින *adj.* prostrate
digambaraya දිගම්බරයා *n.* nudist
diganshaya දිගංශය *n.* bearing
digata adiya haki දිගට ඇදිය හැකි *adj.* tensile
digata iranawaa දිගට ඉරනවා *v.t.* slit
digata wadena wala දිගට වැදෙන වල *n.* trailer
digati දිගටි *adj.* lengthy
digati දිගටි *adj.* oblong
digati දිගටි *adj.* spindly
dige දිගේ *prep.* alongside
digeli karanawaa දිගෙලි කරනවා *v.t.* tether
digin digata katha karana දිගින් දිගට කතා කරන *adj.* verbose
digin digata wiwechanaya karanawa දිගින් දිගට විවේචනය කරනවා *v.t.* nag
dik karanawa දික් කරනවා *v.* elongate
dik karanawaa දික් කරනවා *v.* prolong
dik kireema දික් කිරීම *n.* prolongation
dikkasaada wu sthriya දික්කසාද වූ ස්ත්‍රිය *n.* divorcee
dikkasaadaya දික්කසාදය *n.* divorce
dileeraya දිලීරය *n.* blight
dilisena දිලිසෙන *adj.* luminous
dilisenawa දිලිසෙන *adj.* beady
dilisenawa දිලිසෙනවා *v.* gleam
dilisenawa දිලිසෙනවා *v.* glow
dilisenawaa දිලිසෙනවා *v.* shimmer
dilisenawaa දිලිසෙනවා *v.* sparkle
dimba mochanaya wenawaa ඩිම්බ මෝචනය වෙනවා *v.* ovulate
dimbakosha iwath karanawaa ඩිම්භකෝෂය ඉවත් කරනවා *v.* spay
dimbakoshaya ඩිම්බකෝෂය *n.* ovary
dina darshakaya දින දර්ශකය *n.* calendar
dina potha දින පොත *n.* diary
dina potha දින පොත *n.* journal
dinacharyaawa දිනචර්යාව *n.* routine
dinanawa දිනනවා *v.* gain
dinanawaa දිනනවා *v.* prevail
dinapatha දිනපතා *adj.* daily
dinaya දිනය *n.* date
dinaya දිනය *n.* date
dingiththa ඩිංගිත්ත *n.* scruple
dinosaur ඩයිනසෝර් *n.* dinosaur
dinuma දිනුම *n.* conquest
diplomawa ඩිප්ලෝමාව *n.* diploma
diraapath weema දිරාපත් වීම *v. t* decomposition
diraayanawa දිරායනවා *v.* moulder
dirapath wenawa දිරාපත් වෙනවා *v. i* decay

dirawanawa දිරවනවා *v.* digest
diraweema දිරවීම *n.* digestion
dirawiya haki දිරවිය හැකි *adj.* peptic
diru දිරූ *adj.* decadent
disco natuma ඩිස්කො නැටුම *n.* disco
dishaanathiya soyanawaa දිශානතිය සොයනවා *v.* orientate
dishaawa දිශාව *n.* direction
disna watenawa දිස්න වැටෙනවා *v.* glisten
disnaya දිස්නය *n.* sheen
disnaya adu wenawaa දිස්නය අඩු වෙනවා *v.* tarnish
disthrikkaya දිස්ත්‍රික්කය *n.* district
divya lokaya දිව්‍ය ලෝකය *n.* heaven
divyamaya දිව්‍යමය *adj.* heavenly
diwa දිව *n.* tongue
diwas keema දිවැස් කීම *n.* oracle
diwas kiyanawa දිවැස් කියනවා *v.* foretell
diwas kiyanawa දිවැස් කියනවා *v.* predict
diwayina දිවයින *n.* island
diweema දිවීම *n.* run
diwihimi දිවිහිමි *adj.* lifelong
diwiyaa දිවියා *n.* leopard
diwraa athharinawa දිවුරා අත්හරිනවා *v.* forswear
diwraa boru keema දිවුරා බොරු කීම *n.* perjury
diwraa saakshi denawa දිවුරා සාක්ෂි දෙනවා *v.* depose
diwranawa දිවුරනවා *v.* avow
diwranawaa දිව්රනවා *v.* swear
diwrum pathraya දිවුරුම් පත්‍රය *n.* affidavit
diwuraa athharinawa දිවුරා අත්හරිනවා *v.* abjure
diwuraa boru kiyanawa දිවුරා බොරු කියනවා *v.* perjure
diwuruma දිවුරුම *n.* oath
diwya දිව්‍ය *adj.* divine
diwyamaya දිව්‍යමය *adj.* astral
diwyamaya දිව්‍යමය *adj.* celestial
diwyya දිව්‍යය *n.* ordeal
diya දිය *n.* lymph
diya alla දිය ඇල්ල *n.* cascade
diya alla දිය ඇල්ල *n.* waterfall
diya kaandu nowana දිය කාන්දු නොවන *adj.* waterproof
diya kadiththa දිය කඩිත්ත *n.* pool
diya karanawaa දිය කරනවා *v.* liquefy
diya kinduriya දිය කිඳුරිය *n.* mermaid
diya komadu දිය කොමඩු *n.* watermelon
diya kurulla දිය කුරුල්ලා *n.* wader
diya paara දිය පාර *n.* brook
diya rakusee දිය රකුසී *n.* siren
diya sahitha mada දිය සහිත මඩ *n.* slush
diya salakuna දිය සළකුණ *n.* watermark
diya suliya දිය සුළිය *n.* whirlpool
diya wenawa දිය වෙනවා *v. t* dissolve
diya wenawa දිය වෙනවා *v.* melt
diya yata nala bombaya දිය යට නළ බෝම්බය *n.* torpedo
diyaaru දියාරු *adj.* watery
diyamankada දියමංකඩ *n.* causeway
diyamanthiya දියමන්තිය *n.*

diamond
diyaniya දියණිය *n.* daughter
diyapaara දියපාර *n.* stream
diyara දියර *n.* liquid
diyara badaama දියර බදාම *n.* grout
diyaraya දියරය *n.* lotion
diyaseeraawa දියසීරාව *n.* dampness
diyaseerawa දියසීරාව *n.* humidity
diyasewala දියසෙවෙල *n.* moss
diyath karanawaa දියත් කරනවා *v.* launch
diyawadiyaawa දියවැඩියාව *n.* diabetes
diyunu karanawaa දියුණු කරනවා *v.* improve
diyunu nowoo bhaashaawa දියුණු නොවූ භාෂාව *n.* lingo
diyunu venawa දියුණු වෙනවා *v.* advance
diyunu wana දියුණු වන *adj.* progressive
diyunu wenawa දියුණු වෙනවා *v.* develop
diyunu wenawaa දියුණු වෙනවා *v.* prosper
diyunuwa දියුණුව *n.* improvement
diyunuwa දියුණුව *n.* progress
diyunuwa දියුණුව *n.* upturn
dodam jam දොඩම් ජෑම් *n.* marmalade
dodamalu දොඩමලු *adj.* garrulous
dodawanada දොඩවනවා *v.* rave
dodawanawa දොඩවනවා *v.* blurt
dodawanawa දොඩවනවා *v.* jabber
dodawanna දොඩවන්න *v.* chatter
dola දොළ *n.* rivulet
dola ෙ අළ *n.* runnel
dolaawa දෝලාව *n.* sedan
doladuka දොළදුක *n.* longing
dolaha දොළහ *adj.&n.* twelve
dolanaya දෝලනය *n.* oscillation
dollaraya ඩොලරය *n.* dollar
dolosweni දොළොස්වෙනි *adj.&n.* twelfth
dolosweni දොළොස්වෙනි *adj.&n.* twelfth
dombakaraya දොඹකරය *n.* capstan
domnasa දොම්නස *n.* gloom
donkaaraya දෝංකාරය *n.* echo
donkaaraya දෝංකාරය *n.* repercussion
doolikada දූලිකඩ *n.* duster
doopatha දූපත *n.* isle
dooradarshee දූරදර්ශී *adj.* politic
dooradarshee දූරදර්ශී *adj.* provident
dooshanaya දූෂණය *n.* pollution
dooshanaya දූෂණය *n.* seduction
dooshanaya karannaa දූෂණය කරන්නා *n.* rapist
dooshitha දූෂිත *adj.* corrupt
dooshya karanawa දූෂ්‍ය කරනවා *v.* debauch
doothaya දූතයා *n.* apostle
doothaya දූතයා *n.* emissary
doowa දූව *n.* islet
doowili දූවිලි *n.* dust
doowili poda දූවිලි පොද *n.* mote
dora දොර *n.* door
dora polla දොර පොල්ල *n.* batten
doratupaala දොරටුපාල *n.* porter
dos keema දොස් කීම *v.* censure
dos keema දොස් කීම *n.* condemnation
dos keema දොස් කීම *n.* vituperation
dos kiyanawa දොස් කියනවා *v.*

blame
doshaabhiyogaya දෝෂාභියෝගය *n.* impeachment
doshaaropanaya kala nohaki දෝෂාරෝපණය කළ නොහැකි *adj.* unassailable
doshaaropanaya karanawa දෝෂාරෝපණය කරනවා *v.* impeach
doshaya දෝෂය *n.* blunder
doshaya දෝෂය *n.* error
doshaya දෝෂය *n.* imperfection
doshaya දෝෂය *n.* mistake
draawa ද්‍රාව *adj.* hydraulic
draawakaya ද්‍රාවකය *n.* solvent
draawanaya ද්‍රාවණය *n.* solution
draawya ද්‍රාව්‍ය *adj.* soluble
draawyathaawa ද්‍රාව්‍යතාව *n.* solubility
dravyamaya ද්‍රව්‍යමය *n.* material
dravyawaadaya ද්‍රව්‍යවාදය *n.* materialism
drawa ද්‍රව *n.* fluid
drawaya ධ්‍රැවය *n.* pole
drawika ධ්‍රැවික *adj.* polar
drohee ද්‍රෝහී *adj.* perfidious
drohee ද්‍රෝහී *adj.* unfaithful
drohikama ද්‍රෝහිකම *n.* infidelity
drohiyaa ද්‍රෝහියා *n.* renegade
drohiyaa ද්‍රෝහියා *n.* traitor
droni padawanna ද්‍රෝණි පදවන්න *n.* yachtsman
druda dhaawakaya දෘඪ ධාවකය *n.* hard drive
drudaromee දෘඪරෝමී *adj.* hirsute
drushtanthaya දෘෂ්ටාන්තය *n.* allegory
drushti wisagnayaa දෘෂ්ටි විශේෂඥයා *n.* optician
drushti withaanaya දෘෂ්ටි විතානය *n.* retina
drushtiya දෘෂ්ටිය *n.* eyesight
drushyathaawaya දෘශ්‍යතාවය *n.* visibility
dubala දුබල *adj.* effete
duganda hamana දුගඳ හමන *adj.* putrid
duganda wanasana drawyaya දුගඳ වනසන ද්‍රව්‍යය *n.* deodorant
duk denawa දුක් දෙනවා *v.* gnaw
duk ganawilla දුක් ගැනවිල්ල *n.* grievance
duk musu දුක් මුසු *adj.* sad
duk upadawanawaa දුක් උපදවනවා *v.* sadden
duk wana දුක් වන *n.* mourning
duka දුක *n.* grief
dukin pasu wana දුකින් පසු වන *adj.* disconsolate
dukin pasu wenawa දුකින් පසු වෙනවා *v.* pine
dukkitha දුක්ඛිත *adj.* stricken
dukmusu දුක්මුසු *adj.* mournful
dukmusu දුක්මුසු *adj.* plaintive
dum kabala දුම් කබල *n.* censer
dum kauluwa දුම් කවුළුව *n.* mantel
dum kawanawa දුම් කවනවා *v.* fumigate
dum kola දුම් කොළ *n.* tobacco
dum kudu uranawaa දුම් කුඩු උරනවා *v.* snuff
dum nawa දුම් නැව *n.* steamer
dum pita karanawaa දුම් පිට කරනවා *v.* smooch
dum sahitha දුම් සහිත *adj.* smoky
duma දුම *n.* smoke
dumarayen yuth දුමාරයෙන් යුත් *adj.*

murky
dumburata huru rathu paata දුඹුරට හුරු රතු පාට *n.* maroon
dumburu paata දුඹුරු පාට *n.* brown
dumburu warnaya දුඹුරු වර්ණය *n.* chestnut
dumburu warnaya දුඹුරු වර්ණය *n.* tan
dumgasaa padam karana lada lingus දුම්ගසා පදම් කරන ලද ලිංගුස් *n.* frankfurter
dumriya දුම්රිය *n.* train
dumriya madiri anda දුම්රිය මැදිරි ඇඳ *n.* couchette
dumriya maga දුම්රිය මඟ *n.* railway
dunna දුන්න *n.* bow
dunuwaaya දුනුවායා *n.* archer
duppath දුප්පත් *adj.* poor
duppathkama දුප්පත්කම *n.* poverty
dura දුර *adv.* afield
dura badu genayana lori riyaduraa දුර බඩු ගෙනයන ලොරි රියදුරා *n.* trucker
dura darshakaya දුරදර්ශකය *adj.* binocular
dura diga nobalana දුර දිග නොබලන *adj.* improvident
dura lipi mudrana yanthrya දුර ලිපි මුද්‍රණ යන්ත්‍රය *n.* teleprinter
dura nopeneema දුර නොපෙනීම *n.* myopia
dura nopenena දුර නොපෙනෙන *adj.* myopic
dura pihiti දුර පිහිටි *adj.* outlying
dura sangawee wedi thiyanawaa දුර සැඟවී වෙඩි තියනවා *v.* snipe
duraachaaraya දුරාචාරය *n.* indiscretion
duraachaaraya දුරාචාරය *n.* malpractice
duraachaaraya දුරාචාරය *n.* misconduct
duraachaaraya දුරාචාරය *n.* perversion
duraachaaraya දුරාචාර *adj.* profligate
duraachaaraye siduwana දුරාචාරයේ සිදුවන *adj.* infrequent
duraacharaya දුරාචාරය *n.* vice
duradaknaya දුරදක්නය *n.* telescope
duradiga baleema දුරදිග බැලීම *n.* providence
durakathanaya දුරකතනය *n.* telephone
durathama wu දුරතම වූ *adj.& adv.* furthest
durboda දුර්බෝධ *adj.* subtle
durganda shwaasaya දුර්ගන්ධ ශ්වාසය *n.* halitosis
durgaya දුර්ගය *n.* fastness
durin dura pihiti දුරින් දුර පිහිටි *adj.* sparse
durin pihiti දුරින් පිහිටි *adj.* ulterior
durjanayaa දුර්ජනයා *n.* scoundrel
durlaba දුර්ලභ *adj.* scarce
durlaba දුර්ලභ *adj.* uncommon
durlabha දුර්ලභ *adj.* rare
durmathaya දුර්මතය *n.* misconception
durmuka දුර්මුඛ *adj.* glum
duru දුරු *n.* cumin
durwala දුර්වල *adj.* feckless
durwala දුර්වල *adj.* feeble
durwala දුර්වල *adj.* frail
durwala දුර්වල *adj.* rundown
durwala දුර්වල *adj.* weak

durwala karanawa දුර්වල කරනවා *v.* debilitate
durwala karanawa දුර්වල කරනවා *v.* enfeeble
durwalakama දුර්වලකම *n.* debility
durwalathaawa දුර්වලතාව *n.* infirmity
durwalathwaya දුර්වලත්වය *n.* weakness
durwalawa pihitaa thibenawaa දුර්වලව පිහිටා තිබෙනවා *v.* totter
durwalayaa දුර්වලයා *n.* underdog
durwarna karanawaa දුර්වර්න කරනවා *v.* sully
durwipaaka nolabaa siteema දුර්විපාක නොලබා සිටීම *n.* impunity
dushcharithaya දුශ්චරිතය *n.* immorality
dushitha bawaya දූෂිත භාවය *n.* venality
dushkara දුෂ්කර *adj.* impassable
dushkara දුෂ්කර *adj.* intricate
dushkara awasthaawa දුෂ්කර අවස්ථාව *v.* stymie
dushkara katayuththa දුෂ්කර කටයුත්ත *n.* task
dushkara katayuththa දුෂ්කර කටයුත්ත *n.* venture
dushkarathaawa දුෂ්කරතාව *n.* difficulty
dushkarathaawa දුෂ්කරතාව *n.* lurch
dushkruthiya දුෂ්කෘතිය *adj.* dysfunctional
dushta buthaya දුෂ්ට භූතයා *n.* bogey
dushta paalanaya දුෂ්ට පාලනය *n.* misrule
dushta sithathi දුෂ්ට සිතැති *adj.* malicious
dushta sthree දුෂ්ට ස්ත්‍රී *n.* vixen
dushtaya දුෂ්ටයා *n.* felon
dusima දුසිම *n.* dozen
duwanawa දුවනවා *v.* run
duwanna දුවන්නා *n.* pacemaker
duwawanawaa දුවවනවා *v.* propel
dwaaramandalaya ද්වාරමණ්ඩලය *n.* porch
dwaaramandalaya ද්වාරමණ්ඩලය *n.* portico
dwanda satana ද්වන්ද සටන *n.* duel
dweshaya ද්වේෂය *n.* anger
dweshaya ද්වේෂය *n.* malice
dweshaya ද්වේෂය *n.* odium
dwi ද්වි *comb.* bi
dwi konamaanaya ද්වි කෝණමානය *n.* theodolite
dwi shatha waarshikaya ද්වි ශත වාර්ෂිකය *n.* bicentenary
dwibhasha ද්විභාෂා *adj.* bilingual
dwikaya ද්විකය *n.* duo
dwilingika ද්විලිංගික *adj.* bisexual
dwimurdhaya ද්විමූර්ධය *n.* biceps
dwinaabhiya ද්විනාභිය *adj.* bifocal
dwipaarshawika ද්විපාර්ශ්වික *adj.* bilateral
dwipaksha ද්විපක්ෂ *adj.* bipartisan
dwipatha ද්විපථ *n.* duplex
dwitheeya ද්විතීය *adj.* secondary
dwiwaarshika ද්විවාර්ෂික *adj.* biannual
dwiwaarshikaya ද්විවාර්ෂිකය *adj.* biennial
dwiwiwaahaya ද්විවිවාහය *n.* bigamy
dynamite ඩයිනමයිට් *n.* dynamite
dynamowa ඩයිනමෝව *n.* dynamo

E

ebenawaa එබෙනවා *v.* stoop
ebikam karanawa එබිකම් කරනවා *v.* peep
ebikam karanawa එබිකම් කරනවා *v.* peer
ediri karanawa එදිරි කරනවා *v.* antagonize
ediri pirimasina එදිරි පිරිමසින *adj.* vengeful
ediriwa එදිරිව *prep.* against
ediriwa එදිරිව *prep.* versus
ediriwaadee එදිරිවාදී *adj.* grudging
ediriwaadikama එදිරිවාදිකම *n.* antagonism
ediriwaadikama එදිරිවාදිකම *n* grudge
ediriwaadiya එදිරිවාදියා *n.* antagonist
ediriya එදිරිය *n.* spite
eekadhipathiwaraya ඒකාධිපතිවරයා *n.* autocracy
eekadhipathiya ඒකාධිපතියා *n.* autocrat
eeri ඊරි *n.* sow
eershya sahitha ඊර්ෂ්‍යා සහිත *adj.* jealous
eershyawa ඊර්ෂ්‍යාව *n.* jealousy
eeyam walin thanu ඊයම් වලින් තැනූ *adj.* leaden
egoda weema එගොඩ වීම *n.* passage
eha meha wanenawaa එහෙ මෙහෙ වැනනෙවා *v.* wag
eha meha yaathraa kireema එහා මෙහා යාත්‍රා කිරීම *v.* cruise
eha patte එහා පැත්තේ *adv.* across
ehaa mehaa karanawaa එහා මෙහා කරනවා *v.* shift
ehaa mehaa yanawa එහා මෙහා යනවා *v.t.* perambulate
ehe එහේ *adv.* there
eheth එහෙත් *conj.* though
eheth එහෙත් *conj.* whilst
ek එක් *a.* a
ek එක් *adj.* an
ek ek එක් එක් *adj.* each
ek paththaka panak aasana athi dumriya madiriya එක් පැත්තක පමණක් ආසන ඇති දුම්රිය මැදිරිය *n.* coupe
ek ras wenawa එක් රැස් වෙනවා *v.* assemble
eka එක *n. & adj.* one
eka elle එක එල්ලේ *adv.* directly
eka pita eka wateema එක පිට එක වැටීම *v.* overlap
eka samaana dekak එක සමාන දෙකක් *n.* lookalike
eka se pawathnaa එක සේ පවත්නා *adj.* uniform
eka waachana ඒක වචන *adj.* singular
eka wiwaahaya ඒකවිවාහය *n.* monogamy
ekaadhikaaree wenawa ඒකාධිකාරී වෙනවා *v.* monopolize
ekaadipathy rajaya ඒකාධිපති රාජ්‍යය *adj.* totalitarian
ekaakshara pada ඒකාක්ෂර පද *n.* monosyllable
ekaakshee ඒකාක්ෂි *adj.* monocular
ekaaloka ඒකාලෝක *adj.* resplendent
ekaansha ඒකාංශ *adj.* unilateral

ekaantha prakaashaya ඒකාන්ත ප්‍රකාශය *n.* protestation
ekaayaka roopaya ඒකායක රූපය *n.* stereotype
ekabadda karanawa ඒකාබද්ධ කරනවා *v.* conflate
ekabadda karanawa ඒකාබද්ධ කරනවා *n.* consolidation
ekabadda karanawa ඒකාබද්ධ කරනවා *v.* federate
ekabadda kireema ඒකාබද්ධ කිරීම *n.* amalgamation
ekadeshika ඒකදේශික *adj.* endemic
ekadewawaadaya ඒකදේවවාදය *n.* monotheism
ekadewawaadiya ඒකදේවවාදියා *n.* monotheist
ekadhikaaree pudgalaya ඒකාධිකාරී පුද්ගලයා *n.* monopolist
ekadhipathiya ඒකාධිපතියා *n.* dictator
ekagrathaawa ඒකාග්‍රතාව *n.* contemplation
ekak එකක් *n.* mono
ekak anekata bandunu එකක් අනෙකට බැඳුනු *adj.* interdependent
ekakaara bhaawaya ඒකාකාර භාවය *n.* monotony
ekakaya ඒකකය *n.* unit
ekala ඒකල *n.* monolatry
ekala ඒකල *n.* solo
ekala waadakaya ඒකල වාදකයා *n.* soloist
ekamuthu wenawa එකමුතු වෙනවා *v.* harmonize
ekanga එකඟ *adj.* compatible
ekanga එකඟ *adj.* compliant
ekanga bawa එකඟ බව *n.* concordance
ekanga bawa එකඟබව *n.* oneness
ekanga karanawa එකඟ කරනවා *v.* concentrate
ekanga noweema එකඟ නොවීම *n.* disagreement
ekanga nowenawa එකඟ නොවෙනවා *v.* disagree
ekanga viya haki එකඟවිය හැකි *adj.* agreeable
ekanga wenawa එකඟ වෙනවා *v.* accord
ekanga wenawa එකඟ වෙනවා *v.* comply
ekanga wenawaa එකඟ වෙනවා *v.* sanction
ekangathwaya එකඟත්වය *n.* accordance
ekantha ඒකාන්ත *adj.* categorical
ekanthara ඒකාන්තර *adj.* alternative
ekapatha ඒකපාත *adj.* abrupt
ekata hawulwa එකට හවුල්ව *n.* cahoots
ekathu karanawa එකතු කරනවා *v.* collect
ekathu karanna එකතු කරන්නා *n.* collector
ekathu karanwawa එකතු කරනවා *v.* add
ekathu kireema එකතු කිරීම *n.* addition
ekathu wana එකතු වන *adj.* confluent
ekathu weema එකතුවීම *n.* assemblage
ekathuwa එකතුව *n.* accumulation
ekathuwa එකතුව *n.* collection
ekawara එකවර *adv.* together
ekawarna ඒකවර්ණ *n.* monochrome

ekawita siduwana එක්විට සිදුවන *adj.* synchronous

ekawita siduwenawaa එක්විට සිදුවෙනවා *v.* synchronize

ekeeya ඒකීය *adj.* solitary

ekinekata sambanda karanawaa එකිනෙකට සම්බන්ධ කරනවා *v.* interconnect

ekinekata sambanda karanawaa එකිනෙකට සම්බන්ධ කරනවා *v.* interrelate

ekka yanawa එක්ක යනවා *v.* fetch

ekko එක්කෝ *adv.* either

ekolaha එකොළහ *adj. & n.* eleven

eksath එක්සත් *adj.* corporate

eksath karanawaa එක්සත් කරනවා *v.* unify

eksath kireema එක්සත් කිරීම *n.* unification

elalanawaa එළලනවා *v.* darn

elawaagena yanawaa එළවාගෙන යනවා *v.* pursue

elawalu එළවළු *n.* vegetable

elawalu haa palathuru welendaa එළවළු හා පළතුරු වෙළෙන්දා *n.* greengrocer

elawalu mishritha sup එළවළු මිශ්‍රිත සුප් *n.* minestrone

elawalu walin pamanak uth එළවළු වලින් පමණක් යුත් *n.* vegetarian

elawalu wargayak එළවළු වර්ගයක් *n.* turnip

elesama එලෙසම *n.* ditto

elidarawwa එළිදරව්ව *n.* apocalypse

elimahan එළිමහන් *adj.* outdoor

elipatha ඒලපත *n.* threshold

elipaththa ඒලපත්ත *n.* sill

elipita එළිපිට *adv.* openly

elisamaya එළිසමය *n.* rhyme

eliya karanawaa එළිය කරනවා *v.* lighten

ella karanawa එල්ල කරනවා *v.* pelt

ella thabeema එල්ල තැබීම *n.* suspension

ella watena එල්ලා වැටෙන *adj.* pendent

ellanaya එල්ලනය *n.* hanger

ellenawa එල්ලෙනවා *v.i.* hang

ellenawa එල්ලෙන *n.* hanging

elli watena එල්ලී වැටෙන *adj.* baggy

elli watenawaa එල්ලී වැටෙනවා *v. i.* dangle

ellum gasa එල්ලුම් ගස *n.* scaffold

elumas එළුමස් *n.* mutton

eluwa එළුවා *n.* goat

ema namama athi එම නමම ඇති *n.* namesake

ema nisaa එම නිසා *adv.* accordingly

emin pawathina ඒමින් පවතින *adj.* upcoming

enam එනම් *n.* namely

enamal එනැමල් *n.* enamel

endaru එඬරු *n.* castor

endaru thel එඬරු තෙල් *a.* castor oil

endera එඬේරා *n.* nomad

enderaa එඬේරේ *n.* shepherd

engalanthaye koralaya එංගලන්තයේ කෝරළය *n.* shire

engima එන්ජිම *n.* engine

enisaa ඒනිසා *adv.* so

ennath karanawa එන්නත් කරනවා *v.* inoculate

ennath karanawaa එන්නත් කරනවා *v.* inject

ennath karanawaa එන්නත් කරනවා

v. vaccinate
ennatha එන්නත *n.* injection
ennatha එන්නත *n.* vaccine
ese namuth එසේනමුත් *adv.* nevertheless
eseda wuwath එසේදු වුවත් *conj.* albeit
esema එසේම *adv.* also
esema එසේම *adv.* likewise
esema එසේම *adv.* too
eseya එසේය *excl.* yes
ethakudu wuwath එතකුදු වුවත් *prep.* notwithstanding
ethan sita එතැන් සිට *adv.* thence
ethanata ඒතනට *adv.* thither
etheema lihanawaa ඒතීම ලිහනවා *v.* unwind
ethera එතෙරෙ *adv.* overseas
eththu gannanawa ඒත්තු ගන්නවා *v.* convince
euro යුරෝ *n.* euro
ewani එවැනි *adj.* such
ewara එවර *adv.* then
ewelema thananawaa එවලෙමේ තනනවා *v.* improvise
eya එය *pron.* it
eyama එයම *pron.* itself
eyarosolaya එයර සො ලෙය *n.* aerosol

F

fahrenheit ෆැරන්හයිට් *n.* Fahrenheit
fax yanthraya ෆැක්ස් යන්ත්‍රය *n.* fax
feng shui ෆෙනේග් ෂුයි *n.* feng shui
fluoride ෆ්ලෝරයිඩ් *n.* fluoride

G

gaambeera ගාම්භීර *adj.* sententious
gaanchuwa ගාංචුව *n.* buckle
gaanchuwa ගාංචුව *n.* clip
gaaniyak wage tharuna ගැණියක් වගේ තරුණ *n.* sissy
gaaruppuwa ගෑරුප්පුව *n.* fork
gaas ගෑස් *n.* gas
gaas katuwa ගෑස් කට්ටුව *n.* gasket
gaasthu lekanaya ගාස්තු ලේඛනය *n.* tariff
gaasthuwa ගාස්තුව *v.* cost
gaasthuwa ගාස්තුව *n.* fee
gaasthuwa ගාස්තුව *n.* payment
gaatanawaa ගාටනවා *v.* waddle
gaayaka samoohaya ගායක සමූහය *n.* chorus
gaayakaya ගායකයා *n.* songster
gaayakayaa ගායකයා *a.* singer
gaayakayaa ගායකයා *n.* vocalist
gaayanaa kala haki ගායනා කළ හැකි *n.* lyric
gaayanaa karanawa ගායනා කරනවා *v.* recite
gaayanaya ගායනය *n.* chant
gab dareema ගැබ් දැරීම *n.* gestation
gab ganeema ගැබ් ගැනීම *n.* pregnancy
gabadaa gaasthuwa ගබඩා ගාස්තුව *n.* storage
gabadaa karanawa ගබඩා කරනවා *v.* garner
gabadaa karanawaa ගබඩා කරනවා *v.* stow
gabadaawa ගබඩාව *n.* depot
gabadaawa ගබඩාව *n.* store

gabbara ගැබ්බර *adj.* pregnant
gabganeema walakweema ගැබ්ගැනීම වැළැක්වීම *n.* contraception
gabsaawa ගබ්සාව *n.* miscarriage
gadola ගඩොල *n.* brick
gadya rachanaawa ගද්‍ය රචනාව *n.* prose
gagana chumbithaya ගගන චුම්බිතය *n.* skyscraper
gagana yaathraa vidyaava ගගන යාත්‍රා විද්‍යාව *n.* aeronautics
gaganagaamiya ගගනගාමියා *n.* astronaut
gaha kola ගහ කොළ *n.* vegetation
gahagannawa ගහගන්නවා *v.t* fight
gahanawa ගහනවා *v.* beat
gahanawa ගහනවා *v.* castigate
gahanawa ගහනවා *v.* hit
gahanu ගැහැණු *adj.* feminine
gahata ගැහැට *n.* affliction
gahenawa ගැහෙනවා *n.* convulse
gahenawaa ගැහෙනවා *v.* throb
gairowa ගයිරෝව *n.* giro
gaja binnaya ගජබින්නය *n.* whopper
gaja waasiya ගජ වාසිය *n.* bonanza
gal anguru ගල් අඟුරු *n.* coal
gal kataya ගල් කැටය *n.* pebble
gal kuliya ගැල් කුලිය *n.* freight
gal minee pettiya ගල් මිනී පෙට්ටිය *n.* sarcophagus
gal sahitha ගල් සහිත *adj.* rocky
gal sahitha ගල් සහිත *adj.* stony
gal wala ගල්වල *n.* quarry
gal wenawa ගල්වෙනවා *v.* petrify
gala ගල *n.* rock
gala ගල *n.* stone
galaa noyana ගලා නොයන *adj.* stagnant
galana ගලන *adj.* runny
galapanawaa ගළපනවා *v.* set
galapena ගැළපෙන *adj.* coherent
galapenawa ගැළපෙනවා *v.* cohere
galariya ගැලරිය *n.* gallery
galawaa damanawaa ගල්වා දමනවා *v.t.* strip
galawanawaa ගලවනවා *v.* detach
galawanawaa ගළවනවා *v.* dismantle
galawanawaa ගළවනවා *v.* divest
galawanawaa ගලවනවා *v.* unpack
galawum karuwaa ගැලවුම් කරුවා *n.* saviour
gallena ගල්ලෙන *n.* cavern
galuma ගැලුම *n.* gallon
galvanize karanawa ගැල්වනයිස් කරනවා *v.i.* galvanize
galwanawa ගල්වනවා *v.* anoint
gama ගම *n.* village
gaman bala pathraya ගමන් බල පත්‍රය *n.* passport
gaman gaasthuwa ගමන් ගාස්තුව *n.* fare
gaman karanawa ගමන් කරනවා *v.t* go
gaman karannaa ගමන් කරනවා *n.* traveller
gaman malla ගමන් මල්ල *n.* baggage
gaman malla ගමන් මල්ල *n.* rucksack
gaman malla ගමන් මල්ල *n.* valise
gaman pathaya ගමන් පථය *n.* trajectory
gaman yanawaa ගමන් යනවා *v.*

travel
gamana ගමන *n.* gait
gamana ගමන *n.* going
gamana ගමන *n.* journey
gamanaagamanaya ගමනා ගමනය *n.* intercourse
gamanaagamanaya ගමනා ගමනය *n.* trafficker
gamanaanthaya ගමනා න්තය *n.* destination
gamanaanthaya ගමනා න්තය *n.* terminus
gamanata sudusu ගමනට සුදුසු *adj.* roadworthy
gamanbadu ගමන්බඩු *n.* luggage
gambada ගම්බද *adj.* rural
gambhira ගම්භිර *adj.* abstruse
gambura ගැඹුර *n.* depth
gambura balanawa ගැඹුර බලනවා *v.* plumb
gami ගැමි *adj.* pastoral
gammiris ගම්මිරිස් *n.* pepper
gamvasia ගම්වාසියා *n.* villager
gana ගැන *prep.* considering
gana ඝන *adj.* cubical
gana ඝන *adj.* dense
gana kadadaasiya ඝන කඩදාසි පෙට්ටිය *n.* carton
gana weeduru bothalayak ඝන වීදුරු බෝතලය *n.* carboy
gana wenawa ඝන වෙනවා *v.* condense
ganaawaasee ගණ වාසී *adj.* colonial
ganakadhikaranaya ගණකාධිකරණය *n.* accountancy
ganakadhikari ගණකාධිකාරි *n.* accountant
ganakaya ගණකය *n.* calculator
ganakaya ඝනකය *n.* cube
ganakayaa ඝනකය *n.* teller
ganan karanawa ගණන් කරනවා *v.* count
ganan karanawa ගණන් කරනවා *v. t* enumerate
ganan lakunu karannaa ගණන් ලකුණු කරන්නා *n.* scorer
ganan nathi ගණන් නැති *n.* myriad
ganan nogena ගණන් නොගෙන *adj.* irrespective
ganana ගණන *n.* tally
gananaya karanawa ගණනය කරනවා *v.* calculate
gananaya karanawa ගණනය කරනවා *v.* compute
gananaya kireema ගණනය කිරීම *n.* calculation
gananin adika wenawaa ගණනින් අධික වෙනවා *v.* outnumber
ganapoornaya ගණපූරණය *n.* quorum
ganathwaya ඝනත්වය *n.* density
ganawaasaya ගණවාසය *n.* colony
ganda gahana ගඳ ගහන *adj.* smelly
ganda gahanwa ගඳ ගහනවා *v.* reek
ganda suwanda daneema ගඳ සුවඳ දැනීම *n.* smell
ganga ගඟ *n.* river
ganikaa madama ගණිකා මඩම *n.* brothel
ganikaa wurthiya ගණිකා වෘත්තිය *n.* prostitution
ganikaawa ගණිකාව *n.* courtesan
ganikaawa ගණිකාව *n.* prostitute
ganitha ගණිත *adj.* mathematical
ganitha haa sambanda ගණිත හා සම්බන්ධ *adj.* arithmetical

ganithagnanayaa ගණිතඥයා *n.* mathematician
ganithaya ගණිතය *n.* mathematics
gannawa ගන්නවා *v.* occupy
ganudenu karanawa ගනුදෙනු කරනවා *v. i* deal
ganudenu kireema ගණුදෙනු කිරීම *n.* truck
ganudenu wala yedenawaa ගණුදෙනු වල යෙදෙනවා *v.* transact
ganudenukaru ගනුදෙනුකරු *n.* dealer
ganudenuwa ගනුදෙනුව *n.* deal
ganudenuwa ගණුදෙනුව *n.* transaction
ganumbara ගැනුම්බර *adj.* bullish
ganumkaaraya ගැණුම්කා රයා *n.* buyer
ganwathura ගං වතුර *n.* flood
garaa watenawa ගරා වැටෙනවා *v.* crumble
garaa watunu ගරා වැටුණු *adj.* dilapidated
garaa watunu ගිරි වැටුණු *adj.* ramshackle
garaadi wata ගරාදි වැට *n.* railing
garaadi wata ගරාදි වැට *n.* trellis
garaadiya ගරාදිය *n.* lattice
garaadiya ගැරඩියා *n.* spoke
garaajaya ගරාජය *n.* garage
garagara gaanawa ගරගර ගානවා *v.* gurgle
garbaashaya ගර්භා ෂය *n.* womb
garbanaashaka ගර්භනා ශක *n.* contraceptive
garbashaya ගර්භා ශය *n.* uterus
garbha karanawaa ගර්හා කරනවා *v.* stigmatize
garbhaa kala yuthu ගර්හා කළ යුතු *adj.* reprehensible
garbhaawa ගර්හා ව *n.* damnation
garbhaya ගර්භය *n.* entrails
garbhaya ගර්භය *n.* fetus
garilla ගිරිල්ලා *n.* guerrilla
garjana karanawa ගර්ජනා කරනවා *v.* bluster
garjanaawa ගර්ජනා ව *n.* peal
garjanaya ගර්ජනය *n.* roar
garthaya ගර්තය *n.* lacuna
garu ගරු *adj.* honorary
garu karanawa ගරු කරනවා *v.* revere
garu karanawaa ගරු කරනවා *v.* venerate
garuda ගරුඬ *n.* harpy
garuthwaya ගරුත්වය *n.* honour
garuthwaya ගරුත්වය *n.* respect
gas kolan nathi hunu gal pradeshaya ගස් කොළන් නැති හුණු ගල් ප්‍රදේශය *n.* wold
gas kolan sahitha ගස් කොළන් සහිත *adj.* wooded
gas wargayak ගස් වර්ගයක් *n.* hawthorn
gas wargayak ගස් වර්ගයක් *n.* walnut
gas wargayak ගස් වර්ගයක් *n.* willow
gas wisheshayak ගස් විශෙෂයක් *n.* poplar
gasa ගස *n.* tree
gasaa barapathala lesa thuwaala kireema ගසා බරපතල ලෙස තුවාල කිරීම *n.* mayhem
gasanawa ගසනවා *n.* bang
gasat pathraya ගැසට් පත්‍රය *n.* gazette

gasseema ගැස්සීම *n.* jerk
gassuma ගැස්සුම *v.* knock
gata gasanawaa ගැට ගසනවා *v.* tie
gata sahitha ගැට සහිත *adj.* gnarled
gatalu ගැටළු *adj.* knotty
gataluwa ගැටලුව *n.* crux
gataluwa ගැටලුව *n.* problem
gatawara ගැටවර *adj.* teens
gatawaraya ගැටවරයා *n.* lad
gatawaraya ගැටවරයා *n.* youngster
gatawarayaa ගැටවරයා *n.* teenager
gataya ගැටය *n.* knot
gataya ගැටය *n.* node
gatayaa ගැටය *n.* stripling
gathi ගැති *adj.* loyal
gathi lakshana ගති ලක්ෂණය *n.* characteristic
gathi widyaawa ගතිවිද්‍යාව *n.* dynamics
gathibalaya ගතිබලය *n.* momentum
gathikam karanawaa ගැතිකම් කරනවා *v.* serve
gathiwishayaka ගතිවිෂයක *adj.* kinetic
gathiya ගතිය *n.* trait
gaththa ගැත්තා *n.* loyalist
gati bamma ගැට් බැම්ම *n.* kerb
gatissee ගැට්ස්සී *n.* wench
gatissi ගැට්ස්සි *n.* lass
gatta ගැට්ට *n.* brim
gattanaya ඝට්ටනය *n.* collision
gaurawa karanawa ගෞරව කරනවා *v.t.* adore
gaurawa karanawa ගෞරව කරනවා *v. t* distinguish
gaurawa sahitha aamanthranayedee yodana padaya ගෞරව සහිත ආමන්ත්‍රණයේදී යෙදෙන පදය *n.* sir
gaurawa sammana karanawa ගෞරව සම්මාන කරනවා *v.* glorify
gaurawa sammana puda karana awasthaawa ගෞරව සම්මාන පුද කරන අවස්ථාව *n.* glorification
gaurawaanwitha ගෞරවාන්විත *adj.* prestigious
gauree ගෞරී *adj.* blonde
gava oruwa ගව ඔරුව *n.* manger
gawa pattiya ගව පට්ටිය *n.* crib
gawamaduwa ගවමඩුව *n.* byre
gawasee sitinawaa ගැවසී සිටිනවා *v.* stud
gawasenawaa ගැවසෙනවා *v.* loiter
gawayan gaal kireema ගවයන් ගාල් කිරීම *n.* rodeo
gawayo ගවයෝ *n.* cattle
gaweshanaya ගවේෂනය *n.* exploration
gaweshanaya ගවේශනය *n.* quest
gaweshanaya karanawa ගවේෂනය කරනවා *v.* explore
gawma ගවුම *n.* frock
gawuma ගවුම *n.* gown
ge ගේ *prep.* of
ge kurulla ගේ කුරුල්ලා *n.* sparrow
ge langa maduwa ගේ ළඟ මඩුව *n.* outhouse
gedara dora bhajana ගෙදර දොර භාජන *n.* utensil
gedarakata awshyaya andan putu aadiya sapayanawaa ගෙදරකට අවශ්‍යය ඇඳන් පුටු ආදිය සපයනවා *v.* upholster
gedi sahitha ගෙඩි සහිත *adj.* nutty
gedi wisheshayak ගෙඩි විශෙෂයක් *n.* pecan

gediya ගඩිය *n.* loaf
geesaraya ගීසරය *n.* geyser
geetha kaawyaya ගීත කාව්‍යය *n.* ode
geetha rachakayaa ගීත රචකයා *n.* lyricist
geethaya ගීතය *n.* song
gei athi badu ගෙයි ඇති බඩු *n.* furnishing
gela pilibanda ගෙල පිළිබඳ *adj.* cervical
gemadia ගෙමැඩියා *n.* toad
gemba ගෙම්බා *n.* frog
gena hara dakwanawaa ගෙන හැර දක්වනවා *v.* quote
genayanawa ගෙනයනවා *v.* carry
genayanawaa ගෙනයනවා *v.* take
gendagam ගෙන්දගම් *n.* sulphur
genenawa ගෙනෙනවා *v.* bring
german baashaawa ජර්මන් භාෂාව *n.* German
german soldaduwage kaanaya ජර්මන් සොල්දාදුවගේ කෑනය *n.* jerry can
geththam kala pata redda ගෙත්තම් කළ පට රෙද්ද *n.* brocade
gethuma ගෙතුම *n.* crochet
gethuma ගෙතුම *n.* plait
getoowa ගේට්ටුව *n.* gate
geuyana ගෙඋයන *n.* garden
geveemak karanawaa ගෙවීමක් කරනවා *v.* Scot
gewal bindeema ගෙවල් බිඳීම *n.* burglary
gewal bindinna ගෙවල් බිඳින්නා *n.* burglar
gewal gaane badu wikunamin yanawa ගෙවල් ගානේ බඩු විකුණමින් යනවා *v.* peddle
gewal himikaariya ගෙවල් හිමිකාරිය *n.* landlady
gewal himiya ගෙවල් හිමියා *n.* landlord
gewal peliya ගෙවල් පෙළිය *n.* tier
gewanawa ගෙවනවා *v.* depreciate
gewanawa ගෙවනවා *v.* pay
gewanawa ගෙවනවා *v.* recompense
gewee yannata salaswanawa ගෙවී යන්නට සලස්වනවා *v.t.* fret
gewiya haki ගෙවිය හැකි *n.* payable
gewiya yuthu naya ගෙවිය යුතු ණය *n.* debit
ghaathaka ඝාතක *adj.* pernicious
ghana ඝන *adj.* solid
ghana ඝන *adj.* thick
ghana kamisaya ඝන කමිසය *n.* sweater
ghana kawara ඝන කවර *n.* hardback
ghana pulun roda ඝන පුළුන් රොදෙ *n.* swab
ghana wasma ඝන වැස්ම *n.* pall
ghana wenawaa ඝන වෙනවා *v.* thicken
ghanaya ඝනය *n.* gong
ghandaya ගන්ධය *n.* odour
ghattanaya ඝට්ටනය *v.* clash
gigabyte ගිගා බයිට් *n.* gigabyte
gigum denawa ගිගුම් දෙනවා *v.* reverberate
gihiyaa ගිහියා *n.* layman
giju lesa kanawa ගිජු ලෙස කනවා *v.* guzzle
gila damanawa ගිල දමනවා *v.* engulf
gila gannawaa ගිල ගන්නවා *v.*

swallow

gilaana shalaawa ගිලාන ශාලාව *n.* hospice

gilan ගිලන් *adj.* infirm

gilan massa ගිලන් මැස්ස *n.* stretcher

gilan rathaya ගිලන් රථය *n.* ambulance

gilateenaya ගිලටීනය *n.* guillotine

gilee marenawa ගිලී මැරෙනවා *v.* drown

gilenawa ගිලෙනවා *v. t* dip

gilviya haki ගිල්විය හැකි *adj.* submersible

gilwanawaa ගිල්වනවා *v.* emboss

gilwanawaa ගිල්වනවා *v.* immerse

gilwanu labu ගිල්වනු ලැබූ *adj.* sunken

gilweema ගිල්වීම *n.* immersion

gimhaanakutiya ගිම්හානකුටිය *n.* gazebo

gimhaanaya ගිම්හානය *n.* summer

gindara ගින්දර *n.* fire

gini gahanawaa ගිනි ගහනවා *v.* inflame

gini kaama ගිනි කෑම *n.* profiteering

gini kanda ගිනි කන්ද *n.* volcano

gini kandu wani ගිනි කඳු වැනි *adj.* volcanic

gini malaya ගිනිමැලය *n.* beacon

gini pupura ගිනි පුපුර *n.* spark

gini thabeema ගිනි තැබීම *n.* arson

gini wani ගිනි වැනි *adj.* igneous

gini wathura ගිනි වතුර *n.* vitriol

ginigath ගිනිගත් *adv.* ablaze

ginikooru saadanna ගිනිකූරු සාදන්න *n.* matchmaker

ginimalaya ගිනිමැලය *n.* flare

ginipawura ගිනිපවුර *n.* firewall

ginna ගින්න *n.* bonfire

ginnen pisaganna lada mas ගින්නෙන් පිසගන්නා ලද මස් *n.* kebab

ginuma ගිණුම *n.* account

giraffe ජිරාෆ් *n.* giraffe

girawa ගිරවා *n.* parrot

giri wila ගිරිවිල *n.* tarn

girikandura ගිරිකඳුර *n.* ravine

gitaaraya ගිටාරය *n.* guitar

givisanawa ගිවිසනවා *v.* agree

givisuma ගිවිසුම *n.* agreement

givisuma ගිවිසුම *n.* covenant

givisuma ගිවිසුම *n.* vow

giwisagatha haki ගිවිසගත හැකි *adj.* negotiable

giwisuma ගිවිසුම *n.* engagement

giwisuma pilibanda ගිවිසුම පිළිබඳ *adj.* contractual

giya wiyadam denawa ගිය වියදම දෙනවා *v.* reimburse

giyaraya ගියරය *n.* gear

glaciyara ග්ලැසියර *adj.* glacial

glucose ග්ලූකෝස් *n.* glucose

glycerin ග්ලිසරින් *n.* glycerine

gnaanawantha ඥානවන්ත *adj.* intelligent

gnaanaya ඥානය *n.* intelligence

gnaapa ඥාප *n.* memo

gnaatheethwaya ඥාතීත්වය *n.* kinship

gnaathi sahodarayaa ඥාති සහෝදරයා *n.* cousin

gnaathiwaadaya ඥාතිවාදය *n.* nepotism

goal rakinna ගෝල් රකින්න *n.* goalkeeper

goda ගොඩ *pron.* lot
goda athi ගොඩ ඇති *adj.* aground
goda baseema ගොඩ බැසීම *n.* landing
goda gasanawa ගොඩ ගසනවා *v.* amass
godabasinawa ගොඩබසිනවා *v.* disembark
godak ගොඩක් *n.* lashings
godalla ගොඩැල්ල *n.* hummock
godalla ගොඩැල්ල *n.* mound
godanaganawa ගොඩනගනවා *v.* construct
godanageema ගොඩනැගීම *n.* construction
godanagili walin wata wu chathurasra weediya ගොඩනැගිලි වලින් වට වූ චතුරස්රවීදිය *n.* piazza
godanagilla ගොඩනැගිල්ල *n.* building
godura ගොදුර *n.* prey
gohodu mada ගොහොඩු මඩ *n.* sludge
gohoru ගොහොරු *adj.* dank
golaakara ගෝලාකාර *n.* spherical
golaya ගෝලයා *n.* disciple
golaya ගෝලය *n.* globe
golaya ගෝලයා *n.* henchman
golaya ගෝලය *n.* orb
golaya ගෝලයා *n.* sphere
goleeyakaranaya ගෝලීයකරණය *n.* globalization
golf ගොල්ෆ් *n.* golf
golubella ගොලුබෙල්ලා *n.* snail
goma ගොම *n.* dung
goma pohora ගොම පොහොර *n.* muck
gomman welaawa ගොම්මන් වෙලාව *n.* twilight
gon kama ගොන් කම *n.* stupidity
gon pora kaaraya ගොන් පොර කාරයා *n.* matador
gona ගොනා *n.* bull
gonaa ගෝනා *n.* stag
goniya ගෝනිය *n.* sack
gonpora kaaraya ගොන්පොර කාරයා *n.* toreador
gonu ගොණු *n.* ruckus
gonussaa ගොනුස්සා *n.* scorpion
gonuwa ගොනුව *n.* file
gooda ගූඪ *n.* mystique
gooseberry ගූස්බෙරි *n.* gooseberry
gora ඝෝර *adj.* macabre
gorahadi ගොරහැඩි *adj.* scabrous
gorawana ගොරවනවා *adj.* stertorous
gorawanawa ගොරවනවා *v.* groan
gorawanawa ගොරවනවා *v.* roar
gorawanawa ගොරවනවා *v.* rumble
gorawanawaa ගොරවනවා *v.* snarl
gorawanawaa ගොරවනවා *v.* growl
gorilla ගෝරිල්ලා *n.* gorilla
gorosu ගොරෝසු *adj.* callous
gorosu ගොරෝසු *adj.* coarse
gorosu ගොරෝසු *adj.* hoarse
gorosu ගොරෝසු *adj.* husky
gorosu ගොරෝසු *adj.* throaty
gosha kota kiyanawa ඝෝෂා කොට කියනවා *v.* declaim
gosha sahitha ඝෝෂා සහිත *adj.* loud
goshaakaara ඝෝෂාකාර *adj.* vociferous
goshaawa ඝෝෂාව *n.* sonority
gotha gasanawaa ගොත ගසනවා *v.* stammer
gotha gasanawaa ගොත ගසනවා *v.*

stutter
gothanawa ගොතනවා *v.* fabricate
gothanawaa ගොතනවා *v.* knit
gothaya ගොතය *n.* lisp
gothraya ගෝත්‍රය *n.* pedigree
gothrika ගෝත්‍රික *adj.* tribal
gottiya ගෝට්ටිය *n.* rout
gotuwa ගොටුව *n.* cornet
govijana ගොවිජන *adj.* agrarian
govithan karanawaa ගොවිතැන් කරනවා *n.* tiller
gowa ගෝවා *n.* cabbage
gowa wargayak ගෝවා වර්ගයක් *n.* broccoli
gowi janaya ගොවි ජනයා *n.* peasantry
gowipala ගොවිපොළ *n.* farm
gowiya ගොවියා *n.* farmer
goyam kapanna ගොයම් කපන්නා *n.* harvester
goyam kapanna ගොයම් කපන්නා *n.* reaper
goyam kolaya ගොයම් කොළය *n.* rick
goyam mitiya ගොයම් මිටිය *n.* sheaf
goyam paaganawaa ගොයම් පාගනවා *v.* thresh
graahakaya ග්‍රාහකය *n.* receptacle
graahakayaa ග්‍රාහකයා *n.* receiver
graahikaawa ග්‍රාහිකාව *n.* tentacle
graama kaawyaya ග්‍රාම කාව්‍යය *n.* idyll
graameeya niwaasaya ග්‍රාමීය නිවාසය *n.* grange
graamya wiyawahaaraya ග්‍රාම්‍ය ව්‍යවහාරය *n.* slang
graha ග්‍රහ *adj.* planetary
grahakaya ග්‍රහකය *n.* asteroid
grahalokaya ග්‍රහලෝකය *n.* planet
grahaniya ග්‍රහනිය *n.* rickets
gram ග්‍රෑම් *n.* gram
gramophonaya ග්‍රැමෆෝනය *n.* gramophone
granite ග්‍රැනයිට් *n.* granite
grantha namawaliya ග්‍රන්ථ නාමාවලිය *n.* bibliography
grantha priyaya ග්‍රන්ථ ප්‍රියයා *n.* bibliophile
grantha wisthara ග්‍රන්ථ විස්තර *n.* blurb
granthaya ග්‍රන්ථිය *n.* gland
grease ග්‍රීස් *n.* grease
gruha bhaanda ගෘහ භාණ්ඩ *n.* furniture
gruhabhanda sapayeema ගෘහභාණ්ඩ සැපයීම *n.* upholstery
gruhanirmaana shilpiya ගෘහනිර්මාණ ශිල්පියා *n.* architect
gruhaniya ගෘහිනිය *n.* housewife
gruhastha ගෘහස්ථ *adj.* domestic
gruhastha ගෘහස්ථ *adj.* indoor
gubsa kireema ගබ්සා කිරීම *n.* abortion
guda ගුද *adj.* anal
guda maargaya ගුද මාර්ගය *n.* rectum
gudaya ගුදය *n.* anus
guguranawa ගුගුරනවා *v.* bellow
guhaawa ගුහාව *n.* den
guhaawa ගුහාව *n.* grotto
guhaawa ගුහාව *n.* vault
guhaawehi sitinawaa ගුහාවෙහි සිටිනවා *v.* encrypt
guhawa ගුහාව *n.* cave
guhawa wani ගුහාව වැනි *adj.* cavernous

gulla ගුල්ල *n.* habitué
gulla ගුල්ල *n.* weevil
gumu seenuwa ගුමු සීනුව *n.* buzzer
gumugumuwa ගුමුගුමුව *n.* buzz
gumugumuwa ගුමුගුමුව *v.* hum
guna karanawa ගුණ කරනවා *v.* multiply
guna kathaawa ගුණ කතා ව *n.* tribute
guna kireema ගුණකිරීම *n.* multiplication
guna warnanaawa ගුණවර්ණනා ව *n.* panegyric
gunaakaara ගුණ කා ර *adj.* multiple
gunaathmaka ගුණ ත්මක *adj.* qualitative
gunados sahitha ගුණද ෝෂ සහිත *adj.* censorious
gunakeerthiya ගුණකීර්තිය *v.* laud
gunamaku ගුණමකු *adj.* ungrateful
gunamakukama ගුණමකුකම *n.* ingratitude
gunangaya ගුණ ං ගය *v.* attribute
gunawathkama ගුණවත්කම *n.* benevolence
gunawathkama ගුණවත්කම *n.* courtesy
gunaya ගුණය *n.* efficacy
gunaya ගුණය *n.* quality
guptha ගුප්ත *adj.* clandestine
guptha ගුප්ත *adj.* covert
guptha ගුප්ත *adj.* esoteric
guptha ගුප්ත *adj.* mystical
guptha ගුප්ත *n.* occult
guptha ගුප්ත *adj.* privy
guptha ගුප්ත *adj.* secretive
guru arutha ගුරු අරු ත *n.* motif
guru dewathaawaa ගුරු ද ේවතා වා *n.* gurdwara
guruleththuwa ගුරු ලේත්තුව *n.* chalice
guruleththuwa ගුරු ලේත්තුව *n.* decanter
guruleththuwa ගුරු ලේත්තුව *n.* goblet
guruthwaakarshana balaya ගුරු ත්වා කර්ෂණ බලය *n.* gravity
guruthwaakarshanaya ගුරු ත්වා කර්ෂණය *n.* gravitation
guruwarayaa ගුරු වරයා *n.* teacher
guruwariya ගුරු වරිය *n.* governess
guvan karanam ගුවන් කරණම් *n.* aerobatics
guvan thota ගුවන් ත ොට *n.* aerodrome
guvan yaanawa ගුවන් යා නා ව *n.* aeroplane
guwan kollakanawa ගුවන් කොල්ලකනවා *v.* hijack
guwan nawiya ගුවන් නැවියා *n.* aviator
guwan niyamuwa ගුවන් නියමුවා *n.* pilot
guwan paalama ගුවන් පා ලම *n.* overpass
guwan widuliya ගුවන් විදුලිය *n.* radio
guwan yaanaa dhaawana pathaya ගුවන්යා නා ධා වනපථය *n.* runway
gymnastic ජිම්නා ස්ටික් *n.* gymnastic

H

haa gula හා ගුල *n.* warren
haa karanawa හා කරනවා *v.* fuse

haadaya හා දයා *n.* bloke
haadaya හා දයා *n.* cove
haadu denawa හාදු දෙනවා *v.t.* kiss
haalla හැල්ල *n.* fudge
haalla හැල්ල *n.* rigmarole
haalla හැල්ල *n.* screed
haalmassaa හාල්මැස්සා *n.* sprat
haamatha හාමත *n.* starvation
haamathe siti හාමතේ සිටි *adj.* famished
haana thanaththaa හාන තැනැත්තා *n.* ploughman
haani pamunuwanawaa හානි පමුණුවනවා *v.* inflict
haani rakshanaya හානි රක්ෂණය *n.* indemnity
haanikara හානිකර *adj.* deleterious
haanikara හානිකර *adj.* noxious
haaniya හානිය *n.* damage
haansi wee sitinawa හාන්සි වී සිටිනවා *v.* lounge
haansi wena sopaawa හාන්සි වෙන සෝපාව *n.* lounge
haaranawa හාරනවා *v.* delve
haaranawa හාරනවා *v.* dig
haaranawa හාරනවා *v.* excavate
haasa padyaya හාස පද්‍යය *n.* limerick
haasya හාස්‍ය *n.* humour
haasya හාස්‍ය *adj.* ridiculous
haasya upadawana හාස්‍ය උපදවන *adj.* funny
haasyajanaka හාස්‍යජනක *adj.* absurd
haasyajanaka හාස්‍යජනක *adj.* comic
haasyajanaka හාස්‍යජනක *adj.* humorous
haasyajanaka හාස්‍යජනක *adj.* laughable
haasyajanaka හාස්‍යජනක *adj.* ludicrous
haasyaya හාස්‍යය *n.* laughter
haasyaya හාස්‍යය *n.* satire
haathaawaariya හාතාවාරිය *n.* asparagus
haathpasa හාත්පස *adj.* ambient
haaththaawa හැත්තෑව *adj. & n.* seventy
haawa හාවා *n.* hare
haawaa හාවා *n.* rabbit
habala හබල *n.* oar
habala හබල *n.* paddle
hada හැඩ *adj.* snazzy
hada achchuwa හැඩ අච්චුව *n.* stencil
hada gannawa හදා ගන්නවා *v.* adopt
hadagaswanawa හැඩගස්වනවා *v.* chasten
hadawatha හදවත *n.* heart
hadaya හැඩය *n.* camber
hadaya හැඩය *n.* feature
hadaya හැඩය *n.* shape
hadayak nathi හැඩයක් නැති *adj.* shapeless
hadhi hooniyam හදි හූනියම් *n.* voodoo
hadi dadi හැඩි දැඩි *adj.* sturdy
hadisi හදිසි *adj.* casual
hadisi හදිසි *adj.* cursory
hadisi හදිසි *adj.* urgent
hadisi aabaadaya හදිසි ආබාධය *n.* stroke
hadisi aasaawa හදිසි ආසාව *n.* whim
hadisi anathura හදිසි අනතුර *n.*

accident
hadisi anathura හදිසි අනතුර *n.* casualty
hadisi asaneepa gathiya හදිසි අසනීප ගතිය *n.* qualm
hadisi awasthaawa හදිසි අවස්ථාව *n.* emergency
hadisi gala ema හදිසි ගලා ඒම *n.* spate
hadisi kopaya හදිසි කෝපය *n.* gust
hadisi kopaya හදිසි කෝපය *n.* tantrum
hadisi marana pareekshaka හදිසි මරණ පරීක්ෂක *n.* coroner
hadisi nageema හදිසි නැගීම *n.* upsurge
hadisi wuwamanaawa හදිසි වුවමනාව *n.* exigency
hadisi wyaapaaraya හදිසි ව්‍යාපාරය *n.* coup
hadisiya හදිසිය *n.* contingency
hadisiyen enawa හදිසියෙන් එනවා *v.* pop
hadisiyen pana alla gannawaa හදිස්සියෙන් පැන අල්ල ගන්නවා *v.* swoop
hadisiyen watenawaa හදිසියෙන් වැටෙනවා *v.* tumble
hadisiyenma හදිසියෙන්ම *adv.* suddenly
haiya හයිය *n.* strength
hak gediya හක් ගෙඩිය *n.* conch
haki හැකි *adj.* able
haki හැකි *adj.* capable
hakilenawa හැකිළෙනවා *v.* cringe
hakiyaawa හැකියාව *n.* capability
hakiyaawa හැකියාව *n.* possibility
hakiyawa හැකියාව *n.* ability
hakka හක්ක *n.* jaw
hala happpenawa හැල හැප්පෙනවා *v.t.* jolt
halanawaa හලනවා *v.* sift
halogen හැලජන් *n.* halogen
ham bella හම් බෙල්ලා *n.* slug
ham patiya හම් පටිය *n.* thong
hama gasanawa හම ගසනවා *v.* excoriate
hama witama හැමවිටම *conj.* whenever
hamanawa හමනවා *v.* blow
hamburger හැම්බර්ගර් *n.* hamburger
hame kuda bibila හමේ කුඩා බිබිල *n.* vesicle
hamudaa sewayen mudawanawaa හමුදා සේවයෙන් මුදවනවා *v.* demobilize
hamudawa හමුදාව *n.* army
hamuwenawa හමුවෙනවා *v.* meet
hana ataya හණ ඇට *n.* linseed
hana redhi හණ රෙදි *n.* jute
hana redi හණ රෙදි *n.* linen
hanassa හනස්ස *n.* sheath
handa හඳ *n.* moon
handa හැන්ද *n.* spoon
handa හඬ *n.* tone
handa lipiya හඬ ලිපිය *n.* voicemail
handa nagamin karakawanawaa හඬ නගමින් කරකවනවා *v.* whirr
handa nangaa andeema හඬ නගා ඇඬීම *n.* squall
handa nonagana හඬ නොනගන *adj.* tacit
handa walakwana හඬ වළක්වනවා *adj.* soundproof
handakaraya හඬකරය *n.* howler
handapaana හඳපාන *n.* moonlight

handeemata asanna හැඬීමට ආසන්න *adj.* weepy
handhiya හන්දිය *n.* junction
handi gaanawaa හැඳි ගානවා *v.* stir
handi paninawaa හන්දි පන්නවා *v.* splay
handinweema හැඳින්වීම *n.* introduction
handunaaganeema හඳුනා ගැනීම *n.* identity
handunaagannawaa හඳුනා ගන්නවා *v.i.* recognize
handunuma හැඳුනුම *n.* identification
handunwaa deema හඳුන්වාදීම *n.* recognition
handunwana හඳුන්වන *adj.* introductory
handunwanawa හඳුන්වනවා *v.* cite
handunwanawaa හඳුන්වනවා *v.* introduce
hangawanawa හඟවනවා *v.* implicate
hangawanawaa හඟවනවා *v.* mean
hangaweema හැඟවීම *n.* indication
hangeem danena හැඟීම් දැනෙන *adj.* sentient
hangeem nodanena හැඟීම් නොදැණෙන *adj.* numb
hangeema හැඟීම *n.* feeling
hangeema හැඟීම *n.* sentiment
hangenawa හැංගෙනවා *v.t* hide
hangenawaa හැඟෙනවා *v.* presuppose
hani karanawaa හානි කරනවා *v.* impair
hankithi kawanawaa හංකිති කවනවා *v.* tickle
hansayaa හංසයා *n.* swan
hansayange naadaya හංසයන්ගේ නාදය *n.* honk
hapan හපන් *adj.* handy
hapanawaa හපනවා *v.* crunch
hapanawaa හපනවා *v.* masticate
hapankama හපන්කම *n.* Nerve
hapankamin rawatanawaa හපන්කමින් රවටනවා *v.* outwit
hapenawa හැපෙනවා *v.* flap
happenawa හැප්පෙනවා *v.* collide
happenawa හැප්පෙනවා *v.* dash
hara හැර *prep.* except
hara dameema හැර දැමීම *n.* exception
harahata හරහට *adv.* askew
harahata watunu හරහා වැටුණු *adj.* transverse
harak mas හරක් මස් *n.* beef
haraka හරකා *n.* bullock
harakaa හරකා *n.* cow
haras dhanda හරස් දණ්ඩ *n.* shuttle
haras kapanawaa හරස් කපනවා *v.* traverse
harawanawa හරවනවා *v.* convert
haraweema හැරවීම *n.* conversion
haraweema හැරවීම *n.* diversion
harda lekanaya හෘද ලේඛය *n.* cardiograph
harda saakshiya හෘද සාක්ෂිය *n.* conscience
harda vidyaawa හෘද විද්‍යාව *n.* cardiology
hardamaya හෘදමය *adj.* cardiac
hareema හැරීම *v.* turn
harenawa හැරෙනවා *v.* deflect
hari හරි *adj.* okay
hari lakuna හරි ලකුණ *n.* tick

hari nathi හරි නැති *adj.* inexact
hari waradi balanawa හරි වැරදි බලනවා *v.* check
hari waradi baleema හරි වැරදි බැලීම *n.* verification
harigassanawa හරිගස්සනවා *v.* revamp
harigasseema හරිගැස්සීම *n.pl.* amendment
haritha warna හරිත වර්ණ *n.* emerald
hasireema හැසිරීම *n.* behaviour
hasirenawa හැසිරෙනවා *v.* behave
hasirenawa හැසිරෙනවා *v. t* deport
hasirenawa හැසිරෙනවා *v.* flaunt
hasirenawa හැසිරෙනවා *v.* linger
hastha karmaanthaya හස්ත කර්මාන්ත *n.* handicraft
hastha rekaa shasthraya හස්ත රේඛා ශාස්ත්‍රය *n.* palmist
hasthiya හස්තියා *n.* elephant
hasuna හසුන *n.* epistle
hasuruwanawa හසුරුවනවා *v.* conduct
hasuruwanawa හසුරුවනවා *v.t* handle
hasuruwanawa හසුරුවනවා *v.* regulate
hasya rasaya හස්‍ය රසය *n.* wit
hata හැට *adj. & n.* sixty
hata gannawa හට ගන්නවා *v.* become
hata weni හැට වෙනි *adj. & n.* sixtieth
hatha හත *adj. & n.* seven
hathaliha හතළිහ *adj.& n.* forty
hathapma kaala හැතැප්ම කාල *n.* furlong
hathara හතර *adj.& n.* four
hathi damanawaa හති දමනවා *v.* pant
haththaa weni හැත්තෑ වෙනි *adj. & n.* seventieth
hathweni හත්වෙනි *adj. & n.* seventh
hattaya හැට්ටය *n.* blouse
hattaya හැට්ටය *n.* jacket
hattaya හැට්ටය *n.* jumper
hawadiya හවඩිය *n.* girdle
hawul wenawa හවුල් වෙනවා *v.* partake
hawul wyaapaaraya හවුල් ව්‍යාපාරය *n.* partnership
hawulkaru හවුල්කරු *n.* partner
haya හය *adj.& n.* six
hayawani හයවැනි *adj. & n.* sixth
hectaraya හෙක්ටයාරය *n.* hectare
hediya හෙදිය *n.* nurse
hedphonaya හෙඩ්ෆෝනය *n.* headphone
heela හීලෑ *adj.* tame
heela nokalaki හීලෑ නොකෙලැකි *adv.* tamely
heelaa හීලෑ *adj.* docile
heelaa nokala ashwaya හීලෑ නොකළ අශ්වයා *n.* mustang
heen patiya හීන් පටිය *n.* shred
heena හීන *adj.* devoid
heendaari හීන්දෑරි *adj.* lank
heendaari හීන්දෑරි *adj.* lanky
heendaari හීන්දෑරි *adj.* slender
heennonmaadhaya හීනෝන්මාදය *n.* schizophrenia
heeya හීය *n.* arrow
hela හෙල *n.* mire
helaa dakinawa හෙළා දකිනවා *v.* decry

helaadakina sulu හෙළා දකින සුලු *adj.* dismissive
helanawa හෙළනවා *v.* hew
helanawaa හෙළනවා *v.* hurl
heli karanawa හෙළි කරනවා *v.* reveal
heli karanawaa හෙළි කරනවා *v.* proclaim
helicoptara thotupola හෙලිකොප්ටර තොටුපොළ *n.* heliport
helicopteraya හෙලිකොප්ටරය *n.* helicopter
helidarawwa හෙළිදරව්ව *n.* revelation
helikaranawa හෙළිකරනවා *v.* disclose
helikaranawa හෙළිකරනවා *v.* divulge
hellaya හෙල්ලය *n.* javelin
hellaya හෙල්ලය *n.* pike
hellaya හෙල්ලය *n.* spear
hellum kanawaa හෙල්ලුම් කනවා *v.* quake
hembirissa una හෙම්බිරිස්සා උණ *n.* flu
hemin aneema හෙමින් ඇනීම *v.* nudge
hemin aneema හෙමින් ඇනීම *v.* nudge
hemin pimma හෙමින් පිම්ම *n.* canter
hemin seeruwe හෙමින් සීරුවේ *adv.* stealthily
hemin udata gasanawa හෙමින් උඩට ගසනවා *v.* flip
hemin yanawa හෙමින් යනවා *v.* amble
henaa හෙනා *n.* henna
henduwa හෙණ්ඩුව *n.* crook
henduwa හෙණ්ඩුව *v.* goad
heshaaraawaya හේෂාරාවය *n.* neigh
heta හෙට *adv.* tomorrow
heththu wenawa හේත්තු වෙනවා *v.* abut
heththu wenawa හේත්තු වෙනවා *v.* lean
hethuthwaya හේතුත්වය *n.* causality
hethuwa හේතුව *n.* cause
hethuwa හේතුව *n.* reason
hethuwa kiwa nohaki හේතුව කිව නොහැකි *adj.* unaccountable
hettuwa හෙට්ටුව *n.* bargain
hewa madama හේවා මඩම *n.* barrack
hewath හෙවත් *adv.* alias
hi හි *prep.* at
hidakalaa woo හුදකලා වූ *adj.* lone
hikmanawa හික්මනවා *v.* educate
hikmawiya haki හික්මවිය හැකි *adj.* malleable
hikmawiya haki හික්මවිය හැකි *adj.* tractable
hikmiya nohaki හික්මිය නොහැකි *adj.* intractable
hil karanawa හිල් කරනවා *v.* pounce
hil karanawaa හිල් කරනවා *v.* punch
hil katuwa හිල් කටුව *n.* stiletto
hilaw karanawa හිලව් කරනවා *v.* recoup
hilaw nokalaki හිලව් නොකළැකි *adj.* irreplaceable
hilawwa හිලව්ව *n.* lieu
hima හිම *n.* snow
hima dhawanaya හිම ධාවනය *n.* avalanche
hima diyawenawa හිම දියවෙනවා *v.* thaw

hima geya හිම ගයෙ *n.* igloo
hima guli හිම ගුලි *n.* snowball
hima koora හිම කූර *n.* icicle
hima kunatuwa හිම කුණාටුව *n.* blizzard
hima kuttiya හිම කුට්ටිය *n.* iceberg
hima matha lissana puwaruwa හිම මත ලිස්සන පුවරුව *n.* skateboard
hima nadiya හිම නදිය *n.* glacier
hima pathanaya nisaa kadaa watena kotasa හිමපතනය නිසා කඩා වැටෙන කොටස *n.* moraine
hima sahitha හිම සහිත *adj.* snowy
hima sapaththuwa හිම සපත්තුව *n.* ski
hima wassa හිම වැස්ස *n.* sleet
hima yaanaya හිම යානය *n.* sleigh
himaaharanaya karanawa හිමාහරණය කරනවා *v.* defrost
himalaye hima minisa හිමාලයේ හිම මිනිසා *n.* yeti
himikaara හිමිකාර *adj.* proprietary
himikama හිමිකම *n.* ownership
himikaruwaa හිමිකරුවා *n.* owner
himiyaa හිමියා *n.* proprietor
himoglobin හිමොග්ලොබින් *n.* haemoglobin
hinga හිඟ *n.* arrears
hinga හිඟ *adj.* scant
hingakama හිඟකම *n.* paucity
hingamanata bassanawa හිඟමනට බස්සනවා *v.* impoverish
hinganna හිඟන්නා *adj.* mendicant
hinganna හිඟන්නා *n.* pauper
hingawa pawathinawa හිඟව පවතිනවා *n.* lack
hingaya හිඟය *n.* dearth
hingaya හිඟය *n.* deficit
hinsa karanawa හිංසා කරනවා *v.* maltreat
hinsaa karanawa හිංසා කරනවා *v.* persecute
hinsaa karanawaa හිංසා කරනවා *v.* oppress
hinsaa kireema හිංසා කිරීම *n.* oppression
hinsaa kireema හිංසා කිරීම *n.* persecution
hinsaa kireeme ashaawa හිංසා කිරීමේ ආසාව *n.* venom
hinsaakara හිංසාකාර *adj.* harmful
hinsaawa හිංසාව *n.* carnage
hinsaawa හිංසාව *n.* harm
hinsaka හිංසක *adj.* injurious
hirabaaraye thabanawa හිරබාරයේ තබනවා *v.* remand
hiragedara හිරගෙදර *n.* jail
hiragei muladaniya හිරගෙයි මුලාදැනියා *n.* jailer
hirakaruwan baarawa sitinnaa හිරකරුවන් භාරව සිටින *n.* warder
hire damanawaa හිරේ දමනවා *v.* incarcerate
hirigala හිරිගල *n.* coral
hirihara karanawa හිරිහැර කරනවා *v.* molest
hirihara karanawa හිරිහැර කරනවා *v.* pester
hirihara karanna හිරිහැර කරන්නා *n.* bully
hirihara kireema හිරිහැර කිරීම *n.* harassment
hirihara sahitha හිරිහැර සහිත *adj.* damnable
hiriharaya හිරිහැරය *v.* bother

hiriharaya හිරිහැරය *n.* molestation
hiriharaya හිරිහැරය *n.* vexation
hirikada හිරිකඩ *n.* drizzle
hirikada හිරිකඩ *n.* spray
hirikitha හිරිකිත *adj.* unpleasant
hiru eliya athi හිරු එළිය ඇති *adj.* sunny
his හිස් *adj.* blank
his හිස් *adj.* empty
his හිස් *adj.* vacant
his kabala හිස් කබල *n.* skull
his karanawa හිස් කරනවා *v.* deplete
his karanawa හිස් කරනවා *v.* evacuate
his karanawa හිස් කරනවා *v.* exhaust
his wasma හිස් වැස්ම *n.* hat
hisa හිස *n.* dome
hisa හිස *n.* head
hisa gasaa damanawa හිස ගසා දමනවා *v.* decapitate
hisa gasanawa හිස ගසනවා *v.* behead
hisa haa urahis ellee watena se waadiwee sitinawaa හිස හා උරහිස් එල්ලී වැටෙන සේ වාඩිවී සිටිනවා *v.* slouch
hisa nopeeru හිස නොපීරූ *adj.* unkempt
hisa sedeema හිස සේදීම *n.* shampoo
hise karakawilla හිසේ කරකැවිල්ල *n.* vertigo
hise rudaawa හිසේ රුදාව *n.* headache
hishory හිස්හොරි *n.* dandruff
histeeriyaawa හිස්ටීරියාව *n.* hysteria
histhana හිස්තැන *n.* heyday
hiswasma හිස්වැස්ම *n.* hood
hitha adhairyaya karanawa හිත අධෛර්‍ය කරනවා *v.* dishearten
hitha chanchala karanawaa හිත චංචල කරනවා *v.* unnerve
hitha ridawanawaa හිත රිදවනවා *v.* vex
hithanawaa හිතනවා *v.* think
hithawath හිතවත් *adj.* favourable
hithawatha හිතවතා *n.* benefactor
hithawatha හිතවතා *n.* confidant
hithe wedanaawa හිතේ වේදනාව *n.* heartburn
hithubuddiya හිතුබුද්ධිය *n.* crotchet
hithumathaya හිතුමතය *n.* whimsy
hithumathaye kriyaa karana හිතුමතයේ ක්‍රියා කරන *adj.* whimsical
hithuwakkaara හිතුවක්කාර *adj.* headstrong
hithuwakkaara හිතුවක්කාර *adj.* mulish
hithuwakkaara හිතුවක්කාර *adj.* obstinate
hithuwakkaara හිතුවක්කාර *adj.* wayward
hithuwakkaara kama හිතුවක්කාරකම *n* obstinacy
hiwala හිවලා *n.* jackal
ho හෝ *conj.* or
hobawanawa හොබවනවා *v.* adorn
hockey kreedaawa හොකී ක්‍රීඩාව *n.* hockey
hodda හොද්ද *n.* broth
hodi potha හෝඩි පොත *n.* primer
hodiya හෝඩිය *n.* alphabet
hoduwaawa හෝඩුවාව *n.* clue

hoduwaawa හ ෝඩුවා ව *n.* tip
hohaputa හ ෝඃපුටා *n.* gnat
holawanawaa හ ොළවනවා *v.* shake
holly kola හ ෝලි කොළ *n.* holly
holman karanawa හ ොල්මන් කරනවා *v.* haunt
holman sahitha හ ොල්මන් සහිත *adj.* haunted
holmana හ ොල්මන *n.* ghost
holmium හ ොල්මියම් *n.* holmium
hologramaya හ ොලෝග්‍රෑමය *n.* hologram
homba හ ොම්බ *n.* muzzle
homba හ ොම්බ *n.* snout
honda හ ොඳ *adj.* good
honda hadahurukama athi හ ොඳ හැඩහුරු කමක් ඇති *adj.* shapely
hondata anda palandagath හ ොඳට ඇඳ පැළඳගත් *adj.* stylish
hondin aawaranaya wu හ ොඳින් ආවරණය වූ *adj.* snug
hondin danna හ ොඳින් දන්නා *adj.* familiar
hondu maandu හ ෝඳු මාන්දු *adj.* sluggish
hooniyama හූනියම *n.* sorcery
hooranawaa හූරනවා *v.* scrabble
hoowa හූව *n.* hoot
hoowaraya හූවරය *n.* hoover
hora හ ොර *n.* thief
hora badu jaawaaram kaarayaa හ ොර බඩු ජාවාරම් කාරයා *n.* smuggler
hora badu jaawaaram karanawaa හ ොර බඩු ජාවාරම් කරනවා *v.* smuggle
hora jaawaarama හ ොර ජාවාරම *n.* trafficking
hora prathiprachaaraya හ ොර ප්‍රතිප්‍රචාරය *n.* underlay
hora rahase හ ොර රහසේ *adj.* undercover
hora wenawa හ ොර වනෙවා *v.* deceive
horamarakama හ ොරමෑරකම *n.* roguery
horanaawa හ ොරණෑ ව *adj.* clarion
horanaawa හ ොරනෑ ව *n.* trumpet
horata saadu හ ොරට සෑදූ *adj.* bootleg
horen balanawa හ ොරෙන් බලනවා *v.* peek
horen dadayam karanawa හ ොරෙන් දඩයම් කරනවා *v.* poach
horen pahara gannawaa හ ොරෙන් පැහැර ගන්නවා *v.* swipe
hormonaya හ ෝමෝනය *n.* hormone
hota හ ොට *n.* beak
hotal sewikaawa හ ෝටල් සවේිකා ව *n.* waitress
hotalaya හ ෝටලය *n.* hotel
hoth හ ෝත් *conj.* if
hudakala හුදකලා *adj.* desolate
hudakalaa හුදකලා *adj.* lonely
hudakalaa waasaya හුදකලා වයසා *n.* seclusion
hudakalaa waasaya හුදකලා වාසය *n.* solitude
hudakalaa wenawaa හුදකලා වීම *v.* seclude
hudakalaawa හුදකලා ව *n.* loneliness
hudakalaawa thabanawaa හුදකලා ව තබනවා *adj.* secluded
hudekalaawa හුදෙකලා ව *n.* isolation
hulan arinawa හුළං අරිනවා *v.*

deflate

hulan hamana හුළං හමන *adj.* blowsy

hulan karanawaa හුළං කරනවා *v.* winnow

hulan peththa හුළං පතේත *n.* vane

humaala snaanaya හුමා ල ස්නා නය *n.* sauna

humaalaya හුමා ලය *n.* steam

humalaya bawata harenawaa හුමා ලය බවට හැ රනෙවා *v.* vaporize

hurathal wenawa හුරතල් වනෙවා *v.* fondle

hurdayaangama හෘ දයා ංගම *adj.* heartfelt

huru හුරු *adj.* conversant

huru buhuti හුරු බුහුටි *adj.* versatile

hurubuhuti හුරු බුහුටි *adj.* canny

hurubuhuti හුරු බුහුටි *adj.* spry

hurubuhuti bawa හුරු බුහුටි බව *n.* knack

hurukama හුරු කම *n.* tendency

hurulla හුරු ල්ල *n.* herring

husma හුස්ම *n.* breath

husma ganima walakanawa හුස්ම ගැ නීම වළකනවා *v.* asphyxiate

husma gannawa හුස්ම ගන්නවා *v.* respire

husma heleema හුස්ම හළේම *n.* puff

husma hira karanawa හුස්ම හිර කරනවා *v.* choke

husma hira karanawaa හුස්ම හිර කරනවා *v.* smother

husma hira karanawaa හුස්ම හිර කරනවා *v.* strangle

husma hira kireema හුස්ම හිර කිරීම *n.* suffocation

husma hira wenawaa හුස්ම හිර වනෙවා *v.* suffocate

huwamaaru karagannawaa හුවමා රු කරගන්නවා *v.* swap

huwamaaru karanawa හුවමා රු කරනවා *v. t* exchange

huwamaaruwa හුවමා රු ව *v.* barter

huwanaya හුවනය *n.* booster

hydrofoila bottuwa හයිඩ්‍රො ෆො යිල බ ෝට්ටුව *n.* hydrofoil

hydrogen හයිඩ්‍රජන් *n.* hydrogen

hyphenaya හයිපනය *n.* hyphen

I

ibaagaathe yana thanaththa ඉබා ගා තේ යන තැ නැ ත්ත *n.* straggler

ibaagaathe yanawa ඉබා ගා තේ යනවා *v.* roam

ibaagaathe yanawa ඉබා ගා තේ යනවා *v.* rove

ibaagaathe yanawaa ඉබා ගා තේ යනවා *v.* meander

ibaagaathe yanawaa ඉබා ගා තේ යනවා *v.* straggle

ibba ඉබ්බා *n.* tortoise

ibe kerena ඉබේ කෙරෙන *adj.* instinctive

ibema siduwana ඉබේම සිදුවන *adj.* involuntary

ibi yathura ඉබියතුර *n.* padlock

ice අයිස් *n.* ice

ice kreem wargayak අයිස් ක්‍රීම් වර්ගයක් *n.* sundae

ice-cream අයිස් ක්‍රීම් *n.* ice-cream

ichchava ඉච්චා ව *n.* adulation

icing අයිසිං *n.* icing

iconaya අයිකනය *n.* icon
ida athi ඉඩඇති *adj.* permissive
ida denawa ඉඩ දෙනවා *v.* accommodate
ida denawa ඉඩ දෙනවා *v.* allot
ida denawa ඉඩ දෙනවා *v.* indulge
ida denawa ඉඩ දෙනවා *v.* let
ida harinawa ඉඩ හරිනවා *v.* allow
idakada athi ඉඩකඩ ඇති *adj.* capacious
idakada athi ඉඩකඩ ඇති *adj.* spacious
idama ඉඩම *n.* land
idapaadu athi ඉඩපාඩු ඇති *adj.* roomy
idawanawa ඉදවනවා *v.* ripen
idda ඉද්ද *n.* spindle
idikatta ඉදිකට්ට *n.* needle
idimenawa ඉදිමෙනවා *v.* bloat
idimenawaa ඉදිමෙනවා *v.* swell
idimuma ඉදිමුම *n.* swelling
idimunu ඉදිමුණු *adj.* puffy
idimunu ඉදිමුණු *adj.* tumescent
idimunu ඉදිමුණු *adj.* turgid
idiripasa pradaana pahana ඉදිරිපස ප්‍රධාන පහන *n.* headlight
idiripath karanawa ඉදිරිපත් කරනවා *v.* adduce
idiripath karanawa ඉදිරිපත් කරනවා *v.* resurrect
idiripath karanawaa ඉදිරිපත් කරනවා *v.* present
idiripath kireema ඉදිරිපත් කිරීම *n.* presentation
idiripath wenawa ඉදිරිපත් වෙනවා *v.* confront
idiriya ඉදිරිය *adj.* fore
idiriya ඉදිරිය *n.* front
idiriyata paneema ඉදිරියට පැනීම *n.* lunge
idiriyata yana ඉදිරියට යන *adv.* onward
idiriyata yanawaa ඉදිරියට යනවා *v.* proceed
idiriyen ඉදිරියෙන් *adv.* ahead
idiriyen sitinna ඉදිරියෙන් සිටින්න *n.* frontbencher
idoraya ඉඩ ෝරය *n.* drought
idunu ඉදුණු *adj.* ripe
igena gannawaa ඉගෙන ගන්නවා *v.* study
igenagannawa ඉගෙනගන්නවා *v.* learn
igeneema ඉගෙනීම *n.* learning
igeneema ඉගෙනීම *n.* study
igeneemehi ladi wu ඉගෙනීමෙහි ලැදි වූ *adj.* studious
igilee yatha haki ඉගිලී යත හැකි *adv.* avidly
igileema ඉගිලීම *n.* flight
igileemata kaadara athi ඉගිලීමට කෑදර ඇති *adj.* avid
igilenawa ඉගිලෙනවා *v.* flit
igilenawa ඉගිලෙනවා *v.i* fly
ihala ඉහළ *adv.* above
ihala damanawa ඉහල දමනවා *v.* raise
ihala pahala yaama ඉහළ පහළ යාම *n.* see-saw
ihala panthiyakata ayath wenawaa ඉහළ පංතියකට අයත් වෙනවා *v.* outclass
ihala yanawa ඉහළ යනවා *v.* rise
ihalin ඉහළින් *adv.* aloft
ihalin ඉහළින් *adv.* highly
ihanda panuwa ඉහඳ පණුවා *n.*

canister
ihirenawaa ඉහිරෙනවා *v.* spill
iki bindimin handanawaa ඉකි බිඳිමින් හඬනවා *v.* whimper
iki gasanawaa ඉකි ගසනවා *v.* sob
ikkawa ඉක්කා ව *n.* hiccup
ikman ඉක්මන් *adj.* agile
ikman ඉක්මන් *adj.* brisk
ikman ඉක්මන් *adj.* fast
ikman bawa ඉක්මන් බව *n.* rapidity
ikman karanawa ඉක්මන් කරනවා *v.* expedite
ikman karanawa ඉක්මන් කරනවා *v.* hurry
ikman karanawaa ඉක්මන් කරනවා *v.* quicken
ikman wenawa ඉක්මන් වෙනවා *v.* hasten
ikman wishwaasaya ඉක්මන් විශ්වා සය *adv.* credulity
ikmanata ඉක්මනට *adv.* quickly
ikmanin ඉක්මණින් *adv.* apace
ikmanin ඉක්මනින් *adv.* soon
ikmanin amanaapa wena ඉක්මනින් අමනා ප වෙන *adj.* touchy
ikmanin eha meha yawanawa ඉක්මනින් එහා මෙහා යනවා *v.* jiggle
ikmanin gilinawa ඉක්මනින් ගිලිනවා *v.* gulp
ikmanin kalabala wana ඉක්මනින් කලබල වන *adj.* nervous
ikmanin kathata liyanawaa ඉක්මනින් කැ තට ලියනවා *v.* scribble
ikmanin kipena ඉක්මනින් කිපෙන *adj.* splenetic
ikmanin kopa wana ඉක්මනින් කෝප වන *adj.* stroppy
ikmanin narak wana ඉක්මනින් නරක් වන *adj.* perishable
ikmanin tharaha yana ඉක්මනින් තරහ යන *n.* livery
ikmanin tharahaa yana ඉක්මනින් තරහා යන *adj.* waspish
ikmanin wate karakawanawaa ඉක්මනින් වටෙ'කැ රකෙනවා *v.* twirl
ikmanin wenasweema ඉක්මනින් වෙනෙස්වීම *adj.* volatile
ikmanin yana ඉක්මනින් යන *adj.* impetuous
ikmawa yana ඉක්මවා යන *adv.* beyond
ikmawaa harinawa ඉක්මවා හරිනවා *v.* elude
ikmawaa yanawa ඉක්මවා යනවා *v.* exceed
ikmawaa yanawa ඉක්මවා යනවා *v.* outrun
ikmawaa yanawaa ඉක්මවා යනවා *v.* surpass
ikmawaa yanawaa ඉක්මවා යනවා *v.* transcend
ikuth wenawa ඉකුත් වෙනවා *v.* elapse
ikuth wenawa ඉකුත් වෙනවා *v.* expire
ila ataya ඉළ ඇටය *n.* rib
ilakkaya ඉලක්කය *n.* target
ilakkaya ikmawaa widinawaa ඉලක්කය ඉක්මවා විදිනවා *v.* overshoot
ilectronika ඉලෙක්ට්‍ර ෝනික *adj.* electronic
ilipsaya ඉලිප්සය *n.* ellipse
illa gannawa ඉල්ලා ගන්නවා *v.* borrow
illama ඉල්ලම *n.* reef

illeema ඉල්ලීම *n.* request
illiya haki ඉල්ලිය හැකි *adj.* biddable
illum pathraya ඉල්ලුම් පත්රය *n.* application
inakada ඉණකඩ *n.* nappy
indagannawaa ඉඳගන්නවා *v.* sit
indana paalakaya ඉන්ධන පාලකයා *n.* throttle
indana yodanawaa ඉන්ධන යොදනවා *v.* stoke
indana yodannaa ඉන්ධන යොදන්නා *n.* stoker
indeeya ඉන්දිය *n.* Indian
indhana ඉන්ධන *n.* fuel
indigo ඉන්ඩිගෝ *n.* indigo
indreeya sambanda ඉන්ද්රිය සම්බන්ධ *adj.* sensory
indum hitum ඉඳුම් හිටුම් *n.* shelter
inga ඉඟ *n.* waist
inga ඉඟ *n.* yoke
inga patiya ඉඟ පටිය *n.* waistband
ingiriyaawa ඉංගිරියාව *n.* eyeball
ingithaya ඉංගිතය *n.* insinuation
ingiya ඉඟිය *n.* gesture
ingiya ඉඟිය *n.* hint
ingiya ඉඟිය *n.* wrinkle
ingreesi ඉංග්රීසි *n.* English
inguru ඉඟුරු *n.* ginger
inima ඉනිම *n.* innings
inimaga ඉණිමඟ *n.* ladder
iniman peththa ඉණිමං පෙත්ත *n.* rung
injineruwarayaa ඉංජිනේරු වරයා *n.* engineer
inna ඉන්න *n.* wen
insulin ඉන්සියුලින් *n.* insulin
invoiciya ඉන්වොයිසිය *n.* invoice
ipadunu ඉපදුණු *adj.* born
ipiluma ඉපිලුම *n.* flotation
ira ඉර *n.* stripe
ira ඉර *n.* sun
iranama ඉරණම *n.* doom
iranama ඉරණම *n.* fate
iranawa ඉරනවා *v.* rip
irenawaa ඉරෙනවා *v.* saw
iri thalanawa ඉරි තළනවා *v.* crack
iri thaleema ඉරි තැලීම *n.* crack
iridaa ඉරිදා *n.* Sunday
iringu ඉරිඟු *n.* corn
iriyawwa ඉරියව්ව *n.* posture
iriyawwa ඉරියව්ව *n.* stance
ise palandina patiya ඉසේ පළඳින පටිය *n.* sash
iseema ඉසීම *n.* sprinkling
isi ඉසි *n.* envy
isileema ඉසිලීම *n.* containment
isinawaa ඉසිනවා *v.i.* sprinkle
iskoppaya ඉස්කෝප්පය *n.* spade
iskuruppu anaya ඉස්කුරුප්ප ඇණය *n.* screw
iskuruppu niyana ඉස්කුරුප්ප නියන *n.* screwdriver
islaam dharmaya ඉස්ලාම් ධර්මය *n.* Islam
islam dharmaye wisheshagniya ඉස්ලාම් ධර්මයේ විශේෂඥයා *n.* mullah
isma ඉස්ම *n.* gravy
ismathu kireema ඉස්මතු කිරීම *v.* highlight
ispanjiya ඉස්පන්ජිය *n.* sponge
issara ඉස්සර *adv.* ago
issara ඉස්සර *adj.* erstwhile
issara weema ඉස්සරවීම *n.* precedence
issara wenawa ඉස්සර වෙනවා *v.*

forestall
issara wenawaa ඉස්සර වෙනවා *v.* outstrip
issara wenawaa ඉස්සර වෙනවා *v.* overtake
issaraha gaathaya ඉස්සරහ ගාතය *n.* foreleg
isthaalaya ඉස්තාලය *n.* stable
istharam ඉස්තරම් *n.* dandy
istharam ඉස්තරම් *adj.* stunning
istharam ඉස්තරම් *adj.* superfine
istu ඉස්ටූ *n.* stew
isurumath ඉසුරුමත් *adj.* affluent
isurumath ඉසුරුමත් *adj.* glorious
itha alasa ඉතා අලස *n.* sloth
itha aprasanna ඉතා අප්රසන්න *adj.* hideous
itha dhady ඉතා දැඩි *adj.* uncompromising
itha dura ඉතා දුර *adj. & n.* uttermost
itha durin pihiti ඉතා දුරින් පිහිටි *adj.* ultimate
itha durwala ඉතා දුර්වල *adj.* puny
itha dushta ඉතා දුෂ්ට *adj.* infamous
itha gahanawa pawathinawaa ඉතා ගහනව පවතිනවා *v.* teem
itha haki ඉතා හැකි *adj.* utmost
itha ikmanin ඉතා ඉක්මනින් *adv.* shortly
itha kaadarayaa ඉතා කරදරය *n.* vulture
itha kettu ඉතා කෙට්ටු *adj.* skinny
itha kuda pramaanaya ඉතා කුඩා ප්රමාණය *n.* whit
itha kudaa ඉතා කුඩා *adj.* tiny
itha naraka ඉතා නරක *adj.* worst
itha rasawath ඉතා රසවත් *adj.* tasty
itha siyum wiyamana ඉතා සියුම් වියමන *n.* tissue
itha sulu ඉතා සුලු *adj.* negligible
itha surathal ඉතා සුරතල් *adj.* cuddly
itha usas kotasa ඉතා උසස් කොටස *n.* elite
itha usas thathwaya ඉතා උසස් තත්වය *n.* quintessence
itha wadhagath ඉතා වැදගත් *adj.* salient
itha wishala aragalaya ඉතා විශාල අරගලය *n.* Armageddon
itha yatahath ඉතා යටහත් *adj.* subservient
ithaa ඉතා *n.* most
ithaa aasanna ඉතා ආසන්න *adj.* imminent
ithaa abyanthara ඉතා අභ්යන්තර *adj.* inmost
ithaa abyanthara ඉතා අභ්යන්තර *adj.* innermost
ithaa adu ඉතා අඩු *adj.& pron.* least
ithaa amaaru awasthaawa ඉතා අමාරු අවස්ථාව *n.* strait
ithaa anumaana ඉතා අනුමාන *adj.* improbable
ithaa aprasanna ඉතා අප්රසන්න *adj.* loathsome
ithaa awaasanaawantha ඉතා අවාසනාවන්ත *adj.* wretched
ithaa bahulawa ඉතා බහුලව *adj.* galore
ithaa chaam ඉතා චාම් *adj.* austere
ithaa dilindu ඉතා දිළිඳු *adj.* penniless
ithaa dukmusu ඉතා දුක්මුසු *adj.* woeful
ithaa dushkara ඉතා දුෂ්කර *adj.*

desperate
ithaa giju ඉතා ගිජු *adj.* insatiable
ithaa giju ඉතා ගිජු *adj.* rapacious
ithaa hithawath ඉතා හිතවත් *adj.* intimate
ithaa kaadara ඉතා කෑදර *adj.* ravenous
ithaa katha ඉතා කෑත *adj.* repulsive
ithaa kuda ඉතා කුඩා *adj.* minute
ithaa kudaa ataya ඉතා කුඩා ඇටය *n.* granule
ithaa kudaa malla ඉතා කුඩා මල්ල *n.* sachet
ithaa moda ඉතා මෝඩ *adj.* inane
ithaa murandu ඉතා මුරණ්ඩු *adj.* incorrigible
ithaa naraka ඉතා නරක *adj.* arrant
ithaa pahath thana ඉතා පහත් තැන *n.* nadir
ithaa parana ඉතා පරණ *adj.* musty
ithaa prakata ඉතා ප්‍රකට *adj.* proverbial
ithaa puraana ඉතා පුරාණ *adj.* immemorial
ithaa puraana ඉතා පුරාණ *adj.* prehistoric
ithaa sansun ඉතා සන්සුන් *adj.* solemn
ithaa sapawath ඉතා සැපවත් *adj.* luxurious
ithaa siyum ඉතා සියුම් *adj.* impalpable
ithaa siyum ilakkaya ඉතා සියුම් ඉලක්කය *v.* pinpoint
ithaa siyun wenasa ඉතා සියුම් වෙනස *n.* subtlety
ithaa sulu ඉතා සුළු *adj.* paltry
ithaa sulu ඉතා සුළු *n.* pigmy
ithaa suparikshaakaaree ඉතා සුපරීක්ෂාකාරී *adj.* finicky
ithaa thada ඉතා තද *n.* flint
ithaa thada ඉතා තද *n.* blog
ithaa theth woo ඉතා තෙත් වූ *adj.* soppy
ithaa thetha ඉතා තෙත *adj.* soggy
ithaa thunee ඉතා තුනී *adj.* flimsy
ithaa unandu ඉතා උනන්දු *adj.* fervent
ithaa unusum ඉතා උණුසුම් *adj.* fervid
ithaa us thana ඉතා උස තැන *n.* zenith
ithaa wineetha ඉතා විනීත *adj.* retiring
ithaa wishaala ඉතා විශාල *adj.* incalculable
ithaa wishaala ඉතා විශාල *adj.* staggering
ithaa wiweka sthaanaya ඉතා විවේක ස්ථානය *n.* sanctum
ithi alankaara ඉති අලංකාර *adj.* gorgeous
ithi parissamen ඉති පරිස්සමෙන් *adv.* gingerly
ithihaasakaaraya ඉතිහාසකාරයා *n.* historian
ithihaasaya ඉතිහාසය *n.* history
ithiri karagath mudhal ඉතිරි කරගත් මුදල් *n.* savings
ithiri karanawaa ඉතිරි කරනවා *v.* save
iththa ඉත්තා *v.* dupe
iththa wala ඉත්ත වැල *n.* ivy
iththaawaa ඉත්තෑවා *n.* porcupine
ithuru wenawa ඉතුරු වෙනවා *v.* remain

iti ඉටි *n.* wax

itipandama ඉටිපන්දම *n.* candle

itiredhi ඉටිරෙදි *n.* tarpaulin

itu kara ganeema ඉටු කර ගැනීම *n.* achievement

itu kireema ඉටු කිරීම *n.* execution

itukala ඉටු කළ *adj.* accomplished

itukaranawa ඉටුකරනවා *v.* accomplish

itukireema ඉටු කිරීම *n.* accomplishment

iwa ඉව *n.* instinct

iwa paara ඉව පාර *n.* spoor

iwa paara ඉව පාර *n.* trail

iwasanawaa ඉවසනවා *v.* forbear

iwaseema ඉවසීම *n.* patience

iwasilimath ඉවසිලිමත් *adj.* tolerant

iwasiliwantha ඉවසිලිවන්ත *adj.* patient

iwasillla ඉවසිල්ල *n.* tolerance

iwasiya haki ඉවසිය හැකි *adj.* tolerable

iwasum nathi ඉවසුම් නැති *adj.* rampant

iwath kala haki ඉවත් කළ හැකි *adj.* removable

iwath kara ganeema ඉවත් කර ගැනීම *n.* withdrawal

iwath karanawa ඉවත් කරනවා *v. t* displace

iwath karanawa ඉවත් කරනවා *v.* eliminate

iwath karanawa ඉවත් කරනවා *v.* remove

iwath karanawa ඉවත් කරනවා *v.* rid

iwath karanna ඉවත් කරන්නා *n.* stripper

iwath kireema ඉවත් කිරීම *n.* removal

iwath kireema ඉවත් කිරීම *n.* riddance

iwatha ඉවත *adv.* aside

iwathalanawaa ඉවතලනවා *v.* discard

iwathata ඉවතට *adv.* away

iwathata ඉවතට *adv.* off

iweem pilibanda ඉවීම පිළිබඳ *adj.* culinary

iwura ඉවුර *n.* brink

iye dawasa ඊයේ දවස *adv.* yesterday

J

jaadiya ජාඩිය *n.* jar

jaala rekhaya ජාල රේඛය *n.* histogram

jaalaya ජාලය *n.* network

jaana ජාන *adj.* genetic

jaas sangeethaya ජෑස් සංගීතය *n.* stomp

jaathi praweshanaya ජාති ප්‍රවේශනය *n.* naturalization

jaathika ජාතික *adj.* national

jaathimaamakayaa ජාතිමාමකයා *n.* patriot

jaathiwaadaya ජාතිවාදය *n.* nationalism

jaathiwaadaya ජාතිවාදය *n.* racialism

jaathiwaadi ජාතිවාදී *adj.* racial

jaathiya ජාතිය *n.* nation

jadaya ජඩයා *n.* lout

jaiwawiwidathwaya ජෛවවිවිධත්වය *n.* biodiversity

jala bhaajanaya ජල භාජනය *n.*

cistern

jala nala kaarmikayaa ජල නල කාර්මිකයා *n.* plumber

jala prawaahaya ජල ප්‍රවාහය *n.* torrent

jala rodaya ජල රෝදය *n.* turbine

jala samoopadaanaya ජල සමූපාදනය *n.* irrigation

jalaashaya ජලාශය *n.* reservoir

jalabheethika rogaya ජලභීතික රෝගය *n.* rabies

jalaja ජලජ *adj.* aquatic

jaleeya ජලීය *adj.* aqueous

jally ජල්ලි *n.* jelly

jalodgama nalaya ජලෝද්ගම නළය *n.* hydrant

jamanaaran ජමනාරං *n.* tangerine

jana samoohaya ජන සමූහය *n.* commune

jana shunya ජන ශූන්‍ය *adj.* uninhabited

jana wichaaranaya ජන විචාරණය *n.* referendum

janaakeerna ජනාකීර්ණ *adj.* congested

janaakeerna ජනාකීර්ණ *adj.* populous

janagahanaya ජනගහනය *n.* population

janagahanaya athi karanawa ජනගහනය ඇති කරනවා *v.* populate

janamatha wimasanna ජනමත විමසන්නා *n.* pollster

janamatha wimasuma ජනමත විමසුම *n.* plebiscite

janapadaya ජනපදය *n.* county

janapathi ජනපති *n.* president

janapathi pilibanda woo ජනපති පිළිබඳ වූ *adj.* presidential

janappriya nowu ජනප්‍රිය නොවූ *adj.* unpopular

janaprasaadaya ජනප්‍රසාදය *n.* popularity

janapriya ජනප්‍රිය *adj.* popular

janaraja ජනරජ *adj.* republican

janarajaya ජනරජය *n.* republic

janarekanaya ජනරේඛනය *n.* demography

janasathu kireema ජනසතු කිරීම *n.* nationalization

janathaawa athara prakata karanawa ජනතාව අතර ප්‍රකට කරනවා *v.* popularize

janawaari ජනවාරි *n.* January

janawarga ජනවර්ග *adj.* ethnic

janaya ජනයා *n.* people

janayaa ජනයා *n.* folk

janela polla ජනේල පොල්ල *n.* mullion

janelaya ජනේලය *n.* casement

janelaya ජනේලය *n.* window

jangama ජංගම *adj.* mobile

jangamaka ජංගමක *n.* locomotive

japan kreedaawak ජපන් ක්‍රීඩාවක් *n.* Sudoku

japanaye mudal ekakaya ජපානයේ මුදල් ඒකකය *n.* Yen

jaraawa sahitha ජරාව සහිත *adj.* sleazy

jaraawata giya ජරාවට ගිය *adj.* wizened

jawasampanna ashwaya ජවසම්පන්න අශ්වයා *n.* steed

jaya gannawa ජය ගන්නවා *v.* conquer

jaya gannawaa ජය ගන්නවා *v.* win

jaya lath ජය ලත් *adj.* triumphant
jaya pathraya ජය පත්‍රය *n.* laurel
jayaggraahakayaa ජයග්‍රාහකයා *n.* victor
jayaggraahakayaa ජයග්‍රාහකයා *n.* winner
jayaggrahanaya ජයග්‍රහනය *n.* victory
jayagraahakaya ජයග්‍රාහකයා *n.* champion
jayagrahanaya ජයග්‍රහණය *n.* Jacuzzi
jazz namathi thurya haa natum wisheshaya ජෑස් නමැති තූර්ය හා නැටුම් විශේෂය *n.* jazz
jeehwa ජිහ්වා *n.* lingual
jeehwaya ජිහ්වය *n.* lingua
jeep riya ජීප් රිය *n.* jeep
jeevaanuharanaya ජීවානුහරණය *n.* sterilization
jeevaanuharanaya karanawaa ජීවානුහරණය කරනවා *v.* sterilize
jeeviyaa ජීවියා *n.* organism
jeewa rasayana vidyawa ජීව රසායන විද්‍යාව *n.* biochemistry
jeewa widyaawa ජීව විද්‍යාව *n.* biology
jeewa widyangnia ජීව විද්‍යාඥයා *n.* biologist
jeewanopaaya ජීවනෝපාය *n.* occupation
jeewath weemata awashya ජීවත් වීමට අවශ්‍ය *adj.* vital
jeewath wenawa ජීවත් වෙනවා *v.* live
jeewaya ජීවය *n.* life
jeewikaawa ජීවිකාව *n.* livelihood
jeewiya ජීවියා *n.* being
jeewya ජීව්‍ය *adj.* viable
jelaya ජෙලය *n.* gel
jeshta ජ්‍යෙෂ්ඨ *adj.* senior
jeshtathwaya ජ්‍යෙෂ්ඨත්වය *n.* seniority
jeththu wenawaa ජෙත්තු වෙනවා *v.* titivate
jeththukaara ජෙත්තුකාරයා *adj.* jaunty
jeththukaara ජෙත්තුකාරයා *v.* swanky
jeththukaara ජෙත්තුකාරයා *adj.* trendy
jodu putuwa ජෝඩු පුටුව *n.* settee
joguwa ජෝගුව *n.* jug
jooli maasaya ජූලි මාසය *n.* July
jooni maasaya ජූනි මාසය *n.* June
joori sabhawa ජූරි සභාව *n.* jury
joori sabhawee sabhikayaa ජූරි සභාවේ සභිකයා *n.* juror
jubiliya ජුබිලිය *n.* jubilation
jubiliya ජුබිලිය *n.* jubilee
judo kreedaawa ජූඩෝ ක්‍රීඩාව *n.* judo
jumbowa ජම්බෝ *adj.* jumbo
jumperaya ජම්පරය *n.* jumper
jyaamithika ජ්‍යාමිතික *adj.* geometric
jyaamithiya ජ්‍යාමිතිය *n.* geometry

K

kaa gasana කෑ ගසන *adj.* noisy
kaa gasanawa කෑ ගසනවා *v.* bawl
kaa waddanawa කා වද්දනවා *v.* instil
kaabanika කාබනික *adj.* organic

kaachamaya කා චමය *adj.* vitreous
kaachaya කා චය *n.* lens
kaadamanawa කා දමනවා *v.* devour
kaadara කෑ දර *adj.* voracious
kaadarakama කෑ දරකම *n.* gluttony
kaadaraya කෑ දරයා *n.* glutton
kaadaraya කෑ දරයා *n.* gourmand
kaagasanawa කෑ ගසනවා *v.* exclaim
kaagaseema කෑ ගැසීම *n.* exclamation
kaageda කා ගෙද *adj.* & *pron.* whose
kaahalanaadaya කා හලනා දය *n.* fanfare
kaaika chikithsaawa කායික චිකිත්සා ව *n.* physiotherapy
kaala කා ල *n.* quarter
kaala nirnaya කා ල නිර්ණය *n.* chronology
kaala parichchedaya කා ල පරිච්ඡේදය *n.* period
kaala rekaya කා ල රකේය *n.* chronograph
kaala wirodaya කා ල විර ෝධය *n.* anachronism
kaalaanurupa කා ලානුරූ ප *adj.* timely
kaalaguna widyaawa කා ලගුණ විද්‍යා ව *n.* meteorology
kaalagunaya කා ලගුණය *n.* climate
kaalagunaya කා ලගුණය *n.* weather
kaalakanni කා ලකණ්ණි *adj.* pitiful
kaalakannikama කා ලකණ්ණිකම *n.* misery
kaalakanniya කා ලකණ්ණියා *adj.* miserable
kaalakanniya කා ලකණ්නියා *n.* wretch
kaalanugatha කා ලානුගත *adj.* punctual
kaalathuwakku කා ලතුවක්කු *n.* artillery
kaalathuwakkuwa කා ලතුවක්කුව *n.* cannon
kaalaya ikmawanawaa කා ලය ඉක්මවනවා *v.* overrun
kaalochitha කා ල ෝචිත *adj.* opportune
kaalochitha කා ල ෝචිත *adj.* topical
kaalpanika කා ල්පනික *adj.* notional
kaalpanika කා ල්පනික *adj.* visionary
kaama sapayanawa කෑ ම සපයනවා *v.* cater
kaama sapayanawa කෑ ම සපයනවා *v.* feed
kaama thabana thana කෑ ම තබන ගබඩා ව *n.* pantry
kaamabhogiyaa කා මභ ෝගියා *n.* epicure
kaamaraagaya කා මරාගය *n.* libido
kaamaraya කා මරය *n.* apartment
kaamaraya කා මරය *n.* compartment
kaamaraya කා මරය *n.* room
kaamata priya කෑ මට ප්‍රිය *adj.* palatable
kaamata sudusu කෑ මට සුදුසු *adj.* eatable
kaamata sudusu කෑ මට සුදුසු *adj.* edible
kaamoddeepana rachanaya කා ම ෝද්දීපන රචනය *n.* pornography
kaamora gaseema කෑ ම ොරෙ ගැසීම *n.* outcry
kaamuka කා මුක *adj.* amorous
kaamuka කා මුක *adj.* carnal
kaamuka කා මුක *adj.* lascivious

kaamuka ක_මුක _adj._ sensual

kaamuka ක_මුක _adj._ sexy

kaamuka ක_මුක _adj._ voluptuous

kaamuka bawa ක_මුක බව _n._ sensuality

kaamukayaa ක_මුකය _n._ sensualist

kaanda washayen wu ක ණ්ඩ වශයෙන්_වූ _adj._ serial

kaandaya ක ණ්ඩය _n._ batch

kaandaya ක ණ්ඩය _n._ section

kaandu pereema ක න්දු පේරීම _n._ dialysis

kaandu rahitha ක න්දු රහිත _adj._ staunch

kaandu walakwana drauyaya කන්දු වළක්වන ද්‍රව්‍යය _n._ sealant

kaandu weema ක න්දුවීම _v._ leak

kaandu wenawa ක න්දු වෙනවා _v. i_ drip

kaanduwa ක න්දුව _n._ leakage

kaannakayaa ක න්නකය _n._ rodent

kaantha andum saadanna ක න්ත ඇඳුම් සදන්න _n._ milliner

kaantha naana anduma ක න්ත නන ඇඳුම _n._ bikini

kaantha thoppiyak ක න්ත තොප්පියක් _n._ wimble

kaanthaa saatakaya ක න්ත සටකය _n._ stole

kaanthaa yata andum ක න්ත යටඇඳුම් _n._ panties

kaanthimath ක න්තිමත් _adj._ lustrous

kaanthimath ක න්තිමත් _adj._ radiant

kaanthiya ක න්තිය _n._ lustre

kaaraka ක රක _adj._ causal

kaaranaawa ක රණ ව _n._ fact

kaaranaya ක රණය _n._ sake

kaard 78kin yuth kreedaawak ක ර්ඩ 78කින්_යුත් ක්‍රීඩා වක් _n._ tarot

kaarmika ක ර්මික _adj._ industrial

kaarmika ක ර්මික _adj._ technical

kaarmika shilpiyaa ක ර්මික ශිල්පිය _n._ technician

kaarmikathwaya ක ර්මිකත්වය _n._ workmanship

kaarunika ක රු ණික _adj._ chivalrous

kaarunika ක රු ණික _adj._ considerate

kaarunika ක රු ණික _adj._ indulgent

kaarunika ක රු ණික _n._ kind

kaarunikabhaawaya ක රු ණිකභ වය _n._ chivalry

kaarya mandalaya ක ර්ය මණ්ඩලය _n._ staff

kaarya waarthaawa ක ර්ය ව ර්ත ව _n._ proceedings

kaaryaalaya ක ර්ය ලය _n._ office

kaaryakshama ක ර්යක්ෂම _adj._ efficient

kaaryakshama ක ර්යක්ෂම _adj._ energetic

kaaryasheeli ක ර්යශීලි _adj._ diligent

kaaryashurathwaya ක ර්යශූරත්වය _n._ calibre

kaaryaya ක ර්යය _n._ work

kaashmeera saluwa ක ශ්මීර සළු _n._ cashmere

kaasi yoda redi sodaagatha haki redi sodana ක සි යොදා රෙදි සෝදාගත හැකි රෙදි සෝදන _n._ launderette

kaasiya ක සිය _n._ coin

kaatada ක ටද _pron._ whom

kaatalaya ක ටලය _n._ cartel

kaatrijaya ක ට්‍රිජය _n._ cartridge

kaawaatiya කාවාටිය *n.* winkle
kaawaddanawa කාවද්දනවා *v.* imprint
kaawadinawaa කාවැදිනවා *v.* erode
kaawala කාවල *n.* sentry
kaawya කාව්‍යය *n.* poem
kaawya maalawa කාව්‍ය මාලාව *n.* anthology
kaawya rachanaya කාව්‍ය රචනය *n.* versification
kaawya sangrahaya කාව්‍ය සංග්‍රහය *n.* poetry
kabaa wargayak කබා වර්ගයක් *n.* tuxedo
kabaaya කබාය *n.* cloak
kabaaya කබාය *n.* coat
kabaaya කබාය *n.* tunic
kabali karanawa කැබලි කරනවා *v.* chop
kabaliwa කැබලිව *adv.* asunder
kaballa කැබැල්ල *n.* bit
kaballa කැබැල්ල *n.* piece
kaballa කැබැල්ල *n.* scrap
kabaya කබාය *n.* blazer
kabiliththa කැබිලිත්ත *n.* shard
kada binda damanawa කඩා බිඳ දමනවා *v.* disrupt
kada binda damanna කඩාබිඳ දමන්නා *n.* wrecker
kada karanawaa කඩ කරනවා *v.* violate
kadaa damanawa කඩා දමනවා *v.* deconstruct
kadaa damanawa කඩා දමනවා *v.* demolish
kadaa gannawaa කඩා ගන්නවා *v.* snap
kadaa gannawaa කඩා ගන්නවා *v.* wangle
kadaa wateema කඩා වැටීම *v.* collapse
kadaa watenawa කඩා වැටෙනවා *v.* crash
kadaa watenawa කඩා වැටෙනවා *v.* crumple
kadadaasi bamma samaga කඩදාසි බැම්ම සමඟ *n.* paperback
kadadaasi sellamak කඩදාසි සෙල්ලමක් *n.* whist
kadadaasiya කඩදාසිය *n.* paper
kadaim baddha කඩයිම් බද්ද *n.* octroi
kadakaarayaa කඩකාරයා *n.* tradesman
kadala gasa කඩල ගස *n.* chickpea
kadalla කැදැල්ල *n.* nest
kadamandiya කඩමණ්ඩිය *n.* bazaar
kadambhaya කදම්භය *n.* beam
kadanawa කඩනවා *v.* pluck
kadatholu කඩතොලු *n.* dent
kadatholu athi කඩතොලු ඇති *adj.* jagged
kadatholu karanawaa කඩතොලු කරනවා *v.* indent
kadawasam කඩවසම් *adj.* handsome
kadaya කඩය *n.* boutique
kadeebindee yaama කැඩීබිඳී යෑම *n.* disrepair
kadeema කැඩීම *n.* breakage
kadenawa කැඩෙනවා *v.* break
kadima කිදිම *adj.* elegant
kadima කිදිම *adj.* natty
kadima කිදිම *adj.* spanking
kadinamkama කඩිනම්කම *n.* expedition

kadisara කඩිසර *adj.* active
kadisara කඩිසර *adj.* chic
kadisara කඩිසර *adj.* dapper
kadisara කඩිසර *adj.* industrious
kadisara කඩිසර *adj.* nimble
kadisara කඩිසර *adj.* quick
kadisara කඩිසර *adj.* sprightly
kadisara bawa කඩිසර බව *n.* agility
kadisarawa yanawa කඩිසරව යනවා *v.* bustle
kadu harambaya කඩු හරඹය *n.* fencing
kadu kopuwa කඩු කොපුව *n.* scabbard
kadulla කඩුල්ල *n.* stile
kadulla කඩුල්ල *n.* wicket
kadunu කැඩුණු *adj.* broken
kaduwa කඩුව *n.* sword
kafen nobiwoo කැෆේන් නොබිවූ *adj.* decaffeinated
kaha කහ *n.* saffron
kaha කහ *n.* turmeric
kaha mal athi kuda gasak කහ මල් ඇති කුඩා ගසක් *n.* celandine
kaha paata කහ පාට *adj.* yellow
kaha paatata huru කහ පාටට හුරු *n.* amber
kaha una කහ උණ *n.* jaundice
kahamadaya කහමදය *n.* yolk
kahatu කැහැටු *adj.* scrawny
kahinawa කහිනවා *v.* cough
kairaatikayaa කෛරාටිකයා *n.* hypocrite
kairuwa කයිරුව *n.* plinth
kaiwaaru dhedeema කයිවාරු දෙඩීම *n.* sycophancy
kaiwaaru dhodanna කයිවාරු දොඩන්නා *n.* sycophant
kaju කජු *n.* cashew
kakkuma කැක්කුම *n.* ache
kakkutta කක්කුළුවා *n.* crab
kakshaya කක්ෂය *n.* orbit
kaksheeya කක්ෂීය *adj.* orbital
kakul thune kudaa kanappuwa කකුල් තුනේ කුඩා කනප්පුව *n.* trivet
kakul thune putuwa කකුල් තුනේ පුටුව *n.* tripod
kakula කකුල *n.* leg
kakule ataya කකුලේ ඇටය *n.* shin
kal badda කල් බද්ද *n.* lease
kal balanawa කල් බලනවා *v.* bide
kal damanava කල් දමනවා *v.* adjourn
kal damanawa කල් දමනවා *v.* defer
kal damanawa කල් දමනවා *v.* postpone
kal dameema කල් දැමීම *n.* adjournment
kal dameema කල් දැමීම *n.* postponement
kal gannawaa කල් ගන්නවා *v.* temporize
kal panapu කල් පැනපු *adj.* overdue
kal pawathinawaa කල් පවතිනවා *v.* outlast
kal pawathnaa කල් පවත්නා *adj.* lasting
kala eli athi කල එළි ඇති *adj.* prim
kala guna nodannaa කළ ගුණ නොදන්නා *adj.* thankless
kala yuthu wenawaa කළ යුතු වෙනවා *v.* should
kalaa wanda karanawa කැලෑ වඳ කරනවා *v.* deforest
kalaa waweema කැලෑ වැවීම *n.* afforestation

kalaapaya කලාපය *n.* region
kalaapaya කලාපය *n.* zone
kalaathmaka කලාත්මක *adj.* artistic
kalaathurakin කලාතුරකින් *adv.* seldom
kalaawa කැලෑව *n.* forest
kalabagaanee කලබගෑනී *n.* uproar
kalabala කලබල *adj.* fussy
kalabala gathiya කලබල ගතිය *n.* flurry
kalabala karanawa කලබල කරනවා *v.i* excite
kalabala karanawa කලබල කරනවා *v.* fluster
kalabala karanawaa කලබල කරනවා *v.* unsettle
kalabala sahitha කලබල සහිත *adj.* agog
kalabala sahitha කලබල සහිත *adj.* hectic
kalabala sahitha කලබල සහිත *adj.* officious
kalabala wenawa කලබල වෙනවා *n.* fuss
kalabalaya කලබලය *n.* Babel
kalabalaya කලබලය *n.* hubbub
kalabalaya කලබලය *n.* jitters
kalaguna කළගුණ *n.* gratitude
kalahakaaree කලහකාරී *adj.* aggressive
kalahakaaree කලහකාරී *adj.* cantankerous
kalahakaaree කලහකාරී *adj.* contentious
kalahakaaree කලහකාරී *adj.* quarrelsome
kalahakaaree කලහකාරී *adj.* uproarious
kalahakaaree pirisa කලහකාරී පිරිස *n.* mob
kalahalaya කලහලය *n.* agitation
kalahaya කලහය *n.* affray
kalahaya කලහය *n.* faction
kalahayaka mula pireema කලහයකු මුල පිරීම *n.* aggression
kalakirawanawa කලකිරවනවා *v.* disappoint
kalakireema කළකිරීම *n.* doldrums
kalakirenawaa කලකිරෙනවා *v.* hunch
kalakirunu කලකිරුණු *adj.* despondent
kalakolaahalaya කලකෝලාහලය *n.* quarrel
kalala කැළල *n.* blemish
kalala කලල *n.* embryo
kalala කැලල *n.* flaw
kalala කැළල *n.* scar
kalala කළල *n.* stigma
kalamanaakaara කළමණාකාර *adj.* managerial
kalamanaakaranaya කළමණාකරණය *n.* management
kalamanaakaru කළමණාකරු *n.* manager
kalamanaakaruwaa කළමණාකරුවා *n.* bailiff
kalambanawa කලඹනවා *v.* agitate
kalankaya කලංකය *n.* stigmata
kalapeeya කලාපීය *adj.* zonal
kalapuwa කළපුව *n.* lagoon
kalariya කැලරිය *n.* calorie
kalathanawa කලතනවා *v.* churn
kalawa කලාව *n.* art
kalawam කලවම් *n.* mongrel
kalawam කලවම් *adj.* promiscuous

kalawam karanawa කළවම් කරනවා *v.* adulterate
kalawam karanawa කලවම් කරනවා *v.* reshuffle
kalawam karanawaa කලවම් කරනවා *v.* knead
kalawam karanawaa කලවම් කරනවා *v.t.* shuffle
kalawaya කලවය *n.* thigh
kalawe naharaya කලවේනහරය *n.* hamstring
kalawehi pitupasa කලවෙහි පිටුපස *n.* ham
kalderam maduwa කල්දරේම් මඩුව *n.* distillery
kalderama කල්දරේම *n.* cauldron
kali kasala කුලි කසල *n.* sewage
kalikasala කුළිකසල *n.* filth
kalin කලින් *adj.* early
kalin kala siduwana කලින් කල සිදුවන *adj.* periodical
kalin niyama karanawa කලින් නියම කරනවා *v.* predetermine
kalin nudutu කලින් නොදුටු *adj.* unforeseen
kalin salasum karanawaa කලින් සැලසුම් කරනවා *v.* premeditate
kalin sidu wenawa කලින් සිදුවෙනවා *v.* precede
kalin windinawa කලින් විඳිනවා *v.* anticipate
kalisama කලිසම් *n.* pants
kalisama කලිසම *n.* trousers
kalla කල්ලා *n.* nigger
kalliya කල්ලිය *n.* gang
kalpanaa karanawa කල්පනා කරනවා *v.* envisage
kalpanaa karanawaa කල්පනා කරනවා *v.* suppose
kalpanaa sahitha කල්පනා සහිත *adj.* thoughtful
kalpanaawa කල්පනාව *n.* supposition
kalpanaawehi yedunu කල්පනාවෙහි යෙදුණු *adj.* pensive
kalpanaawehi yedunu කල්පනාවෙහි යෙදුණු *adj.* serious
kalpanawen bara wu කල්පනාවෙන් බර වූ *adj.* wistful
kalpitha කල්පිත *adj.* fabulous
kalpitha කල්පිත *adj.* hypothetical
kalpitha කල්පිත *adj.* utopian
kalpithaya කල්පිතය *n.* assumption
kalpithaya කල්පිතය *n.* hypothesis
kalthaba කල්තබා *adv.* beforehand
kalu කළු *adj.* black
kalu dan කළු දං *n.* blackberry
kalu gala කළු ගල *n.* boulder
kalu ingiriyaawa කළු ඉංගිරියාව *n.* iris
kalu karanawa කළු කරනවා *v.* blacken
kalu laalla කළු ලෑල්ල *n.* blackboard
kalu pahathi කළු පැහැති *adj.* swarthy
kalu pulinguwa කළු පුළිඟුව *n.* jet
kalukumaa කළුකුමා *n.* turkey
kaluwara කළුවර *n.* ebony
kama sapayannaa කෑම සපයන්නා *n.* victualler
kamakata nathi කමකට නැති *adj.* shoddy
kamakata nathy කමකට නැති *adj.* vapid
kamathi wenawa කැමැති වෙනවා *v.t.* consent

kamaththa කැමැත්ත *adj.* willingness
kamaththa prakasha kireema කැමැත්ත ප්‍රකාශ කිරීම *n.* suffrage
kamba කඹ *n.* halyard
kambaya කම්බය *n.* sling
kambayakin adagena yanawaa කඹයකින් ඇදගෙන යනවා *v.* tow
kambi nathi කම්බි නැති *adj.* wireless
kambiya කම්බිය *n.* wire
kamisaya කමිසය *n.* shirt
kamituwa කමිටුව *n.* committee
kamkaru කම්කරු *n.* labour
kamkaruwa කම්කරුවා *n.* artisan
kammali කම්මැලි *adj.* lazy
kammali කම්මැලි *adj.* slothful
kammali kamen geewath wenawaa කම්මැලි කමින් ජීවත් වෙනවා *v.* vegetate
kammalikamin kaalaya gewanawa කම්මැලිකමින් කාලය ගෙවෙනවා *v.* dawdle
kammaliwa innawa කම්මැලිව ඉන්නවා *v.* loll
kammalkaruwa කම්මල්කරුවා *n.* blacksmith
kammula කම්මුල *n.* cheek
kammulgaaya කම්මුල්ගාය *n.* mumps
kampaa karanawaa කම්පා කරනවා *v.* shock
kampaa wana lesa nagana shabdaya කම්පා වන ලෙස නගන ශබ්දය *n.* trill
kampana kaarakaya කම්පන කාරකය *n.* vibrator
kampanaya කම්පනය *n.* convulsion
kampanaya කම්පනය *n.* vibe
kan bihiri karawana කන් බිහිරි කරවන *adj.* deafening
kan nodena කන් නොදෙන *adj.* inattentive
kana කණ *n.* ear
kanagaatu wana කණගාටු වන *adj.* sorry
kanagaatudaayaka කණගාටුදායක *adj.* piteous
kanagaatuwa කනගාටුව *n.* distress
kanagaatuwa කණගාටුව *n.* sympathy
kanassallen කනස්සල්ලෙන් *adj.* worrisome
kanassallen sitinawa කනස්සල්ලෙන් සිටිනවා *v.* mope
kanassalu woo කනස්සලු වූ *adj.* worried
kanata amihiri කණට අමිහිරි *n.* grating
kanata mihiri කනට මිහිරි *adj.* melodious
kanata priya කනට ප්‍රිය *adj.* musical
kanaththa කනත්ත *n.* cemetery
kanaththa කනත්ත *n.* heath
kanawa කනවා *v.* eat
kanda කැඳ *n.* gruel
kanda කන්ද *n.* hill
kanda කන්ද *n.* mountain
kanda කැඳ *n.* porridge
kanda sahitha කැඳ සහිත *adj.* starchy
kandaayama කණ්ඩායම *n.* bevy
kandaayama කණ්ඩායම *n.* group
kandaayama කණ්ඩායම *n.* team
kandaayama කණ්ඩායම *n.* troupe
kandawaa puhunu karanawaa කැඳවා පුහුණු කරනවා *v.* mobilize

kandawanawa කැ දවනවා *v.* beckon
kandawanawaa කැ දවනවා *v.* convene
kandawanawaa කැ දවනවා *v.* summon
kandaweema කැ දීවම *n.* calling
kandawura කඳවුර *n.* camp
kandawura කඳවුර *n.* cantonment
kandawuren basa gos paharadeema කඳවුරෙන් බැ ස ගොස් පහරදීම *n.* sortie
kande baawuma කන්ද බෑවුම *n.* scarp
kandu sahitha කඳු සහිත *adj.* mountainous
kandukara කඳුකර *adj.* alpine
kandukara කඳුකර *n.* mountaineering
kandukara wasiya කඳුකර වැසියා *n.* mountaineer
kandulu නුඳුලු *n.* tear
kandulu waahenawaa කඳුලු වැ හෙනවා *v.* tear
kandulu wagurawana කඳුළු වුගුරු වන *adj.* lachrymose
kangaroo කැ න්ගරු *n.* kangaroo
kanija warga ඛණිජ වර්ග *n.* mineral
kanija widyaawa ඛණිජ විද්‍යා ව *n.* mineralogy
kaninikaawa කනීනිකා ව *n.* cornea
kankaanama කං කා ණම *n.* overseer
kankundaa කං කුන්ඩා *n.* millipede
kannaadiya කණ්ණා ඩිය *n.* spectacle
kannadiya කණ්ණා ඩිය *n.* mirror
kannalaw කන්නලව්ව *n.* plea
kansa කං සා *n.* cannabis
kantima කැ න්ටිම *n.* canteen
kanuwa කණුව *n.* pier
kanvas paawahan කැ න්වස් පා වහන් *n.* sneaker
kanya baawaya කන්‍යා භා වය *n.* virginity
kanyaa dooshanaya kranawa කන්‍යා දූෂණය කරනවා *v.* rape
kanyaa madama කන්‍යා මඩම *n.* nunnery
kanyaaraamaya කන්‍යා රා මය *n.* convent
kanyaawa කන්‍යා ව *n.* virgin
kapa karanawa කැ ප කරනවා *v.* consecrate
kapa karanawa කැ ප කරනවා *v.* dedicate
kapa kireema කැ ප කිරීම *n.* dedication
kapa kireema කැ ප කිරීම *n.* sacrifice
kapa wenawa කැ ප වෙනවා *v.* devote
kapaa wen kireema කපා වෙන් කිරීම *n.* severance
kapaakotaa damanawa කපා කොටා දමනවා *v.* dissect
kapaataya කපා ටය *n.* valve
kapanawa කපනවා *v.* cut
kapanawa කපනවා *v.* mow
kapanawa කපනවා *v.* reap
kapanna කපන්නා *n.* cutter
kapati කපටි *adj.* artful
kapati කපටි *adj.* atrocious
kapati කපටි *adj.* cunning
kapati කපටි *adj.* disingenuous
kapati කපටි *adj.* vulpine
kapatikam karanawa කපටිකම් කරනවා *v.* dissimulate
kapatikama කපටිකම *n.* gimmick
kapatikama කපටිකම *adv.*

insincerity
kapatikama කපටිකම *n.* wile
kapatikama කපටිකම *n.* wrinkle
kapatiyaa කපටියා *n.* trimmer
kapaweema කැ පවීම *n.* commitment
kapena කැ පෙන *n.* cutting
kapithan කපිතා න් *n.* captain
kappaadu karanawa කප්පාදු කරනවා *v.* geld
kappadu karanawa කප්පාදු කරනවා *v.* castrate
kappadu nokala ashwayaa කප්පාදු නොකළ අශ්වයා *n.* stallion
kappiya කප්පිය *n.* pulley
kapu කපු *n.* cotton
kapu pulun guliya කපු පුළුන් ගුලිය *n.* tampon
kapuru කපුරු *n.* camphor
kapuru bola කපුරු බ ෝල *n.* naphthalene
kaputaa කපුටා *n.* crow
kaputan lagina thana කපුටන් ලගින තැ න *n.* rookery
kara gataya කර ගැ ටය *n.* wart
kara kara gaana කර කර ගා න *adj.* crisp
kara karana yantraya කර කරන යන්ත්‍රය *n.* toaster
kara karanawa කර කරනවා *v.* roast
kara patiya කර පටිය *n.* tie
karaamaya කර්මය *n.* tap
karachchalaya කරච්චලය *n.* nuisance
karadamungu කරදමුංගු *n.* cardamom
karadara samathayakata pathkaranna කරදර සමථයකට පත්කරනවා *n.* troubleshooter
karadarawalin nidahas කරදරවලින් නිදහස් *adj.* carefree
karadaraya කරදරය *n.* ado
karadaraya කරදරය *n.* trouble
karadiya කරදිය *n.* brine
karagena yanawa කරගෙන යනවා *v.* continue
karagenayaama කරගෙනයා ම *n.* continuation
karakaara bandinawaa කරකා ර බඳිනවා *v.* wed
karakawaa osawana yanthraya කරකවා ඔසවන යන්ත්‍රය *n.* windlass
karakaweema කරකැවීම *n.* rotation
karakawenawa කරකැ වෙනවා *v.* rotate
karakawenawa කරකැ වෙනවා *v.* spin
karakawili athi karana කරකැවිලි ඇති කරන *adj.* vertiginous
karal කරල *n.* pod
karal boga කරල් බ ෝග *n.* lentil
karal iwathalaama කරල් ඉවතලා ම *n.* podcast
karala කරල *n.* capsule
karali athikarawana කැ රලි ඇතිකරවන *adj.* seditious
karali gasanawa කැ රලි ගසනවා *v.* rebel
karali gasanawa කැ රලි ගසනවා *v.* revolt
karali gaseema කැ රලි ගැසීම *n.* mutiny
karali kolaahalaya කැ රලි කෝලා හලය *n.* insurrection
karalikaara කැ රලිකා ර *adj.* mutinous
karalikaara කැ රලිකා ර *adj.*

rebellious
karalikaaraya කැරලිකාරයා *n.* insurgent
karalla කැරැල්ල *n.* hank
karalla කැරැල්ල *n.* rebellion
karalla කැරැල්ල *n.* riot
karalla කැරැල්ල *n.* uprising
karambu nati කරාබු නැටි *n.* clove
karanam gasanna කරණම් ගසන්නා *n.* acrobat
karanam gaseemata bhaawitha karana raamuwaka sawikala kanvas reddha කරණම් ගැසීමට භාවිතා කරන රාමුවක සවිකළ කැන්වස් රෙද්ද *n.* trampoline
karanama කරණම *n.* somersault
karanamkaara කරණම්කාර *adj.* acrobatic
karanawa කරනවා *v.* do
karanawaamiya කරණවෑමියා *n.* barber
karanduwa කරඬුව *n.* casket
karapatiya කරපටිය *n.* collar
karapoththa කැරපොත්තා *n.* cockroach
karaprasaadanaya කරප්‍රසාධනය *n.* manicure
karate කරාටේ *n.* karate
karaththaya කරත්තය *n.* cart
karawal kokaa කරවැල් කොකා *n.* pelican
karawenawaa කරවෙනවා *v.* sizzle
karkasha කර්කශ *adj.* acerbic
karkasha කර්කශ *adj.* raucous
karkasha කර්කශ *adj.* shrill
karmaantha shilpiya කර්මාන්ත *n.* technologist
karmaanthakaruwa කර්මාන්තකරුවා *n.* craftsman
karmaanthashaalaawa කර්මාන්තශාලාව *n.* factory
karmaanthaya කර්මාන්තය *n.* industry
karmaanthaya කර්මාන්තය *n.* trade
karmanthakaruwa කර්මාන්තකරුවා *n.* workman
karmaya කර්මය *n.* karma
karshaka bawata pathkaranawaa කර්ශක බවට පත්කරනවා *v.* sear
karumakkaara කරුමක්කාර *adj.* troublesome
karunaa barathi කරුණා බැඳීත *adj.* heartening
karunaa rasaya කරුණා රසය *n.* pathos
karunaawantha කරුණාවන්ත *adj.* obliging
karunaawen කරුණාවෙන් *adv.* kindly
karunu idiripath kireema කරුණු ඉදිරිපත් කිරීම *n.* substantiation
karunu kiya walakwanawa කරුණු කියා වළක්වනවා *v.* dissuade
karuwa කරුව *n.* prop
kasa pahara denawaa කස පහර දෙනවා *v.* slash
kasa patiya කස පටිය *v.* lash
kasaada bandinawa කසාද බඳිනවා *v.* marry
kasala කසල *n.* rubbish
kasala iwath karanawaa කසල ඉවත් කරනවා *v.* scavenge
kasala kaanu kramaya කසල කාණු ක්‍රමය *n.* sewerage
kasala kaanuwa කසල කාණුව *n.* sewer

kasana කසන *adj.* itchy

kasanawaa කසනවා *v.i.* itch

kasaya කසය *n.* whip

kasbaawaa කූ ඔූ වා *n.* turtle

kasen pahara denawaa කසනේ
ඇහැර ගන්නවා *v.* swirl

kasen thalanawa කසනේ තළනවා *v.*
flagellate

kasherukawa කශේරු ක ව *n.*
backbone

kasikabal කිසිකබල් *adj.* shabby

kasthuri කස්තුරි *n.* musk

kata කට *n.* mouth

kata gahanawa කට ගහනවා *v.* retort

kata gasma කට ගැස්ම *n.* appetizer

kata hakari කට හැකරි *n.* virago

kata handa කට හඬ *n.* voice

kata kiyawanawa කට කියවනවා *v.*
boast

kata paadam karanawa කට පාඩම්
කරනවා *v.* cram

kata puraa කටපුර *n.* mouthful

kata wachanayen kiyana lada කට
වචනයේ කියන ලද *adj.* verbal

kata wyawahaara කත ව්‍යවහාර *adj.*
colloquial

kataarama කට රම *n.* boiler

katahandin karanu labana
කටහඬින් කරනු ලබන *adj.* vocal

katakabilithi කූ ටකුබිලිති *n.* detritus

katakaliyaawa කටකලියව *n.* bridle

katakathaawa කටකතව *n.* rumour

katawaachaala kiyawanawa
කටවළ කියවනවා *v.t.* gabble

katayam kapanawa කූ ටයම් කපනවා
v. carve

katayam kapeema කූ ටයම් කැපීම *n.*
carvery

katayam karanawaa කූ ටයම්
කරනවා *v.* inscribe

katayam karanawaa කූ ටයම්
කරනවා *v.* sculpt

katha කූ ත *adj.* bizarre

katha kireemata nokamathy කත
කිරීමට නොකැ මති *adj.* taciturn

katha sirith athi කූ ත සිරිත් ඇති *adj.*
slovenly

katha wilaashaya කථ විල ශය *n.*
locution

kathaa baha කත බහ *n.* parley

kathaa karanawaa කත කරනවා *v.*
speak

kathaadaraya කතන්දරය *n.* story

kathaandaraya කත න්දරය *n.*
narrative

kathaangaya කථංගය *n.* episode

kathaawa කත ව *n.* speech

kathaawehi daksha කථ වෙහි දක්ෂ
adj. fluent

kathaka කථක *n.* persona

kathakama කූ තකම *n.* obscenity

kathandaraya කතන්දරය *n.* tale

kathawa කත ව *v.* talk

kathikaa karanawa කථික කරනවා
v. negotiate

kathikaawa කථික ව *n.* negotiation

kathikaya කථිකය *n.* narrator

kathikayaa කථිකය *n.* orator

kathikayaa කථිකය *n.* speaker

**katholikayange sathprasaada
poopa peththa** කත ෝලිකයන්ගේ
සත්ප්‍රස ද පූප පත්ත *n.* wafer

kathopakathanaya කථ ෝපකථනය
n. catechism

kathru කතෘ *n.* author

kaththa කූ ත්ත *n.* catty

kathura කතුර *n.* scissors

kathurakin kapanawaa කතුරකින් කපනවා *v.* snip

kathuwakiya කතුවැකිය *adj.* editorial

kati gasunu le කැටි ගැසුනු ලේ *n.* gore

kati gasunu le samaga කැටි ගැසුනු ලේ සමඟ *adj.* gory

kati karanawa කැටි කරනවා *n.* conglomerate

kati nool කැටි නූල් *n.* yarn

katin kela halanawaa කටින් කෙළ හලනවා *v.* slobber

katiya කැටිය *n.* clot

katiya කැටිය *n.* stack

katta කට්ට *n.* shell

katta කට්ට *n.* thorn

kattalaya කට්ටලය *n.* kit

kattalaya කට්ටලය *n.* outfit

kattalaya කට්ටලය *n* set

kattaya කට්ටය *n.* notch

kattaya කට්ටයා *n.* slot

katu chikithsawa කටු චිකිත්සාව *n.* acupuncture

katu sahitha කටු සහිත *adj.* barbed

katu sahitha කටු සහිත *adj.* thorny

katu sahitha palatiya කටු සහිත පැළැටිය *n.* thistle

katu satahanin pamanak dakwena කටු සටහනින් පමණක් දැක්වෙන *adj.* sketchy

katuka කටුක *adj.* acrid

katuka කටුක *adj.* harsh

katuka bawa කටුක බව *n.* pungency

katussa කටුස්සා *n.* lizard

katuwa කටුව *adj.* broach

katuwa කටුව *n.* prickle

katuwa කටුවව *n.* spike

katuwa yanawa කැටුව යනවා *v.* accompany

kauda කවුද *pron.* who

kaudo kenek කවුද කෙනෙක් *pron.* somebody

kauntaraya කවුන්ටරය *n.* counter

kauru hari කවුරු හරි *pron.* whoever

kauruth danna කවුරුත් දන්නා *adj.* commonplace

kauruth dannaa sathyaya කවුරුත් දන්නා සත්‍ය *n.* truism

kauthukaagaaraya කෞතුකාගාරය *n.* museum

kaviyaka padaya කවියක පදය *n.* stave

kawadaa කවදා *adv.* when

kawadaawath nathi කවදාවත් නැති *adv.* never

kawandaya කවන්ධය *n.* torso

kawanna කවන්නා *n.* feeder

kawata කවට *adj.* jocose

kawata කවට *adj.* witty

kawata upaaya කවට උපාය *n.* hoax

kawataya කවටයා *n.* buffoon

kawataya කවටයා *n.* humorist

kawataya කවටයා *n.* jester

kawatayaa කවටයා *n.* joker

kawi depadaya කවි දෙපදය *n.* couplet

kawi kathawa කවි කතාව *n.* ballad

kawichchiya කවිච්චිය *n.* couch

kawili wargayak කැවිලි වර්ගයක් *n.* caramel

kawili welendaage saappuwa කැවිලි වෙළෙන්දාගේ සාප්පුව *n.* patisserie

kawiyaa කවියා *n.* poet

kdaakappal karanawaa කඩාකප්පල්

කරනවා *v.* sabotage
kedajanaka ඛේදජනක *adj.* deplorable
kedhaantha ඛේදාන්ත *adj.* tragic
kedhawaachakaya ඛේදවාචකය *n.* tragedy
keekaru කීකරු *adj.* amenable
keekaru කීකරු *adj.* dutiful
keekaru කීකරු *adj.* obedient
keekaru කීකරු *adj.* pliable
keekarukama කීකරු කම *n.* obedience
keema කීම *n.* saying
keera කීර *n.* splinter
keerthimath කීර්තිමත් *adj.* renowned
keerthimath pudgalaya කීර්තිමත් පුද්ගලයා *n.* celebrity
keerthinaamaya කීර්තිනාමය *n.* goodwill
keerthiya කීර්තිය *n.* credit
keerthiya කීර්තිය *n.* kudos
keerthiya කීර්තිය *n.* prestige
keerthiya කීර්තිය *n.* renown
keerthiya කීර්තිය *n.* repute
keeta widyaawa කීට විද්‍යාව *n.* entomology
kekara gaama කෑකෑර ගෑම *n.* cackle
kela කෙළ *n.* saliva
kela කෙළ *n.* spittle
kela කෙළ *n.* sputum
kela gasuwaa කෙළ ගැසුවා *n.* spat
kelaam kiyanawaa කේලාම් කියනවා *v.* sneak
kelama කේලම *n.* calumny
kelapida කෙළපිඩ *n.* gob
kelasanawa කෙලෙසනවා *v.* contaminate
kelasanawa කෙලෙසනවා *v. t* defile
kelasanawa කෙලෙසනවා *v.* deprave
kelasanawa කෙලෙසනවා *v.* pollute
kelaseema කෙළසීම *n.* sacrilege
kelawara කෙළවර *n.* end
kelawara කෙළවර *n.* termination
kelawara karanawaa කෙළවර කරනවා *v.* terminate
kelawarak nathi කෙළවරක් නැති *adj.* interminable
kelawarak nathi කෙළවරක් නැති *adj.* unending
kelesanawaa කෙලෙසනවා *v.* defame
kelesanawaa කෙලෙනෙසනවා *v.t.* stain
kelesanawaa කෙලෙසනවා *v.* taint
keleseema කෙලෙසීම *n.* defamation
keli baduwa කෙළි බඩුව *n.* bauble
keli baduwa කෙළි බඩුව *n.* toy
kella කෙල්ල *n.* girl
kenda කෙන්ද *n.* bristle
kenda කෙන්ද *n.* string
kenda peraleema කෙණ්ඩ පෙරළීම *n.* cramp
kendaraya කේන්දරය *n.* horoscope
kendaya කෙණ්ඩය *n.* shank
kendi sahitha කෙඳි සහිත *adj.* stringy
kendiya කෙණ්ඩිය *n.* pitcher
kendra khandaya කේන්ද්‍ර ඛණ්ඩය *n.* sector
kendraya කේන්ද්‍රය *n.* pivot
kenekuge gathiguna කෙනෙකුගේ ගතිගුණ *n.* probation
kenthi yana කේන්ති යන *adj.* pettish
kenthiya කේන්තිය *n.* huff

kenthiya කේන්තිය *n.* pique
kes awul karanawaa කෙස් අවුල් කරනවා *v.* tousle
kes mudu kireema කෙස් මුඩු කිරීම *n.* tonsure
kes roda කෙස් රොද *n.* tress
kese hari කෙසේ හරි *adv.* anyhow
kese ho කෙසේ හෝ *adv.* somehow
kese wuwath කෙසේවුවත් *adv.* however
kese wuwath කෙසේවුවත් *a.* nonetheless
keseda කෙසේද *adv.* how
kesel කෙසෙල් *n.* banana
kesel කෙසෙල් *n.* plantain
keshaakara කේශාකාර *adj.* hairy
keshara කේශර *n.* mane
kethalaya කේතලය *n.* kettle
kethankanaya kireema කේතාංකනය කිරීම *v.* encode
kethaya කේතය *n.* code
kethu hadathi කේතු හැඩැති *adj.* conical
kethuwa කේතුව *n.* cone
keti කෙටි *adj.* brief
keti කෙටි *adj.* concise
keti කෙටි *adj.* curt
keti dura dhaawakayaa කෙටි දුර ධාවකයා *n.* sprinter
keti karanawa කෙටි කරනවා *n.* abdication
keti karanawa කෙටි කරනවා *v.* curtail
keti kireema කෙටි කිරීම *n.* briefing
keti kuluna කෙටි කුලුණ *n.* bollard
keti nawakathaawa කෙටි නවකතාව *n.* novelette
keti paara කෙටි පාර *n.* shortcut
keti winoda gamana කෙටි විනෝද ගමන *n.* jaunt
keti yeduma කෙටි යෙදුම *n.* abdomen
ketiyen liyaa gannawa කෙටියෙන් ලියා ගන්නවා *v.t.* jot
kettu කෙට්ටු *adj.* gaunt
kettu කෙට්ටු *adj.* scraggy
ketumpatha කෙටුම්පත *n.* draft
keveniya කෙවෙනිය *n.* socket
kewal karanawa කේවල් කරනවා *v.* haggle
kihili karuwa කිහිලි කරුව *n.* crutch
kihillehi කිහිල්ලෙහි *adj.* underarm
kihipayak කිහිපයක් *adj. & pron.* several
kikili කිකිළි *n.* hen
kiliti karanawa කිළිටි කරනවා *v.* besmirch
kilo gram 1000 කිලෝග්‍රෑම් 1000 *n.* tonne
kilobitaya කිලෝබයිටය *n.* kilobyte
kilomeetaraya කිලෝමීටරය *n.* kilometre
kilutu කිලුටු *adj.* dirty
kimbuhun arinawaa කිඹුහුන් අරිනවා *v.i.* sneeze
kimbula කිඹුලා *n.* alligator
kimbula කිඹුලා *n.* crocodile
kimbula banis කිඹුලා බනිස් *n.* croissant
kimidenawa කිමිදෙනවා *v.* dive
kimonowa කිමෝනෝව *n.* kimono
kindaa bahinawaa කිඳා බහිනවා *v.* submerge
kinihira කිණිහිර *n.* anvil
kinissa කිණිස්ස *n.* ladle
kinkini naadaya කිංකිණි නාදය *n.*

jingle

kipena sulu කිපෙන සුලු *adj.* fractious

kipenawa කිපෙනවා *v.* enrage

kipunu කිපුණු *adj.* berserk

kipunu කිපුණු *adj.* irate

kira watenawa කිරා වැටෙනවා *v.* nod

kirala abaya කිරල ඇබය *n.* cork

kiranaya කිරණය *n.* ray

kiri කිරි *n.* milk

kiri daruwaa කිරි දරු වා *n.* suckling

kiri erenawa කිරි එරෙනවා *v.* lactate

kiri kiri gaanawa කිරි කිරි ගා නවා *v.* creak

kiri kiri handa කිරි කිරි හඬ *n.* creak

kiri moru කිරි මෝරු *n.* whey

kiri musu කිරි මුසු *adj.* milky

kiri wala athi seeni කිරි වල ඇති සීනි *n.* lactose

kiri walin saadoo paanayak කිරි වලින් සෑදූ පා නයක් *n.* milkshake

kiri walin sadana kaamak කිරි වලින් සා දන කෑ මක් *n.* yogurt

kiri waranawaa කිරි වරනවා *v.* wean

kirichchiya කිරිච්චිය *n.* dagger

kirihala කිරිහල *n.* dairy

kisi adupaaduwak nathi කිසි අඩුපාඩුවක් නැති *adj.* unmitigated

kisi prathipaththiyak nathi කිසි ප්‍රතිඵලයක් නැති *adj.* unscrupulous

kisith nathi bawa කිසිත් නැති බව *pron.* nothing

kisiwak කිසිවක් *pron.* something

kisiwek කිසිවෙක් *pron.* anyone

kisiwek nathi කිසිවෙක් නැති *pron.* nobody

kisiwek nathi කිසිවෙක් නැත *pron.* none

kithi athi කිති ඇති *adj.* ticklish

kithi kawanawaa කිති කවනවා *v.* titillate

kittu කිට්ටු *adj.* proximate

kittuwa කිට්ටුව *n.* proximity

kittuwen කිට්ටුවෙන් *adv.* nearly

kiwul කිවුල් *adj.* insipid

kiya sitinawa කියා සිටිනවා *v.* allege

kiya sitinawa කියා සිටිනවා *v.* express

kiyaa deema කියා දීම *n.* narration

kiyaa paanawa කියා පා නවා *n* declare

kiyaagena yanawa කියා ගෙන යනවා *v.* narrate

kiyamana කියමන *n.* allegation

kiyamana කියමන *n.* say

kiyana ladda කියන ලද්ද *n.* predicate

kiyanawaa කියනවා *v.* tell

kiyath kudu කියත් කුඩු *n.* sawdust

kiyatha කියත *n.* saw

kiyawaa therum gannawa කියවා තේරුම් ගන්නවා *v.* decipher

kiyawanawa කියවනවා *v.* rattle

kiyawanawa කියවනවා *v.* read

kiyawanna කියවන්නා *n.* reader

kiyaweema කියවීම *n.* reading

kiyaweemata dushkara කියවීමට දුෂ්කර *adj.* illegible

kiyaweemata dushkara bawa කියවීමට දුෂ්කර බව *n.* illegibility

kiyaweemata pahadili කියවීමට පැහැදිලි *adj.* legible

klaantha ක්ලාන්ත *adj.* faint

klaantha wenawaa කලන්ත වෙනවා *v.* swoon

klaashaalaka ක්ෂාලක *n.* detergent
kloma ක්ලෝම *adj.* bronchial
kodiya කොඩිය *n.* flag
kodiyak wananawaa කොඩියක් වනනවා *v.* waft
kodu tharuniya කොඬු තරුණිය *n.* debutante
koduwa කෝදුව *n.* ruler
kohewath natha කොහෙවත් නැත *adv.* nowhere
kohi sita කොහි සිට *adv.* whence
kohomba කොහොඹ *n.* wormwood
kohu කොහු *n.* coir
koi කොයි *pron. & adj.* which
koi desata කොයි දෙසට *adv.* whither
koikath කොයිකත් *pron.* whichever
koka කොකා *n.* crane
kokaa කොකා *n.* stork
kokhandalanawaa කොක්හඬලනවා *n.* guffaw
kokiya කෝකියා *n.* cook
kokka කොක්ක *n.* hook
kokka කොක්ක *n.* peg
koku sahitha කොකු සහිත *adj.* hooked
kola pahathi කොළ පැහැති *adj. & n.* green
kolaahalaya කෝලාහලය *n.* outburst
kolaahalaya කෝලාහලය *n.* tumult
kolahaala කෝලාහලය *n.* commotion
kolahaalaya කෝලාහලය *n.* brawl
kolahaalaya කෝලාහලය *v.* fray
kolahalaya කෝලාහලය *n.* scrimmage
kolam natanawaa කෝලම් නටනවා *n.* masquerade
kolamaa කෝලමා *n.* pantaloon
kolamkaaraya කෝලම්කාරයා *n.* mummer
kolaraawa කොලරාව *n.* cholera
kolaya කෝලය *n.* haunch
kolaya කොළය *n.* leaf
kolla කොල්ලා *n.* boy
kolla කොල්ලා *n.* urchin
kollakaaraya කොල්ලකාරයා *n.* marauder
kollakaaraya කොල්ලකාරයා *n.* spoiler
kollakanawa කොල්ලකනවා *v.* maraud
kollakanawa කොල්ලකනවා *v.* ransack
kollakanawa කොල්ලකනවා *v.* rifle
kollaya කොල්ලය *n.* booty
kollaya කොල්ලය *n.* loot
kolombuwa කොලොම්බුව *n.* stool
komadu කොමඩු *n.* melon
komala කොමළ *adj.* delicate
komala කෝමල *adj.* effeminate
komalaasthiya කෝමලාස්ථිය *n.* cartilage
komasaaris කොමසාරිස් *n.* commissioner
komisama කොමිසම *n.* commission
komu pilee කොමු පිළී *n.* lingerie
kon wenawaa කොන් වෙනවා *v.* shirk
kona කොණ *n.* corner
konahaa haiyen adinawaa කොනහා හයියෙන් අදිනවා *v.* tweak
konamaanaya කෝණමානය *n.* protractor
konaya කෝණය *n.* angle
konda kapeema කොණ්ඩ කැපීම *n.*

haircut
konda mostharaya කොණ්ඩ මෝස්තරය *n.* hairstyle
kondaya කොණ්ඩය *n.* hair
kondesi rahitha කොන්දේසි රහිත *adj.* unconditional
kondesigatha කොන්දේසිගත *adj.* conditional
kondesiya කොන්දේසිය *n.* condition
kondesiya කොන්දේසිය *n.* proviso
kondesiya කොන්දේසිය *n.* requisition
kondosthara කොන්දොස්තර *n.* conductor
kondu ataya කොඳු ඇටය *n.* spine
kondu ataya pilibanda කොඳු ඇටය පිළිබඳ *adj.* spinal
kondu etaye purukaya කොඳු ඇටයේ පුරුකය *n.* vertebra
konduranawa කොඳුරනවා *v.* babble
konduranawa කොඳුරනවා *v.* burble
konduranawa කොඳුරනවා *v.* mumble
konduranawa කොඳුරනවා *v.* mutter
konika කෝණික *adj.* angular
koniththanawa කොනිත්තනවා *v.* pinch
koodaarama කූඩාරම *n.* tent
koodalla කූඩැල්ලා *n.* leech
koodaya කූඩය *n.* basket
kooddanawaa කූද්දනවා *v.* waken
kooduwa කූඩුව *n.* hutch
koondalu කූඩලු *n.* balsam
koonnaya කූඤ්ඤය *n.* wedge
koopanaya කූපනය *n.* coupon
koora කූර *n.* quiff
koora paiya කූර පයිය *n.* satchel
kooraya කූරය *n.* hoof
koota upaaya කූට උපාය *n.* stratagem
koota upakkramaya කූට උපක්‍රමය *n.* scam
kootopaaya කූටෝපාය *n.* ploy
kopa karanawa කෝප කරනවා *v.i.* boil
kopaawishta කෝපාවිෂ්ට *adj.* furious
kopaya කෝපය *n.* indignation
kopaya කෝපය *n.* wrath
kopi කෝපි *n.* coffee
kopi saadana yanthraya කෝපි සාදන යන්ත්‍රය *n.* espresso
koppaya කෝප්පය *n.* cup
kopulanawa කොපුලනවා *v.* encase
kora කොර *adj.* lame
kora gasana කොර ගසන *adj.* halting
kora gasanawaa කොර ගසනවා *v.* limp
kora karanawaa කොර කරනවා *v.* paralyse
kos කොස් *n.* jack
koshaya කෝෂය *n.* repository
koshta pradanaya haa sambanda කෝෂ්ඨප්‍රදානය හා සම්බන්ධ *adj.* cystic
koshtaya කෝෂ්ඨය *n.* cyst
kossa කොස්ස *n.* broom
kosthaapal කොස්තාපල් *n.* constable
kota කොට *adj.* short
kota kalisama කොට කලිසම *n.* knickers
kota kara damanawaa කොට කර දමනවා *v.* lop
kota karanawaa කොට කරනවා *v.*

trim
kota mes කොට මේස් *n.* hose
kota mes කොට මේස් *n.* sock
kota wenawaa කොට වෙනවා *v.* shorten
kotaluwa කොටළුවා *n.* mule
kotanawa කොටනවා *v.* engrave
kotas thunak athi කොටස් තුනක් ඇති *n.* triple
kotas washayen pala karanawaa කොටස් වශයෙන් පළ කරනවා *v.* serialize
kotasa කොටස *n.* fragment
kotasa කොටස *n.* part
kotasa කොටස *n.* share
kotaswalata wen karanawa කොටස්වලට වෙන් කරනවා *v.* disintegrate
kote hapenawaa කොටේ හැපෙනවා *n.* stub
koth karalla කොත් කැරැල්ල *n.* finial
kotha කොත *n.* pinnacle
kotha කොත *n.* spire
kothana කොතන *adv.* where
koththamalli කොත්තමල්ලි *n.* coriander
kotipathiya කෝටිපතියා *n.* billionaire
kotiyaa කොටියා *n.* tiger
kottaashaya කොට්ඨාසය *n.* division
kottamba කොට්ටම්බා *n.* almond
kottaya කොට්ටය *n.* pillow
kotu karanawaa කොටු කරනවා *v.* impound
kotu salasuma කොටු සැලසුම *n.* grid
kotuwa කොටුව *n.* fort
kowla කොවුලා *n.* cuckoo
kramaankanaya karanawa ක්‍රමාංකණය කරනවා *v.* calibrate
kramaanukoola ක්‍රමානුකූල *adj.* regular
kramaanukoola ක්‍රමානුකූල *adj.* systematic
kramaanukoola se sakas karanawaa ක්‍රමානුකූල සේ සකස් කරනවා *v.* systematize
kramaanuroopa ක්‍රමානුරූප *adj.* schematic
kramanaya ක්‍රමණය *n.* gradation
kramawathwa dakwanawa ක්‍රමවත්ව දක්වනවා *v.* formulate
kramawathwa kriya nokireema ක්‍රමවත්ව ක්‍රියා නොකිරීම *v.* malfunction
kramayen elidaraw wenawaa ක්‍රමයෙන් එළිදරව් වෙනවා *v.* unfold
kramayen heen wenawaa ක්‍රමයෙන් හීන වෙනවා *v.* taper
kramayen kapaa harinawaa ක්‍රමයෙන් කපා හරිනවා *v.* whittle
kramayen wadinawa ක්‍රමයෙන් විදිනවා *v.* insinuate
kramika ක්‍රමික *adj.* gradual
kramika ක්‍රමික *adj.* orderly
kreeda pitiya ක්‍රීඩා පිටිය *n.* playground
kreedaanganaya ක්‍රීඩාංගනය *n.* stadium
kreedaawa ක්‍රීඩාව *n.* sport
kreedakaya ක්‍රීඩකයා *n.* player
kreedakayaa ක්‍රීඩකයා *n.* sportsman
kreedawa ක්‍රීඩාව *n.* game
kristhiyaani aagama ක්‍රිස්තියානි ආගම *n.* Christianity
kristhiyaanikaaraya

ක්‍රිස්තියානික රය *adj.* Christian

kristhu thuma ක්‍රිස්තු තුමා *n.* Christ

kristhun wahanse ක්‍රිස්තුන් වහන්සේ *n.* messiah

kriyaa karawana ක්‍රියා කරවන *n.* motive

kriyaa karawannaa ක්‍රියා කරවන්නා *n.* operator

kriyaa padaya ක්‍රියා පදය *n.* verb

kriyaa piliwela ක්‍රියා පිළිවෙළ *n.* system

kriyaa visheshanaya ක්‍රියා විශේෂණය *n.* adverb

kriyaakaaree ක්‍රියා කාරි *adj.* effective

kriyaakaarithwaya ක්‍රියා කාරිත්වය *adj.* operational

kriyaakaarithwaya pilibanda wu ක්‍රියා කාරිත්වය පිළිබඳ වූ *adj.* functional

kriyaathmaka ක්‍රියා ත්මක *adj.* operative

kriyaawaliya ක්‍රියා වලිය *n.* process

kriyaawata wadi unanduwak athi pudgalayaa ක්‍රියා වට වැඩි උනන්දුවක් ඇති පුද්ගලයා *n.* activist

kriyaawehi yedeema ක්‍රියා වෙහි යෙදීම *n.* pursuance

kriyaawehi yodanawa ක්‍රියා වෙහි යොදනවා *v.* execute

kriyaawen kaamuka nowu ක්‍රියා වෙන් කාමුක නොවූ *adj.* platonic

kriyakarakama ක්‍රියා කා රකම *n.* activity

kriyawa ක්‍රියා ව *n.* action

krodaya ක්‍ර ෝධය *n.* fury

kroora ක්‍රෑර *adj.* cruel

kroora kamata athi priya bawa ක්‍රෑර කමට ඇති ප්‍රිය බව *n.* sadism

kroorakama ක්‍රෑරකම *n.* atrocity

kroorathwaya ක්‍රෑරත්වය *adv.* cruelty

krumi rala කෘමි රැළ *n.* swarm

kruminaashaka drawya කෘමිනා ශක ද්‍රව්‍යය *n.* pesticide

kruminaashakaya කෘමිනා ශකය *n.* insecticide

krumiyaa කෘමියා *n.* insect

krusha කෘ ෂ *adj.* slim

krushikaarmika කෘෂික ර්මික *adj.* agricultural

krushikarmaya කෘෂිකර්මය *n.* agriculture

krushikarmaya කෘෂිකර්මය *n* husbandry

kruthagnathawaya prakasha karanawa කෘ තඥතා වය ප්‍රකා ශ කරනවා *v.* acknowledge

krutheemawa nirmaanaya kala කෘතිමව නිර්මා ණය කළ *adj.* prefabricated

kruthima කෘතිම *adj.* artificial

kruthima කෘතිම *adj.* factitious

kshamaawa ක්ෂමා ව *n.* absolution

kshamathaawa ක්ෂමතා ව *n.* efficiency

kshanaya ක්ෂණය *adj.* instant

kshanaya ක්ෂණය *n.* trice

kshanika ක්ෂණික *n.* fugitive

kshanika ක්ෂණික *adj.* instantaneous

kshanika ක්ෂණික *adj.* momentary

kshanika ක්ෂණික *adj.* sudden

kshanika darshanaya ක්ෂණික දර්ශනය *n.* glimpse

kshanika praharaya ක්ෂණික ප්‍රහාරය *n.* blitz
ksharaya ක්ෂාරය *n.* alkali
kshaya rogaya ක්ෂය රෝගය *n.* tuberculosis
kshaya weema ක්ෂයවීම *n.* corrosion
kshaya weema ක්ෂයවීම *n.* diminution
kshaya wenawa ක්ෂය වෙනවා *v. t* dwindle
kshayawanawaa ක්ෂයවනවා *v.* leach
ksheerapai sathaa ක්ෂීරපායි සතා *n.* mammal
kshemabhoomiya ක්ෂෙමභූමිය *n.* oasis
kshepa pramaadaya ක්ෂෙපෙ ප්‍රමාදය *n.* jet lag
kshithijaya ක්ෂිතිජය *n.* horizon
kshudra ක්ෂුද්‍ර *adj.* mini
kshudra jeewin nisa winaashayata pathwana ක්ෂුද්‍ර ජීවින් නිසා විනාශයට පත්වන *adj.* biodegradable
kshudra sakasanaya ක්ෂුද්‍ර සකසනය *n.* microprocessor
kshudra widyaawa ක්ෂුද්‍ර විද්‍යාව *n.* microbiology
kshudraroopee ක්ෂුද්‍රරූපී *adj.* miniature
kuda akuru කුඩා අකුරු *adj.* minuscule
kuda ashwarathaya කුඩා අශ්වරථය *n.* chaise
kuda basaya කුඩා බසය *n.* minibus
kuda belllan wargayak කුඩා බෙලේලන් වර්ගයක් *n.* whelk
kuda bombaya කුඩා බෝම්බය *a.* grenade
kuda ganga කුඩා ගඟ *n.* creek
kuda gepala කුඩා ගෙපැල *n.* shack
kuda geya කුඩා ගෙය *n.* cottage
kuda otunna කුඩා ඔටුන්න *n.* coronet
kuda pramaanaye puwathpatha කුඩා ප්‍රමාණයේ පුවත්පත *n.* tabloid
kuda sathek කුඩා සතෙක් *n.* wallaby
kuda sidura කුඩා සිදුර *n.* puncture
kuda theeruwa කුඩා තීරුව *n.* tab
kuda thitha කුඩා තිත *n.* blip
kuda thoppiya කුඩා තොප්පිය *n.* bonnet
kuda wiskothu කුඩා විස්කෝතු *n.* cookie
kuda yaathraawa කුඩ යාත්‍රාව *n.* yacht
kudaa almaariya කුඩා අල්මාරිය *n.* locker
kudaa ambul gedi wargayak කුඩා ඇඹුල් ගෙඩි වර්ගයක් *n.* quince
kudaa anduwa කුඩා අඬුව *n.* pliers
kudaa anduwa කුඩා අඬුව *n.* tweezers
kudaa baaldiya කුඩා බාල්දිය *n.* pail
kudaa balu wargayak කුඩා බලු වර්ගයක් *n.* terrier
kudaa bandesiya කුඩා බන්දේසිය *n.* salver
kudaa bandesiya කුඩා බන්දේසිය *n.* server
kudaa car wisheshayak කුඩා කාර් විශේෂයක් *n.* minicab
kudaa diyaralla කුඩා දියරැල්ල *n.* ripple
kudaa ela කුඩා ඇල *n.* streamlet

kudaa gama කුඩා ගම *n.* hamlet
kudaa gas wargayak කුඩා ගස් වර්ගයක් *n.* heather
kudaa gataya කුඩා ගැටය *n.* tubercle
kudaa kaballa කුඩා කැබැල්ල *n.* snippet
kudaa kanda කුඩා කන්ද *n.* tor
kudaa kooduwa කුඩා කූඩුව *n.* pigeonhole
kudaa kota dakwanawaa කුඩා කොට දක්වනවා *v.* minimize
kudaa maalaya කුඩා මාලය *n.* necklet
kudaa maaluwek කුඩා මාලුවෙක් *n.* stickleback
kudaa malla කුඩා මල්ල *n.* pouch
kudaa mudda කුඩා මුද්ද *n.* ringlet
kudaa niwasa කුඩා නිවස *n.* maisonette
kudaa otunna කුඩා ඔටුන්න *n.* tiara
kudaa palliya කුඩා පල්ලිය *n.* oratory
kudaa peeppaya කුඩා පීප්පය *n.* keg
kudaa pilimaya කුඩා පිළිමය *n.* statuette
kudaa raakkaya කුඩා රාක්කය *n.* hob
kudaa saaya කුඩා සාය *n.* miniskirt
kudaa sathek කුඩා සතෙක් *n.* hamster
kudaa wedikaawa කුඩා වේදිකාව *n.* podium
kudaa wellawahuma කුඩා වෙල්ලවැහුම *n.* flapjack
kudaa wiwaraya කුඩා විවරය *n.* vent
kudaya කුඩය *n.* umbrella
kudu කුඩු *n.* powder
kudu karanawa කුඩු කරනවා *v.t* grate
kudu pattam karanawaa කුඩු පට්ටම් කරනවා *adj.* shattering
kudu pattam wenawaa කුඩු පට්ටම් වෙනවා *v.t.* shatter
kudukedu කුඩුකෙඩු *adj.* envious
kudukedu කුඩුකෙඩු *adj.* spiteful
kudukedu කුඩුකෙඩු *adj.* venomous
kuduwa කූඩුව *n.* booth
kuduwa කූඩුව *n.* cage
kuhaka කුහක *adj.* dishonest
kuhaka kama කුහක කම *n.* hypocrisy
kuharaya කුහරය *n.* burrow
kujanaya කූජනය *n.* cheep
kukula කුකුළා *n.* fowl
kukulaa කුකුළා *n.* cock
kukulaa කුකුළා *n.* rooster
kukulu ganaya කුකුළු ගණය *n.* poultry
kukulu patawa කුකුළු පැටවා *n.* chicken
kulaati කුලැටි *adj.* bashful
kulaati කුලැටි *adj.* reticent
kulaati කුලැටි *adj.* shy
kuladetuwa කුලදෙටුවා *n.* patriarch
kulaguru කුලගුරු *n.* chaplain
kulapathi කුලපති *n.* chancellor
kulappu weema කුලප්පු වීම *n.* stampede
kulawaddana කුලවද්දන *adj.* adoptive
kulee rathaya කුලී රථය *n.* cab
kulee rathaya කුලී රථය *n.* taxi
kulee rathayen yanawaa කුලී රථයෙන් යනවා *v.* taxi
kulee wadakaaraya කුලී වැඩකාරයා

n. labourer

kulichchama කුලිච්චම *n.* hassock

kuliya කුලිය *n.* rent

kuliyata denawaa කුලියට දෙනවා *v.* lend

kuliyata gannawa කුලියට ගන්නවා *v.t* hire

kulu badu කුළුබඩු *n.* condiment

kulu baduwa කුළු බඩුව *n.* spice

kulu haraka කුළුහරක *n.* bison

kulugediya කුළුගෙඩිය *n.* sledgehammer

kulupagakama කුළුපගකම *n.* affair

kumaaraya කුමාරයා *n.* prince

kumaariya කුමාරිය *n.* princess

kumanthrana karanawa කුමන්ත්‍රණ කරනවා *v.* conspire

kumanthranakaaraya කුමන්ත්‍රණකාරයා *n.* conspirator

kumanthranaya කුමන්ත්‍රණය *n.* collusion

kumanthranaya කුමන්ත්‍රණය *n.* conspiracy

kumanthranaya කුමන්ත්‍රණය *v.* intrigue

kumanthranaya කුමන්ත්‍රණය *n.* plot

kumba gasa කුඹ ගස *n.* mast

kumbal karmaanthaya කුඹල් කර්මාන්තය *n.* pottery

kumbiya කුඹියා *n.* ant

kumbura කුඹුර *n.* field

kummahikam karanawaa කුම්මැහිකම් කරනවා *n.* stint

kunaatu sahitha කුණාටු සහිත *adj.* stormy

kunaatuwa කුණාටුව *n.* storm

kundu gahanawa කුන්දු ගහනවා *v.t.*

kungfu cheena satan kramaya කුංෆු චීන සටන් ක්‍රමය *n.* kung fu

kunu කුණු *n.* dirt

kunu goda කුණු ගොඩ *n.* dump

kunu kasala කුණු කසල *n.* garbage

kunu thawarunu කුණු තැවරුණු *adj.* slatternly

kunu wenawa කුණු වෙනවා *v.* rot

kunu wuu කුණුවූ *adj.* rotten

kupitha කුපිත *adj.* angry

kupitha karawana කුපිත කරවන *adj.* inflammatory

kupitha karawana කුපිත කරවන *adj.* provocative

kupitha kireema කුපිත කිරීම *n.* provocation

kupitha woo කුපිතවූ *adj.* indignant

kuppiya කුප්පිය *n.* phial

kuppiya කුප්පිය *n.* vial

kuprakata කුප්‍රකට *prep.* notorious

kuragaanawa කුරගානවා *v.* hobble

kurangayaa කුරංගයා *n.* roe

kurubiliya කුරුබිලිය *n.* canyon

kurulaawa කුරුලෑව *n.* pimple

kurulaawa කුරුලෑව *n.* pimple

kurulla කුරුල්ලා *n.* bird

kurulu geya කුරුලු ගෙය *n.* aviary

kurulu handa කුරුළු හඬ *adj.* twee

kurulu handa nanganawa කුරුලු හඬ නඟනවා *v.* chirp

kurulu naada nada denawaa කුරුලු නාද නද දෙනවා *v.* warble

kurulu patiya කුරුළු පැටියා *n.* nestling

kurulu rala කුරුලු රැල *n.* roost

kurulu una කුරුලු උණ *n.* bird flu

kuruminiya කුරුමිණියා *n.* beetle

kuruminiya කුරුමිණියා *n.* ladybird

kurumitta කුරුමිට්ටා *n.* dwarf
kurundu කුරුඳු *n.* cinnamon
kurunga කුරුංග *n.* antelope
kurusa yuddaya කුරුස යුද්ධය *n.* crusade
kurusaya කුරුසය *n.* cross
kurutta කුරුට්ටා *n.* midget
kurutu gaanawaa කුරුටු ගානවා *v.* scrawl
kurutu gee කුරුටු ගී *n.* graffiti
kusaginna කුසගින්න *n.* hunger
kusaginnen pelena කුසගින්නෙන් පෙළෙන *adj.* hungry
kusal sahitha කුසල් සහිත *adj.* meritorious
kusalaanaya කුසලානය *n.* trophy
kusalatha pareekshanaya කුසලතා පරීක්ෂණය *n.* audition
kusalathaawa කුසලතාව *n.* merit
kusalathaawaya කුසලතාවය *n.* talent
kuseetha කුසීත *adj.* lethargic
kuseethayaa කුසීතයා *n.* sluggard
kushta කුෂ්ට *adj.* rash
kusima කුසිම *n.* cushion
kusthura waseema කුස්තුර වැසීම *n.* pointing
kuthuhalaya කුතුහලය *n.* curiosity
kuthuhalaya danawana කුතුහලය දනවන *adj.* curious
kutiya කුටිය *n.* chamber
kutiya කුටිය *n.* cubicle
kutiya කුටිය *n.* enclosure
kuttama කුට්ටම *n.* brace
kuttama කුට්ටම *n.* pack
kuttiya කුට්ටිය *n.* block
kuttiya කුට්ටිය *n.* chunk
kuwithaansiya කුවිතාන්සිය *n.* receipt
kwinaeen ක්විනීන් *n.* quinine

L

laa dumburu paata ලා දුඹුරු පාට *n.* beige
laabaala ළාබාල *adj.* childish
laabaanshaya ලාභාංශය *n.* dividend
laabha upadawana ලාභ උපදවන *adj.* profitable
laabhaya ලාභය *n.* acquisition
laabhaya ලාභය *n.* profit
laaduru rogiya ලාදුරු රෝගියා *n.* leper
laali pati pettiya ලෑලි පටි පෙට්ටිය *n.* crate
laalithya ලාලිත්‍යය *n.* charm
laalithya ලාලිත්‍යය *n.* refinement
laalla ලෑල්ල *n.* board
laalla ලෑල්ල *n.* ply
laanchanaya ලාංඡනය *n.* badge
laanchanaya ලාංඡනය *n.* logo
laanchanaya ලාංඡනය *n.* vestige
laati gahanawa ලෑටි ගහනවා *v.* nibble
laawa ලාවා *n.* barracuda
laba gannawa ලබා ගන්නවා *v.* attain
labaa gannawaa ලබා ගන්නවා *v.* obtain
labaagannata uthsaaha karanawaa ලබා ගන්නට උත්සාහ කරනවා *v.i.* seek
labana mudal ලබන මුදල් *n.* proceeds
labeema ලැබීම *n.* attainment
labenawa ලැබෙනවා *v.* get

labenawa ලැබෙනවා *v.* receive
labiya haki ලැබිය හැකි *adj.* available
labiya nohaki de penwaa hiriharayata path karanawaa ලැබිය නොහැකි දේ පෙන්වා හිරිහැරයට පත් කරනවා *v.* tantalize
labu kabala ලබු කබල *n.* gourd
ladaru ghaathanaya ළදරු ඝාතනය *n.* infanticide
ladaru wiya ළදරු විය *n.* infancy
ladaruwa ළදරුවා *n.* baby
ladaruwa ළදරුවා *n.* child
ladaruwa ළදරුවා *n.* infant
ladi ලැදි *adj.* ready
ladikama ලැදිකම *n.* penchant
laduru rogaya ලාදුරු රෝගය *n.* leprosy
laganna ළගන්නා *adj.* attractive
laghu lekakayaa ලඝු ලේඛකයා *n.* stenographer
laghu lekanaya ලඝු ලේඛනය *n.* stenography
laguganakaya ලඝුගණකය *n.* logarithm
laguma ලැගුම *n.* lodging
laisthuwa ලැයිස්තුව *n.* list
lajja sahitha ලජ්ජා සහිත *adj.* coy
lajja wenawa ලජ්ජා වෙනවා *n.* abbot
lajjaakaaraya ලජ්ජාකාරයා *n.* prude
lajjaawa ලැජ්ජාව *n.* shame
lajjasheeli ලජ්ජාශීලි *adj.* demure
lajjawata path ලජ්ජාවට පත් *adj.* ashamed
lakar ලැකර් *n.* lacquer
lakshana ලක්ෂණ *adj.* posh
lakshana ලක්ෂණ *adj.* pretty
lakshana paddathiya ලක්ෂණ පද්ධතිය *n.* symbolism
lakshanaya ලක්ෂණය *n.* symbol
lakunu kireema ලකුණු කිරීම *n.* marking
lakunu labaa gannawaa ලකුණු ලබා ගන්නවා *v.* score
lakunu thabanna ලකුණු තබන්නා *n.* marker
lamaa kaalaya ළමා කාලය *n.* childhood
lamaa wiya ළමා විය *n* boyhood
lamaing samaga kaamayehi yedennaa ළමයින් සමඟ කාමයෙහි යෙදෙන්නා *n.* paedophile
lamayaa ළමයා *n.* kid
lamayaage kiri mawa ළමයාගේ කිරි මව *n.* nanny
lambhaka ලම්භක *adj.* perpendicular
lamissi ළමිස්සි *n.* maiden
lan wenawa ළං වෙනවා *v.i.* near
langa ළඟ *adv.* nigh
langa bala sitinna ළඟ බලා සිටින්නා *n.* bystander
langa langa paa thabamin duwanawaa ළඟ ළඟ පා තබමින් දුවනවා *v.* trot
langa paatha ළඟ පාත *n.* outskirts
langaa weema ළඟා වීම *n.* accession
langadeema siduwana ළඟදීම සිදුවන *adj.* impending
lansaya ලන්සය *n.* lance
lansu thabanna ලංසු තබන්නා *n.* bidder
lansuwa ලංසුව *v.* bid
lanthaaruma ලන්තෑරුම *n.* lantern
lanuwa ලනුව *n.* cord

lanuwa ලණුව *n.* rope
lapa sahitha ලප සහිත *adj.* brindle
lapati ළපටි *adj.* immature
lapati ළපටි *adj.* verdant
lapati gasa ළපටි ගස *n.* sapling
lapaya ලපය *n.* blot
lapaya ලපය *n.* speckle
lase wani ලේස් වැනි *adj.* lacy
laser kirana ලේසර් කිරණ *n.* laser
lassana ලස්සණ *adj.* cute
lata pata ලට පට *n.* trash
latha gruhaya ලතා ගෘහය *n.* alcove
lathaawa ලතාව *n.* creeper
lathoni denawa ලතෝනි දෙනවා *n.* lament
lathoniya ලතෝනිය *n.* wail
laukika ලෞකික *adj.* profane
laukika ලෞකික *adj.* worldly
laukika winayata ayath ලෞකික විනයට අයත් *adj.* temporal
lava ලාවා *n.* lava
lavender ලැවෙන්ඩර් *n.* lavender
lawanathaawa ලවණතාව *n.* salinity
lawariya ලැවරිය *n.* pancake
lawaya ලවය *n.* numerator
laya ළය *n.* breast
laya palena ළය පැලෙන *adj.* harrowing
lbaagatha haki ලබාගත හැකි *adj.* obtainable
le ලේ *n.* blood
le galanawa ලේ ගලනවා *v.* bleed
le naharaya ලේ නහරය *n.* vessel
le nawathwana behetha ලේ නවත්වන බෙහෙත *adj.* styptic
le thawarunu ලේ තැවරුණු *adj.* bloody
le wagareem sahitha ලේ වැගිරීම් සහිත *adj.* sanguinary
le wagireema ලේ වැගිරීම *n.* bloodshed
lebalaya ලේබලය *n.* label
leda athi ලෙඩ ඇති *adj.* sickly
leda bokaranawaa ලෙඩ බෝකරනවා *v.* infect
leda sahitha ලෙඩ සහිත *adj.* unhealthy
leda suwa karana ලෙඩ සුව කරන *adj.* medicinal
leda wenawa ලෙඩ වෙනවා *v.* ail
ledin ලෙඩින් *adj.* peaky
lee ලී *n.* timber
lee mitiya ලී මිටිය *n.* mall
leeks ලීක්ස් *n.* leek
leetaraya ලීටරය *n.* litre
leewaraya ලීවරය *n.* lever
leeyen thanu ලීයෙන් තැනූ *adj.* wooden
lejaraya ලෙජරය *n.* ledger
lekakaya ලේඛකයා *n.* writer
lekam ලේකම් *n.* secretary
lekana kalaawa ලේඛන කලාව *n.* journalism
lekana vidyaawa ලේඛන විද්‍යාව *n.* calligraphy
lekanaagaaraya ලේඛනාගාරය *n.* muniment
lekanagatha ලේඛනගත *n.* documentary
lekhanagaaraya ලේඛනාගාරය *n.* archives
lela denawa ලෙළ දෙනවා *v.* glitter
lelawanawaa ලෙලවනවා *v.* wield
leli ලේලි *n.* daughter-in-law
leli ලේලි *n.* niece
lena ලෙන *n.* crypt

lena ලේනා *n.* squirrel
lensuwa ලේන්සුව *n.* handkerchief
lesa ලෙස *prep.* like
leshaya ලේශය *n.* whiff
lewakannaa ලෙවකන්නා *n.* lychee
lignite ලිග්නයිට් *n.* lignite
lihil ලිහිල් *adj.* lax
lihil kalisama ලිහිල් කලිසම *n.* bloomers
lihil kireema ලිහිල් කිරීම *n.* mitigation
lihisi kreedaa sandahaa aawuru petha ලිහිසි ක්‍රීඩා සඳහා ආවුරු පෙත *n.* rink
lihisi thel ලිහිසි තෙල් *n.* lubricant
linda ළිඳ *n.* well
lingaya ලිංගය *n.* gender
lingika ලිංගික *adj.* sexual
lingika sansargayata pera uththejanaya ලිංගික සංසර්ගයට පෙර උත්තේජනය *n.* foreplay
lingikathaawa ලිංගිකතාව *n.* sexuality
linguwa athin pirimada uththejanaya labanawaa ලිඟුව අතින් පිරිමැද ලිංගික උත්තේජනය ලබනවා *v.* masturbate
lipa ලිප *n.* hearth
lipa ලිප *n.* stove
lipi himiyaa ලිපි හිමියා *n.* addressee
lipidrawya ලිපිද්‍රව්‍ය *n.* stationery
lipidrawya welendaa ලිපිද්‍රව්‍ය වෙළෙන්දා *n.* stationer
lipikaruwa ලිපිකරුවා *n.* clerk
lipinaya ලිපිනය *n.* address
lipiya ලිපිය *n.* article
lissa yaama ලිස්සා යාම *v.* glide
lissagena yanawaa ලිස්සා ගෙන යනවා *v.* slither
lissana ලිස්සන *adj.* slippery
lissanawaa ලිස්සනවා *v.* slip
litha ලිත *n.* almanac
liweema ලිවීම *n.* writing
liyaapadinchi karanawa ලියාපදිංචි කරනවා *v.* enrol
liyaapadinchiya ලියාපදිංචිය *n.* registration
liyana mesaya ලියන මේසය *n.* bureau
liyana mesaya ලියන මේසය *n.* desk
liyana pattalaya ලියන පට්ටලය *n.* lathe
liyana waduwaa ලියන වඩුවා *n.* turner
liyanna ලියන්න *v.* write
liyawala ලියවැල *n.* scroll
liyawala ලියවැල *n.* vignette
liyawilla ලියවිල්ල *n.* document
liyum kawaraya ලියුම් කවරය *n.* envelope
liyum pettiya ලියුම් පෙට්ටිය *n.* dossier
liyuma ලියුම *n.* letter
liyumkaru ලියුම්කරු *n.* correspondent
lo pas ලෝපස් *n.* ore
lobakam karanawaa ලෝබකම් කරනවා *v.* scrimp
lobakam paanawaa ලෝබකම් පානවා *adj.* skimp
lobayaa ලෝබයා *n.* scrooge
lobhaya ලෝභය *n.* greed
lobhee ලෝභී *adj.* greedy
loguwa ලෝගුව *n.* cassock
loguwa ලෝගුව *n.* robe
loha ලෝහ *n.* metal
loha baanda aluthwadiya

karanna ලෝහ භාණ්ඩ අලුත්වැඩියා කරන්න *v.* tinker

loha bora ලෝහ බොර *n.* slag

loha pathura ලෝහ පතුර *n.* slat

loha widyaawa ලෝහ විද්‍යාව *n.* metallurgy

lohamaya ලෝහමය *adj.* metallic

lohitha warnaya ලෝහිත වර්ණය *n.* scarlet

lokaayaththa ලෝකායත්ත *adj.* secular

lokada ලෝකඩ *n.* bronze

lokaparichaarakaya ලෝකපරිචාරකයා *n.* globetrotter

lokaya ලෝකය *n.* world

lokka ලොක්කා *n.* boss

lokoththara ලෝකෝත්තර *adj.* transcendental

loku akuren liyanawa ලොකු අකුරෙන් ලියනවා *v.* engross

loku badu baagaya ලොකු බඩු බෑගය *n.* holdall

loku daakaththa ලොකු දෑකැත්ත *n.* scythe

loku handa ලොකු හඬ *n.* scoop

loku hapan ලොකු හපන් *adj.* tremendous

loku kudaya ලොකු කූඩය *n.* hamper

loku kuttiya ලොකු කූට්ටිය *n.* hunk

loku mitiya ලොකු මිටිය *n.* sledge

loku peeppaya ලොකු පීප්පය *n.* tun

loku thatiya ලොකු තැටිය *n.* platter

lokuma thaagga ලොකුම තෑග්ග *n.* jackpot

lol thanaththa ලොල් තැනැත්තා *n.* geek

lol wu ලොල් වූ *adj.* desirous

lom ලොම් *n.* fluff

lom kabaaya ලොම් කබාය *n.* cardigan

lom kapanawaa ලොම් කපනවා *v.* shear

lom kapeema ලොම් කැපීම *n.* fleece

lom reddhi wargayak ලොම් රෙදි වර්ගයක් *n.* serge

lom redhi wargayak ලොම් රෙදි වර්ගයක් *n.* tweed

lom redi ලොම් රෙදි *n.* wool

lom sahitha ලොම් සහිත *adj.* woolly

lomanaashaka drawyaya ලෝමනාශක ද්‍රව්‍යය *adj.* depilatory

lombuwa ළොඹුව *n.* log

lomin sadu ලෝමින් සෑදූ *adj.* woollen

londiya ලෝඩියා *n.* jellyfish

loonu ලූනු *n.* onion

loowaraya ලූවරය *n.* Louvre

lop lakuna ලෝප් ලකුණ *n.* apostrophe

loriya ලොරිය *n.* lorry

losinjaraya ලොසින්ජරය *n.* lozenge

lotharayiya ලොතරැයිය *n.* raffle

lotharayya ලොතරැයිය *n.* lottery

lowi ලෞවි *adj.* mundane

lowinawa ලෙවිනවා *v.* lick

luhu bandinawa ලුහු බඳිනවා *v.* chase

luhundu ලුහුඬු *adj.* laconic

luhundu padyaya ලුහුඬු පද්‍යය *n.* sonnet

luhundu prakaashaya ලුහුඬු ප්‍රකාශය *n.* bulletin

luhundu satahana ලුහුඬු සටහන *n.* sketch

lunu ලුණු *n.* salt

lunu athi ලුණු ඇති *adj.* saline

lunu misra ලුණු මිශ්‍ර *adj.* salty

M

maadiriya මාදිරිය *n.* mode
maadyaya මාධ්‍යය *n.* media
maadyaya මාධ්‍යය *n.* medium
maafiya sanwidaanaya මාෆියා සංවිධානය *n.* Mafia
maagarin මාගරින් *n.* margarine
maahangi මාහැඟි *adj.* precious
maaim karanawa මායිම් කරනවා *v.* circumscribe
maakswaadaya මාක්ස්වාදය *n.* Marxism
maalapeththa මාලපෙත්ත *n.* locket
maalaya මාලය *n.* necklace
maaligaawa මාළිගාව *n.* palace
maaligaawak wani මාලිගාවක් වැනි *adj.* palatial
maaligawa මාළිගාව *n.* castle
maalimaawa මාලිමාව *n.* compass
maalu kuttiya මාලු කුට්ටිය *n.* steak
maalu raana මාලු රැන *n.* shoal
maalu wisheshayak මාලු විශේෂයක් *n.* snapper
maalukaaraya මාළුකාරයා *n.* fisherman
maaluwa මාළුවා *n.* fish
maaluweku wani මාළුවෙකු වැනි *adj.* fishy
maamaa මාමා *n.* uncle
maana balanawa මාන බලනවා *v.i.* aim
maanadika මාන්දික *adj.* arrogant
maanasika මානසික *adj.* mental
maanasika මානසික *n.* psychiatry
maanasika athin wirudda lingayata namburu wu මානසික අතින් විරුද්ධ ලිංගයට නැඹුරු වූ *n.* transsexual
maanasikathwaya මානසිකත්වය *n.* mentality
maanawa wargayaa මානව වර්ගයා *n.* mankind
maanawa widyaawa මානව විද්‍යාව *n.* anthropology
maanawawaadaya මානවවාදය *n.* humanism
maanawawaadi මානවවාදී *adj.* humanitarian
maanaya මානය *n.* conceit
maanaya මානය *n.* dimension
maanaya මානය *n.* pride
maanchu මාංචු *n.* shackle
maanchuwa මාංචුව *n.* handcuff
maanchuwa මාංචුව *n.* handcuff
maanel wani mal gasak මානෙල් වැනි මල් ගසක් *n.* narcissus
maapata angilla මාපට ඇඟිල්ල *n.* thumb
maaraanthika මාරාන්තික *adj.* deadly
maaragopadesha grantaya මාර්ගෝපදේශ ග්‍රන්ථය *n.* guidebook
maaragopadeshaka මාර්ගෝපදේශක *n.* guide
maaraka මාරක *adj.* lethal
maaraka මාරක *adj.* malignant
maaraka siddiya මාරක සිද්ධිය *n.* fatality
maargaya මාර්ගය *n.* route
maargayen pita paninawa මාර්ගයෙන් පිට පනිනවා *v.* digress

maaru kala haki මාරු කළ හැකි *adj.* transferable

maaru karanawa මාරු කරනවා *v.* commute

maaru karanawaa මාරු කරනවා *v.* transfer

maaru wana thana මාරු වන තැන *n.* crossing

maaru wenawa මාරු වෙනවා *v.* change

maaruwen maruwata මාරුවෙන් මාරුවට *v.t.* alternate

maasaya මාසය *n.* month

maaspatha මාස්පතා *adj.* monthly

maatha මෑත *adj.* recent

maathadee මෑතදී *adv.* lately

maathraawa මාත්‍රාව *n.* dose

maathroo moolika මාතෘ මූලික *n.* matriarch

maathrukaawa මාතෘකාව *n.* heading

maathrukaawa මාතෘකාව *n.* title

maathruthwaya මාතෘත්වය *n.* maternity

maathruthwaya මාතෘත්වය *n.* motherhood

maaththuwa adu nathi මාත්තුව අඩු නැති *adj.* unalloyed

maawatha මාවත *n.* avenue

maayaakaarayaa මායාකාරයා *n.* juggler

maayaawa මායාව *adj.* fake

maayaawee මායාවී *adj.* fantastic

maayam මායම් *n.* magic

maayam wana මායම් වන *adj.* feisty

maayam wenawa මායම් වෙනවා *v.* feign

maayawi මායාවි *adj.* illusory

maayima මායිම *n.* limit

maayima මායිම *n.* outline

mada මැද *adj.* mid

mada මඩ *n.* mud

mada gahanawa මද ගහනවා *v.* exude

mada ginne thambanawaa මද ගින්නේ තම්බනවා *v.* simmer

mada kaalaya මද කාලය *n.* rut

mada kadiththa මඩ කඩිත්ත *n.* puddle

mada lesa hinaawenawaa මද ලෙස හිනා වෙනවා *v.* smile

mada pawana මද පවන *n.* zephyr

mada pawathwanawaa මැඩ පවත්වනවා *v.* stifle

mada sahitha මඩ සහිත *adj.* slushy

mada sahitha මඩ සහිත *adj.* turbid

mada sulanga මද සුළඟ *n.* breeze

mada welaawak nideema මද වෙලාවක් නිදීම *n.* snooze

mada yamak ahuraa redhi depatak ekata maheema මැද යමක් අහුරා රෙදි දෙපටක් එකට මහන ලද *adj.* quilted

madajanaka මදජනක *adj.* erogenous

madak rathu wuu මදක් රතු වූ *adj.* reddish

madak thambu maalu මදක් තැම්බූ මාළු *n.* bloater

madalanawaa මැඩලනවා *v. t* curb

madanawaa මඩනවා *v.* trample

madapawathwanawaa මැඩපවත්වනවා *v.* sink

madapawathwiya nohaki මැඩපැවැත්විය නොහැකි *adj.* ungovernable

madaya මදය *n.* kernel
maddahanaya මද්දහනය *n.* midday
made laginawaa මඩේලගිනවා *v.* wallow
madhu මධු *n.* mead
madhusamaya මධුසමය *n.* honeymoon
madi woo මදි වූ *adj.* inadequate
madihath weema මැදිහත් වීම *n.* mediation
madihath wenawa මැදිහත් වෙනවා *v.* intercede
madihath wenawa මැදිහත් වෙනවා *v.* mediate
madihathweema මැදිහත්වීම *n.* intervention
madihathwenawa මැදිවෙනවා *v.* intervene
madin ellaa watenawaa මැදින් එල්ල වැටෙනවා *v.* sag
madipaaduwa මදිපාඩුව *n.* deficiency
madirothmaadaya මදිර ෝත්මා දය *n.* dipsomania
madiyaa මැඩියා *n.* paddock
maduruwaa මදුරු වා *n.* mosquito
maduwa මඩුව *n.* hut
maduwa මඩුව *n.* shed
maduwaa මඩුව *n.* skate
madya kaaleena kaanthaa thoppiyak මධ්‍ය කාලීන කා න්තා තොප්පියක් *n.* wimple
madya rekhawa මධ්‍ය රේඛා ව *n.* meridian
madyaahanaya මධ්‍යා හ්නය *n.* noon
madyadharanee මධ්‍යධරණී *adj.* Mediterranean
madyagaaraya මද්‍යගා රය *n.* brewery
madyagatha karanawa මධ්‍යගත කරනවා *v.* centralize
madyagimhaanaya මධ්‍යගිම්හා නය *adj.* midsummer
madyahna nidraawa මධ්‍යහ්න නිද්‍රාව *n.* siesta
madyakaleena මධ්‍යකාලීන *adj.* medieval
madyama මධ්‍යම *adj.* central
madyama මධ්‍යම *adj.* middle
madyama මධ්‍යම *adj.* moderate
madyama raathriya මධ්‍යම රා ත්‍රිය *n.* midnight
madyama tharame මධ්‍යම තරමේ *adj.* middling
madyasaara kihipayakin mishra kala paanaya මද්‍යසා ර කිහිපයක් මිශ්‍ර කළ පා නය *n.* cocktail
madyasara මද්‍යසා ර *n.* alcohol
madyastha මධ්‍යස්ථ *adj.* median
madyasthaanaya මධ්‍යස්ථා නය *n.* hub
madyasthanaya මධ්‍යස්ථා නය *n.* center
madyaya මධ්‍යය *n.* centre
madyaya මධ්‍යය *n.* core
maga hareema මඟ හැරීම *n.* avoidance
maga hareema මඟ හැරීම *n.* omission
maga harinawa මඟ හරිනවා *v.* avoid
maga harinna මඟ හරින්නා *n.* shirker
maga penweema මඟ පෙන්වීම *n.* directive
maga waradee harenawa මඟ වැරදී හැ රෙනවා *v.* yaw

magaharayaama මහහු රයම ම *n.* bypass

mage මගෙ'*pron.* mine

mage මගෙ'*adj.* my

magin මිහින් *prep.* via

magiya මිගිය *n.* passenger

maha මහ *adj.* big

maha amuna මහ අමුණ *n.* barrage

maha badawala මහ බඩවැල *n.* colon

maha deniya මහ දෑණිය *n.* moor

maha handin මහ හඬින් *adv.* aloud

maha handin naasayen husma pita kireema මහ හඬින් නා සයනේ හුස්මපිට කිරීම *n.* snort

maha lekam kaaryaalaya මහ ලෙකෙම් කා ර්යා ලය *n.* secretariat

maha manga මහ මහ *n.* highway

maha modaya මහ මෝඩය *n.* moron

maha molakaaraya මහ මොළෙක රය *n.* mastermind

maha winaashaya මහ විනා ශය *n.* catastrophe

mahaa මහ *adj.* mega

mahaa dhanawatha මහ ධනවත *nabob* nabob

mahaa hamudaawa මහ හමුදාව *n.* legion

mahaa kolaahalaya මහ කෝලා හලය *n.* pandemonium

mahaa maargaya මහ මා ර්ගය *n.* boulevard

mahaa prathimaawa මහ ප්රතිමා ව *n.* colossus

mahaa ralla මහ රැල්ල *v.* billow

mahaa shaalawa මහ ශා ලව *n.* megalith

mahaa upadrawaya මහ උපද්රවය *n.* cataclysm

mahaachaaryawarayaa මහ චා ර්යවරයා *n.* professor

mahaadweepaya මහ ද්වීපය *n.* continent

mahaadweepika මහ ද්වීපික *adj.* continental

mahaakaawya මහ කා ව්යය *n.* epic

mahaamaariya මහමා රිය *n.* plague

mahaduru මහදුරු *n.* fennel

mahadweepayak puraa pathala මහද්වීපයක්පුරා පතල *adj.* transcontinental

mahajana aashirwaadaya මහජන ආශිර්වා දය *n.* charisma

mahajanaya මහජනය *n.* populace

mahalla රැ හැ ල්ල *n.* hag

mahalu මහලු *adj.* old

mahalu bawa මහලු බව *n.* senility

mahanawaa මහනවා *v.* sew

mahanawaa මහනවා *v.* stitch

mahansiyen kala yuthu මහන්සියනේ කළ යුතු *adj.* laborious

maharaja මහරජ *n.* sovereign

mahath මහත් *adj.* great

mahath alankaarayen yuth මහත් අල ක රයනේ යුත් *adj.* sumptuous

mahath anathura මහත් අනතුර *n.* peril

mahath apawaadaya මහත් අපවා දය *n.* invective

mahath bakthiya මහත් භක්තිය *n.* veneration

mahath bhaya මහත් බය *v.* scare

mahath duka මහත් දුක *n.* pang

mahath durgandaya මහත් දුර්ගන්ධය *n.* stench

mahath goshawa මහත් ඝෝෂාව *n.* din

mahath kalabalaya මහත් කලබලය *n.* bedlam

mahath kampaawa මහත් කම්පාව *n.* upheaval

mahath kunaatu sahitha මහත් කුණාටු සහිත *adj.* tempestuous

mahath lesa penena මහත් ලෙස පෙනෙන *adj.* grandiose

mahath onakamak athi මහත් ඕනෑකම් ඇති *adj.* eager

mahath peedawa මහත් පීඩාව *n.* agony

mahath pilikul upadawana මහත් පිළිකුල් උපදවන *adj.* horrid

mahath preethiyen මහත් ප්‍රීතියෙන් *adv.* gaily

mahath premayen මහත් ප්‍රේමයෙන් *adv.* dearly

mahath pudumayata pathwenawa මහත් පුදුමයට පත්වෙනවා *adj.* flabbergasted

mahath salakilla මහත් සැලකිල්ල *n.* solicitude

mahath sanwegaya upadawana මහත් සංවේගය උපදනවා *adj.* shocking

mahath se kalakirunu මහත් සේ කලකිරුණු *adj.* disaffected

mahath se ridawanawa මහත් සේ රිදවනවා *v.* wring

mahath shabda athi මහත් ශබ්ද ඇති *adj.* thunderous

mahath shabda sahitha මහත් ශබ්ද සහිත *adj.* tumultuous

mahath tharangaya මහත් තරඟය *n.* trug

mahath unanduwa මහත් උනන්දුව *n.* fervour

mahath unanduwa මහත් උනන්දුව *n.* furore

mahath unanduwa මහත් උනන්දුව *n.* vitality

mahath wancha kaarayaa මහත් වංචා කාරයා *n.* swindler

mahath wanchaawa මහත් වංචාව *v.* swindle

mahath wegaya මහත් වේගය *n.* zip

mahath wehesa මහත් වෙහෙස *n.* strain

mahath winaashaya මහත් විනාශය *n.* debacle

mahath winaashaya මහත් විනාශය *n.* havoc

mahath winaashayata pamunuwanawaa මහත් විනාශයට පමුණුවනවා *v.* decimate

mahath wipatha මහත් විපත *n.* tribulation

mahath wishmayata pamunuwanawaa මහත් විශ්මයට පමුණුවනවා *v.* stagger

mahatha මහතා *n.* gentleman

mahathwaru මහත්වරු *n.* gentry

mahathwaya මහත්වය *n.* immensity

mahechcha මහේච්ඡ *adj.* ambitious

mahesthraath මහේස්ත්‍රාත් *n.* magistrate

mahimaya මහිමය *n.* grandeur

mahogany මැහොගනී *n.* mahogany

mahogaya මහෝඝය *n.* deluge

mahuma මැහුම *n.* stitch

mai maasaya මැයි මාසය *n.* May

mainahama මයිනහම *n.* bellows

maitaraya මයිටරය *n.* mitre

makaa damanawa මකා දමනවා *v. i* delete

makaa damanawa මකා දමනවා *v.* obliterate

makaa damanawa මකා දමනවා *v.* raze

makaa dameema මකා දැමීම *n.* deletion

makaa dameema මකා දැමීම *n.* obliteration

makaadamanawa මකා දමනවා *v.* erase

makaadamanawaa මකා දමනවා *v.* deface

makanawa මකනවා *v.* efface

makaraa මකරා *n.* dragon

makka මැක්කා *n.* flea

makulu dala මකුළු දැල *n.* cobweb

makuluwaa මකුළුවා *n.* spider

makuna මකුණා *n.* bug

mal banduna මල් බඳුන *n.* vase

mal kalamba මල් කළඹ *n.* bouquet

mal maalaya මල් මාලය *n.* garland

mal pani මල් පැණි *n.* nectar

mal peththa මල් පෙත්ත *n.* petal

mal wadama මල් වඩම *n.* wreath

mal wargayak මල් වර්ගයක් *n.* tulip

mala මල *n.* fur

mala මළ *adj.* dead

mala bandenawaa මල බැඳෙනවා *v.* corrode

mala bandunu මල බැඳුණු *adj.* rusty

mala dola මළ දොළ *n.* wadi

mala pasu මළ පසු *adj.* posthumous

mala sirura මළ සිරුර *n.* corpse

malaanika මලානික *adj.* lurid

malaanika woo මලානිකවූ *adj.* dispirited

malabaddaya මලබද්ධය *n.* constipation

malagedara මළගෙදර *n.* funeral

malakada මලකඩ *n.* rust

malakuna මළකුණ *n.* carcass

malala kreedakayaa මළල ක්‍රීඩකයා *n.* athlete

malala kreedawa මළල ක්‍රීඩා ව *adj.* athletic

malariawa මැලේරියාව *n.* malaria

malawenawa මැලවෙනවා *v.* droop

malawunu මැළවුණු *adj.* seedy

malgowa මල්ගෝවා *n.* cauliflower

malin gawasi මලින් ගැවසි *adj.* flowery

malin karana lada මලින් කරන ලද *adj.* floral

maliyam මැලියම් *n.* adhesive

maliyam මැලියම් *n.* glue

maliyam මැලියම් *n.* gum

maliyam මැලියම් *n.* mucilage

malkaru මල්කරු *n.* florist

mallawaya මල්ලවයා *n.* wrestler

malwara weema මල්වරවීම *n.* puberty

mama මම *pron.* I

mama මම *pron.* me

mama ma මම ම *pron.* myself

mamiya මමිය *n.* mummy

man mulaa wee yanawaa මංමුළා වී යනවා *v.* stray

mana මනා *adj.* nice

manaa sanwidaanaya මනා සංවිධානය *n.* logistics

manaa suwandathi මනා සුවඳැති *adj.* fragrant

manaaliya මනාලිය *n.* bride

manaaliyage andum kattalaya

මනාලියගේ ඇඳුම් කට්ටලය *n.* trousseau
manaapaya මනා පය *n.* preference
manaawa nowadunu මනා ව නොවැඩුණු *adj.* gangling
manaawa sakas nowu මනා ව සකස් නොවූ *adj.* scrappy
manahara මනහර *adj.* lovely
manakkalpitha මනඃ කල්පිත *adj.* fanciful
manakkalpitha මනඃ කල්පිත *adj.* imaginary
manakkalpithaya මනඃ කල්පිතය *n.* imagery
manamaalaya මනමා ලයා *n.* bridegroom
manaram මනරම් *adj.* winsome
manasa මනස *n.* mind
manda buddhika මන්ධ බුද්ධික *adj.* saturnine
manda buddika මන්දබුද්ධික *adj.* obtuse
manda warnaya මන්ධ වර්ධය *n.* tint
mandaakiniya මන්දාකිණිය *n.* galaxy
mandagaamee මන්දගාමී *adj.* slow
mandaheshaawa මන්දහෙෂා ව *n.* whinny
mandalaakara මණ්ඩලා කා ර *v.* gyrate
mandalaya මණ්ඩලය *n.* council
mandalaya මණ්ඩලය *n.* panel
mandanaya මන්දනය *n.* retardation
mandanaya karanawa මන්දනය කරනවා *v.* decelerate
mandapaya මණ්ඩපය *n.* pavilion
mandaposhanaya මන්දප ෂෝණය *n.* malnutrition
mandiraya මන්දිරය *n.* mansion
mandra swara මන්ද්‍ර ස්වර *n.* bass
maneema මැනීම *a.* measure
manga මඟ *n.* path
manga hareema මඟහැරීම *n.* evasion
manga harinawa මඟ හරිනවා *v. t* dodge
manga harinawa මඟ හරිනවා *v. t* evade
mangahara pana yanawa මඟහැ ර පැ න යනවා *v.* abscond
mangaharayaama මඟහැ රයා ම *n.* elusion
mangala මංගල *adj.* bridal
mangala rathaya මංගල රථය *n.* chariot
mangala wasthuwa මංගල වස්තුව *n.* mascot
mangalyaya මං ගල්‍යය *n.* fete
manganese මැංගනීස් *n.* manganese
manik katu ataya මැ ණික් කටු ඇටය *adj.* carpal
manik katuwa මැ ණික් කටුව *n.* wrist
manik wargayak මැ ණික් වර්ගයක් *n.* zircon
manik welenda මැ ණික් වළෙන්දා *n.* jeweller
manika මැ ණික *n.* gem
manika මැ ණික *n.* jewel
maninawa මිනිනවා *v.* measure
maninawaa මිනිනවා *v.t.* survey
mankollakaaraya මං කොල්ලකා රයා *n.* robber
mankollakaarayaa මං කොල්ලකා රයා *n.* dacoit
mankollakanawa මං කොල්ල කනවා *v.* rob

mankollakanawaa මං කොල්ලකනවා *v.* waylay
mankollaya මං කොල්ලය *n.* robbery
mano මනෝ *adj.* psychological
mano chikithsakayaa මනෝ චිකිත්සකයා *n.* psychiatrist
mano raajjyaya මනෝ රාජ්‍යය *n.* utopia
mano roga chikithsaawa මනෝ රෝග චිකිත්සාව *n.* psychotherapy
mano widyaagnaya මනෝ විද්‍යාඥයා *n.* psychologist
mano widyaawa මනෝවිද්‍යාව *n.* psychology
mano wikaaraya මනෝවිකාරය *n.* psychosis
mano wyaadiya මනෝව්‍යාධිය *n.* psychopath
manobhaawaya මනෝභාවය *n.* mood
manodeena මනෝදීන *adj.* temperamental
manohara මනෝහර *adj.* delectable
manohara මනෝහර *adj.* delightful
manohara මනෝහර *adj.* inviting
manolokaya මනෝලෝකය *n.* déjà vu
mansabhakshaka මාංස භක්ෂක *n.* carnivore
manthrakaarayaa මන්ත්‍රකාරයා *n.* sorcerer
manthrakaraya මන්ත්‍රකාරයා *n.* wizard
manthraya මන්ත්‍රය *n.* mantra
manthreemandalaye saamaajikaya මන්ත්‍රීමණ්ඩලයේ සාමාජිකයා *n.* parliamentarian
manthreewarayaa මන්ත්‍රීවරයා *n.* councillor
manubila මනුබිල *n.* manhole
manushyathwaya මනුෂ්‍යත්වය *n.* humanity
maple dawa මේපල් දැව *n.* maple
mara මැර *adj.* roguish
marana pramaanaya මරණ ප්‍රමාණය *n.* mortality
marana wimasuma මරණ විමසුම *n.* inquest
maranaya මරණය *n.* cadaver
maranaya මරණය *n.* cadaver
maranaya මරණය *n.* death
maraneeya මරණීය *adj.* fatal
marathon මැරතන් *n.* marathon
marawara මැරවර *adj.* rowdy
marawarakam karanawaa මැරවරකම් කරනවා *adj.* swashbuckling
marawarakama මැරවරකම *n.* outrage
marawarayaa මැරවරයා *n.* ruffian
marawarayaa මැරවරයා *n.* thug
maraya මැරයා *n.* gangster
marayaa මැරයා *n.* rogue
mardanaya මර්ධනය *n.* suppression
maree upan මැරී උපන් *n.* stillborn
marenasulu මැරෙනසුලු *adj.* mortal
marinadaya මැරිනේඩය *n.* marinade
marthu මාර්තු *n.* march
mas මස් *n.* meat
mas koora මස් කූර *n.* skewer
mas maalu nokannaa මස් මාලු නොකන *n.* vegan
mas padam karanawa මස් පදම් කරනවා *v.* marinate
mas palangana loha massa මස් පළඟන ලෝහ මැස්ස *n.* barbecue

mas welenda මස් වෙළෙන්දා *n.* butcher
masa මස *n.* flesh
masiwili kireema මැසිවිලි කිරීම *v.* whinge
maskaawaa මස්කාවා *n.* otter
mason wada මේසන් වැඩ *n.* masonry
maspiduwa මස්පිඩුව *n.* muscle
masthakaya මස්තකය *n.* summit
masun allana thana මසුන් අල්ලන තැන *n.* fishery
masura මසුරා *n.* miser
masuraa මසුරා *n.* niggard
masuri මසූරි *n.* smallpox
masuru මසුරු *adj.* miserly
masuru මසුරු *adj.* niggardly
masuru මසුරු *adj.* sparing
masuru මසුරු *adj.* stingy
masurukama මසුරුකම *n.* parsimony
matasilitu මටසිලුටු *adj.* sleek
math gathiya මත් ගතිය *n.* intoxication
math karanawaa මත් කරනවා *v.* intoxicate
matha මත *prep.* on
mathak karanawa මතක් කරනවා *v.* remind
mathak kireema මතක් කිරීම *n.* reminder
mathaka nathi wana sulu මතක නැති වන සුලු *adj.* forgetful
mathaka satahan මතක සටහන් *n.* memorandum
mathaka thabaagannawa මතක තබාගන්නවා *v.* remember
mathakaagaaraya මතකාගාරය *n.* mortuary
mathakaya මතකය *n.* memory
mathaya මතය *n.* judgement
mathaya මතය *n.* opinion
mathdrawya මත්ද්‍රව්‍ය *n.* narcotic
mathpan මත්පැන් *n.* liquor
mathpan nobonna මත්පැන් නොබොන්නා *n.* teetotaller
mathpan poda මත්පැන් පොද *n.* tot
mathpanin wenweema මත්පැනින් වෙන්වීම *n.* temperance
mathrukaa paataya මාතෘකා පාඨය *n.* rubric
mathu මතු *adv.* after
mathu pita මතුපිට *n.* surface
mathu wee penena මතු වී පෙනෙන *adj.* prominent
mathu wenawa මතු වෙනවා *v.* emerge
mathupitin මතුපිටින් *adv.* outwardly
mathupitin dhawanawaa මතුපිටින් දවනවා *v.* scorch
mathuranawa මතුරනවා *v.* murmur
mati මැටි *n.* clay
mati bandun මැටි බඳුන් *n.* crockery
mati mola මැටි මොළේ *n.* ignoramus
matiyen saadana lada මැටියෙන් සාදන ලද *adj.* earthen
mattama මට්ටම *n.* level
mattaya මට්ටියා *n.* mussel
maw මව් *adj.* maternal
maw puwaruwa මව් පුවරුව *n.* motherboard
mawa මව *n.* mother
mawa mareema මව මැරීම *n.* matricide
mawaa gannawaa මවා ගන්නවා *v.* visualize

mawaapaama මවා පෑම *n.* affectation
mawaka wani මවක වැනි *adj.* motherly
mawana මවන *adj.* creative
mawanna මවන්නා *n.* creator
mawitha wenawa මවිත වෙනවා *v.* astonish
mawula මුවුල *n.* molar
mawulaya මුවුලය *n.* mole
mawumkaruwa මැවුම්කරුවා *n.* behemoth
mayaa karmaya මායා කර්මය *n.* witchcraft
mayaakaariya මායාකාරිය *n.* witch
mayikaa මයිකා *n.* mica
mayonnaise මයොනේස් *n.* mayonnaise
mayosiya මයෝසිය *n.* myosis
me asala මෙ අසල *adv.* hereabouts
me dakwaa මෙ දක්වා *adv.* hitherto
me wana witath මෙ වන විටත් *adv.* already
meda katiweemak මේද කැටිවීමක් *n.* cellulite
meda uraaganeema මේද උරාගැනීම *n.* liposuction
mee haraka මී හරකා *n.* buffalo
mee kiri මී කිරි *n.* curd
mee masmora rogaya sahitha මී මැස්මොර රෝගය සහිත *adj.* apoplectic
mee massa මී මැස්සා *n.* bee
mee pani මී පැණි *n.* honey
mee pani wadaya මී පැණි වදය *n.* honeycomb
mee wadaya මී වදය *n.* apiary
mee wadaya මී වදය *n.* hive
meeduma මීදුම *n.* fog
meeduma මීදුම *n.* mist
meeduma saha duma misra patalaya මීදුම සහ දුම මිශ්‍ර පටලය *n.* smog
meelanga මීළඟ *adj.* next
meetara kramaya මීටර ක්‍රමය *adj.* metric
meetaraya මීටරය *n.* meter
meewana මීවන *n.* fern
meeya මීයා *n.* mouse
meeya මීයා *n.* rat
megabyte මෙගා බයිට් *n.* megabyte
megahertz මෙගා හර්ට්ස් *n.* megahertz
megaphonaya මෙගා ෆෝනය *n.* megaphone
megapixalaya මෙගාපික්සලය *n.* megapixel
mehekaruwaa මෙහෙකරුවා *n.* servant
meheyawanawa මෙහෙයවනවා *v.* manipulate
meheyawanaya මෙහෙයවනවා *v.* lead
meheyawanna මෙහෙයවන්නා *n.* compere
meheyaweema මෙහෙයවීම *n.* manipulation
mehi මෙහි *adv.* here
meka මෙක *pron.& adj.* this
melesa මෙලෙස *adv.* thus
menehi karanawa මෙනෙහි කරනවා *v.* recall
meneri මෙනේරි *n.* millet
menuwa මෙනුව *n.* menu
mes anduma මේස් ඇඳුම් *n.* hosiery
mes patiya මේස් පටිය *n.* garter

mesan handa මේසන් හැන්ද *n.* trowel
mesaya මේසය *n.* table
methan patan මෙතැන් පටන් *adv.* hereafter
methan sita මෙතැන් සිට *adv.* hence
methanata මෙතැනට *adv.* hither
metta redhi මෙට්ට රෙදි *n.* ticking
mettaya මෙට්ටය *n.* mattress
mewalama මෙවලම *n.* artefact
mewalama මෙවලම් *n.* paraphernalia
mewalama මෙවලම *n.* tool
meyin මෙයින් *adv.* hereby
micromeetaraya මයික්‍රෝමීටරය *n.* micrometer
microphonaya මයික්‍රෝෆෝනය *n.* microphone
midenawa මිදෙනවා *v.* abstain
midenawa මිදෙනවා *v.* freeze
midhi nelana kaalaya මිදි නෙලන කාලය *n.* vintage
midhi wala මිදි වැල *n.* vine
midhi waweeme shasthraya මිදි වැවීමේ ශාස්ත්‍රය *n.* viticulture
midi මිදි *n.* grape
migrain මයිග්‍රේන් *n.* migraine
mihiri bawa මිහිරි බව *n.* sweetness
mila මිල *n.* price
mila adhika මිල අධික *adj.* costly
mila adhika මිල අධික *adj.* expensive
mila adhika nowana මිල අධික නොවන *adj.* inexpensive
mila adu මිල අඩු *adj.* cheap
mila adu karanawa මිල අඩු කරනවා *v. t.* cheapen
mila karanawa මිල කරනවා *v.* appraise
mila pahatha heleema මිල පහත හෙළීම *n.* deflation
milata gannawa මිලට ගන්නවා *v.* buy
milata gannawaa මිලට ගන්නවා *v.* purchase
milayata gath badu මිලයට ගත් බඩු *n.* shopping
milayata gatha haki මිලයට ගත හැකි *adj.* venal
milechchaම්ලේච්ඡ *adj.* barbaric
milechchaya ම්ලේච්ඡයා *n.* barbarian
miligraamaya මිලිග්‍රෑමය *n.* milligram
milimeetaraya මිලිමීටරය *n.* millimetre
miliyanaya මිලියනය *n.* million
mimma මිම්ම *n.* gauge
mimma මිම්ම *n.* measurement
min madura මින් මැදුර *n.* aquarium
min mathu මින් මතු *adv.* henceforth
minchi මිංචි *n.* mint
minchi palaya මිංචි පැළය *n.* spearmint
minee maranawaa මිනී මරනවා *v.* kill
minee pettiya මිනී පෙට්ටිය *n.* coffin
minee rathaya මිනී රථය *n.* hearse
mineemaranawa මිනීමරනවා *v.* assassinate
mineemareema මිනීමැරීම *n.* assassination
mineemaruma මිනීමැරුම *n.* murder
mineemaruwa මිනීමරුවා *n.* assassin
mineemaruwa මිනීමරුවා *n.*

homicide
mineemaruwa මිනීමරු වා *n.* murderer
mineemassa මිනීමු ස්ස *n.* bier
minigedi handa මිණිගෙඩි හඬ *n.* chime
minindoruwaa මිනින්දෝරු ව *n.* surveyor
miniran මිනිරන් *n.* graphite
minis මිනිස් *adj.* human
minis balaya මිනිස් බලය *n.* manpower
minis ruwa athi robottek මිනිස් රු ව ඇති ර බො ෝට්ටකේ *n.* android
minisaa මිනිසා *n.* man
minisun sewaye noyedena මිනිසුන් සවේයේ නොයෙදෙන *adj.* unmanned
miniththuwa මිනිත්තුව *n.* minute
miniya beheth galwaa sanrakshanaya karanawa මිනිය බෙහෙත් ගල්වා සං රක්ෂණය කරනවා *v.* mummify
miniyak wani මිනියක් වැනි *adj.* ghastly
minum danda මිනුම් දණ්ඩ *n.* criterion
miridiya maalu wargayak මිරිදිය මාළු වර්ගයක් *n.* trout
mirikaa podikaranawaa මිරිකා පොඩිකරනවා *v.* squash
mirikanawaa මිරිකනවා *v.* squeeze
mirikanawaa මිරිකනවා *v.* squish
mirikee sitinawa මිරිකී සිටිනවා *v.* huddle
miringuwa මිරිඟුව *n.* mirage
misa මිස *conj.* unless
misailaya මිසයිලය *n.* missile
mishra මිශ්‍ර *adj.* assorted
mishra adhyaapanaya මිශ්‍ර අධ්‍යාපනය *n.* co-education
mishra karanawa මිශ්‍ර කරනවා *v.* concoct
mishra karanawaa මිශ්‍ර කරනවා *v.* mix
mishra lobaya මිශ්‍ර ලෝහය *n.* alloy
mishra sangeethaya මිශ්‍ර සංගීතය *n.* medley
mishra wenawa මිශ්‍ර වෙනවා *v. t* blend
mishra wenawa මිශ්‍ර වෙනවා *v.* mingle
mishrakaya මිශ්‍රකය *n.* mixer
mishrana yanthraya මිශ්‍රණ යන්ත්‍රය *n.* blender
mishranaya මිශ්‍රණය *n.* concoction
mita මිට *n.* haft
mita මිට *n.* handful
mita මිට *n.* hilt
mita molawaa gasanawaa මිට මොළවා ගසනවා *v.* pummel
miten pahara denawa මිටනේ පහර දෙනවා *n.* knuckle
mithra මිත්‍ර *adj.* amicable
mithra wu මිත්‍ර වූ *adj.* allied
mithrathwaya මිත්‍රත්වය *n.* amity
mithrathwaya මිත්‍රත්වය *n.* camaraderie
mithrayo මිත්‍රයෝ *n.* kith
mithuru wenawa මිතුරු වෙනවා *v.* befriend
mithya මිථ්‍යා *adj.* legendary
mithyaa adaheema මිථ්‍යා ඇදහීම *n.* superstition
mithyaa kathaa samoohaya මිථ්‍යා කථා සමූහය *n.* mythology

mithyaa kathaawa මිථ්‍යා කතාව *n.* figment
mithyaa wishwaasaya මිථ්‍යා විශ්වාසය *n.* misbelief
mithyaawa මිථ්‍යාව *n.* myth
miti kanda මිටි කන්ද *n.* hillock
miti wasikili pochchiya මිටි වැසිකිළි පෝච්චිය *n.* bidet
mitiya මිටිය *n.* hammer
mitiyaawatha මිටියාවත *n.* dale
mitiyaawatha මිටියාවත *n.* vale
mitta මිට්ටා *n.* elf
miyagiya keneku wenuwen liyawunu,wilaapa geeya මියගිය කෙනෙකු වෙනුවෙන් ලියැවුණු විලාප ගීය *n.* monody
miyayanawa මියයනවා *v.* die
mlechchayaa ම්ලේච්ඡයා *n.* vandal
mochariya මෝචරිය *n.* morgue
moda මෝඩ *adj.* asinine
moda මෝඩ *adj.* foolish
moda මෝඩ *adj.* senseless
moda bhakthiya මෝඩ භක්තිය *n.* fetish
moda gadola මෝඩ ගඩොල *n.* adobe
moda hasireema මෝඩ හැසිරීම *n.* tomfoolery
moda pudgalayek මෝඩ පුද්ගලයෙක් *n.* nerd
moda sinahawa මෝඩ සිනහව *v.t.* giggle
modakama මෝඩකම *n.* absurdity
modakama මෝඩකම *n.* folly
modamaya මෝඩමය *n.* modem
modaya මෝඩයා *n.* ass
modaya මෝඩයා *n.* fool
modaya මෝඩයා *n.* idiot
modaya මෝඩයා *n.* oaf
modayaa මෝඩයා *n.* slob
modiyulaya මොඩියුලය *n.* module
mohana widyaawa මෝහන විද්‍යාව *n.* hypnosis
mohanaya මෝහනය *n.* hypnotism
mohanaya මෝහනය *n.* witchery
mohayen math karanawaa මෝහයෙන් මත් කරනවා *v.* infatuate
mohinee මෝහිනී *n.* vamp
mohotha මොහොත *n.* moment
mohotha මොහොත *n.* while
mokak මොකක් *pron. & adj.* what
mokawath මොකවත් *pron.* whatever
mokshaya මෝක්ෂය *n.* beatitude
mola මෝල *n.* mill
molanawa මොලනවා *v.t.* alight
molaya මොළය *n.* brain
molaya pilibanda මොළය පිළිබඳ *adj.* cerebral
molaye aabadayakin pelena මොළයේ ආබාධයකින් පෙලෙන *adj.* spastic
molliya මොල්ලිය *n.* hump
molok මොළොක් *adj.* clement
molok මොළොක් *adj.* lenient
molok මොළොක් *adj.* mellow
molok bawa මොළොක් බව *n.* clemency
monara මොණරා *n.* peacock
moodu kollakaarayaa මූදු කොල්ලකාරයා *n.* rover
moodu kollakana මූදු කොල්ලකන *adj.* roving
mooladrawya මූලද්‍රව්‍ය *n.* element
moolapathraya මූලපත්‍රය *n.* protocol
moolaroopaya මූලරූපය *n.*

prototype
moolasthaanaya මූලස්ථානය *n.* headquarters
moolika මූලික *n.* basic
moolika මූලික *adj.* fundamental
moolika මූලික *adj.* preparatory
moolika මූලික *adj.* primal
moolika anshuwaka kotasa මූලික අංශුවක කොටස *n.* quark
moolikathwaya මූලිකත්වය *n.* lead
moolikayaa මූලිකයා *n.* chief
moolya මූල්‍ය *n.* finance
moolyamaya මූල්‍යමය *adj.* monetary
moonatha මූණත *n.* facet
moorthi shilpiyaa මූර්ති ශිල්පියා *n.* sculptor
moorthi widyaawa මූර්ති විද්‍යාව *n.* idolatry
moorthimath karanawaa මූර්තිමත් කරනවා *v.* impersonate
moorthimaya මූර්තිමය *adj.* sculptural
moorthiya මූර්තිය *v. t.* embodiment
moorthiya මූර්තිය *n.* idol
moorthiya මූර්තිය *n.* sculpture
moos මූස් *n.* mousse
moosala මූසල *adj.* morose
moosalee මූසලි *n.* slattern
moothra pilibanda wu මූත්‍ර පිළිබඳ වූ *adj.* urinary
moothraa මූත්‍රා *n.* urine
moothraa bhajanaya මූත්‍රා භාජනය *n.* urinal
moothraa karanawaa මූත්‍රා කරනවා *v.* urinate
moottuwe yata paththa penena මූට්ටුවේ යට පැත්ත පෙනෙන *adj.* seamy
mora මෝරා *n.* shark
moradenawa මොරදෙනවා *n.* yell
mosama මෝසම *n.* monsoon
moscov nagaraye wasiya මොස්කව් නගරයේ වැසියා *n.* muscovite
moshariya pilibanda woo මොහොරිය පිළිබඳ වූ *adj.* morganatic
mostharaya මෝස්තරය *n.* model
mostharaya මෝස්තරය *n.* style
motar ratha padawanna මෝටර් රථ පදවන්නා *n.* motorist
motar riya මෝටර් රිය *n.* automobile
motar riya samaga මෝටර් රිය මග *n.* motorway
motar saikalaya මෝටර් සයිකලය *n.* motorcycle
motaraya මෝටරය *n.* motor
motarayen duwana baisikalaya මෝටරයෙන් දුවන බයිසිකලය *n.* moped
motarrathaya මෝටර්රථය *n.* car
motor ratha wishashayak මෝටර් රථ විශේෂයක් *n.* limousine
motta මොට්ට *adj.* blunt
mottaya මොට්ටයා *n.* bumpkin
mottaya මොට්ටයා *n.* dullard
mottaya මොට්ටයා *n.* jackass
mottaya මොට්ටයා *adj.* zany
mozzarella මොසරෙල්ලා *n.* mozzarella
mraayogika nowana ප්‍රායෝගික නොවන *adj.* impractical
mrudu මෘදු *adj.* facile
mrudu මෘදු *adj.* gentle
mrudu මෘදු *adj.* mild
mrudu bawa මෘදු බව *n.* leniency

mrudu karanawa මෘදු කරනවා *v.* mollify
mrudu molok bawa මෘදු මොළොක් බව *n.* delicacy
mrudu molok thanaththiya මෘදු මොළොක් තැනැත්තිය *n.* Clementine
mrudu wenawaa මෘදු වෙනවා *v.* soften
mrudubawa athi karanawa මෘදුබව ඇති කරනවා *v.* humanize
mruthashaanthikarmaya මෘතශාන්තිකර්මය *n.* requiem
mruthaweeraya මෘතවීරයා *n.* martyr
muda harinawa මුදා හරිනවා *v.* acquit
mudaa harinawa මුදා හරිනවා *v.* redeem
mudal මුදල් *n.* money
mudal aapasu denawa මුදල් ආපසු දෙනවා *v.* refund
mudal aapasu denawa මුදල් ආපසු දෙනවා *v.* refund
mudal achchu gaseema මුදල් අච්චු ගැසීම *n.* coinage
mudal bhaarakaruwa මුදල් භාරකරුවා *n.* bursar
mudal gewanawa මුදල් ගෙවනවා *v.* disburse
mudal paripaalanaya මුදල් පරිපාලනය *n.* monetarism
mudal pathaa මුදල් පතා *adj.* mercenary
mudal pettiya මුදල් පෙට්ටිය *n.* coffer
mudal pilibanda මුදල් පිළිබඳ *adj.* financial
mudal thathwaya මුදල් තත්වය *n.* exchequer
mudal thrushnaawa මුදල් තෘෂ්ණාව *n.* cupidity
mudale agaya adu karanawa මුදලේ අගය අඩු කරනවා *v.* devalue
mudalin upakaara karanawaa මුදලින් උපකාර කරනවා *v.* subsidize
mudanawa මුදනවා *v.* disengage
mudanawaa මුදනවා *v.* liberate
mudda මුද්ද *n.* ring
muddara ekathu kireema මුද්දර එකතු කිරීම *n.* philately
muddaraya මුද්දරය *n.* stamp
mudra naatakaya මුද්රා නාටකය *n.* ballet
mudraa thabanawaa මුද්රා තබනවා *v.* stamp
mudraawa මුද්රාව *n.* cachet
mudraawa මුද්රාව *n.* seal
mudrana akuru wargaya මුද්රණ අකුරු වර්ගය *n.* font
mudrana doshaya මුද්රණ දෝෂය *n.* misprint
mudrana yanthraya මුද්රණ යන්ත්රය *n.* printer
mudranaya karanawa මුද්රණය කරනවා *v.* print
mudranaya sandahaa lipi sakas karanawa මුද්රණය සඳහා ලිපි සකස් කරනවා *v.* subedit
mudritha pathraya මුද්රිත පත්රය *n.* card
mudrithaya මුද්රිතය *n.* printout
mudu මුඩු *adj.* bald
mudu මුඩු *adj.* bare
mudu මුඩු *adj.* rancid
mudu මුඩු *adj.* shaven
mudu kireema මුඩු කිරීම *n.* shaving

mudukkuwa මුඩුක්කුව *n.* slum
mudun piriya මුදුන් පිරිය *n.* topping
muduna මුදුන *n* apex
muduna මුදුන *n.* crest
muduna මුදුන *n.* top
muduna මුදුන *n.* vertex
mudunen kapaa damanawaa මුදුනෙන් කපා දමනවා *v.* truncate
mudunpath wenawaa මුදුන්පත් වෙනවා *v.* culminate
mugatiya මුගටියා *n.* mongoose
mugatiyaa මුගටියා *n.* weasel
mugatiyaage lom මුගටියාගේ ලොම් *n.* mink
mugda මුග්ධ *adj.* besotted
mugda මුග්ධ *adj.* idiotic
mugda bawa මුග්ධ බව *n.* idiocy
mugura මුගුර *n.* cudgel
mugura මුගුර *n.* truncheon
muhudata adhipathi dewiyo මුහුදට අධිපති දෙවියො *n.* Neptune
muhudha මුහුද *n.* sea
muhudha aasritha pradeshaya මුහුද ආශ්‍රිත ප්‍රදේශය *n.* seaside
muhudu මුහුදු *adj.* marine
muhudu atha මුහුදු ඇතා *n.* walrus
muhudu kollakaru මුහුදු කොල්ලකරු *n.* pirate
muhudu kollaya මුහුදු කොල්ලය *n.* piracy
muhudu lihiniya මුහුදු ලිහිණියා *n.* gull
muhudu lihiniyaa මුහුදු ලිහිණියා *n.* seagull
muhudubada මුහුදුබඩ *adj.* maritime
muhukuraa giya මුහුකුරා ගිය *adj.* mature
muhuna මුහුණ *n.* face
muhuna pilibanda wu මුහුණ පිළිබඳ වූ *adj.* facial
muhuna rathu wena thanaththa මුහුණ රතු වෙන තැනැත්තා *n.* blusher
muhuna rathu wenawa මුහුණ රතු වෙනවා *v.* blush
muhunatha මුහුණත *n.* dial
muhunatha මුහුණත *n.* facade
muhunu wasma මුහුණු වැස්ම *n.* veil
muhunuwara මුහුණුවර *n.* countenance
muhunuwara මුහුණුවර *n.* physiognomy
muhunuwara මුහුණුවර *n.* visage
mukari මුකරි *adj.* talkative
mukawaadama මුකවාඩම *n.* visor
mukha waakyayen මුඛ වාක්‍යයෙන් *adv.* verbally
mukhari prathiuththaraya මුඛරි ප්‍රතිඋත්තරය *n.* repartee
mukkuwa මුක්කුව *n.* strut
mukya prathishtaawa මුඛ්‍ය ප්‍රතිෂ්ඨාව *n.* mainstay
mul මුල් *adj.* original
mul basagath මුල් බැසගත් *adj.* rooted
mul pireema මුල් පිරීම *n.* initiative
mul puranawaa මුල් පුරනවා *v.* initiate
mula මුල *n.* outset
mula මුල *n.* root
mula karanawa මුළා කරනවා *v.* captivate
mula wenawa මුලා වෙනවා *v. t.* dazzle
mulaa karanawa මුළා කරනවා *v.* mislead

mulaa karanawa මුලා කරනවා *v.* pervert
mulaa karanawaa මුලා කරනවා *v.t.* illusion
mulaa karawana මුලා කරනවා *adj.* seductive
mulaa kireema මුළා කිරීම *n.* deceit
mulaa nokaranawaa මුළා නොකරනවා *v.* undeceive
mulaawa මුළාව *n.* delusion
mulaawa මුළාව *n.* fallacy
mulaaweemen midenawa මුළාවීම්වලින් මිදෙනවා *v.* disenchant
mulasuna daranawaa මුලසුන දරනවා *v.* preside
mulawen midenawa මුළාවෙන් මිදෙනවා *v.* disillusion
mulberry මල්බෙරි *n.* mulberry
mulguru මුල්ගුරු *n.* headmaster
mulika මූලික *n.* cardinal
mulin uputanawaa මුලින් උපුටනවා *v.* uproot
mulla මුල්ල *n.* nook
mulnama මුල්නම *n.* forename
mulu මුළු *adj.* collective
mulu ekathuwa මුලු එකතුව *n.* sum
mulu ekathuwa මුලු එකතුව *n.* total
mulu hithin karanu labana මුලු හිතින් කරනු ලබන *adj.* whole-hearted
mulullehi මුල්ලෙහි *prep.* throughout
mulumaninma මුළුමනින් *adv.* outright
mulumaninma මුළුමනින් *adv.* quite
mulumuninma pahe මුළුමනින්ම පාහේ *adv.* almost
muluthangeya මුළුතැන්ගෙය *n.* cuisine
muluthangeya මුළුතැන්ගෙය *n.* kitchen
mumunanawaa මුමුණනවා *v.* whisper
munagasweema මුණගැසීම *n.* confrontation
munissama මුනිස්සම *n.* bullet
muniwaraya මුනිවරයා *n.* mystic
muniwarayaa මුනිවරයා *n.* seer
mura karana batayaa මුර කරන භටයා *n.* sentinel
mura kireema මුර කිරීම *n.* surveillance
mura kireema මුර කිරීම *n.* vigilance
mura layisthuwa මුර ලැයිස්තුව *n.* roster
mura layisthuwa මුර ලැයිස්තුව *n.* rota
mura sanchaara karanawa මුර සංචාරය කරනවා *v.* patrol
mura wachanaya මුර වචනය *n.* parole
mura walalla මුර වළල්ල *n.* cordon
murakaaraya මුරකාරයා *n.* caretaker
murakaaraya මුරකාරයා *n.* janitor
murandu මුරණ්ඩු *adj.* heady
murandu මුරණ්ඩු *adj.* obdurate
murandu මුරණ්ඩු *adj.* perverse
murandu මුරණ්ඩු *adj.* unruly
murandu මුරණ්ඩු *adj.* wilful
murandukama මුරණ්ඩුකම *n.* obduracy
murapadaya මුරපදය *n.* watchword
murapola මුරපොළ *n.* picket
murga මෘග *adj.* bestial
murgaya මෘගයා *n.* beast
murichchi yathura මුරිච්චි යතුර *n.* spanner

murichchiya මුරිච්චිය *n.* nut
murjaa weema මූර්ජා වීම *n.* blackout
muslim dewasthaanaya මුස්ලිම් දේවස්ථානය *n.* mosque
muslim jaathikaya මුස්ලිම් ජාතිකයා *n.* Muslim
muslim kathun podu sthana waladee andina muhunu wasma මුස්ලිම් කතුන් පොදු ස්ථාන වලදී අඳින මුහුණු වැස්ම *n.* yashmak
muslin මස්ලින් *v.* muslin
muslin aagamika neethiya anuwa maroo sathekuge mas මුස්ලිම් ආගමික නීතිය අනුව මැරූ සතෙකුගේ මස් *adj.* halal
muthraashaya මුත්‍රාශය *n.* bladder
muthu ataya මුතු ඇටය *n.* pearl
muthun miththa මුතුන් මිත්තා *n.* ancestor
muthunmiththa මුතුන්මිත්තා *n.* forebear
muthunmiththange kenek මුතුන්මිත්තන්ගේ කෙනෙක් *n.* forefather
muwa මුව *n.* deer
muwa dena මුව දෙන *n.* doe
muwahath මුවහත් *adj.* keen
muwahath මුවහත් *adj.* sharp
muwahath karana upakaranaya මුවහත් කරන උපකරණය *n.* sharpener
muwahath karanawaa මුවහත් කරනවා *v.* sharpen
myalgia මයල්ජියා *n.* myalgia

N

naabhigatha නාභිගත *adj.* focal
naabhiya නාභිය *n.* focus
naabhiyata sambanda නාභියට සම්බන්ධ *adj.* umbilical
naada karanawa නාද කරනවා *v.* ring
naadaa pirisa නෑදෑ පිරිස *n.* kin
naadagama නාඩගම *n.* mime
naadi watenawa නාඩි වැටෙනවා *v.* pulsate
naagarika නාගරික *n.* conurbation
naagarika නාගරික *adj.* municipal
naagarika නාගරික *adj.* urban
naagaya නාගයා *n.* cobra
naagayaa නාගයා *n.* snake
naalikaawa නාලිකාව *n.* channel
naama lekhanaya නාම ලේඛනය *n.* register
naama maathra නාම මාත්‍ර *adj.* titular
naama yojanaawa නාම යෝජනාව *n.* nomination
naamaawaliya නාමාවලිය *n.* catalogue
naamaawaliya නාමාවලිය *n.* directory
naamakaranaya නාමකරණය *n.* baptism
naamakaranaya නාමකරණය *n.* nomenclature
naamapadaya නාමපදය *n.* noun
naamaya නාමය *n.* denomination
naamika නාමික *adj.* nominal
naamikaya නාමිකයා *n.* nominee
naanawa නානවා *v.* bathe
naariwedaya නාරිවේදය *n.* gynaecology
naas puduwa නාස් පුඩුව *n.* nostril
naasaya නාසය *n.* nose

naasena නෑ සෙන *adj.* inaudible

naasika නාසික *adj.* nasal

naasthi karana නා ස්ති කරන *adj.* prodigal

naasthi karanawa නා ස්ති කරනවා *v.* dissipate

naasthi karanawaa නා ස්ති කරනවා *v.* squander

naasthika drushtikaya නා ස්තික දෘෂ්ටිකය *n.* agnostic

naasthika waadaya නා ස්තික වා දය *n.* atheism

naasthikaara නා ස්තික ර *adj.* wasteful

naasthikaaraya නා ස්තික රය *n.* spendthrift

naasthikaranawaa නා ස්තිකරනවා *v.* waste

naataka rachaka නා ටක රචක *n.* playwright

naatya නා ටයය *n.* drama

naatya pilibanda නා ටය පිළිබඳ *adj.* theatrical

naatya rachaka නා ටය රචක *n.* dramatist

naatyaakaara නා ටය ක ර *adj.* dramatic

naatyaangaya නා ටයාංගය *n.* cameo

naatyayaka anka parichcheda-wala ketumpatha නා ටයයකට අංක පරිච්ඡේදවල කෙටුම්පත *n.* scenario

naavika welendo නාවික වෙළෙන්දා *n.* Viking

naavikayaa නාවිකයා *n.* sailor

naawika නාවික *adj.* naval

naawika hamudaawa නාවික හමුදාව *n.* navy

naawika katayuthu නාවික කටයුතු *n.* shipping

naawuka නාවුක *adj.* nautical

naawya නාවය *adj.* navigable

naayaka bishop thana නා යක බිෂෝප් තැන *n.* archbishop

naayaka dewagathi නා යක දෙවේගති *n.* dean

naayaka himi නා යක හිමි *n.* prelate

naayakathwaya නා යකත්වය *n.* captaincy

naayakathwaya නා යකත්වය *n.* leadership

naayakaya නා යකය *n.* leader

nacho නු කො *n.* nacho

nadaththu karanawaa නඩත්තු කරනවා *v.* maintain

nadaththuwa නඩත්තුව *n.* maintenance

nadu kiyanawaa නඩු කියනවා *v.* litigate

nadu kiyanawaa නඩු කියනවා *v.t.* sue

nadu maargen aro keema නඩු මාර්ගෙන් අරගේකීම *n.* litigation

nadu pawaranna නඩු පවරන්න *n.* prosecutor

nadu pawariya haki නඩු පැවරිය හැකි *adj.* actionable

nadukaaraya නඩුක රය *n.* judge

nadukiyannaa නඩුකියන්න *n.* litigant

naduwa නඩුව *n.* case

naeatha mila kireema නැ වත මිල කිරීම *n.* reappraisal

naganawa නහනවා *n.* remit

nagara bada pedese ha ehi wasiyo නගර බද පදෙසෙ'හ ඒහි වැසියෝ *n.* suburbia

nagara sabhaawa නගර සභා ව *n.*

428

municipality
nagaraadipathi නගරාධිපති *n.* mayor
nagaraasanna නගරාසන්න *adj.* suburban
nagaraya නගරය *n.* city
nagaraya නගරය *n.* town
nagayanawa නැගයනවා *v.* bestride
nagee sitinawa නැඟී සිටිනවා *v.* arise
nagenahira නැගෙනහිර *n.* east
nagenawa නැගෙනවා *v.i* climb
naginawa නගිනවා *v.* ascend
naginnata bari නගින්නට බැරි *adj.* insurmountable
nagna නග්න *adj.* nude
nagna karanawa නග්න කරනවා *v.* denude
nagula නගුල *n.* plough
naha නැහැ *adv.* nay
nahara gahenawaa නහර ගැහෙනවා *v.* twitch
nahara idimunu නහර ඉදිමුණු *adj.* varicose
naisargika නෛසර්ගික *adj.* inbred
nait padawiya නයිට් පදවිය *n.* knighthood
naithika නේත්‍රික *adj.* optic
naitwaraya නයිට්වරයා *n.* knight
nakath නැකත් *adj.* auspicious
nakshathraya නක්ෂත්‍රය *n.* astrology
nala handa නළා හඬ *n.* beep
nalaawa නළාව *n.* bugle
nalala නළල *n.* forehead
nalawanawaa නළවනවා *v.* lull
nalaya නළය *n.* duct
nalaya නළය *n.* pipe
nalaya නළය *n.* tube
nalayak wani නළයක් වැනි *adj.* tubular
naliya නැළිය *n.* quart
naluwa නළුවා *n.* actor
nam kandaweema නම් කැඳවීම *n.* roll-call
nam karanawa නම් කරනවා *v.* designate
nam karanawa නම් කරනවා *v.* entitle
nam karanawa නම් කරනවා *v.* nominate
nama නම *n.* name
namanawa නමනවා *v.* flex
namanawa නමනවා *v.t* fold
namanawa නමනවා *v.* inflect
namburu wenawaa නැඹුරු වෙනවා *n.* veer
namburuthaawaya නැඹුරුතාවය *n.* trend
namm gannawa නම්මා ගන්නවා *v.* persuade
namma නැම්ම *v.* bend
namma නැම්ම *n.* crease
namma arinawaa නැම්ම අරිනවා *v.* unbend
namunu නැමුණු *adj.* bent
namuth නමුත් *conj.* although
namuth නමුත් *conj.* but
namuth නමුත් *n.* whereas
namuth නමුත් *conj.* whether
nanaawida නානාවිධ *adj.* manifold
nanda නැන්දා *n.* aunt
nandamma නැන්දම්මා *n.* mother-in-law
nandunana නාඳුනන *adj.* unknown
nangurama නැංගුරම *n.* anchor

nangurampala නැංගුරම්පළ *n.* anchorage
nannaththare awidinna නන්නත්තාරේ ඇවිදිනවා *n.* vagrant
napunsaka නපුංසක *n.* eunuch
napunsaka නපුංසක *adj.* neuter
napuraa නපුර *n.* tartar
napuru නපුරු *adj.* evil
napuru නපුරු *adj.* rude
napuru sihinaya නපුරු සිහිනය *n.* nightmare
narak karanawa නරක් කරනවා *v.* mar
narak kireema නරක් කිරීම *n.* sophisticate
narak weema නරක් වීම *n.* corruption
narak wenawaa නරක් වෙනවා *v.* spoil
naraka andamin නරක අන්දමින් *adv.* badly
naraka athata harenawa නරක අතට හැරෙනවා *v.* relapse
naraka widiyata salakanawaa නරක විධියට සලකනවා *v.* mistreat
narambanna නරඹන්නා *n.* spectator
nariya නරියා *n.* fox
narthana wilaashayak නර්තන විලාශයක් *n.* salsa
nasalakili sahitha නොසැලකිලි සහිත *adj.* negligent
nasanawa නසනවා *v.* annihilate
natanawa නටනවා *v.* dance
natha නැත *adj.* no
natha නැත *adv.* not
nathahoth නැතහොත් *adv.* otherwise
nathara wenawaa නතර වෙනවා *v.* stay
nathi wenawa නැති වෙනවා *v.* lose
nathiwunu නැතිවුණු *adj.* missing
nathnam නැත්නම් *adv.* else
naththala නත්තල *n.* Christmas
naththala නත්තල *n.* Xmas
nattukkaarayaa නැට්ටුක්කාරයා *n.* dancer
natum sangeethaya නැටුම් සංගීතය *n.* jig
natuwa නටුව *n.* stalk
natuwa නටුව *n.* stem
naukaa prerakaya නෞකා ප්‍රේරකය *n.* propeller
naukaabhangaya නෞකාභංගය *n.* wreck
naw diyabath weema නැව් දියබත් වීම *n.* shipwreck
naw kandayama නැව් කණ්ඩායම *n.* armada
naw kutiya නැව් කුටිය *n.* cabin
naw nanginawa නැව් නගිනවා *v. t* embark
naw padawanna නැව් පදවන්නා *n.* navigator
naw thahanama නැව් තහනම *n.* embargo
naw thalaya නැව් තලය *n.* keel
naw thanana sthaanaya නැව තනන ස්ථානය *n.* shipyard
naw thota නැව්තොට *n.* haven
nawa නව *adj.* new
nawa නැව *n.* ship
nawa kadee atharaman wu pudgalaya නැව කැඩී අතරමං වූ පුද්ගලයා *n.* castaway
nawa nawathweema නැව නැවැත්වීම *n.* moorings

nawa sampradaaika නව සම්ප්‍රදායික *adj.* neoclassical
nawa wani නව වැනි *adj. & n.* ninth
nawaathankaaraya නවාතැන්කාරයා *n.* lodger
nawaathanpola නවාතැන්පොළ *n.* motel
nawaka niliya නවක නිළිය *n.* starlet
nawakathaakaru නවකතාකරු *n.* novelist
nawakathaawa නවකතාව *n.* novel
nawashila නවශිලා *adj.* Neolithic
nawataha karanawa නැවත කරනවා *v.* repeat
nawataha upadawanawa නැවත උපදවනවා *v.* reproduce
nawatha aaropanaya karanawa නැවත ආරෝපණය කරනවා *v.* recharge
nawatha agaya karanawa නැවත අගය කරනවා *v.* reassess
nawatha allagannawa නැවත අල්ල ගන්නවා *v.* recapture
nawatha arambanawa නැවත අරඹනවා *v.* resume
nawatha asuranawa නැවත අසුරනවා *v.* rearrange
nawatha bhaawithaa karanawa නැවත භාවිතා කරනවා *v.* reuse
nawatha bhukthiya labaa gannawa නැවත භුක්තිය ලබා ගන්නවා *v.* repossess
nawatha enawa නැවත එනවා *v.* reoccur
nawatha ganinawa නැවත ගණිනවා *v.* recount
nawatha godanaganawa නැවත ගොඩනගනවා *v.* reconstruct
nawatha hamuweema නැවත හමුවීම *n.* reunion
nawatha hasukaraganeema නැවත හසුකරගැනීම *v.* recap
nawatha ipadenawaa නැවත ඉපදෙනවා *v.* reincarnate
nawatha labaagannawa නැවත ලබා ගන්නවා *v.* regain
nawatha mathak karanawa නැවත මතක් කරනවා *v.* recollect
nawatha mathuwenawa නැවත මතුවෙනවා *v.* reappear
nawatha meheyawanawa නැවත මෙහෙයවනවා *v.* redeploy
nawatha mudranaya karanawa නැවත මුද්‍රණය කරනවා *v.* reprint
nawatha nagee sitina නැවත නැඟී සිටින *adj.* resurgent
nawatha nawatha keema නැවත නැවත කීම *n.* reiteration
nawatha nawatha kiyanawaa නැවත නැවත කියනවා *v.* iterate
nawatha nawatha kiyawanawa නැවත නැවත කියනවා *v.* reiterate
nawatha othanawa නැවත ඔතනවා *v.* rewind
nawatha prakurthimath karanawa නැවත ප්‍රකෘතිමත් කරනවා *v.* regenerate
nawatha purawana lada tayaraya නැවත පුරවන ලද ටයරය *v.* retread
nawatha purawanawa නැවත පුරවනවා *v.* refill
nawatha purawanawa නැවත පුරවනවා *v.* replenish
nawatha saadagannawa නැවත සාදාගන්නවා *v.* recreate
nawatha saadanawa නැවත සාදනවා

v. rebuild
nawatha sakas karanawa නැවත සකස් කරනවා *v.* reconstitute
nawatha sakas karanawa නැවත සකස් කරනවා *v.* restore
nawatha sambandha karanawa නැවත සම්බන්ධ කරනවා *v.* rejoin
nawatha siddha wenawa නැවත සිද්ධ වෙනවා *v.* recur
nawatha siyaratata pamineema නැවත සියරටට පැමිණීම *n.* repatriation
nawatha siyaratata pamunuwa-nawa නැවත සියරටට පමුණුවනවා *v.* repatriate
nawatha soyaa yanawa නැවත සොයා යනවා *v.t.* retrace
nawatha wikaashaya karanawa නැවත විකාශය කරනවා *v.* replay
nawatha wimaseema නැවත විමසීම *n.* retrial
nawathaawa නවතාව *n.* originality
nawathanawaa නවතනවා *v.* halt
nawathanawaa නවතනවා *v.* occlude
nawathath mithra weema නැවතත් මිත්‍ර වීම *n.* rapprochement
nawathee siteema නැවතී සිටීම *n.* standstill
nawatheem sahitha chalanayak laba dena kamiya නැවතීම් සහිත චලනයක් ලබා දෙන කැමිය *n.* tappet
nawathilla නැවතිල්ල *n.* respite
nawathilla නැවතිල්ල *n.* stoppage
nawathima නැවතීම *n.* cessation
nawathuma නැවතුම *n.* station
nawathwanawaa නවත්වනවා *v.* discontinue
nawathwanawaa නවත්වනවා *v.* stop
nawaya නවය *adj. & n.* nine
nawe aampanna නැවේ ආම්පන්න *n.* rigging
nawe badu thogaya නැවේ බඩු තොගය *n.* shipment
nawe kappiththa නැවේ කප්පිත්තා *n.* skipper
nawe mudal bhaarakarayaa නැවේ මුදල් භාරකරුයා *n.* purser
nawe thattuwa නැවේ තට්ටුව *n.* deck
nawe thattuwa නැවේ තට්ටුව *n* deck
naweekaranaya karanawaa නවීකරණය කරනවා *v.* modernize
naweena නවීන *adj.* modern
naweenabhaawaya නවීනභාවය *n.* modernity
nawi yawanawa නැව් යවනවා *v.* navigate
nawiya නැවියා *n.* mariner
nawothpaadaka නව නිෂ්පාදක *n.* innovator
nawothpaadanaya නව නිෂ්පාදනය *n.* innovation
nawuka hamudaawe sewikaawa නාවුක හමුදාවේ සේවිකාව *n.* wren
nawuka senadipathi නාවුක සේනාධිපති *n.* admiral
nawum නැවුම් *adj.* fresh
naya ණය *n.* debt
naya ණය *n.* loan
naya gewannata bari ණය ගෙවන්නට බැරි *adj.* insolvent
naya gewiya haki bawa ණය ගෙවිය හැකි බව *n.* solvency
naya thurus beranawa ණය තුරුස් බේරනවා *v.* liquidate

nayagathi ණයගැති *adj.* beholden
nayahimiya ණයහිමියා *n.* creditor
nayaka dewagathi thana නායක දේවගැති තැන *n.* bishop
nayakaaraya ණයකාරයා *n.* debtor
nayakaraya ණයකරය *n.* debenture
nayawaa sitinawaa ණයව සිටිනවා *n.* owe
neecha නීච *adj.* ignominious
neechaya නීචයා *n.* pariah
neegro නීග්‍රෝ *n.* negro
neegro sudu yana dewargaye mawpiyange upan thana නීග්‍රෝ සුදු යන දෙවර්ගයේ මවුපියන්ගේ උපන්තැන *n.* mulatto
neerasa නීරස *adj.* bleak
neerasa නීරස *adj.* dreary
neerasa නීරස *adj.* monotonous
neerasa නීරස *adj.* tasteless
neerasa lesa waadanaya karanawaa නීරස ලෙස වාදනය කරනවා *v.* strum
neetheegnayaa නීතිඥයා *n.* solicitor
neethi mathin නීති මතින් *adv.* strictly
neethi panaweema නීති පැනවීම *n.* legislation
neethi reethi thadin hasuru-wanna නීති රීතින් තදින් හසුරුවන්න *n.* martinet
neethi sampaadakaya නීති සම්පාදකයා *n.* legislator
neethi veediyaa නීති වේදියා *n.* jurist
neethi vidyaawa නීති විද්‍යාව *n.* jurisprudence
neethi wirodi නීති විරෝධී *adj.* illegal
neethigatha karanawaa නීතිගත කරනවා *v.* legislate
neethigniya නීතිඥයා *n.* attorney
neethiwediya නීතිවේදියා *n.* lawyer
neethiwirodi නීතිවිරෝධී *adj.* foul
neethiya නීතිය *n.* law
neethiya නීතිය *n.* rule
neethiyata ekanga bawa නීතියට එකඟ බව *n.* legality
neethyaanukoola නීත්‍යානුකූල *adj.* lawful
neethyaanukoola නීත්‍යානුකූල *v.* legalize
neethyaanukoolabhaawaya නීත්‍යානුකූලභාවය *n.* legitimacy
neluma නෙළුම *n.* lotus
neon waayuwa නියොන් වායුව *n.* neon
nera giya kotasa නෙරා ගිය කොටස *n.* bump
neranawa නෙරෙනවා *v.* extrude
neranawaa නෙරෙනවා *v.* protrude
nerapanawa නෙරපනවා *v.* banish
nerapanawa නෙරපනවා *v. t* eject
nerapanawa නෙරපනවා *v. t* expel
nerapanawaa නෙරපනවා *v.* oust
nerapeema නෙරපීම *n.* banishment
nerapeema නෙරපීම *n.* eviction
nerapeema නෙරපීම *n.* expulsion
nereema නෙරීම *n.* bulge
nethra patalaya නේත්‍ර පටලය *n.* cataract
neumoniaawa නියුමෝනියාව *n.* pneumonia
neutronaya නියුට්‍රෝනය *n.* neutron
newaasikaagaraya නේවාසිකාගාරය *n.* hostel
nibandanaya නිබන්ධනය *n.* dissertation
nibandanaya නිබන්ධනය *n.* thesis

nibandaya නිබන්ධය *n.* memoir
nibandaya නිබන්ධය *n.* treatise
nibhandaya නිබන්ධය *n.* monograph
nicotine නිකොටින් *n.* nicotine
nidaanaya නිධානය *n.* hoard
nidaanaya නිදානය *n.* provenance
nidahas නිදහස් *adj.* independent
nidahas karanawa නිදහස් කරනවා *v.* discharge
nidahas karanawa නිදහස් කරනවා *v. t* emancipate
nidahas karanawa නිදහස් කරනවා *v.* enfranchise
nidahas kireema නිදහස් කිරීම *n.* acquittal
nidahas kireema නිදහස් කිරීම *n.* redemption
nidahas mathadaaree නිදහස් මතධාරී *adj.* liberal
nidahasa නිදහස *n.* deliverance
nidahasa නිදහස *n.* independence
nidahasa නිදහස *n.* liberation
nidan karanawa නිදන් කරනවා *v.* enshrine
nidana shaalaawa නිදන ශාලාව *n.* dormitory
nidangatha නිදන්ගත *adj.* chronic
nidannaa නිදන්නා *n.* sleeper
nidarshakayaa නිදර්ශකය *n.* specimen
nidasuna නිදසුන *n.* example
nidhaanaya නිධානය *n.* treasure
nidi athi karana නිදි ඇති කරන *adj.* soporific
nidi beheth නිදි බෙහෙත් *n.* morphine
nidi mareema නිදි මැරීම *n.* vigil
nidibara නිදිබර *adj.* sleepy
nidigath නිදිගත් *adj.* asleep
nidimatha නිදිමත *n.* somnolence
nidimatha woo නිදිමත වූ *adj.* somnolent
nidimathe wanenawa නිදිමතේ වැනෙනවා *v.* drowse
nidos bawa oppu kala haki නිදොස් බව ඔප්පු කළ හැකි *adj.* justifiable
nidos karanawa නිදොස් කරනවා *v.* correct
nidos kireema නිදොස් කිරීම *n.* correction
nidos kireema නිදොස් කිරීම *n.* vindication
nigamanaya නිගමනය *n.* conclusion
nigamanaya karanawa නිගමනය කරනවා *v.* deduce
nihandakaraya නිහඬකරය *n.* muffler
nihathamaani නිහතමානී *adj.* humble
nikaaika නිකායික *adj.* sectarian
nikaaya නිකාය *n.* sect
nikal නිකල් *n.* nickel
nikam sithenawaa නිකම් සිතෙනවා *v.t.* surmise
nikarune kal gewanawa නිකරුණේ කල් ගෙවනවා *v.* languish
nikarune kalaha karanawa නිකරුණේ කලහ කරනවා *v.* bicker
nikata නිකට *n.* chin
nikethama wraaya නිකේතන වරාය *n.* marina
nikma yaama නික්ම යාම *n.* exit
nikmanawa නික්මනවා *v.* ejaculate
nikmayaama නික්මයාම *n.* departure

nikmenawa නික්මෙනවා *v.* depart
nil නිල් *adj.* blue
nil ho dam pata mal athi latha wisheshayak නිල් හෝ දම් පාට මල් ඇති ලතා විශේෂයක් *n.* wisteria
nil kataya නිල් කැටය *n.* sapphire
nil manika නිල් මැණික *n.* turquoise
nila balayen නිලබලයෙන් *adv.* officially
niladhaariwaadaya නිළධාරිවාදය *n.* bureaucracy
niladhaariyaa නිළධාරියා *n.* dignitary
niladhaariyaa නිලධාරියා *n.* functionary
niladhaariyaa නිලධාරියා *n.* officer
nilapataya නිලපටය *n.* chevron
nilaya athharinawa නිලය අත්හරිනවා *a.* abdominal
nilaya daranna නිලය දරන්නා *n.* occupant
nilayata ayath නිලයට අයත් *adj.* official
niliya නිළිය *a.* actress
nilwan aalepayak නිල්වන් ආලේපයක් *n.* woad
nimagna නිමග්න *adj.* rapt
nimagna නිමග්න *v.* submerse
nimawuma නිමැවුම *n.* output
nimawumkaru නිමැවුම්කරු *n.* inventor
nimithi washayen dakina නිමිති වශයෙන් දකින *adj.* symptomatic
nimiththa නිමිත්ත *n.* token
nimna boomiya නිම්න භූමිය *n.* valley
ninda නින්ද *n.* sleep
nindaa karanawa නින්දා කරනවා *v.t.* abate
nindaa karanawa නින්දා කරනවා *v.* revile
nindaa karanawaa නින්දා කරනවා *v.t.* insult
nindaa sahagatha නින්දා සහගත *adj.* sardonic
nindaa sahagatha නින්දා සහගත *adj.* shameful
nindaalaapaya නින්දාලාපය *v.* lampoon
nindaasheeli thanaththa නින්දාශීලි තැනැත්තා *n.* cynic
nindaawa නින්දාව *n.* obloquy
nindagama නින්දගම *n.* manor
ninden awideema නින්දෙන් ඇවිදීම *n.* somnambulism
ninden awidinnaa නින්දෙන් ඇවිදින්නා *n.* somnambulist
ninden geraweema නින්දෙන් ගෙරවීම *n.* snore
ninditha නින්දිත *adj.* odious
nipaatha නිපාත *n.* preposition
nipadawanawa නිපදවනවා *v.* invent
nipadawanna නිපදවන්නා *n.* manufacturer
nipadaweema නිපදවීම *n.* invention
nipuna නිපුන *adj.* talented
nipunathwaya නිපුණත්වය *n.* competence
niputhi නිපුති *adj.* aseptic
niraauda නිරායුධ *adj.* unarmed
niraawaritha udu kain නිරාවරිත උඩු කය *adj.* topless
niraayaasaya නිරායාසය *n.* spontaneity
niraayuda karanawa නිරායුධ කරනවා *v.* disarm
niraayudakaranaya නිරායුධකරණය

n. disarmament

nirahankaara නිරහංකාර *adj.* modest

niranthara නිරන්තර *adj.* accustomed

niranthara නිරන්තර *adj.* perennial

niranthara නිරන්තර *adj.* perpetual

nirapeksha නිරපේක්ෂක *adj.* hopeless

nirarthaka නිරර්ථක *adj.* futile

niratha wenawa නිරත වෙනවා *v.* engage

nirathuruwa නිරතුරු ව *adv.* ever

niraul karanawaa නිරවුල් කරනවා *v.* settle

niraul kireema නිරවුල් කිරීම *n.* settlement

niravadya නිරවද්‍ය *adj.* unexceptionable

nirawashesha නිරවශේෂ *adj.* exhaustive

nirawul නිරවුල් *adj.* perspicuous

nirbhayawa නිර්භයවම *adv.* roundly

nirbheetha නිර්භීත *adj.* brave

nirbheetha නිර්භීත *adj.* gallant

nirbheetha නිර්භීත *adj.* manful

nirbheetha karanawa නිර්භීත කරනවා *v.* embolden

nirbheethabhawaya නිර්භීතභාවය *n.* bravery

nirbheethakama නිර්භීතකම *n.* boldness

nirbheethakama නිර්භීතකම *n.* courage

nirdaya නිර්දය *adj.* relentless

nirdesha karanawa නිර්දේශ කරනවා *v.* recommend

nirdeshaya නිර්දේශය *n.* recommendation

nirdoshee නිර්දෝෂී *adj.* impeccable

nireekshanaa gaaraya නිරීක්ෂණාගාරය *n.* observatory

nireekshanaya නිරීක්ෂය *v.* gaze

nireekshanaya නිරීක්ෂණය *n.* maverick

nireekshanaya නිරීක්ෂණය *n.* observation

nireekshanaya karanawaa නිරීක්ෂණය කරනවා *v.* observe

nirlajja නිර්ලජ්ජ *adj.* shameless

nirmaanaya නිර්මාණය *n.* creation

nirmaanaya නිර්මාණය *n.* formation

nirmaanaya karanawa නිර්මාණය කරනවා *v.* manufacture

nirmala නිර්මල *adj.* immaculate

nirmala නිර්මල *adj.* spotless

nirmala නිර්මල *adj.* unimpeachable

nirnaamika නිර්නාමික *adj.* anonymous

nirnaamikathwaya නිර්නාමිකත්වය *n.* anonymity

nirodhaayanaya නිරෝධායනය *n.* quarantine

nirodhaya නිරෝධය *n.* constraint

nirogee නිරෝගී *adj.* hale

nirogee නිරෝගී *adj.* healthy

niroopanaya නිරූපනය *n.* illustration

niroopanaya නිරූපණය *n.* portrayal

niroopanaya karanawa නිරූපනය කරනවා *v.* delineate

niroopanaya karanawa නිරූපණය කරනවා *v.* portray

niroopikaawa නිරූපිකාව *n.* manna

nirukthiya නිරුක්තිය *n.* etymology

niruwath නිරුවත් *adj.* naked

niruwatha නිරුවත *n.* nudity

nirwachanaya නිර්වචනය *n.* definition
nirwedaya නිර්වේදය *n.* melancholy
nirwindaka නිර්වින්දක *n.* anaesthetic
nirwindanaya නිර්වින්දනය *n.* anaesthesia
nisa නිසා *conj.* because
nisaka නිසැක *adj.* implicit
nisaka නිසැක *adj.* sure
nisaka bawa නිසැක බව *n.* certitude
nisakawama නිසැකවම *adv.* surely
nisakayenma නිසැකයෙන්ම *adv.* certainly
nisala නිසල *adj.* calm
nisansala karanawaa නිසංසල කරනවා *v.* tranquillize
nisansala thaawa නිසංසලතාව *n.* stillness
nisaru නිසරු *adj.* infertile
nischala නිශ්චල *adj.* quiet
nischala wenawaa නිශ්චල වෙනවා *v.* quieten
nischala wu නිශ්චල වූ *n.* quietetude
nishaachara නිශාචර *adj.* nocturnal
nishchaayaka නිශ්චායක *n.* determinant
nishchala නිශ්චල *adj.* becalmed
nishchala නිශ්චල *adj.* motionless
nishchaya නිශ්චය *n.* inference
nishchitha නිශ්චිත *adj.* certain
nishchitha නිශ්චිත *adj.* decided
nisheda balaya නිශේධ බලය *n.* veto
nishedhanaya නිෂේධනය *n.* negation
nishedhanaya karanawa නිෂේධනය කරනවා *v.* negate
nishkaashanaya නිෂ්කාෂණය *n.* clearance
nishkreeya නිෂ්ක්‍රිය *adj.* inert
nishkreeya karanawa නිෂ්ක්‍රිය කරනවා *v.* defuse
nishpaadakaya නිෂ්පාදකයා *n.* producer
nishpaadanaya නිෂ්පාදනය *n.* production
nishpaadanaya karanawaa නිෂ්පාදනය කරනවා *v.* produce
nishpaadithaya නිෂ්පාදිතය *n.* product
nishpala නිෂ්ඵල *adj.* nugatory
nishpala නිෂ්ඵල *adj.* pointless
nishpala lesa නිෂ්ඵල ලෙස *adv.* vainly
nishpala wenawa නිශ්ඵල වෙනවා *v.* fizzle
nishpalabhaawaya නිෂ්ඵලභාවය *n.* futility
nishpraba karanawaa නිශ්ප්‍රභා කරනවා *v.* undo
nishpraba karanawaa නිශ්ප්‍රභා කරනවා *v.* vitiate
nishprabaa karanawaa නිශ්ප්‍රභා කරනවා *v.* thwart
nishprabha නිශ්ප්‍රභ *adj.* lacklustre
nishprabha karanawa නිශ්ප්‍රභා කරනවා *v.* annul
nishprabha karanawa නිෂ්ප්‍රභා කරනවා *v.* confute
nishprabha kireema නිශ්ප්‍රභ කිරීම *n.* refutation
nishshabda නිශ්ශබ්ද *adj.* dumb
nishshabda නිශ්ශබ්ද *adj.* inarticulate
nishshabda නිශ්ශබ්ද *adj.* mute
nishshabda නිශ්ශබ්ද *adj.*

speechless
nishshabda wenawa නිශ්ශබ්ද වෙනවා *v.i* hush
nisi piliwalata thabaagath නිසි පිළිවෙළට තබා ගත් *adj.* tidy
nisimatha woo නිසිමතු වූ *adj.* somnolent
niskalankawa innawa නිස්කලංකව ඉන්නවා *v.* relax
nisolman නිසොල්මන් *adj.* silent
nisolman නිසොල්මන් *adj.* still
nissaara නිස්සාර *adj.* frivolous
nissaara baawaya නිස්සාර භාවය *n.* vanity
nissaaranaya නිස්සාරණය *n.* extraction
nisshabdathaawaya නිශ්ශබ්දතාවය *n.* silence
nithara නිතර *adv.* often
nithara mathpan bonawaa නිතර මත්පැන් බොනවා *v.* tipple
nithara siduwana නිතර සිදුවන *adj.* usual
nithara siduwena නිතර සිදුවෙන *adj.* frequent
nithya නිත්‍ය *adj.* invariable
nitrogen නයිට්‍රජන් *n.* nitrogen
nivatayaa නිවටයා *n.* varlet
niwaadu dinaya නිවාඩු දිනය *n.* holiday
niwaaduwa නිවාඩුව *n.* vacation
niwaasa katayuthu නිවාස කටයුතු *n.* housing
niwana නිවන *n.* nirvana
niwanawa නිවනවා *v.* extinguish
niwanawaa නිවනවා *v.* quench
niwaradi නිවැරදි *adj.* accurate
niwaradi නිවැරදි *adj.* correct
niwaradi නිවැරදි *adj.* kosher
niwaradi නිවැරදි *adj.* right
niwaradi bawa dakwanawa නිවැරදි බව දක්වනවා *v.* justify
niwaradi bawata pamunuwanawa නිවැරදි බවට පමුණුවනවා *v.* regularize
niwaradi pitapatha නිවැරදි පිටපත *n.* facsimile
niwaradima නිවැරදිම *adj.* exact
niwarthakaya නිවර්තකය *n.* deterrent
niwarthanaya නිවර්තනය *n.* tropic
niwasa නිවස *n.* home
niwasa නිවස *n.* house
niwasakata yaabadawa athi wahalak nathi kotasa නිවසකට යාබදව ඇති වහලක් නැති කොටස *n.* patio
niwasi නිවැසි *n.* resident
niwasiya නිවැසියා *n.* inhabitant
niwata නිවට *adj.* gawky
niwataya නිවටයා *n.* gudgeon
niwatayaa නිවටයා *n.* simpleton
niwatayaa නිවටයා *n.* weakling
niwedakayaa නිවේදකයා *n.* communicant
niwedanaya නිවේදනය *n.* announcement
niwedanaya නිවේදනය *n.* proclamation
niwedanaya karanawa නිවේදනය කරනවා *v.* announce
niweshaya නිවේශය *n.* insertion
niwithi නිවිති *n.* spinach
niwun නිවුන් *n.* twin
niya නිය *n.* claw
niyaaya න්‍යාය *n.* theory

niyaaya pathraya න්‍යාය පත්‍රය *n.* schedule
niyadiya නියැදිය *n.* sample
niyalenawa නියැලෙනවා *v.i.* toil
niyam gama නියම් ගම *n.* township
niyama නියම *adj.* actual
niyama නියම *adj.* rightful
niyama නියම *adj.* veritable
niyama kala mila නියම කළ මිල *n.* quotation
niyama karanawa නියම කරනවා *v.* assign
niyama karanawa නියම කරනවා *v. t* choose
niyama karanawa නියම කරනවා *v.* dispense
niyama karanawa නියම කරනවා *v.* relegate
niyama karanawaa නියම කරනවා *v.* instruct
niyama karanawaa නියම කරනවා *v.* prescribe
niyama karanawaa නියම කරනවා *v.* stipulate
niyama kireema නියම කිරීම *n.* disposal
niyama kotasa නියම කොටස *n.* quota
niyamaya නියමය *n.* formality
niyamaya නියමය *n.* instruction
niyamaya නියමය *n.* norm
niyamaya නියමය *n.* principle
niyamaya නියමය *n.* stipulation
niyamitha නියමිත *adj.* definite
niyamitha නියමිත *adj.* due
niyamitha kaalaya නියමිත කාලය *n.* deadline
niyamitha welawaata wada kireema නියමිත වේලාවට වැඩ කිරීම *n.* punctuality
niyana නියන *n.* chisel
niyawanawaa නියවනවා *v.* simper
niyaya pathraya න්‍යාය පත්‍රය *n.* agenda
niyogaya නියෝගය *n.* decree
niyogaya නියෝගය *n.* edict
niyogaya නියෝගය *n.* injunction
niyojanaya karanawa නියෝජනය කරනවා *v.* depute
niyojitha නියෝජිත *adj.* representative
niyojitha aayathanaya නියෝජිත ආයතනය *n.* agency
niyojitha pirisa නියෝජිත පිරිස *n.* deputation
niyojithaya නියෝජිතයා *n.* agent
niyojithayaa නියෝජිතයා *n.* envoy
niyojithayaa නියෝජිතයා *n.* spokesman
niyojya නියෝජ්‍ය *n.* deputy
noamathoo නොඇමතූ *adj.* uncalled
nobediya haki නොබෙදිය හැකි *adj.* indivisible
nobindiya haki නොබිඳිය හැකි *adj.* tenable
nobodaa නොබෝදා *adv.* recently
nodanuma නොදැනුම *n.* premonition
nodanuwath නොදැනුවත් *adj.* unaware
nodee walakanawa නොදී වළකනවා *v.* withhold
nodika නෝඩික *adj.* Nordic
nogalapena නොගැළපෙන *adj.* derogatory
nogalapena නොගැළපෙන *adj.*

incoherent
nogamburu නොගැඹුරු *adj.* shallow
nogamburu නොගැඹුරු *adj.* superficial
nogamburu bawa නොගැඹුරු බව *n.* superficiality
nohaki නොහැකි *adj.* impossible
nohaki නොහැකි *adj.* unable
nohikmunu නොහික්මුණු *adj.* discourteous
nohikmunu නොහික්මුනු *adj.* impertinent
nohikmunu නොහික්මුණු *adj.* wanton
nohikmunu kama නොහික්මුනු කම *n* impertinence
nohikmunu ranchuwa නොහික්මුණු රංචුව *n.* rabble
nohobinaakama නොහොබිනා කම *n.* impropriety
noindul නොඉඳුල් *adj.* intact
noiwasana නොඉවසන *adj.* intolerant
noiwasiliwantha නොඉවසිලිවන්ත *adj.* impatient
noiwasiliwantha නොඉවසිලිවන්ත *n.* inpatient
noiwasiliwantha wenawa නොඉවසිලිවන්ත වෙනවා *n.* disquiet
noiwasiya haki නොඉවසිය හැකි *adj.* intolerable
nokadawaa karana bana wadeema නොකඩවා කරන බැන වැදීම *n.* tirade
nokadawaa labena aasheerwaada නොකඩවා ලැබෙන ආශිර්වාද *n.* shower
nokadawaa pawathna නොකඩවා පවත්නා *adj.* ceaseless
nokamathi නොකැමති *adj.* chary
nokamathi නොකැමැති *adj.* indisposed
nokamathi නොකැමැති *adj.* loath
nokamathi නොකැමැති *adj.* reluctant
nokamathi නොකැමති *adj.* unwilling
nokamaththa නොකැමැත්ත *v.* demur
nokarana lada නොකරන ලද *adj.* undone
nokelesiya yuthu නොකෙළෙසිය යුතු *adj.* sacrosanct
nokiliti නොකිලිටි *adj.* pristine
nokiya haki නොකිය හැකි *adj.* unmentionable
nokiyana lada නොකියන ලද *adj.* untold
noliyana lada palakaya නොලියන ලද පලකය *v.* tabulator
nomaga yawanawaa නොමඟ යවනවා *v.* seduce
nomana නොමනා *adj.* fulsome
nomanaa paalanayana නොමනා පාලනය *n.* maladministration
nomanga yaama නොමඟ යෑම *v.* abhor
nomanga yana නොමඟ යන *adv.* astray
nomanga yanawaa නොමඟ යනවා *v.* misguide
nomanga yawanawaa නොමඟ යවනවා *v.* misdirect
nomaree berenawaa නොමැරී බේරෙනවා *v.* survive
nomasuru නොමසුරු *adj.* profuse
nomeroo bawa නොමේරූ බව *n.* immaturity
nomeru නොමේරූ *adj.* callow

nomilaye wu නොමිලයේ වූ *adj.* gratuitous

nomile නොමිලේ *adv. &adj.* gratis

nominis නොමිනිස් *adj.* inhuman

nonaa නෝනා *n.* madam

nonasee ithiri weema නොනැසී ඉතිරි වීම *n.* survival

nonasee pawathinawa නොනැසී පවතිනවා *v.* persist

nonasee pawathnaa නොනැසී පවත්නා *adj.* persistent

nonidaa sitina නොනිදා සිටින *adj.* wakeful

nonisi නොනිසි *adj.* undue

noodles නූඩ්ල්ස් *n.* noodles

noogath නූගත් *n.* illiterate

noogath kama නූගත් කම *n.* illiteracy

noogathkama නූගත්කම *n.* ignorance

nool ada maheema නූල් ඇද මැහීම *n.* tack

nool karalla නූල් කැරැල්ල *n.* skein

nool katinna නූල් කටින්න *n.* spinner

noola නූල *n.* chord

noola නූල *n.* thread

noopan නූපන් *adj.* unborn

noothanawaadaya නූතනවාදය *n.* modernism

nopahadili නොපැහැදිලි *adj.* ambiguous

nopahadili නොපැහැදිලි *adj.* hazy

nopahadili නොපැහැදිලි *adj.* indistinct

nopahadili නොපැහැදිලි *adj.* intangible

nopahadili නොපැහැදිලි *adj.* misty

nopahadili නොපැහැදිලි *adj.* nebulous

nopahadili bawa නොපැහැදිලි බව *n.* vagueness

nopamaawa as wenawaa නොපමාව අස් වෙනවා *v.* secede

nopamineema නොපැමිණීම *n.* absence

nopamini නොපැමිණි *adj.* absent

nopamini thanaththa නොපැමිණි තැනැත්තා *n.* absentee

nopanath නොපනත් *adj.* lawless

noparadunu නොපැරදුණු *adj.* victorious

nopasubatawa karanawa නොපසුබටව කරනවා *v.i.* persevere

nopenena නොපෙනෙන *adj.* inconspicuous

norissana නොරිස්සන *adj.* edgy

norissum gathi athi නොරිස්සුම් ගති ඇති *adj.* petulant

norussana නොරුස්සන *adj.* irritable

nosaahena නොසෑහෙන *adj.* insufficient

nosalakaa නොසලකා *adv.* regardless

nosalakaa harinawaa නොසලකා හරිනවා *v.* ignore

nosalakaa harinawaa නොසලකා හරිනවා *v.* skip

nosalakaa innawa නොසලකා ඉන්නවා *v. t* disregard

nosalakeema නොසැලකීම *n.* negress

nosalakili sahitha නොසැලකිලි සහිත *adj.* inadvertent

nosalakili sahitha නොසැලකිලි සහිත *adj.* supercilious

nosalakilimathwa kriyaa karana නොසැලකිලිමත්ව ක්‍රියා කරන *adj.* perfunctory

nosalakiliwantha නොසැලකිලිවන්ත *adj.* thoughtless

nosalakiliwanthakama නොසැලකිලිවන්තකම *n.* levity

nosalakilla නොසැලකිල්ල *n.* apathy

nosalakilla නොසැලකිල්ල *n.* defiance

nosalakilla නොසැලකිල්ල *n.* negligence

nosalena නොසැලෙන *adj.* unmoved

nosangawunu නොසැඟවුණු *adj.* blatant

nosansun නොසන්සුන් *adj.* fretful

nosansun නොසන්සුන් *adj.* moody

nosansun bawa නොසන්සුන් බව *n.* unrest

nositi bawa නොසිටි බව *n.* alibi

nothaaris නොතාරිස් *n.* notary

notharamkamak karanawa නොතරම්කමක් කරනවා *v.* deign

november maasaya නොවැම්බර් මාසය *n.* november

nowadagath නොවැදගත් *adj.* immaterial

nowadagath නොවැදගත් *adj.* indifferent

nowadagath නොවැදගත් *adj.* insignificant

nowadagath නොවැදගත් *adj.* petty

nowadagath නොවැදගත් *adj.* trivial

nowaradina නොවරදින *adj.* infallible

nowaradina නොවරදින *adj.* unfailing

nowatina නොවටින *adj.* worthless

nowatinaa de නොවටිනා දේ *n.* trinket

nowatinaa deya නොවටිනා දෙය *n.* dross

nowatinaa kotasa නොවටිනා කොටස *n.* refuse

nudawaa harinawaa මුදවා හරිනවා *v.* extricate

nuhuru නුහුරු *adj.* awkward

numbama නුඹම *pron.* yourself

nurthya shaalaawa නෘත්‍ය ශාලාව *n.* casino

nurussana නුරුස්සන *adj.* tetchy

nusudusu නුසුදුසු *adv.* beneath

nusudusu නුසුදුසු *adj.* inappropriate

nusudusu wenawa නුසුදුසු වෙනවා *v.* disqualify

nusudusu wiwaahaya නුසුදුසු විවාහය *n.* misalliance

nuwana athi නුවන ඇති *adj.* wise

nuwanakkaara නුවණක්කාර *adj.* judicious

nuwanakkaara නුවණක්කාර *adj.* prudential

nuwanakkaara නුවණක්කාර *adj.* tactful

nuwanakkara bawa නුවණක්කාර බව *n.* prudence

nuwanata huru නුවණට හුරු *adj.* expedient

nuwuwamana නුවුවමනා *adj.* needless

nwwthimaya නීතිමය *adj.* legal

nyaasaya න්‍යාසය *n.* matrix

nyashtika න්‍යෂ්ටික *adj.* nuclear

nyashtiya න්‍යෂ්ටිය *n.* nucleus

nylon නයිලෝන් *n.* nylon

O

oak gasa ඕක් ගස *n.* oak
oak gediya ඕක් ගෙඩිය *n.* acorn
oba ඔබ *pron.* you
obaa balanawa ඔබා බලනවා *v.* poke
obaa thada karanawaa ඔබා තද කරනවා *v.* tamp
obage ඔබගේ *adj.* your
obanawaa ඔබනවා *v.* press
obanawaa ඔබනවා *v.* suppress
obbanawa ඔබ්බනවා *v.* embed
obina ඔබින *adj.* proper
obinawa ඔබිනවා *v.* befit
ochchama ඔච්චම *v.* gibe
ochchamata kiyana padayak ඔච්චමට කියන පදයක් *n.* raspberry
october maasaya ඔක්තෝබර් මාසය *n.* October
ohu ඔහු *pron.* he
ohuge ඔහුගේ *adj.* his
ohuma ඔහුම *pron.* himself
ohuta ඔහුට *pron.* him
okkaara karanawa ඔක්කාර කරනවා *v.* retch
okkaaraya ඔක්කාරය *n.* nausea
okkaarayata ena ඔක්කාරයට එන *adj.* queasy
okkoma ඔක්කොම *adj.* whole
olimpik ඔලිම්පික් *adj.* Olympic
olvara handa ඔල්වර හඬ *n.* salvo
olvara handa ඔල්වර හඬ *n.* whoop
olwarasan denawa ඔල්වරසන් දෙනවා *v.* applaud
omlet ඔම්ලට් *n.* omelette
onaa deyak ඕනෑ දෙයක් *pron.* anything
onaa nathi kama ඕනෑ නැති කම *adv.* unwittingly
onaa thanaka ඕනෑ තැනක *adv.* anywhere
onaa tharam ඕනෑ තරම් *adj.* any
onaakam athi ඕනෑකම් ඇති *adj.* raring
onaakamin sithaa balanawa ඕනෑකමින් සිතා බලනවා *v.* ponder
onaawata wdaa wishaala ඕනෑවට වඩා විශාල *adj.* outsize
onaawatama ඕනෑවටම *adv.* purposely
onchillaawa ඔන්චිල්ලාව *n.* swing
oona poorakaya ඌන පූරකය *adj.* supplementary
oona poornaya ඌන පූර්ණය *n.* supplement
oonaa ඕනෑ *adj.* needy
oopaadoopa ඕපාදූප *n.* gossip
ooraa ඌරා *n.* swine
ooru kotuwa ඌරු කොටුව *n.* sty
ooru thel ඌරු තෙල් *n.* lard
ooshmaakshara ඌෂ්මාක්ෂර *adj.* sibilant
ooti piti ඕට්පිටි *n.* oatmeal
opa athi ඔප ඇති *adj.* glossy
opa damanawa ඔප දමනවා *v.* glaze
opa nathi ඔප නැති *adj.* dingy
opaa doopa ඕපා දූප *n.* tattle
opadamanawa ඔපදමනවා *v.* gild
opadamoo ඔපදැමූ *adj.* gilt
opadupakaaraya ඕපාදූපකාරයා *adj.* telltale
opaya ඔපය *n.* gloss
opaya ඔපය *n.* polish
operaawa ඔපෙරාව *n.* opera
oppu karanawaa ඔප්පු කරනවා *v.*

prove
oppuwa ඔප්පුව *n.* deed
oppuwa ඔප්පුව *n.* indenture
oralosuwa ඔරලෝසුව *n.* clock
orawanawaa ඔරවනවා *v.* ogle
origaamee ඔරිගාමි *n.* origami
osap weema ඔසප් වීම *n.* menstruation
osapweema pilibanda ඔසප්වීම පිළිබඳ *adj.* menstrual
osawaa gena yaama ඔසවා ගෙන යෑම *n.* portage
osawanawa ඔසවනවා *v.* hoist
osse ඔස්සේ *prep.* along
othaa gannawa ඔතා ගන්නවා *v.* muffle
othanawa ඔතනවා *v.* enfold
othanawa ඔතනවා *v.* wrap
othanaya ඔතනය *n.* winder
oththu sewaya ඔත්තු සේවය *n.* espionage
oththu soyanawaa ඔත්තු සොයනවා *v.* tout
oththukaaraya ඔත්තුකාරයා *n.* informer
oththukaaraya ඔත්තුකාරයා *n.* spy
ottu allanna ඔට්ටු අල්ලන්නා *n.* punter
ottu alleeme kramaya ඔට්ටු ඇල්ලීමේ ක්‍රමය *v.* tote
ottuwa ඔට්ටුව *v.* bet
ottuwa ඔට්ටුව *n.* stake
ottuwa ඔට්ටුව *n.* & *v.* wager
ottuwata ashawayan elawannaa ඔට්ටුවට ආශාවන් එළවන්නා *n.* jockey
otunna ඔටුන්න *n.* crown
otunu palandanawa ඔටුනු පළන්දනවා *v.* crown
otunu palandeema ඔටුනු පැළඳීම *n.* coronation
otuwa ඔටුවා *n.* camel
ounge ඔවුන්ගේ *adj.* their
ounma ඔවුන්ම *pron.* themselves
ounta ඔවුන්ට *pron.* them
owa denawa ඔවා දෙනවා *v.* admonish
owalaya ඕවලය *adj.* oval
owun ඔවුන් *pron.* they
oxidaya ඔක්සයිඩය *n.* oxide
oxygen waayuwa ඔක්සිජන් වායුව *n.* oxygen
ozone stharaya ඕසෝන් ස්ථරය *n* ozone

P

paa polla පා පොල්ල *n.* treadle
paa satahana පා සටහන *n.* track
paa wala niyapothu hadaganweema පා වල නියපොතු හැඩගැන්වීම *n.* pedicure
paa wihiduwa පා විහිදුවා *prep.* astride
paabala පාබළ *n.* infantry
paabala hamudaa kandaya පාබල හමුදා ඛණ්ඩය *n.* platoon
paachanaya පාචනය *n.* diarrhoea
paada angiliwala aga පාද ඇඟිලිවල අග *v.* tiptoe
paadama පාදම *n.* base
paadama පාඩම *n.* lesson
paadamaanaya පාදමානය *n.* pedometer
paadanawaa පාදනවා *v.* unearth

paadasthalaya පාදස්තලය *n.* pedestal
paadayen kriya karawana yanthraya පාදයෙන් ක්‍රියා කරවන යන්ත්‍රය *n.* treadmill
paadili unnaanse පාදිලි උන්නාන්සේ *n.* pastor
paaduwa පාඩුව *n.* failing
paaduwa pirimasinawaa පාඩුව පිරිමසනවා *v.* offset
paagaagena yanawaa පාගාගෙන යනවා *v.* override
paakshika පාක්ෂික *n.* partisan
paakshikaya පාක්ෂිකයා *n.* ally
paalaka පාලක *adj.* administrative
paalakaya පාලකයා *adj.* administrator
paalakaya පාලකය *n.* controller
paalakaya පාලකය *n.* regulator
paalakayaa පාලකයා *n.* superintendent
paalama පාලම *n.* bridge
paalana pradeshaya පාලන ප්‍රදේශය *n.* canton
paalana reethi iwath karanawa පාලන රීති ඉවත් කරනවා *v.* deregulate
paalanaya පාලනය *n.* control
paalanaya පාලනය *n.* governance
paalanaya පාලනය *n.* jurisdiction
paalanaya පාලනය *n.* mastery
paalanaya පාලනය *n.* superintendence
paalanaya kala haki පාලනය කළ හැකි *adj.* manageable
paalanaya karanava පාලනය කරනවා *v.* administer
paalanaya karanawa පාලනය කරනවා *v.* manage
paalanaya karanawa පාලනය කරනවා *v.* rule
paalanaya karanawaa පාලනය කරනවා *v.* oversee
paalanaya karanawaa පාලනය කරනවා *v.* superintend
paalanaya karanu labana පාලනය කරනු ලබන *adj.* mandatory
paalanayata path karanawaa පාලනයට පත් කරනවා *v.* subjugate
paalikaawa පාලිකාව *n.* matron
paalu පාළු *adj.* lonesome
paan පාන් *n.* bread
paan kaaraya පාන් කාරයා *n.* baker
paana පෑන *n.* pen
paanaya karanawa පානය කරනවා *v. t* drink
paap පාප් *adj.* papal
paap pradawiya පාප් පදවිය *n.* papacy
paap wahanse පාප් වහන්සේ *n.* pope
paapa sahaayathaawa පාප සහායතාව *n.* complicity
paapadikaru පාපැදිකරු *n.* cyclist
paapadiya පාපැදිය *n.* bike
paapadiya පාපැදිය *n.* cycle
paapakaaree පාපකාරී *adj.* sinful
paapandu පාපන්දු *n.* football
paapandu පාපන්දු *n.* soccer
paapatiya පාපටිය *n.* stirrup
paapee පාපී *adj.* impious
paapishta පාපිෂ්ඨ *adj.* wicked
paapochchaaranaya පාපෝච්චාරණය *n.* confession
paapochchaaranaya karanawa පාපෝච්චාරණය කරනවා *v.* confess

paapthumaa පාප්තුමා *n.* pontiff
paara පාර *n.* road
paara mada පාර මැද *adv.* midway
paara pilibanda katayuthu පාර පිළිබඳ කටයුතු *n.* road works
paaraadeesaya පාරාදීසය *n.* paradise
paaraandha පාරාන්ධ *adj.* opaque
paaradrushya පාරදෘශ්‍ය *adj.* transparent
paaragamya පාරගම්‍ය *adj.* permeable
paaramparika පාරම්පරික *adj.* ancestral
paarandhathaawa පාරාන්ධතාව *n.* opacity
paarattu karanawaa පාරට්ටු කරනවා *adj.* vaunted
paarawilanaya පාරවිලනය *n.* transfusion
paarawilanaya karanawaa පාරවිලනය කරනවා *v.* transfuse
paaribaashika shabda maalaawa පාරිභාෂිත ශබ්ද මාලාව *n.* terminology
paaribaashika shabda maalaawata ayath පාරිභාෂිත ශබ්ද මාලාවට අයත් *adj.* terminological
paaribhogikayaa පාරිභෝගිකයා *n.* customer
paarlimenthuwa පාර්ලිමේන්තුව *n.* parliament
paarlimenthuwata ayath පාර්ලිමේන්තුවට අයත් *adj.* parliamentary
paarsalaya පාර්සලය *n.* parcel
paaruwa පාරුව *n.* barge
paasala පාසල *n.* school
paasanam පාසානම් *n.* arsenic
paashaana wani wishaala පාෂාණ වැනි විශාල *adj.* megalithic
paaskuwa පාස්කුව *n.* Easter
paassanawa පාස්සනවා *v.* weld
paasseemata yodana iyam පෑස්සීමට යොදන ඊයම් *n.* solder
paata gaanawa පාට ගානවා *n.* mottle
paata granthaya පාඨ ග්‍රන්ථය *n.* textbook
paata hunukooru පාට හුණුකූරු *n.* crayon
paata karana lada පාට කරන ලද *adj.* ingrained
paata pilibanda පාඨ පිළිබඳ *adj.* textual
paata pilibanda පාඨ පිළිබඳ *adj.* textual
paatamaalaawa පාඨමාලාව *n.* course
paathaala lokaya පාතාල ලෝකය *n.* limbo
paathaala lokaya පාතාල ලෝකය *n.* underworld
paathalaya පාතලය *n.* abyss
paaththaya පාත්තයා *n.* goose
paavena පාවෙන *adj.* afloat
paawa deema පාවා දීම *n.* betrayal
paawa denawa පාවා දෙනවා *v.* betray
paawa denawa පාවා දෙනවා *v.* cede
paawaa deema පාවා දීම *n.* assignation
paawaa deema පාවා දීම *n.* conveyance
paawen ais kuttiya පාවෙන අයිස් කුට්ටිය *n.* floe
paawena පාවෙන *adj.* buoyant

paawenawa පාවෙනවා *v.* drift
paawenawa පාවෙනවා *v.* float
pabalu ataya පබළු ඇටය *n.* bead
pachchaya පච්චය *n.* tattoo
pada bandinawaa පද බඳිනවා *v.* versify
pada rachanaawa පද රචනාව *n.* phraseology
padaarthaya පදාර්ථය *n.* matter
padagathaartha පදගතාර්ථ *adj.* literal
padagena yanawa පැදගෙන යනවා *v.* ride
padakkam laboo thanaththa පදක්කම් ලැබූ තැනැත්තා *v.i.* medallist
padakkama පදක්කම *n.* medal
padam kala elu hama පදම් කළ එළු හම *n.* suede
padam kala hama පදම් කල හම *n.* leather
padam karana lada පදම් කරන ලද *n.* tannery
padanama පදනම *n.* basis
padanama පදනම *n.* foundation
padawanawa පදවනවා *v.* drive
padawiya පදවිය *n.* rank
paddenawaa පැද්දෙනවා *v.* oscillate
paddenawaa පැද්දෙනවා *v.* sway
paddenawaa පැද්දෙනවා *v.* swing
padduma පැද්දුම *adj.* swingeing
padhadayaa පාදඩයා *n.* vagabond
padikawedikaawa පදිකවේදිකාව *n.* pavement
padikaya පදිකය *n.* pedal
padikaya පදිකයා *n.* pedestrian
padikayan maru vena thana පදිකයන් මාරු වන තැන *n.* zebra crossing
padinchi kaalaya පදිංචි කාලය *n.* occupancy
padinchi kaarayaa පදිංචි කාරයා *n.* settler
padinchikaaraya පදිංචිකාරයා *n.* inmate
padinchiwa sitinawa පදිංචිව සිටිනවා *v.* reside
padinchiya පදිංචිය *n.* domicile
padinchiya පදිංචිය *n.* dwelling
padinchiyata sudusu පදිංචියට සුදුසු *adj.* residential
padipela පඩිපෙළ *n.* stair
padura පැදුර *n.* mat
padura පැදුර *n.* pallet
padya පද්‍ය *n.* verse
padyamaya පද්‍යමය *adj.* metrical
paha පහ *adj. & n.* five
paha bagin wu පහ බැගින් වූ *n.* quin
paha karanawa පහ කරනවා *v.* excrete
paha karanawaa පහ කරනවා *v.* sack
pahadaa denawa පහදා දෙනවා *v. t* elucidate
pahadali පැහැදිලි *adj.* manifest
pahadanawa පහදනවා *v.* explain
pahadili පැහැදිලි *adj.* clear
pahadili පැහැදිලි *adj.* distinct
pahadili පැහැදිලි *adj.* evident
pahadili පැහැදිලි *adj.* intelligible
pahadili පැහැදිලි *adj.* obvious
pahadili karanawa පැහැදිලි කරනවා *v.* clarify
pahadili kireema පැහැදිලි කිරීම *n.* clarification
pahadili lesa kiyanawa පැහැදිලි

ලසෙ කියනවා *v.* enunciate
pahadilikama ඇ හැදිලිකම *n.* clarity
pahadiliwa ඇ හැදිලිව *adv.* clearly
pahadiliwa penena ඇ හැදිලිව පනෙනෙ *adj.* vivid
pahala පහළ *prep.* below
pahala පහළ *adv.* down
pahala පහළ *adj.* nether
pahala පහළ *prep.* underneath
pahala damanawa පහළ දමනවා *v.t.* abbreviate
pahala weema පහළ වීම *n.* manifestation
pahalowa පහළ ොව *adj.* & *n.* fifteen
pahan thiraya පහන් තිරය *n.* wick
pahana පහන *n.* lamp
pahara පහර *n.* brunt
pahara deema පහර දීම *n.* assault
pahara deema පහර දීම *v.* attack
pahara deema පහර දීම *n.* riposte
pahara denawa පහර දනෙවා *v.* assail
pahara denawa පහර දනෙවා *v.* lambast
pahara denawa පහර දනෙවා *v.* zap
pahara denawaa පහර දනෙවා *v.* whack
pahara ganeema පහර ගැනීම *n.* usurpation
pahara gannawa ඇ හැ ර ගන්නවා *n.* aberration
pahara gannawa ඇ හැ ර ගන්නවා *v.* plunder
pahara gannawa ඇ හැ රගන්නවා *v.* relieve
pahara gannawaa පහර ගන්නවා *v.* usurp
pahara gasanawaa පහර ගසනවා *v.* belabour
pahara hareema ඇ හැ ර හැරීම *n.* default
pahara harinawa ඇ හැ ර හිරිනවා *v.* neglect
pahara walakanawa පහර වළකනවා *v.* parry
paharagena yanawaa ඇ හැ රගනෙ යනවා *v.* kidnap
paharanawa පහරනවා *v.* defecate
pahasu පහසු *adj.* convenient
pahasu පහසු *adj.* easy
pahasukam salasanawa පහසුකම් සලසනවා *v.* facilitate
pahasukama පහසුකම *n.* facility
pahasuwa පහසුව *n.* convenience
pahasuwa පහසුව *n.* ease
pahasuwen පහසුවනේ *adv.* readily
pahasuwen bindena පහසුවනේ බිඳනෙ *adj.* fragile
pahasuwen harawiya haki anga-pasanga athi පහසුවනේ හැ රිවය හැකි අඟපසඟ ඇති *adj.* lissom
pahasuwen kudu bawata pathkala haki පහසුවනේ කුඩු බවට පත්කළ හැකි *adj.* friable
pahasuwen namena පහසුවනේ නැ මනෙ *adj.* pliant
pahasuwen namenawa පහසුවනේ නැ මනෙවා *v.* limber
pahasuwen namiya haki පසුහුවනේ නැමිය හැකි *adj.* flexible
pahasuwen nodirana පහසුවනේ නාෙදිරන *adj.* indigestible
pahath පහත් *adj.* inferior
pahath පහත් *adj.* low
pahath පහත් *adj.* lowly
pahath bawa පහත් බව *n.* inferiority

pahath karanawa පහත් කරනවා *v.* debase
pahath kota salakanawa පහත් කොට සළකනවා *v.* belittle
pahath wada karanna පහත් වැඩ කරන්නා *n.* sleaze
pahatha wateema පහත වැටීම *n.* prolapse
pahathata obanawa පහතට ඔබනවා *v.* depress
pahaya පැහැය *n.* complexion
pahaya පැහැය *n.* hue
pahura පහුර *n.* raft
pahuru gaanawaa පහුරු ගානවා *v.t.* scratch
pain පයින් *adv.* afoot
pakattuwa පැකට්ටුව *n.* packet
pakejaya පැකේජය *n.* package
pakila watenawaa පැකිළ වැටෙනවා *v.* trip
pakilenawaa පැකිළෙනවා *v.* stumble
paksha kaandaya පක්ෂ කාණ්ඩය *n.* bloc
pakshapaathi පක්ෂපාතී *adj.* trusty
pakshaya harayanna පක්ෂය හැරයන්නා *n.* apostate
pakshee wargayak පක්ෂි වර්ගයක් *n.* pie
paksheenge niya පක්ෂීන්ගේ නිය *n.* talon
pakshiyaa handanawaa පක්ෂියා හඬනවා *v.* tweet
pal weema පල් වීම *n.* stagnation
pal wenawa පල් වෙනවා *v.* stagnate
pal wenawaa පල් වෙනවා *v.* stink
pal woo පල් වූ *adj.* stale
pala පැල *n.* chalet
pala පැල *n.* hovel
pala පැල *n.* shanty
pala karanawa පැළ කරනවා *v.* germinate
pala karanawaa පළ කරනවා *v.* profess
pala nil paata එළ නිල් පාට *n.* lilac
pala sitawanawaa පැළ සිටවනවා *v.* transplant
pala weema පැළවීම *n.* germination
palaatha පළාත *n.* locality
palaatha පළාත *n.* province
palaathak bhaara dewagathithuma පළාතක් භාර දේවගැතිතුමා *n.* parson
palaayaama පලායාම *v.i* escape
palaayanawa පලායනවා *v.* flee
palaayannaa පලායන්නා *adj.* runaway
paladaai එලදායි *adj.* beneficial
paladaai එලදායි *adj.* fruitful
paladaayi එලදායි *adj.* remunerative
paladayithaawa පලදායිතාව *n.* productivity
palakaya එලකය *n.* plaque
palakkattuwa පලක්කට්ටුව *n.* placard
palal පළල් *adj.* broad
palal karanawaa පළල් කරනවා *v.* widen
palala පළල *n.* breadth
palala පළල *n.* width
palamu පළමු *adj. & n.* first
palamuwa bhukthiya gannawaa පළමුව භුක්තිය ගන්නවා *v.* pre-empt
palanawaa පලනවා *v.* split
palanchiya පලංචිය *n.* scaffolding
palanchiya පලන්චිය *n.* trestle
palandanaawa පළඳනාව *n.*

ornament
palandinawaa පළඳිනවා *v.* wear
palangatiya පළඟැටියා *n.* locust
palaprayojanaya ඵලප්රයෝජනය *n.* benefit
palapurudu nathi bawa පළපුරුදු නැති බව *n.* inexperience
palasa පලස *n.* carpet
palasa පලස *n.* rug
palastharaya ඇලුස්තරය *n.* plaster
palathura පළතුර *n.* fruit
palathuru haa dhaanya ekata mishra karagath dhaanyak පළතුරු හා ධාන්‍ය එකට මිශ්‍ර කරගත් ආහාරයක් *n.* muesli
palathuru wargayak පළතුරු වර්ගයක් *n.* conker
palathuru wattha පලතුරු වත්ත *n.* orchard
palawaa harinawa පළවා හරිනවා *v.* dislodge
palawaa harinawa පලවා හරිනවා *v.* dispel
palaya ඇළය *n.* plant
palenawa ඇලෙනවා *v.* cleave
pali ganeema පළි ගැනීම *n.* reprisal
pali ganeema පළි ගැනීම *n.* retaliation
pali ganeema පළි ගැනීම *n.* revenge
pali gannawa පළි ගන්නවා *v.* avenge
pali gannawa පළිගන්නවා *v.* wreak
palibodakayo පළිබෝධකයෝ*n.* vermin
paliganeema පළිගැනීම *n.* nemesis
paligannawa පලිගන්නවා *v.* retaliate
paliha පළිහ *n.* shield
pallama ඇල්ලම *n.* blotch
pallama පල්ලම *n.* ramp
pallama පල්ලම *n.* spot
palliya පල්ලිය *n.* church
palliye us kotha පල්ලියේ උස් කොත *n.* steeple
palpaya පල්පය *n.* pulp
palunu ඇළුණු *n.* riven
pamaa wenawaa පමා වෙනවා *v.* wait
pamana nodanna පමණ නොදන්න *adj.* immoderate
pamanak පමණක් *adv.* only
pambaya පඹයා *n.* dummy
pambaya පඹයා *n.* effigy
pambaya පඹයා *n.* guy
pambayaa පඹයා *n.* clown
pambayaa පඹයා *n.* scarecrow
pamineema ඇමිණීම *n.* advent
pamineema ඇමිණීම *n.* attendance
pamineema ඇමිණීම *n.* presence
paminenawa ඇමිණෙනවා *v.* arrive
paminenawa ඇමිණෙනවා *v.* attend
paminenawa ඇමිණෙනවා *v.* come
pamini ඇමිණි *adj.* present
paminili karanawa ඇමිණිලි කරනවා *v.* complain
paminilikaru ඇමිණිලිකරු *n.* plaintiff
paminilla ඇමිණිල්ල *n.* complaint
paminilla ඇමිණිල්ල *n.* prosecution
pana adinawa පණ අදිනවා *v.i* gasp
pana alla gannawa ඇන අල්ල ගන්නවා *v.* nab
pana deema පණ දීම *n.* animation
pana denawa පණ දෙනවා *v.* animate
pana gannawa ඇන ගන්නවා *v.* blench
pana nathi පණ නැති *adj.* spineless

pana pana duwanawa පැන පැන දුවනවා *n.* gallop
pana pana duwanawaa පැන පැන දුවනවා *v.* lope
pana pana yanawaa පැන පැන යනවා *v.* leap
pana pihituwanawa පණ පිහිටුවනවා *v.* revive
pana pitin පණ පිටින් *adj.* alive
pana yanawa පැන යනවා *v.* decamp
panaawa පනාව *n.* comb
panaha පනහ *adj. & n.* fifty
panawanawa පනවනවා *v.* enact
panchaasraya පංචාස්රය *n.* pentagon
pandaa පැන්ඩා *n.* panda
pandamaa පණ්දම *n.* stooge
pandanaya පැන්ඩනය *n.* pendant
pandithamaanee පණ්ඩිතමානී *adj.* pedantic
pandu kreeda wisheshayak පන්දු ක්‍රීඩා විශේෂයක් *n.* lacrosse
pandura පඳුර *n.* bush
pandura පඳුර *n.* shrub
panduru kota kara kapaa hada ganweema පඳුරු කොට කර කපා හැඩ ගැන්වීම *n.* topiary
panduru sahitha පඳුරු සහිත *adj.* bushy
panduwan පඬුවන් *adj.* sallow
panel පැනලේ *n.* flannel
pangiri පැඟිරි *n.* citrus
panguwa පංගුව *n.* ration
panguwak පංගුවක් *adv.* partly
panhinda පන්හිඳ *n.* stylus
pani පැණි *n.* treacle
pani dosi පැණි දෝසි *n.* jam
pani rasa athi පැණි රස ඇති *adj.* sweet
pani rasa kaama පැණි රස කෑම *n.* sweet
pani rasa karanawaa පැණි රස කරනවා *v.* sweeten
paninawa පනිනවා *v.* hop
paninawa පනිනවා *v.i* jump
paninawaa පනිනවා *v.* spring
panittuwa පනිට්ටුව *n.* bucket
panittuwa පනිට්ටුව *n.* pint
paniwidakaarayaa පණිවිඩකාරයා *n.* courier
paniwidakaru පණිවිඩකරු *n.* messenger
paniwidaya පණිවිඩය *n.* massage
paniwidaya පණිවිඩය *n.* message
paniya පැණිය *n.* syrup
pankaawa පංකාව *n.* fan
pannayata පන්නයට *adj.* modish
pansa haye kaasiya පැන්ස හයේ කාසිය *n.* tanner
pansala පැන්සල *n.* pencil
pansala පන්සල *n.* temple
pansaya පැන්සය *n.* penny
panthi paadama පන්ති පාඩම *n.* tutorial
panthiya පංතිය *n.* class
panu hori පණු හෝරි *n.* scabies
panuwa පණුවා *n.* worm
panuwan men dangalanawaa පණුවන් මෙන් දඟලනවා *v.* squirm
panuweku men dangalanawaa පණුවෙකු මෙන් දඟලනවා *v.* wiggle
papuwa පපුව *n.* chest
papuwe riduma පපුවේ රිදුම *n.* angina
para chiththa gnanaya පරචිත්ත ඥානය *n.* telepathy

para chiththa gnanaya athi thanaththa පරචිත්ත ඥානය ඇති තැනැත්තා *n.* telepathist

para chiththa gnanaya pilibanda wu පරචිත්ත ඥානය පිළිබඳ වූ *adj.* telepathic

para peedaa preethiya windinna පරපීඩා ප්‍රීතිය විඳින්නා *n.* sadist

paraajaya පරාජය *n* checkmate

paraajaya karanawaa පරාජය කරනවා *v.* overthrow

paraajayawanna පරාජයවන්නා *n.* defeatist

paraakramaya පරාක්‍රමය *n.* prowess

paraalaya පරාලය *n.* joist

paraartha charyaawa පරාර්ථ චර්යාව *n.* altruism

paraarthakaamee පරාර්ථකාමී *adj.* philanthropic

paraarthakaamee පරාර්තකාමී *adj.* selfless

paraarthakaameebhaawaya පරාර්ථකාමීභාවය *n.* philanthropy

paraarthakaamiyaa පරාර්ථකාමියා *n.* philanthropist

paraarthaya pinisa wu පරාර්තය පිණිස වූ *adj.* vicarious

paraasaya පරාසය *n.* range

paraawarthaka පරාවර්තක *adj.* reflective

paraawarthanaya wenawa පරාවර්තනය වෙනවා *v.* reflect

paraayaththa පරායත්ත *adj.* dependent

paraayaththathaawa පරායත්තතාව *n.* dependency

paradawanawa පරදවනවා *v.* discomfit

paradawanawa පරදවනවා *v.* excel

paradawanawaa පරදවනවා *v.* overcome

paradawanawaa පරදවනවා *v.* overturn

paradeema පැරදීම *n.* skittle

paradinawaa පරදිනවා *v.* outdo

parafin thel පැරෆින් තෙල් *n.* paraffin

parakkramaya පරාක්‍රමය *n.* valour

parakku පරක්කු *adj.* late

paramaadarshawaadaya පරමාදර්ශවාදය *n.* idealism

paramaadarshawaadiya පරමාදර්ශවාදියා *n.* idealist

paramaadarshee පරමාදර්ශී *adj.* idealistic

paramaadhikaaraya පරමාධිකාරය *n.* prerogative

paramaanuka පරමාණුක *adj.* atomic

paramaanuwa පරමාණුව *n.* atom

paramaarthamaya පරමාර්ථමය *adv.* objectively

paramaarthaya පරමාර්ථය *n.* mission

paramaarthaya පරමාර්ථය *adj.* objective

paramawignanaya පරමවිඥානය *n.* mysticism

paramithiya පරාමිතිය *n.* parameter

paramithiya පරමතම *adj.* paramount

paramothkrushta පරමෝත්කෘෂ්ට *adj.* sublime

paramparaawa පරම්පරාව *n.* generation

parana novena පරණ නොවෙන *adj.* ageless

parana thaale පරණ තාලේ *adj.* outmoded

parani de pilibanda පැරණි දේ පිළිබඳ *adj.* antiquarian
paraputuwa පරපුටුවා *n.* parasite
parashoot batayaa පැරෂුට් භටයා *n.* parachutist
parashootaya පැරෂුටය *n.* parachute
paraspara karanawa පරස්පර කරනවා *v.* reciprocate
paraspara wirodee පරස්පර විරෝධී *adj.* incompatible
paraspara wirodee පරස්පර විරෝධී *adj.* irreconcilable
paraspara wyawahaaraya පරස්පර ව්‍යවහාරය *n.* interplay
parasparaya පරස්පරය *adj.* reciprocal
paratharaya පරතරය *n.* distance
parathikshepa karanawa ප්‍රතික්ෂේප කරනවා *v.* disallow
parawarthee පරාවර්ති *adj.* reflexive
parawarthee widyaawa පරාවර්ති විද්‍යාව *n.* reflexology
pareekshaakaareewa kiyaweema පරීක්ෂාකාරීව කියවීම *n.* perusal
pareekshaawa පරීක්ෂාව *n.* test
pareekshaawen kiyawaa balanawa පරීක්ෂාවෙන් කියවා බලනවා *v.* peruse
pareekshakaari පරීක්ෂාකාරී *adj.* watchful
pareekshawen balaa hindinawaa පරීක්ෂාවෙන් බලා හිඳිනවා *v.* watch
paressam sahitha පරෙස්සම් සහිත *adj.* careful
paressam wenawa පරෙස්සම් වෙනවා *v.* beware
paressama පරෙස්සම *n.* safety
parewiyaa පරෙවියා *n.* pigeon
paribhawa karanawa පරිභව කරනවා *v.* condemn
paribhawa sahitha පරිභව සහගත *adj.* abusive
paribhojakaya පරිභෝජකයා *n.* consumer
paribhojanaya පරිභෝජනය *n.* consumption
paribhojanayata gannawa පරිභෝජනයට ගන්නවා *v.* consume
paribhrama පරිභ්‍රම *adj.* rotary
paribhramanaya wenawaa පරිභ්‍රමණය වෙනවා *v.* revolve
paribramana maanaya පරිභ්‍රමණ මානය *n.* strobe
parichchedaya පරිච්ඡේදය *n.* chapter
paridhiya පරිධිය *n.* circumference
paridi පරිදි *adv.* as
pariganaka daththa gabadaawa පරිගණක දත්ත ගබඩාව *n.* database
pariganakagatha karanawa පරිගණක ගත කරනවා *v.* computerize
pariganakaya පරිගණකය *n.* computer
parihaaniya පරිහානිය *v. t.* decline
parihaaniyata pathwenawaa පරිහානියට පත්වෙනවා *v.* slump
parikalpanaya පරිකල්පනය *n.* imagination
parikshaawa පරීක්ෂාව *n.* critique
parikshaawa පරීක්ෂාව *n.* inspection
parikshakayaa පරීක්ෂකයා *n.* inspector
parilokanaya පරිලෝකනය *n.* scanner
parilokanaya karanawaa

පිරිලෝකනය කරනවා *v.* scan

parimandakaya පිරිමන්දකය *n.* damper

parimeeya පිරිමේය *adj.* rational

parimeya පිරිමේය *adj.* accountable

parinaamakaya පිරිනාමකය *n.* transformer

parinaamaya පිරිනාමය *n.* evolution

parinatha weema පිරිණතවීම *n.* maturity

paripaalanaya පිරිපාලනය *n.* administration

paripathaya පිරිපථය *n.* circuit

paripoorna පිරිපූර්ණ *n.* ideal

paripoorna පිරිපූර්ණ *adj.* perfect

paripoorna පිරිපූර්ණ *adj.* replete

paripoorna karanawa පිරිපූර්ණ කරනවා *v.* consummate

paripoornathwaya පිරිපූර්ණත්වය *n.* perfection

parisara widyaawa පිරිසරවිද්‍යාව *n.* ecology

parisaraya පිරිසරය *n.* entourage

parisheelanaya පිරිශීලනය *n.* pursuit

parisheelanaya karanawaa පිරිශීලනය කරනවා *v.* prosecute

parishraya පිරිශ්‍රය *n.* premises

parisramayen kalayuthu පිරිස්රමයෙන් කළයුතු *adj.* strenuous

parissam sahitha පිරිස්සම් සහිත *adj.* wary

parissamen kala yuthu පිරිස්සමෙන් කළ යුතු *adj.* tricky

parissramaya පිරිශ්‍රමය *n.* tedium

parithyaaga karanawa පිරිත්‍යාග කරනවා *v.* donate

parithyaagaya පිරිත්‍යාගය *n.* bounty

parithyaagaya පිරිත්‍යාගය *n.* largesse

pariwaarakaya පිරිවාරකයා *n.* attaché

pariwaarakaya පිරිවාරකය *n.* insulator

pariwaasaya පිරිවාසය *n.* probate

pariwaasikayaa පිරිවාසිකයා *n.* probationer

pariwaranaya පිරිවරණය *n.* insulation

pariwarthakayaa පිරිවර්තකයා *n.* interpreter

pariwarthanaya පිරිවර්තනය *n.* convert

pariwarthanaya පිරිවර්තනය *n.* translation

pariwarthanaya karanawaa පිරිවර්තනය කරනවා *v.* translate

pariwurthaya පිරිවෘතය *n.* enclave

pariwurthiya පිරිවෘත්තිය *n.* metabolism

parusha පරුෂ *adj.* brusque

parusha පරුෂ *adj.* caustic

parusha පරුෂ *adj.* surly

parushakama පරුෂකම *n.* acrimony

paryaalokaya පර්යාලෝකය *n.* perspective

paryantha පර්යන්ත *adj.* terminal

paryanthaya පර්යන්තය *n.* periphery

paryeshanaya පර්යේෂණය *n.* experiment

paryeshanaya පර්යේෂණය *n.* research

pas පස් *n.* soil

pasa පස *n.* marl

pasa mithura පසමිතුරා *n.* adversary

pasawanawa පැසවනවා *v.* brew
pasawanawaa පැසවනවා *n.* sepsis
pasaweema පැසවීම *n.* fermentation
pasaweeme kriyawaliyata sambanda dileera wargayak පැසවීමේ ක්‍රියාවලියට සම්බන්ධ දිලීර වර්ගයක් *n.* yeast
pasawu පැසවූ *adj.* septic
pasbaraa පැස්බරා *n.* ostrich
pasbata wenawa පස්බට වෙනවා *v.* boggle
pashchaath upaadhi පශ්චාත් උපාධි *n.* postgraduate
pashu waidya karmaya pilibanda පශු වෛද්‍ය කර්මය පිළිබඳ *adj.* veterinary
pasikkama ජිසික්කම *n.* spittoon
pasisit waadaya පැසිස්ට් වාදය *n.* fascism
passa gahanawa පස්ස ගහනවා *v.* backtrack
passa gahanawa පස්ස ගහනවා *v.* reverse
passaa paththa පස්සා පැත්ත *n.* backside
passen පස්සෙන් *adv.* aft
pastareekaranaya kala පැස්ටරීකරණය කළ *adj.* pasteurized
pastel පැස්ටල් *n.* pastel
pasthaalaya පස්තාලය *n.* patty
pasu baseema පසු බැසීම *n.* recession
pasu basina පසු බසින *adj.* recessive
pasu basinawa පසු බසිනවා *v.* recede
pasu basinawa පසු බසිනවා *v.* recoil
pasu bhaagayehi pihiti පසු භාගයෙහි පිහිටි *adj.* posterior
pasu dina පසු දින *n.* morrow
pasu galma පසු ගැල්ම *n.* backwater
pasu thalaya පසුතලය *n.* background
pasu thiraya පසු තිරය *n.* backdrop
pasu wadana පසු වදන *n.* postscript
pasu wedikawa පසුවේදිකා ව *adv.* backstage
pasudaatham karanawa පසුදාතම් කරනවා *v.* backdate
pasugiya පසුගිය *adj.* bygone
pasukara yanawaa පසුකර යනවා *v.* overhaul
pasukota yanawaa පසුකොට යනවා *v.* wend
pasumbiya පසුම්බිය *n.* pocket
pasumbiya පසුම්බිය *n.* purse
pasumbiya පසුම්බිය *n.* wallet
pasupasata පසුපසට *adv.* aback
pasuthawena පසුතැවෙන *adj.* penitent
pasuthawenawaa පසුතැවෙනවා *v.* rue
pasuthawili wena පසුතැවිලි වෙන *adj.* rueful
pasuthawili wenawa පසුතැවිලි වෙනවා *v.* repent
pasuthawili wuu පසුතැවිලි වූ *adj.* repentant
pasuthawilla පසුතැවිල්ල *adj.* compulsory
pasuthawilla පසුතැවිල්ල *n.* regret
pasuthawilla පසුතැවිල්ල *n.* remorse
pasuwa පසුව *prep.* behind
pasuwa sidda wenawa පසුව සිද්ධ වෙනවා *v.* ensue
pasuwa siduwenawaa පසුව සිදුවෙනවා *v.* supervene

paswaru darshanaya පස්වරු දර්ශනය *n.* matinee

pata panuwa පට පණුවා *n.* cocoon

patabandi namak athi පටබැඳි නමක් ඇති *adj.* titled

patahani පටහැනි *adj.* contrary

patalanawa පටලනවා *v. t* entangle

patalawanawaa පටලවනවා *v.t.* tangle

patalawillen berenawa පටලැවිල්ලෙන් බේරෙනවා *v.* disentangle

patalawunu පටලැවුණු *adj.* muzzy

patalaya පටලය *n.* membrane

patalaya පටලය *n.* nebula

patalenawa පැටලෙනවා *v.* baffle

patalenawaa පැටළෙනවා *v.* slur

patan පටන් *prep.* since

patanoolen thanu පටනූලෙන් තැනූ *adj.* silken

patapata gaanawaa පටපට ගානවා *v.* crackle

patawaa පැටවා *n.* cub

pataya පටය *n.* reel

patent balapathraya පේටන්ට් බලපත්‍රය *n.* patent

path iruwa පත් ඉරුව *n.* folio

path karanawa පත් කරනවා *v.* appoint

pathaath පළාත් *adj.* provincial

pathala පතල *n.* mine

pathali පැතලි *adj.* flat

pathali thahaduwa පැතලි තහඩුව *n.* slab

pathalkaruwa පතල්කරුවා *n.* miner

pathalla පැතැල්ල *n.* fluke

pathana පතන *n.* steppe

pathanawa පතනවා *v.* aspire

pathaya පථය *n.* locus

pathikada පැතිකඩ *n.* profile

pathireema පැතිරීම *n.* outbreak

pathirenawa පැතිරෙනවා *v.* radiate

pathirenawaa පැතිරෙනවා *v.* spread

pathirenna nodee walakanawaa පැතිරෙන්න නොදී වළකනවා *v.* localize

pathirodya ප්‍රතිරෝධ්‍ය *adj.* objectionable

pathirunu පැතිරුණු *adj.* wide

pathirunu පැතිරුණු *adj.* widespread

pathiwatha පතිවත *n.* chastity

pathiwatha norakina sthriyage swaamiya පතිවත නොරකින ස්ත්‍රියගේ ස්වාමියා *n.* cuckold

pathok පතොක් *n.* cactus

pathra kalaa wediyaa පත්‍ර කලා වේදියා *n.* journalist

pathrikaa rachanaya පත්‍රිකා රචනය *n.* pamphleteer

pathrikaawa පත්‍රිකාව *n.* leaflet

pathrikaawa පත්‍රිකාව *n.* pamphlet

paththa පැත්ත *n.* flank

paththa පැත්ත *n.* side

paththakata bara පැත්තකට බර *adj.* lopsided

paththaya පත්තෑයා *n.* centipede

paththen dilisena pata redhi පැත්තෙන් දිලිසෙන පට රෙදි *n.* satin

paththen paththata wanenawa පැත්තෙන් පැත්තට වැනෙනවා *v.* wobble

paththu weema පත්තුවීම *n.* ignition

paththu wenawa පත්තු වෙනවා *v.* ignite

pathulmaalaya පතුල්මාලය *n.* basement

pathura පතුර *n.* flake
pathura පතුර *n.* splint
pathurum patha පැතුරුම් පත *n.* spreadsheet
pathuruwaaleema පතුරුවාලීම *v.* extend
pathweema පත්වීම *n.* appointment
pati kadanawaa පටි කඩනවා *v.* demote
patigatha kala sangeethayata gee gayeema පටිගත කළ සංගීතයට ගී ගැයීම *n.* karaoke
patipaatiya පටිපාටිය *n.* procedure
patiya පටිය *n.* band
patiya පටිය *n.* strap
patiya පටිය *n.* tape
patiyen thaleema පටියෙන් තැලීම *adj.* strapping
pattalaya පට්ටලය *n.* refinery
patu පටු *adj.* narrow
patu anda පටු ඇඳ *n.* bunk
patu kalapuwa පටු කලපුව *n.* fjord
patu kalpanaa sahitha පටු කල්පනා සහිත *adj.* stuffy
patu lesa wiwechanaya karanawa පටු ලෙස විවේචනය කරනවා *v.* niggle
patu paara පටු පාර *n.* alley
patu raakkaya පටු රාක්කය *n.* ledge
patu theeruwakin welanawaa පටු තීරුවකින් වෙලෙනවා *v.i.* tape
paudgalikathwaya පෞද්ගලිකත්වය *n.* individuality
paudgalikathwaya පෞද්ගලිකත්වය *n.* privacy
pauraanika පෞරාණික *adj.* ancient
pauraanika පෞරාණික *adj.* historical
paurshaya පෞරුෂය *n.* personality
pavithra kireem පවිත්‍ර කිරීම් *n.* ablutions
paw kaarayaa පව් කාරයා *n.* sinner
paw sama karagannawa පව් සමා කරගන්නවා *v.* expiate
pawa පව *n.* sin
pawaraa deema පවරා දීම *n.* demise
pawaraa denawa පවරා දෙනවා *v.* endow
pawaraa denawaa පවරා දෙනවා *v.* convey
pawaraa denawaa පවරා දෙනවා *v.* entrust
pawaraa gannawa පවරා ගන්නවා *v.* arrogate
pawaranawa පවරනවා *v.* accredit
pawaranawa පවරනවා *v.* ascribe
pawaranawa පවරනවා *v.* bequeath
pawaranawa පවරනවා *v.* confer
pawaranawa පවරනවා *v.* empower
pawareema පැවරීම *n.* delegate
pawaruma පැවරුම *n.* assignment
pawasanawa පවසනවා *v.* assert
pawathma පැවැත්ම *n.* conduct
pawathma පැවැත්ම *n.* persistence
pawathum kaalaya පැවතුම් කාලය *n.* duration
pawathwana පවත්වන *v.* officiate
pawichchi karanawaa පාවිච්චි කරනවා *v.t.* use
pawidda පැවිද්දා *n.* cleric
pawidda පැවිද්දා *n.* priest
pawidi පැවිදි *adj.* clerical
pawithra kireema පවිත්‍ර කිරීම *n.* sanctification
pawithrabhawayata pamunuwanawa පවිත්‍රභාවයට පමුණුවනවා *v.*

hallow
pawula පවුල *n.* family
pawuma පවුම *n.* pound
paya පැය *n.* hour
paya pamanak thabeemata ida athi පය පමණක් තැබීමට ඉඩ ඇති *adj.* footling
paye angilla පයේ ඇඟිල්ල *n.* toe
payin gamana පයින් ගමන *n.* hike
payin gasaa iwathalanawaa පයින් ගසා ඉවතලනවා *v.* spurn
payin gasanawaa පයින් ගසනවා *v.* kick
peach nam palathura පීච් නම් පළතුර *n.* peach
pear පයෙර් *n.* pear
pebarawaari පෙබරවාරි *n.* February
pedareruwa පෙදරේරුවා *n.* mason
peeda karanawa පීඩා කරනවා *v.* afflict
peeda karanawa පීඩා කරනවා *v.* irritate
peeda karanawaa පීඩා කරනවා *v.* misuse
peeda karannaa පීඩා කරනවා *n.* stalker
peeda nokala yuthu පීඩා නොකළ යුතු *adj.* inviolable
peeda nokalaki පීඩා නොකළැකි *adj.* invulnerable
peeda sthaanaya පීඩා ස්ථානය *n.* purgatory
peeda windinawaa පීඩා විඳිනවා *v.* swelter
peedaa kaaree පීඩාකාරී *adj.* oppressive
peedanaya පීඩනය *n.* pressure
peedanayata lak karanawaa පීඩනයට ලක් කරනවා *v.* pressurize
peedanayata lakwu පීඩනයට ලක්වූ *adj.* strained
peedawa පීඩාව *n.* annoyance
peeditha පීඩිත *v.* beset
peeditha woo පීඩිතවූ *n.* laden
peeli andum kattalaya පීළි ඇඳුම් කට්ටලය *n.* tracksuit
peeli paninawa පීලි පනිනවා *v. t.* derail
peella පීල්ල *n.* gully
peenanawaa පීනනවා *v.* swim
peenannaa පීනන්නා *n.* swimmer
peenikshiya පීනික්ෂියා *n.* phoenix
peeppa saadanna පීප්ප සාදන්නා *n.* cooper
peeppaya පීප්පය *n.* barrel
peeppaya පීප්පය *n.* cask
peerisiya පීරිසිය *n.* saucer
peetaya පීඨය *n.* faculty
peethru ghaathaka පීතෘ ඝාතක *n.* parricide
peethruthwaya පීතෘත්වය *n.* paternity
peeththa patiya පීත්ත පටිය *n.* ribbon
pela පෙළ *n.* array
pela පෙළ *n.* row
pela පෙළ *n.* series
pelambawana පෙළඹවන *adj.* alluring
pelambaweema පෙළඹවීම *n.* allure
pelambaweema පෙළඹවීම *n.* fillip
pelambaweema පෙළඹවීම *n.* inducement
pelambaweema පෙළඹවීම *n.* motivation
pelambaweema පෙළඹවීම *n.*

persuasion

pelambaweema පෙළඹවීම *n.* temptation

pelapaali yanawaa පෙළපැලි යනවා *v.* march

pelapaaliya පෙළපැලිය *n.* parade

pelapath nama පෙළපත් නම *n.* surname

pelapatha පෙළපත *n.* descent

pelapatha පෙළපත *n.* lineage

pelapatha පෙළපත *n.* parentage

pelapatha පෙළපත *n.* tribe

pelata පෙළට *adv.* abreast

pelata gannawa පෙළට ගන්නවා *v.* align

pelata thabanawa පෙළට තබනවා *v.* rank

pelena පෙළෙන *adj.* ailing

pelennaa පෙළෙන්න *n.* oppressor

peliya පේළිය *n.* line

peliyata thabeema පේළියට තැබීම *n.* alignment

pem kelinawa පෙම් කෙළිනවා *v.* gambol

pemkelinawa පෙම්කෙළිනවා *v.* romp

pemwatha පෙම්වත *n.* lover

pena පෙණ *n.* foam

pena පෙණ *n.* froth

pena පෙණ *n.* scum

pena පෙණ *n.* spume

pena iwath karanawaa පෙන ඉවත් කරනවා *v.* skim

pena kiyanawaa පෙන කියනවා *v.* prognosticate

penahalla පෙනහැල්ල *n.* lung

penahalle ek kotasak පෙනහැල්ලේ එක කොටසක් *n.* lobe

penawaa පෙනවා *v.* see

pende sahitha diyakaawaa පෙදේ සහිතදියක වා *n.* shag

penee siteema පෙනී සිටීම *n.* appearance

penee sitinawa පෙනී සිටිනවා *v.* appear

penee sitinawa පෙනී සිටිනවා *v.* represent

penee yanawaa පෙනී යනවා *v.* seem

peneema පෙනීම *n.* outlook

peneema පෙනීම *n.* sight

peneema pilibanda wu පෙනීම පිළිබඳ වු *adj.* visual

penena පෙනෙන *adj.* apparent

penena පෙනෙන *adj.* visible

penena hatiyata පෙනෙන හැටියට *adv.* probably

peneraya පෙනේරය *n.* sieve

pengenawa පෙහෙනවා *v.* drench

penguin පෙන්ග්වියන් *n.* penguin

penuma පෙනුම *n.* aspect

penuma wenas karanawaa පෙනුම වෙනස් කරනවා *v.* transform

penuwa පෙනුව *n.* plug

penwana aakaaraya පෙන්වන ආකා රය *v.* pose

peppermint පෙපර්මින්ට් *n.* peppermint

pera පර් *n.* guava

pera bamawuma පර බෑ මුවම *prep.* barring

pera bamawuma පර *adv.* before

pera nimithi dakinawa පර නිමිති දක්වනවා *v.* portend

pera nimithi dakwanawa පර නිමිති දක්වනවා *v.* bode

pera nimiththa පර නිමිත්ත *n.*

omen

pera nodutu wiroo පර නඩෙටු වීරු *adj.* unprecedented

peraathuwa පරෙතුව *adj.* Antarctic

peraathuwa පරෙතුව *adv.* formerly

peradaatham karanawa පරදාතම් කරනවා *v.* antedate

peradiga පරේදිග *adj.* oriental

peradiga wasiyaa පරේදිග වැසියා *n.* orient

perahana පරහන *n.* percolator

perahara පරහැ ර *n.* procession

perahuru karanawa පරෙහුරු කරනවා *v.* rehearse

perahuruwa පරෙහුරු ව *n.* preview

perahuruwa පරෙහුරු ව *n.* rehearsal

peralaa damanawa පරළ දමනවා *v.* wrick

peralaa enawaa පරළ එනවා *v.* return

peralanawa පරළනවා *v.i.* roll

peralee watenawaa පරේළ වැටෙනවා *v.* topple

peraleegena yanawaa පරේළගෙන යනවා *v.* trundle

peraleema පරේළීම *n.* vicissitude

peralenawa පරළනෙවා *v.* capsize

peraliya පරේළිය *n.* disorder

peranaya පරනය *n.* filter

peranaya පරනය *n.* filtrate

peranimiththa පරෙනිමිත්ත *n.* portent

peratuwa yanna පරෙටුව යන්න *n.* forerunner

perawadana පරෙවදන *n.* foreword

perchas eka පර්චස් එක *n.* perch

perum puranawa පරෙ ම් පුරනවා *v.* equip

perum puranawa පරෙ ම් පුරනවා *v.* rig

peruwa පරේ ව *n.* borough

pethi gahanawa පති ගහනවා *v.* hack

pethsama පතේසම *n.* petition

pethsamkaru පතේසම්කරු *n.* petitioner

peththa පතේත *n.* slice

peththa පතේත *n.* tablet

petrol පැ ට්රල් *n.* petrol

petroleum පට්ර ලෙයම් *n.* petroleum

pettagama පට්ටගම *n.* bin

pettiya පට්ටිය *n.* box

phaladayee ඵලදායි *adj.* productive

phalaya ඵලය *n.* issue

phalaya ඵලය *n.* quotient

phosphate ෆොස්ෆේ ට් *n.* phosphate

phosphorus ෆොස්ෆරස් *n.* phosphorus

piaanowa පියනනෙ ව් *n.* piano

pibidenawa පිබිදෙනවා *v.* awake

pichcha පිච්ච *n.* jasmine

pida පිඩ *n.* nugget

pidalla පිඩැල්ල *n.* sod

piduru පිදුරු *n.* hay

piduru gaha පිදුරු ගහ *n.* straw

piduru mitiya පිදුරු මිටිය *n.* truss

pihaatu halenawa පිහාටු හැ ළනෙවා *v.* moult

pihaatu rasa පිහාටු රැ ස *n.* plumage

pihaatuwa පිහාටුව *n.* feather

pihi madina patiya පිහි මෑදින පටිය *n.* strop

pihilla පිහිල්ල *n.* spout

pihitanawa පිහිටනවා *v.* establish

pihiteema පිහිටීම *n.* location

pihituwanawa පිහිටුවනවා *v.* situate
pihituwanawaa පිහිටුවනවා *v.* locate
pihiya පිහිය *n.* chopper
pihiya පිහිය *n.* knife
pihiyen aninawaa පිහියෙන් අනිනවා *v.* stab
pihiyuwanawaa පිහිටුවනවා *v.* constitute
pijaama පිජාමා *n.* pyjamas
pijaduwa පිජුදුවා *n.* godchild
pilibanda පිළිබඳ *prep.* about
piliganeema පිළිගැනීම *n.* acceptance
piliganeema පිළිගැනීම *n.* reception
piliganeemata haki පිළිගැනීමට හැකි *adj.* admissible
piliganeeme niladhaarini පිළිගැනීමේ නිළධාරිනී *n.* receptionist
piligannawa පිළිගන්නවා *v.* accept
piligannawaa පිළිගන්නවා *v.* concede
piligath පිළිගත් *adj.* accredited
piligath mathaya පිලිගත් මතය *n.* tenet
piligatha haki පිළිගත හැකි *adj.* acceptable
pilikaawa පිළිකාව *n.* cancer
pilikul karanawa පිළිකුල් කරනවා *v.* abominate
pilikul karanawaa පිළිකුල් කරනවා *v.* loathe
pilikul sahitha පිළිකුල් සහිත *adj.* nasty
pilikul sahitha පිළිකුල් සහිත *adj.* nauseous
pilikula පිළිකුල *n.* aversion
pilikula පිළිකුල *n.* disdain
pilikula පිළිකුල *n.* revulsion
pilikula athiwenawa පිළිකුල ඇතිවෙනවා *v.* nauseate
pilimayak wani පිළිමයක් වැනි *adj.* statuesque
pilipadinawa පිළිපදිනවා *v.* conform
pilisakara karanawa පිළිසකර කරනවා *v.* repair
pilisamaranawa පිළිසමරනවා *v.* reminiscence
pilisandara katha karanawa පිළිසඳර කථා කරනවා *v. i.* chat
pilithura පිළිතුර *n.* answer
pilithuru denawa පිළිතුරු දෙනවා *v.* reply
piliwasma පිළිවැස්ම *n.* apron
piliwela පිළිවෙල *n.* method
piliwela පිළිවෙළ *n.* order
piliwelakata nathy පිළිවෙළකට නැති *adj.* sloppy
piliwelin aa පිළිවෙළින් ආ *adj.* successive
piliwetha පිළිවෙත *n.* ritual
pilliya පිල්ලිය *n.* zombie
pilunu bawa පිලුණු බව *n.* staleness
pimbina kudaa nalaawa පිඹින කුඩා නළාව *n.* whistle
pinata deema පිනට දීම *n.* charity
pingaana පිඟාන *n.* plate
pinna පින්න *n.* dew
pinthooraya පින්තූරය *n.* picture
pinthura prehelikaawa පින්තූර ප්‍රහේලිකාව *n.* jigsaw
pipaasaawa පිපාසාව *n.* thirst
pipaasitha පිපාසිත *adj.* thirsty
pipenawa පිපෙනවා *v.* ferment
pipettuwa පිපෙට්ටුව *n.* pipette
pipingna පිපිඤ්ඤා *n.* cucumber
pipireema පිපිරීම *n.* explosion

pirameedaya පිරමීඩය *n.* pyramid
piraweema පිරවීම *n.* filling
pirawum පිරවුම් *n.* filings
pirawuma පිරවුම *n.* filler
pirihenawa පිරිහෙනවා *v.* deteriorate
pirihenawa පිරිහෙනවා *v.* regress
piriksanawa පිරික්සනවා *v.* examine
piriksanawaa පිරික්සනවා *v.* inspect
piriksuma පිරික්සුම *n.* examination
pirimadinawa පිරිමදිනවා *v.* rub
pirimi පිරිමි *n.* male
pirimi daruweku lasa hasirena gahanu daruwaa පිරිමි දරුවෙකු ලෙස හැසිරෙන ගැහැණු දරුවා *n.* tomboy
pirimikama පිරිමිකම *n.* manhood
pirimiyekuge dadi bawa පිරිමියෙකුගේ දැඩි බව *adj.* macho
pirisidu පිරිසිදු *adj.* chaste
pirisidu පිරිසිදු *adj.* clean
pirisidu පිරිසිදු *adj.* neat
pirisidu bawata pamunuwanawaa පිරිසිදු බවට පමුණුවනවා *v.* sublimate
pirisidu diyehi sodanawa පිරිසිදු දියෙහි සෝදනවා *v.* rinse
pirisidu kama පිරිසිදුකම *n.* cleanliness
pirisidu karanawa පිරිසිදු කරනවා *v.* cleanse
pirisidu karanwa පිරිසිදු කරනවා *v.* refine
pirisidukama පිරිසිදුකම *n.* tidiness
piriuma පිරවුම *n.* padding
piriwara janayaa පිරිවර ජනයා *n.* retinue
piriwatuma පිරිවැටුම *n.* turnover
pirula පිරුළ *n.* proverb
pisa dameema පිසදැමීම *n.* rub
pisachayaa පිසාචයා *n.* vampire
pisadamannaa පිසදමන්නා *n.* sweeper
pishaachaya පිශාචයා *n.* hobgoblin
pishtaya පිෂ්ටය *n.* starch
pisinawaa පිසිනවා *v.* wipe
pissan kotuwa පිස්සන් කොටුව *n.* asylum
pissu පිස්සු *adj.* wacky
pissu hatana පිස්සු හටන *adj.* madcap
pissuwa පිස්සුව *n.* dementia
pissuwa පිස්සුව *n.* fad
pistanaya පිස්ටනය *n.* piston
pisthola kopuwa පිස්තෝල කොපුව *n.* holster
pistholaya පිස්තෝලය *n.* pistol
pistholaya පිස්තෝලය *n.* revolver
pita damanawa පිට දමනවා *v.* erupt
pita damanawa පිට දමනවා *v.* evict
pita karanawa පිට කරනවා *v.* belch
pita wee yana පිටවී යන *adj.* outgoing
pitaara galeema පිටාර ගැලීම *n.* overspill
pitagauma පිටගවුම *n.* smock
pitapath karanawaa පිටපත් කරනවා *v.* copy
pitapath karanawaa පිටපත් කරනවා *v.* transcribe
pitapath karanna පිටපත් කරන්නා *n.* copier
pitapath kireema පිටපත් කිරීම *n.* transcription
pitapath thunakin yuth පිටපත් තුනකින් යුත් *adj.* triplicate
pitapatha පිටපත *n.* copy
pitapatha පිටපත *n.* script

pitapatha පිටපත *n.* transcript
pitarata පිටරට *adv.* abroad
pitasthara පිටස්තර *adj.* exterior
pitasthara පිටස්තර *adj.* outward
pitastharayaa පිටස්තරයා *n.* outsider
pitata dakwana පිටට දක්වන *adj.* ostensible
pitath karanawaa පිටත් කරනවා *v.* send
pitath kota yawanawa පිටත් කොට යවනවා *v.* dispatch
pitatha පිටත *adv.* out
pitatha පිටත *prep.* without
pitathata පිටතට *adv.* forth
pitathata denawa පිටතට දෙනවා *v.* outsource
pitaweeme manga පිටවීමේ මඟ *n.* outlet
pitawenawaa පිටවෙනවා *v.t.* leave
pitha පිත *n.* bile
pithikaruwa පිතිකරුවා *n.* batter
piththa පිත්ත *n.* racket
piththala පිත්තල *n.* brass
piti පිටි *n.* flour
piti ath pahara පිටි අත් පහර *n.* backhand
piti kaama පිටි කෑම *n.* pastry
piti moliya පිටි මොලිය *n.* pasta
piti sahitha පිටි සහිත *adj.* mealy
piti sahitha පිටි සහිත *n.* pasty
pitisara පිටිසර *adj.* rustic
pitisara loku geya පිටිසර ලොකු ගෙය *n.* villa
pitisara wasiya පිටිසර වැසියා *n.* peasant
pitisarabadawa jeewath weema පිටිසරබඳව ජිවත් වීම *n.* rustication
pitisarabadawa jeewath wenawa පිටිසරබඳව ජිවත් වෙනවා *v.* rusticate
pitisarakama පිටිසරකම *n.* rusticity
pitisaraya පිටිසරයා *n.* yokel
pitisarayaa පිටිසරයා *n.* boor
pittaniya පිට්ටනිය *n.* ground
pitupaanawa පිටුපානවා *v.* desert
pitupasa පිටුපස *n.* back
pitupasa පිටුපස *n.* rear
pituwa පිටුව *n.* page
pituwahal karanawaa පිටුවහල් කරනවා *v.* ostracize
piwiseema පිවිසීම *n.* entry
pixalaya පික්සලය *n.* pixel
piya naganawaa පිය නගනවා *v.* toddle
piya pasa පිය පස *adj.* paternal
piya urumaya පිය උරුමය *n.* patrimony
piyaa ho mawa පියා හෝ මව *n.* parent
piyaa mareema පියා මැරීම *n.* patricide
piyaano waadakaya පියානෝ වාදකයා *n.* pianist
piyaapatha පියාපත *n.* wing
piyana පියන *n.* bung
piyana පියන *n.* shutter
piyawara පියවර *n.* step
pizza පීසා *n.* pizza
plaaskuwa ප්ලාස්කුව *n.* flask
plastic ප්ලාස්ටික් *n.* plastic
plastic wisheshayak ප්ලාස්ටික් විශේෂයක් *n.* melamine
plastic wisheshayak ප්ලාස්ටික් විශේෂයක් *n.* vinyl
platinum ප්ලැටිනම් *n.* platinum
plawa ප්ලව *adj.* natant
pleehaa rogaya ප්ලීහා රෝගය *n.*

anthrax
pleehaya ප්ලීහය *n.* spleen
podda පොඩ්ඩ *n.* mite
podi පොඩි *adj.* little
podi පොඩි *adj.* small
podi kabella පොඩි කැබැල්ල *n.* crumb
podi karanawa පොඩි කරනවා *v.* crush
podiththa පොඩිත්ත *n.* tithe
podiya පොදිය *n.* bale
podiya පොදිය *n.* bundle
podu පොදු *adj.* general
podu පොදු *adj.* mutual
podu පොදු *adj.* pubic
podu aithiyata pawaranawaa පොදු අයිතියට පවරනවා *v.* socialize
podu bawata harawanawa පොදු බවට හරවනවා *v.* generalize
podu depalata ayath පොදු දේපලට අයත් *adj.* fiscal
podu ekangathaawaya පොදු එකඟත්වය *n.* consensus
podu paara පොදු පාර *n.* thoroughfare
podu raajya mandala පොදු රාජ්‍ය මණ්ඩල *n.* commonwealth
podu rathaya පොදු රථය *n.* omnibus
podu seemawa පොදු සීමාව *n.* amnesty
pohora පොහොර *n.* fertilizer
pohora පොහොර *n.* manure
pohosath පොහොසත් *adj.* rich
pohosath පොහොසත් *adj.* wealthy
pohottuwa පොහොට්ටුව *n.* stud
pohottuwa පොහොට්ටුව *n.* tassel
pokaraya පෝකරය *n.* gallows
pokirissa පොකිරිස්සා *n.* lobster
pokuna පොකුණ *n.* pond
pokuru pahana පොකුරු පහන *n.* chandelier
pol පොල් *n.* coconut
polambanawa පොළඹනවා *v.* motivate
polambawanawa පොළඹවනවා *v.* actuate
polambawanawa පොළඹවනවා *v.* entice
polambawanawaa පොළඹවනවා *v.* prod
polambawanawaa පොළඹවනවා *v.* urge
polangaa පොළඟා python
polawa yata pihiti පොළව යට පිහිටි *adj.* subterranean
polawehi pawathnaa පොළවෙහි පවතින *adj.* terrestrial
poleesiya පොලිසිය *n.* police
polima පෝලිම *n.* queue
polisbhata pirisa පොලිස්බට පිරිස *n.* constabulary
poliskaaraya පොලිස්කාරයා *n.* policeman
poliya පොලිය *n.* interest
polkichcha පොල්කිච්චා *n.* magpie
polla පොල්ල *n.* rod
polla පොල්ල *n.* stick
polowa පොළොව *n.* earth
polowa yata pihiti පොළොව යට පිහිටි *adj.* underground
pompaya පොම්පය *n.* pump
pongawanawaa පොඟවනවා *v.* souse
poniyaa පෝනියා *n.* pony
poojaawa පූජාව *n.* offering
poojakabhaawaya පූජකභාවය *n.*

priesthood

poojaneeya wasthuwa පූජනීය වස්තුව *n.* shrine

poojya පූජ්‍ය *adj.* reverend

poojya පූජ්‍ය *adj.* venerable

poojya pakshaya පූජ්‍ය පක්ෂය *n.* clergy

poorna පූර්ණ *adj.* absolute

poorna පූර්ණ *adj.* full

poorna පූර්ණ *adj.* integral

poorwa පූර්ව *adj.* former

poorwa පූර්ව *adj.* previous

poorwa පූර්ව *adj.* prior

poorwa kondesi පූර්ව කොන්දේසිය *n.* precondition

poorwa niwedanaya පූර්ව නිවේදනය *n.* prospectus

poorwaadarshaya පූර්වාදර්ශය *n.* precedent

poorwaangaya පූර්වාංගය *n.* antecedent

poorwadarshanaya පූර්වදර්ශනය *n.* foresight

poorwagaamiyaa පූර්වගාමියා *n.* predecessor

poorwagnaanaya පූර්වඥානය *n.* precognition

poorwagnaanaya පූර්වඥානය *n.* prescience

poorwakaaree පූර්වකාරී *adj.* retroactive

poorwamarshanaya පූර්වමර්ශනය *n.* premeditation

poorwaniyukthiya පූර්වනියුක්තිය *n.* preoccupation

poorwikaawa පූර්විකාව *n.* prelude

poorwopaaya පූර්වෝපාය *n.* precaution

pooshya පෝෂ්‍ය *n.* fodder

poottu wenawa පූට්ටු වෙනවා *v.* interlock

poplin පොප්ලින් *n.* poplin

pora badanawaa පොර බදනවා *v.t.* tackle

pora katuwa පොර කටුව *n.* spur

pora kotuwa පොර කොටුව *n.* cockpit

porabadinawa පොරබදිනවා *v.* wrestle

porakanawa පොරකනවා *v.t.* jostle

poramaya පෝරමය *n.* form

poranuwa පෝරණුව *n.* bakery

poraya පොරය *n.* bout

poraya පොරය *n.* scuffle

porcelain පෝසිලේන් *n.* porcelain

porisaadaya පෝරිසාදයා *n.* cannibal

poronaawa පූර්ණාව *n.* vestment

porondu woo පොරොන්දු වූ *adj.* obligated

poronduwa පොරොන්දුව *n.* obligation

poronduwa පොරොන්දුව *n.* pact

poronduwa පොරොන්දුව *n.* promise

porowa පොරොව *n.* axe

porowanaawa පොරෝනාව *n.* blanket

poruwa පෝරුව *n.* lining

poruwa පෝරුව *n.* wad

poshadaayee පෝෂ්‍යදායී *adj.* nutritious

poshakaya පෝෂකය *n.* nutrient

poshanaya පෝෂණය *n.* nourishment

poshanaya පෝෂණය *n.* nutrition

poshanaya පෝෂණය *n.* sustenance

poshanaya nokota sitinawaa පෝෂණය නොකොට සිටිනවා *v.* starve
poshitha kala haki පෝෂිත කළ හැකි *adj.* sustainable
poshya පෝෂ්‍ය *adj.* nutritive
poshya karanawa පෝෂ්‍ය කරනවා *v.* nourish
posila පොසිල *n.* fossil
posteraya පෝස්ටරය *n.* poster
poth pincha පොත් පිංච *n.* booklet
poth pincha පොත් පිංච *n.* booklet
poth pincha පොත් පිංච *n.* brochure
poth welendaa පොත් වෙළෙන්දා *n.* bookseller
poth yomuwa පොත් යොමුව *n.* bookmark
potha පොත *n.* book
pothakayaa පෝතකයා *n.* whelp
pothatama alunu පොතටම ඇලුණු *adj.* bookish
pothehi wam pituwa පොතෙහි වම් පිටුව *n.* verso
poththa පොත්ත *n.* crust
poththa පොත්ත *n.* husk
poththa පොත්ත *n.* peel
pottanikaaraya පොට්ටනිකාරයා *n.* hawker
pra ප්‍ර *n.* pro
praachaaranaya ප්‍රචාරණය *n.* propagation
praacheena ප්‍රාචීන *adj.* eastern
praadesheeya ප්‍රාදේශීය *adj.* parochial
praadeshika ප්‍රාදේශික *adj.* regional
praagna ප්‍රාඥ *adj.* sage
praakaraya ප්‍රාකාරය *n.* wally
praamaanika ප්‍රාමාණික *adj.* normative
praana aksharaya ප්‍රාණ අක්ෂරය *n.* vowel
praana apakaru ප්‍රාණ ඇපකරු *n.* hostage
praanaghaathaya ප්‍රාණඝාතය *n.* killing
praanathyaagaya ප්‍රාණත්‍යාගය *n.* martyrdom
praanawath ප්‍රාණවත් *adj.* animated
praanawath karanawa ප්‍රාණවත් කරනවා *v.* enliven
praanawath karanawa ප්‍රාණවත් කරනවා *v.* exhilarate
praarambha waadanaawa ප්‍රාරම්භ වාදනාව *n.* overture
praarambhaya ප්‍රාරම්භය *n.* preamble
praarthanaa karanawaa ප්‍රාර්ථනා කරනවා *v. t* crave
praasaadaya ප්‍රාසාදය *n.* edifice
praasadashaangaya ප්‍රාසාදශෘංගය *n.* minaret
praathamika ප්‍රාථමික *adj.* preliminary
praathamika ප්‍රාථමික *adj.* primary
praathamikawa ප්‍රාථමිකව *adv.* primarily
praayashchiththaya ප්‍රායශ්චිත්තය *n.* atonement
praayogeeya ප්‍රායෝගීය *adj.* practical
praayogika ප්‍රායෝගික *adj.* practicable
praayogikathwaya ප්‍රායෝගිකත්වය *n.* practicability

prabala ප්රබල *adj.* cogent
prabala ප්රබල *adj.* emphatic
prabala ප්රබල *n.* enthusiastic
prabala ප්රබල *adj.* forceful
prabala ප්රබල *adj.* lusty
prabala ප්රබල *adj.* powerful
prabala ප්රහල *adj.* vigorous
prabalathara bawa ප්රබලතර බව *n.* predominance
prabandaya ප්රබන්ධය *n.* fiction
prabandaya ප්රබන්ධය *n.* friction
prabhaamandalaya ප්රභා මණ්ඩලය *n.* nimbus
prabhaasampanna ප්රභා සම්පන්න *adj.* gay
prabhawa ප්රභා ව *n.* brilliance
prabhawaya ප්රභා වය *n.* source
prabhuthwaya ප්රභූත්වය *n.* dominion
prabodakaya ප්රබෝධකය *n.* stimulus
prachaaraka katayuthu ප්රචා රක කටයුතු *n.* propaganda
prachaaraya ප්රචා රය *n.* publicity
prachaaraya karanawa ප්රචා රය කරනවා *v.* advertise
prachalitha karanawa ප්රතිචලිත කරනවා *v.* replicate
prachanda ප්රචණ්ඩ *adj.* feral
prachandathaawaya ප්රචණ්ඩතා වය *n.* virulence
pradaahaya ප්රදාහය *n.* inflammation
pradaana ප්රධා න *adj.* main
pradaana ප්රධා න *adj.* major
pradaana ප්රධා න *adj.* principal
pradaana dewasthaanaya ප්රධා න් දේවස්ථා නය *n.* minster
pradaana mehekaruwa ප්රධා න මෙහෙකරු වා *n.* butler
pradaaniya ප්රධා නියා *n.* magnate
pradaaniya ප්රධා නියා *n.* protagonist
pradana arakkamiya ප්රධා න අරක්කැමියා *n.* chef
pradanaya karanawa ප්රදානය කරනවා *v.* bestow
pradarshanaya ප්රදර්ශනය *n.* exhibition
pradarshanayata thabanawa ප්රදර්ශනයට තබනවා *v.* exhibit
pradeshayak baara dewagathi thana ප්රදේශයක් භා ර දේවගැති තැ න *n.* vicar
pradhaana ප්රධා න *adj.* dominant
pradhaana ප්රධා න *adj.* pivotal
pradhaana shishyayaa ප්රධා න ශිෂ්යයා *n.* monitor
pradhaana washayen ප්රධා න වශයෙන් *adv.* chiefly
pradhaaniya ප්රධා නියා *n.* chieftain
pradhana palliya ප්රධා න පල්ලිය *n.* cathedral
pragathiya ප්රගතිය *n.* advancement
pragnaawanthayaa ප්රා ඥවන්තයා *n.* sage
pragnawa ප්රා ඥ ව *n.* wisdom
pragunana wenawaa ප්රගුණනා වෙනවා *v.* proliferate
pragunanaya ප්රගුණනය *n.* proliferation
prahaarika ප්රහා රික *adj.* striking
praharshaya ප්රහර්ෂය *n.* hilarity
prahasanaya ප්රහසනය *n.* mime
prahelikaagatha kala ප්රහේලිකා ගත කළ *adj.* riddled

prahelikaawa ප්‍රහේලිකා ව *v. t* conundrum

prahelikaawa ප්‍රහේලිකා ව *n.* enigma

prahelikaawa ප්‍රහේලිකා ව *n.* quiz

prahelikaawa ප්‍රහේලිකා ව *n.* riddle

praja ප්‍රජා *adj.* communal

prajaachaaraya ප්‍රජා චා රය *n.* civics

prajaathanthrawaadaya ප්‍රජා තන්ත්‍රවා දය *n.* democracy

prajaathanthrawaadee ප්‍රජා තන්ත්‍රවා දී *adj.* democratic

prajaawa ප්‍රජා ව *n.* progeny

prajanana ප්‍රජනන *adj.* reproductive

prajananaya ප්‍රජනනය *n.* reproduction

prakaarathaawa ප්‍රකා රතා ව *n.* modality

prakaasha karanawaa ප්‍රකා ශ කරනවා *v.* posit

prakaasha karanawaa ප්‍රකා ශ කරනවා *v.* publish

prakaashaka ප්‍රකා ශක *adj.* expressive

prakaashakaya ප්‍රකා ශකයා *n.* exponent

prakaashakaya ප්‍රකා ශකයා *n.* herald

prakaashakayaa ප්‍රකා ශකයා *n.* publisher

prakaashanaya ප්‍රකා ශනය *v. t.* declaration

prakaashanaya ප්‍රකා ශනය *n.* expression

prakaashanaya ප්‍රකා ශනය *n.* publication

prakaashaya ප්‍රකා ශය *n.* comment

prakaashaya ප්‍රකා ශය *n.* statement

prakalpanaya ප්‍රකල්පනය *n.* deliberation

prakata ප්‍රකට *adj.* noticeable

prakata ප්‍රකට *adj.* overt

prakata chodanaawa ප්‍රකට ච ෝදනා ව *n.* denunciation

prakshepanaya ප්‍රක්ෂේපනය *n.* projection

prakshepaya ප්‍රක්ෂේපකය *n.* projector

prakshipthaya ප්‍රක්ෂිප්තය *n.* projectile

prakurthi ප්‍රකෘති *adj.* typical

prakurthy swabaawaya ප්‍රකෘති ස්වභා වය *n.* temperament

pralaapa ප්‍රලා ප *v.* gibber

pramaada ප්‍රමා ද *adj.* remiss

pramaada karanawa ප්‍රමා ද කරනවා *v. t* detain

pramaada wu ප්‍රමා ද වූ *adj.* belated

pramaadaya ප්‍රමා දය *v. t* delay

pramaadaya ප්‍රමා දය *n.* oversight

pramaadayen wu warada ප්‍රමා දයෙන් වූ වරද *n.* gaffe

pramaadee ප්‍රමා දී *adj.* fallible

pramaana kala haki ප්‍රමා ණ කළ හැකි *adj.* appreciable

pramaana nowana ප්‍රමා ණ නොවන *adj.* scanty

pramaanaathmaka ප්‍රමා ණා ත්මක *adj.* quantitative

pramaanakaya ප්‍රමා ණකය *n.* moderator

pramaanathmaka karanawaa ප්‍රමා ණ ත්මක කරනවා *v.* quantify

pramaanawath ප්‍රමා ණවත් *adj.* adequate

pramaanawath ප්රමා ණවත් *adj.* considerable
pramaanawath bawa ප්රමා ණවත් බව *n.* adequacy
pramaanaya ප්රමා ණය *n.* extent
pramaanaya ප්රමා ණය *n.* magnitude
pramaanaya ප්රමා ණය *n.* quantity
pramaanaya ප්රමා ණය *n.* size
pramaanaya ikmawaa yana ප්රමා ණය ඉක්මවා යන *adj.* extravagant
pramaanaya ikmaweema ප්රමා ණය ඉක්මවීම *n.* extravagance
pramanaya ප්රමා ණය *n.* amount
pramitha karanawaa ප්රමිත කරනවා *v.* standardize
pramitha kireema ප්රමිත කිරීම *n.* standardization
pramodajanaka ප්රම ෝදජනක *adj.* mirthful
pramodaya ප්රම ෝදය *n.* bliss
pramodaya ප්රම ෝදය *n.* gaiety
pramuditha ප්රමුදිත *adj.* blithe
pramuditha karanawa ප්රමුදිත කරනවා *v.* rejoice
pramuditha sinahawa ප්රමුදිත සිනහව *v.* chuckle
pramukayaa ප්රමුඛයා *n.* foreman
pramukha ප්රමුඛ *n.* premiere
pramukhathaawa ප්රමුඛතා ව *n.* priority
pramukhathama wenawa ප්රමුඛතම වෙනවා *v.* predominate
pranaamaya ප්රණා මය *n.* homage
pranaamaya ප්රණා මය *n.* obeisance
pranawath baawaya ප්රා ණවත් භා වය *n.* verve
pranawath karanawaa ප්රා ණවත් කරනවා *v.* vitalize
praneetha ප්රණීත *adj.* yummy
pransha ප්රංශ *adj.* French
prapaathaya ප්රපා තය *n.* cliff
prarthana karanawa ප්රා ර්ථනා කරනවා *v.* yearn
prarthanaa karana ප්රා ර්ථනා කරන *adj.* wishful
prarthanaawa ප්රා ර්ථනා ව *v.* wish
prarthanawa ප්රා ර්ථනා ව *n.* aspiration
prarthanawa ප්රා ර්ථනා ව *n.* yearning
prasaada deemana ප්රසා ද දීමනා ව *n.* bonus
prasaadaya ප්රසා දය *v. t.* delight
prasanna ප්රසන්න *adj.* glad
prasanna ප්රසන්න *n.* grateful
prasanna ප්රසන්න *adj.* jolly
prasanna ප්රසන්න *adj.* pleasant
prasanna thaawaya ප්රසන්නතා වය *n.* vivacity
prasansaa karanawaa ප්රශං සා කරනවා *v.* thank
prasansaa nolabu ප්රශං සා නොලැබූ *adj.* unsung
prasarpanaya karanawa ප්රසර්පණය කරනවා *v.* encroach
prashansaa ප්රශං සා *n.* plaudits
prashansaa karanawa ප්රශං සා කරනවා *v. i* compliment
prashansaa karanawa ප්රශං සා කරනවා *v.* exalt
prashansaa karanawa ප්රශං සා කරනවා *v.t.* praise
prashansaawa ප්රශං සා ව *n.* commendation
prashansaneeya ප්රශං සනීය *adj.*

admirable

prashansaneeya ප්‍රශංසනීය *adj.* commendable

prashansaneeya ප්‍රශංසනීය *adj.* creditable

prashansaneeya ප්‍රශංසනීය *adj.* laudable

prashashtha ප්‍රශස්ත *adj.* optimum

prashastha ප්‍රශස්ත *adj.* best

prashna aseemata ladi ප්‍රශ්න ඇසීමට ලැදි *adj.* inquisitive

prashna karanawaa ප්‍රශ්න කරනවා *v.* interrogate

prashna maalaawa ප්‍රශ්න මාලාව *n.* questionnaire

prashnaarthawath ප්‍රශ්නාර්ථවත් *adj.* quizzical

prashnawaachaka ප්‍රශ්නවාචක *adj.* interrogative

prashnaya ප්‍රශ්නය *n.* query

prashnaya ප්‍රශ්නය *n.* question

prashwaasa karanawa ප්‍රශ්වාස කරනවා *v.* exhale

prasidda ප්‍රසිද්ධ *adj.* famous

prasidda karanawaa ප්‍රසිද්ධ කරනවා *v.* promulgate

prasidda ugathaa ප්‍රසිද්ධ උගතා *n.* luminary

prasiddhiya ප්‍රසිද්ධිය *n.* reputation

prasiddiya ප්‍රසිද්ධිය *n.* prominence

prasiddiyata pamunuwanawaa ප්‍රසිද්ධියට පමුණුවනවා *v.* publicize

prasthaara ප්‍රස්තාර *adj.* graphic

prasthaaraya ප්‍රස්තාරය *n.* graph

prasthaaraya ප්‍රස්තාරය *n.* notation

prasthaawanaawa ප්‍රස්තාවනාව *n.* prologue

prasthuthaya ප්‍රස්තුතය *n.* proposition

prathamaadhaara ප්‍රථමාධාර *n.* first aid

prathamathaawa ප්‍රථමතාව *n.* primacy

pratheeyamaana ප්‍රතීයමාන *adj.* indicative

prathi ප්‍රති *n.* anti

prathi upakaara karanawa ප්‍රති උපකාර කරනවා *v.* remunerate

prathi uththaraya ප්‍රති උත්තරය *n.* rejoinder

prathibhana ප්‍රතිභාන *n.* intuitive

prathibhawa ප්‍රතිභාව *n.* intuition

prathichaara dakwanawa ප්‍රතිචාර දක්වනවා *v.* respond

prathichaaraya ප්‍රතිචාරය *n.* response

prathichakreekaranaya ප්‍රතිචක්‍රීකරණය *v.* recycle

prathichodanaa ප්‍රතිචෝදනා *n.* recrimination

prathidaanaya ප්‍රතිදානය *n.* rebate

prathidanaya karanawa ප්‍රතිදානය කරනවා *v.t.* requite

prathideeptha ප්‍රතිදීප්ත *adj.* fluorescent

prathideha ප්‍රතිදේහ *n.* antibody

prathigaamee ප්‍රතිගාමී *adj.* retrograde

prathigaami ප්‍රතිගාමී *adj.* reactionary

prathignaawa ප්‍රතිඥාව *n.* pledge

prathignaawa ප්‍රතිඥාව *n.* premise

prathigraahaka ප්‍රතිග්‍රාහක *adj.* percipient

prathigraahakayaa ප්‍රතිග්‍රාහකයා *n.* recipient

prathijeewaka ප්‍රතිජීවක *n.* antibiotic

prathikaara karanna ප්‍රතිකා ර කරන්න *n.* therapist

prathikaaraka ප්‍රතිකා රක *adj.* curative

prathikaaraya ප්‍රතිකා රය *n.* therapy

prathikaaraya ප්‍රතිකා රය *n.* treatment

prathikaarmika ප්‍රතිකා ර්මික *adj.* remedial

prathikarmaya ප්‍රතිකර්මය *n.* remedy

prathikriya kala nohaki ප්‍රතික්‍රියා කළ නොහැ කි *n.* antioxidant

prathikriyaa karanawa ප්‍රතික්‍රියා කරනවා *v.* react

prathikriyaakaarakaya ප්‍රතික්‍රියා කා රකය *n.* reactor

prathikriyaawa ප්‍රතික්‍රියා ව *n.* reaction

prathikshepa karanawa ප්‍රතිකෂේප කරනවා *n.* denial

prathikshepa karanawa ප්‍රතික්ෂේප කරනවා *v.* disclaim

prathikshepa karanawa ප්‍රතික්ෂේප කරනවා *v.* refuse

prathikshepa karanawa ප්‍රතික්ෂේප කරනවා *v.* reject

prathikshepa karanawa ප්‍රතික්ෂේප කරනවා *v.* repudiate

prathikshepa karanawaa ප්‍රතික්ෂේප කරනවා *v.* overrule

prathikshepa kireema ප්‍රතික්ෂේප කිරීම *n.* refusal

prathikshepa kireema ප්‍රතික්ෂේප කිරීම *n.* repudiation

prathikshepaya ප්‍රතික්ෂේපය *n.* rejection

prathikshepaya ප්‍රතික්ෂේපය *v.* repulse

prathiloma ප්‍රතිල ෝම *adj.* inverse

prathimaa kalaawa ප්‍රතිමා කලා ව *n.* statuary

prathimaawa ප්‍රතිමා ව *n.* statue

prathimoorthiya ප්‍රතිමූර්තිය *n.* counterpart

prathinihithaya ප්‍රතිනිහිතය *n.* surrogate

prathiniyoga karanawa ප්‍රතිනිය ෝග කරනවා *v.* countermand

prathipalaya ප්‍රතිඵලය *n.* consequence

prathipalaya ප්‍රතිඵලය *n.* remuneration

prathipalaya ප්‍රතිඵලය *n.* result

prathipaththiya ප්‍රතිපත්තිය *n.* policy

prathipaththiya ප්‍රතිඵලය *n.* standpoint

prathipaththiyak nathi ප්‍රතිපලයක් නැ ති *adj.* unprincipled

prathiprachaaraya ප්‍රතිප්‍රචා රය *n.* relay

prathiraajayaa ප්‍රතිරා ජය *n.* viceroy

prathirakshanaya karanawaa ප්‍රතිරක්ෂණය කරනවා *v.* underwrite

prathirodaya ප්‍රතිවිර ේදය *n.* contrast

prathirodhaya ප්‍රතිර ෝධය *n.* resistance

prathiroopakayaa ප්‍රතිරූ පකයා *n.* imposter

prathiroopaya ප්‍රතිරූ පය *n.* image

prathiroopaya ප්‍රතිරූ පය *n.* reflex

prathiroopaya ප්‍රතිරූ පය *n.* replica

prathisamaayoga wanawa ප්‍රතිසමා යෝග වනවා *v.* readjust
prathisanskarakaya ප්‍රතිසංස්කාරකයා *n.* reformer
prathisanskaranaya ප්‍රතිසංස්කරණය *n.* reformation
prathisanskaranaya ප්‍රතිසංස්කරණය *adj.* renewal
prathisanskaranaya ප්‍රතිසංස්කරණය *adj.* restoration
prathisanskaranaya karanawa ප්‍රතිසංස්කරණය කරනවා *v.* reform
prathisanwidhanaya ප්‍රතිසංවිධානය *v.* reorganize
prathishakthi ප්‍රතිශක්ති *adj.* immune
prathishakthi karanawa ප්‍රතිශක්ති කරනවා *v.* immunize
prathishakthi widyaawa ප්‍රතිශක්ති විද්‍යාව *n.* immunology
prathishakthiya ප්‍රතිශක්තිය *n.* immunity
prathishathaya ප්‍රතිශතය *n.* percentage
prathishyaa rogaya ප්‍රතිශ්‍යා රෝගය *n.* influenza
prathisthaapanaya karanawa ප්‍රතිස්ථාපනය කරනවා *v.* replace
prathiwaadaya ප්‍රතිවාදය *n.* antithesis
prathiwarthya ප්‍රතිවර්ත්‍ය *adj.* reversible
prathiweena ප්‍රතිචීන *adj.* occidental
prathiwisha ප්‍රතිවිෂ *n.* antidote
prathiwurthaya ප්‍රතිවෘත්තය *n.* obverse
prathyaawalokana ප්‍රත්‍යාවලෝකන *adj.* retrospective
prathyaawalokanaya ප්‍රත්‍යාවලෝකනය *n.* retrospect
prathyaksha gnaanaya haa sabandi ප්‍රත්‍යක්ෂ ඥානය හා සබැඳි *adj.* perceptive
prathyamelaya ප්‍රත්‍යම්ලය *adj.* antacid
prathyastha ප්‍රත්‍යස්ථ *adj.* resilient
pravesha maargaya ප්‍රවේශ මාර්ගය *n.* aisle
prawaahanaya ප්‍රවාහනය *n.* transportation
prawaahanaya karanawaa ප්‍රවාහනය කරනවා *v.* transport
prawaahaya ප්‍රවාහය *v.i* flow
praweena ප්‍රවීණ *adj.* adept
praweena ප්‍රවීණ *adj.* versed
praweenathaawa ප්‍රවීනතාව *n.* proficiency
praweenathawa ප්‍රවීණතාව *n.* expertise
praweenaya ප්‍රවීණයා *n.* expert
prawegaya ප්‍රවේගය *n.* velocity
praweni daasayaa ප්‍රවේණි දාසයා *n.* serf
praweniyen as karanawa ප්‍රවේණියෙන් අස් කරනවා *v.* disinherit
prawesha pathraya ප්‍රවේශ පත්‍රය *n.* ticket
prawesha shaalaawa ප්‍රවේශ ශාලාව *n.* foyer
prawesha shaalawa ප්‍රවේශ ශාලාව *n.* lobby
praweshakayaa ප්‍රවේශකයා *n.* usher
praweshaya ප්‍රවේශය *n.* access
praweshya ප්‍රවේශ්‍ය *adj.* accessible

prawishta karanawaa ප්‍රවිෂ්ට කරනවා *v.* induct

prayaanaya ප්‍රයාණය *n.* adventure

prayogakaara ප්‍රයෝගකාර *adj.* wily

prayogakaarayaa ප්‍රයෝගකාරයා *n.* trickster

prayogaya ප්‍රයෝගය *n.* artifice

prayogaya ප්‍රයෝගය *n.* ruse

prayogaya ප්‍රයෝගය *n.* subterfuge

prayojana ganna ප්‍රයෝජන ගන්නා *n.* user

prayojana gannawa ප්‍රයෝජන ගන්නවා *v.* avail

prayojana gannawaa ප්‍රයෝජන කරනවා *v.* utilize

prayojana sahitha ප්‍රයෝජන සහිත *adj.* worthwhile

prayojyakaranaya ප්‍රයෝජ්‍යකරණය *n.* utilization

preethigoshaawa ප්‍රීතිඝෝෂාව *n.* ovation

preethimath ප්‍රීතිමත් *adj.* cheery

preethimath ප්‍රීතිමත් *adj.* festive

preethimath ප්‍රීතිමත් *adj.* joyful

preethimath ප්‍රීතිමත් *adj.* joyous

preethiya ප්‍රීතිය *n.* joy

preethiyen kulmath wu ප්‍රීතියෙන් කුල්මත් වූ *adj.* jubilant

preethiyen piligannawa ප්‍රීතියෙන් පිළිගන්නවා *v.* acclaim

preethiyen pinagiya ප්‍රීතියෙන් පිනාගිය *adj.* overjoyed

prema nimiththa ප්‍රේම නිමිත්ත *n.* valentine

prema sambadatha gana prasidda pudgalaya ප්‍රේම සබඳතා ගැන ප්‍රසිද්ධ පුද්ගලයා *n.* Casanova

prema wruthaanthaya ප්‍රේම වෘත්තාන්තය *n.* romance

preranaya ප්‍රේෂණය *n.* remittance

preranaya ප්‍රේෂණය *n.* induction

preranaya karanawa ප්‍රේෂණය කරනවා *v.* induce

prismaya ප්‍රිස්මය *n.* prism

prithigosha karanawa ප්‍රීතිඝෝෂා කරනවා *v. t.* cheer

priya ප්‍රිය *adj.* fond

priya ප්‍රිය *adj.* likeable

priya mithura ප්‍රිය මිතුරා *n.* chum

priyathama ප්‍රියතම *adj.* favourite

prodaakaara ප්‍රෝඩාකාර *adj.* snide

prodaawa ප්‍රෝඩාව *n.* trickery

proteena ප්‍රෝටීන *n.* protein

prushta wansikayaa පෘෂ්ඨවංශිකයා *n.* vertebrate

pubudinawa පුබුදිනවා *v.* bloom

pudgalawaadaya පුද්ගලවාදය *n.* individualism

pudgalaya පුද්ගලයා *n.* person

pudgalayaa පුද්ගලයා *n.* Wight

pudgaleekaranaya පුද්ගලීකරණය *n.* personification

pudgaleekaranaya karanawaa පුද්ගලීකරණය කරනවා *v.* personify

pudgaleekaranaya karanawaa පුද්ගලීකරණය කරනවා *v.* privatize

pudgalika පුද්ගලික *adj.* individual

pudgalika පුද්ගලික *adj.* personal

pudgalika පුද්ගලික *adj.* private

pudgalika anshayata pawaranawaa පුද්ගලික අංශයට පවරනවා *v.* denationalize

pudgalika sahaayaka පුද්ගලික සහායක *n.* aide

pudhanawaa පුදනවා *v.* offer

pudima පුඩිම *n.* pudding
puduma elawanasulu පුදුම එළවනසුලු *adj.* wondrous
puduma lesa පුදුම ලෙස *adv.* singularly
puduma sahitha පුදුම සහිත *n.* startling
puduma sahitha පුදුම සහිත *adj.* wonderful
puduma wenawa පුදුම වෙනවා *v.i* marvel
pudumaakara පුදුමා කා ර *adj.* outlandish
pudumaya පුදුමය *v.* wonder
puhu wada පුහු වැ ඩ *n.* snobbery
puhunu karanawa පුහුණු කරනවා *v.* accustom
puhunu karannaa පුහුණු කරන්නා *n.* trainer
puhunu wanna පුහුණු වන්නා *n.* learner
puhunu wenawaa පුහුණු වෙනවා *v.* train
puhunukaruwa පුහුණුකරු වා *n.* coach
puhunuwa පුහුණුව *n.* practice
puhunuwa labannaa පුහුණුව ලබනවා *n.* trainee
puhunuwa labannaa පුහුණුව ලබන්නා *n.* training
pukooruwa පුකුරු ව *n.* mug
pukuruwa පුකුරු ව *n.* urn
pulli sahitha පුල්ලි සහිත *v.* dapple
pulussanawa පුළුස්සනවා *v.* burn
pulussanawaa පුළුස්සනවා *v.* bake
pulussanawaa පුලුස්සනවා *v.* scald
puluwana පුළුවන *v.* can
puluwankama පුලුවන්කම *n.* sufficiency
pun maithoonaya පුන් මෛථුනය *n.* sodomy
punaraawarthana පුනරාවර්තන *adj.* recurrent
punaraawarthanaya පුනරාවර්තනය *n.* recurrence
punaraawarthanaya පුනරාවර්තනය *n.* repetition
punarbhawaya පුනර්භවය *n.* rebirth
punarjananaya පුනර්ජනනය *n.* regeneration
punarjeewanaya පුනර්ජීවනය *a.* resurgence
punarudaya පුනරු දය *n.* renaissance
punarwanawaadaya පුනර්වනවා දය *n.* revivalism
punarwanaya පුනර්වනය *n.* revival
punasthaapanaya පුනස්ථා පනය *n.* reinstatement
punasthaapanaya kireema පුනස්ථා පනය කිරීම *v.* reinstate
punchi පුංචි *adj.* petite
puneelaya පුනීලය *n.* funnel
punuruththaapanaya පුනරු ත්ථා පනය *n.* rehabilitation
punuruththaapanaya karanawa පුනරු ත්ථා පනය කරනවා *v.* rehabilitate
puppanawa පුප්පනවා *v.* inflate
pupuramin kathaa karanawaa පුපුරමින් කතා කරනවා *v.* splutter
pupurana පුපුරන *adj.* explosive
pupuranawa පුපුරනවා *v.* burst
pupurawanawa පුපුරවනවා *v.* detonate
pupurawanawa පුපුරවනවා *v.* explode

puraa handak පුරා හැන්දක් *n.* spoonful
puraa widyaawa පුරා විද්‍යාව *n.* archaeology
puraajeruwa පුරාජේරුව *n.* ostentation
puraana romanwarunge anduma පුරාණ රෝමන්වරුන්ගේ ඇඳුම *n.* toga
puraanokthi පුරාණෝක්ති *adj.* mythological
puraanokthigatha පුරාණෝක්තිගත *adj.* mythical
puraathanaya පුරාතනය *n.* antiquity
puraawurthaya පුරාවෘත්තය *n.* chronicle
puran wu පුරන් වූ *adj.* fallow
purappaduwa පුරප්පාඩුව *n.* vacancy
purasaaram dhodanawaa පුරසාරම් දොඩනවා *v.* swagger
purasaaram dodawanawa පුරසාරම් දොඩවනවා *v.* brag
purasaaram kiyanawa පුරසාරම් කියනවා *v.* bluff
purasaarama පුරසාරම *v.* swank
purasthithaya පුරස්ථිතය *n.* prostate
purathana පුරාතන *adj.* archaic
purawana drauyaya පුරවන ද්‍රව්‍යය *n.* stuffing
purawanawa පුරවනවා *v.* fill
purawanawa පුරවනවා *v.* furnish
purawasibaawaya පුරවැසිභාවය *n.* citizenship
purawasibhaawaya පුරවැසිභාවය *n.* nationality
purawasibhaawaya nomathi පුරවැසිභාවය නොමැති *adj.* stateless
purawasikama denawa පුරවැසිකම දෙනවා *v.* naturalize
purawasiya පුරවැසියා *n.* citizen
purawasthu පුරාවස්තු *n.* antique
purawurthaya පුරාවෘත්තය *n.* legend
purogaamiya පුරෝගාමියා *n.* pioneer
purogaamiyaa පුරෝගාමියා *n.* precursor
purudda පුරුද්ද *n.* habit
purudda පුරුද්ද *n.* rote
puruddanawaa පුරුද්දනවා *v.* splice
purudu පුරුදු *adj.* wonted
purudu karanawa පුරුදු කරනවා *v.t.* habituate
purudu paridi පුරුදු පරිදි *adv.* usually
purudu wenawa පුරුදු වෙනවා *v.* practise
puruk gasunu පුරුක් ගැසුණු *adj.* disjointed
puruka පුරුක *n.* link
puruka පුරුක *n.* tog
puruka පුරුක *n.* toggle
purusha homonayak පුරුෂ හෝමෝනයක් *n.* testosterone
purusha shakthiya පුරුෂ ශක්තිය *n.* virility
purusha shakthiyen uth පුරුෂ ශක්තියෙන් යුත් *adj.* virile
purushaakaara පුරුෂාකාර *adj.* manly
pus පුස් *n.* fungus
pus bandunu පුස් බැඳුණු *adj.* frowsty
pus bandunu පුස් බැඳුණු *adj.* fusty
pushparaaga පුෂ්පරාගය *n.* topaz
pushpaya පුෂ්පය *n.* blossom
pushpaya පුෂ්පය *n.* flower
pusthakaalaadhipathi

පුස්තක ලෙධිපති *n.* librarian

pusthakaalaya පුස්තක ලය *n.* library

pusunmba balanawaa පුසුඹ බලනවා *v.* sniffle

puthaa පුතා *n.* son

putuwa පුටුව *n.* chair

puwaru wata පුවරු වැට *n.* hoarding

puwaruwa පුවරු ව *n.* plank

puwath පුවත් *n.* news

R

ra kaama ganna රෑ කෑ ම ගන්නා *n.* diner

ra kaama kanawa රෑ කෑ ම කනවා *v.* dine

raa anduma රෑ ඇඳුම *n.* nightie

raa kaama රෑ කෑ ම *n.* dinner

raa kowla රෑ කොවුල *n.* nightingale

raabu රාබු *n.* radish

raagaya රාගය *n.* lust

raagaya රාගය *n.* passion

raagika රාගික *adj.* lustful

raaja aanduwata ayath රාජ ආණ්ඩුවට අයත් *n.* caesarean

raaja doothaya රාජ දූතයා *n.* diplomat

raaja droheethwaya රාජ ද්‍රෝහීත්වය *n.* treason

raaja drohikama රාජ ද්‍රෝහිකම *n.* sedition

raaja ghaathakayaa රාජඝා තකයා *n.* regicide

raaja paakshikaya රාජ පාක්ෂිකයා *n.* royalist

raaja wanshaya රාජ වංශය *n.* dynasty

raaja wanshaya රාජවංශය *n.* royalty

raajaaliya රාජාලියා *n.* buzzard

raajaaliya රාජාලියා *n.* eagle

raajaanduwa රාජාණ්ඩුව *n.* monarchy

raajadaaniya pilibanda woo රාජධානිය පිළිබඳ වූ *adj.* metropolitan

raajadhaniya රාජධානිය *n.* kingdom

raajakaariya රාජකාරිය *n.* duty

raajakeeya රාජකීය *adj.* imperial

raajakeeya රාජකීය *adj.* princely

raajakeeya රාජකීය *adj.* regal

raajakeeya රාජකීය *n.* royal

raajasewakayaa රාජසේවකයා *n.* courtier

raajya රාජ්‍ය *adj.* public

raajya karanawa රාජ්‍යය කරනවා *v.* reign

raajya paalanaya රාජ්‍ය පාලනය *n.* regime

raajyaadhikaaree රාජ්‍යාධිකාරී *n.* regent

raakkaya රාක්කය *n.* rack

raakkaya රාක්කය *n.* shelf

raakkaye thabanawaa රාක්කයේ තබනවා *v.* shelve

raakshaya රාක්ෂයා *n.* monster

raamuwa රාමුව *n.* frame

raana රෑන *n.* flock

raashi chkraya රාශි චක්‍රය *n.* zodiac

raashiya රාශිය *n.* bulk

raashiya රාශිය *n.* conglomeration

raashiya රාශිය *n.* heap

raashiya රාශිය *n.* pile

raashiya රාශිය *n.* plethora

raaspuwa රාස්පුව *n.* rasp
raathriyehi රාත්‍රියෙහි *adv.* overnight
rabaana රබාන *n.* tambourine
rachakaya රචකයා *n.* composer
rachakayaa රචකයා *n.* scribe
rachana karanawa රචනා කරනවා *v.* compose
rachanaawa රචනාව *n.* essay
radala panthiya රදල පන්තිය *n.* aristocracy
radala pela රදළ පෙළ *n.* peerage
radalaya රදළයා *n.* aristocrat
radanaka රදනක *adj.* canine
radar kirana රේඩාර් කිරණ *n.* radar
radhala aanduwa රදල ආණ්ඩුව *n.* oligarchy
radium රේඩියම් *n.* radium
ragena yanawaa රැගෙන යනවා *n.* takeaway
rahana රැහැන *n.* cable
rahana රැහැන *n.* leash
rahas behetha රහස් බෙහෙත *n.* nostrum
rahas gabadaawa රහස් ගබඩාව *n.* closet
rahas hamuwa රහස් හමුව *n.* rendezvous
rahas pareekshakayaa රහස් පරීක්ෂකයා *n.* detective
rahasin karana lada රහසින් කරන ලද *adj.* surreptitious
rahasin pana yanawa රහසින් පැන යනවා *v.* elope
rahaskama රහස්කම *n.* stealth
rahasya රහස්‍ය *adj.* confidential
rahasyathaawaya රහස්‍යතාවය *n.* secrecy
rahath wenawa රහත්වෙනවා *v.* enlighten
rail peella රේල් පීල්ල *n.* rail
raja රජ *n.* king
raja karanawa රජ කරනවා *v.* govern
rajakama athharinawa රජකම අත්හැරීම *v.t.* abduct
rajayath neethiyath awalangu karanna රජයත් නීතියත් අවලංගු කරන්නා *n.* anarchist
rajaye niladhaariya රජයේ නිලධාරියා *n.* bureaucrat
rajina රැජිණ *n.* queen
raka sitina thana රැක සිටින තැන *n.* ambush
raka sitinawa රැක සිටිනවා *v.* lurk
rakawalak nathi රැකවලක් නැති *adj.* unguarded
rakawaranaya salasanawaa රැකවරණ සලසනවා *n.* convoy
rakiyaawata nusudusu රැකියාවට නුසුදුසු *adj.* unemployable
rakshaawa රක්ෂාව *n.* berth
rakshaawa රක්ෂාව *n.* career
rakshaawa රක්ෂාව *v.* employ
rakshaawa රක්ෂාව *n.* job
rakshaawa රක්ෂාව *n.* vocation
rakshaawa nathi රක්ෂාව නැති *adj.* unemployed
rakshanaya රක්ෂණය *n.* assurance
rakshanaya රක්ෂණය *n.* insurance
rakshanaya karanawaa රක්ෂණය කරනවා *v.* insure
rakthaawarodaya adu kireemata aushadayak රක්තාවරෝධය අඩු කිරීමට ඖෂධයක් *n.* decongestant
rakthaheenathawaya රක්තහීනතාවය *n.* anaemia

rakthapaathaya රක්තපාතය *n.* haemorrhage
rakthawaathaya රක්තවාතය *n.* rheumatism
rala රැළ *n.* horde
rala රළ *n.* surf
rala pahara රළ පහර *n.* buffet
rali damanawa රැලි දමනවා *n.* pleat
rali damanawaa රලේ දමනවා *v.* tuck
rali damu රැලි දැමූ *adj.* corrugated
rali gasanawa රැළි ගසනවා *v.* crinkle
rali gasanawaa රැලි ගසනවා *v.* wave
rali patiya රැළි පටිය *n.* frill
rali saadanawa රැළි සාදනවා *v.* curl
rali sahitha රැළි සහිත *adj.* wavy
raliya රැලිය *n.* rally
ralla රැල්ල *n.* furrow
ralu රළු *adj.* rough
ralu රළු *adj.* severe
ralu handa රළු හඬ *n.* croak
ramaneeya රමණීය *adj.* charming
ramaneeyathwaya රමණීයත්වය *n.* felicity
ran pauma රන් පවුම *n.* sterling
ran ridhee minum ekaka kramaya රන් රිදී මිනුම් ඒකක ක්‍රමය *n.* troy
rana shooraya රණශූරයා *n.* warrior
ranakaamaya රණකාමියා *n.* warfare
ranakaamee රණකාමී *adj.* martial
ranawanu laboo aya රඳවනු ලැබූ අය *n.* detainee
ranchuwa රංචුව *n.* herd
randawa thabeema රඳවා තැබීම *n.* detention
ranga dakwanawa රඟ දක්වනවා *v.* act
ranga dakweema රඟ දැක්වීම *n.* performance
ranga madala රඟ මඩල *n.* arena
ranga paama රඟ පෑම *n.* acting
rangaboomiya රංගභූමිය *n.* amphitheatre
rangadenawa රඟදෙනවා *v.* perform
rangahala රඟහල *n.* theatre
rangapaana රඟපාන *adj.* acting
rangapaanna රඟපාන්නා *n.* performer
rankaruwa රන්කරුවා *n.* goldsmith
ras kakaa sitina samoohaya රැස් කකා සිටින සමූහය *n.* throng
ras madala රැස් මඩල *n.* aura
ras wenawa රැස් වෙනවා *v.* agglomerate
ras wenawa රැස් වෙනවා *v.* congregate
ras wihidanawa රැස් විහිදනවා *v.* irradiate
rasa bara රස බර *adj.* savoury
rasa danenawaa රස දැනෙනවා *n.* smack
rasa ganwana de රස ගන්වන දේ *n.* sweetener
rasa kama kaballa රස කෑම කැබැල්ල *n.* titbit
rasa kawilla රස කැවිල්ල *n.* lollipop
rasa pirunu රස පිරුණු *adj.* succulent
rasa widyawa රසවිද්‍යාව *n.* alchemy
rasa windeema රස විඳීම *n.* appreciation
rasa windinawaa රස විඳිනවා *v.* taste
rasaathmaka රසාත්මක *adj.* sentimental
rasaayana රසායන *adj.* chemical

rasaayana widyaawa රසායන විද්‍යාව *n.* chemistry
rasaayanagaaraya රසායනාගාරය *n.* laboratory
rasaayanagna රසායනඥ *n.* chemist
rasaayanika chikithsaawa රසායනික චිකිත්සාව *n.* chemotherapy
rasadiya රසදිය *n.* mercury
rasakawili රසකැවිලි *n.* confection
rasakawili wargayak රසකැවිලි වර්ගයක් *n.* marzipan
rasakawili welenda රසකැවිලි වෙළෙන්දා *n.* confectionery
rasakawili wisheshayak රසකැවිලි විශේෂයක් *n.* nougat
rasakawilikaru රසකැවිලිකරු *n.* confectioner
rasangnya රසඥයා *n.* gourmet
rasawath රසවත් *adj.* dainty
rasawath රසවත් *adj.* delicious
rasawath රසවත් *adj.* juicy
rasawath රසවත් *adj.* racy
rasawath රසවත් *adj.* spicy
rasawath රසවත් *adj.* tasteful
rasawath pala wargayak රසවත් ඵල වර්ගයක් *n.* nectarine
rasaya රසය *n.* flavour
rasaya රසය *n.* taste
rashiyakin ekak wenkireema pinisa naama padayaka mulata yodana wchanaya රාශියකින් එකක් වෙන්කිරීම පිණිස නාම පදයක මුලට යොදන වචනය *adj.* the
rashmi kadambaya රශ්මි කදම්බය *n.* streamer
raskakaa upadrawa karanawaa රස්කකා උපද්‍රව කරනවා *v.* infest
rasthiyaadukaaraya රස්තියාදුකාරයා *n.* bum
rasweema රැස්වීම *n.* assembly
rasweema රැස්වීම *n.* meeting
rata රට *n.* country
rata kottan රට කොට්ටං *n.* apricot
rata maa රට මෑ *n.* pea
rata madehi woo රට මැදෙහි වූ *adj.* inland
rata weralu රට වෙරළු *n.* olive
rataawa රටාව *n.* pattern
ratahunu රටහුණු *n.* chalk
ratakaju රටකජු *n.* peanut
ratha gamanaagamanaya රථ ගමනා ගමනය *n.* traffic
ratha waahana pilibanda රථ වාහන පිළිබඳ *adj.* vehicular
ratha wahana රථ වාහන *n.* vehicle
rathakaami රතිකාමී *adj.* amatory
rathata pilissoo රතට පිළිස්සූ *n.* terracotta
rathigna රතිඤ්ඤා *n.* banger
rathignaya රතිඤ්ඤය *n.* cracker
rathinnaya රතිඤ්ඤා *n.* squib
raththaran රත්තරන් *n.* gold
rathu රතු *adj.* red
rathu indiyan kaarayange kudaarama රතු ඉන්දියන් කාරයන්ගේ කූඩාරම *n.* wigwam
rathu kata රතුකැට *n.* ruby
rathu manik wargayak රතු මැණික් වර්ගයක් *n.* garnet
rathu miris රතු මිරිස් *n.* capsicum
raudra රෞද්‍ර *adj.* fierce
raudra රෞද්‍ර *adj.* scathing
raul kota sahitha රැවුල් කොට සහිත *n.* stubble
raula baanawaa රැවුල බානවා *v.*

shave
rawaa balanawa රවා බලනවා *v.i* glare
rawaa balanawaa රවා බලනවා *v.* stare
rawaa baleema රවා බැලීම *n.* scowl
rawatanawa රවටනවා *v.* belie
rawatanawa රවටනවා *n.* gag
rawatanawaa රවටනවා *v.* delude
rawatanawaa රවටනවා *v.* hoodwink
rawatanawaa රවටනවා *v.* impose
rawateema රැවටීම *n.* chicanery
rawateema රැවටීම *n.* deception
rawatilla රැවටිල්ල *adj.* beleaguered
rawatilla රැවටිල්ල *n.* eyewash
rawatilla රැවටිල්ල *v.i* frown
rawatilla රැවටිල්ල *n.* guise
rawatilla රැවටිල්ල *n.* hype
rawatilla රැවටිල්ල *n.* imposition
rawatilla රැවටිල්ල *n.* pretext
rawatilla රැවටිල්ල *n.* sham
rawdenawa රැව්දෙනවා *v.* resound
rawula රැවුළ *n.* beard
rawulkaaraya රැවුල්කාරයා *n.* beaver
raya රැය *n.* night
reddhe wiyana lada waatiya රෙද්දේ වියන ලද වාටිය *n.* selvedge
reddhi walin thada kota damanawaa රෙදි වලින් තද කොට දමනවා *v.* swaddle
redi adeemata yodana raamuwehi yedu koku රෙදි ඇදීමට යොදන රාමුවෙහි යෙදූ කොකු *n.* tenterhook
redi apulla madinawa රෙදි අපුල්ලා මදිනවා *v.* launder
redi kada රෙදි කඩ *n.* kerchief
redi pili රෙදි පිළි *n* textile
redi wargayak රෙදි වර්ගයක් *n.* worsted
reema රීම *n.* ream
reeppaya රීප්පය *n.* lath
reethiyata wada karannaa රීතියට වැඩ කරන්නා *n.* stickler
regei sangeethaya රෙගේ සංගීතය *n.* reggae
regimenthuwa රෙජිමේන්තුව *n.* regiment
registraar රෙජිස්ට්‍රාර් *n.* registrar
registraar kaaryaalaya රෙජිස්ට්‍රාර් කාර්යාලය *n.* registry
regu gaasthuwa රේගු ගාස්තුව *n.* wharf age
reguwa රේගුව *n.* wharf
rekkaya රේක්කය *n.* rake
rekodaya රෙකෝඩය *n.* recorder
rendaya රේන්දය *n.* lace
rendaya රේන්දය *n.* toll
renu රේණු *n.* pollen
renuwa රේණුව *n.* stamen
rhinoceros රයිනොසිරස් *n.* rhinoceros
rhodium රෝඩියම් *n.* rhodium
ridawanawa රිදවනවා *v.* hurt
ridee රිදී *n.* silver
ridee guliya රිදී ගුළිය *n.* bullion
ridju ඍජු *adj.* sheer
ridmaya රිද්මය *n.* rhythm
ridmayaanukoola රිද්මයානුකූල *adj.* rhythmic
rifalaya රයිෆලය *n.* rifle
riju ඍජු *adj.* candid
riju ඍජු *adj.* direct
riju ඍජු *adj.* erect
riju ඍජු *adj.* plump
riju ඍජු *adj.* upright

riju bhaawaya සෘජු භාවය *n.* rectitude
riju karanawa සෘජු කරනවා *v.* rectify
riju nowana සෘජු නොවන *adj.* evasive
riju nowana සෘජු නොවන *adj.* indirect
rijukaranaya සෘජුකරණය *n.* rectification
rijukonaasra සෘජුකෝණාස්‍ර *adj.* rectangular
rijukonaasraya සෘජුකෝණාස්‍රය *n.* rectangle
rijuwa kathaakarana සෘජුව කතා කරන *adj.* outspoken
rikilla රිකිල්ල *n.* sprig
rikilla රිකිල්ල *n.* twig
rikshaw rathaya රික්ෂෝ රථය *n.* rickshaw
rikthakaya රික්තය *n.* vacoom
rina ඍණ *prep.* minus
rinaathmaka ඍණාත්මක *adj.* negative
rinathaawaya ඍණතාවය *n.* negativity
ringaa yaama රිංගා යෑම *v.* creep
rishiwarayaa ඍෂිවරයා *n.* prophet
rivert karanawa රිවට් කරනවා *n.* rivet
riya madiriya රිය මැදිරිය *n.* carriage
riya naba රිය නැබ *n.* nave
riya padawanna රිය පදවන්නා *n.* chauffeur
riya perahara රිය පෙරහැර *n.* cavalcade
riyaduraa රියදුරා *n.* driver
robowa රොබෝ *n.* robot
rockettuwa රොකට්ටුව *n.* rocket
roda රොද *n.* wisp
roda hathare karaththaya රෝද හතරේ කරත්තය *n.* wagon
roda thune baicikalaya රෝද තුනේ බයිසිකලය *n.* tricycle
rodaya රෝදය *n.* wheel
rodu goda රොඩු ගොඩ *n.* litter
roga lakshanaya රෝග ලක්ෂණය *n.* symptom
roga naashaka piliyama රෝග නාශක පිළියම *adj.* therapeutic
roga winishchaya රෝග විනිශ්චය *n.* diagnosis
roga winishchaya karanawa රෝග විනිශ්චය කරනවා *v.* diagnose
rogaya රෝගය *n.* decease
rogaya රෝගය *n.* disease
rogaya රෝගය *n.* malady
rogeen sandahaa wu sathkaaraa-gaaraya රෝගීන් සඳහා වූ සත්කාරාගාරය *n.* sanitarium
rogiya රෝගියා *n.* patient
rohala රෝහල *n.* hospital
rokwenawa රොක්වෙනවා *v.* gather
roller රෝලර් *n.* roll
roller රෝලර් *n.* roller
rollercoasteraya රෝලර්කෝස්ටරය *n.* rollercoaster
rombasaya රොම්බසය *n.* rhombus
ron mada රොන් මඩ *n.* sediment
ron mada රොන් මඩ *n.* silt
ronde yanawaa රොන්දේ යනවා *v.* saunter
roodiya රූඩිය *n.* idiom
rookadaya රූකඩය *n.* marionette
rookadaya රූකඩය *n.* puppet
roomathiya රූමතිය *n.* belle
roopa satahan රූප සටහන *n.*

diagram
roopa widyaawa රූ පවිද්‍යා ව *n.* morphology
roopakaya රූ පකය *n.* metaphor
roopalawanya shilpiya රූ පලා වන්‍ය ශිල්පියා *n.* beautician
roopanthara රූ පාන්තරය *n.* metamorphosis
roopawaahiniya රූ පවාහිනිය *n.* television
roopawathee රූ පවතී *n.* mannequin
roopaya රූ පය *n.* figure
roopika රූපික *adj* figurative
roopikaawa රූපිකා ව *n.* figurine
rootanawaa රූ ටනවා *v.* slide
ropanaya karanawaa ර ෝපණය කරනවා *v.* implant
rosa mala ර ෝස මල *n.* rose
rosa paata ර ෝස පා ට *adj.* pink
rosa pata ර ෝස පා ට *adj.* rosy
rosa uyana ර ෝස උයන *n.* rosary
rotee wargayak ර ොටි වර්ගයක් *n.* muffin
rubber රබර් *n.* rubber
ruchiya රුචිය *n.* liking
ruchiya රුචිය *n.* palate
rudhira pattikaawa රුධිර පට්ටිකා ව *n.* platelet
rugby kreedaawa රග්බි ක්‍රීඩා ව *n.* rugby
rujaa nasana රු ජා නසන *n.* analgesic
rukula රු කුල *n.* stanchion
rum රම් *n.* rum
rye රයි *n.* rye

S

saadaarana සා ධා රණ *adj.* fair
saadaaranathwaya සා ධා රණත්වය *n.* toleration
saadakaya සා ධකය *n.* factor
saadala thanannaa සෑ දල තනන්නා *n.* saddler
saadalaya සෑ දලය *n.* saddle
saadana kaamarayata awashya de සා දනා කා මරයට අවශ්‍ය දේ *n.* toiletries
saadanawa සා දනවා *v.* build
saadanawa සා දනවා *v.* make
saadarmikathaawaya සා ධර්මිකතා වය *n.* orthodoxy
saadaya සා දය *n.* party
saadeema සෑදීම *n.* making
saadhaarana සා ධා රණ *adj.* equitable
saadhaarana bawa dakwanawa සා ධා රණ බව දක්වනවා *v.* rationalize
saadhaaranaya සා ධා රණය *n.* equity
saadhya සා ධ්‍ය *adj.* feasible
saadilingam hi rathu paata සාදිලිංගම් හා රතු පා ට *n.* vermillion
saadrushya සා දෘශ්‍ය *adj.* analogous
saagarika සා ගරික *adj.* oceanic
saagathaya සා ගතය *n.* famine
saahasika සා හසික *adj.* daring
saahasika සා හසික *adj.* heinous
saahasika සා හසික *adj.* outrageous
saahasika සා හසික *adj.* reckless
saahasika aparaadhakaaraya සා හසික අපරා ධකා රයා *n.* outlaw
saahasikaya සා හසිකයා *n.* despot
saaheemata pathwu සෑහීමට පත්වූ *adj.* content

saahena pamana wu සෑහෙන පදණ වූ *adj.* sufficient
saahenawaa සෑහෙනවා *v.* suffice
saahithyamaya සාහිත්‍යමය *adj.* literary
saahithyaya සාහිත්‍යය *n.* literature
saakachcha karanawa සාකච්ඡා කරනවා *v.* discuss
saakachchaa karanna සාකච්ඡා කරන්නා *n.* negotiator
saakachchaawa සාකච්ඡාව *n.* discussion
saakalya සාකල්‍ය *adj.* holistic
saakshaath kaaraya සාක්ෂාත් කරනවා *n.* testimonial
saakshaathkaranaya සාක්ෂාත්කරණය *n.* realization
saakshara සාක්ෂර *adj.* literate
saakshath karagannawa සාක්ෂාත් කරගන්නවා *v.* achieve
saakshi daranawa සාක්ෂි දරනවා *v.* attest
saakshi denawaa සාක්ෂි දෙනවා *v.* testify
saakshi pathra සාක්ෂි පත්‍ර *n.* credentials
saakshikaraya සාක්ෂිකාරයා *n.* witness
saakshiya සාක්ෂිය *n.* evidence
saakshiya සාක්ෂිය *n.* proof
saakshiya සාක්ෂිය *n.* testimony
saalaya සාලය *n.* parlour
saama සෑම *adj.* every
saama thanama pawathnaa සෑම තැනම පවත්නා *adj.* ubiquitous
saama waadiyaa සාමවාදියා *n.* pacifist
saamaanya සාමාන්‍ය *adj.* ordinary
saamaanya gamanata sudusu waahanaya සාමාන්‍ය ගමනට සුදුසු වාහනය *n.* roadster
saamaanya janayaa සාමාන්‍ය ජනයා *n.* civilian
saamaanyayen සාමාන්‍යයෙන් *adv.* ordinarily
saamadaanaya සාමදානය *n.* ceasefire
saamaika සාමයික *adj.* seasonal
saamajikathwaya සාමාජිකත්වය *n.* membership
saamajikaya සාමාජිකයා *n.* member
saamanya සාමාන්‍ය *n.* average
saamanya සාමාන්‍ය *adj.* common
saamanya සාමාන්‍ය *adj.* mediocre
saamanya සාමාන්‍ය *adj.* normal
saamanya සාමාන්‍ය *adj.* plebeian
saamanya wasiya සාමාන්‍ය වැසියා *n.* commoner
saamanyathwaya සාමාන්‍යත්වය *n.* normalcy
saamaya සාමය *n.* peace
saamiwarayaa සාමිවරයා *n.* baron
saamkaamee සාමකාමී *adj.* peaceful
saamoohika සාමූහික *adj.* cumulative
saamudrikaa සාමුද්‍රිකා *n.* palmistry
saamyaya සාම්‍යය *n.* analogy
saandranaya සාන්ද්‍රණය *n.* concentration
saankaawa සාංකාව *n.* anxiety
saankaawa සාංකාව *n.* nostalgia
saanthawarayaa සාන්තවරයා *n.* saint
saanuwa සානුව *n.* plateau
saaparaadhi bawa thora karanawa සාපරාධී බව තහවුරු කරනවා

v. decriminalize
saapaya සා පය *n.* curse
saapekshathaawa සා පේක්ෂතා ව *n.* relativity
saappu badu horakam kireema සා ප්පු බඩු හ ොරකම් කිරීම *n.* shoplifting
saappu sankeernaya සා ප්පු සං කීර්ණය *n.* plaza
saappukaarayaa සා ප්පුකා රයා *n.* shopkeeper
saappuwa සා ප්පුව *n.* shop
saara සා ර *adj.* fertile
saaraanukoola සා රානුකූල *adj.* substantial
saaraartha vidyaawa සා රා ර්ථ විද් යා ව *n.* ontology
saaragarbha සා රගර්භ *adj.* compendious
saaransha karanawaa සා රා ංශ කරනවා *v.* summarize
saaranshaya සා රා ංශය *n.* gist
saaranshaya සා රා ංශය *n.* summary
saarathwaya සා රත්වය *n.* fertility
saarawath සා රවත් *adj.* lush
saarawath සා රවත් *adj.* luxuriant
saarawath karanawa සා රවත් කරනවා *v.* enrich
saarawath karanawa සා රවත් කරනවා *v.* fertilize
saaraya සා රය *n.* cream
saaraya සා රය *n.* epitome
saaraya සා රය *n.* essence
saaraya සා රය *n.* précis
saaraya සා රය *n.* sap
saaraya සා රය *n.* substance
saaraya hadenawaa සා රය හැ දෙනවා *v.* suppurate
saariya සා රිය *n.* sari
saaropanaya සා ර ෝපණය *n.* devolution
saarwabhauma සා ර්වභ ෞම *adj.* cosmopolitan
saathan සා තන් *n.* Satan
saathn pideema සා තන් පිදීම *n.* Satanism
saaththukaaraya සා ත්තුකා රයා *n.* attendant
saatopa සා ට ෝප *adj.* magisterial
saatopa සා ට ෝප *adj.* showy
saawadaana සා වධා න *adj.* attentive
saawadhaana ස්වධා න *adj.* scrupulous
saawadya සා වද් ය *adj.* inaccurate
saawadya සා වද් ය *adj.* vicious
saaya සා ය *n.* skirt
saaya redhi සා ය රෙදි *n.* skirting
saayam powanawa සා යම් ප ොවනවා *v.* imbue
saayam yanawa සා යම් යනවා *v.* blanch
saayama සා යම *n.* dye
saayama සා යම *n.* pigment
saayamak lesa bhawithaa karana yapas සා යමක් ලෙස භා විතා කරන යපස් *n.* umber
saayanaya සා යනය *n.* clinic
sabaa se penena සැ බෑ ස ේපෙනෙන *adj.* specious
saban සබන් *n.* soap
saban musu සබන් මුසු *adj.* soapy
saban pena සබන් පෙන *n.* lather
sabandathaawa සබඳතා ව *n.* rapport
sabandiyawa සබැඳියා ව *n.* relationship
sabawinma සැ බැවින්ම *adv.* actually

sabawinma සැබැවින්ම *adv.* indeed
sabawinma සැබැවින්ම *adv.* really
sabawinma සැබැවින්ම *adv.* verily
sabhaa waaraya සභා වාරය *n.* sitting
sabhaapathi සභාපති *n.* chairman
sabhaawa wisuruwa harinawaa සභාව විසුරුවා හරිනවා *v.* prorogue
sabhawa සභාව *n.* audience
sabhya සභ්‍ය *adj.* courtly
sabhyathaawa සභ්‍යතාව *n.* gentility
sabmareenaya සබ්මැරීනය *n.* submarine
sabya සභ්‍ය *adj.* urbane
sachala සචල *adj.* movable
sachalathaawa සචලතාව *n.* mobility
sada kirana සැඩ කිරණ *v.* sun
sada wathura සැඩ වතුර *n.* surge
sadaachaara prathipaththi සදාචාර ප්‍රතිපත්ති *n* ethic
sadaachaarawaadiyaa සදාචාරවාදියා *n.* moralist
sadaachaaraya සදාචාරය *n.* decorum
sadaachaaraya සදාචාර *adj.* moral
sadaachaaraya සදාචාරය *n.* morality
sadaaharitha shaakayak සදාහරිත ශාකයක් *n.* myrtle
sadaakaalaya සදාකාලය *n.* eternity
sadaakaalika සදාකාලික *adj.* eternal
sadaakalika bawa සදාකාලික බව *n.* immortality
sadachaaraya gana katha karanawa සදාචාරය ගැන කතා කරනවා *v.* moralize
sadahatama සදහටම *adv.* forever
saddeta husma gannawaa සද්දෙට හුස්ම ගන්නවා *v.* wheeze
sadhaarana සාධාරණ *adj.* reasonable
sados සදෝෂ *adj.* amiss
sados සදෝෂ *adj.* culpable
sados සදෝෂ *adj.* defective
sados සදෝෂ *adj.* faulty
saganda thelwalin kerena prathikarmayak සගන්ධ තෙල්වලින් කෙරෙන ප්‍රතිකර්මයක් *n.* aromatherapy
sagaya සගයා *n.* colleague
saha සහ *conj.* and
saha kriyaawa සහ ක්‍රියාව *n.* synergy
saha lakshanaya සහ ලක්ෂණය *n.* syndrome
saha yana aruth dena sankethaya සහ යන අරුත් දෙන සංකේතය *n.* ampersand
sahaadhipathya සහාධිපත්‍යය *n.* condominium
sahaaya සහාය *n.* assistance
sahaaya සහය *n.* succour
sahaaya denawa සහාය දෙනවා *v.* assist
sahaayakaya සහායකයා *n.* assistant
sahaayakaya සහායකයා *n.* companion
sahaayathwaya සහායත්වය *n.* fellowship
sahabhaagee wenawa සහභාගී වෙනවා *v.* participate
sahabhaageethwaya සහභාගීත්වය *n.* participation
sahabhaageewa kriyaa karanna සහභාගීව ක්‍රියා කරන්න *n.* participant

sahabhaagithwaya සහභාගිත්වය *n.* communion
sahacharayaa සහචරයා *n.* squire
sahaja සහජ *adj.* congenital
sahaja සහජ *adj.* hereditary
sahaja සහජ *adj.* inborn
sahaja සහජ *adj.* innate
sahakaaraya සහ කා රයා *n.* fellow
sahakaaraya සහකා රයා *n.* mate
sahakampanaya සහකම්පනය *n.* empathy
sahakaru සහකුරු *n.* soul mate
sahallu සැ හැ ල්ලු *adv.* lightly
sahallu bawa සැ හැ ල්ලු බව *n.* buoyancy
sahallu guwan yaanaya සැ හැ ල්ලු ගුවන් යා නය *n.* glider
sahallu kapu pili සැ හැ ල්ලු කැ පු පිළි *n.* voile
sahallu karanawaa සැ හැ ල්ලු කරනවා *v.* mitigate
sahana salasanawa සහන සලසනවා *v.* redress
sahanaadaaraya සහනා ධා රය *n.* subsidy
sahanaya සහනය *n.* alleviation
sahanaya සහනය *n.* comfort
sahanaya සහනය *n.* concession
sahanaya සහනය *n.* relief
sahanaya salasanawa සහනය සලසනවා *v.* alleviate
sahapawathma සහපැ වැ ත්ම *n.* coexistence
sahasi සැ හැසි *adj.* violent
sahasikama සැ හැසිකම *n.* violence
sahasikathaawa සා හසිකත්වය *n.* temerity
sahasikayaa සා හසිකයා *n.* villain
sahasra සහස්ර *n.* kilo
sahasrawarshaya සහස්රවර්ෂය *n.* millennium
sahathika kala haki සහතික කළ හැකි *adj.* certifiable
sahathika karanawa සහතික කරනවා *v.* certify
sahathika karanawa සහතික කරනවා *v.* ensure
sahathika karanawaa සහතික කරනවා *v.* vouch
sahathika kireema සහතික කිරීම *v.* affirm
sahathika prakashaya සහතික ප්රකා ශය *n.* affirmation
sahathikaya සහතිකය *n.* certificate
sahawaasaya සහවා සය *n.* consortium
sahawanaya සහවනය *n.* symbiosis
sahayogaya සහය ෝගය *n.* cooperation
sahayogayen kriya karanawa සහය ෝගයෙන් ක්රියා කරනවා *v.* collaborate
sahayogayen wada karanawaa සහය ෝගයෙන් වැ ඩ කරනවා *v.* cooperate
sahayogi සහය ෝගී *adj.* cooperative
sahayogithwaya සහය ෝගීත්වය *n.* collaboration
sahodara සහ ෝදර *adj.* fraternal
sahodarathwaya සහ ෝදරත්වය *n.* brotherhood
sahodarathwaya සහ ෝදරත්වය *n.* fraternity
sahodaraya සහ ෝදරයා *n.* brother
sahodaraya සහ ෝදරයා *n.* comrade
sahodaraya ho sahodaree

සහ ෝදරයා හ ෝසහ ෝදරි *n.* sibling
sahodaree සහ ෝදරි *n.* sister
sahodariyak wani සහ ෝදරියක් වැනි *adj.* sisterly
sailansaraya සයිලන්සරය *n.* silencer
sailaya ස ෛලය *n.* cell
saipanaya සයිෆනය *n.* siphon
sajala karanawaa සජල කරනවා *v.* hydrate
saka athi සැක ඇති *adj.* sceptical
saka karanawaa සැක කරනවා *v.* suspect
saka sahitha සැක සහිත *adj.* hesitant
saka sahitha සැක සහිත *adj.* moot
saka sahitha සැක සහිත *adj.* problematic
saka sahitha සැක සහිත *adj.* questionable
saka sahitha සැක සහිත *adj.* shady
saka sahitha සැක සහිත *adj.* suspicious
saka sahitha සැක සහිත *adj.* uncertain
saka sitheema සැක සිතීම *n.* suspicion
saka upadawana සැක උපදවන *adj.* equivocal
saka upadawanawa සැක උපදවනවා *v.* perplex
sakakaru සැකකරු *n* suspect
sakarin සැකරින් *n.* saccharin
sakarin sahitha සැකරින් සහිත *adj.* saccharine
sakarmaka සකර්මක *adj.* transitive
sakas karanava සකස් කරනවා *v.* adjust
sakas karanawa සකස් කරනවා *v.* amend
sakas karanawa සකස් කරනවා *v. t* coordinate
sakas kireema සකස් කිරීම *n.* adjustment
sakas wenawa සකස් වෙනවා *v.* evolve
sakasanawa සකසනවා *v.* arrange
sakasanaya සකසනය *n.* conditioner
sakasoo aahaara welanda sala සැකසූ ආහාර වෙළෙඳසැල *n.* delicatessen
sakasuruwam sahitha සකසුරුවම් සහිත *adj.* economical
sakasuruwam sahitha සකසුරුවම් සහිත *adj.* thrifty
sakasuruwam wu සකසුරුවම් වූ *adj.* frugal
sakasuruwama සකසුරුවම *n.* thrift
sakaya සැකය *n.* doubt
sakaya සැකය *n.* inkling
sakaya සැකය *n.* misgiving
sakayak nomathi සැකයක් නොමැති *adj.* undeniable
sakilla සැකිල්ල *n.* framework
sakillla සැකිල්ල *n.* structure
sakka gal සක්ක ගල් *n.* rubble
sakman karanawaa සක්මන් කරනවා *v.* stroll
sakman maluwa සක්මන් මළුව *n.* promenade
sakmana සක්මන *n.* cloister
sakriya karanawa සක්‍රිය කරනවා *v.* activate
saksaponaya සැක්සෆෝනය *n.* saxophone
sala karanava සැල කරනවා *v.*

advise
sala karanawaa සැ ල කරනවා *v.* inform
sala karanawaa සැ ල කරනවා *v.* mention
salaadaya සලා දය *n.* salad
salabaya සලබයා *n.* moth
salakaa balanawa සලකා බලනවා *v.* consider
salakanawa සලකනවා *v.t.* reckon
salakanawa සලකනවා *v.* render
salakanawaa සලකනවා *v.* heed
salakili sahitha සැ ලකිලි සහිත *adj.* mindful
salakilimath nathi සැ ලකිලිමත් නැ ති *adj.* inconsiderate
salakilla සැ ලකිල්ල *n.* consideration
salakilla සැ ලකිල්ල *n.* esteem
salakiya uthu සැ ලකිය යුතු *adj.* noteworthy
salakuna සලකුණ *n.* emblem
salakuna සළකුණ *n.* mark
salakuna සළකුණ *n.* sign
salakunu kara gannawaa සළකුණු කර ගන්නවා *v.t.* trace
salakunu kara gatha haki සළකුණු කර ගත හැ කි *adj.* traceable
salamba සලඹ *n.* anklet
salasanawaa සලසනවා *v.* procure
salasenawaa සැ ලසෙනවා *v.* operate
salasma සැ ලැ ස්ම *n.* design
salasma සැ ලැ ස්ම *n.* plan
salena සැ ලෙන *adj.* tremulous
salitha wenawa සලිත වෙනවා *v.* move
saliya සැළිය *n .* pot
sallaala සල්ලා ල *adj.* lewd
sallaalaya සල්ලා ලයා *n.* voluptuary
sallala lesa hasirenawa සල්ලා ල ලෙස හැ සිරෙනවා *v.* womanize
sallalakama සල්ලා ලකම *n.* debauchery
sallalakama සල්ලා ලකම *n.* gallantry
sallalalakam සල්ලා ලකම් *n.* spree
salli සල්ලි *n.* cash
salpila සල්පිල *n.* stall
saluwa සළුව *n.* cloth
saluwa සළුව *n.* shawl
sama සම *adj.* alike
sama සම *n.* par
sama සම *adj.* same
sama සම *n.* skin
sama bawa සම බව *adj.* quits
sama chikithsaawa සම චිකිත්සා ව *n.* homeopathy
sama karanawa සම කරනවා *v. t* equalize
sama lingika sewanaya karana sthriya සම ලිංගික සේවනය කරන ස්ත්‍රිය *n.* lesbian
sama nokalaki සම නොකලැ කි *adj.* unrivalled
sama prathikaara wedaya සම ප්‍රතිකා ර වෙදේය *n.* homoeopath
sama sheetha ushna deshagunaya සම ශීත උෂ්ණ දේශගුණය *adj.* temperate
sama thana pathirenawaa සැ ම තැ න පැ තිරෙනවා *v.* suffuse
samaa kala haki සමා කළ හැ කි *adj.* pardonable
samaa nowana සමා නොවන *adj.* implacable
samaadaanayata kamathi සමා දානයට කැ මති *n.* pacific
samaadaanayata kamathi

සමා දානයට කැමති *adj.* peaceable

samaadaraya සමා දරය *n.* deference

samaagama සමා ගම *n.* company

samaaja shaalaawa සමා ජ ශා ලා ව *n.* club

samaaja vidyaawa සමා ජ විද්‍යා ව *n.* sociology

samaaja wirodee සමා ජ විර ෝධී *adj.* antisocial

samaajasheelee සමා ජශීලී *adj.* convivial

samaajasheelee nowana සමා ජශීලී නොවන *adj.* unsocial

samaajasheeli සමා ජශීලී *n.* extrovert

samaajasheeli සමා ජශීලී *adj.* sociable

samaajawaadaya සමා ජවා දය *n.* socialism

samaajawaadiyaa සමා ජවාදියා *n.* & *adj.* socialist

samaajaya සමා ජය *n.* community

samaajaya pilibanda wu සමා ජය පිළිබඳ වූ *adj.* social

samaana සමා න *adj.* equal

samaana karanawaa සමා න කරනවා *v.* liken

samaanaartha padaya සමා නා ර්ථ පදය *n.* synonym

samaanakama සමා නකම *n.* conformity

samaanakama සමා නකම *n.* likeness

samaanathwaya සමා නත්වය *n.* parity

samaanathwaya සමා නතා වය *adj.* similar

samaanathwaya සමා නතා වය *n.* similarity

samaanawa sitinawa සමා නව සිටිනවා *v.* resemble

samaanthara සමා න්තර *n.* parallel

samaantharaasraya සමා න්තරා ස්රය *n.* parallelogram

samaanupaathaya සමා නුපා තය *n.* proportion

samaanupaathika සමානුපාතික *adj.* proportional

samaariya palaathe vasia සමාරිය පලා ත ේවාසියා *n.* Samaritan

samaawa සමා ව *n.* pardon

samaawa denawa සමා ව දනෙවා *v.* condone

samaawa denawa සමා ව දනෙවා *v.* excuse

samaawa diya nohaki සමා වදිය නොහැකි *adj.* inexcusable

samaawa illanawa සමා ව ඉල්ලනවා *v.* apologize

samaawa illeema සමා ව ඉල්ලීම *n.* apology

samaawenawa සමා වනෙවා *v.* forgive

samaawiya haki සමාවිය හැකි *adj.* venial

samaayojanaya සමා ය ෝජනය *n.* coordination

samabara nathiwenawaa සමබර නැතිවනෙවා *v.* overbalance

samabhaara rekhawa සමභා ර රඛේා ව *n.* isobar

samachathurasraya සමචතුරස්රය *n.* square

samachchal karanawa සමච්චල් කරනවා *v.* deride

samachchal karanawaa සමච්චල්

කරනවා *v.i.* scoff
samachchalaya සමච්චලය *n.* prank
samachchedanaya karanawa සමච්ඡේදනය කරනවා *v.* bisect
samadura සමදූර *adj.* equidistant
samaga සමඟ *prep.* plus
Samaga සමඟ *prep.* with
samage sith adaganna deya සැමගේ සිත් ඇදගන්නා දෙය *n.* cynosure
samagi karanawa සමගි කරනවා *v.* conciliate
samagi karanawaa සමගි කරනවා *v.* unite
samagi sammuthiya සමගි සම්මුතිය *n.* compromise
samagi sampanna සමගි සම්පන්න *adj.* unanimous
samagiya සමගිය *n.* concord
samagiya සමගිය *n.* harmony
samagiya සමගිය *n.* league
samagiya සමගිය *n.* unity
samahara wita සමහරවිට *adv.* perhaps
samaharak සමහරක් *adj.* some
samajaatheeya සමජාතීය *adj.* homogeneous
samajaatheeya සමජාතීය *a.* homogeneous
samaka සමක *adj.* equivalent
samakaalayehi pawathina සමකාලයෙහි පවතින *v.* coexist
samakaaleena සමකාලීන *adj.* coeval
samakaaleena සමකාලීන *adj.* concurrent
samakaaleena සමකාලීන *adj.* contemporary
samakaaleenaya සමකාලීනයා *n.* collateral
samakaalika සමකාලික *adj.* simultaneous
samakaaraka සමකාරක *adj.* analogue
samakaranawa සමකරනවා *v.* equate
samakaya සමකය *n.* equator
samalingika සමලිංගික *n.* homosexual
samalingika nowana සමලිංගික නොවන *adj.* heterosexual
samamithika සමමිතික *adj.* symmetrical
samamithiya සමමිතිය *n.* regularity
samamrodanaya karanawa සමාරෝධනය කරනවා *v.* intern
saman maaluwaa සමන් මාළුව *n.* salmon
samana සමාන *adj.* akin
samanalaya සමනළයා *n.* butterfly
samanaya karanawaa සමනය කරනවා *v.* quell
samanga pawathna de සමඟ පවත්නා දේ *n.* accompaniment
samangi wenawa සමඟි වෙනවා *v.* reconcile
samanwitha wenawaa සමන්විත වෙනවා *v.* consist
samapaada සමපාද *adj.* equilateral
samapaatha wenawa සමපාත වෙනවා *v.* coincide
samapaathaya සමපාතය *n.* coincidence
samapramaana සමප්‍රමාණ *adj.* proportionate
samartha සමර්ථ *adj.* competent

samartha සමර්ථ *adj.* potent
samaru paataya සමරු පාඨය *n.* epitaph
samastha සමස්ත *adj.* overall
samastha darshakaya සමස්ත දර්ශනය *n.* panorama
samasthaya සමස්තය *n.* aggregate
samasthaya සමස්ථය *n.* totality
samata alena kalisama සමට ඇලෙන කලිසම *n.* leggings
samatama ihalin penawa සැමටම ඉහළින් පනේවා *v.* dominate
samath සමත් *adj.* skilled
samath wenawa සමත් වෙනවා *v.* pass
samathalaa nathi සමතල නැති *adj.* uneven
samathalaa nowuu සමතල නොවූ *adj.* rugged
samathalaa wenawa සමතල වෙනවා *v.t.* flatten
samathali nowu සමතිල නොවූ *adj.* bumpy
samathulithathaawaya සමතුලිතතාවය *n.* equilibrium
samawita සැමවිට *adv.* always
samawyaadiya සමව්යාධිය *n.* homophobia
samaya සමය *n.* season
sambaahakayaa සම්බාහකයා *n.* masseur
sambadathaawa සබඳතාව *n.* connection
sambanda සම්බන්ධ *adj.* cognate
sambanda karanawa සම්බන්ධ කරනවා *v.* join
sambanda nathai kiyanawa සම්බන්ධ නැතැයි කියනවා *v.* disown
sambanda weema සම්බන්ධවීම *n.* conjuncture
sambanda wenawa සම්බන්ධ වෙනවා *v.* associate
sambanda wenawaa සම්බන්ධ වෙනවා *v.* correlate
sambandathaawa සම්බන්ධතාව *n.* correlation
sambandawa සම්බන්ධව *conj.* after
sambandaya සම්බන්ධය *n.* affinity
sambandaya සම්බන්ධය *n.* liaison
sambandaya සම්බන්ධය *n.* nexus
sambandeekaranaya karanawa සම්බන්ධීකරණය කරනවා *v.* liaise
sambandha wenawa සම්බන්ධ වෙනවා *v.* relate
sambandhawa සම්බන්ධව *prep.* concerning
sambandhaya සම්බන්ධය *n.* relation
sambandhaya prathikshepa karanawa සම්බන්ධය ප්රතික්ෂපේ කරනවා *v.t.* renounce
sambandhayen සම්බන්ධයනේ *prep.* regarding
sambandhee සම්බන්ධි *adj.* relative
sambhaawithaya සම්භාවිතාවය *n.* probability
sambhaawya සම්භාව්ය *adj.* classic
sambhawaneeya සම්භාවනීය *adj.* honourable
sambhawya සම්භව්ය *adj.* probable
same dumburu lapaya සමේ දුඹුරු ලපය *n.* freckle
sameekaranaya සමීකරණය *n.* equation
sameekshaakaaree සමීක්ෂාකාරී *adj.* circumspect
sameekshakaya සමීක්ෂකයා *n.*

censor
sameekshakayaa සමීක්ෂකයා *n.* invigilator
sameekshanaya සමීක්ෂණය *n.* censorship
sameekshanaya සමීක්ෂණය *n.* investigation
sameepa සමීප *adj.* close
sameepa සමීප *adj.* contiguous
sameepa wenawa සමීප වෙනවා *v.* approach
sameepathama සමීපතම *adj.* nearest
samin thanu kota kabaya සමින් තැනූ කොට කබාය *n.* jerkin
samitik wargayata ayath සැමිටික් වර්ගයට අයත් *adj.* semitic
sammaadam denawaa සම්මාදම් දෙනවා *v.* subscribe
sammaadama සම්මාදම *n.* subscription
sammananeeya සම්මානනීය *n.* laureate
sammanaya සම්මානය *n.* reverence
sammanitha සම්මානිත *adj.* revered
sammanthranaya සම්මන්ත්‍රණය *n.* seminar
sammatha kireema සම්මත කිරීම *n.* incorporation
sammathaya සම්මතය *n.* standard
sammathayen karana lada සම්මතයෙන් කරන ලද *adj.* concerted
sammawa deema සමාව දීම *n.* remission
sammelanaya සම්මේලනය *n.* association
sammelanaya සම්මේලනය *n.* congress
sammithiya සම්මිතිය *v.* symbolize
sammukha parikshana සම්මුඛ පරීක්ෂණය *n.* interview
sammuthiya සම්මුතිය *n.* convention
sammuthiya සම්මුතිය *a.* unanimity
samochcha සමෝච්ච *n.* contour
samodhaanaya සමෝධානය *n.* montage
samooha gaayana සමූහ ගායන *adj.* choral
samooha gaayana kandaayama සමූහ ගායන කණ්ඩායම *n.* choir
samoohanaya සමූහනය *n.* grouping
samoohanduwa සමූහාණ්ඩුව *n.* federation
samoohathwaya සමූහත්වය *n.* solidarity
samoohaya සමූහය *n.* cluster
samoohaya සමූහය *n.* crew
samoohaya සමූහය *n.* host
samoohaya සමූහය *n.* multitude
samoohika සාමූහික *adj.* federal
samoola ghaathanaya සමූල ඝාතනය *n.* holocaust
sampaadanaya සම්පාදනය *n.* procurement
sampapralaapa dhodawanawaa සම්පප්‍රලාප දොඩවනවා *v.* waffle
sampeedanaya සම්පීඩනය *n.* compression
sampoorna සම්පූර්ණ *adj.* complete
sampoorna සම්පූර්ණ *adj.* crass
sampoorna සම්පූර්ණ *adj.* entire
sampoorna සම්පූර්ණ *adj.* total
sampoorna awahiraya සම්පූර්ණ අවහිරය *n.* deadlock
sampoorna kireema සම්පූර්ණ කිරීම *n.* completion

sampoorna kireema සම්පූර්ණ කිරීම *n.* fulfilment
sampoornathwaya සම්පූර්ණත්වය *n.* integrity
sampoornayen nogalapunu සම්පූර්ණයෙන් නොගැළපුණු *adj.* maladjusted
sampradaaika සම්ප්‍රදායික *adj.* traditional
sampradaaya සම්ප්‍රදාය *n.* tradition
sampradaaya waadiyaa සම්ප්‍රදාය වාදියා *n.* traditionalist
samprapthiya සම්ප්‍රාප්තිය *n.* arrival
samprayuktha සම්ප්‍රයුක්ත *adj.* resultant
sampreshakaya සම්ප්‍රේෂකය *n.* transmitter
sampreshana haa graahaka guwan widuli yanthraya සම්ප්‍රේෂණ හා ග්‍රාහක ගුවන් විදුලි යන්ත්‍රය *n.* transceiver
sampreshanaya සම්ප්‍රේෂණය *n.* transmission
sampreshanaya karanawaa සම්ප්‍රේෂණය කරනවා *v.* transmit
sampurnayenma සම්පූර්ණයෙන්ම *adv.* wholly
samudra yaathrikayaa සමුද්‍ර යාත්‍රිකයා *n.* voyager
samudraya සමුද්‍රය *n.* ocean
samudukarayа සමුදුකරය *adj.* emollient
samuganeema සමුගැනීම *n.* adieu
samuganeema සමුගැනීම *n.* valediction
samuhaya සමූහය *n.* bunch
samurdhiya සමෘද්ධිය *n.* richness
samurdiya සමෘද්ධිය *n.* affluence
samurdiya සමෘද්ධිය *n.* opulence
samurdiya සමෘද්ධිය *n.* prosperity
sanaala සනාල *adj.* vascular
sanaatha kala haki සනාථ කළ හැකි *adv.* substantially
sanaatha karanawaa සනාථ කරනවා *v.* corroborate
sanaatha karanawaa සනාථ කරනවා *v.* substantiate
sanahenawa සැනහෙනවා *v. t.* console
sanakeliya සැණකෙළිය *n.* carnival
sanakeliya සැණකෙළිය *n.* festival
sanakeliya සැණෙලිය *n.* flash light
sanasanawa සනසනවා *v.* assuage
sanasanawa සනසනවා *v.* comfort
sanasanawaa සනසනවා *v.* soothe
sanasawanawa සනසවනවා *v.* reassure
sanasenawaa සැනසෙනවා *v.* satisfy
sanasiya nohaki සැනසිය නොහැකි *adj.* inconsolable
sanchaaraka සංචාරක *adj.* errant
sanchaaraka සංචාරක *n* itinerary
sanchaaraka සංචාරක *adj.* nomadic
sanchaaraka wiyaapaaraya සංචාරක ව්‍යාපාරය *n.* tourism
sancharakaya සංචාරක *n.* tourist
sancharanaya සංචරණය *n.* locomotion
sandaanaya සන්ධානය *n.* alliance
sandaanaya සන්ධානය *n.* treaty
sandaawa සැන්දෑව *n.* evening
sandahaa සඳහා *prep.* for
sandahan සඳහන *n.* allusion
sandahan karanawa සඳහන් කරනවා *v.t.* allude
sandahan karanawa සඳහන් කරනවා *v.* refer

sandaluthalaya සඳලුතලය *n.* balcony
sandarbhaya සන්දර්භය *n.* context
sandarshanaya සං දර්ශනය *v.* display
sandarshanaya සං දර්ශනය *n.* pageant
sandeshaya සං දේශය *n.* errand
sandesyaha සන්දේශය *n.* missive
sandhaanaya සන්ධානය *n.* confederation
sandhipradaahaya සන්ධිප්‍රදාහය *n.* arthritis
sandhiya සන්ධිය *n.* conjunction
sandhiya සන්ධිය *n.* seam
sanduda සඳුදා *n.* Monday
sandun සඳුන් *n.* sandal
sandun gasa සඳුන් ගස *n.* sandalwood
sanduwa සණ්ඩුව *n.* squabble
sandwich සැන්ඩ්විච් *n.* sandwich
sandya bojanaya සන්ධ්‍යා භෝජනය *n.* supper
sandyaawa සන්ධ්‍යාව *n.* dusk
sandyaawa සන්ධ්‍යාව *n.* eve
saneepa nathi bawa සනීප නැති බව *n.* malaise
saneepaarakshaka සනීපාරක්ෂාව *adj.* sanitary
saneepaarakshawa salasanawaa සනීපාරක්ෂාව සලසනවා *v.* sanitize
saneepadaayaka සනීපදායක *adj.* wholesome
saneepen සනීපෙන් *adv.* well
sanga bedaya සංඝ භේදය *n.* schism
sangamanaya wenawa සංගමනය වෙනවා *v.* concur
sangamaya සංගමය *n.* concourse
sangamaya සංගමය *n.* confluence
sangamaya සංගමය *n.* juncture
sangamaya සංගමය *n.* society
sangamaya සංගමය *n.* union
sangananaya සංගණනය *n.* census
sangaraawa සඟරාව *n.* magazine
sangattanaya සං ඝට්ටනය *n.* concussion
sangawaa kiyana සඟවා කියනවා *adj.* stealthy
sangawaa thabanawaa සඟවා තබනවා *v.* stash
sangawanawaa සඟවනවා *v.* conceal
sangawanawaa සඟවනාව *v.* secrete
sangeetha baandayak සංගීත භාණ්ඩයක් *n.* vibraphone
sangeethaya සංගීතය *n.* music
sangeethaya සංගීතය *n.* recital
sangeethaye madyama naadaya සංගීතයේ මධ්‍යම නාදය *n.* tenor
sangeethgniya සංගීතඥයා *n.* musician
sanghaya සංඝය *n.* guild
sangna karanawa සංඥා කරනවා *n.* beck
sangnaawa සංඥාව *n.* signal
sangraha karanawa සංග්‍රහ කරනවා *v.* compile
sangraha karanawaa සංග්‍රහ කරනවා *v.* treat
sangrahaya සංග්‍රහය *n.* compendium
sangrahaya සංග්‍රහය *n.* hospitality
sangunakaya සංගුණකය *n.* coefficient
sanhaaraya සංහාරය *n.* massacre

sanhathiya සංහතිය *n.* posterity
sanin සැණින් *adv.* forthwith
sankalpa සංකල්පය *n.* concept
sankalpa widyaawa සංකල්ප විද්‍යාව *n.* ideology
sankalpanaawa සංකල්පනාව *n.* conception
sankalpanaawa සංකල්පනාව *n.* impression
sankalpanaya සංකල්පනය *n.* notion
sankalpaya සංකල්පය *n.* idea
sankalpaya සංකල්පය *n.* vision
sankalpaya සංකල්පය *n.* volition
sankaranaya සංකරණය *n.* permutation
sankaraya සංකරයා *n.* bastard
sankaraya සංකරය *n.* melange
sankeerna සංකීර්ණ *adj.* complex
sankeerna සංකීර්ණ *adj.* miscellaneous
sankeernathaawa සංකීර්ණතාව *n.* complexity
sankethaathmaka සංකේතාත්මක *adj.* symbolic
sankethawath karanawaa සංකේතවත් කරනවා *v.* typify
sankethaya සංකේතය *n.* tryst
sankochanaya සංකෝචනය *n.* contraction
sankramanaya සංක්‍රමණය *n.* immigration
sankramanaya සංක්‍රමණය *n.* migration
sankramanaya සංක්‍රමණය *n.* transition
sankramanaya wenawa සංක්‍රමණය වෙනවා *v.* immigrate
sankramanaya wenawa සංක්‍රමණය වෙනවා *v.* migrate
sankramanikaya සංක්‍රමණිකයා *n.* immigrant
sankramikaya සංක්‍රමිකයා *n.* migrant
sankshepa karanawa සංක්ෂේප කරනවා *v.t* abridge
sankshiptha සංක්ෂිප්ත *adj.* compact
sankshiptha සංක්ෂිප්ත *adj.* succinct
sankshiptha සංක්ෂිප්ත *adj.* terse
sankshiptha bhawaya සංක්ෂිප්ත භාවය *n.* brevity
sankshiptha karanawa සංක්ෂිප්ත කරනවා *v.* encapsulate
sankyaalekanagnya සංඛ්‍යාලේඛනඥයා *n.* statistician
sankyaana සංඛ්‍යානය *adj.* statistical
sankyaanaya සංඛ්‍යානය *n.* computation
sankyaanaya සංඛ්‍යානය *n.* statistics
sankyaanka සංඛ්‍යාංකය *n.* numeral
sankyaathaya සංඛ්‍යාතය *n.* frequency
sankyaathmaka සංඛ්‍යාත්මක *adj.* numerical
sanna karanawa සන්න කරනවා *v.* paraphrase
sannahaya සන්නාහය *n.* armour
sannasa සන්නස *n.* charter
sanniwedanaya සන්නිවේදනය *n.* communication
sanrakshana සංරක්ෂණ *n.* preservative
sanrakshanaagaaraya සංරක්ෂණාගාරය *n.* conservatory
sanrakshanaya සංරක්ෂණය *n.* conservation
sanrakshanaya සංරක්ෂණය *n.*

preservation

sanrakshanaya karanawa සං රක්ෂණය කරනවා *v. t* conserve

sanrasa karanawa සංරස කරනවා *v.* amalgamate

sansandanaathmaka සං සන්දනා ත්මක *adj.* comparative

sansandanaya සං සන්දනය *n.* reconciliation

sansandhitha pradaahaya සං සන්ධිත ප්‍රදාහය *n.* conjunctivitis

sansaranaya සංසරණය *n.* circulation

sansaranaya සංසරණය *n.* transmigration

sansaranaya wenawa සංසරණය වෙනවා *v.* circulate

sansaraya සංරසය *n.* amalgam

sanshleshnaya සං ශ්ලේෂණය *n.* synthesis

sanshleshnaya karanawaa සං ශ්ලේෂණය කරනවා *v.* synthesize

sanshodhanaya සං ශෝධනය *n.* revision

sanshodhanaya karanawa සං ශෝධනය කරනවා *v.* revise

sansindawanawa සංසිඳවනවා *v.* appease

sansindawanawaa සංසිඳවනවා *v.* pacify

sansinduwanawa සංසිඳුවනවා *v.* allay

sansinduwanawaa සංසිඳුවනවා *v.t.* slake

sanskaaraka සං ස්කා රක *n.* editor

sanskaaraya සං ස්කා රය *n.* sacrament

sanskaranaya සං ස්කරණය *n.* edition

sanskaranaya karanawa සං ස්කරණය කරනවා *v.* edit

sanskruthika සං ස්කෘතික *adj.* cultural

sanskruthiya සං ස්කෘතිය *n.* culture

sansthaapanaya සං ස්ථා පනය *n.* establishment

sansthaawa සං ස්ථා ව *n.* corporation

sansthika සං ස්ථිතික *adj.* conservative

sansun සන්සුන් *adj.* decorous

sansun සන්සුන් *adj.* sedate

sansun සන්සුන් *adj.* serene

sansun සන්සුන් *adj.* staid

sansun bawa සන්සුන් බව *n.* composure

sansunkama සන්සුන්කම *n.* sobriety

sanswanaya සං ස්වනය *n.* assonance

santhaanaya සං තා නය *n.* concatenation

santhaanaya සන්තා නය *n.* continuity

santhaapaya සන්තා පය *n.* repentance

santhaapaya සන්තා පය *n.* sorrow

santhoshaya සන්තෝෂය *n.* glee

santhoshaya සන්තෝෂය *n.* gratification

santhraasaya සං ත්‍රා සය *n.* consternation

santhraasaya සං ත්‍රා සය *n.* horror

santhraasaya සං ත්‍රා සය *n.* panic

santhruptha karanawaa සන්තෘ ප්ත කරනවා *v.* saturate

santhruptha weema සන්තෘ ප්ත වීම *n.* saturation

santhruptha wenawaa සන්තෘ ප්ත

වනෙවා *v.* satiate
sanwaadakaya සංවාදකයා *n.* interlocutor
sanwaadaya සංවාදය *n.* conference
sanwaadaya සංවාදය *n.* conversation
sanwardhanaya සංවර්ධනය *n.* development
sanwathsaraya සංවත්සරය *n.* anniversary
sanwedanaya සංවේදනය *n.* sensation
sanwedanaya wu සංවේදනය වූ *v.* sensationalize
sanwedee සංවේදී *adj.* sensitive
sanwedee karanawaa සංවේදී කරනවා *v.* sensitize
sanwedeethaawaya සංවේදීතා වය *n.* sensibility
sanwegaathmaka සංවේගාත්මක *adj.* sensational
sanwegaya සංවේගය *n.* anguish
sanwegaya සංවේගය *n.* solemnity
sanwidhaanaya සංවිධානය *n.* organization
sanwidhaanaya karanawaa සංවිධානය කරනවා *v.* organize
sanyamaya සංයමය *n.* discipline
sanyamaya සංයමය *n.* moderation
sanyoga wenawa සංයෝග වනෙවා *v.* combine
sanyogaathmaka සංයෝගාත්මක *adj.* synthetic
sanyogaya සංයෝගය *n.* coalition
sanyogaya සංයෝගය *n.* compound
sanyogaya සංයෝගය *n.* merger
sanyogaya සංයෝගය *n.* mixture
sanyojanaya සංයෝජනය *n.* combination
sanyojanaya සංයෝජනය *n.* fusion
sanyujathaawaya සංයුජතා ව *n.* valency
sanyuktha සංයුක්ත *adj.* composite
sanyuktha සංයුක්ත *adj.* confederate
sanyuktha සංයුක්ත *adj.* conjunct
sanyuktha සංයුක්ත *adj.* fraught
sanyuktha karanawa සංයුක්ත කරනවා *v.* merge
sanyuthiya සංයුතිය *n.* composition
sapadaayaka සැපදායක *adj.* genial
sapadaayaka සැපදායක *adj.* homely
sapala සඵල *adj.* successful
sapala kara gannawaa සඵල කර ගන්නවා *v.* succeed
sapala wenwaa සඵල වනෙවා *v.* thrive
sapalathwaya සඵලත්වය *n.* success
sapana සපන *adj.* biting
sapanawa සපනවා *v.* bite
sapapahasu සැපපහසු *adj.* comfortable
sapata giju thanaththa සැපට ගිජු තැනැත්තා *n.* sybarite
sapatheruwa සපතේරුවා *n.* cobbler
sapaththu bandina patiya සපත්තු බඳින පටිය *n.* shoestring
sapaththuwa සපත්තුව *n.* shoe
sapayaa deema සපයා දීම *v.* supply
sapayanawa සපනවා *v.* chew
sapayanawaa සපයනවා *v.* provide
sapayannaa සපයන්නා *n.* supplier
sapthambar maasaya සැප්තැම්බර් මාසය *n.* September
sapthraasaya සප්තාස්‍රය *n.* heptagon
sapuranawa සපුරනවා *v.* fulfil

sara සැර *adj.* drastic
sara සැර *adj.* poignant
sara සැර *adj.* spirited
sara rasaya සැර රසය *n.* tang
sara sangrahaya සාර සංග්‍රහය *n.* synopsis
sara sara gaanawa සර සර ගානවා *v.i* hiss
sara sara gaanawa සර සර ගානවා *v.* rustle
sara sulanga සැර සුළඟ *n.* gale
saraagi සරාගි *adj.* erotic
saraagi සරාගි *adj.* passionate
saradam karanawaa සරදම් කරනවා *v.* mock
saradam karanawaa සරදම් කරනවා *v.* tease
saradama සරදම *n.* banter
saradama සරදම *n.* mimicry
saradama සරදම *n.* mockery
saradama සරදම *n.* parody
saradama සරදම *n.* taunt
saradamata kamathi සරදමට කැමති *adj.* facetious
saradamata kamathi wenawa සරදමට කැමති වෙනවා *v.t.* jocular
sarala සරල *adj.* plain
sarala සරල *adj.* simple
sarala kireema සරල කිරීම *n.* simplification
saramba සරඹ *n.* drill
saramba shaalawa සරඹ ශාලාව *n.* gymnasium
sarambayehi dakshaya සරඹයෙහි දක්ෂයා *n.* gymnast
sarampa සරම්ප *n.* measles
sarana සරණ *n.* refuge
sarana kota denawa සරණ කොට දෙනවා *v.* espouse
sarana mangalyaya සරණ මංගල්‍යය *n.* matrimony
saraneruwa සරනේරුවා *n.* joint
saranshaya dakwanawa සාරාංශය දක්වනවා *v.* recapitulate
sarasanawa සරසනවා *v.* decorate
sarasanawa සරසනවා *v.* embellish
sarasanawa සරසනවා *v.* garnish
sarasanawaa සරසනවා *v.* smarten
sarasawiya සරසවිය *n.* campus
sarasili සැරසිලි *adj.* decorative
sarasili mahuma සැරසිලි මැහුම *n.* embroidery
sarasiliwalata yodana wal wargayak සැරසිලිවලට යොදන වැල් වර්ගයක් *n.* mistletoe
sarasilla සැරසිල්ල *n.* decoration
sarasilla සැරසිල්ල *n.* trimming
sarasuma සැරසුම *n.* dressing
sarawa සැරව *n.* pus
sarawa gediya සැරව ගෙඩිය *n.* abscess
sarawa sahitha wanaya සැරව සහිත වණය *n.* sinus
sarayan සැරයන් *n.* sergeant
sarpaakaara සර්පාකාර *adj.* serpentine
sarpayaa සර්පයා *n.* serpent
sarpayaage hawa සර්පයාගේ හැව *n.* slough
saru kaalaya සරු කාලය *n.* boom
sarungalaya සරුංගලය *n.* kite
saruwa piththala සරුව පිත්තල *n.* tinsel
saruwaalaya සරුවාලය *n.* breeches
sarwa සර්ව *adj.* universal
sarwa baladhaaree සර්වබලධාරි *adj.*

almighty
sarwa baladharee සර්වබලධාරි *adj.* omnipotent
sarwa dewawaadaya සර්ව දේවවාදය *n.* pantheism
sarwa saadaanarathwaya සර්ව සාධාරණත්වය *adv.* universality
sarwa shakthiya සර්වශක්තිය *n.* omnipotence
sarwa shuba waadee සර්වශුභවාදි *adj.* optimistic
sarwa wiyaapee සර්වව්‍යාපී *adj.* omnipresent
sarwa wiyaapthiya සර්වව්‍යාප්තිය *n.* omnipresence
sarwagna සර්වඥ *adj.* omniscient
sarwagnathaawa සර්වඥතාව *n.* omniscience
sarwanaamaya සර්වනාමය *n.* pronoun
sarwashubhawaadaya සර්වශුභවාදය *n.* pessimism
sarwashubhawaadee සර්වශුභවාදි *adj.* pessimistic
sarwashubhawaadiya සර්වශුභවාදිය *n.* pessimist
sarweshwara waadiya සර්වේශ්වරවාදියා *adj.* pantheist
sasala සසල *adj.* moving
sasala wenawaa සසල වෙනවා *v.* tremble
sasandanawa සසඳනවා *v.* collate
sasandanawa සසඳනවා *v.* compare
sasandeema සැසඳීම *n.* comparison
sasinawa සිසිනවා *v.* pare
sasiri සිසිර *adj.* prosperous
sasiya සැසිය *n.* session
sata pata gaa watenawaa සට පට ගා වැටෙනවා *v.* splatter
satahan kala සටහන් කළ *adj.* noted
satahan karagannawa සටහන් කරගන්නවා *v.* remark
satahan pathraya සටහන් පත්‍රය *n.* docket
satahan potha සටහන් පොත *n.* notebook
satahana සටහන *n.* draught
satahana සටහන *n.* note
satan karanna සටන් කරන්නා *n.* fighter
satan kireeme shasthraya සටන් කිරීමේ ශාස්ත්‍රය *n.* strategy
satan paataya සටන් පාඨය *n.* slogan
satan wadinna සටන් වදින්නා *n* combatant
satan wiramaya සටන් විරාමය *n.* armistice
satana සටන *n.* battle
satana සටන *n.* combat
satana සටන *v.* encounter
satanata yanawa සටනට යනවා *n.* foray
satankaamee සටන්කාමී *adj.* warlike
sath සත් *adj.* affirmative
satha සත *n.* parasol
sathapma සැතපුම *n.* mile
sathapma ganana සැතපුම ගණන *n.* mileage
sathapma kanuwa සැතපුම කණුව *n.* milestone
sathaya සතය *n.* cent
satheku allanna සතෙකු අල්ලන්න *n.* captor
satheku giya paara සතෙකු ගිය පාර *n.* sleuth

satheku wedanawen kaa gaseema සතෙකු වේදනාවෙන් කෑ ගැසීම *n.* yowl
sathi dekak සති දෙකක් *n.* fortnight
sathipatha සතිපතා *adj.* weekly
sathiya සතිය *n.* week
sathiye dawasa සතියේ දවස *n.* weekday
sathkaara karanniya සත්කාර කරන්නිය *n.* hostess
sathkama සැත්කම *n.* operation
sathun balen gena ya^ma සතුන් බලෙන් ගෙන යෑම *v.t.* abandon
sathun balen gena yanna සතුන් බලෙන් ගෙන යන්න *v.* abase
sathun marana sthaanaya සතුන් මරණ ස්ථානය *n.* shambles
sathunge kama oruwa සතුන්ගේ කෑම ඔරුව *n.* trough
sathunge thana burulla සතුන්ගේ තන බුරුල්ල *n.* udder
sathura සතුරා *n.* foe
sathuraa සතුරා *n.* enemy
sathuru සතුරු *adj.* adverse
sathuru සතුරු *adj.* hostile
sathuru සතුරු *adj.* malign
sathuru සතුරු *n.* rival
sathurukama සතුරුකම *n.* hostility
sathuta සතුට *n.* happiness
sathuta සතුට *n.* pleasure
sathuta dakwanawaa සතුට දක්වනවා *v.* purr
sathuta pala karanawa සතුට පළ කරනවා *v.* felicitate
sathuta pala karanawaa සතුට පළ කරනවා *v.* congratulate
sathuta pala kireema සතුට පළ කිරීම *n.* congratulation
sathutu සතුටු *adj.* cheerful
sathutu සතුටු *adj.* happy
sathutu karanawa සතුටු කරනවා *v.* gladden
sathutu karanawa සතුටු කරනවා *v.* gratify
sathutu karanawaa සතුටු කරනවා *v.* propitiate
sathutu kireema සතුටු කිරීම *n.* satisfaction
sathutu wenawa සතුටු වෙනවා *v.* please
sathutudaayaka සතුටුදායක *adj.* satisfactory
sathutukarawaa gannawa සතුටුකරවා ගන්නවා *v.* placate
sathwa ghaathanaya සත්ව ඝාතනය *n.* slaughter
sathwa kotuwa සත්ව කොටුව *n.* vivarium
sathwa thel සත්ව තෙල් *n.* tallow
sathwa vidyaa සත්ව විද්‍යා *adj.* zoological
sathwa vidyaavehi vishesagnaya සත්ව විද්‍යාවෙහි විශේෂඥයා *n.* zoologist
sathwa vidyaawa සත්ව විද්‍යාව *n.* zoology
sathwa wargaya සත්ත්ව වර්ගය *n.* fauna
sathwaya සත්වයා *n.* animal
sathwayaa සත්වයා *n.* creature
sathwodyaanaya සත්වෝද්‍යානය *n.* zoo
sathya සත්‍ය *adj.* authentic
sathya සත්‍ය *adj.* true
sathyathaawa සත්‍යතාව *n.* authenticity
sathyawaadee සත්‍යවාදී *adj.* truthful

sathyawaadee සත්‍යවාදී *adj.* veracious
sathyawaadee baawaya සත්‍යවාදී භාවය *n.* veracity
saukya aarakshaawa සෞඛ්‍ය ආරක්ෂාව *n.* sanitation
saukyaya සෞඛ්‍යය *n.* health
saumya සෞම්‍ය *adj.* bland
saumya සෞම්‍ය *adj.* placid
saundarya vishaya සෞන්දර්ය විශය *n.* aesthetics
savayu viyayam සවායු ව්‍යායාම් *n.* aerobics
savi wenawaa සවි වෙනවා *v.* stratify
sawala සවල *n.* shovel
sawdiya සව්දිය *n.* toast
sawi balaya සවි බලය *n.* stamina
sawi karanawa සවි කරනවා *v.* clinch
sawi karanawa සවි කරනවා *v.* fix
sawi karanawa සවිකරනවා *v.* mount
sawi karanawaa සවි කරනවා *v.* install
sawi kireema සවි කිරීම *n.* fixation
sawi nathi සවි නැති *adj.* flabby
sawi wenawaa සවි වෙනවා *v.* ossify
sawikaruwa සවිකරුවා *n.* fitter
sawikuruwa සවිකුරුව *n.* fixture
sawimath සවිමත් *adj.* strong
saya daru upathaka daruwek සය දරු උපතක දරුවෙක් *n.* sextuplet
sebada සෙබඩ *n.* peahen
seda සේද *n.* silk
seda panuwaa සේද පණුවා *n.* silkworm
seda redi wargayak සේද රෙදි වර්ගයක් *n.* plush
seda rodu සේද රොඩු *n.* floss
seda wani සේද වැනි *adj.* silky
sedee yanawaa සේදී යනවා *v.* scour
sedeema සේදීම *n.* washing
sediya haki සේදිය හැකි *adj.* washable
seema kireema සීමා කිරීම *n.* restrict
seema wenawa සීමා වෙනවා *v.* bound
seemaankanaya සීමාංකනය *n.* demarcation
seemaarahitha සීමා රහිත *adj.* unlimited
seemaawa සීමාව *n.* precinct
seemaawak nathi සීමාවක් නැති *adj.* unbridled
seemanthikaya සීමාන්තිකයා *n.* fanatic
seemasahitha සීමා සහිත *adj.* limited
seemawa සීමාව *n.* boundary
seemawa සීමාව *n.* limitation
seemawa සීමාව *n.* purview
seemitha සීමිත *adj.* finite
seeni සීනි *n.* sugar
seeni bolaya සීනි බෝලය *n.* lolly
seeniwalin saadana drawyak සීනිවලින් සාදන ද්‍රව්‍යයක් *n.* praline
seenuwa සීනුව *n.* bell
selaweema සෙලවීම *n.* motion
selaweema සෙලවීම *n.* movement
selawenawa සෙලවෙනවා *v.* budge
selawiya nohaki සෙලවිය නොහැකි *adj.* unshakeable
sellakkaara සෙල්ලක්කාර *adj.* jovial
sellakkaara සෙල්ලක්කාර *adj.* sportive
sellakkaara සෙල්ලක්කාර *adj.* vivacious
sellam gamana සෙල්ලම් ගමන *n.* excursion

sellam gamana සෙල්ලම් ගමන *n.* picnic
sellam karanawa සෙල්ලම් කරනවා *v.i.* frolic
sellam karanawa සෙල්ලම් කරනවා *v.i.* play
sellamata kamathi සෙල්ලමට කැමති *adj.* sporting
sem adhika සෙම් අධික *adj.* phlegmatic
sem gedi සෙම් ගෙඩි *n.* tonsil
sem sahitha සෙම් සහිත *adj.* mucous
semin සෙමින් *adv.* slowly
semin naasayen pirimadinawa සෙමින් නාසයෙන් පිරිමදිනවා *v.* nuzzle
semin yana සෙමින් යන *adj.* languid
senaa hasiraweeme samarthayaa සේනා හැසිරවීමේ සමර්ථයා *n.* strategist
senaadipathiya සේනාධිපතියා *n.* marshal
senaankapathi සේනාංකපති *n.* brigadier
senanga සෙනඟ *n.* crowd
senankaya සේනාංකය *n.* brigade
senapathi සේනාපති *n.* colonel
senapathi සේනාපති *n.* commander
senasuraadaa සෙනසුරාදා *n.* Saturday
sendu wenawa සේන්දු වෙනවා *v.* reach
senehewanthiya සෙනෙහෙවන්තිය *n.* sweetheart
sengamaalaya සංගමාලය *adj.* hepatitis
sepaatikaya සෙපාටිකයා *n.* marsupial
seppuwa සේප්පුව *n.* safe
sereppuwa සෙරෙප්පුව *n.* slipper
sessa සෙස්ස *n.* remnant
sevakaya සේවකයා *n.* worker
sewaa sapayanawaa සේවා සපයනවා *n.* serving
sewaadaayakayaa සේවාදායකයා *n.* client
sewaka mandalaya සේවක මණ්ඩලය *n.* personnel
sewaka sankyawa සේවක සංඛ්‍යාව *n.* cadre
sewakaya සේවකයා *n.* employee
sewakayaa සේවකයා *n.* retainer
sewala සෙවෙල *n.* slime
sewala sahitha සෙවෙල සහිත *adj.* slimy
sewana athi සෙවණ ඇති *adj.* shadowy
sewanalla සෙවණැල්ල *n.* shadow
sewanaya සේවනය *n.* resort
sewaya සේවය *n.* service
sewili kireema සෙවිලි කිරීම *n.* thatch
sewwandiya සේවන්දිය *n.* rosette
seyaawa සේයාව *n.* photo
seyawa සේයාව *a.* shadow
shaakaawa ශාඛාව *n.* bough
shaalawa ශාලාව *n.* hall
shaantha ශාන්ත *adj.* impassive
shaantha ශාන්ත *adj.* quiescent
shaantha ශාන්ත *adj.* restful
shaantha ශාන්ත *adj.* tranquil
shaantha baawaya ශාන්ත භාවය *n.* serenity
shaapa karanawa ශාප කරනවා *v.* damn
shaapalath ශාපලත් *adj.* fateful

shaareerika ශාරීරික *adv.* bodily
shaasthrasammatha ශාස්ත්‍රසම්මත *adj.* legitimate
shaasthreeya ශාස්ත්‍රීය *adj.* academic
shaasthreeya ශාස්ත්‍රීය *adj.* classical
shabda nagamin awidinawaa ශබ්ද නගමින් ඇවිදිනවා *v.* tramp
shabda pramaanaya ශබ්ද ප්‍රමාණය *n.* volume
shabda sampreshanayedi eka chanalayak bhaawithaa karana ශබ්ද සම්ප්‍රේෂණයේදී එක චැනලයක් භාවිතා කරන *adj.* monophonic
shabdaanukaranaya ශබ්දානුකරණය *n.* onomatopoeia
shabdakoshaya ශබ්දකෝෂය *n.* dictionary
shabdakoshayak wani ශබ්දකෝෂයක් වැනි *adj.* lexical
shabdaya ශබ්දය *n.* bleep
shabdaya ශබ්දය *n.* noise
shabdaya ශබ්දය *n.* sound
shabdaya us kota ශබ්දය උස් කොට *n.* forte
shabdayan pilibandawa ශබ්දයන් පිළිබඳ *adj.* phonetic
shabdayata sambanda ශබ්දයට සම්බන්ධ *adj.* sonic
shadaasraya ෂඩාස්‍රය *n.* hexogen
shailigatha ශෛලිගත *adj.* stylistic
shailigatha wu ශෛලිගත වූ *adj.* stylized
shakthathaawa ශක්තතාව *n.* toughness
shakthi sampanna ශක්ති සම්පන්න *n.* mettlesome
shakthi sampanna ශක්ති සම්පන්න *adj.* stalwart
shakthijanaka paanaya ශක්තිජනක පානය *n.* tonic
shakthimath ශක්තිමත් *adj.* hardy
shakthimath ශක්තිමත් *adj.* hefty
shakthimath ශක්තිමත් *adj.* muscular
shakthimath ශක්තිමත් *adj.* robust
shakthiya ශක්තිය *n.* energy
shakthiya ශක්තිය *n.* mettle
shakthiya ශක්තිය *n.* potency
shakthiya ශක්තිය *n.* vigour
shakthiya nathi ශක්තිය නැති *adj.* disabled
shakthiya nathi karagannawa ශක්තිය නැති කරගන්නවා *v.* disempower
shakthiya nathi karanawa ශක්තිය නැති කරනවා *v.* disable
shakthiyen adu ශක්තියෙන් අඩු *adj.* nerveless
shalaakawa ශලාකාව *n.* lancet
shalya waidya ශල්‍ය වෛද්‍ය *n.* surgeon
shalyadharaya ශල්‍යධරයා *n.* lancer
shalyakarmaya ශල්‍යකර්මය *n.* surgery
shamanaya ශමනය *n.* sedation
shareera paddathiyata ho away-awa paddathiyata sambanda ශරීර පද්ධතියට හෝ අවයව පද්ධතියට සම්බන්ධ *adj.* systemic
shareeraya ශරීරය *n.* body
shareerayak nathi ශරීරයක් නැති *adj.* incarnate
shareeraye kalala ශරීරයේ කැළල *n.* welt
shareeraye siduru walin pitawenawaa ශරීරයේ සිදුරු වලින්

පිටවනෙවා *v.* transpire
shashthradharayaa ශාස්ත්‍රධරයා *n.* scholar
shasthreeya ශාස්ත්‍රීය *adj.* orthodox
shathasanwathsaraya ශතසංවත්සරය *n.* centenary
shathasanwathsarika ශතසංවත්සරික *n.* centennial
shathawarshaya ශතවර්ශය *n.* century
shawapareekshanaya ශවපරීක්ෂණය *n.* postmortem
sheegra ශීඝ්‍ර *adj.* rapid
sheegra aarohanaya ශීඝ්‍ර ආරෝහණය *v.* zoom
sheegrathaawa ශීඝ්‍රතාව *n.* rate
sheersha chrmaya ශීර්ෂ චර්මය *n.* scalp
sheershakaya ශීර්ෂකය *n.* helmet
sheetha ශීත *adj.* chilly
sheetha irthuwa ශීත ඍතුව *n.* winter
sheetha karanawa ශීත කරනවා *v.* refrigerate
sheetha sulang athi ශීත සුළඟ ඇති *adj.* wintry
sheethakaranaya ශීතකරණය *n.* freezer
sheethakaranaya ශීතකරණය *n.* fridge
sheethakaranaya ශීතකරණය *n.* refrigerator
sheethakaya ශීතකය *n.* cooler
sheethala ශීතල *n.* chill
sheethala ශීතල *adj.* cold
sheethala ශීතල *adj.* nippy
sheethanaya ශීතනය *n.* refrigeration
sheshaya ශේෂය *n.* balance
sheshaya ශේෂය *n.* residue
sheshya ශේෂය *adj.* residual
shikshaawa ශික්ෂාව *n.* precept
shikshana shaasthraya ශික්ෂණ ශාස්ත්‍රය *n.* pedagogy
shilaa lipiya ශිලා ලිපිය *n.* inscription
shilaa puwaruwa ශිලා පුවරුව *n.* slate
shilpa kramaya ශිල්ප ක්‍රමය *n.* technique
shiraa pilibanda wu ශිරා පිළිබඳ වූ *adj.* venous
shiraawa ශිරාව *n.* vein
shirsha paataya ශිර්ෂ පාඨය *n.* caption
shishiratharanaya karanawa ශිශිරතරණය කරනවා *v.* hibernate
shishnaya ශිශ්නය *n.* penis
shishta ශිෂ්ට *adj.* civic
shishta ශිෂ්ට *adj.* polite
shishtaachaaraya ශිෂ්ටාචාරය *n.* civilization
shishtaachaarayata path karanawa ශිෂ්ටාචාරයට පත් කරනවා *v.* civilize
shishya bhataya ශිෂ්‍ය භටයා *n.* cadet
shishya naayakaya ශිෂ්‍ය නායකයා *n.* prefect
shishya nivaasaye adipathiyaa ශිෂ්‍ය නිවාසයේ ආධිපතියය *n.* warden
shishyaadhaara ශිෂ්‍යාධාර *n.* bursary
shishyayaa ශිෂ්‍යයා *n.* pupil
shishyayaa ශිෂ්‍යයා *n.* student
shisyathwaya ශිෂ්‍යත්වය *n.*

scholarship
shithe pasawanawa සිත‍ේ පෑ සවනවා *v.* rankle
shleshaya ශ්ලේෂය *n.* pun
shlokaya ශ්ල ෝකය *n.* stanza
shochaneeya ශ ෝචනීය *adj.* lamentable
shochaneeya ශ ෝචනීය *adj.* regrettable
shodhaka ශ ෝධක *adj.* corrective
shoka prakaashaya ශ ෝක ප්රකා ශය *n.* condolence
shokaantha naatyayehi kathroo ශ ෝකා න්ත නා ට්‍යයෙහි කතෘ *n.* tragedian
shokajanaka ශ ෝකජනක *adj.* pathetic
shokawanna ශ ෝකවන්නා *n.* mourner
shokaya ශ ෝකය *n.* heartache
shokaya prakaasha karanawa ශ ෝකය ප්රකා ශ කරනවා *v.* condole
shokee ශ ෝකී *adj.* tearful
shoonya ශූන්‍යය *n.* nil
shoonyawaadaya ශූන්‍යවා දය *n.* nihilism
shoora ශූර *adj.* astute
shramana wurthiya ශ්රමණ වෘ ත්තිය *n.* monasticism
shrawanaagaaraya ශ්රවණා ගා රය *n.* auditorium
shrawanaya ශ්රවණය *n.* hearing
shrawya ශ්රව්‍ය *n.* audio
shreemath ශ්‍රීමත් *adj.* illustrious
shreniya ශ්රේණිය *n.* grade
shreshta ශ්රේෂ්ඨ *adj.* prime
shreshta ශ්රේෂ්ට *adj.* superb
shreshta ශ්රේෂ්ට *adj.* transcendent
shreshta roopaantharaya ශ්රේෂ්ට රූ පා න්තරය *n.* transfiguration
shreshtaadhikaranaya ශ්රේෂ්ඨාධිකරණය *n.* Chancery
shreshtathwaya ශ්රේෂ්ටත්‍ වය *n.* superiority
shroniya ශ්ර ෝණිය *n.* pelvis
shruddaawa ශ්රද්ධා ව *n.* faith
shruddaawantha ශ්රද්ධා වන්ත *adj.* faithful
shruddhaawa ශ්රද්ධා ව *n.* piety
shrungaara ශෘංගා ර *adj.* romantic
shuba waadaya ශුභවා දය *n.* optimism
shuba waadee ශුභවාදී *n.* optimist
shubaaranchiya ශුභා රංචිය *n.* gospel
shubawaadee ශුබවාදී *adj.* upbeat
shudda ශුද්ධ *adj.* holy
shudda ශුද්ධ *adj.* pure
shudda karanawa ශුද්ධ කරනවා *v.* emend
shudda karanawaa ශුද්ධ කරනවා *v.* purify
shuddawanthakama ශුද්ධවන්තකම *n.* sanctity
shuddiya ශුද්ධිය *n.* purification
shuddiya ශුද්ධිය *n.* purity
shukra dhaathuwa ශුක්ර ධා තුව *n.* semen
shukra pilibanda ශුක්ර පිළිබඳ *adj.* seminal
shukraanuwa ශුක්රා ණුව *n.* sperm
shunya kireema ශුන්‍ය කිරීම *n.* nullification
shunyaya ශුන්‍යය *adj.* zero
shushka ශුෂ්ක *adj.* arid
shwaasakaya ශ්වා සකය *n.*

respirator

shwasanaya ශ්වසනය *n.* respiration

shwetha kalka ශ්වේත කල්ක *n.* albumen

sidda wenawa සිද්ධ වෙනවා *v.* materialize

siddaanthaya සිද්ධාන්තය *n.* theorem

siddantha idiripath karanawaa සිද්ධාන්ත ඉදිරිපත් කරනවා *v.* theorize

siddanthawaadiyaa සිද්ධාන්තවාදියා *n.* theorist

siddanthaya සිද්ධාන්තය *n.* maxim

siddanthika සිද්ධාන්තික *adj.* theoretical

siddasthaanaya සිද්ධස්ථානය *n.* sanctuary

siddasthaanayak bawata pamunuwanawaa සිද්ධස්ථානයක් බවට පමුණුවනවා *v.* sanctify

siddhiya සිද්ධිය *n.* occurrence

siddiya සිද්ධිය *n.* event

siddiya සිද්ධිය *n.* happening

siddiya සිද්ධිය *n.* incident

siddiya සිද්ධිය *n.* instance

siddiya woo sthaanaya සිද්ධිය වූ ස්ථානය *n.* locale

sidu karanawa සිදු කරනවා *v.* commit

sidu wenawa සිදු වෙනවා *v.* befall

sidu wenawa සිදු වෙනවා *v.* happen

sidu wenawaa සිදු වෙනවා *v.* occur

sidura සිදුර *n.* cleft

sidura සිදුර *n.* hole

sidura සිදුර *n.* nick

siduru karanawa සිදුරු කරනවා *v.* perforate

siduru karanawa සිදුරු කරනවා *v.* pierce

siduweema සිදුවීම *n.* incidence

siduweema wishtharaya සිදුවීම් විස්තරය *n.* reportage

siduwoo de dakeema සිදුවූ දේ දැකීම *n.* hindsight

siganna සිඟන්නා *n.* beggar

sigarettuwa සිගරැට්ටුව *n.* cigarette

sihasuna සිහසුන *n.* throne

sihi manda සිහි මඳ *adj.* woozy

sihi mulaa bawa සිහි මූලා බව *n.* stupor

sihi mulaa karanawaa සිහි මූලා කරනවා *v.* stupefy

sihi nathi සිහි නැති *adj.* unconscious

sihi nathi wenawa සිහි නැති වෙනවා *v.* daze

sihi nuwana athi සිහි නුවණ ඇති *adj.* sensible

sihi nuwanathi සිහි නුවණැති *adj.* shrewd

sihi wikal සිහිවිකල් *adj.* mad

sihi wikal woo සිහිවිකල් වූ *adj.* befuddled

sihi wikala සිහිවිකල *adj.* stupid

sihi wiparama සිහිවිපරම *n.* sanity

sihikala uthu සිහිකළ යුතු *adj.* notable

sihikarawana සිහිකරවන *adj.* reminiscent

sihikaru සිහිකරු *n.* prompter

sihikatayuthu සිහිකටයුතු *adj.* memorable

sihin handa සිහින් හඬ *n.* clink

sihinaya සිහිනය *n.* dream

sihipath karanawa සිහිපත් කරනවා *v.* commemorate

sihisan nathi සිහිසන් නැති *adj.* insensible
sihisun athi සිහුසුන් ඇති *adj.* sober
sihiwatana thaagga සිහිවටන තෑග්ග *n.* keepsake
sihiwatanaya සිහිවටනය *n.* souvenir
sihiya durwalawa sitinawa සිහිය දුර්වලව සිටිනවා *v.* dote
sikuraadaa සිකුරාදා *n.* Friday
silikan සිලිකන් *n.* silicon
silima සිලිම *n.* buck
silindaraya සිලින්ඩරය *n.* cylinder
sillara kadaya සිල්ලර කඩය *n.* grocery
sillara welenda සිල්ලර වෙළෙන්දා *n.* grocer
sillara welendaa සිල්ලර වෙළෙන්දා *n.* retailer
sillarata wikunanawaa සිල්ලරට විකුණනවා *n.* retail
simba balanawaa සිඹ බලනවා *v.* sniff
simenthi සිමෙන්ති *n.* cement
sinaha upadawana සිනහ උපදවන *adj.* merry
sinaha upadawana kiyamana සිනහ උපදවන කියමන *n.* witticism
sinaha upadawanawaa සිනහ උපදවනවා *v.* witter
sinahawa සිනහව *v.* laugh
sinaseemata kamathi සිනාසීමට කැමති *adj.* risible
sindinawaa සිඳිනවා *v.* sever
sindu kiyana kurullaa සින්දු කියන කුරුල්ලා *n.* warbler
sindu kiyanawaa සින්දු කියනවා *v.* sing
singithi shareerayak athi සිඟිති ශරීරයක් ඇති *adj.* svelte
singiththa සිඟිත්තා *n.* toddler
sinha raashiya සිංහ රාශිය *n.* Leo
sinhaasanaarooda wenawa සිංහාසනාරූඪ වෙනවා *v.* enthrone
sinhaasanayen pahakaranawa සිංහාසනයෙන් පහකරනවා *v.* dethrone
sinhaya සිංහයා *n.* lion
sinidu සිනිඳු *adj.* slick
sinidu kapu redi සිනිඳු කපුරෙදි *n.* cambric
sira bhaarayata ganeema සිර භාරයට ගැනීම *v.* arrest
sira bharayata gannawa සිර භාරයට ගන්නවා *v.* apprehend
sira kara thabeema සිර කර තැබීම *n.* confinement
sira karanawaa සිර කරනවා *v.* imprison
sirabhaaraya සිරභාරය *n.* custody
siragatha weema සිරගතවීම *n.* captivity
siragedara සිරගෙදර *n.* prison
sirageya සිරගෙය *v.* confine
sirakaranawaa සිරකරනවා *v.* immure
sirakaruwa සිරකරුවා *n.* prisoner
siras සිරස් *adj.* straight
siras සිරස් *adj.* vertical
sirasthalaya සිරස්තලය *n.* headline
sireema සිරීම *n.* abrasion
siri siri gaama සිරි සිරි ගෑම *v.* fizz
siri siri handa sahitha සිරි සිරි හඬ සහිත *adj.* fizzy
sirinjaraya සිරින්ජරය *n.* syringe
sirith paridi සිරිත් පරිදි *adj.* customary

siritha සිරිත *n.* custom
siritha සිරිත *n.* way
siritha සිරිත *n.* wont
sirure madyabhaagaya සිරුරේ මධ්‍යභාගය *n.* midriff
sisil සිසිල් *adj.* cool
sisil kaarakaya සිසිල් කාරකය *n.* coolant
sisira සිසිර *n.* autumn
sitagena sitinawaa සිටගෙන සිටිනවා *v.* stand
siteema සිටීම *n.* standing
sith duhula සිත් දූහුල *n.* diaper
sith ganna සිත් ගන්නා *adj.* catchy
sith ganna සිත් ගන්නා *adj.* impressive
sith ganna සිත් ගන්නා *adj.* piquant
sith ganna සිත් ගන්නා *adj.* prepossessing
sith ganna සිත් ගන්නා *adj.* suave
sith gannaa සිත් ගන්නා *adj.* winning
sith gannawa සිත් ගන්නවා *v.* endear
sith thaula සිත් තැවුල *n.* compunction
sith thulata kaawaddanawa සිත් තුළට කාවද්දනවා *v.* inspire
sith wedanaa karanawaa සිත් වෙදනා කරනවා *v.* scandalize
sitha awul karanawa සිත අවුල් කරනවා *v.t* bewilder
sitha gannawa සිතා ගන්නවා *v. t* conceive
sitha kelasanawaa සිත කෙලසනවා *v.* demoralize
sitha thula balapaama සිත තුළ බලපෑම *n.* obsession
sitha thula balapaanawaa සිත තුළ බලපානවා *v.* obsess
sitha waradi adahas walin pirenawa සිත වැරදි අදහස්වලින් පිරෙනවා *v.* misgive
sithaa gannawa සිතා ගන්නවා *v.* presume
sithaagannawa සිතා ගන්නවා *v.t.* imagine
sithaamathaa balanawa සිතා මතා බලනවා *v.* mull
sithaasiya සිතාසිය *n.* summons
sithanawa සිතනවා *v.* cogitate
sithanawa සිතනවා *v.* concern
sithanawa සිතනවා *v.* deem
sithanawaa සිතනවා *v.* opine
sithata kaa waddanawaa සිතට කාවද්දනවා *v.* impress
sithehi aprakatawa pawathnaa සිතෙහි අප්‍රකටව පවතින *adj.* subconscious
sithehi athiwana kampanaya සිතෙහි ඇතිවන කම්පනය *n.* trauma
sithehi dooshitha bhaawaya සිතෙහි දූෂිතභාවය *adv.* morbidity
sithehi thanpath karanawa සිතෙහි තැන්පත් කරනවා *n.* detachment
sithganna සිත්ගන්නා *adj.* interesting
sithganna සිත්ගන්න *adj.* telling
sithin mawaagannawa සිතින් මවාගන්නවා *v.* hallucinate
sithiwilla සිතිවිල්ල *n.* presumption
sithiya haki සිතිය හැකි *adj.* conceivable
sithiyama සිතියම *n.* map
sithkaaraya සිත්කාරයා *adj.* swish
siththaraa සිත්තරා *n.* painter
sithuwama සිතුවම *n.* painting
siviya සිවිය *n.* hull

siw nimbullu සිව් නිඹුල්ලු *n.* quadruplet
siw wani සිව් වැනි *adj.& n.* fourth
siwbidi සිව්බිඩි *n.* quad
siwil සිවිල් *adj.* civil
siwilima සිවිලිම *n.* ceiling
siwpaawaa සිව්පාවා *n.* quadruped
siwru harinawa සිවුරු හරිනවා *v.* disrobe
siya සිය *adj. & pron.* own
siya diwi nasaa ganeema සිය දිවි නසා ගැනීම *n.* suicide
siya kamaththen dena lada සිය කැමැත්තෙන් දෙන ලද *adj.* unsolicited
siya kamaththen karana සිය කැමැත්තෙන් කරන *adv.* scot-free
siya kamaththen karana සිය කැමැත්තෙන් කරන *adj.* voluntary
siya kamaththen karana සිය කැමැත්තෙන් කරන *adj.* willing
siyalla සියල්ල *n.* entirety
siyallama සියල්ලම *adv.* altogether
siyalu සියලු *adj.* all
siyalu ledata behetha සියලු ලෙඩට බෙහෙත *n.* panacea
siyambalaa සියඹලා *n.* tamarind
siyaratin nerapanawa සියරටින් නෙරපනවා *n.* expatriate
siyasin dutu saakshi සියැසින් දුටු සාක්ෂිකරු *n.* eyewitness
siyaya සියය *adj.& n.* hundred
siyum සියුම් *adj.* fine
siyum සියුම් *adj.* precise
siyum සියුම් *adj.* tenuous
siyum bawa සියුම් බව *n.* nicety
siyum dakshakama සියුම් දක්ෂකම *n.* finesse
siyum handa sandahaa wu shabda wikaashana yanthraya සියුම් හඬ සඳහා වූ විකාශන යන්ත්‍රය *n.* tweeter
siyum lesa pareekshaa karanawaa සියුම් ලෙස පරීක්ෂා කරනවා *v.* scrutinize
siyum pareekshaawa සියුම් පරීක්ෂාව *n.* scrutiny
siyum wedanaawak danenawaa සියුම් වේදනාවක් දැනෙනවා *n.* tingle
siyum wu wenasa සියුම් වූ වෙනස *n.* nuance
siyumali සියුමැලි *adj.* tender
skandaya ස්කන්ධය *n.* mass
skootaraya ස්කූටරය *n.* scooter
smaaraka ස්මාරක *adj.* monumental
smaarakaya ස්මාරකය *n.* memento
smaarakaya ස්මාරකය *n.* monument
snaanaya ස්නානය *n.* bath
snaayu ස්නායු *adj.* neural
snaayu baddhaya ස්නායු බද්ධය *n.* tendon
snaayu rogaya ස්නායු රෝගය *n.* neurosis
snaayu widyaagnaya ස්නායු විද්‍යාඥයා *n.* neurologist
snaayu widyaawa ස්නායු විද්‍යාව *n.* neurology
snaayuwyaadhika ස්නායුව්‍යාධික *adj.* neurotic
snehaka damanawaa ස්නේහක දමනවා *v.* lubricate
snehawantha ස්නේහවන්ත *adj.* dear
snehawantha ස්නේහවන්ත *adj.* parental
snehaya ස්නේහය *n.* affection
snehaya ස්නේහය *n.* endearment

snehaya ස්නේහනය *n.* lubrication
sobaadahama pilibanda wu සොබා දහම පිළිබඳ වූ *adj.* scenic
sodaa සෝඩා *n.* soda
sodaa hareema සෝඩා හැරීම *v.* swill
sodagena yaama සෝදාගෙන යාම *n.* erosion
sodanawaa සෝදනවා *v.* wash
sodisi karanawaa සෝදිසි කරනවා *v.* search
sodisi sahitha සෝදිසි සහිත *adj.* observant
sodisiya සෝදිසිය *adj.* alert
sohon bima සොහොන් බිම *n.* graveyard
sohon gaba සොහොන් ගැබ *n.* mausoleum
sohon geya සොහොන් ගෙය *n.* sepulchre
sohon geya සොහොන් ගෙය *n.* tomb
sohon pilibanda සොහොන් පිළිබඳ *adj.* sepulchral
sohona සොහොන *n.* grave
soka aranawa සෝක කරනවා *v.* grieve
sokka සොක්ක *n.* nonentity
soldara thattuwa සොල්දර තට්ටුව *n.* storey
sondawala සොඬවැල *n.* trunk
soodaanama සූදානම *n.* preparation
soodanam nowu සූදානම් නොවූ *adj.* unprepared
soodanam wenawa සූදානම් වෙනවා *v.* prepare
soodanama සූදානම *n.* provision
soodu kaaraya සූදු කාරයා *n.* gambler
soodu kelinawa සූදු කෙළිනවා *v.* gamble
soodu kelinawa සූදු කෙළිනවා *v.* plunge
sookshama සූක්ෂම *adj.* skilful
sookshma සූක්ෂ්ම *adj.* microscopic
sookshma chipaya සූක්ෂ්ම චිපය *n.* microchip
sookshma chithrapatiya සූක්ෂ්ම චිත්‍රපටය *n.* microfilm
sookshma lesa සූක්ෂ්ම ලෙස *adv.* minutely
sookshma shailakarmaya සූක්ෂ්ම ශෛලකර්මය *n.* microsurgery
sookshma tharanga සූක්ෂ්ම තරංග *n.* microwave
soopaya සූපය *n.* soup
sooppuwa සූප්පුව *n.* teat
sooraa damanawaa සූරා දමනවා *v.* scrape
soorathaanthaya සූරතාන්තය *n.* orgasm
sooriyakaantha ala සූරියකාන්ත අල *n.* artichoke
sooryaa pilibanda සූර්ය පිළිබඳ *adj.* solar
soothraya සූත්‍රය *n.* aphorism
soothraya සූත්‍රය *n.* formula
soothrikaawa සූත්‍රිකාව *n.* filament
sopaanaya සෝපානය *n.* escalator
sopaawa සෝපාව *n.* sofa
sora ambuwa සොර අඹුව *n.* paramour
soraa kanawaa සොරා කනවා *v.* steal
soraagath badu සොරාගත් බඩු *n.* swag
sorakam සොරකම් *n.* theft
sorow besama සොරොව් බැසීම *n.*

sink
sorowwa සොරොව්ව *n.* sluice
sosegas සොසේජ්ස් *n.* sausage
sotu aadiya සොටු ආදිය *n.* mucus
soya gannawa සොයා ගන්නවා *v.* discover
soyaa labagannawa සොයා ලබාගන්නවා *v.* retrieve
soyaagannata waayam karanawa සොයාගන්නට වෑයම් කරනවා *v.* grope
soyanawa සොයනවා *v.* find
spaanna ස්පාඤ්ඤ *n.* Spanish
spaanna jaathikayaa ස්පඤ්ඤ ජාතිකයා *n.* Spaniard
spam ස්පෑම් *n.* spam
spandanaya ස්පන්දනය *n.* palpitation
spandanaya ස්පන්දනය *n.* pulsation
spandanaya wenawaa ස්පන්දනය වෙනවා *v.* palpitate
spandaya ස්පන්දය *n.* pulse
sparsha kala haki ස්පර්ශ කළ හැකි *adj.* palpable
sparsha kala nohaki ස්පර්ශ කළ නොහැකි *adj.* untouchable
sparsha rekaawa ස්පර්ශ රේඛාව *n.* tangent
sparsha wenawaa ස්පර්ශ වෙනවා *v.* touch
sparshaka wishaya ස්පර්ශක විෂය *adj.* tactile
sparshaya ස්පර්ශය *n.* contact
sparshaya danena ස්පර්ශය දැනෙන *adj.* tangible
sparshayen bowena ස්පර්ශයෙන් බෝවෙන *adj.* contagious
spatikaya ස්ඵටිකය *n.* crystal
spreethuwa ස්ප්‍රීතුව *n.* spirit
sraawaya ස්‍රාවය *n.* flux
sraawaya ස්‍රාවය *n.* secretion
sronitha rakthaya ශ්‍රෝණිත රක්තය *n.* sciatica
stapelaraya ස්ටපේලරය *n.* stapler
sthaai ස්ථායි *adj.* stable
sthaaikaranaya ස්ථායිකරණය *n.* stabilization
sthaaithaawa ස්ථායිතාවය *n.* stability
sthaana maaru karanawaa ස්ථාන මාරු කරනවා *v.* transpose
sthaanaya ස්ථානය *n.* place
sthaanaya ස්ථානය *n.* stead
sthaapakaya ස්ථාපකයා *n.* founder
sthaapanaya ස්ථාපනය *n.* installation
sthaapanaya ස්ථාපනය *n.* placement
sthaawara ස්ථාවර *adj.* stationary
sthambhanaya ස්ථම්භනය *n.* stalemate
sthambhaya ස්ථම්භය *n.* pillar
sthanaya ස්ථානය *n.* venue
sthanochitha pragnawa ස්ථානෝචිත ප්‍රඥාව *n.* tact
stharaya ස්තරය *n.* layer
stharaya ස්ථරය *n.* stratum
stheera ස්ථිර *adj.* indomitable
stheera ස්ථිර *adj.* measured
stheera ස්ථිර *adj.* permanent
stheera bhaawaya ස්ථිර භාවය *n.* tenacity
stheera gathiya ස්ථිර ගතිය *n.* steadiness
stheera karanawaa ස්ථිර කරනවා *v.* verify
stheerathwaya ස්ථිරත්වය *n.*

permanence

sthira ස්ථිර *adj.* assured

sthira ස්ථිර *adj.* durable

sthira ස්ථිර *adj.* firm

sthira karanawa ස්ථිර කරනවා *v.* ratify

sthirabhawaya ස්ථිරභාවය *n.* consistency

sthirawa sitinawa ස්ථිරව සිටිනවා *v.* adhere

sthithika ස්ථිතික *adj.* static

sthithimaya ස්ථිතිමය *adv.* statically

sthoola ස්ථූල *adj.* stout

sthothraya ස්තෝත්‍රය *n.* anthem

sthree purusha baawaya ස්ත්‍රී පුරුෂ භාවය *n.* sex

sthree purusha baawaya nisaa wenaskam kireema ස්ත්‍රී පුරුෂ භාවය නිසා වෙනස්කම් කිරීම *n.* sexism

sthree purusha depakshayatama sarilana ස්ත්‍රී පුරුෂ දෙපක්ෂයටම සරිලන *adj.* unisex

sthreenge samaajaya ස්ත්‍රීන්ගේ සමාජය *n.* sisterhood

sthreethwaya ස්ත්‍රීත්වය *n.* womanhood

sthri ස්ත්‍රී *adj.* female

sthri waadaya ස්ත්‍රී වාදය *n.* feminism

sthriya ස්ත්‍රිය *n.* woman

sthula ස්ථූල *adj.* bulky

sthula ස්ථූල *adj.* corpulent

sthuthiwantha ස්තුතිවන්ත *adj.* thankful

sthuthiya ස්තුතිය *n.* acknowledgement

sthuthiya ස්තුතිය *n.* grace

sthuupaya ස්තූපය *n.* pagoda

stikaraya ස්ටිකරය *n.* sticker

stroberi ස්ට්‍රෝබෙරි *n.* strawberry

suba sadhanaya සුභ සාධනය *n.* welfare

subodathwaya සුබෝධත්වය *adv.* lucidity

sucharithaya සුචරිතය *n.* virtue

suchiya සූචිය *n.* index

sudu සුදු *adj.* white

sudu hunu gaanawaa සුදු හුණු ගානවා *n.* whitewash

sudu jaathika සුදු ජාතික *adj.* Caucasian

sudu karanawa සුදු කරනවා *adj.* bleach

sudu loonu සුදු ළූණු *n.* garlic

sudu piriyama සුදු පිරියම *n.* whiting

sudumali සුදුමැලි *adj.* pale

sudumali සුදුමැලි *adj.* wan

sudusu සුදුසු *adj.* appropriate

sudusu සුදුසු *adj.* fit

sudusu සුදුසු *adj.* suitable

sudusu සුදුසු *adj.* worthy

sudusu paridi සුදුසු පරිදි *adv.* duly

sudusu pramaanaya සුදුසු ප්‍රමාණය *n.* quantum

sudusu sthaanaya සුදුසු ස්ථානය *n.* niche

sudusu wenawa සුදුසු වෙනවා *v.* comport

sudusukam labanawaa සුදුසුකම් ලබනවා *v.* qualify

sudusukam nathi සුදුසුකම් නැති *adj.* unqualified

sudusukama සුදුසුකම *n.* propriety

sudusukama සුදුසුකම *n.* qualification

sudusuwa sitinawa සුදුසුව සිටිනවා *v. t.* deserve
sugandhaya සුගන්ධය *adv.* perfume
sugandhi සුගන්ධි *adj.* redolent
suhada සුහද *adj.* affable
suhada සුහද *adj.* cordial
suhadasheeli සුහදශීලි *adj.* cozy
sukasthaanaya සුකස්ථානය *n.* sanatorium
sukha paramawaadaya සුඛ පරමවාදය *n.* hedonism
sukhagraahee සුඛග්‍රාහී *adj.* receptive
sukhopabogee සුඛෝපභෝගී *n.* luxury
sukiri සුකිරි *n.* candy
sukkaanama සුක්කානම *n.* helm
sukkaanama සුක්කානම *n.* rudder
sukkaanama allanawaa සුක්කානම අල්ලනවා *v.* steer
sulaba සුලබ *adj.* banal
sulabha සුලභ *adj.* generous
sulabha සුලභ *adj.* hackneyed
sulabha bawa සුලභ බව *n.* generosity
sulan mola සුළං මෝල *n.* windmill
sulan nathi සුළං නැති *adj.* sultry
sulan sahitha සුළං සහිත *adj.* windy
sulanga සුළඟ *n.* wind
suli hulanga සුළි හුළඟ *n.* vortex
suli sulanga සුළි සුළඟ *n.* cyclone
sulu සුළු *adj.* minor
sulu daneema සුලු දැනීම *n.* smattering
sulu de සුලු දේ *n.* trifle
sulu horakam karanawa සුළු හොරකම් කරනවා *v.* pilfer
sulu idam himi goviya සුළු ඉඩම් හිමි ගොවියා *n.* yeoman
sulu kaama සුලු කෑම *n.* snack
sulu karanawaa සුලු කරනවා *v.* simplify
sulu satana සුලු සටන *n.* skirmish
sulutharaya සුළුතරය *n.* minority
sumata සුමට *adj.* smooth
sumata wu සුමට වූ *n.* smoothie
sumbaraya සුම්බාරය *n.* turban
sumihiri සුමිහිරි *adj.* harmonious
sumudu සුමුදු *adj.* soft
sunaka wargayak සුනඛ වර්ගයක් *n.* bulldog
sunaka wisheshayak සුනඛ විශේෂයක් *n.* greyhound
sunaka wisheshayak සුනඛ විශේෂයක් *n.* spaniel
sunamya සුනම්‍ය *adj.* lithe
sunamya සුනම්‍ය *adj.* supple
sunamya raajakaaree welawan සුනම්‍ය රාජකාරි වේලාවන් *n.* flexitime
sunamyathaawa සුනම්‍යතාව *n.* precision
sunangu සුනංගු *adj.* tardy
sunangu wenawa සුනංගු වෙනවා *v.* hover
sunbun සුන්බුන් *n.* debris
sunbun සුන්බුන් *n.* junk
sunbun සුන්බුන් *n.* remains
sunbun සුන්බුන් *n.* wreckage
sunbun karanawaa සුන්බුන් කරනවා *v.* smash
sundara සුන්දර *adj.* aesthetic
sundara සුන්දර *adj.* graceful
sundarathwaya සුන්දරත්වය *n.* beauty
sunnath karanawa සුන්නත් කරනවා

v. circumcise
supiri සුපිරි *adj.* deluxe
supiri සුපිරි *adj.* super
supiri saappuwa සුපිරි සා ප්පුව *n.* superstore
supiri shuddha සුපිරි ශුද්ධ *adj.* sacred
supiri welandasala සුපිරි වෙළෙඳසැ ල *n.* supermarket
supuri balawathaa සුපිරි බලවතා *n.* superpower
sura badda සුරා බද්ද *n.* excise
suraa sala සුරා සල *n.* tavern
suraapaanothsawaya සුරා පා න ෝත්සවය *n.* wassail
surakithaawaya සුරක්ෂිතතා වය *n.* safeguard
surakshitha සුරක්ෂිත *adj.* safe
surakshitha සුරක්ෂිත *adj.* secure
surathal karanawa සුරතල් කරනවා *v.* dally
surathala සුරතල *n.* dalliance
surathala සුරතලා *n.* pet
surathalaya සුරතලය *v.* caress
suruttuwa සුරු ට්ටුව *n.* cigar
susum lanawaa සුසුම් ලනවා *v.i.* sigh
suswara සුස්වර *n.* meld
suwa kala haki සුව කළ හැකි *adj.* curable
suwa karanawa සුව කරනවා *v.* heal
suwa karanawaa සුවකරනවා *v. t.* cure
suwachakama සුවචකම *n.* sociability
suwadatha gas wargayak සුවඳැ ත ගස් වර්ගයක් *n.* basil
suwanda සුවඳ *n.* aroma
suwanda සුවඳ *n.* fragrance
suwanda සුවඳ *n.* incense
suwanda සුවඳ *n.* scent
suwanda hamana සුවඳ හමන *adj.* odorous
suwanda hathu සුවඳ හතු *n.* truffle
suwanda kawanawa සුවඳ කවනවා *v.* embalm
suwanda laatu සුවඳ ලාටු *n.* myrrh
suwanda pan සුවඳ පැන් *n.* cologne
suwanda puyara mishranayak සුවඳ පුයර මිශ්‍රණයක් *n.* rouge
suwanda wilawun සුවඳ විලවුන් *n.* perfume
suwandathi shaaka wisheshayak සුවඳැති ශා ක විශේෂයක් *n.* bergamot
suwapahasu සුවපහසු *adj.* cosy
suwaya labanawa සුවය ලබනවා *v.* recuperate
suwishaala සුවිශා ල *adj.* colossal
suwishesha nimawum lakshana athi සුවිශේෂ නිමැවුම් ලක්ෂණ ඇති *n.* paisley
suwisheshee සුවිශේෂී *adj.* particular
swa baashaawa ස්ව භා ෂා ව *n.* vernacular
swaabhaawika ස්වා භාවික *adj.* natural
swaadeena ස්වාධීන *adj.* free
swaadeena ස්වාදීන *adj.* substantive
swaadeena pudgalayaa ස්වාධීන පුද්ගලයා *n.* freebie
swaadeenathwaya ස්වාධීනත්වය *n.* freedom
swaadhipathi ස්වාධිපති *adj.* autocratic
swaadu bhojanakalaawa ස්වාදු

භෝජනකලා ව *n.* gastronomy
swaamiduwa ස්වාමිදූව *n.* mistress
swaamithwaya dakwana ස්වාමිත්වය දක්වන *adj.* possessive
swaamiya ස්වාමියා *n.* employer
swaamiya ස්වාමියා *n.* husband
swaamiya ස්වාමියා *n.* lord
swaamiyaa ස්වාමියා *n.* master
swaayaththa ස්වායත්ත *adj.* intrinsic
swabhaawa widyaawa ස්වභාව විද්‍යාව *n.* naturalist
swabhaawaya ස්වභාවය *n.* nature
swabhaawayen ස්වාභාවයෙන් *adv.* naturally
swabhaawika darshanaya ස්වාභාවික දර්ශනය *n.* scenery
swabhaawya ස්වභාව්‍යය *n.* naturism
swachaaraya ස්වචාරය *n.* idiosyncrasy
swadeenathaawaya ස්වාධීනතා ව *n.* liberty
swadesheeya ස්වදේශීය *adj.* indigenous
swadesheeya ස්වදේශීය *n.* native
swadeshikayaa ස්වදේශිකයා *n.* compatriot
swairee bhaawaya ස්වෛරී භාවය *n.* sovereignty
swaireewadaya ස්වෛරීවාදය *n.* anarchism
swalpa ස්වල්ප *adj.* few
swalpa ස්වල්ප *adj.* meagre
swalpa ස්වල්ප *adj.* slight
swalpa misranaya ස්වල්ප මිශ්‍රණය *n.* tinge
swalpaya ස්වල්පය *n.* modicum
swaothsaahayen diyunu wu ස්වෝත්සාහයෙන් දියුණු වූ *adj.* self-made
swapeedakaamaya ස්වපීඩකාමය *n.* masochism
swara maaduryayata sambanda ස්වර මාධූර්යයට සම්බන්ධ *adj.* melodic
swara nagaa kiyanawa ස්වර නගා කියනවා *v.* intone
swara sanwaadaya ස්වර සංවාදය *n.* unison
swara sapthakaya ස්වර සප්තකය *n.* gamut
swara yodaa kiyanawaa ස්වර යොදා කියනවා *v.* vocalize
swaraalaya ස්වරාලය *n.* larynx
swarayen uchcharanaya dakwanawa ස්වරයෙන් උච්චාරණය දක්වනවා *v.* accentuate
swarnamaya ස්වර්ණමය *adj.* golden
swasthathaawa ස්වස්ථතා ව *n.* hygiene
swathanthra ස්වතන්ත්‍ර *adj.* autonomous
swayan pareekshanaya ස්වයං පරීක්ෂණය *n.* autopsy
swayankriya ස්වයංක්‍රිය *adj.* automatic
swayansidda ස්වයංසිද්ධ *adj.* spontaneous
swechcha sewaka ස්වේච්ඡා සේවක *n.* volunteer
swechchaawen ස්වේච්ඡාවෙන් *adv.* voluntarily
swechchathaawa ස්වේච්ඡතා ව *n.* autism
swedanaya ස්වේදනය *n.* perspiration
swiss kandukara waasinge gaayana kramayak ස්විස් කඳුකර

වාසීන්ගෙ˚ශ යන ක්‍රමයක් *v.* yodel

swwthkaaraya karanawa සීත්කා රය කරනවා *v.* sough

T

tankiya ටැංකිය *n.* tank

tapa ටැප *n.* tapas

tapantain ටර්පන්ටයින් *n.* turpentine

tayaraya ටයරය *n.* tyre

teek bolaya ටීක් බ ෝලය *n.* marble

teletext ටෙලිටෙක්ස්ට් *n.* teletext

tendaraya ටෙන්ඩරය *n.* tender

tenis kreedaawa ටෙනිස් ක්‍රීඩා ව *n.* tennis

terbo aaropakaya ටර්බො ආර ෝපකය *n.* turbocharger

th natha ත් නැ ත *conj.&adv.* nor

thaachchiya තා ච්චිය *n.* wok

thaagga තෑ ග්ග *n.* gift

thaagga තෑ ග්ග *n.* prize

thaagga තෑ ග්ග *n.* reward

thaagi karana lada තෑගි කරන ලද *adj.* gifted

thaakshanawedee තා ක්ෂණවේදීය *adj.* technological

thaakshanikathwaya තා ක්ෂණිකත්වය *n.* technicality

thaalaya තා ලය *n.* melody

thaaluja තාලුජ *adj.* palatal

thaanaantharaya තා නා න්තරය *n.* post

thaanaapathi තා නා පති *n.* ambassador

thaanaapathi තා නා පති *n.* consul

thaanaapathi mandalaya තා නා පති මණ්ඩලය *n.* embassy

thaanaapathi mandiraya තා නා පත් මන්දිරය *n.* consulate

thaanaapathi pilibanda තා නා පති පිළිබඳ *n.* consular

thaanayama තා නා යම *n.* inn

thaapa gathi vidyaawa තා ප ගති විද්‍යා ව *n.* thermodynamics

thaapa paalakaya තා ප පාලකය *n.* thermostat

thaapa sthaapana තා ප ස්ථා පන *adj.* thermosetting

thaapakaya තා පකය *n.* heater

thaapanaya තා පනය *n.* heating

thaapasaaraamaya තා පසා රාමය *n.* priory

thaapasayaa තා පසයා *n.* recluse

thaapaya තා පය *n.* heat

thaara තා ර *n.* tar

thaaraawa තා රාවා *n.* duck

thaaraka widyagniya තා රකා විද්‍යා ඥයා *n.* astronomer

thaaraka widyawa තා රකා විද්‍යා ව *n.* astronomy

thaarakaa mandalaya තා රකා මණ්ඩලය *n.* constellation

thaarakaa pilibanda wu තා රකා පිළිබඳ වූ *adj.* stellar

thaarathaawa තා රතා ව *n.* pitch

thaarkikathwaya තා ර්කිකත්වය *n.* rationale

thaarunyaya තා රු ණ්‍යය *n.* youth

thaaththa තා ත්තා *n* dad

thaaththaa තා ත්තා *n.* father

thaathwika තා ත්වික *adj.* real

thaathwika තා ත්වික *adj.* realistic

thaathwika තා ත්වික *adj.* virtual

thaawakaalika තා වකාලික *adj.* provisional

thaawakaalika තාවකාලික *adj.* temporary
thaawakaalika padinchiya තාවකාලික පදිංචිය *n.* sojourn
thaawakaalika sahanaya තාවකාලික සහනය *n.* truce
thaawakaalikawa athhituwanawaa තාවකාලිකව අත්හිටුවනවා *v.* suspend
thaawakalika තාවකාලික *n.* interim
thabaaganeema තබාගැනීම *n.* keeping
thabanawa තබනවා *v.* keep
thada තද *adj.* bold
thada තද *adj.* rigid
thada තද *adj.* tight
thada karanawaa තද කරනවා *v.* tighten
thada nathi bawa තද නැති බව *n.* laxity
thada parusha තද පරුෂ *adj.* vehement
thada rathu තද රතු *n.* crimson
thada rathu paata තද රතු පාට *n.* carmine
thada wenawa තද වෙනවා *v.* fasten
thadabada kota peralanawa තදබද කොට පෙරළනවා *v.* hustle
thadabala තදබල *adj.* intense
thadabala තදබල *adj.* rigorous
thadabala තදබල *adv.* sorely
thadabala තදබල *adj.* stringent
thadabala gathiya තදබල ගතිය *n.* stringency
thadakota andina landa තදකොට අඳින ලද *adj.* taut
thadi baanawaa තඩි බානවා *v.* thrash
thadi baanawaa තඩි බානවා *v.* wallop
thadin alee sitina තදින් ඇලී සිටින *adj.* tenacious
thadin handalanawaa තදින් හඬලනවා *v.* squawk
thadin sawi wenawa තදින් සවි වෙනවා *v.* cling
thadin wasanawaa තදින් වසනවා *v.* slam
thadissiya තඩිස්සිය *n.* tumour
thadiyama තදියම *n.* haste
thahanam තහනම් *adj.* illicit
thahanam badu තහනම් බඩු *n.* contraband
thahanam karanawa තහනම් කරනවා *v. i.* deny
thahanam karanawa තහනම් කරනවා *v.* forbid
thahanam karanawa තහනම් කරනවා *v.* inhibit
thahanama තහනම *v.* ban
thahanama තහනම *n.* caveat
thahanama තහනම *n.* inhibition
thahanama තහනම *n.* prohibition
thahanama තහනම *n.* restriction
thahanchiya තහංචිය *n.* hurdle
thahanchiya තහංචිය *n.* taboo
thahawuru karanawa තහවුරු කරනවා *v.* confirm
thahawuru karanawa තහවුරු කරනවා *v.* consolidate
thahawuru karanawaa තහවුරු කරනවා *v.* stabilize
thahawuru kireema තහවුරු කිරීම *n.* confirmation
thailaya තෛලය *a.* oil
thakanawa තකනවා *v.* regard

thakatheeru තකතීරු *adj.* daft
thakatheeru තකතීරු *adj.* fatuous
thakathiru තකතීරු *adj.* silly
thakathirukama dakwanawaa තකතීරු කම දක්වනවා *v.* stultify
thakkaali තක්කාලි *n.* tomato
thakkadikama තක්කඩිකම *n.* escapade
thakkadiya තක්කඩියා *n.* miscreant
thakkadiyaa තක්කඩියා *n.* rascal
thakseru karanawa තක්සේරු කරනවා *v.* assess
thakseruwa තක්සේරු ව *n.* valuation
thakshanaya තාක්ෂණය *n.* technology
thala තල *n.* sesame
thalaa pelaa damanawaa තළා පෙළා දමනවා *v.* maul
thalaa podi karanawaa තළා පොඩි කරනවා *v.* mangle
thalaathu miniran තලාතු මිනිරන් *n.* talc
thalaelalu sthriya තළඑළලු ස්ත්‍රිය *n.* brunette
thalanawa තළනවා *v.* baste
thalanawa තළනවා *v.* chastise
thalanawa තලනවා *v.* flog
thalanawaa තලනවා *v.* swat
thalapa තලප *n.* mush
thalapaya තලපය *n.* paste
thalastha තලස්ත *adj.* tabular
thalaya තලය *n.* blade
thalaya තලය *n.* plane
thalaye wegaya තාලයේ වේගය *n.* tempo
thaliya තලිය *n.* bowl
thallu karanawaa තල්ලු කරනවා *v.* push
thalma තැළුම *n.* bruise
thalma තැළුම *n.* contusion
thalmasa තල්මසා *n.* whale
thalmasun mareema තල්මසුන් මැරීම *n.* whaling
thalu gasanawaa තලු ගසනවා *v.* slurp
thalugasamin kanawa තලුගසමින් කනවා *v.* gobble
thamaa තමා *pron.* oneself
thamaa තමා *n.* self
thamanta wuwamanaa de pamanak thora gannawa තමන්ට වුවමනා දේ පමණක් තෝරා ගන්නවා *v.* garble
thamba තඹ *n.* copper
thambaleruwa තඹලේරුව *n.* tumbler
thambana thatiya තම්බන තැටිය *n.* casserole
thambili තැඹිලි *n.* orange
thana bima තණබිම *n.* pasture
thana burullen kiri powanawaa තන බුරුලෙන් කිරි පොවනවා *v.* suckle
thana pidalla තණපිඩැල්ල *n.* turf
thanakin thanakata yaama තැනකින් තැනකට යාම *n.* transit
thanakola තණකොළ *n.* grass
thanakola saha pittaniya තණකොළ සහිත පිට්ටනිය *n.* lawn
thanakolapeththa තණකොළපෙත්තා *n.* cricket
thanakolapeththa තණකොළපෙත්තා *n.* grasshopper
thananawa තනනවා *v.* create
thanapata තනපට *n.* bra
thanapuduwa තනපුඩුව *n.* nipple

thanaya pilibanda තනය පිළිබඳ *adj.* mammary
thani තනි *adj.* mere
thani තනි *adj.* single
thani aithiya තනි අයිතිය *n.* monopoly
thani deyak තනි දෙයක් *n.* singleton
thani kaachaya තනි කාචය *n.* monocle
thani karanawa තනි කරනවා *v.* insulate
thani karanawa තනි කරනවා *v.* isolate
thani saila තනි සෛල *n.* monolith
thanikadaya තනිකඩයා *n.* bachelor
thanikarama තනිකරම *adv.* solely
thanin thanin iranawaa තැනින් තැන ඉරනවා *v.* lacerate
thanipeella තනිපීල්ල *n.* monorail
thaniwa තනිව *adv.* alone
thaniwa karana kreedaawa තනිව කරන ක්‍රීඩාව *n.* solitaire
thaniwa wasanna තනිව වසන්නා *n.* loner
thaniyama katha kireema තනියම කතා කිරීම *n.* soliloquy
thanpath wenawa තැන්පත් වෙනවා *v.* accumulate
thanpathkama තැන්පත්කම *n.* poise
thanpathuwa තැන්පතුව *n.* deposit
thanthu තන්තු *n.* fibre
thanuka karanawa තනුක කරනවා *v.* dilute
thanuwa තනුව *n.* tune
thapaala තැපෑල *n.* mail
thapaalen anawum kireema තැපෑලෙන් ඇණවුම් කිරීම *n.* mail order
thapal තැපැල් *adj.* postal
thapal gaasthuwa තැපැල් ගාස්තුව *n.* postage
thapal kaaryaalaya තැපැල් කාර්යාලය *n.* postoffice
thapal kethaya තැපැල් කේතය *n.* postcode
thapal patha තැපැල් පත *n.* postcard
thapal sthaanaadhipathi තැපැල් ස්ථානාධිපති *n.* postmaster
thapalkaru තැපැල්කරු *n.* postman
thapasa තපස *n.* penance
thapasaaramaya තාපසාරාමය *v.t,* abdicate
tharaadiya තරාදිය *n.* scale
tharaathirama තරාතිරම *n.* status
tharabaaru තරබාරු *adj.* beefy
tharabaaru තරබාරු *n.* fat
tharabaaru තරබාරු *adj.* obese
tharabaaru තරබාරු *adj.* stocky
tharabaarukama තරබාරු කම *n.* obesity
tharaha awussanawa තරහ අවුස්සනවා *n.* nettle
tharaha gathiya තරහා ගතිය *n.* temper
tharaha karanawa තරහ කරනවා *v.* mortify
tharamak තරමක් *adv.* fairly
tharamak loku තරමක් ලොකු *adj.* sizeable
tharamak sathutudaayaka තරමක් සතුටුදායක *adj.* passable
tharanga diweema තරඟ දිවීම *n.* race
tharanga karanawa තරඟ කරනවා *v.* compete
tharanga karanawa තරඟ කරනවා *v.*

contend
tharanga karanawaa තරංග කරනවා *v.* vie
tharanga nagenawaa තරංග නැ ගෙනවා *v.* undulate
tharangaawaliya තරඟා වලිය *n.* tournament
tharangakaaree තරඟකාරී *adj.* competitive
tharangakaru තරඟකරු *n.* contestant
tharangakaruwaa තරඟකරු වා *n.* competitor
tharangaya තරඟය *n.* competition
tharangaya තරඟය *n.* contest
tharangaya තරඟය *n.* match
tharangayata duwanawa තරඟයට දුවනවා *v.* race
tharawatu karanawaa තරවටු කරනවා *v.* rebuff
tharawatu karanawaa තරවටු කරනවා *v.* rebuke
tharawatu karanawaa තරවටු කරනවා *v.* remonstrate
tharawatu karanawaa තරවටු කරනවා *v.* reprimand
tharawatu karanawaa තරවටු කරනවා *v.* threaten
tharawatuwa තරවටුව *n.* reproof
tharawkaaraya තැ රැව්කා රයා *n.* broker
tharjanaya තර්ජනය *n.* menace
tharjanaya තර්ජනය *n.* threat
tharjanayen baya ganwanawa තර්ජනයෙන් බය ගන්වනවා *v.* hector
tharka karanawa තර්ක කරනවා *v.* argue
tharka karanawa තර්ක කරනවා *v. i* dispute
tharkanukoola තර්කා නුකූල *adj.* logical
tharkashaasthraya තර්කශා ස්ත්‍රය *n.* logic
tharkasheeli තර්කශීලි *adj.* argumentative
tharkayata ekanga nathi තර්කයට එකඟ නැති *adj.* illogical
tharu lakuna තරු ලකුණ *n.* asterisk
tharu wani තරු වැනි *adj.* starry
tharuna තරු ණ *adj.* youthful
tharuna wayasa තරු ණ වයස *n.* adolescence
tharunaya තරු ණයා *adj.* adolescent
tharuwa තරු ව *n.* star
thath sahitha thurya baandayak තත් සහිත තූර්ය භා ණ්ඩයක් *n.* zither
thathi gath තැති ගත් *adj.* aghast
thathigannawa තැතිගන්නවා *v.t* dread
thathigannawa තැතිගන්නවා *v.* intimidate
thathiganwanawaa තැතිගන්වනවා *v.* horrify
thathiganweema තැතිගැ න්වීම *n.* intimidation
thaththwaya තත්වය *n.* state
thathwaantharakaranaya karanawaa තත්වා න්තරකරණය කරනවා *v.* transmute
thathwaya තත්වය *n.* position
thathyaankaya තථ්‍යාංකය *n.* hallmark
thatiya තැටිය *n.* disc
thatiya තැටිය *n.* tray
thattama තට්ටම *n.* breech
thattama තට්ටම *n.* buttock

thattu geya තට්ටු ගෙය *n.* terrace
thattu karanawa තට්ටු කරනවා *v.* rap
thawa warak තව වරක් *n.* encore
thawada තවද *adv.* withal
thawadurata තවදුරට *adv.* further
thawaduratath තවදුරටත් *adv.* furthermore
thawaduratath තවදුරට *adv.* moreover
thawalama තවලම *n.* caravan
thawama තවම *adv.* yet
thawarenawaa තැවරෙනවා *v.* smear
thawath තවත් *adv.* again
thawenawa තැවෙනවා *v.* bemoan
thawenawa තැවෙනවා *v.* wither
thawili sahitha තැවිලි සහිත *adj.* anxious
thawsa තවුසා *adj.* ascetic
thawusa තවුසා *n.* hermit
the තේ *n.* tea
the kola pettiya තේ කොළ පෙට්ටිය *n.* caddy
theendu karanawa තීන්දු කරනවා *v. t* determine
theenduwa තීන්දුව *n.* decision
theenduwa තීන්දුව *n.* dictum
theenduwa තීන්දුව *n.* verdict
theentha තීන්ත *n.* ink
theentha තීන්ත *n.* paint
theerakaya තීරකයා *n.* arbiter
theerakayaa තීරකයා *n.* referee
theeranaathmaka තීරණාත්මක *adj.* conclusive
theeranaathmaka තීරණාත්මක *adj.* crucial
theeranaathmaka තීරණාත්මක *adj.* decisive
theeranaya karanava තීරණය කරනවා *v.* adjudicate
theeranaya karanawa තීරණය කරනවා *n.* conclude
theeranaya karanawa තීරණය කරනවා *v.* decide
theeranaya kireema තීරණය කිරීම *v.t.* adjudge
theeranayakata nopamina sitinawaa තීරණයකට නොපැමිණ සිටිනවා *v.* vacillate
theeranayakata nopamini තීරණයකට නොපැමිණි *adj.* undecided
theeruwa තීරුව *n.* column
theewra තීව්‍ර *adj.* intensive
theewrathaawa තීව්‍රතාව *n.* intensity
thehettu wu තෙහෙට්ටු වූ *adj.* jaded
thejasa තේජස *n.* majesty
thejasa තේජස *n.* splendour
thejaswee තේජස්වී *adj.* awesome
thejaswee තේජස්වී *adj.* splendid
thejawantha තේජවන්ත *adj.* majestic
thekka තේක්ක *n.* teak
thel තෙල් *n.* oil
thel aakara තෙල් ආකර *adj.* unctuous
thel patawana nawa තෙල් පටවන නැව *n.* tanker
thel wani තෙල් වැනි *adj.* oily
themaathmaka තේමාත්මක *adj.* thematic
themaawa තේමාව *n.* theme
themparaaduwa තෙම්පරාදුව *n.* seasoning
themunu තෙමුණු *adj.* damp

therapanawaa තරෙපනවා *v.* compress
therapanawaa තරෙපනෙවා *v.* thrust
therapenawa තරෙපනෙවා *v.t.* jam
thereema තේරීම *n.* assortment
theriya haki තේරිය හැකි *adj.* selective
therum ganeema තේරුම් ගැනීම *n.* understanding
therum ganeemata dushkara තේරුම් ගැනීමට දුෂ්කර *adj.* uncanny
therum gannawaa තේරුම් ගන්නවා *v.t.* understand
therum kara denawa තේරුම් කර දනෙවා *v.* propound
therumgatha haki තේරුම්ගත හැකි *adj.* perceptible
theth karanawa තෙත් කරනවා *v.* dampen
theth karanawa තෙත් කරනවා *v.* moisturize
theth wenawaa තෙත් වනෙවා *v.* moisten
thetha තෙත *adj.* humid
thetha තෙත *adj.* moist
thetha තෙත *adj.* wet
thetha bahinawaa තෙත බහිනවා *v.* seep
thethabari තෙතබරි *adj.* sopping
thethamanaya තෙතමනය *n.* moisture
thethamanaya තෙතමනය *n.* wetness
thibbathaye yak gawaya තිබ්බතයේ යැක් ගවයා *n.* yak
thigasma තිගැස්ම *n.* fright
thigasma තිගැස්ම *n.* shock
thiha තිහ *adj.* & *n.* thirty
thiha තිහ *adj.* & *n.* thirty
thippola තිප්පොළ *n.* cache
thippola තිප්පොල *n.* lair
thira neruwa තිර නෙරුව *n.* pelmet
thira redda තිර රෙද්ද *n.* curtain
thiras තිරස් *adj.* horizontal
thirasaara තිරසාර *adj.* resolute
thiraya තිරය *n.* screen
thireluwa තිරළුවා *n.* ram
thirihan weema තිරිහන් වීම *n.* rejuvenation
thirihan wenawa තිරිහන් වනෙවා *v.* rejuvenate
thiringaya තිරිංගය *n.* brake
thiringu තිරිඟු *n.* wheat
thiringu walin saadana lada තිරිඟු වලින් සාදන ලද *adj.* wheaten
thirisan තිරිසන් *adj.* beastly
thiruwaana තිරුවාණ *n.* quartz
thisweni තිස්වනෙි *adj.* & *n.* thirtieth
thisweni තිස්වනෙි *adj.* & *n.* thirtieth
thith komaawa තිත් කොමාව *n.* semicolon
thith yoda katayam karanawaa තිත් යොඩ කැටයම් කරනවා *v.* stipple
thitha තිත *n.* dot
thithkuruwa තිත්කුරුව *n.* roulette
thiththa තිත්ත *adj.* bitter
thiththa karanawa තිත්ත කරනවා *v.* embitter
thiyenawa තියනෙවා *v.* be
thiyenawa තියනෙවා *v.* exist
thiyenawa තියනෙවා *v.* have
thlmasun marannaa තල්මසුන් මරන්නා *n.* whaler
thoga welandaama තොග වළෙඳාම *n.* wholesale
thoga welendaa තොග වළෙන්ඳා *n.*

wholesaler

thogaya තොගය *n.* stock

thol pilibanda woo තොල් පිළිබඳ වූ *adj.* labial

thola තොල *n.* lip

tholugaanawa තොලුගානවා *v.* munch

thomarathalaya තෝමරතලය *n.* spearhead

thon lanuwa තෝන් ලණුව *n.* rein

thonduwa තොණ්ඩුව *n.* noose

thonthu karanawaa තෝන්තු කරනවා *v.* stun

thonthu karanna තෝන්තු කරන්න *n.* stunner

thonthu wu තෝන්තු වූ *adj.* giddy

thoorya bhandayakin upadina තූර්ය භාණ්ඩයකින් උපදින *adj.* instrumental

thoorya naada sakas karannaa තූර්ය නාද සකස් කරනවා *n.* tuner

thoorya sanwaadaya තූර්ය සංවාදය *n.* symphony

thoorya waadakaya තූර්ය වාදකයා *n.* instrumentalist

thoppimala තොප්පිමල *n.* cockade

thoppiya තොප්පිය *n.* cap

thora තොර *adj.* bereft

thora wu තොර වූ *v.* bereaved

thoraa gannawaa තෝරා ගන්නවා *v.* opt

thoraaganeema තෝරා ගැනීම *n.* choice

thoraaganeema තෝරා ගැනීම *n.* selection

thoragannawa තෝරා ගන්නවා *v.* pick

thoranawa තෝරනවා *v.* elect

thoranawaa තෝරනවා *v.* select

thorathuru තොරතුරු *n.* information

thorathuru තොරතුරු *n.* lore

thorathuru sapayanna තොරතුරු සපයන්නා *n.* tipster

thorathuru thawa duratath rahasya nowana bawata prakaasha karanawa තොරතුරු තවදුරටත් රහස්‍ය නොවන බව ප්‍රකාශ කරනවා *v.* declassify

thorathuru wimasanawa තොරතුරු විමසනවා *n.* consultation

thorawa තොරව *adv.* apart

thorombalkaaraya තොරොම්බල්කාරයා *n.* pedlar

thota තොට *n.* ferry

thotilla තොටිල්ල *n.* cot

thotilla තොටිල්ල *n.* cradle

thotilla තොටිල්ල *n.* hammock

thotupala තොටුපළ *n.* port

thraasa kathaawa ත්‍රාස කතාව *n.* thriller

thraasajanaka dhiga gamana ත්‍රාසජනක දිග ගමන *n.* odyssey

thraasaya ත්‍රාසය *n.* dismay

thrai paakshika ත්‍රෛපාක්ෂික *adj.* tripartite

thrasaya ත්‍රාසය *n* alarm

thrasthawaadaya ත්‍රස්තවාදය *n.* terrorism

thrasthawaadiyaa ත්‍රස්තවාදියා *n.* terrorist

thrikonaakaara ත්‍රිකෝණාකාර *adj.* triangular

thrikonamithiya ත්‍රිකෝණමිතිය *n.* trigonometry

thrikonaya ත්‍රිකෝණය *n.* triangle

thrimaana ත්‍රිමාන *n.* stereo

thrimaana dwanika ත්‍රිමාන ධ්වනික *adj.* stereophonic
thrimaaneksha ත්‍රිමානේක්ෂ *adj.* stereoscopic
thrimoodahkaya ත්‍රිමූර්ධකය *n.* triceps
thripangu booshanaya ත්‍රිපංගු භූෂණය *n.* triptych
thrishoolaya ත්‍රිශූලය *n.* trident
thrithwaya ත්‍රිත්වය *n.* trinity
thriwarna ත්‍රිවර්ණ *n.* tricolour
thruptha swabhaawaya තෘප්ත ස්වභාවය *n.* satiety
thrupthimath තෘප්තිමත් *adj.* complacent
thrupthiya තෘප්තිය *n.* contentment
thrupthiyata path kala තෘප්තියට පත් කළ *adj.* sated
thrupya තෘප්‍ය *adj.* satiable
thrushnaawa තෘෂ්ණාව *n.* avarice
thrutheeika තෘතීයික *adj.* tertiary
thuchcha තුච්ඡ *adj.* disreputable
thuda තුඩ *n.* dart
thuda තුඩ *n.* nib
thuda තුඩ *n.* nozzle
thuda තුඩ *n.* peak
thuda තුඩ *n.* point
thuduwa තුඩුව *n.* cape
thula තුළ *prep.* in
thulaa raashiya තුලා රාශිය *n.* Libra
thulata තුළට *prep.* into
thulya තුල්‍ය *adj.* tantamount
thulyaarthika තුල්‍යාර්ථික *adj.* synonymous
thun andunu kruthiya තුන් ඈඳුනු කෘතිය *n.* trilogy
thun gunayak wu තුන් ගුණයක් වූ *adj.* treble
thun isaw malala tharanga තුන් ඉසව් මළල තරඟය *n.* triathlon
thun kattuwa තුන් කට්ටුව *n.* trio
thun masakata warak wu තුන්මසකට වරක් වූ *adj.* quarterly
thun pada kaviya තුන් පද කවිය *n.* triplet
thun warak තුන් වරක් *adv.* thrice
thuna තුන *adj.* & *n.* three
thunatiya තුනටිය *n.* loin
thunduwa තුණ්ඩුව *n.* billet
thunduwa තුණ්ඩුව *n.* chit
thunee තුනී *adj.* thin
thunee තුනී *n.* thinker
thunee lali pathura තුනී ලැලි පතුර *n.* veneer
thunee meeduma තුනී මීදුම *n.* haze
thunee pathali kottaya තුනී පැතලි කොට්ටය *n.* pad
thunee thahadu yedeema තුනී තහඩු යෙදීම *v.* laminate
thunee wenawa තුනී වෙනවා *v.* lessen
thunwani තුන්වැනි *adj.* third
thuran karanawaa තුරන් කරනවා *v.* sequester
thurki තුර්කි *n.* ottoman
thuru තුරු *prep.* till
thuru තුරු *prep.* until
thurugomuwa තුරු ගොමුව *n.* bower
thurul wenawa තුරුල් වෙනවා *v.* nestle
thuruliya තුරුලිය *n.* flora
thurulla තුරුල්ල *n.* bosom
thurulwa sitinawaa තුරුල්ව සිටිනවා *v.* snuggle
thurumpuwa තුරුම්පුව *n.* trump
thushaara තුෂාර *n.* frost

thuththanagam තුත්තනාගම් *n.* zinc
thuttuwa nathi තුට්ටුව නැති *adj.* broke
thuwaa redhi තුවා රෙදි *n.* towelling
thuwaala karanawaa තුවාල කරනවා *v.* injure
thuwaalaya තුවාලය *n.* injury
thuwaalaya තුවාලය *n.* wound
thuwaalaye kabala තුවාලයේ කබල *n.* scab
thuwaaya තුවාය *n.* towel
thuwakku තුවක්කු *n.* ammunition
thuwakku gath bhataya තුවක්කු ගත් භටයා *n.* musketeer
thuwakkuwa තුවක්කුව *n.* gun
thuwakkuwa තුවක්කුව *n.* musket
thuwakkuwe kokaa තුවක්කුවේ කොක්ක *n.* trigger
thwarakaya ත්වරකය *n.* accelerator
thyaagasheeli ත්‍යාගශීලි *adj.* charitable
thyaagaya ත්‍යාගය *n.* gratuity
thyaagaya ත්‍යාගය *n.* present
thyagasheelee ත්‍යාගශීලී *adj.* beneficent
thyagasheeli ත්‍යාලශීලි *adj.* bountiful
thyagaya ත්‍යාගය *v.* award
thyroid granthiya තයිරොයිඩ් ග්‍රන්ථිය *n.* thyroid
tik gaama ටික් ගෑම *n.* click
tika tika ටික ටික *adv.* piecemeal
tika tika bonawaa ටික ටික බොනවා *v.* sip
tikak solawanawa ටිකක් සොලවනවා *v.* joggle
tikakata ටිකකට *adv.* awhile
tin tin gaanawaa ටින් ටින් ගානවා *v.* tinkle
ton eka ටොන් එක *n.* ton
ton ganana ටොන් ගණන *n.* tonnage
tonaraya ටෝනරය *n.* toner
topiya ටොෆිය *n.* toffee
tornado kunaatuwa ටොනෙඩෝ කුණාටුව *n.* tornado
tractaraya ට්‍රැක්ටරය *n.* tractor
tram rathaya ට්‍රෑම් රථය *n.* tram
transistaraya ට්‍රාන්සිස්ටරය *n.* transistor
trapezaya ට්‍රැපීසය *n.* trapeze
trolar yaathraawa ට්‍රෝලර් යාත්‍රාව *n.* trawler
troliya ට්‍රොලිය *n.* trolley
typhoon ටයිෆූන් *n.* typhoon

U

uayanawa උයනවා *v.* cook
ubaya උභය *adj.* twofold
ubhayachara උභයචර *n.* amphibian
uchchaarana widhiya උච්චාරණ විධිය *n.* elocution
uchchaaranaya උච්චාරණය *n.* utterance
uchcharana vidhiya උච්චාරණ විධිය *n.* accent
uchcharanaya උච්චාරණය *n.* pronunciation
uchcharanaya karanawaa උච්චාරණය කරනවා *v.* pronounce
uchchathama awasthaawa උච්චතම අවස්ථාව *n.* climax
uchitha උචිත *adj.* advisable
uchitha උචිත *adj.* pertinent
uchitha උචිත *adj.* relevant

uda athatha උඩ අතට *adv.* upward
uda bima උඩ බිම *adv.* whereabouts
uda kabaawa උඩ කබාය *n.* overcoat
uda pahala yanawa උඩ පහළ යනවා *v.* bob
uda paninawa උඩ පනිනවා *v.* cavort
uda paninawa උඩ පනිනවා *v.* frisk
uda wisi karanawaa උඩ විසි කරනවා *v.* toss
udaara උදාර *adj.* dignified
udaara උදාර *adj.* magnanimous
udaara උදාර *adj.* munificent
udaara උදාර *adj.* quixotic
udaara උදාර *adj.* stately
udaarabhaawaya උදාරභාවය *n.* nobility
udaaram උදාරම් *adj.* scornful
udaasana උදෑසන *n.* morning
udaasana aaharaya උදෑසන ආහාරය *n.* breakfast
udaaseena උදාසීන *adj.* dull
udaaseena උදාසීන *adj.* ineffective
udaaseena උදාසීන *adj.* neutral
udaaseena උදාසීන *adj.* nonchalant
udaaseena උදාසීන *n.* stoic
udaaseena karanawa උදාසීන කරනවා *v.* neutralize
udaaseenakama උදාසීනකම *n.* nonchalance
udaaweema උදාවීම *adj.* ascendant
udahasa උදහස *n.* ire
udam rala උදම් රළ *n.* tsunami
udangu උඩඟු *adj.* affected
udangu උඩඟු *adj.* cocky
udangu උඩඟු *adj.* lofty
udangu උඩඟු *adj.* perky
udangu උඩඟු *adj.* stilted
udangu උඩඟු *n.* strudel
udangukama උඩඟුකම *n.* pomposity
udaraya උදරය *n.* abduction
udaraya උදරය *n.* belly
udareeya උදරීය *adj.* aberrant
udaseena උදාසීන *adj.* indolent
udaseena උදාසීන *adj.* listless
udata උඩට *adv.* up
udau karanawa උදව් කරනවා *v.* help
udaw උදව් *n.* aids
udawadia උඩවැඩියා *n.* orchid
udawwa උදව්ව *n.* aid
udbhitha widyaawa උද්භිත විද්‍යාව *n.* botany
uddamanaya උද්ධමනය *n.* inflation
uddeepakaya උද්දීපකය *n.* irritant
uddhatha උද්ධත *adj.* dogmatic
udgamanaya උද්ගමනය *n.* ascent
udgamanaya උද්ගමය *n.* rising
udghoshanaya උද්ඝෝෂණය *n.* clamour
udin උඩින් *prep.* over
udin balanawaa උඩින් බලනවා *v.* overlook
udin pihiti උඩින් පිහිටි *adv.* overhead
udu buralanawa උඩු බුරනවා *n.* howl
udu buranawa උඩු බුරනවා *n.* yelp
udu rawla උඩු රැවුල *n.* moustache
udu wiyana උඩු වියන *n.* canopy
udugatha karanawaa උඩුගත කිරීම *v.* upload
udukaya උඩුකය *n.* bust
udukaya wasana andumaki උඩුකය වසන ඇඳුමකි *n.* pullover
udukuru උඩුකුරු *adj.* superscript
uduna උදුන *n.* furnace

udwega naatyaya උද්වේග නාට්‍යය *n.* melodrama
udwegaya උද්වේගය *n.* excitement
udyaana widyaawa උද්‍යාන විද්‍යාව *n.* horticulture
udyaanamaya උද්‍යානමය *adj.* parky
udyaanaya උද්‍යානය *n.* park
udyogaya උද්‍යෝගය *n.* zeal
udyogee උද්‍යෝගී *adj.* sedulous
udyogeemath උද්‍යෝගීමත් *adj.* pushy
ugannanawaa උගන්නනවා *v.* teach
uganwanawaa උගන්වනවා *v.* inculcate
ugath උගත් *adj.* erudite
ugath උගත් *adj.* learned
ugathkamin ahankaarawa sitinna උගත්කමින් අහංකාරව සිටින්න *n.* pedant
ugra උග්‍ර *adj.* acute
ugra උග්‍ර *adj.* incisive
ugra jaathi bhedawaadaya උග්‍ර ජාති භේදවාදය *n.* chauvinism
ugra jaathi bhedawaadiya උග්‍ර ජාති භේදවාදියා *n.* *&adj.* chauvinist
ugra wenawa උග්‍ර වෙනවා *v.* aggravate
ugula උගුල *n.* snare
ugula උගුල *n.* toils
ugula උගුල *n.* trap
ugura උගුර *n.* gullet
ugura උගුර *n.* throat
ugura sodanawa උගුර සෝදනවා *v.* gargle
ugurata dekata bonawaa උගුරට දෙකට බොනවා *v.* quaff
ujaaru උජාරු *adj.* dashing
uk pani උක් පැණි *n.* molasses
ukas badu ganna උකස් බඩු ගන්නා *n.* pawnbroker
ukas himiyaa උකස් හිමියා *n.* mortgagee
ukasa උකස *n.* lien
ukasa උකස *n.* mortgage
ukasa උකස *n.* pawn
ukaskaru උකස්කරු *n.* mortgagor
uku උකු *adj.* viscid
ukula උකුල *n.* hip
ukunaa උකුණා *n.* louse
ukunan athi උකුණන් ඇති *adj.* lousy
ukussa උකුස්සා *n.* falcon
ukussa උකුස්සා *n.* hawk
ulak wani උලක් වැනි *adj.* spiky
ulkaapaathayak wani උල්කාපාතයක් වැනි *adj.* meteoric
ulkaapathaya උල්කාපාතය *n.* meteor
ullanganaya උල්ලංඝනය *n.* transgression
ullanganaya karanawa උල්ලංඝනය කරනවා *v.* contravene
ullanganaya karanawaa උල්ලංඝනය කරනවා *v.* infringe
ullanganaya karanawaa උල්ලංඝනය කරනවා *v.* transgress
ullanganaya kireema උල්ලංඝනය කිරීම *n.* infringement
ullanganaya kireema උල්ලංඝනය කරනවා *n.* violation
ulleaka උල්ලේඛ *adj.* abrasive
ullogama උල්ලෝගම *n.* thrush
ulu උළු *n.* tile
ulu poranuwa උළු පෝරණුව *n.* kiln
ulukku wenawaa උළුක්කු වෙනවා *v.t.* sprain

uluppanawa උළුප්පනවා *v.* gouge
uman maga උමං මග *n.* subway
umathu උමතු *adj.* crazy
umathu උමතු *adj.* delirious
umathu උමතු *adj.* frantic
umathu උමතු *adj.* insane
umathu උමතු *adj.* rabid
umathu karanawaa උමතු කරනවා *v.* infuriate
umathukama උමතුකම *n.* delirium
umathuwa උමතුව *n.* mania
umbaa gaanawa උම්බෑ ගානවා *v.* moo
una උණ *n.* bamboo
una උණ *n.* fever
una sahitha උන සහිත *adj.* febrile
una sannipaathaya උණ සන්නිපාතය *n.* typhoid
unandu උනන්දු *adj.* ardent
unandu උනන්දු *adj.* dynamic
unandu උනන්දු *adj.* hearty
unandu උනන්දු *adj.* lively
unandu athi උනන්දු ඇති *adj.* ebullient
unandu karanawaa උනන්දු කරනවා *v.* prompt
unandu karanawaa උනන්දු කරනවා *v.* vivify
unandu karanawaa උනන්දු කරනවා *v.* whet
unanduwa උනන්දුව *n.* alacrity
unanduwa උනන්දුව *n.* keenness
unanduwak nathy උනන්දුවක් නැති *adj.* torpid
unda kabali උණ්ඩ කෑබලි *n.* shrapnel
undangu nowu උඩගු නොවූ *adj.* unassuming
undaya උණ්ඩය *n.* pellet
undun koora උඳුන් කූර *n.* poker
unduna උඳුන *n.* cooker
unduna උඳුන *n.* oven
unmaadaya උන්මාදය *n.* craze
unmaadaya උන්මාදය *n.* frenzy
unmaadaya උන්මාදය *n.* insanity
unmaadaya උන්මාදය *n.* lunacy
unmanthakayaa උන්මත්තකයා *n.* lunatic
unmanthakayaa උන්මන්තකයා *n.* maniac
unnathanshaya උන්නතාංශය *n.* altitude
unu wathura bothalaya උණු වතුර බෝතලය *n.* thermos
unusum උණුසුම් *adj.* hot
unusum theth උණුසුම් තෙත් *adj.* muggy
unusuma උණුසුම *n.* warmth
unusuma labanawa උණුසුම ලබනවා *v.* bask
unusumak nathi උණුසුමක් නැති *adj.* frigid
upa hamudaawa උප හමුදාව *n.* militia
upa konthraththuwa උප කොන්ත්‍රාත්තුව *v.* subcontract
upa mulu ganana උප මුලු ගණන *n.* subtotal
upa nagaraya උප නගරය *n.* suburb
upa pradaana mulaadaniyaa උප ප්‍රධාන මූලාදැනියා *n.* subaltern
upa sheershaya උප ශීර්ෂය *n.* subtitle
upa waganthiya උප වගන්තිය *n.* byline
upaadhidaaree උපාධිධාරී *n.*

graduate
upaadi pradaanothsawaya උපාධි ප්‍රදානෝත්සවය *n.* convocation
upaadi shishyayaa උපාධි ශිෂ්‍යයා *n.* undergraduate
upaadidaraya උපාධිදරයා *n.* alumnus
upaangaya උපාංගය *n.* appendage
upaantha උපාන්ත *adj.* penultimate
upaaya උපාය *n.* decoy
upaaya උපාය *n.* recourse
upaaya උපාය *n.* tactic
upaaya උපාය *n.* trick
upaaya daksha උපාය දක්ෂ *adj.* resourceful
upaaya dakshayaa උපාය දක්ෂයා *n.* tactician
upaaya pilibanda wu උපාය පිළිබඳ වූ *adj.* tactical
upaayak yodanawa උපායක් යොදනවා *v.* devise
upaayasheeli උපායශීලි *adj.* diplomatic
upaayen polambanawaa උපායෙන් පොළඹනවා *v.* coax
upabhaashaawa උපභාෂාව *n.* dialect
upadawa gannawa උපදවා ගන්නවා *v.* muster
upadawanawa උපදවනවා *v.* generate
upadawanawaa උපදවනවා *v.* evoke
upadawanawaa උපදවනවා *v.* originate
upadawanawaa උපදවනවා *v.* procreate
upaddanawa උපද්දනවා *v.* beget
upades denawa උපදෙස් දෙනවා *v.* counsel
upadeshaka උපදේශක *n.* consultant
upadeshaka උපදේශක *n.* counsellor
upadeshakayaa උපදේශකයා *n.* instructor
upadeshakayaa උපදේශකයා *n.* mentor
upadeshakayaa උපදේශකයා *n.* tutor
upadeshathmaka උපදේශාත්මක *adj.* didactic
upadeshaya උපදේශය *n.* counsel
upadrawa sahitha උපද්‍රව සහිත *adj.* hazardous
upadrawa sahitha උපද්‍රව සහිත *adj.* perilous
upadrawaya උපද්‍රවය *n.* hazard
upadwani උපධ්වනි *adj.* subsonic
upagrahanaya karanawaa උපග්‍රහනය කරනවා *v.* subsume
upagrahaya උපගෘහය *n.* penthouse
upahaasa rachakayaa උපහාස රචකයා *n.* satirist
upahaasa rachanaawa උපහාස රචනාව *n.* skit
upahaasa wakiya උපහාස වැකිය *n.* quirk
upahaasaathmaka උපහාසාත්මක *adj.* satirical
upahaasathmaka උපහාසාත්මක *adj.* ironical
upahaasaya උපහාසය *n.* jibe
upahaasaya උපහාසය *n.* quip
upahaasaya උපහාසය *n.* raillery
upahaasaya උපහාසය *n.* ridicule
upahaasayata lak karanawaa

උපහා සයට ලක් කරනවා *v.* satirize
upaharanaya උපහැ රණය *n.* epigram
upaharanaya උපහැ රණය *n.* fable
upakaara karanawa උපකා ර කරනවා *v.* patronize
upakaara laboo උපකා ර ලැබූ *adj.* indebted
upakaaraka උපකා රක *n.* helping
upakaaraya උපකා රය *n.* favour
upakaaree උපකා රී *adj.* helpful
upakalpanaya karanawa උපකල්පනය කරනවා *v.* assume
upakarana puwaruwa උපකරණ පුවරු ව *n.* dashboard
upakaranaya උපකරණය *n.* accessory
upakaranaya උපකරණය *n.* apparatus
upakaranaya උපකරණය *n.* appliance
upakaranaya උපකරණය *n.* device
upakaranaya උපකරණය *n.* instrument
upakaranayak hadisiye kriya wirahitha weema උපකරණයක් හදිසියේ ක්‍රියා විරහිත වීම *n.* glitch
upakrama yodanawa උපක්‍රම යොදනවා *v.* contrive
upakramaya උපක්‍රමය *n.* contrivance
upakramaya උපක්‍රමය *n.* manoeuvre
upakramaya උපක්‍රමය *n.* resource
upamaa kathaawa උපමා කථා ව *n.* parable
upamaa upameya sahitha උපමා උපමේය සහිත *adj.* rhetorical
upamaawa උපමා ව *n.* simile
upangaya උපාංගය *adj.* subsidiary
upapathrikaawa උපපත්‍රිකා ව *n.* counterfoil
uparima උපරිම *adj.* extreme
uparimaya උපරිමය *n.* maximum
uparimaya karanawaa උපරිමය කරනවා *v.* maximize
uparithaanaya උපරිතා නය *n.* overtone
upasanhaaraya උපසං හා රය *n.* epilogue
upasargaya උපසර්ගය *n.* prefix
upasargaya උපසර්ගය *n.* suffix
upashamaya උපශමය *n.* tranquillity
upaskaraya උපස්කරය *n.* ketchup
upasthambhaka උපස්ථම්භක *adj.* auxiliary
upath paalana kopu උපත් පා ලන කොපු *n.* condom
upatha උපත *n.* birth
upayaa denawa උපයා දෙනවා *v.* yield
upayagnanaya උපා යඥ නය *n.* diplomacy
upayanawa උපයනවා *v.t.* afford
upayanawa උපයනවා *v.* earn
upayogi උපයෝගී *adj.* ancillary
upayogika උපයෝගික *adj.* pragmatic
upayogikathaawaadaya උපයෝගිකතා වා දය *n.* pragmatism
upayogithaawaadiyaa උපයෝගිතා වාදියා *adj.* utilitarian
upayogithaawaya උපයෝගිතා වය *n.* utility
upostha dinaya උපෝස්ථ දිනය *n.* Sabbath

uppaththiya උත්පත්තිය *n.* genesis
upul උපුල් *n.* lily
uputa gath padaya උපුටා ගත් පදය *n.* excerpt
ura ඌරා *n.* boar
ura podiya උර පොදිය *n.* backpack
uraa ඌරා *n.* pig
uraa adaganeema උරා ඇදගැනීම *n.* suction
uraa bonawaa උරා බොනවා *v.* suck
uraa bonnaa උරා බොන්නා *n.* sucker
uraa ganeema උරා ගැනීම *n.* assimilation
uraa gannawa උරා ගන්නවා *v.* - assimilate
uraagannawa උරාගන්නවා *v.* imbibe
uragayaa උරගයා *n.* reptile
urahis ussanawaa උරහිස් උස්සනවා *v.* shrug
urahisa උරහිස *n.* shoulder
urosthiya උරෝස්ථිය *n.* sternum
uru maduwa ඌරු මඩුව *n.* piggery
uru mas ඌරු මස් *n.* pork
uruma wenawa උරුම වෙනවා *v.* inherit
urumakkaarayaa උරුමක්කාරයා *n.* claimant
urumakkaraya උරුමක්කාරයා *n.* heir
urumaya උරුමය *n.* bequest
urumaya උරුමය *n.* heritage
urumaya උරුමය *n.* inheritance
urumaya උරුමය *n.* legacy
us aasanaya උස් ආසනය *n.* dais
us heen handa උස් හීන් හඬ *n.* squeak
us pahath karanawaa උස් පහත් කරනවා *v.* modulate
us sapaththuwa උස් සපත්තුව *n.* boot
usa උස *n.* height
usa උස *adj.* high
usa උස *adj.* tall
usa pramaanaya උස ප්‍රමාණය *n.* stature
usaawiya උසාවිය *n.* court
usabha උසභ *n.* ox
usas උසස් *adj.* adorable
usas උසස් *adj.* eminent
usas andamin උසස් අන්දමින් *adv.* richly
usas bawa උසස් බව *n.* dignity
usas bawa උසස් බව *n.* Highness
usas bawata pamunuwanawaa උසස් බවට පමුණුවනවා *v.* dignify
usas bhakthiya උසස් භක්තිය *n.* adoration
usas deshapaalagnayaa උසස් දේශපාලඥයා *n.* statesman
usas karanawaa උසස් කරනවා *v.* promote
usas karanawaa උසස් කරනවා *v.* upgrade
usas niladaariyekuge deweniyaa උසස් නිලධාරියෙකුගේ දෙවෙනියා *n.* lieutenant
usas panthiye wanshadipathi-warayek උසස් පන්තියේ වංශාධිපතිවරයෙක් *n.* viscount
usas weema උසස් වීම *n.* promotion
usas weemata kriya karanawa උසස් වීමට ක්‍රියා කරනවා *v. t* emulate
usaskamak nathi උසස්කමක් නැති *adj.* earthly
usasweema උසස්වීම *n.* preferment

usha යුෂ *n.* juice
ushna උෂ්ණ *adj.* warm
ushna kalaapayata ayath උෂ්ණ කලාපයට අයත් *adj.* tropical
ushna thaapa vishayaka උෂ්ණ තාප විෂයක *adj.* thermal
ushnathwamaanaya උෂ්ණත්වමානය *n.* thermometer
ushnathwaya උෂ්ණත්වය *n.* temperature
usi gannanawa උසි ගන්නනවා *v.* instigate
usnaadika උෂ්ණාධික *adj.* torrid
ussagena yanawaa උස්සා ගෙන යනවා *v.t.* lift
ussanawa උස්සනවා *v.* elevate
ussanawa උස්සනවා *v.* heave
usthana උස්තැන *n.* eminence
usulana bara උසුලන බර *n.* load
uthkrushta උත්කෘෂ්ට *adj.* excellent
uthkrushta උත්කෘෂ්ට *adj.* smashing
uthkrushta se salakanawaa උත්කෘෂ්ට සේ සලකනවා *v.* idealize
uthkrushtathaawa උත්කෘෂ්ටතාව *n.* excellency
uthpaadakaya උත්පාදකයා *n.* generator
uthpaadakayaa උත්පාදකයා *n.* originator
uthpaththiya උත්පත්තිය *n.* nativity
uthpaththiya pilibanda උත්පත්තිය පිළිබඳ *adj.* natal
uthpaththiya soyanawa උත්පත්තිය සොයනවා *v.* derive
uthpraasaya උත්ප්‍රාසය *n.* irony
uthpreksheeya උත්ප්‍රේක්ෂීය *adj.* putative
uthpreraka උත්ප්‍රේරක *n.* catalyst
uthpreranaya karanawa උත්ප්‍රේරණය කරනවා *v.* catalyse
uthsaaha karanawa උත්සාහ කරනවා *v.* endeavour
uthsaahawanthayaa උත්සාහවන්තයා *n.* trier
uthsaahawath උත්සාහවත් *n.* intent
uthsaahaya උත්සාහය *v.* attempt
uthsaahaya උත්සාහය *n.* perseverance
uthsawa උත්සවය *n.* feast
uthsawa pawathwanna උත්සව පවත්වනවා *v.* celebrate
uthsawa sahitha උත්සව සහිත *adj.* triumphal
uthsawaakaara උත්සවාකාර *adj.* ceremonial
uthsawasreeya උත්සවශ්‍රීය *n.* pageantry
uthsawasreeyak nomathi උත්වශ්‍රීයක් නොමැති *adj.* unceremonious
uthsawaya උත්සවය *n.* celebration
uthsawaya උත්සවය *n.* ceremony
uthsawaya උත්සවය *n.* festivity
uthsawaya උත්සවය *n.* function
uthsawaya උත්සවය *n.* gala
uthsuka උත්සුක *adj.* solicitous
uththamaya උත්තමයා *n.* personage
uththara manthrana sabhaawa උත්තර මන්ත්‍රණ සභාව *n.* senate
uththara manthree උත්තර මන්ත්‍රී *n.* senator
uththara manthree pilibanda උත්තර මන්ත්‍රී පිළිබඳ *adj.* senatorial
uththareethara උත්තරීතර *adj.* superior

uththejakaya wenasweema manina upakaranaya උත්තජේකය වෙනස්වීම මනින උපකරණය *n.* sensor
uththolakaya උත්තෝලකය *n.* elevator
uththolanaya yedeemen labena balaya උත්තෝලනය යෙදීමෙන් ලැබෙන බලය *n.* leverage
uthum darshanaya උතුම් දර්ශනය *n.* paragon
uthura උතුර *n.* north
uthuranawaa උතුරනවා *v.* overflow
uthurehi උතුරෙහි *adj.* northerly
uthuru උතුරු *adj.* northern
uthuru saluwa උතුරු සළුව *n.* scarf
uwadurehi helanawa උවදුරෙහි හෙළනවා *v.* jeopardize
uwamanaa karanawaa උවමනා කරනවා *v.* want
uwamanaa nathi alankaara sahitha උවමනා නැති අලංකාර සහිත *adj.* tawdry
uyanpalla උයන්පල්ලා *n.* gardener
uyanpalla උයන්පල්ලා *n.* ranger

V

vaasayata sudusu වාසයට සුදුසු *adj.* habitable
vaayurodee වායුරෝධී *adj.* hermetic
vairasaya වයිරසය *n.* virus
van riya වෑන් රිය *n.* van
vanchaa karanawa වංචා කරනවා *v.* juggle
varnish වාර්නිෂ් *n.* varnish
vaucharaya වවුචරය *n.* voucher
vayasata venaskam kireema වයසට වෙනස්කම් කිරීම *n.* ageism
vedana vindinawa වේදනා විඳිනවා *v.* aggrieve
veediya වීදිය *n.* street
veeja ganithaya වීජ ගණිතය *n.* algebra
venuven katha karanava වෙනුවෙන් කතා කරනවා *v.* advocate
vichakshana විචක්ෂණ *adj.* adroit
video camerawak ha recoderayak ekata athi yanthrayak වීඩියෝ කැමරාවක් හා රෙකෝඩරයක් එකට ඇති යන්ත්‍රයක් *n.* camcorder
video kireema වීඩියෝ කිරීම *n.* video
vidyaa sthaanayan pilibanda wu විද්‍යා ස්ථානයන් පිළිබඳ වූ *adj.* scholastic
vidyaalaya විද්‍යාලය *n.* academy
vidyaanukoola විද්‍යානුකූල *adj.* scientific
vidyaawa විද්‍යාව *n.* science
vidyaawe wargeekaranaya විද්‍යාවේ වර්ගීකරණය *n.* taxonomy
vidyagnayaa විද්‍යාඥයා *n.* scientist
vihiluwa විහිළුව *n.* jest
vihiluwa විහිළුව *n.* joke
vikaashnaya විකාශනය *v.t.* telecast
vilopanaya karanawa විලෝපනය කරනවා *v.* abrogate
vinaakiri විනාකිරි *n.* vinegar
vinasa karanawaa විනාශ කරනවා *v.* vandalize
vinivida peneema විනිවිද පෙනීම *n.* acumen
vinodaya විනෝදය *adv.* joviality

vipula විපුල *v.t.* abundant
visa pathraya වීසා පත්‍රය *n.* visa
viscose reddhi විස්කෝස් රෙදි *n.* viscose
visha vidyaawa විෂ විද්‍යාව *n.* toxicology
vishabeeja විෂබීජ *n.* toxin
vishabeeja mardaka විෂබීජ මර්ධක *adj.* antiseptic
visheshanaya විශේෂණය *n.* adjective
vishwa vidyaalaya විශ්ව විද්‍යාලය *n.* university
visi karanawaa විසි කරනවා *v.* throw
vitamin විටමින් *n.* vitamin
vitamin haa homona adangu sanyogayak විටමින් හා හෝමෝන අඩංගු සංයෝගයක් *n.* steroid
viyapath වියපත් *adj.* aged
viyuktha වියුක්ත *adj.* abstract
volkanais karanawaa වොල්කනයිස් කරනවා *v.* vulcanize
volt widuli ekakaya වෝල්ට් විදුලි ඒකකය *n.* volt
volteeyathaawaya වෝල්ටීයතාවය *n.* voltage
vyaaptha ව්‍යාප්ත *adj.* immanent

W

waa kauluwa වා කවුළුව *n.* ventilator
waa kawuluwa වා කවුළුව *n.* lintel
waachaala වාචාල *adj.* flippant
waachaala වාචාල *adj.* voluble
waachaala dodawanawa වාචාල දොඩවනවා *v.* blab
waachaalakama වාචාලකම *v.* gab
waachaalaya වාචාලයා *n.* windbag
waachika වාචික *adj.* oral
waachikawa වාචිකව *adv.* orally
waada karanawa වාද කරනවා *v. t.* debate
waadama වාදම *n.* gout
waadaya වාදය *n.* argument
waadi wee karana වාඩි වී කරන *adj.* sedentary
waadiya වාඩිය *n.* lodge
waadya manjusaawa වාද්‍ය මංජුසාව *n.* harmonium
waadya wrundaya වාද්‍ය වෘන්දය *n.* orchestra
waadya wrundayakata sambanda වාද්‍ය වෘන්දයකට සම්බන්ධ *adj.* orchestral
waag bahulyaya වාග් බාහුල්‍යය *n.* verbosity
waag prahaaraya වාග් ප්‍රහාරය *n.* sally
waag widyaagniya වාග් විද්‍යාඥයා *n.* philologist
waag widyaathmaka වාග් විද්‍යාත්මක *adj.* philological
waag widyaawa වාග් විද්‍යාව *n.* philology
waagmaalaawa වාග්මාලාව *n.* glossary
waagwedee වාග්වේදී *adj.* linguist
waahakaya වාහකයා *n.* carrier
waahalkada වාහල්කඩ *n.* vestibule
waahanaya වාහනය *n.* wain
waahanayakin pitathata yomu woo වාහනයකින් පිටතට යොමු වූ *adj.* outboard
waahenawa වෑහෙනවා *v. t* drain

waakya kandaya වාක්‍ය ඛණ්ඩය *n.* clause

waakya kandaya වාක්‍ය ඛණ්ඩය *n.* phrase

waakya vinyaasaya වාක්‍ය වින්‍යාසය *n.* syntax

waakyaya වාක්‍යය *n.* sentence

waamanaya වාමනයා *n.* pygmy

waamapakshikayaa වාමපක්ෂිකයා *n.* leftist

waanaraya වානරයා *n.* ape

waane වානේ *n.* steel

waanija වාණිජ *adj.* commercial

waanija වාණිජ *adj.* mercantile

waanijya වාණිජ්‍යය *n.* commerce

waanu pareekshanaya වාණු පරීක්ෂණය *n.* biopsy

waaraya වරය *n.* term

waarikaya වාරිකය *n.* instalment

waarikaya වාරිකය *n.* premium

waarimaarga kapanawa වාරිමාර්ග කපනවා *v.* irrigate

waarshika වාර්ෂික *adj.* annual

waarshika makkama

wandanaawa වාර්ශික මක්කම වන්දනාව *n.* hajj

waarshikaya වාර්ෂිකය *n.* annuity

waarthaa karanawa වාර්තා කරනවා *v.* report

waarthaa karu වාර්තා කරු *n.* reporter

waarthaawa වාර්තාව *n.* record

waarunu වැරුණු *adj.* emaciated

waarunu වැරුණු *adj.* flaccid

waarunu වැරුණු *adj.* haggard

waasal raamuwa වාසල් රාමුව *n.* portal

waasanaawa වාසනාව *n.* fortune

waasanaawa වාසනාව *n.* luck

waasanaawantha වාසනාවන්ත *adj.* fortunate

waasanaawantha වාසනාවන්ත *adj.* lucky

waasasthaanaya වාසස්ථානය *n.* habitat

waasasthaanaya වාසස්ථානය *n.* residence

waasaya වාසය *n.* habitation

waasaya වාසය *n.* living

waasaya karanawa වාසය කරනවා *n.* abode

waasaya karanawa වාසය කරනවා *v.* dwell

waasaya karanawaa වාසය කරනවා *v.* inhabit

waasayata sudusu වාසයට සුදුසු *adj.* inhabitable

waashpa wenawa වාෂ්ප වෙනවා *v.* evaporate

waashpaya වාෂ්පය *n.* fume

waasi athi වාසි ඇති *adj.* advantageous

waasi athi වාසි ඇති *adj.* lucrative

waasi awaasi වාසි අවාසි *n.* odds

waasi laba gannawa වාසි ලබා ගන්නවා *v.* capitalize

waasi labena වාසි ලැබෙන *adj.* gainful

waasiya වාසිය *n.* advantage

waasiya වාසිය *n.* boon

waasiya වාසිය *n.* score

waasiya වාසිය *n.* vantage

waasiyak salasanawa වාසියක් සලසනවා *v.t.* advantage

waassenawa වෑස්සෙනවා *v.* percolate

waassenawaa වැස් සනෙවා *v.i.* ooze
waatha වාත *adj.* rheumatic
waathaasraya වාතා ශ්‍රය *n.* ventilation
waathaasraya labeemata salaswanawaa වාතා ශ්‍රය ලැබීමට සලස්වනවා *v.* ventilate
waathaawaranaya වාතා වරණය *n.* circumstance
waathashra sahitha වාතා ශ්‍රය සහිත *adj.* airy
waathaya වාතය *n.* air
waaththu kireema වාත්තු කිරීම *n.* casting
waaththu kireema වාත්තු කිරීම *n.* moulding
waaththu maduwa වාත්තු මඩුව *n.* foundry
waati moottu rahitha වාටි මූට්ටු රහිත *adj.* seamless
waatiya වාටිය *n.* fringe
waatiya වාටිය *n.* hem
waattuwa වාට්ටුව *n.* ward
waawanawa වාවනවා *v.* endure
waawanawaa වාවනවා *v.* uphold
waayam karanawaa වෑයම් කරනවා *v.* try
waayama වෑයම *v.* attempt
waayama වෑයම *n.* effort
waayawa වායව *adj.* pneumatic
waayu grastha වායු ග්‍රස්ත *adj.* hysterical
waayu gulmaya වායු ගුල්මය *n.* whirlwind
waayugolaya වායුගෝලය *n.* atmosphere
waayupeedanamaanaya වායුපීඩනමානය *n.* barometer
wachalaya වාචාලයා *n.* jay
wachana andhathaawa වචන අන්ධතාව *n.* dyslexia
wachana anusaarayen වචන අනුසාරයෙන් *adv.* verbatim
wachana bahulyaya වචන බහුල්‍යය *n.* verbiage
wachana maalaawa වචන මාලාව *n.* vocabulary
wachana yedu andama වචන යෙදූ අන්දම *n.* wording
wachanaya වචනය *n.* word
wachanayen kiwa nohaki වචනයෙන් කිව නොහැකි *adj.* unutterable
wachanayen kiyanawaa වචනයෙන් කියනවා *v.* verbalize
wachanayen wisthara dakwanawaa වචනයෙන් විස්තර දක්වනවා *v.* depict
wada denawa වද දෙනවා *v.* harass
wada dhaayaka වැඩ දායක *adj.* salutary
wada honda වඩා හොඳ *adj.* better
wada karana dinaya වැඩ කරන දිනය *adj.* workaday
wada karanawa වද කරනවා *v.* annoy
wada kireema වැඩ කිරීම *n.* working
wada naraka lesa වඩා නරක ලෙස *adj.* worse
wada nathiwa padi labena rakiyaawa වැඩ නැතිව පඩි ලැබෙන රැකියාව *n.* sinecure
wada wedanaawa වද වේදනාව *n.* torment
wada wenawa වද වෙනවා *v.* worry

wadaa adu woo වඩා අඩු වූ *adj.* lesser
wadaa balawath wenawa වඩා බලවත් වෙනවා *v.* redouble
wadaa barapathalawa pawathinawaa වඩා බරපතලව පවතිනවා *v.* outweigh
wadaa dadi kireema වඩා දැඩි කිරීම *n.* reinforcement
wadaa honda karanawa වඩා හොඳ කරනවා *v.* retouch
wadaa ihalin pihiti වඩා ඉහළින් පිහිටි *adj.* upper
wadaa kamathi wenawaa වඩා කැමති වෙනවා *v.* prefer
wadaa pahath වඩා පහත් *adj.* lower
wadaa pahath වඩා පහත් *adj.* subordinate
wadaa shakthimath karanawaa වඩා ශක්තිමත් කරනවා *v.* strengthen
wadaagena surathal karanawa වඩාගෙන සුරතල් කරනවා *v.* dandle
wadaath naraka wenawa වඩාත් නරක වෙනවා *v.* worsen
wadadaayaka වැඩදායක *adj.* constructive
wadadhayaka වැඩදායක *adj.* useful
wadadiya baadiya වඩදිය බාදිය *n.* tide
wadadiya baadiya athiwana වඩදිය බාදිය ඇතිවන *n.* tiddly
wadadiya baadiya pilibanda wu වඩදිය බාදිය පිළිබඳ වූ *adj.* tidal
wadagammakata nathi වැදගැම්මකට නැති *n.* insignificance
wadagammakata nathi වැදගැම්මකට නැති *adj.* maudlin
wadagammakata nathi වැදගැම්මකට නැති *adj.* measly
wadagammakata nathy thanaththaa වැදගැම්මකට නැති තැනැත්තා *n.* scamp
wadagath වැදගත් *adj.* important
wadagath වැදගත් *adj.* influential
wadagath වැදගත් *adj.* respectable
wadagathkama වැදගත්කම *n.* importance
wadagathkama වැදගත්කම *n.* signification
wadakaaree වැඩකාරි *n.* maid
wadakata nathi වැඩකට නැති *adj.* useless
wadakata nathi asun milata gena maraa mas wikunanno වැඩකට නැති අසුන් මිලට ගෙන මරා මස් විකුනන්නෝ *v.* knacker
wadakayaa වධකයා *n.* tormentor
wadalla වැදැල්ල *n.* lump
wadapola වැඩපොළ *n.* workshop
wadasatahana වැඩසටහන *n.* programme
wadata gatha haki වැඩට ගත හැකි *adj.* serviceable
wadata gatha haki වැඩට ගත හැකි *adj.* workable
wadata yediya haki වැඩට යෙදිය හැකි *adj.* usable
wadath kaaryasheeli වඩාත් කාර්යශීලි *adj.* proactive
wadawasam kramaya වැඩවසම් ක්‍රමය *n.* feudalism
wadeema වැඩීම *n.* accretion
wadeema nathara karanawa වැඩීම නතර කරනවා *v.* nip
wadenawa වැදෙනවා *v.* hurtle
wadenawaa වැඩෙනවා *v.i.* grow

wadha karanawa වධ කරනවා *v.* grill
wadi bara patawanawaa වැඩි බර පටවනවා *v.* overload
wadi diunu wenawa වැඩි දියුණු වෙනවා *v.* ameliorate
wadi diunuwa වැඩි දියුණුව *n.* amelioration
wadi kamaththak dakwana වැඩි කැමැත්තක් දක්වන *adj.* preferential
wadi karanawa වැඩි කරනවා *v.* heighten
wadi karanawaa වැඩි කරනවා *v.* increase
wadi karanawaa වැඩි කරනවා *v.* intensify
wadi karanawaa වැඩි කරනවා *v.* stretch
wadi kireema වැඩි කිරීම *v.* augment
wadi kota dakweema වැඩි කොට දැක්වීම *n.* stretch
wadi milata illanawa වැඩි මිලට ඉල්ලනවා *v.* outbid
wadi prathichaarayak dakwanawaa වැඩි ප්‍රතිචාරයක් දක්වනවා *v.* overreact
wadi sapa denawaa වැඩි සැප දෙනවා *v.* pamper
wadi weema වැඩි වීම *n.* swell
wadi wenawa වැඩි වෙනවා *v.* escalate
wadihitiya වැඩිහිටියා *n.* adult
wadikota dakwanawa වැඩිකොට දක්වනවා *v.* exaggerate
wadikota dakwanawaa වැඩිකොට දක්වනවා *n.* overdose
wadimalaa වැඩිමලා *adj.* elder
wadimanath වැඩිමනත් *adj.* superfluous
wadimbu lalla වඩිම්බු ලැල්ල *n.* valance
wadipura aya karana gaasthuwa වැඩිපුර අය කරන ගාස්තුව *n.* surcharge
wadipura wu වැඩිපුර වූ *n.* surplus
wadiweema වැඩිවීම *v.* boost
wadiweema වැඩිවීම *n.* increment
wadiyen වැඩියෙන් *adv.* rather
wadiyen pimbunu වැඩියෙන් පිම්බුණු *adj.* overblown
wadu karmaanthaya වඩු කර්මාන්තය *n.* carpentry
waduwa වඩුවා *n.* carpenter
waduwa වඩුවා *n.* joiner
waga wibhaagaya වග විභාගය *n.* probe
wagaa kala haki වගා කළ හැකි *adj.* arable
wagaa karanawa වගා කරනවා *v.* cultivate
wagaawa වගාව *n.* crop
wagaawa වගාව *n.* plantation
wagakeem rahitha වගකීම් රහිත *adj.* irresponsible
wagakeema වගකීම *n.* responsibility
wagakeema වගකීම *n.* warranty
wagakiwa uthu වගකිව යුතු *adj.* answerable
wagakiwa yuthu වගකිව යුතු *adj.* liable
wagakiya yuthu වගකිය යුතු *adj.* responsible
wagakiyanawa වගකියනවා *v.t* guarantee
wagakiyannaa වගකියන්නා *n.* warrantor
waganthiya වගන්තිය *n.* text

wagauththarakaru වගඋත්තරකරු *n.* respondent
wagu karanawaa වගු කරනවා *v.* tabulate
wagu magin dakweema වගු මගින් දැක්වීම *n.* tabulation
wagura වගුර *n.* bog
wagura වගුර *n* marsh
wagura වගුර *n.* morass
wagura වගුර *n.* swamp
waguruwanawaa වගුරනවා *v.* splash
waguwa වගුව *n.* chart
waha kipena වහා කිපෙන *adj.* testy
wahaa awissena bawa වහා ඇවිස්සෙන බව *n.* petulance
wahaa gini ganna de වහා ගිනි ගන්න දේ *n.* tinder
wahaa kala yuthu වහා කළ යුතු *adj.* insistent
wahaa kipena වහා කිපෙන *adj.* hasty
wahaa kipena වහා කිපෙන *adj.* snappy
wahaa pelambena වහා පෙළඹෙන *adj.* responsive
wahaa rawatena වහා රුවටෙන *adj.* gullible
wahaa siduwana වහා සිදුවන *adj.* immediate
wahaama වහාම *adv.* straightway
wahaama වහාම *adv.* summarily
wahal bawa වහල් බව *n.* bondage
wahal bawin nidahas kireema වහල් බවින් නිදහස් කිරීම *n.* manumission
wahala kauluwa වහළ කවුළුව *n.* skylight
wahalaa වහල *n.* slave
wahalata yodana lee ulu kataya වහළට යොදන ලී උළු කටය *n.* shingle
wahalaya වහළය *n.* roof
wahale aduwadiya වහළේ අඩුවැඩිය *n.* roofing
wahaleku wani වහලෙකු වැනි *adj.* slavish
wahalkama වහල්කම *n.* slavery
wahanawa වහනවා *v.* enclose
wahanawaa වහනවා *v.* shut
waharena වැහැරෙන *v.* degenerate
waharuwa වැහැරුව *n.* switch
wahi kabaaya වැහි කබාය *n.* mackintosh
wahi kabaaya වැහි කබාය *n.* raincoat
wahu mas වහු මස් *n.* veal
waidya වෛද්‍ය *adj.* medical
waidyawarayaa වෛද්‍යවරයා *n.* doctor
waidyawarayaa වෛද්‍යවරයා *n.* medic
wain welendaa වයින් වෙළෙන්දා *n.* vintner
waira karanawa වෛර කරනවා *v.t.* hate
wairam watunu වෛරම් වැටුණු *adj.* streaky
wairama වෛරම *n.* streak
wairama වෛරම *n.* striation
wairasayak nisa athiwena වයිරසයක් නිසා ඇතිවන *adj.* viral
wairaya වෛරය *n.* animosity
wairaya athi karana වෛරය ඇති කරන *adj.* hateful
wairaya sitha yata liyalanawaa

වෛශයසිත යටලියනවා *v.* smoulder

waishyaawa වෛශ්‍යාව *n.* whore

waiwaahika වෛවාහික *adj.* matrimonial

waiwaahika වෛවාහික *adj.* nuptial

waiwaaranna වෛවර්ණ *adj.* various

wajambenawa වැජඹෙනවා *v.* flourish

wakawaanuwa වකවානුව *n.* epoch

wakkara වක්කර *n.* downpour

wakkaranawa වක්කරනවා *v.* pour

wakkerenawaa වැක්කෙරෙනවා *v.* trickle

wakra වක්‍ර *adj.* cyclic

wakraya වක්‍රය *n.* curve

wakugaduwa වකුගඩුව *n.* kidney

wakuru wenawa වකුරු වෙනවා *v.* misfire

wakutu kaduwa වකුටු කඩුව *n.* sabre

wakutu wenawaa වකුටු වෙනවා *v.* crouch

wal akurumaya වැල් අකුරු මය *adj.* cursive

wal bihiwu idama වල් බිහිවූ ඉඩම *n.* wilderness

wal palatiya වල් පැළෑටිය *n.* weed

wala වල *n.* pit

walaakul sahitha වලාකුල් සහිත *adj.* cloudy

walaakula වලාකුල *n.* cloud

walaakulu nathi වලාකුළු නැති *adj.* shiny

waladamanawa වළදමනවා *v.* bury

walahaa වළහා *n.* bear

walaka alaya වැලක අලය *n.* yam

walakanawa වළකනවා *v.* baulk

walakanawa වළකනවා *v.* impede

walakanawaa වළකනවා *v.* hinder

walakeema වැළකීම *n.* abstinence

walakenawa වැළකෙනවා *v.* desist

walakinawa වළකිනවා *v.t.* refrain

walakiya nohaki වැළකිය නොහැකි *adj.* inescapable

walakwana වළක්වන *adj.* preventive

walakwanawa වළක්වනවා *v.* avert

walakwanawaa වළක්වනවා *v.* obstruct

walakwanawaa වළක්වනවා *v.* obviate

walakwanawaa වළක්වනවා *v.* prevent

walakwanawaa වළක්වනවා *v.* prohibit

walakweema වැළැක්වීම *n.* prevention

walakwiya nohaki වැළැක්විය නොහැකි *adj.* unavoidable

walaleema වැළලීම *n.* burial

walalla වළල්ල *n.* bangle

walalla වළල්ල *n.* bracelet

walalla වළල්ල *n.* hoop

walalu dameeme kreedawa වළලු දැමීමේ ක්‍රීඩාව *n.* hoopla

walalukara වළලුකර *n.* ankle

walamita වැළමිට *n.* elbow

walanda gannawa වැළඳ ගන්නවා *v.* embrace

walandagannawa වැළඳගන්නවා *v.* hug

walangu වලංගු *adj.* current

walangu වලංගු *adj.* valid

walangu bawa වලංගු බව *n.* validity

walangu karanawaa වලංගු කරනවා

v. validate
walapenawa වැලපෙනවා *v.* bewail
walapenawaa වැලපෙනවා *n.* moan
walapenawaa වැලපෙනවා *v.* mourn
walapenawaa වැලපෙනවා *v.* weep
walawwa වලව්ව *n.* chateau
walgaa tharuwa වල්ගා තරුව *n.* comet
wali kadadhaasi වැලි කඩදාසි *n.* sandpaper
wali kata වැලි කැට *n.* grit
wali path allanaya වැලි පත් අල්ලනය *n.* sander
waligaya වලිගය *n.* tail
wallabaya වල්ලභයා *n.* minion
wallabha sthriya වල්ලභ ස්ත්‍රිය *n.* consort
walmath karanawa වල්මත් කරනවා *v.* distract
walpal dodawanawa වල්පල් දොඩවනවා *v.* rant
waltz natuma වෝල්ස් නැටුම *n.* waltz
walwataaram dodawanawa වැල්වටාරම් දොඩවනවා *v.* ramble
walwataaram dodawanawaa වැල්වටාරම් දොඩවනවා *v.* maunder
wama වම *n.* left
wamaaraa kaama වමාරා කෑම *n.* rumination
wamaaraa kana වමාරා කන *n.* ruminant
wamaaraa kanawaa වමාරා කනවා *v.* ruminate
wamanaya වමනය *v.* vomit
wambatu වම්බටු *n.* aubergine
wambatu වම්බටු *n.* brinjal
wamehi wu වමෙහි වූ *adj.* sinister
wana lahaba වන ලැහැබ *n.* thicket
wana lahaba වන ලැහැබ *n.* woodland
wana wu thuwaalaya වණ වූ තුවාලය *n.* ulcer
wanaantharaya වනාන්තරය *n.* glade
wanachaaree වනචාරී *adj.* wild
wanachaareethwaya වනචාරීත්වය *n.* savagery
wanachara වනචර *adj.* savage
wanantharaya වනාන්තරය *n.* jungle
wanasanawa වනසනවා *v.* devastate
wanasanawa වනසනවා *v.* extirpate
wanasanawaa වනසනවා *v.* slay
wanaseema වැනසීම *n.* destruction
wanasenawa වැනසෙනවා *v.* perish
wanawidyaawa වනවිද්‍යාව *n.* forestry
wanayehi wu වනයෙහි වූ *adj.* sylvan
wancha karanawa වංචා කරනවා *v.* beguile
wanchaa karanawa වංචා කරනවා *v.* cheat
wanchaa karanawa වංචා කරනවා *v.* defraud
wanchaaawakata hasu wu thanaththa වංචාවකට හසු වූ තැනැත්තා *n.* victim
wanchaakaaraya වංචාකාරයා *n.* charlatan
wanchaakaaraya වංචාකාරයා *n.* rook
wanchaakaranaya වංචාකරණය *v.t* forge
wanchaawa වංචාව *n.* cheat
wanchaawa වංචාව *n.* duplicity
wanchaawa වංචාව *n.* guile

wanchaawaa වංචාව *n.* forgery
wanchakaaraya වංචාකාරයා *n.* racketeer
wanchanika වංචනික *adj.* fraudulent
wanchanikaya වංචනිකයා *n.* fraud
wanda වඳ *adj.* sterile
wanda bawa වඳ බව *n.* sterility
wanda karanawa වඳ කරනවා *v.* eradicate
wanda wee giya වඳවී ගිය *adj.* extinct
wandambu purushayaa වැන්දඹු පුරුෂයා *n.* widower
wandambu sthriya වැන්දඹු ස්ත්‍රිය *n.* widow
wandanaa gamana වන්දනා ගමන *n.* pilgrimage
wandanaakaru වන්දනාකරු *n.* pilgrim
wandeema වැඳීම *n.* worship
wandi gewanawa වන්දි ගෙවනවා *v.* compensate
wandi geweema වන්දි ගෙවීම *n.* compensation
wandi geweema වන්දි ගෙවීම *n.* restitution
wandibattayaa වන්දිභට්ටයා *n.* bard
wandiya වන්දිය *n.* ransom
wandiya වන්දිය *n.* vengeance
wanduraa වඳුරා *n.* monkey
waneesiyaanu වැනීසියානු *adj.* venetian
waneesiye oru wargayak වැනීසියේ ඔරු වර්ගයක් *n.* gondola
wanena වැනෙන *n.* flab
wanena වැනෙන *adj.* floppy
wanena වැනෙන *adj.* rickety
wanena වැනෙන *adj.* wonky
wanenawaa වැනෙනවා *v.* teeter
wanenawaa වැනෙනවා *v.* waggle
wangediya වංගෙඩිය *n.* mortar
wangu sahitha වංගු සහිත *adj.* sinuous
wangu sahitha වංගු සහිත *n.* zigzag
wanguwa වංගුව *n.* zilch
wani wani yanawa වැනි වැනි යනවා *v.* flop
wanka වංක *n.* corrupt
wanka වංක *adj.* crooked
wanka වංක *adj.* deceitful
wanka වංක *adj.* insincere
wanka වංක *adj.* tortuous
wanka වංක *adj.* underhand
wankagiriya වංකගිරිය *n.* labyrinth
wankagiriya වංකගිරිය *n.* maze
wanshaadhipathiya වංශාධිපතියා *n.* nobleman
wanshaadhipathiyaa වංශාධිපතියා *n.* peer
wanshaya වංශය *n.* ancestry
wanshaya වංශය *n.* clan
wanshayen pawathenna වංශයෙන් පැවතෙන්නා *n.* descendant
wapara lesa balanawaa වපර ලෙස බලනවා *v.* squint
waparawa වපරව *adv.* askance
wara lath වර ලත් *adj.* chartered
waraaya වරාය *n.* harbour
waraaya wedikaawa වරාය වේදිකාව *n.* quay
warada වරද *n.* guilt
warada karanawaa වරද කරනවා *v.* offend
warada kireemata polambannawaa වරද කිරීමට පොළඹවනවා *v.* tempt

warada piligannawa වරද පිළිගන්නවා *v.* retract
waradak karanawa වරදක් කරනවා *v.* perpetrate
waradakaaraya වරදකා රයා *n.* culprit
waradakara වරදකා ර *adj.* guilty
waradakaru වරදකරු *n.* convict
waradakaru වරදකරු *n.* offender
waradakaru karanawa වරදකරු කරනවා *v.* convict
waradakaru weema වරදකරු වීම *n.* conviction
waradata ida harinawaa වරදට ඉඩ හරිනවා *v.* unleash
waradata kandawanawa වරදට කැ දවනවා *v.* accost
waradata pelambaweema වරදට පළෙඹීවම *adj.* abhorrent
waradata polambawanawaa වරදට ප ොළඹවනවා *v.* suborn
waradata sama karanawa වරදට සමා කරනවා *v.* atone
waradawaa kiyawanawaa වරදවා කියවනවා *v.* misread
waradawaa thrrum ganeema වරදවා තේරු ම් ගැ නීම *n.* misapprehension
waradawaa thrrum gannawaa වරදවා තේරු ම් ගන්නවා *v.* misconstrue
waradawaa watahaa ganeema වරදවා වටහා ගැ නීම *n.* misunderstanding
waradawaa watahaa gannawa වරදවා වටහා ගන්නවා *v.* misapprehend
waradawaa watahaa gannawa වරදවා වටහා ගන්නවා *v.* misunderstand
waradawaa watahaa gannawaa වරදවා වටහා ගන්නවා *v.* misconceive
waradawaa wisthara karanawaa වරදවා විස්තර කරනවා *v.* misrepresent
waradda වැ රද්ද *n.* fault
waradda gannawa වරද්ද ගන්නවා *v.* overreach
waraddanawa වරද්දනවා *v.* err
waradeema වැ රදීම *n.* miss
waradehi polambawanna වරදෙහි ප ොළඹවනවා *n.* tempter
waradi වැ රදි *adj.* devious
waradi වැ රදි *adj.* incorrect
waradi වැ රදි *adj.* wrong
waradi arthaya sapayanawaa වැ රදි අර්ථය සපයනවා *v.* misinterpret
waradi bawa oppu karanawa වැ රදි බව ඔප්පු කරනවා *v.* refute
waradi lesa ganan hadanawa වැ රදි ලෙස ගණන් හදනවා *v.* miscalculate
waradi lesa uputaagannawaa වැ රදි ලෙස උපුටා ගන්නවා *v.* misquote
waradi lesa watahaagannawa වැ රදි ලෙස වටහා ගන්නවා *v.* misjudge
waradi lesa yodanawaa වැ රදි ලෙස ය ොදනවා *v.* misapply
waradi maga hasirenawaa වැ රදි මඟ හැසිරෙනවා *v.* swerve
waradi sahitha වැ රදි සහිත *adj.* wrongful
waradi soyana වැ රදි ස ොයන *adj.* querulous

waradi thanaka thabanawaa වැරදි තැනක තබනවා *v.* mislay
waradi thanaka thabanawaa වැරදි තැනක තබනවා *v.* misplace
waradi thorathuru sapayanawaa වැරදි තොරතුරු සපයනවා *v.* misinform
waradin nidahas karanawa වරදින් නිදහස් කරනවා *v.* absolve
waradinawa වරදිනවා *v.* backfire
waradinawaa වරදිනවා *v.* miscarry
waradiya nohaki වැරදිය නොහැකි *adj.* unmistakable
waradunu වැරදුණු *adj.* mistaken
warahali andagath වැරහැලි ඇඳගත් *adj.* ragged
warahalikaariya වැරහැලිකාරිය *n.* frump
warahalla වැරහැල්ල *n.* rag
warahalla වැරහැල්ල *n.* tatter
warahan yedu kotasa වරහන් යෙදූ කොටස *n.* parenthesis
warahana වරහන *n.* bracket
warak වරක් *adv.* once
warala වරල *n.* fin
waranawaa වරනවා *v.* wane
warapprasaada nolath වරප්‍රසාද නොලත් *adj.* underprivileged
waraprasaadaya වරප්‍රසාදය *n.* privilege
wardaka වර්ධක *adj.* vegetative
wardanaya වර්ධනය *n.* growth
wardhakaya වර්ධකය *n.* amplifier
wardhanaya වර්ධනය *n.* amplification
wardhanaya karanawa වර්ධනය කරනවා *v.* amplify
warenthuwa වරෙන්තුව *n.* warrant
warga karanawa වර්ග කරනවා *v.* categorize
warga karanawa වර්ග කරනවා *v.* classify
warga paalanaya වර්ග පාලනය *n.* area
wargaya වර්ගය *n.* brand
wargaya වර්ගය *n.* category
wargaya වර්ගය *n.* sort
wargaya වර්ගය *n.* type
wargeekaranaya වර්ගීකරණය *n.* classification
warichchiya වරිච්චිය *n.* wattle
warinwara pawathnaa වරින්වර පවත්නා *adj.* intermittent
warjakayaa වර්ජකයා *n.* striker
warjanaya වර්ජනය *v.* boycott
warjanaya වර්ජනය *v.* strike
warna bhedaya වර්ණ භේදය *n.* apartheid
warna ganweem වර්ණ ගැන්වීම *n.* colouring
warna palakaya වර්ණ පලකය *n.* palette
warnaawaliya වර්ණාවලිය *n.* spectrum
warnana karanawa වර්ණනා කරනවා *v.* commend
warnanaawa වර්ණනාව *n.* compliment
warnaya වර්ණය *n.* caste
warnaya වර්ණය *n.* colour
warnayak nathi වර්ණයක් නැති *adj.* drab
warshaapathanaya වර්ෂාපතනය *n.* rainfall
warshaawa වර්ෂාව *n* rain
warshaya වර්ෂය *n.* year

warshika වාර්ෂික *adv.* yearly
warthanaya වර්තනය *n.* refraction
wasa thibeema වසා තිබීම *n.* closure
wasama වසම *n.* domain
wasama වසම *n.* parish
wasanawa වසනවා *v.* cover
wasanga karanawa වසඟ කරනවා *v.* enchant
wasanga karanawa වසඟ කරනවා *v.* enthral
wasanga karanawa වසඟ කරනවා *v.t* mash
wasanga wenawaa වසඟ වෙනවා *v.* succumb
wasangatha වසංගත *n.* epidemic
wasangatha rogaya වසංගත රෝගය *n.* pestilence
wasangathaya වසංගතය *n.* contagion
wasangathaya වසංගතය *n.* pest
wasangathaya වසංගතය *n.* scourge
wasantha වසන්ත *adj.* vernal
wasasthanaya වාසස්ථානය *n.* accommodation
wasektham shalyakarmaya වාසෙක්තම් ශල්‍යකර්මය *n.* vasectomy
washee karanawa වශී කරනවා *v.* bewitch
washee karanawa වශී කරනවා *v. t* enamour
washee karanawa වශී කරනවා *v.* fascinate
washee karanawaa වශී කරනවා *v.* hypnotize
washee karanawaa වශී කරනවා *v.* mesmerize
washeekaranaya වශීකරණය *n.* glamour
washeekrutha වශීකෘත *adj.* mesmeric
washpaya වාෂ්පය *n.* vapour
wasi sahitha වැසි සහිත *adj.* rainy
wasi wanantharaya වැසි වනාන්තරය *n.* rainforest
wasikili pettiya වැසිකිළි පෙට්ටිය *n.* commode
wasikiliya වැසිකිළිය *n.* latrine
wasikiliya වැසිකිළිය *n.* lavatory
wasikiliya වැසිකිළිය *n.* loo
wasikiliya වැසිකිළිය *n.* toilet
wasma වැස්ම *n.* casing
wasma වැස්ම *n.* coating
wasma වැස්ම *n.* cover
wasma වැස්ම *n.* lid
wasma වැස්ම *n.* mantle
wasma වැස්ම *n.* wrapper
wasma වැස්ම *n.* yob
wasma iwath karanawaa වැස්ම ඉවත් කරනවා *v.* uncover
wasma iwath karanawaa වැස්ම ඉවත් කරනවා *v.* unveil
wasthra වස්ත්‍ර *n.* clothes
wasthu bhanga වස්තු භංග *adj.* bankrupt
wasthu widyaawa වාස්තු විද්‍යාව *n.* architecture
wasthuwa වස්තුව *n.* entity
wasthuwa වස්තුව *n.* object
wasu patiya වසු පැටියා *n.* calf
wasunu nawa වැසුණු නැව *n.* ark
wata වැට *n.* fence
wata වට *adj.* global
wata වැට *n.* paling
wata karanawa වට කරනවා *v.* belay
wata panuwaa වට පණුවා *n.*

ringworm
wata pramanaya වට ප්‍රමා ණය *n.* girth
wataa වටා *adv.* about
wataa වටා *adv.* around
wataapitaawa වටපිටා ව *n.* setting
watageya වටගයෙ *n.* arbour
watahaa gannawa වටහා ගන්නවා *v.* comprehend
watahaa gannawa වටහා ගන්නවා *v.* construe
watahaa gannawa වටහා ගන්නවා *v.* discern
watahena වැ ටහනෙ *adj.* comprehensible
watakaranawa වටකරනවා *v. t* encircle
watakuru වටකුරු *adj.* round
watakuru වටකුරු *adj.* rounded
watalanawa වටලනවා *v.* besiege
watalanawa වටලනවා *v.* encompass
watalanawaa වටළනවා *v.* surround
wataleema වැ ටලීම *n.* raid
watapitaawa වටාපිටා ව *n.* environment
watapitaawa වටපිටා ව *n.* milieu
watapitaawa වටපිටා ව *n.* vicinity
watarawuma වටරවුම *n.* roundabout
wate dawatanawaa වටෙ දවටනවා *v.* wreathe
watenawa වැ ටනෙවා *v.* drop
watenawa වැ ටනෙවා *v.* fall
wath pohosathkama වත් ප හෙ ොසත් කම *n.* wealth
wathirenawa වැ තිරනෙවා *v.* lie
wathirenawaa වැ තිරනෙවා *v.* sprawl
wathkama වත් කම *n.* asset
waththa වත්ත *n.* estate
wathura වතුර *n.* water
wathura වතුර *n.* water
wathura mala වතුර මල *n.* fountain
wathura mala වතුර මල *n.* sprinkler
wathura nowadina වතුර න ොවැදින *adj.* watertight
wathura ulpatha වතුර උල්පත *n.* spa
wathurata yata wenawa වතුරට යට වනෙවා *v.* inundate
wathure basa yanawaa වතුරෙ බැ ස යනවා *v.* wade
wathuru වතුරු *adj.* fluvial
watinaa වටිනා *adj.* valuable
watinaa වටිනා *adj.* worth
watiya වැටිය *n.* ridge
wattakka වට්ටක්කා *n.* pumpkin
wattama වට්ටම *n.* discount
wattoruwa වට්ට ෝරු ව *n.* recipe
watupa වැ ටුප *n.* salary
watupa වැ ටුප *n.* stipend
watuwaa වටුවා *n.* quail
wawanawaa වවනවා *v.* staple
wawenawaa වැ වනෙවා *v.* sprout
wawula වවුලා *n.* bat
wayaleena waadakaya වයලීන වා දකයා *n.* violinist
wayaleenaya වයලීනය *n.* violin
wayasa වයස *n.* age
wayasata giya mahallak bandu wu වයසට ගිය මැ හැ ල්ලක් බඳු වූ *adj.* gammy
wayasgatha වයස්ගත *adj.* elderly
web adawiya වබෙ අඩවිය *n.* website
web pituwa වබෙ පිටුව *n.* webpage
weda nalaawa වදෙ නළා ව *n.* stethoscope

wedana sahitha වේදන සහිත *adj.* sore

wedanaa naashakaya වේදන න ශකය *n.* painkiller

wedanaa naashakaya වේදන න ශකය *n.* sedative

wedanaa sahitha වේදන සහිත *adj.* painful

wedanaakaaree වේදන කර්‍ *adj.* painstaking

wedanaawa වේදන ව *n.* pain

wedanaawen akilenawaa වේදන වනේ ඇකිලනෙවා *v.* wince

wedanawen ambarenawa වේදන වනේ ඇඹරනෙවා *v.* writhe

wedi muraya වේඩි මුරය *n.* volley

wedi thiyanawaa වේඩි තියනවා *v.* shoot

wedi wadunu sathun soyaagena yannaa වේඩි වැදුණු සතුන් සොයෙ ගනෙ යන්න *n.* retriever

wedikaawa වේදික ව *n.* platform

wedikaawa වේදික ව *n.* rostrum

wedikaawa වේදික ව *n.* stage

wee වී *n.* paddy

weeduru bawata harawanawaa වීදුරු බවට හරවනවා *v.* vitrify

weeduru sawi karanna වීදුරු ස්වි කරන්න *n.* glazier

weeduru thahaduwa වීදුරු තහඩුව *n.* pane

weeduruwalin thanana lada වීදුරු විලින් තනන ලද *v.t.* glass

weenaa wisheshayak වීණ විශේෂයක් *n.* lyre

weenaawa වීණ ව *n.* fiddle

weenawa වීණ ව *n.* harp

weenawa වීණ ව *n.* lute

weera වීර *adj.* courageous

weera වීර *adj.* intrepid

weera sthriya වීර ස්ත්‍රිය *n.* heroine

weeraya වීරය *n.* hero

weethiya වීථිය *n.* lane

wegawath වේගවත් *n.* fleet

wegawath වේගවත් *adj.* impassioned

wegawath වේගවත් *adj.* speedy

wegaya වේගය *n.* impetus

wegaya වේගය *n.* speed

wegaya mada kama වේගය මද කම *n.* slowness

wegaya wadi karanawa වේගය වැඩි කරනවා *v.* accelerate

wegayen awidinawaa වේගයනේ ඇවිදිනවා *n.* trotter

wegayen diya widinawaa වේගයනේ දිය විදිනවා *v.* squirt

wegayen gahenawaa වේගයනේ ගැ හනෙවා *v.* vibrate

wegayen galaa yana වේගයනේ ගල යන *adj.* torrential

wegayen iwathwa yanawaa වේගයනේ ඉවත යනවා *v.* whisk

wegayen karakaweemen athiwana shabdaya වේගයනේ කරකු විමනේ ඇතිවන ශබ්දය *n.* whir

wegayen karakawenawaa වේගයනේ කු රකනෙවා *v.* whirl

wegayen karakena keli baduwak වේගයනේ කු රකනෙ කළෙ බඩුවක් *n.* whirligig

wegayen nikmenawaa වේගයනේ නික්මනෙවා *v.* spurt

wegayen paharadeema වේගයනේ පහර්දීම *n.* onslaught

wegayen pahatha watenawa

547

වේගයෙන් පහතට වැටෙනවා *v.* plummet

wegayen tika durak duwanawaa වේගයෙන් ටික දුරක් දුවනවා *v.* sprint

wegayen waayuwa harahaa yana deyakin nagana shabdaya වේගයෙන් වායුව හරහා යන දෙයකින් නගන ශබ්දය *v.* whiz

wegayen wadenawa වේගයෙන් වැඩෙනවා *v.* burgeon

wegayen wateema වේගයෙන් වැටීම *n.* plume

wegayen wathura purawanawa වේගයෙන් වතුර පුරවනවා *v.* flush

wegayen yaathraa karanawaa වේගයෙන් යාත්‍රා කරනවා *v.* scud

wegayen yanwa වේගයෙන් යනවා *v.* rush

wehasa athi karana වෙහෙස ඇති කරන *adj.* tiresome

wehasenawaa වෙහෙසෙනවා *v.* tire

wehesa වෙහෙස *n.* fatigue

wehesa athi karana වෙහෙස ඇති කරන *adj.* tedious

wehesa niwanawa වෙහෙස නිවනවා *v.* refresh

wehesa niweema වෙහෙස නිවීම *n.* refreshment

wehesa nodanena වෙහෙස නොදැනෙන *adj.* tireless

wehesa upadawana වෙහෙස උපදනවා *adj.* wearisome

wehesata path වෙහෙසට පත් *adj.* weary

weheseemen durwala wenawaa වෙහෙසීමෙන් දුර්වල වෙනවා *v.* strain

wehesena වෙහෙසෙන *adj.* trying

wehesunu වෙහෙසුණු *adj.* overwrought

wehesunu වෙහෙසුණු *adj.* tired

welaawa වේලාව *n.* time

welamba වෙළඹ *n.* mare

welanda badu වෙළඳ බඩු *n.* merchandise

welanda badu වෙළඳ බඩු *n.* ware

welanda bhaandaya වෙළඳ භාණ්ඩය *n.* commodity

welanda lakuna වෙළඳ ලකුණ *n.* trademark

welanda mandalaya වෙළඳ මණ්ඩලය *n.* syndicate

welandaampola වෙළඳාම්පොළ *n.* mart

welandapala වෙළඳපල *n.* market

welenda වෙළෙන්දා *n.* merchant

welendaa වෙළෙන්දා *n.* monger

welendaa වෙළෙන්දා *n.* stockist

welendaa වෙළෙන්දා *n.* trader

welendaa වෙළෙන්දා *n.* vendor

weli වැලි *n.* sand

weli sahitha වැලි සහිත *adj.* sandy

wella වේල්ල *n.* dam

welum patiya වෙළුම් පටිය *n.* bandage

weluma වෙළුම *n.* swathe

wen kala haki වෙන් කළ හැකි *adj.* separable

wen kara deema වෙන් කරදීම *n.* allotment

wen karanawa වෙන් කරනවා *v.* allocate

wen karanawa වෙන් කරනවා *v.* consign

wen karanawa වෙන් කරනවා *v.* reserve

wen kireema වෙන් කිරීම *n.* allocation

wen kireema වෙන් කිරීම *n.* parting
wen kireema වෙන් කිරීම *n.* partition
wen kireema වෙන් කිරීම *n.* reservation
wen weema වෙන් වීම *n.* separation
wen wenawaa වෙන් වෙනවා *v.* separate
wena වෙන *prep.* beside
wena athakata yaama වෙන අතකට යෑම *n.* detour
wena bhaashawakata nanganawaa වෙන භාෂාවකට නඟනවා *v.* interpret
wenas වෙනස් *adj.* different
wenas karanawa වෙනස් කරනවා *v.* alter
wenas karanawa වෙනස් කරනවා *v.* discolour
wenas karanawaa වෙනස් කරනවා *v.t.* modify
wenas kireema වෙනස් කිරීම *n.* modification
wenas nokalaki වෙනස් නොකළැකි *adj.* inseparable
wenas nokalaki වෙනස් නොකළැකි *adj.* irrevocable
wenas novee pawathnaa වෙනස් නොවී පවත්නා *adj.* steady
wenas nowana වෙනස් නොවන *adj.* abiding
wenas nowana වෙනස් නොවන *adj.* immutable
wenas wana වෙනස් වන *adj.* variable
wenas weema වෙනස් වීම *n.* reversal
wenas wenawa වෙනස් වෙනවා *v.* differ
wenasa වෙනස *n.* difference
wenasa වෙනස *n.* disparity
wenasa වෙනස *n.* inequality
wenasa වෙනස *n.* variance
wenaskam karanawa වෙනස්කම් කරනවා *v.* discriminate
wenaskama වෙනස්කම *n.* indifference
wenaswa pawathinawaa වෙනස්ව පවතිනවා *v.* vary
wenasweema වෙනස්වීම *n.* variation
wenasweemata bhaajanaya wenawa වෙනස්වීමට භාජනය වෙනවා *v.* mutate
wendesiya වෙන්දේසිය *n.* auction
wenkara thabeema වෙන්කර තැබීම *n.* segregation
wenkota thabanawaa වෙන්කොට තබනවා *v.* segregate
wenuwata වෙනුවට *n.* behalf
wenuwata වෙනුවට *adv.* instead
wenuwata path karanawaa වෙනුනට පත් කරනවා *v.* supplant
werala වෙරළ *n.* beach
werala වෙරළ *n.* coast
werala වෙරළ *n.* shore
werala watuwaa වෙරළ වටුවා *n.* wagtail
weralabada yaathraawa වෙරළබඩ යාත්‍රාව *n.* coaster
weralata waddanawaa වෙරළට වද්දනවා *v.* strand
weralehi වෙරළෙහි *adv.* ashore
weri wee kaagasamin yanawaa වෙරි වී කෑ ගසමින් යනවා *v.* roister
weri wu වෙරි වූ *adj.* groggy
weri wu වෙරි වූ *n.* tipsy
werimathin pasuwa athiwana

asaneepa gathiya වරෙමතින් පසුව ඇති වන අසනීප ගතිය *n.* hangover
wes muhuna වෙස් මුහුණ *n.* mask
wes walaa ganeema වෙස් වළා ගැනීම *v.* disguise
weshaya වේෂය *n.* garb
weshyaawa වේශ්‍යාව *n.* strumpet
weshyaawa වේශ්‍යාව *n.* tart
wesmuhuna galawanawaa වෙස්මුහුණ ගලවනවා *v.* unmask
weswalaa ganeema වෙස්වලා ගැනීම *n.* impersonation
wethanaya වේතනය *n.* wage
wethaneeya වේතනීය *adj.* intentional
wethin වෙතින් *prep.* from
wewal වේවැල් *n.* wicker
wewala වේවැල *n.* cane
wewlamin kathaa karanawaa වෙව්ලමින් කතා කරනවා *v.* quaver
wewlanawa වෙව්ලනවා *v.* dither
wewlanawaa වෙව්ලනවා *v.* quiver
wewlanawaa වෙව්ලනවා *v.* shiver
wewlanawaa වෙව්ලනවා *v.* shudder
wewleema වෙව්ලීම *v.* flutter
wewleema වෙව්ලීම *n.* vibration
wewluma වෙව්ලුම *n.* tremor
wewulanawa වෙවුලනවා *v.* flick
weyaa වේයා *n.* termite
whisky nam mathpan wargayak විස්කි නම් මත්පැන් වර්ගයක් *n.* whisky
wiawaasaya kada kireema විශ්වාසය කඩ කිරීම *n.* treachery
wibhaaga kireema විභාග කිරීම *n.* inquisition
wibhaagadiya parikshaa karana-waa විභාගදිය පරීක්ෂා කරනවා *adj.* invigilate
wibhaagaya විභාගය *n.* enquiry
wibhaagaya විභාගය *n.* exam
wibhaagaya විභාගය *n.* inquiry
wibhawa විභව *adj.* potential
wibhawathaawa විභවතාව *n.* potentiality
wibhedanaya විභේදනය *n.* resolution
wichakshana විචක්ෂණ *adj.* discreet
wichakshana විචක්ෂණ *adj.* prudent
wichakshana විචක්ෂණ *adj.* sagacious
wichakshana bhaawaya විචක්ෂණ භාවය *n.* sagacity
wichakshanabhaawaya විචක්ෂණභාවය *n.* flair
wichalya විචල්‍ය *n.* variant
wichithra විචිත්‍ර *adj.* jazzy
wichithra විචිත්‍ර *n.* mosaic
wichithra විචිත්‍ර *adj.* variegated
wichithra jawanikaawa විචිත්‍ර ජවනිකාව *n.* tapestry
wichithra kalpanaawa විචිත්‍ර කල්පනාව *n.* fantasy
wichithra rachanaawa විචිත්‍ර රචනාව *n.* extravaganza
wickramaanwitha වික්‍රමාන්විත *adj.* valiant
wickramaya වික්‍රමය *v. t* exploit
wickramaya වික්‍රමය *n.* feat
widagdathaawa විදග්ධතාව *n.* sophistication
widahaa paama විදහා පෑම *n.* illustrate
widesheeya විදේශීය *adj.* exotic
widesheeya විදේශීය *adj.* foreign
wideshika විදේශික *adj.* alien

wideshikaya විදේශිකයා *n.* foreigner
wideshikayan nurusnaa bawa විදේශිකයන් නුරුස්නා බව *n.* xenophobia
widhaanaya විධානය *v.* command
widhaayaka විධායක *n.* executive
widhana karanawa විධාන කරනවා *v. t.* dispose
widhiya විධිය *n.* rite
widhwath විද්වත් *adj.* scholarly
widi widyaawa විධි විද්‍යාව *n.* methodology
widimath විධිමත් *adj.* formal
widimath විධිමත් *adj.* methodical
widiya විධිය *n.* means
widshaala padakkama විශාල පදක්කම *n.* medallion
widuhala විදුහල *n.* college
widuhalpathi විදුහල්පති *n.* principal
widuli balaya විදුලි බලය *n.* electricity
widuli balaya kawanawa විදුලි බලය කවනවා *v.* electrify
widuli balaya pilibanda mimmak විදුලි බලය පිළිබඳ මිම්මක් *n.* watt
widuli balayen maranawa විදුලි බලයෙන් මරනවා *v.* electrocute
widuli lipi ha sambanda විදුලි ලිපි හා සම්බන්ධ *adj.* telegraphic
widuli lipi yaweeme kramaya විදුලි ලිපි යැවීමේ ක්‍රමය *n.* telegraphy
widuli lipiya විදුලි ලිපිය *n.* telegraph
widuli pandama විදුලි පන්දම *n.* torch
widuli puwatha විදුලි පුවත *n.* telegram
widuli rahan adeema විදුලි රැහැන් ඇදීම *n.* wiring
widuli sandeshanaya විදුලි සංදේශය *n.* telecommunications
widuli shilpiyaa විදුලි ශිල්පියා *n.* electrician
widyaalaya විද්‍යාලය *n.* institution
widyaamaana විද්‍යාමාන *adj.* extant
widyuth විද්‍යුත් *adj.* electric
widyuth thapaala විද්‍යුත් තැපෑල *n.* email
wigadam karanawa විගඩම් කරනවා *v.* shriek
wigadama විගඩම *n.* burlesque
wigamanaya kireema විගමනය කිරීම *v.* emigrate
wigananaya විගණනය *n.* audit
wigrahaya විග්‍රහය *n.* prognosis
wiharaadhipathi විහාරාධිපති *adj.* incumbent
wihidanawaa විහිදනවා *v.* deploy
wihidawanawa විහිදවනවා *v.* brandish
wihidenawa විහිදෙනවා *v.* expand
wihidenawaa විහිදෙනවා *v.* spatter
wihiduwanawaa විහිදුවනවා *v.* emit
wihilu thahalu විහිළු තහළු *n.* pleasantry
wihiluwa විහිළුව *n.* antic
wihiluwa විහිළුව *n.* farce
wihiluwa විහිළුව *n.* lark
wijalanaya wenawa විජලනය වෙනවා *v.* dehydrate
wijja penweema විජ්ජා පෙන්වීම *v.* conjure
wijjakaaraya විජ්ජාකාරයා *n.* magician
wikaa kanawaa විකා කනවා *v.* scrunch
wikaadaka විඛාදක *adj.* corrosive

wikaara විකාර *adj.* gaga
wikaara විකාර *n.* nonsense
wikaara kalpanaawa විකාර කල්පනාව *n.* vagary
wikaaraya විකාරය *n.* freak
wikaaraya විකාරය *n.* oddity
wikaaraya විකාරය *n.* travesty
wikaashanaya karanawa විකාශනය කරනවා *v. t* broadcast
wikaashaya karanawaa විකාශය කරනවා *v.* televise
wikalaanga chikithsaawa විකලාංග චිකිත්සාව *n.* orthopaedics
wikalanaya විකලනය *n.* mutilation
wikalpa විකල්ප *adj.* optional
wikalpaya විකල්පය *n.* option
wikarshakaya විකර්ෂකය *adj.* repellent
wikarshanaya විකර්ෂණය *n.* repulsion
wikarshanaya karanawa විකර්ෂණය කරනවා *v.* repel
wikat kanuwa විකට් කණුව *n.* stump
wikata විකට *adj.* droll
wikata chithraya විකට චිත්‍රය *n* caricature
wikata naamaya විකට නාමය *n.* nickname
wikata naluwa විකට නළුවා *v.* fester
wikata natakaya විකට නාටකය *n* comedy
wikataya විකටයා *n.* comedian
wikendranaya විකේන්ද්‍රණය *v.* decentralize
wikendrika විකේන්ද්‍රික *adj.* eccentric
wiketha karanawa විකේත කරනවා *v.* decode
wikiniya haki විකිණිය හැකි *adj.* salable
wikirana rekhanaya විකිරණ රේඛනය *n.* radiography
wikiranasheeli විකිරණශීලි *adj.* radioactive
wikiranawedaya විකිරණවේදය *n.* radiology
wikiranaya විකිරණය *n.* radiation
wikraantha වික්‍රාන්ත *adj.* mighty
wikrama karanawaa වික්‍රම කරනවා *v.* might
wikramaanwitha වික්‍රමාන්විත *adj.* heroic
wikshiptha weema වික්ෂිප්ත වීම *n.* distraction
wikshipthabhaawayata pamunuwanawa වික්ෂිප්තභාවයට පමුණුවනවා *v.* perturb
wikunanawaa විකුණනවා *v.* sell
wikunanawaa විකුණනවා *v.* vend
wikunannaa විකුණන්නා *n.* seller
wikurthi karanawa විකෘති කරනවා *v.* distort
wikurthi wenawa විකෘති වෙනවා *v.* mutative
wikurthiya විකෘතිය *n.* alteration
wikurthiya විකෘතිය *n.* malformation
wikurthiya විකෘතිය *n.* mutation
wila විල *n.* lake
wilaasa paanawa විලාස පානවා *v.i* flirt
wilaasitha විලාසිතා *n.* fashion
wilaasithaa priya karanna විලාසිතා ප්‍රිය කරන්නා *n.* stylist
wilaasithaagatha විලාසිතාගත *adj.* fashionable
wilambanayaa විලම්බනය *n.* lagging

wilambayaවිලම්බය *v.* lag
wilawunවිලවුන් *n.* cosmetic
wileenaවිලීන *adj.* molten
wilibiya nathiවිළිබිය නැති *a.* immodesty
wiliththanawaවිලිත්තනවා *v.* grin
willaවිල්ල *n.* rim
willudaවිල්ලුද *n.* velvet
willuda waniවිල්ලුද වැනි *adj.* velvety
wilomayaවිලෝමය *v.* converse
wilopiyaaවිලෝපියා *n.* predator
wilumbaවිළුඹ *n.* heel
wimarshanayaවිමර්ශනය *n.* review
wimarshanaya karanawa විමර්ශනය කරනවා *v.* investigate
wimasanawaවිමසනවා *v.* browse
wimasanawaවිමසනවා *v.* enquire
wimasanawaවිමසනවා *v.* inquire
wimasanawaaවිමසනවා *v.* debrief
wimaseemaවිමසීම *v.* canvass
wimasilimathවිමසිලිමත් *adj.* nosy
wimathiyaවිමතිය *n.* perplexity
wimathiyata pathwenawaවිමතියට පත්වෙනවා *v.* amaze
wimochanayaවිමෝචනය *n.* purgation
wimukthidaayakayaa විමුක්තිදායකයා *n.* liberator
winaasadaayakaවිනාසදායක *adj.* subversive
winaasha karanawaවිනාශ කරනවා *v.* destroy
winaasha karanawaaවිනාශ කරනවා *v.* overwhelm
winaasha karannaවිනාශ කරන්න *n.* destroyer
winaashadaayakaවිනාශදායක *adj.* disastrous
winaashakaareeවිනාශකාරී *adj.* ruinous
winaashayaවිනාශය *n.* blast
winaashayaවිනාශය *n.* downfall
winaashayaවිනාශය *n.* perdition
winaashayaවිනාශය *n.* ruin
winaashayaවිනාශය *n.* undoing
winaashayaවිනාශය *n.* wrack
winasha karanawaවිනාශ කරනවා *v.t.* ravage
winashayaවිනාශය *n.* annihilation
winaya neethiyaවිනය නීතිය *n.* canon
windinawaaවිඳිනවා *v.i.* suffer
wine වයින් *n.* wine
wine saadana thana වයින් සාදන තැන *n.* winery
wineethaවිනීත *adj.* decent
wineethaවිනීත *adj.* meek
wineethaවිනීත *adj.* respectful
wineethaවිනීත *adj.* reverent
wineethaවිනීත *adj.* seemly
wineethabhaawayaවිනීතභාවය *n.* modesty
wineethakamaවිනීතකම *n.* decency
wingnanawaadeeවිඥනවාදී *adv.* ideally
winishchakaruwaaවිනිශ්චකරුවා *n.* umpire
winishchaya sabhaawaවිනිශ්චය සභාව *n.* tribunal
winishchayak denawaවිනිශ්චයක් දෙනවා *v.* arbitrate
winishchayashaalaawa විනිශ්චයශාලාව *n.* forum
winishchayata baajanaya wee athiවිනිශ්චයට භාජනයවී ඇති *adj.*

subjudice
winiwida yaama විනිවිද යෑම *n.* penetration
winiwida yanawa විනිවිද යනවා *v.* penetrate
winiwidha peneema විනිවිද පෙනීම *n.* transparency
winnambuwa වින්නඹුව *n.* midwife
winoda chaarikawa විනෝද චාරිකාව *n.* outing
winoda wenawa විනෝද වෙනවා *v.* amuse
winodaanshaya විනෝදාංශය *n.* hobby
winodaanshaya විනෝදාංශය *n.* pastime
winodaya විනෝදය *n.* amusement
winodaya විනෝදය *n.* entertainment
winodaya විනෝදය *n.* fun
winodaya විනෝදය *n.* mirth
winodaya විනෝදය *n.* recreation
winodaya athi karanawa විනෝදය ඇති කරනවා *v.* entertain
winyaasaya වින්‍යාසය *n.* arrangement
winyaasaya වින්‍යාසය *n.* configuration
wipaakaya විපාකය *n.* outcome
wipaakaya විපාකය *n.* retribution
wipaakaya විපාකය *n.* sequel
wipaksha විපක්ෂ *adj.* averse
wiparam sahitha විපරම් සහිත *adj.* cautious
wiparam sahitha විපරම් සහිත *adj.* deliberate
wiparinaamaya විපරිනාමය *n.* transformation
wiparitha විපරිත *adj.* preposterous
wipatha විපත *n.* adversity
wipatha විපත *n.* bane
wipatha විපත *n.* woe
wipathata helanawaa විපතට හෙළනවා *n.* victimize
wipathedee nosaleema විපතේදී නොසැලීම *n.* sangfroid
wipayaasaya විපයාසය *v.i.* subvert
wiplawa waadee විප්ලවවාදී *adj.* revolutionary
wiplawawaadi විප්ලවවාදී *adj.* radical
wiplawaya විප්ලවය *n.* revolution
wiplawaya විප්ලවය *n.* subversion
wiplaweekaranaya විප්ලවීකරණය *v.* revolutionize
wipula විපුල *adj.* copious
wipula විපුල *adj.* inexhaustible
wiraagee විරාගී *adj.* dispassionate
wiraama lakunu විරාම ලකුණු *n.* punctuation
wiraama thabanawaa විරාම තබනවා *v.* punctuate
wiraamaya විරාමය *n.* interval
wiraamaya විරාමය *n.* pause
wiraamaya විරාමය *n.* recess
wirala විරල *adj.* sporadic
wirechanaya විරේචනය *n.* catharsis
wireka karanawa විරේක කරනවා *v.* purge
wirekaya විරේකය *adj.* purgative
wiritha විරිත *n.* metre
wiriththeema විරිත්තීම *n.* sneer
wirodaya විරෝධය *prep.* despite
wiroddha baasaya විරෝධාභාසය *adj.* paradoxical
wirodhaya විරෝධය *n.* enmity
wirodhaya විරෝධය *n.* opposition

wirodhaya විරෝධය *n.* repugnance
wirodhaya විරෝධය *n.* rivalry
wirodhaya paanawa විරෝධය පානවා *v.* resist
wiroopathaawa විරූපතාව *n.* deformity
wirudda විරුද්ධ *prep.* contra
wirudda wenawa විරුද්ධ වෙනවා *v.* disapprove
wirudda wenawa විරුද්ධ වෙනවා *v.* interfere
wiruddartha padaya විරුද්ධාර්ථ පදය *n.* antonym
wiruddathwaya විරුද්ධත්වය *v.* dissent
wiruddathwaya විරුද්ධත්වය *n.* protest
wiruddawa kiyanawa විරුද්ධව කියනවා *v.* contradict
wiruddawa kreeda karanawa විරුද්ධව ක්‍රියා කරනවා *v.t.* counter
wiruddawaadhiyaa විරුද්ධවාදියා *n.* opponent
wiruddha විරුද්ධ *adj.* opposite
wiruddha විරුද්ධ *adj.* repugnant
wiruddha lingika pakshaye andum andinnaa විරුද්ධ ලිංගික පක්ෂයේ ඇඳුම් අඳින *n.* transvestite
wiruddha wenawaa විරුද්ධ වෙනවා *v.* oppose
wiruddhaa baasaya විරුද්ධාභාසය *n.* paradox
wiruddhathwaya විරුද්ධත්වය *n.* objection
wirusdha විරුද්ධ *n.* dissident
wisaadhanaya karanawa විසාධනය කරනවා *v.* disprove
wisamaanupaathika විසමානුපාතික *adj.* disproportionate
wisandanawaa විසඳනවා *v.* solve
wisandeemata thibena විසඳීමට තිබෙන *adj.* pending
wisandenawa විසඳෙනවා *v.* resolve
wisandha karanawa විසන්ධි කරනවා *v.* disconnect
wisandiya nohaki විසඳිය නොහැකි *adj.* inexplicable
wisanwaadaya විසංවාදය *n.* contradiction
wisanwaadee විසංවාදී *adj.* discordant
wisappuwa විසප්පුව *n.* blister
wisappuwa විසප්පුව *n.* herpes
wisaranaya wenawa විසරණය වෙනවා *v.* diffuse
wisha විෂ *n.* poison
wisha iwath karanawa විෂ ඉවත් කරනවා *v.* detoxify
wisha sahitha විෂ සහිත *adj.* poisonous
wishaadathaawa විෂාදතාව *n.* melancholia
wishaala විශාල *adj.* huge
wishaala විශාල *adj.* large
wishaala විශාල *adj.* massive
wishaala de විශාල දේ *n.* hulk
wishaala gas wesesa විශාල ගස් වෙසෙස *n.* sycamore
wishaala gowipala විශාල ගොවිපළ *n.* ranch
wishaala karanawa විශාල කරනවා *v.* enlarge
wishaala maduwa විශාල මඩුව *n.* marquee
wishaala potha විශාල පොත *n.* tome
wishaala pradeshaya විශාල

ප්‍රදේශය *n.* expanse
wishaala prawaahaka waahanayak විශාල ප්‍රවාහක වාහනයක් *n.* transporter
wishaala shabda wikaashana yanthraya විශාල ශබ්ද විකාශන යන්ත්‍රය *n.* woofer
wishaala susaanabhoomiya විශාල සුසානභූමිය *n.* necropolis
wishaala yuda nawa විශාල යුධ නැව *n.* cruiser
wishaalanaya karanawaa විශාලනය කරනවා *v.* magnify
wishabeeja nasanawa විශබීජ නසනවා *v.* disinfect
wishabeejaya විෂබීජය *n.* germ
wishala විශාල *adj.* ample
wishala palliya විශාල පල්ලිය *n.* basilica
wishamajaatheeya විෂමජාතීය *adj.* heterogeneous
wishamathaawa විෂමතාව *n.* asperity
wishamathaawa විෂමතාව *n.* discrepancy
wishawaanaya විෂවානය *n.* miasma
wishaya විෂය *n.* realm
wishaya විශ්වය *n.* subject
wishaya maalaawa විෂය මාලාව *n.* curriculum
wishaya maalaawa විෂය මාලාව *n.* syllabus
wishaya seemawa විශය සීමාව *n.* ambit
wishaya sheshthraya විෂය ක්ෂේත්‍රය *n.* topic
wishayaathmaka විෂයාත්මක *adj.* subjective
wishesha විශේෂ *adj.* special
wishesha kalaa kramaya විශේෂ කලා ක්‍රමය *adj.* futuristic
wishesha niyamaya විශේෂ නියමය *n.* specification
wishesha wilaasaya විශේෂ විලාසය *n.* mannerism
wisheshagnabhaawaya විශේෂඥභාවය *n.* specialization
wisheshagnayaa විශේෂඥයා *n.* specialist
wisheshanaya karanawaa විශේෂණය කරනවා *v.* specify
wisheshathwaya විශේෂත්වය *n.* speciality
wisheshaya විශේෂය *n.* species
wisheshayen wen nokala විශ්වාසයෙන් වෙන් නොකළ *adj.* unreserved
wisheshayenma විශේෂයෙන්ම *adv.* especially
wisheshitha විශේෂිත *adj.* exclusive
wishishita විශිෂ්ට *adj.* outstanding
wishishta විශිෂ්ට *adj.* conspicuous
wishishta විශිෂ්ට *adj.* especial
wishishta විශිෂ්ට *adj.* grand
wishishta විශිෂ්ට *adj.* magnificent
wishishta විශිෂ්ට *adj.* pre-eminent
wishishta විශිෂ්ට *adj.* specific
wishishta විශිෂ්ට *adj.* spectacular
wishishta විශිෂ්ට *adj.* thorough
wishishta jayaggrahanaya විශිෂ්ට ජයග්‍රහණය *n.* triumph
wishishta wenawaa විශිෂ්ට වෙනවා *v.* specialize
wishishtabhaawaya විශිෂ්ටභාවය *n.* distinction
wishishtathaawa විශිෂ්ටතාව *n.*

excellence
wishishtathaawaya විශිෂ්ටතාවය *n.* pre-eminence
wishishtathwayata pamunuwanawaa විශිෂ්ටත්වයට පමුණුවනවා *v.* transfigure
wishkambhaya විෂ්කම්භය *n.* diameter
wishleshakaya විශ්ලේෂකයා *n.* analyst
wishleshanaya විශ්ලේෂණය *n.* analysis
wishleshanaya karanawa විශ්ලේෂණය කරනවා *v.* analyse
wishleshi විශ්ලේෂී *adj.* analytical
wishraama gannawa විශ්‍රාම ගන්නවා *v.* retire
wishraama watupa විශ්‍රාම වැටුප *n.* pension
wishraamaya විශ්‍රාමය *n.* relaxation
wishraamaya විශ්‍රාමය *n.* repose
wishraamaya විශ්‍රාමය *n.* retirement
wishraamikaya විශ්‍රාමිකයා *n.* pensioner
wishwa විශ්ව *adj.* cosmic
wishwa kendra gatha විශ්ව කේන්ද්‍ර ගත *comb.* cyber
wishwa kendra gatha awakaashaya විශ්ව කේන්ද්‍ර ගත අවකාශය *n.* cyberspace
wishwa vidyaalaye warshaardhaya විශ්වවිද්‍යාලයේ වර්ෂාර්ධය *n.* semester
wishwa widyaawa විශ්වවිද්‍යාව *n.* cosmology
wishwaasa kala haki විශ්වාස කළ හැකි *adj.* reliable
wishwaasa kala nohaki විශ්වාස කළ නොකලැකි *adj.* incredible
wishwaasa kala nohaki විශ්වාස කළ නොහැකි *n* unreliable
wishwaasa karanawa විශ්වාස කරනවා *v.* believe
wishwaasa karanawa විශ්වාස කරනවා *v.* confide
wishwaasa katayuthu විශ්වාස කටයුතු *adj.* foolproof
wishwaasaya විශ්වාසය *n.* belief
wishwaasaya විශ්වාසය *n.* confidence
wishwaasaya විශ්වාසය *n.* reliance
wishwaasaya විශ්වාසය *n.* trust
wishwaasaya thabanawa විශ්වාසය තබනවා *v.* rely
wishwaasee විශ්වාසී *adj.* confident
wishwakoshaya විශ්වකෝෂය *n.* encyclopaedia
wishwasaneeya විශ්වාසනීය *adj.* trustworthy
wishwawidyaalayakata athul weema විශ්වවිද්‍යාලයකට ඇතුල් වීම *n.* matriculation
wishwawidyaalayakata athul wenawa විශ්වවිද්‍යාලයකට ඇතුල් වෙනවා *v.* matriculate
wishwaya විශ්වය *n.* cosmos
wishwaya විශ්වාස *n.* universe
wisi karanawa විසි කරනවා *v.* cast
wisin විසින් *prep.* per
wisiranaya විසිරණය *n.* Diaspora
wisirenawa විසිරෙනවා *v.* disperse
wisirenawaa විසිරෙනවා *v.* scatter
wisithuru darshanaya විසිතුරු දර්ශනය *n.* sighting
wisithuru narabeemma විසිතුරු

නැ රඹීම *n.* sightseeing
wisiweni විසිවෙනි *adj.&n.* twentieth
wisiweni විසිවෙනි *adj.&n.* twentieth
wiskothu විස්කෝතු *n.* biscuit
wiskothu wargayak විස්කෝතු වර්ගයක් *n.* pretzel
wiskothu wargayak විස්කෝතු වර්ගයක් *n.* rusk
wismakuru විස්මකුරු *adj.* surreal
wismaya විස්මය *n.* amazement
wismaya විස්මය *n.* awe
wismaya විස්මය *n.* surprise
wismayata path kireema විස්මයට පත්කිරීම *n.* astonishment
wismayata path wenawa විස්මයට පත්වෙනවා *v.* astound
wismitha විස්මිත *adj.* spellbound
wisraama paarithoshikaya විශ්‍රාම පාරිතෝෂිකය *n.* superannuation
wissa විස්ස *adj.&n.* twenty
wisthaaranaya විස්තාරනය *n.* extension
wisthaaraya විස්තාරය *n.* amplitude
wisthara karanawa විස්තර කරනවා *v.* annotate
wisthara karanawa විස්තර කරනවා *v.* describe
wisthara nokalaki විස්තර නොකළැකි *adj.* indescribable
wisthara prakaashaya විස්තර ප්‍රකාශය *n.* commentary
wisthara wichaaraka විස්තර විචාරක *n.* commentator
wistharaya විස්තරය *n.* description
wistharaya විස්තරය *n.* detail
wisuranawaa විසුරනවා *v.* strew
wisuruwa hareema විසුරුවා හැරීම *v.* disband
wiswaasa kala nohaki විශ්වාස කළ නොහැකි *adj.* unbelievable
wiswaasaya nothabiya haki විශ්වාසය නොතිබිය හැකි *adj.* treacherous
withandawaadaya විතණ්ඩවාදය *n.* sophism
withandawaadiya විතණ්ඩවාදිය *n.* sophist
withthi විත්ති *n.* annals
withthikaarayaa විත්තිකාරයා *n.* defendant
withthikooduwa විත්තිකූඩුව *n.* dock
wiwaada rahitha විවාද රහිත *adj.* indisputable
wiwaadaathmaka විවාදාත්මක *adj.* controversial
wiwaadasheeli විවාදශීලි *adj.* debatable
wiwaadaya විවාදය *n.* controversy
wiwaadaya විවාදය *n.* debate
wiwaadaya විවාදය *n.* polemic
wiwaaha විවාහ *adj.* marital
wiwaaha bandanaya විවාහ බන්ධනය *n.* wedlock
wiwaaha bas illanna විවාහ බස් ඉල්ලන්නා *n.* suitor
wiwaaha mangallaya විවාහ මංගල්‍යය *n.* wedding
wiwaaha siddiya විවායසිද්ධිය *n.* spousal
wiwaaha weemata sudusu විවාහ වීමට සුදුසු *adj.* marriageable
wiwaahaya විවාහය *n.* marriage
wiwaahaya pilibanda wu විවාහය පිළිබඳ වූ *v.t. & i.* conjugal
wiwaahayata pera විවාහයට පෙර *adj.* premarital

wiwaahayata sudusu විවාහයට සුදුසු *a.* nubile
wiwaasikayaa විවාසිකයා *n.* exile
wiwaraya විවරය *n.* aperture
wiwaraya විවරය *n.* bole
wiwaraya විවරය *n.* cavity
wiwaraya විවරය *n.* fissure
wiwaraya විවරය *n.* gap
wiwaraya විවරය *n.* pore
wiwaraya විවරය *n.* rift
wiwarjanaya විවර්ජනය *adj.* exempt
wiwarnma wenawa විවර්ණ වෙනවා *v.i.* fade
wiwartha විවර්ත *n.* turning
wiwechakayaa විවේචකයා *n.* critic
wiwechanaya විවේචනය *n.* criticism
wiwechanaya karanawa විවේචනය කරනවා *v.* criticize
wiweka gannawa විවේක ගන්නවා *v.* rest
wiweka kaalaya විවේක කාලය *n.* intermission
wiweka kaalaya විවේක කාලය *n.* leisure
wiwekeewa විවේකීව *adj.* leisurely
wiwethanaya විවේතනය *n.* allowance
wiwida විවිධ *adj.* varied
wiwida prasangaya විවිධ ප්‍රසංගය *n.* concert
wiwidha විවිධ *adj.* diverse
wiwidha විවිධ *adj.* sundry
wiwidha prasangaya විවිධ ප්‍රසංගය *n.* vaudeville
wiwidhaakaara විවිධාකාර *adj.* motley
wiwidhathwaya විවිධත්වය *n.* diversity
wiwidhathwaya විවිධත්වය *n.* multiplicity
wiwidhathwaya විවිධත්වය *n.* variety
wiwurtha විවෘත *adj.* open
wiya haki විය හැකි *adj.* possible
wiya haki විය හැකි *adj.* would-be
wiya haki wenawa විය හැකි වෙනවා *v.* would
wiya pahadama වියපැහැදම *n.* expenditure
wiyaaja prasansaawa ව්‍යාජ ප්‍රශංසාව *n.* sarcasm
wiyaajokthiyen yuth ව්‍යාජෝක්තියෙන් යුත් *adj.* sarcastic
wiyaapadeshaya ව්‍යාපදේශය *n.* quid
wiyadam gewanawa වියදම් ගෙවනවා *v.* defray
wiyadam karanawa වියදම් කරනවා *v.* expend
wiyadam karanawaa වියදම් කරනවා *v.* spend
wiyadama වියදම *n.* expense
wiyadama වියදම *n.* outlay
wiyadama adu karanawa වියදම අඩු කරනවා *v.* retrench
wiyadama adu kireema වියදම අඩු කිරීම *n.* retrenchment
wiyahaki වියහැකි *adj.* likely
wiyahaki bawa වියහැකි බව *n.* likelihood
wiyakulathwaya ව්‍යාකූලත්වය *n.* ambiguity
wiyalanaya වියළනය *n.* dryer
wiyali වියළි *adj.* dry
wiyali වියළි *adj.* parched
wiyali midi වියළි මිදි *n.* currant
wiyali midi වියලි මිදි *n.* plum

wiyali miris වියලි මිරිස් *n.* chilli
wiyali muddarappalam වියළි මුද්දරප්පලම් *n.* sultana
wiyali mudrika phala වියලි මුද්රික ඵල *n.* raisin
wiyali phala wargayak වියලි ඵල වර්ගයක් *n.* prune
wiyamana වියමන *n.* texture
wiyanawaa වියනවා *v.* weave
wiyannaa වියන්නා *n.* weaver
wiyapaara wasthu tharaw-kaarayaa ව්යාපාර වස්තු තැරැව්කාරයා *n.* stockbroker
wiyapath වියපත් *adj.* senile
wiyaru watee වියරු වැටී *adv.* amok
wiyaru watunu වියරු වැටුණු *adj.* demented
wiyaru watunu වියරු වැටුණු *adj.* frenetic
wiyaruwa වියරුව *n.* rage
wiyawasthaawa ව්යවස්ථාව *n.* ordinance
wiyo weema වියෝවීම *n.* bereavement
wiyoga karanawaa වියෝග කරනවා *v.* sunder
wiyojanaya වියෝජනය *n.* decompose
wiyu willuda වියු විල්ලුද *n.* velour
wiyuhaathmaka ව්යුහාත්මක *adj.* structural
wool bolayak වුල් බෝලයක් *n.* bobble
woteeyathaawaya වොටීයතාවය *n.* wattage
wrushanaya වෘෂණය *n.* testis
wth pathrikaawa අත් පත්රිකාව *n.* handbill

wurkayaa වෘකයා *n.* wolf
wurkayange birum handa වෘකයාගේ බිරුම් හඬ *n.* woof
wurtha paadaya වෘත්තපාදය *n.* quadrant
wurthaakaara වෘත්තාකාර *adj.* circular
wurthanthaya වෘත්තාන්තය *n.* anecdote
wurthaya වෘතය *n.* circle
wurtheeya nowana වෘත්තීය නොවන *adj.* unprofessional
wurtheeya samithiye saamaa-jikayaa වෘත්තීය සමිතියේ සාමාජිකයා *n.* unionist
wurthikaya වෘත්තිකයා *n.* practitioner
wurthimaya වෘත්තිමය *adj.* professional
wurthiya වෘත්තිය *n.* profession
wurththeeya වෘත්තීය *adj.* occupational
wuwath වුවත් *adj.* even
wyaadhiwedee ව්යාධිවේදී *n.* pathology
wyaaja ව්යාජ *adj.* plausible
wyaaja ව්යාජ *adj.* pseudo
wyaaja alankaarayen rawatana ව්යාජ අලංකාරයෙන් රවටන *adj.* meretricious
wyaaja naamaya ව්යාජ නාමය *n.* pseudonym
wyaajaka ව්යාජක *adj.* pretentious
wyaajaya ව්යාජය *n.* pretension
wyaakarana ව්යාකරණ *n.* grammar
wyaakarana wigraha karanawa ව්යාකරණ විග්රහ කරනවා *v.* parse
wyaakoola ව්යාකූල *adj.* complicit
wyaakoola ව්යාකූල *adj.* deranged

wyaakoola ව්‍යාකූල *adj.* indiscriminate
wyaakoola karanawa ව්‍යාකූල කරනවා *v.* mystify
wyaakoola karanawaa ව්‍යාකූල කරනවා *v.t.* puzzle
wyaakoola prabandhaya ව්‍යාකූල ප්‍රබන්ධය *n.* rhapsody
wyaakula ව්‍යාකූල *adj.* chaotic
wyaakulathaawaya ව්‍යාකූලතාවය *n.* chaos
wyaapaaraya ව්‍යාපාරය *n.* campaign
wyaaparikayaa ව්‍යාපාරිකයා *n.* businessman
wyaapruthiya ව්‍යාපෘතිය *n.* project
wyaaptha ව්‍යාප්ත *adj.* comprehensive
wyaaptha ව්‍යාප්ත *adj.* prevalent
wyaaptha wenawa ව්‍යාප්ත වෙනවා *v.* pervade
wyaapthiya ව්‍යාප්තිය *n.* prevalence
wyabhichaaraya ව්‍යභිචාරය *n.* incest
wyaja ව්‍යාජ *adj.* counterfeit
wyaktha ව්‍යක්ත *adj.* discrete
wyaktha ව්‍යක්ත *adj.* explicit
wyakthabhaawaya ව්‍යක්තභාවය *n.* eloquence
wyanjanaaksharaya ව්‍යාජනාක්ෂරය *n.* consonant
wyanjanaya ව්‍යංජනය *n.* curry
wyapaaraya ව්‍යාපාරය *n.* business
wyartha ව්‍යර්ථ *adj.* abortive
wyartha karanawa ව්‍යර්ථ කරනවා *v. t.* defeat
wyasanaya ව්‍යසනය *n.* disaster
wyawahaara mudal ව්‍යවහාර මුදල් *n.* currency
wyawahaaraya ව්‍යවහාරය *n.* diction
wyawarthanaya ව්‍යාවර්තනය *n.* torsion
wyawasaaya ව්‍යවසාය *n.* enterprise
wyawasaayakayaa ව්‍යවසායකයා *n.* entrepreneur
wyawasthaadaayaka ව්‍යවස්ථාදායක *adj.* legislative
wyawasthaadaayakaya ව්‍යවස්ථාදායකය *n.* legislature
wyawasthaamaya ව්‍යවස්ථාමය *adj.* constitutional
wyawasthaanukoola ව්‍යවස්ථානුකූල *adj.* statutory
wyawasthaawa ව්‍යවස්ථාව *n.* constitution
wyawasthaawa ව්‍යවස්ථාව *n.* regulation
wyuhaya ව්‍යුහය *n.* anatomy
wyuthpannaya ව්‍යුත්පන්නය *adj.* derivative
wywasthaawa ව්‍යවස්ථාව *n.* statute

X

x kiranaya x කිරණය *n.* x-ray
xerox pitapathkaranaya සෙරොක්ස් පිටපත්කරණය *n.* Xerox
xylophagous ක්සයිලොෆැගස් *adj.* xylophagous
xylophilous ක්සයිලොෆිලස් *adj.* xylophilous
xylophonaya ක්සයිලොෆෝනය *n.* xylophone

Y

yaa karanawa යා කරනවා *v.t.* affix
yaa karanawa යා කරනවා *v.* annex
yaa karanawa යා කරනවා *v.* connect
yaa karanawaa යා කරනවා *v.* interlink
yaa kireema යා කිරීම *n.* annexation
yaa wenawa යා වෙනවා *v.* adjoin
yaabada යාබද *adj.* adjacent
yaachgnaawa යාච්ඤාව *n.* prayer
yaagaya යාගය *n.* oblation
yaagaya pilibanda යාගය පිළිබඳ *adj.* sacrificial
yaagaya pinisa maranawaa යාගය පිණිස මරනවා *v.* immolate
yaaluwaa යාළුවා *n.* pal
yaanaawa යානාව *n.* craft
yaanthamin යන්තමින් *adv.* scarcely
yaanthra widyaawa යාන්ත්‍ර විද්‍යාව *n.* mechanics
yaanthranaya යාන්ත්‍රණය *n.* mechanism
yaanthrika යාන්ත්‍රික *adj.* mechanical
yaanthrika karanawa යාන්ත්‍රික කරනවා *v.* dehumanize
yaanthrika upakaranayak යාන්ත්‍රික උපකරණයක් *n.* gadget
yaanthrikaya යාන්ත්‍රිකයා *n.* mechanic
yaaraya යාරය *n.* yard
yaathikawa යාතිකාව *n.* invocation
yaathra kireema යාත්‍රා කිරීම *n.* yachting
yaathraa gamana යාත්‍රා ගමන *n.* sail
yaathraa karanawaa යාත්‍රා කරනවා *v.* sail
yaathraawa යාත්‍රාව *n.* voyage
yaathraawen යාත්‍රාවෙන් *adv.* overboard
yaathranaya යාත්‍රණය *n.* navigation
yaawathkaala karanawaa යාවත්කාල කරනවා *v.* update
yaaya යාය *n.* tract
yadinawa යදිනවා *v.* pray
yadinawaa යදිනවා *v.* invoke
yahaluwa යහළුවා *n.* friend
yahapath යහපත් *adj.* righteous
yahapath ath wada යහපත් අත් වැඩ *n.* handiwork
yahapath de thora gannawaa යහපත් දේ තෝරා ගන්නවා *v.* optimize
yahapatha යහපත *n.* weal
yahapathkama යහපත්කම *n.* goodness
yakada යකඩ *n.* iron
yakada athwasma යකඩ අත්වැස්ම *n.* gauntlet
yakada pathura යකඩ පතුර *n.* fascia
yakada thahaduwa යකඩ තහඩුව *n.* griddle
yakshaarooda wenawaa යක්ෂාරූඪ වෙනවා *v.* demonize
yakshaya යක්ෂයා *n.* demon
yakshaya යක්ෂයා *n.* devil
yakshaya යක්ෂයා *n.* fiend
yakshayaa pilibanda යක්ෂයා පිළිබඳ *adj.* satanic
yal panagiya යල් පැනගිය *adj.* outdated
yal panapu යල් පැනපු *adj.* addled

yal panapu යල් පැනපු *adj.* obsolescent

yal panapu යල් පැනපු *adj.* trite

yali opa damanawa යළි ඔප දමනවා *v.* refurbish

yali prathigna denawa යළි ප්‍රතිඥා දෙනවා *v.* reaffirm

yali salakaa balanawa යළි සළකා බලනවා *v.* reconsider

yali thakseruwa යළි තක්සේරු ව *v.* rethink

yam pramaanayak යම් ප්‍රමාණයක් *adv.* somewhat

yamak angawana යමක් අඟවනවා *adj.* suggestive

yamak desata nawunu යමක් දෙසට නැවුණු *adj.* prone

yamak iwasanawaa යමක් ඉවසනවා *v.* tolerate

yamak karawaagannawaa යමක් කරවගන්නවා *v.* undergo

yamak kireemata baaragannawaa යමක් කිරීමට භාරගන්නවා *v.* undertake

yamak nowana pirisa යමක් නොවන පිණිස *conj.* lest

yamaka amunana laddha යමක අමුණන ලද *n.* tag

yamakata pasuwa siduwana යමකට පසුව සිදුවනවා *adj.* subsequent

yamakin galaweeme maargaya යමකින් ගැළවීමේ මාර්ගය *n.* salvation

yamakin iwathwa sitinawaa යමකින් ඉවත සිටිනවා *v.t.* shun

yamakin walakinawa යමකින් වළකිනවා *v.* forgo

yamek යමෙක් *pron.* someone

yamekuge usaskama muwaakaranawaa යමෙකුගේ උසස්කම මුවා කරනවා *v.* overshadow

yamekuta wiruddawa pawathinawaa යමෙකුට විරුද්ධව පවතිනවා *v.* militate

yamkisi thanaka යම්කිසි තැනක *adv.* somewhere

yantham යන්තම් *adv.* barely

yantham යන්තම් *adj.* just

yantham යන්තම් *adv.* slightly

yantham dawanawaa යන්තම් දවනවා *v.* singe

yantham gaanawa යන්තම් ගානවා *v.* dab

yanthamin babalenawa යන්තමින් බැබළෙනවා *v.* glimmer

yanthamin karanawa යන්තමින් කරනවා *v.* dabble

yanthra soothra යන්ත්‍ර සූත්‍ර *n.* machinery

yanthraya යන්ත්‍රය *n.* amulet

yanthraya යන්ත්‍රය *n.* machine

yanthraya යන්ත්‍රය *n.* talisman

yapeema යැපීම *n.* subsistence

yapenawa යැපෙනවා *v.* depend

yapenawa යැපෙන *n.* dependant

yapenawaa යැපෙනවා *v.* subsist

yasasa යසස *n.* fame

yasasa යසස *n.* glory

yashoprabhaawa යශෝප්‍රභාව *n.* limelight

yashtiya යෂ්ටිය *n.* wand

yata andum යට ඇඳුම් *n.* underwear

yata athsan kala යට අත්සන් කළ *n.* undersigned

yata giya යටගිය *adj.* past
yata kabaaya යට කබාය *n.* waistcoat
yata kalisama යට කලිසම *n.* underpants
yata kamisaya යට කමිසය *n.* singlet
yata karanawaa යට කරනවා *v.* whelm
yata sada pahara යට සැඩ පහර *n.* undercurrent
yata sandahan kala යට සඳහන් කළ *adj.* foregoing
yata wee thibenawaa යටවී තිබෙනවා *v.* slumber
yatagawma යටගවුම *n.* petticoat
yatahath pahath යටහත් පහත් *adj.* submissive
yatahath pahath bawa යටහත් පහත් බව *n.* humility
yatahath prakaasaya යටහත් ප්‍රකාශය *n.* submission
yatahath wenawa යටහත් වෙනවා *v.* subside
yatapath karanawaa යටපත් කරනවා *v.* repress
yatath kara ganeema යටත් කර ගැනීම *n.* subjugation
yatath karagannawa යටත් කරගන්නවා *v.* enslave
yatath kireema යටත් කිරීම *n.* subjection
yatath novee sitinawa යටත් නොවී සිටින *v.* withstand
yatath nowana යටත් නොවන *adj.* resistant
yatath wasiya යටත් වැසියා *n.* liege
yatath weema යටත්වීම *n.* cession
yatath weema යටත්වීම *n.* compliance
yatath weema යටත්වීම *n.* surrender
yatath wenawa යටත් වෙනවා *v.* capitulate
yatathe sitinna යටතේ සිටින්නා *n.* underling
yathaa thathwayata path karanawa යථා තත්වයට පත්කරනවා *v.* normalize
yathaarthawaadiya යථාර්තවාදියා *n.* realism
yathaarthaya යථාර්ථය *n.* reality
yathraawakata godawee යාත්‍රාවකට ගොඩවී *adv.* aboard
yathura යතුර *n.* key
yathuru kapolla යතුරු කපොල්ල *n.* keyhole
yathuru liyannaa යතුරු ලියන්නා *n.* typist
yathuru puwaruwa යතුරු පුවරුව *n.* keyboard
yati lakunu යටි ලකුණු *adj.* subscript
yati pathula යටි පතුල *n.* sole
yatibaahuwa යටිබාහුව *n.* forearm
yatigiriyen kaagaseema යටිගිරියෙන් කෑගැසීම *n.* screech
yatigiriyen kaagaseema යටිගිරියෙන් කෑගැසීම *n.* screech
yatik kapaa harinawaa යටින් කපා හරිනවා *v.* undercut
yatikuru karanawa යටිකුරු කරනවා *v.* invert
yatin යටින් *prep.* under
yatin gaman kireemata athi paara යටින් ගමන් කිරීමට ඇති පාර *n.* underpass
yatin haaraa bindinawaa යටින් හාරා බිඳිනවා *v.* undermine

yatin iri andinawaa යටින් ඉරි අඳිනවා *v.t.* underline
yatin iri andinawaa යටින් ඉරි අඳිනවා *v.* underscore
yatithala wyuhaya යටිතල ව්‍යුහය *n.* infrastructure
yawa යව *n.* barley
yawa යව *n.* malt
yedenawa යෙදෙනවා *v.* betake
yew gasa යූ ගස *n.* yew
yoda යෝධ *n.* mammoth
yoda gannawa යොදා ගන්නවා *v.* adapt
yodanawa යොදනවා *v.* exert
yodawanawaa යොදවනවා *v.* preoccupy
yodaya යෝධයා *n.* giant
yoga abyaasa kramaya යෝග අභ්‍යාස ක්‍රමය *n.* yoga
yoga krama pilipadinna යෝග ක්‍රම පිළිපදින්නා *n.* yogi
yogya යෝග්‍ය *adj.* apposite
yogya යෝග්‍ය *adj.* congenial
yogya යෝග්‍ය *adj.* eligible
yogya යෝග්‍ය *adj.* seasonable
yogya wenawaa යෝග්‍ය වෙනවා *v.* correspond
yogyathaawaya යෝග්‍යතාවය *n.* aptitude
yogyathaawaya යෝග්‍යතාවය *n.* suitability
yojanaa karanawaa යෝජනා කරනවා *v.* propose
yojanaa karanawaa යෝජනා කරනවා *v.* suggest
yojanaa kramaya යෝජනා ක්‍රමය *n.* scheme
yojanaa walata wiwurtha යෝජනා වලට විවෘත *adj.* suggestible
yojanaakaru යෝජනාකරු *n.* mover
yojanaawa යෝජනාව *n.* proposal
yojanaawa යෝජනාව *n.* suggestion
yomanawaa යොමනවා *v.* submit
yomu karanawa යොමු කරනවා *v.t.* apply
yomuwa යොමුව *n.* reference
yoni maargaya යෝනි මාර්ගය *n.* vagina
yoniya යෝනිය *n.* commissure
yoniye ho guda maargaye diyaweemata damana beheth යෝනියේ හෝ ගුද මාර්ගයේ දියවීමට දමන බෙහෙත් *n.* suppository
yowun යොවුන් *adj.* young
yuda peramunehi wu senaawa යුධ පෙරමුණෙහි වූ සේනාව *n.* vanguard
yudakamee sthriya යුධකාමී ස්ත්‍රිය *n.* amazon
yudda hamudaawa යුද්ධ හමුදාව *adj.* military
yudda sajtha යුද්ධ සජ්ජිත *adj.* embattled
yudda tanki praharaka upakaranayaki යුද්ධ ටැංකි ප්‍රහාරක උපකරණයකි *n.* bazooka
yuddakaamee යුද්ධකාමී *adj.* militant
yuddakaamiya යුද්ධකාමියා *n.* militant
yuddasheelee යුද්ධශීලී *adj.* bellicose
yuddaya යුද්ධය *n.* war
yuddayuda යුද්ධායුධ *n.* armoury
yuddhopakarana යුද්ධෝපකරණ *n.* munitions
yuddhopaya pilibanda wu

යුද්ධෝපාය පිළිබඳ වූ *adj.* strategic

yuddopakarana යුද්ධෝපකරණ *n.* armament

yuddopakarana යුද්ධෝපකරණ *n.* ordnance

yudha batayaa යුධ භටයා *n.* soldier

yuga geeya යුග ගීය *n.* duet

yugalaya යුගලය *n.* pair

yugaya යුගය *n.* aeon

yugaya යුගය *n.* era

yugma යුග්ම *adj.* binary

yugma යුග්ම *adj.* dual

yuhusulu යුහුසුළු *adj.* swift

yuhusulu bawa athi යුහුසුළු බව ඇති *n.* alacritous

yukthi sahagatha යුක්ති සහගත *adj.* sane

yukthiya යුක්තිය *n.* justice

yukthiya යුක්තිය *n.* justification

yuropeeya යුරෝපීය *n.* European

yuropeeya jathikaya යුරෝපීය ජාතිකයා *n.* westerner

yuthukam nosalakana යුතුකම් නොසළකන *adj.* unreasonable

yuwala යුවල *n.* couple

yuwathiya යුවතිය *n.* damsel

Z

zebra සීබ්‍රා *n.* zebra

zing handa සින්ග් හඬ *n.* zing